◆ 宝典级价值创造精益财务管理丛书

房地产·建筑
财务管理实战与案例解析

侯龙文 ◎ 著

立信会计出版社
LIXIN ACCOUNTING PUBLISHING HOUSE

图书在版编目（CIP）数据

房地产·建筑：财务管理实战与案例解析/侯龙文著.—上海：立信会计出版社，2022.1
　ISBN 978-7-5429-6973-6

　Ⅰ.①房… Ⅱ.①侯… Ⅲ.①房地产企业—财务管理 Ⅳ.①F293.342

中国版本图书馆CIP数据核字（2022）第000977号

策划编辑　蔡伟莉
责任编辑　秦思慧

房地产·建筑　财务管理实战与案例解析

出版发行　立信会计出版社

地　　址	上海市中山西路2230号	邮政编码	200235
电　　话	（021）64411389	传　　真	（021）64411325
网　　址	www.lixinaph.com	电子邮箱	lixinaph2019@126.com
网上书店	http://lixin.jd.com		http://lxkjcbs.tmall.com
经　　销	各地新华书店		
印　　刷	北京鑫海金澳胶印有限公司		
开　　本	787毫米×1092毫米　1/16		
印　　张	38.5		
字　　数	797千字		
版　　次	2022年1月第1版		
印　　次	2022年1月第1次		
书　　号	ISBN 978-7-5429-6973-6 /F		
定　　价	116.00元		

如有印订差错，请与本社联系调换

前　言

精益财务管理是建立在精益管理基础上的财务管理模式，核心在"精"与"益"。"精"代表着"精细""精益求精"，将财务管理的重点由结果导向转换为过程导向，更加注重过程和细节，将具体的财务管理流程细化、量化、标准化，将管理渗透财务的每一个细节、每一个步骤上，从根本上摒弃传统的粗放式财务管理；"益"代表"效益"，体现在财务价值的创造上，即用最精、最少的资金、资产、资本投入和成本耗费，集约管理各种企业资源和价值要素，用最小的成本费用投入，创造出最大的经济效益，高效地实现企业价值增值。

精益财务管理是以精益思想为出发点，在企业/项目的投资决策、事前预算、资金筹措、资金营运、成本管理、现金流运营、项目开发全过程各环节纳税筹划等过程中，把精益管理思想与财务管理思想相结合，策划、设计、实施的一整套现代化精益财务管理模式，主要包括"全面预算精益化""资金/现金流营运管理精益化""项目成本管理精益化""财务流程精益化""财务工作精益化"等方面。

精益财务管理的重点是树立"资源换效益、资产换投资、存量换增量、市场换发展、时间换空间"的"五换"理念；着力提升"资本运作、决策支持、价值创造、风险防控、协同服务"五大能力来打造精益财务管理体系；围绕五大精益财务管理能力提升，实现财务管理向"大财务""精益化"转型升级，即实施"全、精、益大成本"战略成本管理体系、构建"价值创造的全价值链精益财务管理"体系、构建"资金/资金链/现金流大营运精益财务管理"平台、构建"事前算赢、过程纠偏、事后分析、持续改善的精益财务管理"体系。

基于以上精益财务管理体系的打造与运作，本书紧紧围绕让企业/项目财务管理

"精益"起来，从精益财务战略管理，价值创造的精益财务管理，战略全面预算管理，价值创造的预算管理，精益价值链全面预算管理，精益成本管理，精益建造成本管理，智慧建造成本管理，BIM 5D技术的精益成本管理，资金/资金链精益管控，现金流精益营运管理，基于价值创造的现金流营运管理，基于价值链的现金流营运管理，精算纳税筹划等方面进行了论述。并在每一章节附有标杆企业的经典实战案例解析与读者分享。

侯凌霄（浙江大学经济法博士，现任职于杭州娃哈哈集团）、吴佳凡（北京理工大学会计学学士，华东理工大学会计学硕士）、郭雨乔（中国科学院大学经济与管理学院金融工程硕士）、郭云浩（澳大利亚莫纳士大学银行与金融硕士，现任职招商银行郑州分行）和陈泽（郑州大学工商管理硕士，现任职中国银行河南省分行）参与了本书的编写工作。

目 录

第一篇 精益财务管理体系 ... 001

第1章 精益财务管理 ... 002

第一节 精益财务管理的内涵与特征 ... 002

第二节 精益财务管理体系 ... 004

第三节 精益财务管理系统打造 ... 005

第四节 如何让财务管理"精益"起来 ... 007

第2章 财务战略管理 ... 009

第一节 财务战略及其本质 ... 009

第二节 财务战略的主要内容 ... 012

第三节 财务战略的类型与分类 ... 014

第 3 章 基于价值创造的财务管理体系 024

第一节 基于 EVA 的价值创造理论方法体系 025
第二节 基于价值创造的财务管理体系 029
第三节 价值创造型精益财务管理实施框架体系 035
第四节 价值创造型精益财务管理方法体系 046

第二篇 全面预算管理 049

第 4 章 全面预算管理概述 050

第一节 全面预算管理的含义 050
第二节 全面预算管理的主要内容、模式与方法体系 055
第三节 全面预算管理体系 064
第四节 全面预算管理的流程 068

第 5 章 战略全面预算管理 075

第一节 战略预算与全面预算的关系 075
第二节 战略全面预算管理体系构建 078
第三节 战略与全面预算的对接工具——平衡计分卡 085

第 6 章 价值创造 & 增值的经营预算管理 092

第一节 EVA 全面预算管理的概念、内涵、特征及价值 093

第二节　EVA全面预算管理的基本原则 …………………………… 098

第三节　EVA全面预算内容与管理职能体系 …………………… 100

第四节　EVA全面预算管理框架体系 …………………………… 103

第五节　EVA全面预算管理保障措施 …………………………… 112

第7章　基于价值创造的责任预算管理 ………………………… 116

第一节　基于EVA的责任预算管理模式 ………………………… 117

第二节　EVA责任预算管理网格的构建 ………………………… 119

第三节　EVA责任预算的编制与实施 …………………………… 122

第四节　EVA责任预算考评激励机制 …………………………… 130

第8章　精益价值链全面预算管理 ………………………………… 136

第一节　价值链全面预算管理概述 ……………………………… 136

第二节　价值链预算管理模式构建 ……………………………… 146

第三节　价值链预算管理运行实施 ……………………………… 157

第三篇　精益成本管理 ……………………………………………… 171

第9章　房地产/建筑企业精益成本管理 ………………………… 172

第一节　房地产/建筑企业成本管理问题与精益成本管理思想引入 … 172

第二节　房地产/建筑企业精益成本管理主要方法——成本企划 ……… 175

第三节 房地产/建筑企业精益成本管理主要方法——成本持续改善 …… 181

第四节 房地产/建筑企业精益成本管理体系与实施 …………………… 195

第五节 案例：M房地产公司精益成本管理实施分析 ………………… 212

第10章 精益建造成本管理 …………………………………………… 229

第一节 精益建造对传统建筑成本管理的挑战与启示 ………………… 229

第二节 精益建造成本管理体系设计 …………………………………… 234

第三节 精益建造成本管理的运作实施 ………………………………… 258

第四节 精益建造方式下的建筑施工成本管理 ………………………… 267

第11章 智慧建造成本管理 …………………………………………… 294

第一节 智慧建造概述 …………………………………………………… 294

第二节 智慧建造体系的构建 …………………………………………… 298

第三节 智慧建造成本管理 ……………………………………………… 301

第四节 案例：M实验大楼建筑项目智慧建造成本管理分析 ………… 315

第12章 基于BIM 5D技术的精益成本管理 ………………………… 324

第一节 BIM 5D成本管理技术概述 …………………………………… 324

第二节 BIM 5D成本管理系统构建及应用 …………………………… 329

第三节 BIM 5D精益成本管理流程设计 ……………………………… 334

第四节　基于 BIM 5D 的施工成本控制应用分析 ………………………… 355

第五节　基于 BIM 5D 的项目动态成本控制方法 ………………………… 368

第六节　BIM 5D-ERP 房地产项目成本控制体系 ………………………… 385

第四篇　精益资金链／现金流营运管理 ……………………………………… 387

第 13 章　房地产企业资金链管理 ……………………………………………… 388

第一节　资金链理论分析 ………………………………………………… 388

第二节　房地产企业资金链及运营管理 ………………………………… 393

第三节　房地产企业资金链管理对策 …………………………………… 400

第四节　标杆房地产公司资金链管理案例分析 ………………………… 403

第五节　房地产企业资金链风险管理 …………………………………… 439

第六节　案例：保利地产资金链风险管控案例分析 …………………… 457

第 14 章　房地产企业现金流管理 ……………………………………………… 462

第一节　现金流的概念与类型 …………………………………………… 462

第二节　房地产开发现金流需求分析 …………………………………… 466

第三节　房地产多项目开发的现金流管理 ……………………………… 473

第 15 章　房地产开发现金流预算管理 ………………………………………… 489

第一节　现金流预算管理的内容 ………………………………………… 489

第二节　现金流预算管理流程管理 ··· 490

第三节　现金流预算动态管理 ··· 495

第 16 章　房地产现金流营运管理 ··· 504

第一节　房地产现金流营运管理的含义 ·· 504

第二节　房地产现金流营运管理系统模型 ··· 505

第三节　房地产企业现金流精细化营运管理 ····································· 509

第四节　现金流"四流"精细化营运管理 ··· 517

第五节　基于波士顿矩阵法的现金流营运管理 ································· 521

第 17 章　基于价值链的现金流营运管理 ······································· 525

第一节　价值链与现金流管理的关系 ·· 526

第二节　价值链现金流管理目标细化分解 ··· 527

第三节　价值链现金流营运管理框架体系 ··· 529

第四节　价值链现金流营运管理制度设计 ··· 534

第五节　基于价值链的现金流营运管理优化 ····································· 535

第六节　基于价值创造的现金流营运管理 ··· 537

第五篇　精算纳税筹划 ·· 545

第 18 章　纳税筹划 ··· 546

第一节　纳税筹划概述 …………………………………………… 546

第二节　纳税筹划技术 …………………………………………… 552

第三节　房地产企业精算纳税筹划方法 ………………………… 557

第 19 章　"营改增"房地产企业精算纳税筹划设计 …………… 562

第一节　"营改增"过渡期老项目计税方式的选择 …………… 562

第二节　房地产企业纳税筹划方案设计 ………………………… 564

第 20 章　房地产开发全过程各环节精算纳税筹划 ……………… 580

第一节　项目立项环节的纳税筹划 ……………………………… 580

第二节　项目取地环节的纳税筹划 ……………………………… 583

第三节　项目融资环节的纳税筹划 ……………………………… 584

第四节　项目建设环节的纳税筹划 ……………………………… 584

第五节　项目销售环节的纳税筹划 ……………………………… 588

第六节　项目持有环节的纳税筹划 ……………………………… 592

第一篇

精益财务管理体系

第1章

精益财务管理

精益财务管理是以精益思想为出发点，在企业的筹资、投资、运营资金、成本管理等过程中，把精益管理思想与企业财务管理思想相结合，设计的一套现代化的财务管理模式。

第一节 精益财务管理的内涵与特征

一、精益财务管理的内涵

精益财务管理是建立在精益管理基础上的财务管理模式，核心重在"精益"。"精"代表着精细、精益求精，将财务管理的把控重点由结果导向转换为过程导向，更加注重过程和细节，将具体的流程量化、标准化，将管理渗透到每一个细节、每一个步骤上，从根本上摒弃粗放式财务管理。"益"代表效益，体现在财务价值的创造上，用最小的成本产生最大的效益，高效地实现企业价值增值。财务精益管理就是指以最精、最少的资金、资产、资本投入和成本耗费，集约管理各种财务资源和价值要素，创造出尽可能多的经济效益和股东价值。EVA是税后净营业利润与资本成本的差额，财务精益管理旨在落实和支撑EVA管理。与之相适应，财务精益管理的核心理念是精细为基、效益为本和资本集约；主旨是低资本消耗和高经营效益；目标是降低成本，消除浪费，提高资产周转率，防范风险，优化价值链，增加自由现金流，实现资本回报和企业价值的最大化；基本方式是科学平衡精细性与效益性、资本投入与EVA产出、成本与收益之间的关系，追求最佳经济效益。

二、精益财务管理的特征

1. 精益预算管理是精益财务管理的铺垫

预算管理是企业实施财务管理的主要手段之一，它是对企业现有资源的科学分配，对项目资源投入时间、产品生产的安排以及对产出时间、回报的详细说明。精益预算管理就是对资源的分配精确到各个项目业务上，做出最优的分配。这就需要将预算精细到部门、责任人，精细到项目每一笔收入和支出上，需要全体员工的参与、执行和多个部门的联合分析、监督。通过精细化的全面预算的编制，使企业明确经营目标，使各个部门的工作有方向，使每位员工清楚自己的职责所在，也方便企业评价部门业绩，考核员工绩效。

2. 精益成本管理是精益财务管理的重点

精益财务管理的目的是帮助企业降低不必要的投入，增加边际收入。在项目签订后，项目收入基本上就确定了，那么在这种情形下，成本就决定了利润高低。精益成本管理就是在成本效益原则的基础上，对项目可变成本进行管控，以成本效益原则为标准，成本管控决定了项目的可执行性，因此对于房地产企业而言，成本管控就是精益财务管理的重中之重。

3. 精益制度管理是精益财务管理的保障

精益财务管理的核心优势在于对各项业务流程的标准化要求和精细化控制，这种细节甚至精确到时间、任务、标准，要求严格。但大部分企业在这方面都存在管理缺失的现象，即缺乏标准化的规章制度或拥有较为完善的制度而执行不力，让规则流于表面。只有两者兼有才能切实保障精益财务管理方案的推行实施，精益规章制度需要为精益财务管理保驾护航。

首先是要厘清工作思路、顺序、内容。这是规章制度最为基本的，也是最重要的。

其次是要明确工作重点。这决定了项目执行的成败，可能只是一个操作、一个标准、一道工序，但它会对整个项目的实施产生很大影响。

再次是精益财务管理的精细化要求。精益财务管理的要求就是改善永无止境。精细化需要规章制度明确部门和个人职责，不能留下制度空白。

最后是完善制度后的执行。绩效考评让制度不是一纸空文，根据细分的职责设立考核要点，根据部门和个人工作业绩进行评价，严格遵照奖惩制度进行激励，将精益财务管理落到实处。

4. 系统信息化是精益财务精益的必要条件

互联网＋BIM，已经成为现代房地产/建筑企业精益财务管理的一个主要特征。

互联网＋BIM技术的引入首先能够很好地帮助企业进行精细化财务核算，提高会计处理效率。众所周知，会计是一项烦琐复杂的岗位，不仅工作量比较大，而且要求准确性高，注重细节，不能出一丝一毫的差错。毕竟员工是人，偶然出现差错在所难免，但造成的后果可大可小，对于企业影响不可估量。而引入信息化系统之后，软件系统的内在设定可以避免低级错误，科目账户之间勾稽关系可以避免逻辑错误，汇总表报表自动生成能够极大地将会计人员从大量烦琐复杂的工作中解放出来，使财务部门能够将精力放到数据分析中，为企业管理层决策提供坚实基础。

互联网＋BIM技术的引入还可以帮助房地产企业完善内部控制制度。由于存在岗位不相容设置，信息化软件从权限上维护企业内控制度，实施会计流程的监督；由于远程联网消除了地域、时间上的障碍，因此降低了职业道德缺失可能产生的风险，减少了人为因素，保障了企业财产安全。

互联网＋BIM技术更有利于房地产企业信息集成。互联网＋BIM技术将房地产开发项目的规划、设计、计划运营、工程管理、建造施工、产品销售、物业管理等环节全部置于监管之下，企业可以便捷地从中提取集成数据，掌握各个环节节点的信息，降低运行成本，为高层提供决策依据，更加有效地支持精益财务管理的推行与实施。

第二节　精益财务管理体系

精益财务管理一般包括以下四个方面的内容：财务预算"精益化"、成本管理"精益化"、财务流程"精益化"和财务工作"精益化"。

一、财务预算"精益化"

"精益化"的财务预算是建立在运营规划基础之上的，运营规划完成之后，企业便掌握了与预期销售额、生产、改进和新产品相关的诸多有用信息，根据这些信息以及对企业相关成本的理解，企业便可快速完成财务预算。

"精益化"的财务预算不再强调预算数据本身的精确性，它要求把预算管理工作做细，要求把影响企业效益的因素考虑齐全，从而能够在洞悉企业经营环境变化的同时，客观评价对企业的影响，为企业经营者做出经营决策，调整企业经营策略，实现既定目标，提供财务专业支持和服务。

"精益化"的财务预算是动态的，这样可以使全面预算管理达到精、细、全的标准，从而持续优化成本结构，减少无效、重复的支出，确保利润的不断增长；能更好地完善全面预算管理的指标体系，加强单项预算之间的衔接；能根据生产实际修订成本定额，提高预算的可执行度；能综合分析各单位预算指标之间的内在联系，达到各单位预算的协调和平衡。

在预算管理流程设计方面，公司应制订一套完整的预算工作流程，包括预算编制、跟踪控制、考核分析、调整等各个环节，通过这套流程，使得企业整个预算管理有章可循，提高工作效率，公司也可以通过这套流程明确各部门在预算编制和预算控制中的职责，理顺各部门的相互关系，保证权与责的一致。

公司的预算跟踪分析工作应是一项日常性的工作，财务部设专人对各月度的预算数据与快报数据进行对比，通过对差异的分析和对未来经济环境的判断，形成较为详细的月度预算完成情况分析报告。报告可以作为经营管理者顺利完成年度经营计划,适度调整经营策略,把握重点收入,成为成本项目动态的重要参考文件加以利用。

财务预算要切实做到上述"精益化"需要多方面的配合,包括企业高层管理人员的重视;固定的财务预算编制流程和参与者的积极配合;对预算的相关环节和每个部门的问题进行持续不断的改进,等等。

二、成本管理"精益化"

精益成本管理是构建在为客户创造价值的前提之上的,以供应链成本最小为目标,从而实现对整个企业的供应链成本管理。精益成本管理以客户价值增值为导向,融合精益采购、精益设计、精益生产、精益物流和精益服务技术,把精益管理思想与成本管理思想相结合,形成了全新的成本管理理念——精益成本管理。

三、财务流程"精益化"

一是"精益化"财务流程的分析。通过对内因、外因及作业流程的效率分析寻找出需要再造的关键流程,锁定再造目标。二是"精益化"财务流程的再造(包括优化及重构)。财务流程的系统优化实际上是在分析现有流程的基础上对其进行整合,消除或减少非增值作业,从而创建出新流程。财务流程的重构则是着眼于企业运营的创新考虑,对财务流程进行重新设计。一般而言,系统优化用于短期绩效改进,风险较低,但随着时间的推移,绩效的改进程度会逐渐降低,因此,企业财务流程的优化应是一项持续性的工作。

四、财务工作"精益化"

精益财务管理是以精益思想为起点,连接企业预算、成本费用、现金流、绩效考评等多个维度,以持续改善、永无止境为目标的企业财务管理工作手段。

第三节 精益财务管理系统打造

精益财务管理系统树立"资源换效益、资产换投资、存量换增量、市场换发展、时间换空间"的"五换"理念,着力提升"资本运作、决策支持、价值创造、风险防控、协同服务"五大能力,以打造一流财务管控体系。围绕五大精益财务管理能力提升,财务管理要向"大"转变,要树立"大财务"理念。

一、推行"大成本"战略

精益成本管理是指企业通过以整个产品供应链为对象,通过精益战略、精益组织、精益营销、精益设计、精益质量定位、精益采购、精益班组建设、精益现场管理、精益生产、精益质量管理、精益物流、精益服务等精益措施使整个供应链成本最小化。企业的"大成本"战略体系，要将生产经营的成本管理从日常经营成本管理延伸到战略性的成本管理，在整个生产流程上向两头延伸，即源头的成本管理到生产与服务各个环节的成本管理，包括项目投资决策、项目规划、研发设计、工程管理、项目建造、营销销售、运维服务等方方面面，通过加强企业内部各环节、全过程、全部门、全员的成本管理与控制来实现大成本管理。

二、打造"大资金"平台

精益资金管理要求强化项目资金运营全过程管控，完善资金运营管控体系，提高资金优化配置能力，确保项目建设运营所需资金，防范资金风险；加强资金运营管理和资本运作，优化资金结构，提升资金价值创造能力；进一步发挥全面预算管理在投资活动、运营活动、工程建设活动、营销活动、财务活动等方面的作用，进一步加强全面预算管控，充分发挥全面预算在战略引领、资源配置和价值创造等各方面的决策支持作用，促进企业发展战略和经营目标的实现。

三、构建"大分析"体系

财务部门要从投资回报分析、资产分析、预算管控和风险防范等方面进行精细化分析，积极开展对标。财务部门要积极收集同行业企业成本水平，形成同行定额标准和个性化的成本费用分析体系。要与生产技术部门一道通过对历史生产成本统计数据进行归纳分析，找出生产经营中通用的成本标准；要分析无定额的费用化支出，明确标准；在收费上要明确各种收入价格，建立企业收、支标准价目体系，使执行过程中有据可查，减少人为因素干扰，便于各部门互相监管。财务部门通过信息化平台，将这些标准成本体系置于财务管理信息平台中，不仅使各级管理者了解定额、标准，更有利于财务人员在会计业务处理中对标，做到事前控制，为生产经营创效提供决策性数据支持。同时，财务部门要积极开展纳税筹划，着力提升价值创造，保障企业利益最大化；在追求综合利益最大化时可以回避个别指标的最优化或个别项目的实施等。在价值最大化的引领下，全面预算要促进盈利的规模化、持续化，要让企业未来的战略规划更清晰、更明了，使"数字化生存"铭记于职工心中。

不懂大财务管理及资本运作和经营者，就不是合格的财务负责人。在财务管理向"大"转变的过程中，重点是要充分发挥全面预算管理的作用，积极组织和推进全面预算管理。

四、通过"事先测赢"，实现精益化财务管理

财务分析不仅局限于已发生的经济业务分析，更重要的是对将要发生的经济业务分析，也就是必须实施"事先测赢"，通过"事先测赢"来完善精益化财务管理。如

第1章　精益财务管理

何让将要发生的经济业务取得好的效益是财务分析、预测的重点。在目前一些企业经济状况不佳的情况下，必须要做精做细将要发生的收入、成本费用，将服务做强做优。

1. "事先测赢"导向的财务预测分析

企业除了战略性的全面预算管理目标外，日常最重要的是财务预测分析。企业应根据不同的生产业务对象采用有侧重点的财务预测分析。对生产产品稳定的企业，应着重对收入、成本费用进行对标分析，与同行业比，与处于先进水平的企业比，哪里需要改进，改进目标是多少，要让各级岗位人员明了下一步要达到的具体指标；对于按件按项目经营的企业，应着重于现在项目各种指标是否需要优化，下一步努力指标要达到多少，还应该再承接哪些项目，企业现有多少资金、人力、设备，实施以后将会有多少收入、支出、回报率和风险，不实施又会产生怎样的影响，等等。

2. "事先测赢"导向的财务精细化管理

"事前测赢"是实现财务、业务各部门组织整体协调一致的"前奏"，是企业资金安排、人力配备、专业生产（施工）、技术、销售等工作的"第一道工序"。只有这样，才能人人了解最终效益目标，知道与自己收益之间的关系，调动全员参与管理的积极性。

实现精益财务管理，对新增投资项目要进行"事前测赢"的盈利分析，收入、支出要改"粗放型"为"精细化"管理。要深入到每一个生产工艺（项目）作盈利分析，确定哪些项目需要更加细化，在进行财务分析的过程中剔除那些耗费资源却不创效的部分，以实现精益化财务管理。如对生产环节中用到的易耗品，不以领用时计入成本，而是以消耗时计入成本，既加强了物资管理，又真实地反映了成本费用。

第四节　如何让财务管理"精益"起来

为实现精益财务管理目标，要从"找准全面预算"这个点、"贯通流程管控"这根线和"创新精益财务"这个面出发，激发创新活力，为财务管理注入精益动力。

一、"找准全面预算"这个点

在全面预算管理中引入精益理念，以精益财务的主导思想推进全面预算信息化建设，最大限度地消除和减少无价值管理活动，找准"全面预算"这个点。

二、"贯通流程管控"这根线

充分体现精益财务管理思想，在财务信息化系统中杜绝无价值活动，从财务管理方面为实现价值最大化这一目标提供支持。

方法是从原来信息化建设的基础上入手，引入基于系统融合、体现精益财务管理的全面预算系统理念，在实施预算管控流程中心的基础上，研究如何在流程管控中心上集成预算管理流程，并融合核算、资金、预算、资产四个子系统中关于预算管理的功能节点与数据连接，形成标准化预算管控流程中心界面。

在实现预算管理工作标准化、统一化的基础上，企业各层级、各项目、各部门的预算编制部门、归口管理部门、预算办公室相关操作人员，能够在统一集成的系统界面中，按系统展示的标准业务流程，方便快捷地执行各个相关的功能节点，完成预算管理的年度预算编制、中期预算调整、预算执行控制、预算分析报表等业务内容。

三、"创新精益财务"这个面

从以下四个方面入手，依托信息化，从"创新精益财务"这个面，为财务管理注入精益动力。

第一，复杂的事情简单化。明确区分了项目、资金、成本三条主线的预算系统入口，根据各项目、各部门、各岗位的管理需求、工作权限，个性定制系统控制规则，让进入系统操作的人员，可以按照"所见即所得的流程中心入口"进行相关业务的操作。

第二，简单的事情流程化。在分析预算管理核心要求的基础上，精细化年度预算编制、中期预算调整、预算执行控制、预算分析报表等环节的标准管理流程，促进预算管理形成标准化、统一化的工作流程，并有效提高预算管理规范化。

第三，流程化的事情定量化。对标准业务流程进行岗位人员、流程节点、环节步骤、操作时间等定量的数据统计，测算所需最少人员、节点、环节、步骤、时间，依据测算结果对管理流程进行优化，经过取消、合并、调整后，精简优化流程，最大限度地缩短作业时间，提高工作效率。

第四，定量化的事情信息化。建立流程统一、数据共享的流程中心工作平台，并通过流程中心的预算管理协同功能，解决各部门在预算管理过程中的协作困难问题，提高预算管理的时效性、准确性，规范执行预算编制管理流程。

第 2 章

财务战略管理

　　企业财务战略管理，是指为谋求企业资金均衡有效的流动和实现企业整体战略目标，为增强企业财务竞争优势，在分析企业内外环境因素对资金流动影响的基础上，对企业资金流动进行全局性、长期性与创造性的谋划，并确保其执行的过程。企业财务战略关注的焦点是企业现金流动，这是财务战略不同于其他各种战略的质的规定性；企业财务战略应基于企业内外环境对资金流动的影响，这是财务战略环境分析的特征所在；企业财务战略的目标是确保企业资金均衡有效流动而最终实现企业总体战略。

　　财务战略管理作为企业整体战略的一个子系统，具有重要的意义：（1）财务战略管理通过对企业内外环境分析并结合企业整体战略的要求，提高了企业财务的能力，即提高了企业财务系统对环境的适应性；（2）财务战略管理注重系统性分析，这提高了企业整体协调性，从而提高了企业的协同效应；（3）财务战略管理着眼于长远利益与整体绩效，有助于创造并维持企业的财务优势，进而创造并保持企业的竞争优势。

第一节　财务战略及其本质

一、财务战略的定义

　　财务战略属于财务管理中的一部分，其关注要点是企业资金的使用和管理问题。财务战略综合考虑了企业内部和外部宏观环境，通过拟定有关战略规划实现对企业财务的管理和控制，以保证企业总体战略的有效实施，促使企业价值最大化。与传统财务管理相比，财务战略更多的是以长期、全面的视角去审视财务领域的问题。

　　国内外学者给予了财务战略不同的定义，总结如表 2-1 所示。

表 2-1 财务战略定义总结

专家学者	定义
Harrison	财务战略是一种资本结构和资金计划,是支撑和配合一个企业发展以及竞争战略有效实施的关键要素,包括一系列的财务决策
安索夫	财务战略关注的是为整体战略的实施提供资金并支持公司的经营。这些战略包括获取资金的政策和计划、为投资项目和经营机构分配资金、管理营运资金和支付股息
郭复初	财务战略是企业对财务资源配置活动在发展途径上,在一定时期内,以企业的经营方针和经营战略为根据,以大环境的经济发展战略为依托,做出的一种非主观的、合理的描述
陆正飞	财务战略是为了谋求企业资金均衡有效地流动和实现企业战略,为增强企业财务竞争优势,在分析企业内外环境因素对资金流动影响的基础上所预先指定的,用以指导企业未来较长时期财务管理全局的总体目标以及实现这一目标的总体方略
吉全贵	财务战略是财务决策者在特定环境下,依据已定的指导思想,在充分考虑企业长期发展中各环境因素变化对理财活动影响的基础上,所预先指定的用以指导企业未来较长时期财务管理全局的总体目标以及实现这一目标的总体方略
魏明海	财务战略是在企业战略统筹下,以价值分析为基础,以促使企业资金长期均衡有效地流转和配置为衡量标准,以维持企业长期盈利能力为目的的战略性思维方式和决策活动;财务战略是以战略性的思维方式,在实现企业总体战略的基础上,以企业价值最大化为目标,做出的一种财务活动决策
罗福凯	财务战略是企业总体战略的众多组成部分之一,是解决和分析企业重大且复杂的财务活动和财务关系的一种充满预见性和全局性的策略
侯龙文	企业财务战略是为谋求企业资本均衡有效的流动,提高资本运营质量和效益,实现企业战略目标,为增强企业竞争优势,在分析企业内外部理财环境因素对资本流动影响的基础上,对企业资本流动进行全局性、长期性和创造性的谋划,并确保其执行的过程

从上述专家学者定义的财务战略内涵看,它们之间有许多共同之处,如全局性、导向性和长远性这三个基本特征,在财务战略的这些定义中是共有的。所以,本书认为,企业财务战略作为企业战略的子战略,要以企业整体经营战略为出发点、以实现企业价值最大化为目标,制订出相适宜的财务资源配置计划,保障企业财务活动的正常运营和财务管理活动的顺利进行。

二、财务战略的本质

对财务战略的本质,理论界虽未形成统一的认识,但在一些基本问题上还是达成共识的。譬如,财务战略是对企业财务活动的整体性决策,其着眼点不是当前,而是未来,是立足于长远的需要对企业财务活动的发展所做出的判断。但在对财务战略的目的、范畴、依据等问题的认识上还存在着分歧。作者认为，财务战略是战略理论在财务管理方面的应用与延伸，它既具有一般战略的某些共性，又具有自己的特性。科学地界定财务战略的本质，既要反映其"战略"共性，又要揭示其"财务"个性。

1. 财务战略的"战略"共性

（1）全局性。财务战略是以整个企业的筹资、投资和收益分配的全局性工作为对象，根据企业长远发展需要而制定的。它是从财务的角度对企业总体发展战略所做的描述，是企业未来财务活动的行动纲领和蓝图，对企业的各项具体财务工作、计划等起着普遍的和权威的指导作用。

（2）长期性。制订财务战略不是为了解决企业的眼前问题，而是为了谋求企业未来的长远发展。因此，财务战略一经制定，就会对企业未来相当长时期内的财务活动产生重大影响。

（3）导向性。财务战略规定了企业未来较长时期内财务活动的发展方向、目标以及实现目标的基本途径和策略。它是企业一切财务战术决策的指南，企业的一切财务活动都应该紧紧围绕其实施和开展。

（4）风险性。由于企业的理财环境总是在不断变化的，因此，任何企业的财务战略都伴随着风险。财务战略风险的大小，主要取决于财务决策者的知识、经验和判断能力。科学合理的财务战略一旦实现，会给整个企业带来勃勃生机和活力，使企业得到迅速发展；反之，则会给企业造成重大损失，使企业陷入财务困境甚至破产。

（5）适应性。现代企业经营的实质，就是在复杂多变的内外环境中，解决企业外部环境、内部条件和经营目标三者之间的动态平衡问题。财务战略把企业与外部环境融为一体，注重观察、分析外部环境的变化及其给企业财务管理可能带来的机会和威胁，因而大大增强了企业对外部环境的适应性。

（6）动态性。战略是环境分析的结果，环境的变化必然引起战略的变化。一般来说，当理财环境变化不大时，一切财务活动都必须按原定财务战略行事，充分体现财务战略对财务活动的指导性；当理财环境发生较大变化时，财务战略就应做适当的调整，以适应环境的变化。

2. 财务战略的"财务"个性

（1）财务战略在企业战略体系中的相对独立性。企业战略具有多元化结构的特征，它不仅包括企业整体意义上的战略，而且包括职能层次上的战略。财务战略作为企业职能战略之一，其相对独立性主要取决于以下两个基本事实：①在市场经济条件下，财务管理不再只是企业生产经营过程的附属职能，而是有其特定的相对独立的内容；②财务活动并非总是企业的"局部"活动，而是有着许多对企业整体发展具有战略意义的内容。

（2）财务战略地位的从属性。财务战略作为企业战略系统中的一个子系统，尽管它有其自身的特色，具有相对的独立性，但它必须服从和反映企业战略的总体要求，应该与企业战略协调一致，并为企业战略的顺利实施和圆满完成提供资金支持。

（3）财务战略谋划对象的特殊性。财务战略是对企业财务活动的一种谋划，其目标是谋求企业资金运动最优化。财务战略要解决风险与收益的矛盾、收益性与成长性的矛盾、偿债能力与盈利能力的矛盾、生产经营与资本经营的矛盾等，这一系列矛盾都是由财务战略谋划对象的特殊性所引发的。

（4）财务战略实施主体的全员性。从纵向看，财务战略的制定与实施应是企业经营者、财务职能部门经理、基层财务部门"三位一体"的管理过程；从横向看，财务战略必须与企业其他战略相配合，渗透企业的各个部门、各个方面，并最终由经营者负责协调。因此，财务战略管理实际上是以经营者经营战略为主导、以财务职能部门战略管理为核心、以其他部门的协调为依托而进行的全员管理。

通过以上分析，财务战略应定义为：为了谋求企业的长远发展，根据企业战略要求和资金运动规律，在分析企业内外环境因素的变化趋势及其对财务活动影响的基础上，对企业未来财务活动的发展方向、目标以及实现目标的基本途径和策略所做的全局性、长远性、系统性和决定性的谋划。

第二节 财务战略的主要内容

企业财务战略的主要内容有筹资组合战略、负债经营战略、资本结构优化战略、资本投资战略、收益分配战略、成本管理战略等。

一、筹资组合战略

筹资组合战略是企业财务战略乃至企业经营战略的一个重要组成部分。因为，筹措必要的资金不仅是企业战略和投资战略实施的前提，而且筹资成本的高低还会直接增加或降低企业的经营成本，进而波及企业的竞争力。

企业筹资战略是根据企业内外理财环境的状况和趋势，对企业资金筹措的目标、结构、渠道和方式等进行长期和系统的谋划，旨在为企业经营战略的实施和企业长期竞争力的提高提供可靠的资金保证，并不断提高企业筹资效益。筹资战略不是具体的资金筹措实施计划，而是为适应未来环境和企业战略的要求，对企业资金筹措的重要方面所持的一种长期的、系统的构想。筹资战略的直接目的是既要使企业达到资本成本最小化，又要确保企业资金来源的可靠性和灵活性，并以此为基础不断降低企业的总资本成本。

筹资战略针对下列问题确定应该采取的行动方针，即：为什么筹资（Why）？从何处筹资（Where）？何时筹资（When）？用什么方式筹资（How）？筹集多少资金（How much）？筹资的成本为多少（Cost）等。与具体的筹资方法选择决策不同，企业筹资战略是对各种筹资方法之间的共同性和原则性问题做出选择。它是决定企业筹资效益最重要的因素，也是企业具体筹资方法选择和运用的依据。

二、负债经营战略

负债经营是商品经济高度发达的产物。负债经营已成为当今世界上经济高速增长国家的企业经营理财的重要形式。但负债经营也像世界上的万物一样，有利也有弊。正确认识、客观评价负债经营的利与弊，根据市场需求和经济环境的发展变化与企业生产经营对资本的实际需要及财务状况，把握负债经营的适度性，有效实施负债经营战略，是成功运作资本，持续稳定发展企业的关键。

负债经营战略管理主要包括举债规模的管理、举债方式的管理、负债期限的管理、举债利率决策、清偿方式的选择等。

三、资本结构优化战略

资本结构是决定企业整体资本成本的主要因素和反映企业财务风险程度的主要尺度。稳固、健康的资本结构是企业生存和持续发展的有利条件，而脆弱、病态的资本结构则会给企业带来高额的资本成本和巨大的财务风险。所以，优化资本结构，合理筹措资金，使各种资金来源和资本配比保持合理的比例，是企业财务战略管理的重要内容，也是企业财务战略管理的核心。

在进行资本结构优化决策之前，经营理财人员应深入了解资本结构理论，资本成本、资本结构与企业价值之间的关系，确立资本结构优化目标和资本结构优化观念，把握资本结构优化的标准和优化资本结构的基本要求及有效途径。这是科学地进行资本结构优化决策的基础。

四、资本投资战略

资本投资战略是企业财务战略管理的核心内容，决定着企业能否把有限的资金和资源合理配置，有效利用。其主要包括：固定资产投资方向、企业规模和资本规模的确定；资本是用于外延扩大投资，还是用于内涵扩大投资，是用于老产品改造，还是用于新产品开发投资；资本是用于自主经营，还是引进外资联合投资，是自有资金投资，还是贷款负债投资；固定资产与流动资产投资比例决策；有风险条件的投资战略决策；通货膨胀条件下的投资战略决策，等等。

五、收益分配战略

收益分配战略是明确企业获利程度的战略目标，如利润额、利润率等。利润分配主要是解决在较长时期内的企业留利多少用于资本积累扩大再生产、多少用于改善职工生活福利提高职工生活质量等。关于这方面的内容主要包括资本收益的管理、股份公司股利分配政策的制定等。

六、成本管理战略

关于这方面的内容请参阅作者的《目标成本管理》《精细化成本管理》《作业责任成本与作业责任会计》等著作和本书第三篇各章节内容。

第三节　财务战略的类型与分类

一、企业投资战略

1. 企业投资战略的概念

企业投资战略是指根据企业总体经营战略要求，为维持和扩大生产经营规模，对有关投资活动所作的全局性谋划。它是将有限的企业投资资金，根据企业战略目标评价、比较、选择投资方案或项目，为获取最佳的投资效果、效益所作的选择。企业投资战略是企业总体战略中较高层次的综合性子战略，是经营战略化的实用化和货币化表现，并影响其他项目战略。

2. 企业投资战略的类型

企业投资战略可分为发展型投资战略、稳定型投资战略与退却型投资战略。

（1）发展型投资战略。发展型投资战略是企业在现有水平上向高一级迈进的战略，在国民经济高速发展的时期及企业经营状况良好的情况下，推行这一战略会收到良好的效果。这一战略的特点增加对企业设备、原材料、人力资源等的投资，以扩大企业生产规模，提高产品市场占有率。

（2）稳定型投资战略。稳定型投资战略适用于稳定或下降行业中的企业。这些企业的市场规模已很难扩大，因此，这种战略的特点是，在投资方向上不再将本企业的老产品作为重点，不再追加设备投资，而是努力寻找新的投资机会，不再扩大现有企业规模，但尽可能地保持市场占有率，降低成本和改善企业的现金流量，以尽可能多地获取现有产品的利润，积聚资金为将来的发展作准备。企业推行这一战略的要点是，企业决策者要切实把握企业的优劣势，选准新的产品为投资对象。

（3）退却型投资战略。这一战略多用于经济不景气、资源紧张，企业内部存在着重大问题，产品滞销，财务状况不恶化，政府对某种产品开始限制以及企业规模不当，无法占领一个有利的经营角度等情况，其实施的对象可以是企业、也可以是事业部、生产线或一些特定的产品、工艺。这种投资战略的特点是，从原先经营领域撤出资金，减少产量，削减研究和销售人员。这种退却型战略是企业家最不愿意采用且可能扭转败局的战略。企业采用这战略的关键是把握住时机，以退为进，不要错过良机。

3. 企业投资战略的分类

按投资战略的规模特征分类，可分为稳健型投资战略、扩张型投资战略、收缩性投资战略和混合性投资战略。

（1）稳健型投资战略，又称为平衡型投资战略。它是为配合企业实施对现有产品或服务的市场开发或市场渗透战略而展开的。它是以实现企业业绩稳定增长和资产规模平稳扩张为目的的一种投资战略。实施这种战略，需要根据企业自身经营状况确定与之匹配的发展速度，最大限度地优化资源配置和提高资源使用效率，同时将积累的利润作为资产规模扩大的基本资金来源，谨慎对待利用负债来实现资产增长的风险行为。因此，实施稳健型投资战略的企业一般表现出低负债、高收益、中分配的特征。这种投资战略的特点是充分利用现有资源，慎重进入与企业核心优势不相关的领域，对外集中竞争优势，兼有战略防御和战略进攻的双重特点，通常是一种过渡性战略。

（2）扩张型投资战略，又称为进攻型投资战略，是为了配合企业的一体化战略和多元化战略而展开的。这种投资战略是以实现企业资产规模的扩张为目的的。实施这种战略时，企业需要在留存绝大部分利润乃至全部利润的同时大量地进行外部筹资，更多地利用负债。因为负债筹资既能为企业带来财务杠杆效应，又能防止净资产收益率和每股收益的稀释。这种投资战略的特点是企业对外投资规模不断扩大，现金流出量不断增多，资产报酬率下降，企业负债增加，一般会表现出高负债、低收益、少分配的特征。这种投资战略的优点是通过新的产品或市场发展空间，可能会给企业未来带来新的利润增长点和现金净流量。

（3）收缩型投资战略，又称为防御型投资战略。该投资战略是一种收缩现有投资规模的战略。企业从竞争领域退出，从现有经营领域抽出资金，缩小经营范围，也即企业收缩市场，撤出某些经营领域、减少生产经营的产品种类。这种战略可分为两种：一是完全紧缩性投资战略，就是企业受到全面威胁时，难以持续经营，而将全部资产清算以收回资金，偿还债务；二是部分紧缩性投资战略，是将企业部分非关键产品停产，并出售相应的资产，以及将非关键技术出卖，紧缩经营规模。企业在经营决策严重失误、周期的衰退阶段时，宜用用这种投资战略。

（4）混合型投资战略，是指企业在战略期间内，同时采取稳定、扩张、收缩型几种战略，三管齐下，全面出击。它要求企业在不同阶段或不同经营领域，采用不同的投资战略。

按投资战略的投向特征分类，可分为专业化投资战略和多元化投资战略。

（1）专业化投资战略。该投资战略是指企业长期将资金投放于某一特定生产经营领域或特定产品和业务项目上，投资的增加通常只是引起经营规模和市场规模的扩大，而不会引起经营结构和市场结构的改变。企业采取这种投资战略的基本目的多是追逐高额利润。

（2）多元化投资战略。该战略又称分散化、多角化投资战略，是指企业将投资分散投放于不同的生产经营领域或不同的产品和业务项目上，投资的增加必然导致经营结构市场结构的改变。由于投资对象至少可以分为产业（或实业）投资和证券投资，多元化投资的结果可以形成产业投资组合。从理论上讲，企业采用多元化投资战略可以有效地分散风险。

当然"投资组合"可能产生极高的成本，它不仅包括巨大的开发成本、经营成本、管理成本，而且还包括机会成本（这里指因未投资主导产品后续发展而使主导产品丧失竞争的能力），并且行业间往往对手众多，市场波动较大，经营主体因经营不善造成的主观风险性较大等等，可见，在现实中并非任何企业都可以通过多元化经营来规避经营风险。

一个企业究竟应实行专业化还是多元化，这取决于企业所属行业、管理能力、规模实力、发展目标等一系列因素。专业化与多元化经营只是企业的两种投资战略，它与企业规模大小并无必然的联系。不过多数多元化经营的大型企业集团，在创业初期都是专业化的。它们在专业化经营的基础上开发关联产品，走出一条主导产品多样化的道路，如以其品牌为纽带开发系列产品，还有些企业在专业经营基础上由生产关联产品到非关联产品，逐步过渡到多元化经营。总之，一般企业在投资战略上应考虑在专业化的基础上，以主导产业或核心产品和核心业务为基础，自动衍生或拓展其他产业或产品业务，即"相关多元化经营"。

按投资战略所需要的资金密度分类，可分为资金密集型投资战略、技术密集型投资战略和劳动密集型投资战略。

（1）资金密集型投资战略。该战略是指在长时期内，企业确定的投资方向需要投入大量的资金，这些投资方向的实际运行主要依靠资产的运用来实现。

（2）技术密集型投资战备。该战略是指在长时期内，企业确定的投资方向需要大量的技术投入，这些投资方向的实际运行主要依靠技术的运用来实现，投资的重往往是先期的技术开发。

在技术密集型的投资战略中，又可以细分为改变产品整体功能的战略和增加产品附加功能的战略。改变产品整体功能是指通过技术研究使产品的性质发生根本变化，即由一种产品变成另一种产品；增加产品附加功能是指通过技术研究只是在产品的主体功能上增加某些新的功能，产品的主体功能不变。

（3）劳动密集型投资战略。该战略是指在长时期内，企业确定的投资方向主要需要大量的劳动投入，这些投资方向的实际运行主要靠劳动力的推动。

在投资战略决策中，企业必须根据自身的特点，选择投资方向。当企业资金雄厚时，才可以选择资金密集型的投资战略；当企业技术力量和研究开发条件雄厚时，才可以选择技术密集型投资战略；当劳动成本低，企业资金不足、技术条件不充分时，应选择劳动密集型投资战略。一般而言，伴随社会生产力的发展和企业的不断成长壮大，通常要经历由劳动密集型到资金密集型，再到技术密集型的投资战略转移。

二、企业融资战略

1. 企业融资战略的内涵

企业融资战略是指企业根据公司整体战略需要，为满足企业长期投资及经营所需资金，而对融资规模、资本结构、融资渠道组合、融资成本等所做的长期性全局性的谋划。

企业融资战略主要用来规划企业未来一段时期内融资规模、融资渠道、融资方式、融资时间，并实现优化企业资本结构和战略实施提供资金保障的目标。

企业融资战略应该讲究 3W2H1C，即采取的行动方针：为什么融资（Why）？从何处融资（Where）？何时融资（When）？用什么方式融资（How）？筹集多少资金（How much）？融资成本为多少（Cost）？只有采取这样的分析方式，才能制定较理想的战略，确保企业资金来源的可靠性和灵活性，并以此为基础不断降低企业资金成本。

2. 企业融资战略的类型

企业融资战略一般按照与企业经营风险的结合方式分为以下四类：

第一，高经营风险——高财务风险的融资财务战略。高经营风险企业一般处于初创期，采用高财务风险的融资战略，可以降低股东投资失败的损失。因此，企业股东会积极支持该策略模式。但是由于该策略模式侵害了债权人的利益，所以实现的可能性较小。

第二，高经营风险——低风险的融资战略。采用该策略的企业一般处于初创期或发展初期，经营风险很高，主要采取股权融资方式，由股东承担投资风险，不损害债权人的利益。

第三，低经营风险——高风险的融资战略。低经营风险企业一般处于行业快速发展期或成熟期，采用高风险的融资策略，可以较大提高企业净资产收益率，而低经营风险也保障了债权人的利益。

第四，低经营风险——低风险的融资战略。该战略模式虽然整体风险最低，但由于限制了企业的盈利能力，不利于提高股东财富，所以一般不被企业股东采纳。在特殊情况下，比如周期性行业且行业景气度波动较大，提倡逆周期投资理念的股东会在行业周期性繁荣期会采纳该融资战略。

3.融资战略决策

融资战略决策分为资本结构决策、融资渠道组合决策和项目决策三类。

资本结构是指负债与权益的组合情况，其合理与否既影响公司的获利能力，也影响公司的财务风险，因此资本结构决策是融资策略决策的关键。在实际工作中影响资本结构的因素很多，战略决策人员应根据公司实际影响因素，做出适合公司的资本结构决策。由于控股股东股权融资金额的相对固定性，资本结构决策也在一定程度上决定了公司的总融资规模，因此融资规模决策一般与资本结构决策一并做出。

融资渠道组合决策是指在资本结构确定的情况下，具体安排负债的融资渠道组合和股权的融资渠道组合，分析各渠道的资金成本、使用限制、获取难易度等，在此基础上进行融资渠道组合的安排。

项目投资决策是对某项复杂的一次性的生产和工程项目进行投资决策。在企业中，项目一般是指技术上比较复杂、工程量大和不确定因素多的生产和建设任务。在国民经济中，项目一般是指那些在某一经济部门中需要巨额投资，建设周期较长和对该部门经济效益有明显影响的建设项目。

项目投资决策的内容包括：根据UNI-DO《工业可行性研究编制手册》的规定，一个工程项目从投资到建成投产，共经历三个时期，即项目投资前时期、项目投资时期和生产时期。而可行性研究是属于项目投资前期的重要环节，它本身又可分为机会研究、初步可行性研究、技术经济可行性研究和评估报告四个阶段。

三、企业生命周期财务战略

企业的生命周期是指企业从成立、成长、壮大、衰退直至破产或解散、清算完毕的整个时期。企业的生命周期一般可分为初创期、成长期、成熟期与衰退期四个不同阶段。不同生命周期下的企业财务战略及规划如表2-2和表2-3所示。

表2-2 不同生命周期下的财务战略

企业生命周期	初创期	成长期	成熟期	衰退期
总体财务战略	扩张型	扩张型	稳健型	防御收缩型
筹资战略	风险资本筹资	权益型筹资	偏债务型筹资	债务筹资
投资战略	稳定型投资	扩张型投资	稳定型投资	收缩性投资

（续表）

企业生命周期	初创期	成长期	成熟期	衰退期
股利分配战略	零股利分配	剩余股利分配	高比率股利分配	全额股利分配

表 2-3　以生命周期为标准的划分

财务战略类型		财务战略方向和选择
初创期	融资战略	初创期企业收益极不稳定且较低，融资目标是为企业筹得创业资金，融资方式主要以内部筹资、风险投资为主，债务融资为次要方式，以预计投资收益为依据决定财务杠杆风险的大小
	投资战略	以集中投资战略为主，向市场前景较好、有盈利吸引力的投资项目进行业务拓展，重点处理好投资与融资风险的关系
	分配战略	企业利润分配战略采用零分配或低股利支付政策，将企业留存收益累积起来用于企业以后的发展和经营
成长期	融资战略	成长期的企业销售额倍增，企业应选择快速扩张的筹资战略。企业应提高负债比率，设法使企业资金成本降低，提高企业的权益资本收益率
	投资战略	以一体化投资战略为主导，利用成长期产品迅猛发展的优势，对企业价值链进行积极拓展，增大生产发展规模，实现企业的快速扩张
	分配战略	企业利润分配战略采用低股利支付政策，将留存收益投资于有助企业发展的项目
成熟期	融资战略	这一时期，企业主要采用以负债融资和内部融资为主，结合联合融资等方式，自有资金较充沛
	投资战略	这一时期，企业主要采用稳定和多元化投资战略。通过市场渗透、市场开发，积极扩张规模，发展产品多元化
	分配战略	这一时期，企业应采用稳定增长的股利支付政策，把前期投资者投资金额以分配方式返还给投资者
衰退期	融资战略	这一时期，企业应减少负债融资，以筹集维持生存的资金为目标，通过追加投资、内部债务融资、资产剥离等渠道融资，降低财务风险
	投资战略	这一时期，企业主要采用收缩型投资战略，剥离企业滞销产品，停止对不盈利产品的投资。用改善成本、降低库存等方法积累资金，等待二次腾飞的机会
	分配战略	这一时期，企业通常不进行利润分配或进行较低股利支付率的政策

（1）初创期企业财务特征及财务战略。在初创时期，由于初创时期企业资信水平低，偿债能力差，资产抵押能力有限，负债融资缺乏信用和担保支持，很难获得银行贷款支持，企业资本主要来源于创业者和风险资本。投资项目具有高风险和高

收益的特点，技术研发风险、产品推广受阻、同业竞争激烈、融资不力以及资金回收难等经常发生。财务上一般体现为集权模式，创业者对筹资、投资以及日常财务管理工作都要过问，财务大权完全掌控在创业者手中。因此，该阶段企业财务管理的目标是"现金流量最大化"，采取以"低负债、低收益、不分配"为特征的稳步成长型财务战略。

在初创期资源有限的条件下，如何在企业财务战略的指导下，最优化企业的资源配置使企业生存下来，是企业初创期所面临的基本问题。在投资方面，企业应根据有限的资金，选择所能达到的投资规模，通过资源在一项业务中的高度集中，增加其主要业务的销售量，提高市场占有率，从而为企业发展进行原始资本积累。此外，企业应将筹集的资金集中用于新产品的研究开发、市场推广、工艺设计等领域。在筹资方面，企业应保持良好的资本结构，根据未来的偿债能力选择可以接受的融资方式，要防止企业在初始阶段背上沉重的债务负担而陷入财务危机。处于初创期的企业融资渠道比较少，往往通过留存收益来提供资金。在募集新的长期资金方面，可以招募新的股东或者从银行贷款，但在利润不足的情况下，企业很难获得资金支持，资金成本高。在这种情况下，企业可以选择风险投资，政府也可以通过减免税收的方法鼓励私人进行风险投资。在分配方面，初创期企业收益低且不稳定，实现的税后利润应尽可能多地留存，充实资本，为企业的进一步发展奠定物质基础。因此，这一时期一般不分配利润。

（2）成长期企业财务特征及财务战略。企业通过积累，形成了初步规模，拥有了一定的自有资金周转规模，在一定的市场中建立了较大的竞争优势，形成了一定规模的员工队伍，具备了一定的融资能力。经营者分权财务治理模式逐渐形成，所有权与经营权也逐渐发生分离。一般成长期企业以"利润最大化"为财务管理目标，采取"高负债、高股本扩张、低收益、少现金分红"的快速扩张型财务战略。

在成长阶段，企业财务战略的任务是谋求市场中的领先地位，争取成为拥有巨大市场实力的强势企业。从筹资战略上看，银行和其他金融机构都愿意提供资金，企业举债的资信条件得到满足，通常能贷到数额大、成本低、附有优惠条件的贷款。因此，在融资方式上，企业应该更多地利用负债筹资。因为负债筹资既能为企业带来财务杠杆效应，又能防止净资产收益率和每股收益的稀释。从投资策略看，这一阶段的企业宜采取一体化投资战略，即通过企业外部扩张或自身扩展等途径获得发展，以延长企业的价值链或扩大企业的规模，实现企业的规模经济。企业可适度增大营销投入，以维持现有的市场地位。同时，企业在快速成长阶段需要大量的人才，因此必须将人力资本投资纳入投资战略体系之中，企业人力资本投资是通过一定量的资金投入，增加与企业业务有关的人力资本投资客体的各种技能水平的投资活动。此外，由于企业的现金储备充足，可以将现金转换为有价证券或对外股权投资，以获取投资收益，实现资本保值增值。在分配方面，企业的股利分配政策应该在保证企业未来成长的资金支持的前提下，实现企业所有者现实利益的增长。因此企业可以在定期支付少量现金股利，而送股、转增股的使用较为普遍。

（3）成熟期企业财务特征及财务战略。在成熟期，产品开始进入回报期，由于产品市场份额稳定，企业盈利水平稳定、现金流转顺畅，企业财务状态比较稳定，人力资源充足，研发能力增强；组织管理方面，由于企业组织层次的增多，部门之间相互推诿的现象增多，创新精神逐步为较为保守的做事方式取代，应变能力开始变差，这一阶段需要充分注意预防"大企业病"。在这个阶段，由于企业规模扩张，甚至采取国际化运作方式，客观上需要职业经理人员进行实际运作、管理，形成了职业经理层财务治理模式。成熟期企业以企业价值最大化增长为财务管理目标，财务战略一般应采取"低负债、高收益、中分配"的稳健型财务战略。

为了避免企业进入成熟阶段后对企业发展速度的制约，企业一般应采取折中的财务战略。在投资方面，企业多采用多元化的投资战略，以避免资本全部集中在一个行业所可能产生的风险。同时，企业需要为快速成长阶段积累下来的未利用的剩余资源寻找新的增长点，但市场容量有限，这便导致企业转向其他行业。企业也可继续采用兼并收购等资本运作的方式，巩固其规模经济的效益，从而使企业有效地整合内部及外部资源，扩大企业的盈利水平，提高企业的经营效率，优化资源配置。在筹资方面，企业对外部资金的需要逐渐下降，而先前取得的款项也逐渐进入了还款期，由于企业此时具有较为丰厚的盈余积累，在资金的使用上应以内部资金为主，以防止企业在战略调整过程中出现过重的利息负担。为了优化资产负债结构，改善现金流状况，成熟期企业可以采用资产证券化的方式来进行筹资。这不仅可以增强发起人的资产流动性，而且风险较小，收益适中，有利于企业获得较高的资信评级，改善企业的财务状况并提升企业的经营状况，使企业的营运进入良性循环状态。财务指标的优化和低成本融资渠道的畅通，能够使企业的业务经营具有更大的灵活性，可以采用积极的销售政策如赊销来提升经营业绩，从而使企业营运良性循环等等。从收益分配战略看，企业成熟期现金流量充足，筹资能力强，能随时筹集到经营所需资金，资金积累规模较大，具备较强的股利支付能力，而且投资者收益期望强烈，因此适宜采取高股利支付比率的现金股利政策。

（4）衰退期企业财务特征及财务战略。企业处于衰退期时，销量、利润急剧下降，呈现负增长态势；产品、设备及工艺老化；企业思想僵化、创新意识严重缺乏，企业内部闲置的人力资源也不断增加，企业财务状况逐渐变坏，员工流动率增大等。处于此阶段的企业具有较低的经营风险和较高的财务风险。在这一阶段，企业财务管理的重点在于获得稳定的现金流量，并不断提高自身的市场价值。因此，企业财务管理目标将会是"现金流量最大化"，企业应采取"高负债、低收益、少分配"的防御收缩型财务战略。

企业衰退期采取的防御型财务战略表现在如下方面：从投资战略来看，衰退时期的企业往往通过业务收缩、资产重组或被接管、兼并等形式延缓衰退，或蜕变为另外一个产业的企业。当然，在这种情况下，企业应合理地进行投资，谨慎地进行资本运作，以有效规避风险。同时，在该阶段的发展中，还要非常注意财务指标的预警提示。对于那些不盈利而又占用大量资金的业务，企业则可采取剥离或清算等退出战略，以增强在需要进入的新投资领域中的市场竞争力。企业可以通过采取削减分部和精简机构等措施，盘活现有的存量资产，节约成本支出等手段，集中一切资源，用于企业的主导业务，以延长企业主导业务的退出市场时间。从筹资战略看，企业衰退期仍可继续保持较高的负债率，而不必调整其激进型的资本结构。因为，防御不是全面的退缩，而是积累内部力量，寻找新的机会，在环境有利的条件下，谋求新的更大规模的发展。另外，衰退期的企业具有一定的财务实力，以其现有产业作后盾，高负债筹资战略对企业自身而言是可行的。从利润分配战略看，衰退期阶段企业的获利能力下降，再投资机会已经枯竭，但现金流量依然较多，一般采取较高的股利分配政策，当然，高股利分配应以不损害企业未来发展所需投资为最高限。

如何保持企业原有的市场收益能力，并随环境的变化而调整自身的财务战略，是企业在任何一个生命周期阶段都必须考虑的问题。基于企业生命周期的财务战略调整，注重对企业财务资源和能力的整合，通过对投资战略、筹资战略和收益分配战略的动态调整达到企业资源的合理配置，实现资本增值并实现企业财务能力的持续、快速、健康增长，来实现企业的可持续增长。但市场中不同类型、不同性质和特征的企业在经营规模、组织形式和管理水平等方面是有差别的，对其各自的财务战略还应具体问题具体分析，不可"一刀切"。

四、股利分配财务战略

股利分配财务战略指根据企业战略总体要求，结合融资策略、投资策略，在综合考虑分配对公司市值影响的基础上，对企业利润的分配情况所做的全局长远性的谋划。

股利分配对公司市值的影响有股利相关论和股利无关论两个理论，前者认为股利分配对公司市值没有影响，后者认为股利分配影响公司市值。对非上市公司，一般采用股利无关论，对上市公司特别是我国的上市公司，由于上市估值体系的不健全，股利分配对公司市值影响较大，一般是正向影响。

股利分配财务战略类型一般有剩余股利分配战略、固定或持续增长股利分配战略、固定股利支付率的分配战略、低正常股利加额外股利分配战略和长期不分配战略。各种策略的选择因情况而定，且随情况变化而变化，不能一概而论。

五、财务战略管理的程序

企业财务战略管理的程序同企业战略管理的一般程序相同，也是一个连续循环的过程，一般包括如下几个环节。

（1）内外部环境分析，即对企业外部环境（挑战与机遇）和内部情况（优势与弱点）进行深入分析和正确判断，并在此基础上，认识到企业财务活动所面临的挑战和发展机遇。这是企业财务战略管理的基础环节。

（2）财务战略目标的确定，即在对企业内外环境进行分析的基础上，按照企业总体战略要求，合理配置资源，构建核心竞争力，源源不断地创造价值，最终实现价值最大化。这是整个财务战略管理的出发点和归宿。

（3）财务战略制定，即根据财务战略目标，对各种战略方案在技术上是否先进和在经济上是否合理进行综合评价，从中选择一个与企业总体战略及内外环境相协调的财务战略方案。

（4）财务战略实施。财务战略的实施框架包括四个层次，即基础层、目标层、联结层和运行层。首先要将企业财务战略进行指标分解，分解成各层次和各方面的具体战略，然后通过发挥操作管理的各种职能，运用计划或预算等方法，分层次、分步骤地实施战略。其中，运行层次包括财务战略实施前的预算以及财务战略的评价，即对战略实施的整个进程进行跟踪控制，及时揭示差异，查找原因，采取措施，消除不利差异和扩大有利差异。如果在战略实施过程中发现企业内外环境有重大变化，则应对战略目标或方案做出必要的修正与调整。

第 3 章

基于价值创造的财务管理体系

企业的存续就是为了创造价值，企业价值是主导经营者进行经营决策的风向标，基于价值的管理思想使得财务管理从简单的投融资业务转向了对战略、管理流程和企业经营管理的全方位介入。为了将价值创造的管理变成现实可操作的程序和方法体系，有必要构建企业价值创造型财务管理模式。

将企业价值最大化作为企业财务管理目标，就意味着企业经营过程中必须注重价值创造：

（1）以价值创造为导向，在整个企业组织中灌输价值创造的思想，推行以价值为基础的财务管理方式，建立以价值创造为基础的绩效评价体系，以是否创造价值以及创造价值的程度检查各项业务的绩效，实行价值导向的管理创新。价值创造型财务管理的核心部分是发现价值驱动因素，通过各种先进的经营管理手段来运营管理价值驱动因素，以增进公司的价值，实现价值创造。

（2）财务战略管理决定了企业基本的价值创造模式，从而决定了企业长期获取经济利润的能力和保持长久竞争优势的可能性。企业财务战略与企业价值的现金流量、资本成本和竞争优势期间等价值驱动因素息息相关，而且其影响力是长期的，所以，财务战略是价值创造的核心。而将价值创造与财务战略管理紧密地结合在一起，为价值管理思想融入财务战略管理提供了新的思路。

（3）注重企业的可持续发展。企业价值创造将理财行为与企业的可持续发展紧密地联系在一起，将财务预测与财务控制联系在一起。例如，在实现价值创造的过程中，力争企业增加的价值达到最大。但仅仅追求某一时期内的价值增加最大化对企业价值的创造并不益处。由此可见，没有企业的可持续发展就无法真正实现企业价值创造。

第一节 基于EVA的价值创造理论方法体系

一、EVA的概念

EVA（经济增加值）的创始人Stewart将EVA（Economic Value Added）定义为扣除全部资本占用费用（包括股权成本和债务成本）后企业经营产生的利润。因此，EVA和传统财务指标的最大不同就是，它考虑了全部资本成本，就是投入资本的机会成本。EVA的出现，填补了"机会成本在业绩评价的实务中长期得不到体现"这一空白。同时，机会成本的引入，使EVA有以下三个突出特点：第一，EVA度量的是资本利润，而不是会计利润；第二，EVA度量的是资本的"社会利润"，而不是会计利润；第三，EVA度量的是超额收益，而不是一般收益。

EVA是美国思腾思特公司在充分理解了"经济利润"这一概念，并采用了剩余收益计量模式的前提下，创造性地融入了会计调整元素而形成的。因此，EVA作为一种新型业绩评价指标，将经济利润、剩余收益和会计调整三重元素结合到了一起。EVA构成如图3-1所示。

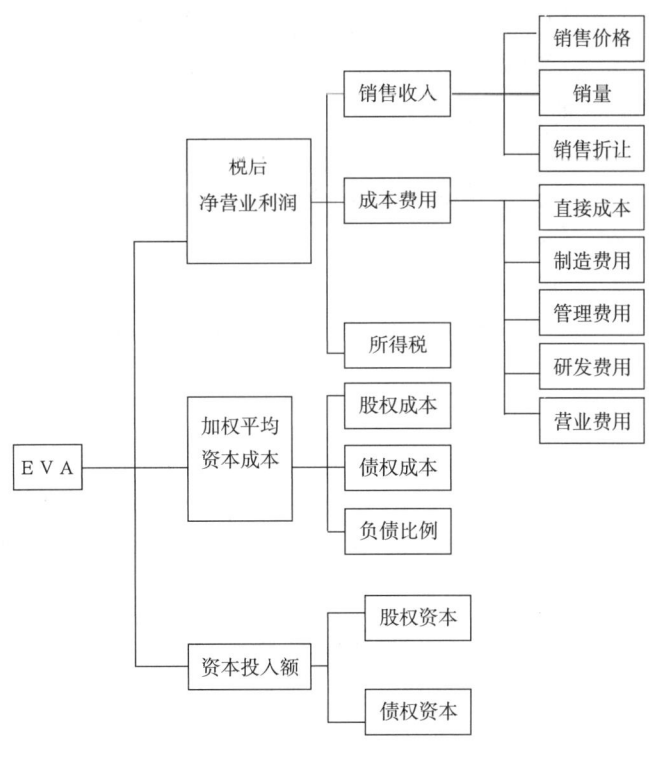

图3-1　EVA构成图

二、EVA 的计算公式

EVA 的计算公式如下：

$$EVA = NOPAT - WACC \times TC \tag{3-1}$$

税后净营业利润（NOPAT）是自由现金流量测算的重要概念之一，它表示企业根据收付实现制扣减所得税之后的营业利润。因此，税后净营业利润实际上是在不涉及资本结构的情况下公司经营所获得的税后利润，即全部资本的税后投资收益，反映了公司资产的盈利能力。具体计算公式为：

$$税后净营业利润 = 息税前利润 + 会计报表总体调整项 + 税收调整事项 \tag{3-2}$$

资本总额（TC）是指所有者投入的所有资本总数，包括债务资本和权益资本。根据定义，由会计报表并不能得到资本总额的数据，最终数据需要经过一系列的调整后方能计算。其计算公式如下：

$$\begin{aligned}资本总额 &= 债务资本 + 股权资本 \\ &= 长期贷款 + 普通股权益 + 少数股东权益\end{aligned} \tag{3-3}$$

加权平均资本成本（WACC）反映的是企业实际资本成本，它是由权益资本成本以及债务资本成本综合计算得出，在数值上等于两者的加权平均数。其基本的计算公式为：

$$\begin{aligned}加权平均资本成本率 = &\,债务成本率(1 - 所得税税率) \times (债务成本/全部资本) + \\ &\,权益成本率 \times (权益成本/全部成本)\end{aligned} \tag{3-4}$$

国务院国有资产监督管理委员会（简称国资委）于 2009 年 12 月通过的《中央企业负责人经营业绩考核暂行办法》中规定：EVA 是指企业税后净营业利润减去资本成本后的余额，计算公式如式（3-5）、式（3-6）、式（3-7）所示：

$$\begin{aligned}经济增加值 &= 税后净营业利润 - 资本成本 \\ &= 税后净营业利润 - 调整后资本 \times 平均资本成本率\end{aligned} \tag{3-5}$$

$$税后净营业利润 = 净利润 + (利息支出 + 研究开发费用调整项 - 非经常性收益调整项 \times 50\%) \times (1 - 25\%) \tag{3-6}$$

$$\begin{aligned}调整后资本 = &\,平均所有者权益 + 平均负债合计 - 平均无息流动负债 - \\ &\,平均在建工程\end{aligned} \tag{3-7}$$

三、与 EVA 相关的概念

与 EVA 相关的概念有 MVA（Market Value Added，市场增加值）、COV（Current Operating Value，当前运营价值）、FGV（Future Growth Value，未来增长价值）等。MVA 是为了说明企业通过股市积累为其投资者创造的财富，是企业市值与累计权益资本投入之间的差额。MVA 是当期市场对企业未来所能够获取 EVA 能力的预期，简单地说，MVA 就是未来 EVA 的折现值。目前市场通常使用 MVA 的方法对企业价值进行评估。MV（Market Value，市值）主要由 COV 和 FGV 两个部分构成。COV = 当期 EVA/资本成本率 + 投入资本总额，即当期 EVA 按照适当的资本成本率折现所得的值与当前投入资本的总和。但是企业的业绩增长能力也是企业价值的重要衡量部分，所以 COV 这一概念并不能完全表达出企业价值。FGV 就是企业的业绩增长能力，FGV ＝市值－COV，FGV 就是企业未来 EVA 增长部分的折现。MV、EVA、COV、FGV 指标的内在关系如图 3-2 所示。

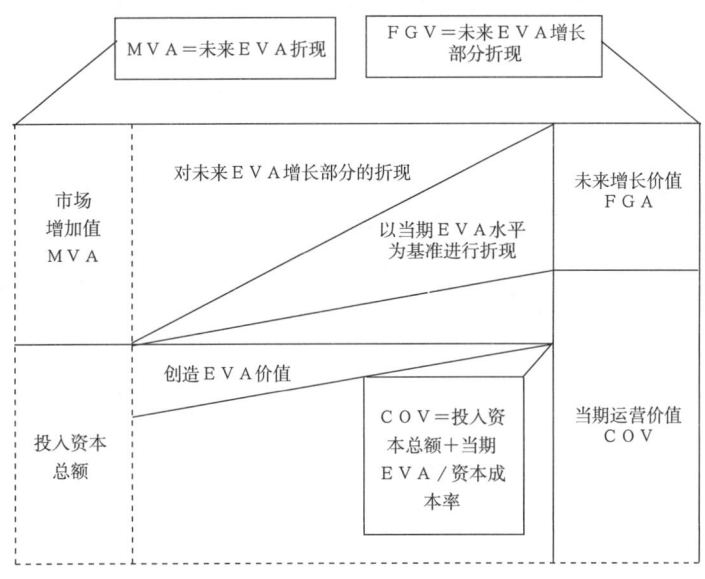

其中，MV ＝投入资产总额＋MVA ＝ COV ＋ FGV

图 3-2　EVA、MVA、COV、FGV 指标的内在关系图

四、EVA 的核心思想

EVA 的核心思想在于：只有当企业实现的收益超过要为之付出的资本成本时，投资者才能获得真正的价值。EVA 指标的关键在于能够更加真实地反映企业的经营状况，反映出管理层为投资者创造的价值，实现多方利益相关者的利益平衡。EVA 指标改善了传统会计指标的不足，提出了"经济利润"概念，它紧紧围绕价值创造思想，通过分解公式可以找出影响价值创造的驱动因素，是一种新型的价值管理工具。

EVA 能够用来衡量企业获得的经营利润能否足以用来补偿股东投入的全部资本成本。当经营利润能够用来补偿股东投入的全部资本成本（EVA>0）时，企业在经营活动中就为股东创造了财富，股东也因此获得了比自己投入资本所要求的最低风险报酬高的价值。当经营利润不足以用来补偿股东投入的全部资本成本（EVA<0）时，表明企业在经营活动中没有为股东创造财富，股东也因此没有得到比自己投入资本所要求的最低风险报酬高的价值。当经营利润等于股东投入的全部资本成本（EVA ＝ 0）时，表明企业在经营活动中没只为股东创造出所需求的最低的风险报酬。同时，EVA 反映

了企业的市场价值，当企业的EVA>0且呈不断上升的趋势时，表明该企业的市场价值在上升；当企业的EVA<0且呈下降趋势时，表明该企业的市场价值在下降。

五、EVA价值管理体系

EVA价值管理体系被思腾思特咨询公司归纳为"4M"体系：评价指标（Measurement）、管理体系（Management）、激励机制（Motivation）、理念体系（Mindset）。"4M"体系是对EVA价值管理体系最全面的概括，如图3-3、图3-4所示。

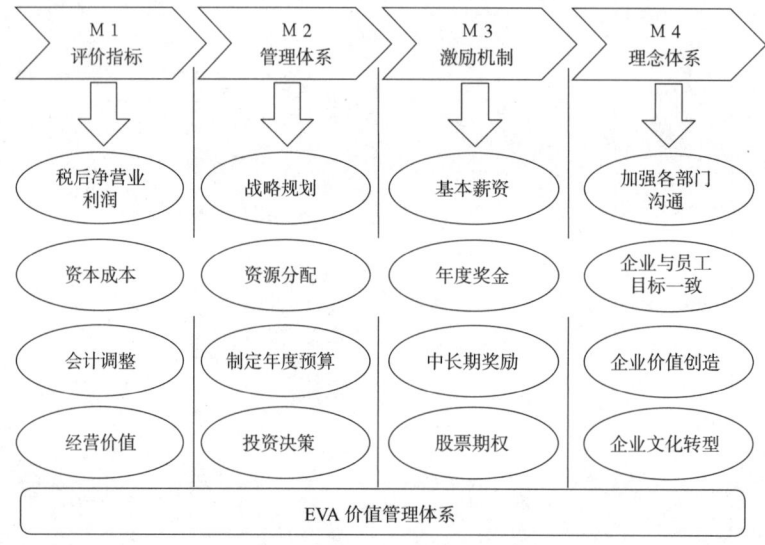

图3-3 基于EVA-4M的价值体系

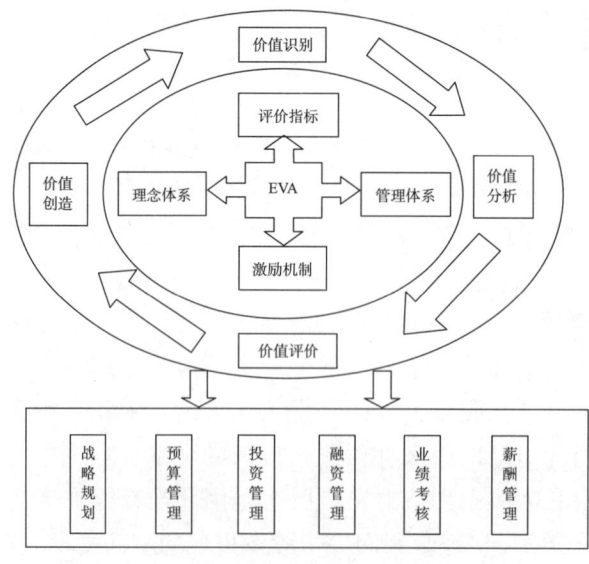

图3-4 基于EVA-4M的价值管理体系

1. 评价指标（Measurement）

EVA 作为能更准确地衡量企业经营价值的评价指标，通过一系列相关会计科目的调整，让企业的绩效考核更加合理。

2. 管理体系（Management）

EVA 价值管理体系包括战略计划、资源分配等管理决策的很多方面，利用 EVA 来进行管理，可以降低企业的资本成本，提高现有资本运用效率，确立正确的管理决策。

3. 激励机制（Motivation）

EVA 将业绩考核和激励制度有效地结合起来，预算绩效考核下的管理人员，为了获得更多奖励就必须为股东创造更大的价值。这种无上限的激励政策遏制了管理层的短期行为，锁定了企业、股东和管理者的共同利益。

4. 理念体系（Mindset）

在 EVA 管理制度下，统一了各层级、各部门的奋斗目标和运营标准，使所有财务运营都围绕同一目标进行，促进了员工之间的沟通，有助于各分支部门的交流合作，同时也将营运部门和决策部门有机地联系了起来。

"4M" 清晰地概括了 EVA 价值管理体系的本质特征，其核心思想在于，从企业所有者角度出发，当企业创造的收益超过投资成本时，股东才能获利。由此，公司创造的价值随着 EVA 的升高而升高，股东的投资回报亦是如此。撒克（Thakor）指出："价值驱动因素是影响或推动价值创造的一个决策变量。"由于价值导向型企业经营目标是 EVA 现值，分析企业价值形成的关键源头——价值驱动因素，将有助于各业务单元的管理者了解是哪些具体因素实际驱动企业价值，可帮助管理者了解哪些行动（有目的性地采取哪些行动）会增加当期和未来 EVA 值，实现股东价值最大化。确立 EVA 价值驱动因素要兼顾财务与非财务原则，即分为财务性驱动因素（EVA 的组成部分）和非财务性驱动因素（反映 EVA 的先导指标）。EVA 价值管理体系采用一个由先导和滞后指标构成的平衡的指标体系，用财务指标和非财务指标来衡量价值驱动因素对 EVA 及股东价值的贡献。

第二节　基于价值创造的财务管理体系

一、价值创造型财务管理的内涵、特点

1. 价值创造型财务管理的内涵

价值创造型财务管理从源头上超越传统的管控型财务管理，不但关注传统的财务管理职能，更关注理财活动中的价值创造职能，实现财务管理部门由财务控制中心向价值创造中心的转变。价值创造型财务管理突破了传统财务管理职能范畴，通过对经

营管理与决策、投资财务分析与选择、投资风险管控等环节的积极主动参与，拓宽了现代财务管理的工作面。价值创造型财务管理打破传统财务管理思维，向企业运营层面、战略层面和风险控制层面管理转型，使财务管理全面融入房地产开发业务流程中，利用事前投资决策分析、事中精细化财务控制到事后财务评价等手段，渗入企业经营各环节，并在此过程中持续为企业、项目创造价值。创造价值型财务管理充分运用财务管理工具，实现对企业的经营预测、绩效管理、预算管理、成本管理、投融资管理以及风险管控等的全过程管理，让财务管理从基本的基础核算者和历史数据反映者，向企业战略决策支持者和面向未来的有效信息提供者转变。

2.价值创造型财务管理的特点

与传统财务管理模式相比，它具有以下特点：

（1）追求"创造价值"和"利润"双重目标。企业既追求创造价值，又追求实际利润。但企业把创造价值看得比单纯地追求利润目标重要得多，并把是否创造了价值作为业绩评价的标准。企业管理的本质是"价值管理"。企业只有不断地创造价值，才能够生存和发展，反之，则可能衰亡。

（2）价值型财务管理以未来现金流量管理为中心。在企业持续经营的情况下，企业价值主要由其每年自由现金流量和贴现率决定，现金流的增加代表着企业价值的增长。例如，企业的任何投资项目，都应考虑其未来现金的回收能力，而不是该项目的账面盈利能力，受资金时间价值影响的现金净流量成为评价项目可行性的主要依据，一般来说，只有净现值为正的项目才是企业可接受的项目，而净现值的增加同时意味着企业价值的增长。可见，企业价值的大小取决于企业现有资产创造现金流的能力，最终形式则表现为一系列现金流量。企业现金流量的大小和增长速度决定了企业价值，在某种意义上，企业价值最大化即现金流量最大化。

（3）人的价值实现是公司价值型管理的实质内涵。在企业财务管理过程中，只有发挥财务管理人员的主观能动性，才能充分利用企业的各项财务资源，并将企业所拥有的各种财务资源转化为可以带来增值的资本。在企业价值型财务管理模式下，企业的各项价值管理工作需要通过具体价值驱动因素指标的分解，并落实到各个车间、职能部门、班组直至个人才能实现。也就是说，人本管理与价值管理是密不可分的。

（4）以价值创造为财务管理导向。该模式在整个组织中灌输价值创造的思想，推行以价值为基础的管理方式，它建立在增加企业价值基础上的企业制度，是以价值为基础的评价体系，以是否创造价值以及创造价值的程度检查各项业务的绩效，实行价值导向的管理创新。

二、价值创造经营财务要素体系

无论企业组织形态如何变化，其根本的特性都是为顾客创造价值，即企业是一个顾客价值的创造系统。这一价值创造系统包括以下要素：价值转移、价值发现、价值创造、价值传递、价值控制和价值创新。企业利用自身的信息系统从环境变化中发现价值转移的趋势，确定自己的价值定位或重新制定竞争规则发现价值，根据自己的资源、能力状况选择价值创造模式和价值传递方式，并利用价值控制确保价值的持续创造。

1. 价值转移

分析行业并了解自身经营策略所处的行业价值转移的大背景，是保证企业成功的首要前提。处于价值流入的行业和企业将获得更多的价值创造机会，先锋企业看到了未来的价值区，采取策略迅速进入，形成新的游戏规则，后来者则加速了这种价值流转。价值转移的根本原因是顾客需求的变化，比如需求转向个性化的定制、要求全面的解决方案、对速度和灵活性的更高要求，或者出现新的客群等。面对顾客需求变化导致价值转移这一趋势，每一个追求价值创造最大化的公司都应充分关注，并适当地改变战略的方向。

2. 价值发现

顾客是产品或服务的最终接受者，也是价值的最高仲裁者。没有顾客需求，企业的价值活动就没有任何意义。顾客导向就是要求企业以客户的眼光对公司的一切行为进行重新思考，按照顾客的心理来体验自己提供的产品和服务。企业应该依靠自身的信息系统，增加反应速度和准确性以发现价值。

基于对顾客价值的认知，企业可以形成两种初步策略：价值定位和价值创新。价值定位要求企业选择价值流入的细分客户群，分析客户需求，进而确保价值定位与细分客户群的需求相一致。价值创新是指企业在评价市场机会时很少受到资源、能力及条件的束缚，而是从新进入者的角度来观察顾客价值的变化，获得更客观的信息并及时果断地采取相应的活动。就整体而言，价值创新其实是关键资源的再次开发、积累与提升的过程。

3. 价值创造

价值发现之后，企业就应高效地提供这一价值。一方面，企业要在与竞争对手的比较中认清自己的比较优势所在，从而判断如何创造已发现的价值，即这些价值是自己有这种优势提供，还是需要外包一部分别人更擅长的部分，自己又如何同其他机构合作。另一方面，企业要设计价值创造模式，适时地对价值链进行分拆、压缩、强化和重组整合，确保自己处于价值区，或者将企业的价值链与供应商的价值链对接，形成供应链或者更进一步地延伸至其他利益相关者，组成价值网，从而达到节约交易成本，拓展企业价值创造的空间。

4. 价值传递

价值传递应是在价值定位和价值创造的基础上，保证价值完美传递到消费者手中。顾客对于产品或服务的认知包含体验的全过程，由于信息的不对称，有限理性和沟通的障碍，企业精心设计的价值载体有可能不被顾客认知，在此意义上，沟通也能创造价值。如何运用成本收益原则增进沟通的效率需要企业的不懈努力。从战略上来考虑企业的价值传递系统的设计和运行，必须保证各个环节的契合，确保与关键的价值驱动因素相一致，企业传递的任何信号都要协调一致且应使企业的理解和顾客认知一致，以防发生价值传递损失。

5. 价值控制和价值创新

企业通过努力探索和实践的价值创造模式，如果没有很好的创新创造机制，其价值优势很快就会由于竞争和环境的变化而逐渐消失。精心打造的价值控制系统能够保证企业价值创造的持续性,最好的防守就是进攻,对于企业来说,最佳的控制系统就是顺应时势持续创新。

以上五个方面是建立在企业的资源及结构、能力的基础之上的。能力的动态发展是在原有的基础上的发展,而合作是基于核心能力的合作。企业的价值创造过程,也就是运用企业能力对企业所能利用资源的创造性地开发、积累的过程。

三、价值创造型精益财务管理体系

1. 价值创造型财务管理体系

价值创造型财务管理模式可以定义为以企业价值最大化目标为出发点,企业价值评估为基础,价值驱动因素为核心,通过投资活动、经营活动和融资活动的财务管理循环,以及价值规划、价值控制、价值评价、价值创造分配激励等财务管理职能,进行企业价值创造,实现企业价值可持续增长的一种价值创造型财务管理模式。基于价值创造型的财务管理体系见图3-5。

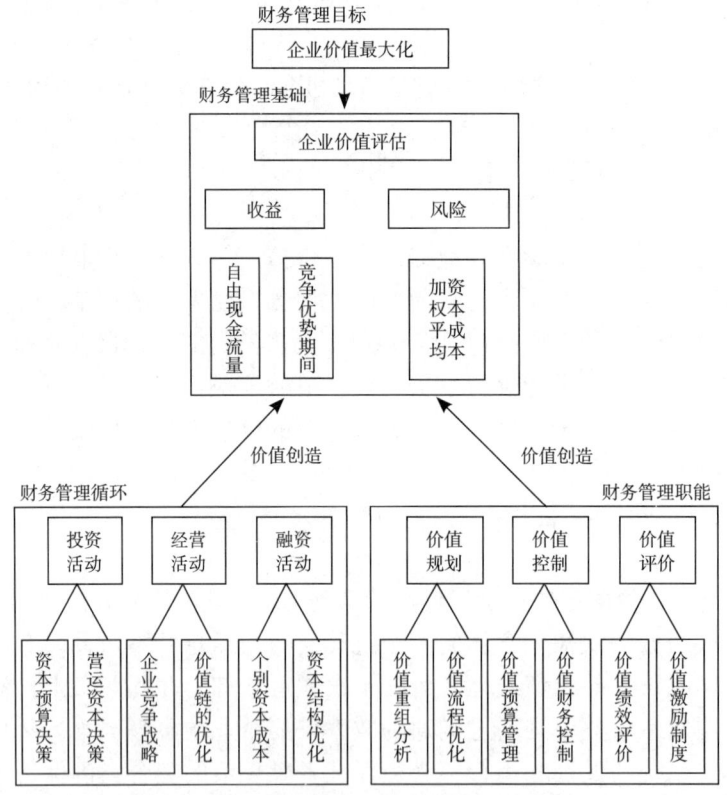

图3-5 价值创造型财务管理体系

2. 面向价值创造的精益财务管理体系

企业构建财务精益管理体系,需要采用精益管理、精细管理和集约管理的科学方法,完善价值化、标准化、规范化管理制度,将面向价值创造的财务精益管理延伸到企业经营管理的各个环节,建立横向到边、纵向到底的价值管理流程,追求规模、资本、成本和效益的最佳和谐与长期统一。因此,企业应构建面向价值创造的财务精益管理体系,见图3-6。

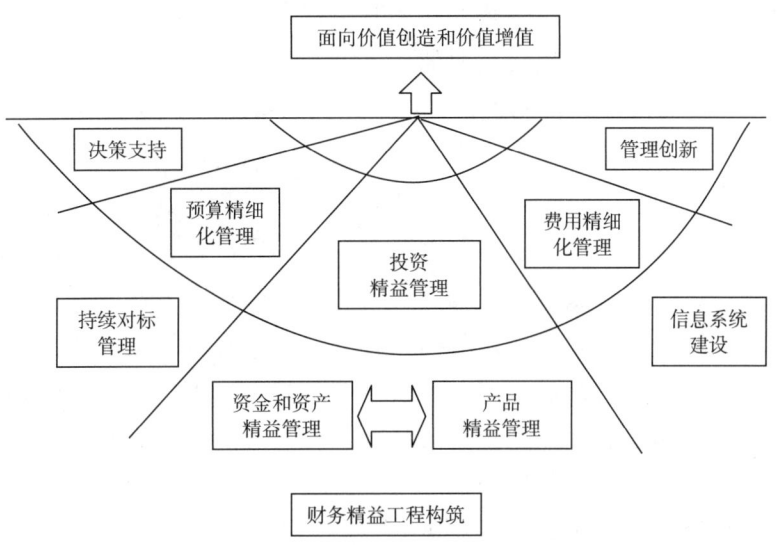

图3-6 面向价值创造的精益财务管理体系

面向价值创造的财务精益管理体系的运行机制是:以价值创造和持续价值增值为导向,以信息系统建设为平台,以预算精细化管理为手段,以投资和资金精益管理为中心,以资产和产品精益管理为出发点,以费用精细化管理为重点,以发挥决策支持作用和管理创新为支撑,以持续对标管理为动力,以财务精益工程构筑为依托,增强全员精益管理意识和增收节支、挖潜增效的能力,面向市场、面向发展实施价值管理,致力于EVA不断增值,最终达到实现石油企业价值最大化的财务管理目标。

3. 价值创造型精益财务管理要素体系

(1)价值创造——企业财务管理的直接目标。传统财务理论对财务管理目标的界定主要有两种观点,一种观点是实现企业利润最大化;另一种观点则是实现股东价值最大化。它们各执一词,但都难掩其固有缺陷。利润最大化目标会使企业只重眼前利益而忽略长远利益,易引发利润操纵行为,变现的财务风险较大,且未能考虑利润与投入资本的关系。

价值创造型精益财务管理高度关注企业价值,因为它是各方利益的联结体。只有将企业价值不断做大,才会获得股东和债权人持续不断的投资,企业也才会拥有稳定的员工群。价值创造不仅是实现企业价值最大化的根本,亦能克服企业价值难以计量的缺陷。与传统的利润指标相比,价值创造更能够真实地反映公司的经营绩效,也更适宜作为现代财务管理的直接目标。事实上,企业经营活动原本就是争取价值创造的过程,服务于价值创造的财务管理必然更为关注企业的可持续发展,更加关注企业的长远利益。

(2)财务预算——实现价值最大化的基本控制方法。财务预算首先体现为一种管理和对风险的控制机制。现代企业的典型特征之一是所有权与经营权相分离,所有者的缺位极易导致内部人控制现象,这也是我国房地产企业亟待解决的突出问题。首先,倘若借助于财务预算这种所有者与经营者之间的契约,对预算收支进行过程跟踪和控制,一定程度上可降低这种经营者的道德风险。其次,财务预算体现为一种财务资源配置机制。鉴于一定时期内可用资金的限度性,企业无法随心所欲地去做一切想做的事,所以必须科学合理地对资金进行安排、调度,以期实现财务资源配置的优化。最后,财务预算也是公司整合的手段,它可以促成职能部门和所属单位的子目标与企业整体目标的趋同,使投资者的战略决策与经营者的管理行为相一致。此外,财务预算还能够降低企业的经营风险,通过对预算收入完成情况和预算费用支出情况的过程跟踪及对比分析,可及时发现管理中的差错及其存在的主要问题,从而起到风险预警的作用,并为改善管理提供帮助。

(3)成本管理——实现价值创造的基础。按照迈克尔·波特的理论,企业竞争优势的取得主要有两种方式:低成本和差别化。众所周知,低成本战略曾是日美经济领先于世界的利器,原因在于单个企业通常难以左右产品的市场价格,但企业通过采用新的管理技术和科学技术,挖掘降低产品成本的潜力却很大。因此,企业间的财务竞争在很大程度上也是企业间的成本竞争,成本管理是实现企业价值创造的基础性工作,也是企业财务管理工作的重要组成内容。

(4)现金流(价值流)管理——实现价值创造的核心。价值创造是实现企业价值增值最大化的根本,而现金流的增加直接促成了公司价值的增长,因此,对现金流的管理理应成为公司实现其价值创造的核心。

(5)信息化、智能化是价值创造型财务管理的基础。顾名思义,价值创造型财务管理模式就是通过优化财务管理,提升企业的价值创造能力,而提升企业价值的关键在于打破传统的粗放式管理模式,协调、密切企业内部组织机构之间的关系,更好地发挥组织机构或部门之间的联动作用,从而打造企业价值链。信息化大数据的普及应用,数字经济方兴未艾,有效促进了企业财务管理理念、财务组织职能、组织构架及财务管理工具的转型,数据信息已经成为打造企业价值链的核心要素。如今,数据化是一个时代的特征,实现财务与业务紧密融合、加强企业风险控制,甚至管理制度的有效执行都需要数据作为支撑。而数据的采集、分析、整合都离不开信息系统的支持,所以信息化、智能化既是现代企业获取数据,打造价值链的重要媒介,也是构建价值创造型财务管理模式的基础和必要条件。

（6）管理会计——服务于价值创造的财务管理的信息支持系统。管理会计是经营者财务管理的信息系统，它作为一种工具抑或手段，最终旨在实现价值实体的最大增值。作为经营者进行财务管理的信息系统，管理会计主要对实现价值增值最大化的财务决策，以及优化作业流程提供所需的相关信息，进行收集、加工和报告，通常是围绕价值链来进行的。因此，管理会计理应以价值链分析为依据来构建其自身的结构体系；同样，它也应以价值链分析为重要手段去构建其内容体系。

具体来说，管理会计对纵向价值链的分析，有利于企业在财务管理中做出正确的投资决策。单个企业一般占有纵向价值链上一个或若干个价值链节，但并非所有的价值链节都能给企业提供均等、持续的盈利机会，因此一个企业的盈利能力主要受制于其所处价值链的固有盈利能力。纵向价值链分析旨在确定企业在哪一个或哪几个价值链节中参与竞争，最终做出企业的产业进入和产业退出决策，以及在某一产业范围内，做出对企业现有生产规模进行扩张或收缩的决策。总之，管理会计在企业投资决策中，对纵向价值链的分析，不仅要考虑到企业内部情况，而且还要考虑整个企业的市场定位问题。

管理会计对横向价值链的思考，可以为企业财务的良性运转赢得比较优势。企业一旦做出投资决策后，便会定位于社会空间坐标系的某一产业及某一规模。横向价值链分析，就是对特定产业内部各个企业之间相互作用分析，通过横向价值链分析，或使企业总成本最低，或通过产品创新、技术开发、优质服务等形成企业与竞争对手之间的差异化，从而确定企业的相对竞争优势，为企业发展提供良好的空间和环境。管理会计作为经营者财务管理的信息系统，能够对有价值的信息及时披露并加以分析，引导企业的品牌发展方向，是企业财务管理在激烈的同行业竞争中立于不败之地的重要参谋和助手。

第三节 价值创造型精益财务管理实施框架体系

一、价值创造型精益财务管理实施框架

在借鉴企业价值管理框架的基础上，本书提出了基于企业价值创造的精益财务管理实施框架，框架由四个层次构成，即目标层、桥梁层、运行层和支撑层，通过实施框架的建立可以有效地解决精益财务运营管理实施过程所存在的有关问题，并保障已制订好的精益财务运营管理有效实施，最终实现企业价值增加的目标，如图3-7所示。

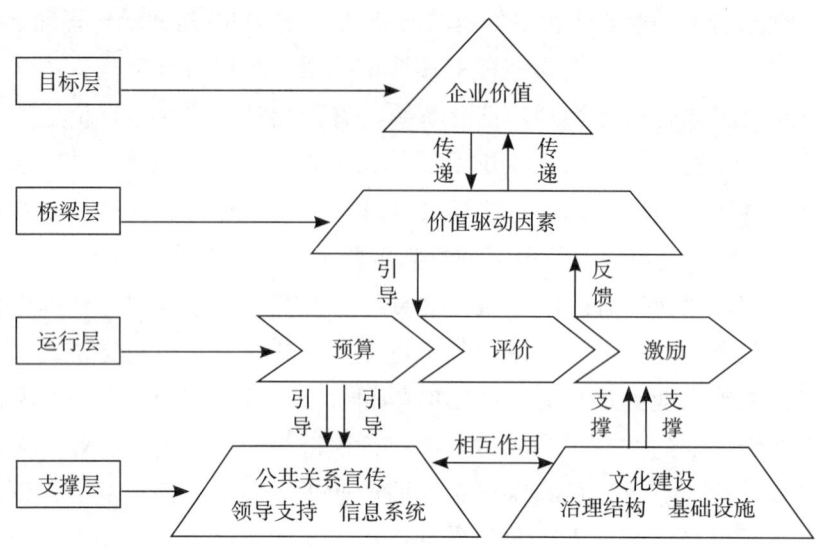

图 3-7　价值创造型精益财务管理实施框架

各个层次、模块所表达的含义如下：

第一，精益财务管理，其目标与整个财务管理系统目标相一致。精益财务管理的目标是实现企业价值最大化，在精益财务管理实施过程中，其目标层也应如此。

第二，在目标层和桥梁层之间的双向箭头，表示目标层不但通过桥梁层指导着运行层，而且还通过桥梁层收到运行层反馈的结果。

第三，桥梁层和运行层之间的箭头，表示运行层的实施受关键价值驱动因素指导。为了便于业务层的操作，该实施框架必须将目标层进一步细化分解成可操作性的指标或活动才能指导精益财务管理的实施，这就是关键价值驱动因素网络。

第四，把运行层分预算、评价和激励三个模块，因为它们正与精益财务管理实施的事前控制、事中评价、事后反馈的要求相契合，贯穿企业精益财务管理实施运行过程。

第五，运行层三个模块之间的箭头，表示它们之间是相互关联，且彼此影响的。一方面，预算、评价、激励本身就是相互制约的，企业一般根据事先预算的标准和运营管理实施的结果进行评价，又根据评价的结果进行奖励或惩罚；另一方面，预算机制、业绩评价和激励机制是基于同一个理念——企业价值管理理论，从而使三者成为一个有机的整体的。

第六，在运行层和支撑层之间的双向箭头的含义和上面相似，支撑层的建设本身就是为了运行层更好地实施，同时运行层的实施又不可避免地制约着支撑层的建设，因为只有建立适应基于价值创造的企业精益财务管理的企业基础设施和新增资源，才能真正起到支撑作用。

第七，在支撑层之间的双向箭头表示它们本身是一个整体，共同发挥支持精益财务管理有效实施的基础作用，并且支撑层内各因素的建立都基于同一核心思想——企业价值理念。

二、价值创造型财务战略实施框架的目标层

企业价值最大化是价值创造型财务战略管理的目标，也是企业价值管理倡导者提出的核心理念。为了使企业的相关业务层可以更清楚地知道自己应该如何做能有效提高企业价值这一最终目标，必须首先在企业内部清晰、准确地阐明企业价值的内涵。这个层次是通过建立财务战略实施的目标来反映企业真正想实现什么，从而达到理解企业财务战略的目标。这个层次的目标是企业价值创造，即最大限度地增加企业的价值。

这个层次的关键输入是有关企业价值的表述，以及对增加企业价值的看法。此过程包括确保董事会对企业财务战略实施的目标达成一致的意见，也包括识别哪些过程环节是价值创造的机会。这个层次的关键输出是董事会认同的价值创造机会，这个认同的重点是：解释实现企业价值最大化以及竞争优势是如何实现的。

三、价值创造型财务战略实施框架的桥梁层

桥梁层是用来连结目标层和运行层的，其目标是指导运行层的顺利运行。桥梁层是为了有效地摒弃传统的目标层和运行层相脱节的现象，有效连结目标层和运行层。需要说明的是，这个层次的价值驱动因素应该是可以量化的指标，也就是说，桥梁层的关键价值驱动因素分解必须是企业价值的目标一直分解到财务战略或其实施，这样桥梁层才会真正起到"桥梁"的作用。

根据前面的理论分析及财务战略的制定模型，我们可以将 EVA 认定为企业价值的核心推动变量，并得出企业的主要价值驱动因素如下：

（1）投资资本回报率。它是价值创造的主要驱动因素，反映企业的盈利能力，由投资活动和运营活动决定。

（2）资本成本。它用加权平均资本成本计量，反映投资人和债权人的期望值，由股东和债权人的期望值以及资本结构决定。资本成本的降低对价值增长有着十分重要的作用。

（3）销售增长率。它是企业为各方利益相关者创造共同价值的核心手段，也是企业各项活动的共同目标。需要注意的是，增长率的高低会影响创造价值的多少，但不会决定创造价值还是减损价值的性质。

（4）可持续增长率。它是企业当前经营效率和财务政策决定的内在增长能力，反映了企业目前的综合经营效率和承担风险的能力。

在这四个因素中，投资资本回报率和资本成本是 EVA 的重要组成部分，决定了 EVA 值的大小，也即企业创值与否；而增长率和可持续增长率是传统指标的综合体现，

它们共同决定了企业现金流状况。这里需要使用平衡计分卡对 EVA 方法进行补充完善，作者将价值驱动因素用平衡计分卡法细化分解，如图 3-8 所示。

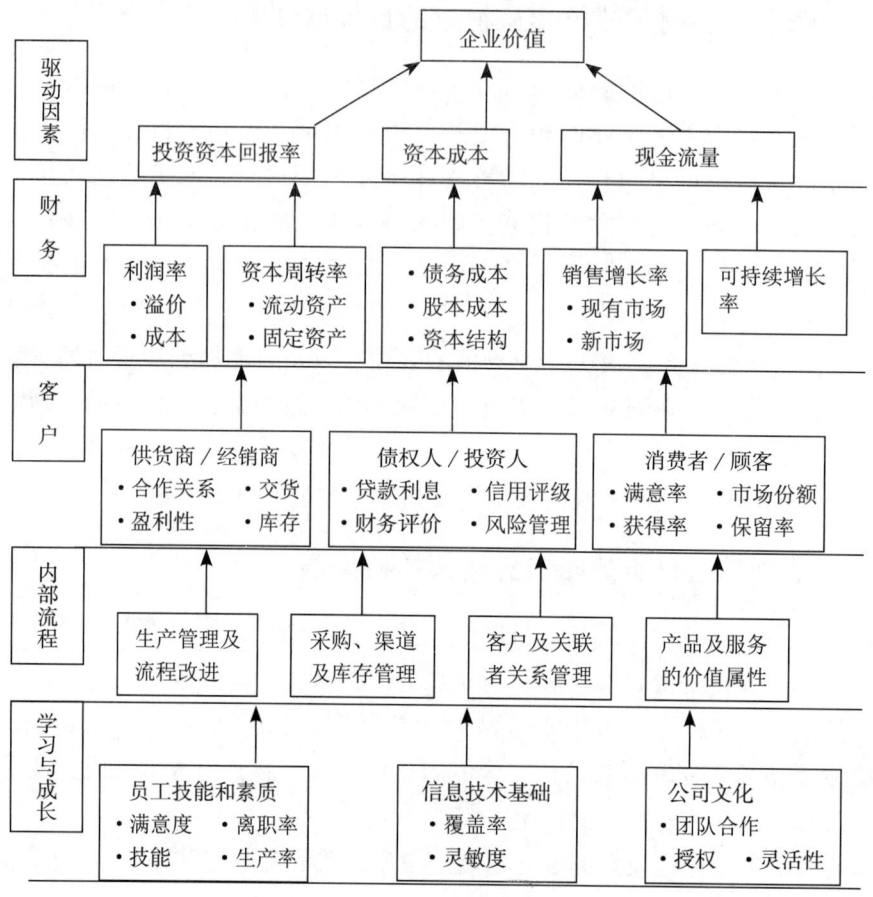

图 3-8　企业价值驱动因素的分解

平衡计分卡将企业价值的驱动因素分解到整个企业中去，包括财务、客户、内部流程、学习与成长四个层次，涵盖了财务和非财务方面的内容。

四、价值导向的财务战略实施框架的运行层

运行层的关键是顺利实施既定的财务战略，保证企业财务战略目标的顺利实现。财务战略的目标是企业价值最大化，因此，建立基于企业价值的运行过程是本层的重点，这样才能使运行层的运行真正达到我们所要达到的目标。

这个层次的重点是财务战略的实施运行，其目标是有效地控制财务战略实施的过程和有效地反馈财务战略实施的效果。这个层次的关键输入是预算工具、评价的技巧、有关激励的一些措施、标准以及战略实施的效果等。其关键的输出内容包括

第3章 基于价值创造的财务管理体系

董事会的决定和认可的行动、战略实施的效果及绩效评价、战略实施过程中的激励措施等。

这个层次有三个主要模块：控制、评价和动力，这三个模块是财务战略实施中不可缺少的关键环节。这些模块需要一个较长的形成期。为了使财务战略实施的结果能够得到及时有效的反馈，这些模块需要把时间控制得尽可能短，并且这样还会使其向一个连续的规划周期发展，而不是被限制在财务报告周期之中。

1. 控制模块——价值导向的财务预算

价值导向型财务预算是基于企业价值的预算是运用现代管理理论和方法，在科学经营预测与决策的基础上，对企业资金的筹集、使用、分配等财务活动所进行的计划、组织、调控和分析，使资金按照预定的财务战略计划流转和运动，实现企业财务战略目标的有效管理机制。

预算管理既是管理控制的主要手段，又是财务战略形成与实施的工具，因此企业若致力于提高管理效率和增加企业价值导向的预算管理，自然会增加企业价值。预算可以通过三种方式来提高企业价值。

（1）提高预算程序的效率。人们对预算不满的一个主要原因就是它耗时费力，消耗企业的大量资源。因此，提高预算程序效率可以从以下途径着手。①提高企业的信息系统的质量。企业信息的状况影响着获取数据耗费的资源，很多企业的信息系统没有进行有效整合，重复的数据输入工作耗费了资源。整合企业的管理信息系统能够使预算更加有效并且增值。IT技术如果能在预算过程中得到恰当的应用，无疑会大大改善预算手段及其系统，从而大幅度提高预算过程的效率和价值。②理性决策所需预算的详细程度。预算编制和反馈的详细程度也影响着资源耗费量，为了提高效率，目前已经有一个趋势就是从详细的编制与反馈转向只关注关键数据，这样可以在减少工作量的同时增强工作的有效性。③减少预算过程中讨价还价的动因。另外一个导致预算程序费时耗力的原因是预算执行结果通常会与奖惩机制挂钩，由于涉及自身利益，上下级之间总要不断地讨价还价以确定最终都能接受的预算目标，一些企业解决这一问题的方法是将奖惩机制与预算业绩分离，是否获得奖励取决于相对的竞争业绩，而不是预算固定的业绩。当预算与实际利益没有直接关系之后，协商就会变得简单、迅速了许多。减少完成预算所需的资源，可以直接降低成本费用，管理人员将节省出的时间用于更富效率的活动中，从而提高公司的实际业绩。

（2）提高预算的战略相关性。由于传统预算缺乏战略相关性，已经有很多企业将预算视为企业战略的障碍。改善这一状况的途径主要是在思想和方法上将预算与平衡计分卡、作业管理法相结合。比如，在制定年度目标时，同时使用财务指标和非财务指标。

（3）提高预算中的预测准确性。预算作为一个计划形式，是对企业年度业绩的预计。传统预算确定一般包括预测、确定、协商、修订等多个环节，由于现实中预算往往兼具计划与控制功能，组织各层级都会将其主观的控制与反馈控制意志加入其中，最终协商确定的预算就很难准确预测未来。在现实中一个改进的方法就是将控制职能从预算中剥离，通过科学的模型进行更准确、迅速和低成本的预测，并以此为基础编制预算，同时由于环境的波动性增强，更多企业采用滚动预测方法来及时调整预算。

2. 评价模块——价值导向的业绩评价

传统的财务绩效评价指标具有两方面的缺陷，一方面是没有考虑权益资本成本，因而高估了利润，造成在此基础上的决策非常有可能偏离利润最大化目标；另一方面则是传统会计体系的稳健性和保守性致使管理者往往拒绝那些投资报酬率低于企业目前投资报酬率，但却高于资本成本的投资机会，对企业的价值增值产生负面影响，影响了企业的长远发展。因此，20世纪90年代中期以后，世界五百强中的许多大公司纷纷采用EVA作为衡量价值的指标，以期弥补这些缺陷。

从理论上讲，相比传统财务业绩指标而言，EVA能够较好地从结果上衡量企业所实现的财富增值。前面的理论研究也表明：融入EVA的传统指标可以更好地解释企业价值。同时，EVA把历史的业绩评价和激励机制与未来导向的企业评估和资本预算有机地联系在一起，这就解决了传统业绩评价方法所不能解决的问题，EVA是一种综合性的评价法，以它为基础的评价体系可以扩展到企业预算和激励机制等方面，使三者系统化、整合化。

3. 动力模块——价值导向的激励机制

融入EVA的管理考虑了资金成本，同利润相比，它能够为使用者提供一个与企业价值更加一致的指标。因此，构建EVA薪酬激励体系，可以实现管理人员与企业之间目标取向的一致，增强财富杠杆的作用，并将股东成本控制在合理的范围。

这种激励计划的核心是将EVA与薪酬挂钩，赋予经营者与股东一样关注企业成功与失败的心态。以EVA为核心的薪酬管理体系的思路是按照EVA及其增加值的完成及实现情况来计算经营者的奖金。换句话说，是把EVA增加值的一部分回报给经营者。由于回报了经营者，从而创造了使经营者更接近于股东的环境，使管理人甚至企业的一般员工开始像企业的股东一样思考。EVA薪酬激励体系具有以下特征：

（1）改善了公司的治理结构。通过EVA激励计划建立经营者和股东的利益纽带，使经营者和股东二者关系进一步合理协调，促使经营者以与股东一样的心态去经营管理。另外，通过导入EVA激励计划，确保经营者在追求自身利益的同时实现股东财富最大化，建立一种股东控制经营者行为的机制。正像思腾思特公司的高级合伙人贝内特·斯图尔特所说，"EVA可以让经营者富有，但条件是他们使股东更加富有"，从而增强了委托者和代理者的信任关系，真正协调经营者与股东的关系。

（2）EVA建立了独具特色的"上不封顶"的奖励计划。这种没有上限的激励制度使管理人员去发现并成功实施可以使股东财富增值的行为。相反，传统的激励制度下，一旦奖金封顶，经营者就会去做侵蚀股东财富的行为，例如在年末通过销售代理商压货，或将一部分销售额转到下一年度的方式以谋求个人利益最大化。

（3）EVA奖励计划实施红利银行制度，建立奖金库。在该制度中，奖金计酬和奖金支付是分开的，经营者奖金计入奖金银行中。企业每年实际给经营者的红利则按照更新的奖金库账户余额（由期初余额加本年的奖金组成）的比例支付。如果奖金库账户余额为负，则没有奖金支付。本期期末余额将被结转到下一期。在奖金库制度下，一部分额外的奖金将被保存起来，以备以后业绩下降时用来补偿损失。这样一来，就防止了经营者为了短期目标而牺牲长期目标的企图，同时激励经营者增加工作时间，以减少企业不景气时的损失。

（4）按照计划目标设奖。EVA薪酬激励体系中不再通过谈判，而是按照趋势确定业绩指标。当EVA增加的价值等于计划目标时，管理人员就能得到按目标设定的奖金。这类似于传统奖励制度的业绩指标，但是两者之间有显著的差别：在EVA奖金计划中，每年度的EVA改进目标一般3年左右确定一次，而不是一年谈判一次；随着实际业绩的变化，计算EVA计划改进目标的基数会每年自动调整一次。

（5）营造出创造价值和财富的企业文化。通过EVA激励计划把奖励与年度预算分离开来，奖励的基础从达到预算目标变成了分享EVA的增加值。这样，经营者和股东有了共同的利益纽带，管理者也从试图降低股东的期望目标转向了努力提高业绩。同时，"积极的策略驱动了积极的预算，而不是温和的预算驱动温和的策略"。最终，通过EVA薪酬机制可以营造出一种创造财富和价值的企业文化。

五、价值导向的财务战略实施框架的支撑层

支撑层的重点是支撑财务战略的实施，其目标是为财务战略实施营造良好的氛围和提供有效投入财务战略实施的各种资源。企业基础建设是一个长期的过程，它在企业财务战略实施中起着至关重要的作用。守旧的基础建设不能支持新财务战略的实施，甚至起阻碍作用。因此，在开始制定、实施新财务战略时，企业就应该改善基础建设，以有效地支持财务战略的运行。

价值导向的财务战略实施需要建立财务信息系统、企业文化系统进行支撑。

1. 建立财务信息系统

在企业集团中，多层次的企业结构拉长了信息的传递行程，不完善的管理体制增大了信息虚假的可能性。对于企业的财务信息，除了会计年报外，还包括大量的有关财务报告生成基础的支持性资料，如主要会计政策、董事会报告、监事会报告、财务情况说明书等重大事项提示。其范围广、数量多、内容杂乱，因而会出现有用信息

不足、无用信息冗余等现象。以上这些情况均增大了集团的财务风险,这种信息状况使财务控制失去了依据。

企业可以建立以网络为基础的财务信息系统。无论什么控制都离不开真实、及时的信息,财务控制是一个动态的控制过程,要确保实现集团的财务目标就必须对各子公司进行跟踪监控,并不断调整偏差。在传统的信息系统中,信息的采集、整理、筛选、传递难免滞后,时效性差,使控制大打折扣。通过在集团内部建立大型的计算机网络系统,如 Oracle 数据库、C/S、B/S 体系结构等,可将下属各部门或子公司的资金流转和预算执行等都集中在计算机网络上,母公司可随时调用了解其财务状况,实时监控全部经营情况,提高控制的效率和效果。

在此系统中,集团内部各部门的财务数据能够及时上传下达,财务部能及时汇总、查询、收集、传输有关财务数据,并能为集团决策层提供财务分析数据,使集团领导及时掌握集团的经营状况,提高集团的市场应变能力。

2. 建设企业文化

在企业内部,文化差异直接影响到企业共同价值观的建立。例如,东南亚的国家更加强调集权制的管理,企业等级制也比较严重,那么强调全体员参与的 EVA 价值管理理以及以此为基础的企业文化建设就会遭受一定阻碍。而且,基于 EVA 的激励系统更加强调个人的业绩,而在一些强调集体主义的国家和文化中,人们更加倾向于以资历为基础建立报酬制度,这种情况也会影响基于 EVA 的价值管理理论的培植。

六、标杆企业案例:华润集团 5C 价值创造型精益财务管理实施框架

价值取代利润的主导地位,是华润集团财务发展的里程碑,以价值为基础的财务管理成为近年来华润集团财务管理的基本理念。

2011 年 9 月,以资本、资金、资产管理为主线,以资本结构(Capital Structure)、现金创造(Cash Generation)、现金管理(Cash Management)、资金筹集(Capital Raising)及资产配置(Capital Allocation)为核心的 5C 价值型财务管理体系正式出炉,如图 3-9 所示。

5C 体系重点关注公司价值的持续增长,聚焦公司价值的关键驱动因素,从财务视角为经理人提供价值管理的方法和工具。

业界公认,公司价值的三大基本驱动因素为自由现金流、资本成本和持续时间,但对于关键的亚驱动因素即影响三大关键驱动因素的主要变量,不同的人从不同的角度,提出了不同的划分。因此,价值型财务管理体系的要点在于,企业管理者需要根据实际情况总结出适用于本企业的亚驱动因素。资本结构、现金创造、现金管理、资金筹集和资产配置这五项就是华润集团总结出的一套适用的亚驱动因素,如图 3-10 所示。

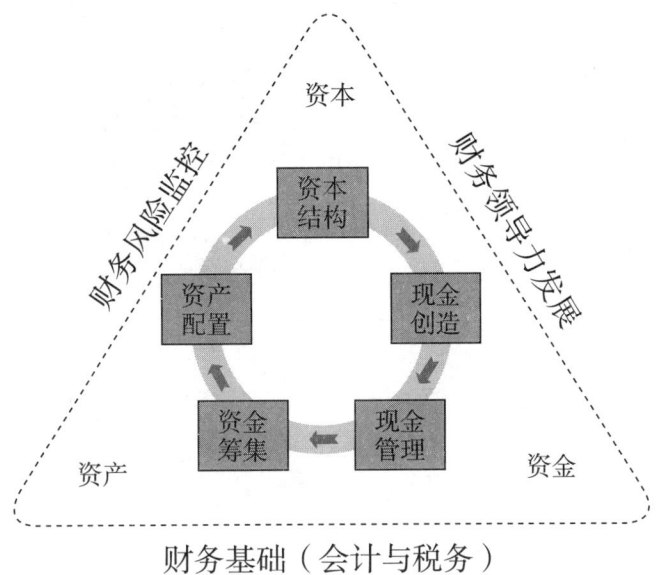

图 3-9 华润集团 5C 价值型精益财务管理体系

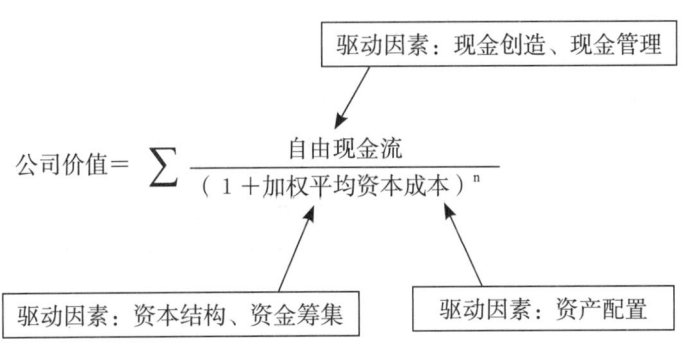

图 3-10 5C 是华润集团总结出的公司亚驱动因素

华润集团为每个"C"都制定了管理主题和管理工具,即通过管理工具进行某几个方面的管理,从而达到每个"C"的管理要求。以现金管理为例,它包括三个管理主题:满足债权人和股东对现金回报的要求;缩短现金周期、提高资金集中度;确定最佳现金持有量、合理安排盈余现金,其相应的管理工具包括六项:现金派息、现金周期管理、资金集中管理、最佳现金持有量、盈余现金、现金预算。而如何运用这些管理工具,则可参照指引提供的具体流程和方法。指引是关于如何运用管理工具的详细说明,华润集团规划了近30项详细的指引,以提供具有可操作性的具体流程和方法,如图3-11所示。

第一篇 精益财务管理体系

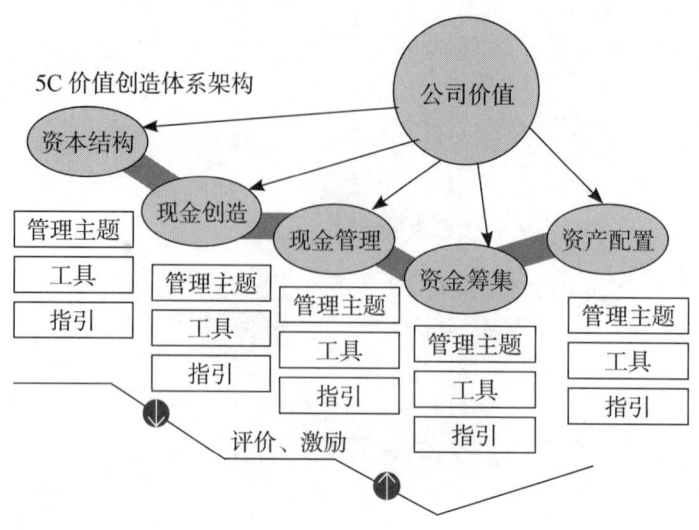

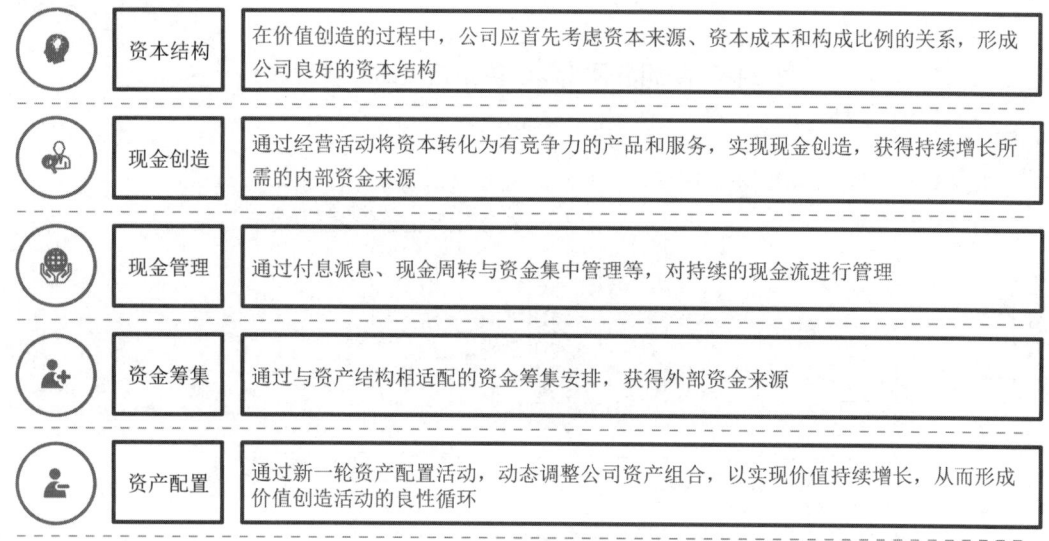

图3-11 华润集团5C价值创造型精益财务管理体系架构

在5C体系中，价值管理评价是其中的关键一环，只有将评价激励与价值管理挂起钩来，才能真正落实5C。5C财务管理评价标准和考核机制围绕价值驱动因素及其变量，设立相应评价指标和目标值，以衡量各业务单元价值管理实施成效，并通过设计相应的激励考核机制，使公司价值管理者真正贯彻应用5C。

以价值为导向，将价值创造理念工具化，是价值型财务管理体系最为关键的环节。

结合行业标杆企业的最佳实践和华润集团自身的实践总结，5C每个环节都细化为多个具体的管理目标，最终分解落实到具体的工具和可量化的指标上，可直接应用于经理人的具体业务决策。

以 5C 的第一个要素——资本结构为例，资本结构管理的核心指标是加权平均资本成本（WACC）。基于资本资产定价模型，参考行业最优资本结构，华润测算出各个主要业务单元的 WACC，且每半年更新一次，以此作为各个业务单元投资决策时的最低回报基准 / 折现率（表 3-1）。无论是存量资产的检讨，还是增量资产的投资决策，都将资本成本作为最重要的考量因素之一，从而尽量避免价值毁损的资本支出。另外，5C 的最后一个要素——资本配置，也要求在资本支出项目实施后，各业务单元从回报、增长和风险等维度将项目实际运营结果与价值评估的主要财务指标预测进行差异对比，进一步分析形成差异的关键假设变动原因，从而指导经理人如何在有限的资本下更有效地进行资产配置。这些都是华润集团纵横捭阖的收购重组背后，一套严密决策机制中的重要环节。

表 3-1　华润集团各主要业务单元加权平均资本成本（WACC）（2019 年）

项目	华润创业	华润燃气	华润置地	华润电力	华润水泥
WACC	8.6%	6.5%	8.9%	7.4%	8.9%
WACC 参考区间	8.1%～9.1%	6.0%～7.0%	8.4%～9.4%	6.9%～7.9%	8.4%～9.4%

传统的营运型财务管理侧重成本管理，强调结果，关注经常性息税前收益，即华润定义的经营利润。在华润集团领导层看来，盈利只是公司价值创造的一个方面，因此必须要同时关注资产负债表，比较股东投入。不同的商业模式价值的差异核心，就是资产负债表的差异，即营运资本需求的差异，最终反映为股东投入的差异。以零售业为例，零售业之所以估值较高，不是由于损益表中的利润较多，而是资产负债表占用别人的现金较多，所需的股东投入少，所以赚取同样利润的一家制造企业和一家零售企业，其价值完全不同。

在这样的理念指引下，5C 突破了传统对于营运管理的定位，更加强调过程，关注资产负债表和现金流量表，从而引导经理人在企业管理和业务决策中，摒弃传统的规模和利润目标，充分考虑资金成本，在权衡股东投入的基础上，使得有限的资本驱动业务持续增长，进而实现价值创造的最大化。

在实际应用中，5C 在不同的层面，其权责利和关注重点都不同。华润集团各个 SBU（Strategic Business Unit，战略业务单元）总部和一级利润中心拥有 5C 的完整权利，而在下一级的大区层面则没有资本结构和资金筹集权利，只有完整的现金创造权、部分的现金管理权和部分的资产配置权。

因此，5C 体系从经理人角度出发，围绕价值创造的各个环节，兼顾股东意志和专业营运，为经理人管理和运用有限的财务资源提供管理工具，增强经理人支持战略实施和为股东创造价值的决策能力。

同时，5C 强调的是一种整体视角和观念，它要求将财务与业务紧密结合起来，在销售、市场、财务、生产管理等各个环节以价值创造为目标进行业务决策，从而推动业务更好地创造价值。因此 5C 需要全面推广到采购、销售、市场、生产管理等所有基层管理人员，使每个基层管理人员都清楚目前从事或策划的业务是否能够创造价值，以及所创造价值的程度，从而从业务层面就开始以价值为导向进行决策。在某种程度上，5C 不仅仅是一个财务管理体系，也是一个全面的价值管理工具。

目前，5C 是华润集团最为重要的管理工具。

第四节 价值创造型精益财务管理方法体系

一、以预算活动支持价值创造

企业以预算活动支持价值创造，首先需要从实际出发，制定科学的财务管理目标，从而进行有效的财务控制。预算活动一方面可以在评估企业价值创造型财务管理效果时提供相关技术和基本依据，有利于提高企业的价值创造能力；另一方面，在进行预算编制时要以价值为驱动因素进行资源的优化配置。企业对各项经营活动使用价值链分析法和作业成本法展开全面分析，积极挖掘关键价值驱动因素并使之指标化，有利于价值创造型财务管理绩效的评价，促进企业价值创造能力的提高。

二、通过经营活动参与价值创造

企业通过经营活动参与价值创造具体可以通过以下方式实现：

（1）设置可以衡量企业价值的财务指标，并将其细分为各部门的具体指标，如经营净现金流、净收益等。

（2）对企业战略实施情况通过价值计分卡创新等手段开展全方位的评价，克服传统的短视型财务管理弊端，加强部门协作，以企业价值最大化为共同目标，部门利益服从企业整体利益，服务于整体价值创造。

（3）对企业的机会成本及现金流出成本综合利用各种管理手段予以有效控制，从而使企业的净现金流得以增加，实现价值创造。

财务部门在价值创造型财务管理实务中履行信息共享中心的职能，将多渠道搜集的供应链上下游信息服务于融资决策制定过程，为部门生产经营及各项决策提供依据。一方面，财务部门要承担与采购部门、仓管部门沟通的职责，全面深入地分析投资机会被过高设置的库存现金占用等问题，从而结合订单安排整理企业库存，对采购部门实际数据与预算数据进行对比，调整存货周转天数和周转率，减少时间价值负担；另一方面，财务部门要全面了解子公司经营情况，给出符合子公司发展的运营建议。此外，业务部门是价值创造的主要部门,财务部门要积极予以协助,建立风险评估模型对业务部门可能面临的风险进行评估和有效控制,以提高价值创造过程中的安全等级。

三、利用投资活动进行价值创造

企业的价值决定因素为加权平均资本成本和自由现金流量。投资是企业价值创造的重要源泉,与这些决定因素具有密切的联系,也是企业的一项基本的财务活动。企业投资决策前要全方位搜集信息,严格论证项目可行性,在项目开始之前便最大限度地降低投资风险。在资金投入后,企业要对项目产生的现金流进行全面的预算管理,提高资金使用效率和使用效果,合理控制成本,实现价值最大化。传统投资活动追求短期收益,关注经济财富,对企业的长远发展缺少足够的重视。而企业长期财务战略决定着现金流和生产成本,因此企业长期财务战略与备选投资项目的契合度成为价值创造型投资活动的关注重点,企业在项目没有达到预期绩效的情况下仍会长期持续持有,通过长期财务战略实现企业价值最大化。

四、以融资活动服务价值创造

企业经营活动所需资金的重要来源为融资活动。融资活动自身并不创造价值,集团公司在价值创造型融资实践活动中设置了具有差异化的资本结构决定因素,以适应各子公司不同的控制水平,并注重对财务杠杆的研究。其中,集团母公司决定非独立公司的资本结构,出于避税效应,其债务融资权重占比较大,母公司在各子公司之间调解余缺资本,在风险结构信息和财务弹性的基础上有效控制外部债务资本的差额成本。对于独立公司,根据企业所处生命周期,集团在与股东就公司资本结构进行沟通后确定其内外股权融资需求与债务融资需求,降低企业融资成本,进而服务了企业的价值创造活动。

五、风险控制活动保护价值创造

风险意味着不确定性,甚至会进一步导致企业资本的损失。债务资金和股东资本等原始投资人是企业价值创造的前提和基础,资本的管理成为价值管理的核心环节。现代化企业以价值创造为己任,就必须重视价值创造型财务管理的作用,帮助企业有效管理现金流,进行合理的资产配置,协调优化投融资结构以及开展各类风险的控制。在企业整体价值链中,财务管理由辅助活动向价值创造活动转变,并帮助价值链其他各环节实现自身的价值创造。同时,为了减少风险造成的价值损失,企业财务管理还需要采取措施降低风险发生的可能性,在风险控制过程中要重点加强对资金运营风险和应收账款风险的把控,进行实时的动态跟踪,建立资金集中管理系统,搜集相关信息,分析风险产生原因,将造成的损失掌握在可控范围之内,为价值创造活动保驾护航。

第二篇

全面预算管理

> 凡事预（豫）则立，不预（豫）则废。言前定，则不跲；事前定，则不困；行前定，则不疚；道前定，则不穷。
>
> ——（《礼记·中庸》第二十一）

很多房地产企业近年来逐步推行了全面预算管理，但是从实施的实际情况看，效果并不是很理想。其中有诸多方面的原因，一方面是对预算管理概念的解读不够清晰和全面，许多认识只是停留在财务预算的层面，并没有真正理解全面预算管理的真正意义；另一方面是理论研究和实践的脱节，预算管理与信息系统的建设没有达到真正的契合，预算与执行结果的误差率较大，且房地产企业并未能在预算管理过程中寻找到切实适合自己的科学方法。因此，进一步研究房地产企业如何应用和推广全面预算，特别是全面精益预算管理显得更为重要。

第 4 章

全面预算管理概述

全面预算管理是公司预算实施的集计划、控制为一体的全方位、全过程、全员的系统预算管理模式,通过有效整合公司的治理结构、业务流程、资金流向、信息流和责任流,来明确公司各个部门以及各个员工的责任与权限,实现公司有限资源的合理配置。

第一节 全面预算管理的含义

一、预算的定义

表 4-1 预算的定义

定义者	定义内容	关键观点
Argyis	预算是一种由人来控制成本的会计技术	・控制成本的会计技术
Copland	预算将特定的活动方案以计算数字表示的正式活动计划体现,并明显表示企业目的及其达成手段	・活动计划 ・数字表示
Decosta	预算是用金额表示的综合的活动计划,是用金额表示经营管理者在将来特定期间的计划及目的的正式计算书	・正式计算书 ・活动计划
Welsh	预算是一种涵盖未来一定期间内所有营运活动过程的计划,是企业最高管理者为整个企业及其各部门所预先设定的目标、策略及方案的综合	・营运活动计划 ・综合方案
Bierman	预算分为两类:一类为预测(Forecast),告诉经理人员他在未来将可能处于何种地位;另一类为标准(Standard),告诉经理人员预定的效率水准是否已经维持或达成	・预测 ・标准

（续表）

定义者	定义内容	关键观点
布洛切	预算是企业经营活动的数量计划，确定企业在预算期内为实现企业目标所需的资源和应进行的活动，包括计划活动的财务和非财务两个方面	·数量计划 ·计划财务和非财务两方面
汉森和莫文	预算是制订计划过程中的关键环节，是面向未来的财务计划，它确定了目标及实现这些目标应采取的行动	·财务计划
周守华，陆正飞等	预算是通过对企业内外经营环境的全面分析，在科学的生产经营预测与决策基础上，用价值和实物等多种形态反映企业未来一定时期内的投资、生产经营及财务成果等的一系列计划和规划	·企业的一系列计划和规划
冯巧根	预算是在科学的生产经营预测和决策基础上，用数量、金额的形式反映下一年度内企业供、产、销及财务等方面经营策略、经营成果的一整套生产经营计划	·生产经营计划
潘飞	预算是企业经营计划以及预期经济活动的一种数量表现，是以货币或者现金流的形式对企业未来某一特定时期生产经营活动所做的系统而详细的表述，是为了完成特定目标而对所拥有的有限资源进行合理安排，对各项经济活动进行有效控制的一种工具	·经营计划经济活动的一种数量表现
汤谷良	预算是一种与企业发展战略相配合的战略保障体系，是与整个公司业务流、资金流、信息流以及人力资源流的要求相一致的经营指标体系	·经营指标体系 ·战略保障体系 ·管理控制机制
苏寿堂	预算是指特定期间内企业及各部门的具体计划用货币或数量表示出来，以此作为企业预定期间内的目标，用以调整各业务部门活动的工具	·具体计划的数量表示
徐兴恩	预算是为了实现既定目标，围绕资金流动这一核心，而对未来活动进行科学合理的规划、预计、测算，并形成一整套具体化、数量化的计划方案，为所从事的各种具体业务提供监督和评价的标准	·计划方案 ·评价标准
侯龙文	预算是企业为了实现预定期内的战略规划和经营目标，按照一定程序编制、审查、批准的，企业在预定期内经营活动的总安排；是围绕企业战略规划和经营目标，对预算期资金取得和投放、各项收入和支出、经营成果和分配等资金运动所做的统筹安排	·资金取得和投放、收入和支出、经营成果和分配的统筹安排
全球最佳实务数据库公司	预算是一种系统的方法，用来分配企业的财务、实物及人力等资源，以实现企业既定的战略目标，企业可以通过预算来监控战略目标的实施进度，有助于控制开支，并预测企业的现金流量与利润	·分配资源的系统方法
财政部	预算是计划工作的成果，它既是决策的具体化，又是控制生产经营活动的依据	·计划的结果 ·控制的依据

从表 4-1 中外学者对"预算"的定义可以看出：①预算是企业经营活动的计划；②预算是以财务数字表达的对未来的预测。这两点得到了比较普遍的认可，这也是预算最基本的特征。至于预算是评价标准、控制依据、资源分配方法等观点，可以看成在上述两个预算基本特征之上对预算内涵的衍生。这种衍生也许会随着时代的发展而有所不同，但预算的上述两个基本特征不会发生变化。

二、预算管理的定义

在对"预算"内涵及其基本特征分析讨论的基础上，国内外学者从如何有效完成预算的角度，分析界定了作为预算实现方式的预算管理的基本内涵，见表 4-2。

表 4-2　预算管理的定义

定义者	定义内容	关键观点
Roland	预算管理是由目标的设定，事前激发管理者表达成预算的意愿，进而与实际比较进行评价的方法	·评价方法
Welsh	预算管理是指企业预算的编制控制，是一种综合的利益计划及控制	·预算的控制方法
小林健吾	预算管理是最高经营者就各部门活动计划做事前的综合性调整后，制定出各部门的活动方向，并通过预算与实际的比较及差异分析，评定各管理者的业绩，以此激励管理者，实现利益管理的技法	·比较差异 ·评定业绩 ·实现利益管理
汤谷良,李苹莉	预算管理包括编制预算、执行预算和考核评价等环节，是一种与公司治理结构相适应，涉及企业内部各个管理层次的权利和责任安排，通过这种权利和责任安排，以及相应利益分配来实现的内部管理与控制机制	·包括编制预算、执行和考核评价等环节 ·控制机制
周守华,陆正飞等	预算管理是利用预算这一主线对企业内部各部门、各种财务及非财务资源进行配置、控制、反映与考评等一系列管理活动，并借此来提高企业的管理水平和经济效益	·对财务及非财务资源进行配置、控制、反映与考评等的系列管理活动
于增彪	预算管理是由编制、执行、计量、分析、报告、鉴证（内部审计）、奖惩和计算机技术支持八个模块组成的可运行、可操作的管理系统	·包括编制、执行、计量、分析、报告、鉴证、奖惩和计算机技术支持等模块
潘爱香,高晨	全面预算管理是一种全新的现代企业管理模式；是与企业发展战略相配合的战略保障体系；是与整合企业实物流、资金流、信息流和人力资源流要求相一致的经营指标体系；是与日常经营管理过程相渗透的行为规范与标准体系；是与期终总结相关的业绩评价与奖惩体系	·战略保障体系 ·经营指标体系行为规范与标准体系业绩评价与奖惩体系
冯巧根	预算管理是以编制预算为起点，围绕预算的实施、控制、评价和考核展开的管理活动	·预算实施、控制、评价和考核的管理活动
汤谷良	预算管理是一种集系统化、战略化、人本化理念为一体的现代企业管理模式。它通过业务、资金、信息的整合，明确、适度地分权、授权，实施战略驱动的业绩评价等，来实现资源合理配置、作业高度协同、战略有效贯彻、经营持续改善、价值稳步增加的目标	·系统化、战略化、人本化的管理模式 ·采用业务、资金、信息整合；分权、授权；战略业绩评价等方式

第 4 章　全面预算管理概述

（续表）

定义者	定义内容	关键观点
王化成等	预算管理是指企业围绕预算而展开的一系列管理活动，包括预算编制、预算执行、预算分析、预算调控、预算考评等多个方面	·包括预算编制、执行、分析、调控、考评等的管理活动
侯龙文	预算管理是企业为了实现战略规划和经营目标，对预定期内的经营活动、投资活动和财务活动，通过预算量化的方式进行合理的规划、预测，并以预算为准绳，对预算的执行过程和结果进行控制、调整、分析、考评的管理活动。它是一个全员、全业务、全过程的管理体系，是实现企业战略目标、提升经营绩效、实现企业内控的有力工具	·对预算进行控制、调整；对执行结果进行分析考评的管理活动；是实现企业战略目标、提升经营绩效、实现企业内控的有力工具
财政部	预算管理是利用预算对企业内部各部门、各单位的各种财务及非财务资源进行分配、考核、控制，以便有效地组织和协调企业的生产经营活动，完成既定的经营目标	·对财务及非财务资源进行分配、考核、控制

三、动态预算管理的内涵

动态预算（Dynamic Budgeting）管理是一种围绕预算而实施的动态管理机制，是指企业通过在预算管理中融合应用先进的信息技术、管理方法等方式，大幅度提高预算在编制、执行控制、调整、考评等环节的灵活性和应变性，从而有效应对动态复杂的企业组织和经营环境对预算管理提出的种种挑战，实现企业长期价值创造的战略目标。

全面预算管理要以公司战略目标为出发点，但是预算目标和公司战略目标并不完全等同。从五大核心模块能够清楚地看到全面预算管理是一个闭环的管理系统，而且各模块之间是相辅相成的。在编制预算时，除了结合本公司的实际情况，以相关的预算制度文档和信息技术为辅助也是十分有必要的。

从上述界定可以看出：

（1）企业可以将动态预算管理看作一个开放的管理平台，在此平台上通过整合、应用先进的信息技术、管理方法来实现其动态管理。因此，实现动态预算的途径和工具应该是多样的，而且随着信息技术、管理方法等的发展动态预算管理应该不断地创新。

（2）动态预算的长期价值创造的战略目标决定了其管理层次更高、管理范畴更广的特性，因此它是一种真正意义上的"全面"预算管理。同时，这一战略目标也要求，预算管理要将长期价值创造的理念贯穿于其每个环节，注重企业持久竞争优势的取得和维持，甚至不惜牺牲短期利益。

（3）企业实现动态预算管理是一个系统工程，需要在预算管理的每个环节上都提高其灵活性和应变性，而且这些不同环节上灵活性和应变性的提高具有内在的一致性，共同致力于实现整个预算管理的动态性。

动态预算管理理论框架图如图 4-1 所示。

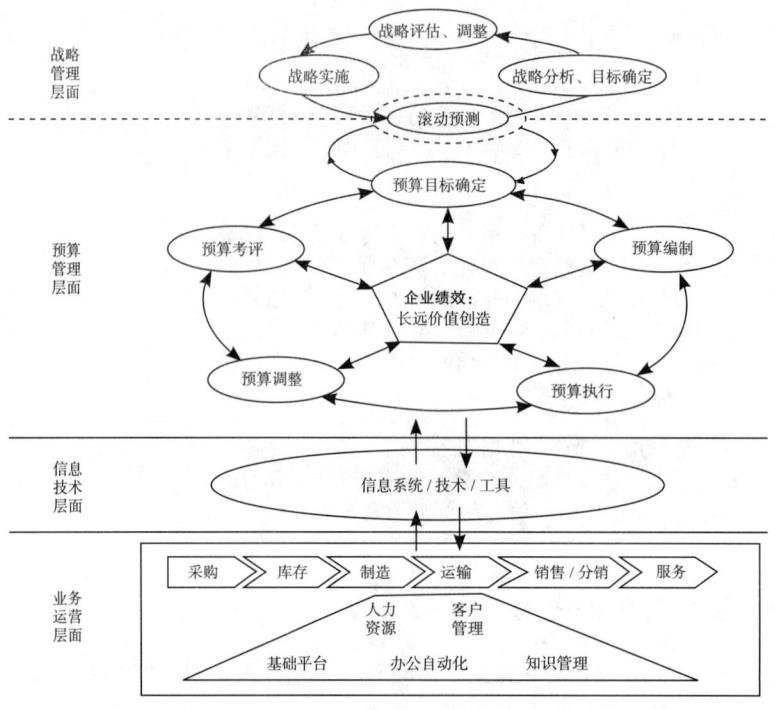

图 4-1 动态预算管理理论框架图

（4）全面预算管理是以"全集团、分层级、分业态、全流程"为集成一体化的预算体系，以实现企业全面预算落地，提高预算管理能力。如图 4-2 所示。

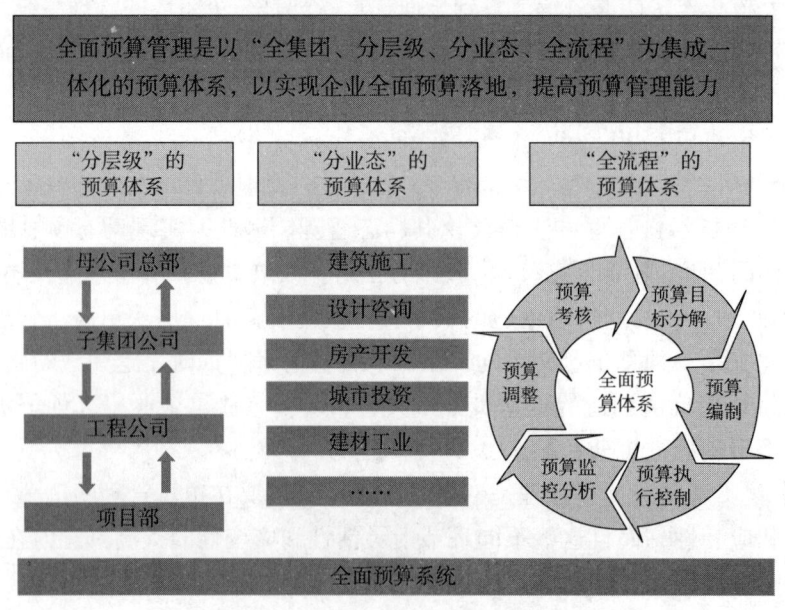

图 4-2 全面预算管理动态流程

四、预算管理的特点

由于房地产企业是典型的项目运作型企业，项目周期长、资金投入大，相应地，其全面预算管理也有着独特的特点：

1. 以现金流为基础

房地产行业具有高利润、高负债的同时也具有高风险，如此"三高"使其必须时时保证现金流的健康顺畅，所以现金流比会计利润重要。因此，房地产企业更乐于编制现金流预算，重视程度甚至高于基于权责发生制基础的利润表预算、资产负债表预算。

2. 以工程项目预算为核心

在成本开支这一方面，工程项目成本最大、最复杂，也最难控制，如此"三最"奠定了工程项目预算的核心地位，对此业界已有成熟的预决算制度来进行管控。

3. 年底工程形象进度节点的确定

关于房地产企业年底工程形象进度节点的确定既重要又不重要。由于工程项目往往跨年度，与总包方的结款一般参照工程形象进度来进行，这也是会计确认工程项目成本的依据，它对项目的成本和现金流影响很大，因此很重要。另外，由于这种确定不会马上影响会计成本和现金流量，只是体现为账面数字，因此是否确定形象进度似乎也并不重要。

上述三个特点对房地产行业的预算管理的推行有着重要影响。

第二节 全面预算管理的主要内容、模式与方法体系

一、全面预算管理的主要内容

全面的预算管理控制的内容和框架大体上涵盖了预算的目标、预算的组织、预算的编制、预算的执行、预算执行结果的考评几个模块。预算组织是全面的预算管理控制的主体，是预算的执行和预算的考评的对象。预算考评指标是实行全面的预算管理控制的出发点及归宿点，是全面预算管控的目的，如图4-3所示。

从这个角度来说，房地产相关开发项目及财务管控包括以下几个方面：

（1）对房地产项目进行专项的投资可行性调研和分析。
（2）对房地产开发项目资金筹划的管控。
（3）对房地产开发项目资金投放运作的管控。
（4）对房地产开发项目预算控制的管控。
（5）对房地产开发项目税收策划的管控。
（6）对房地产开发项目后续评价的管控。

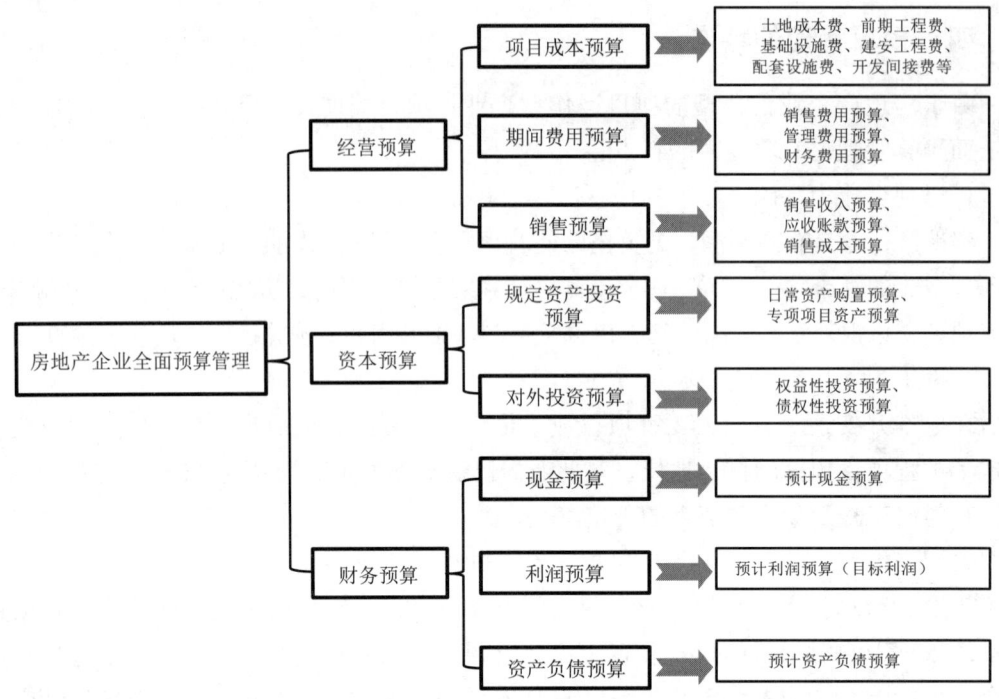

图 4-3　房地产企业全面预算管理内容体系

二、全面预算管理的职能

全面预算管理职能主要表现在它的计划职能、沟通协调职能、资源配置职能、控制职能、业绩评价及激励职能，如图 4-4 所示。

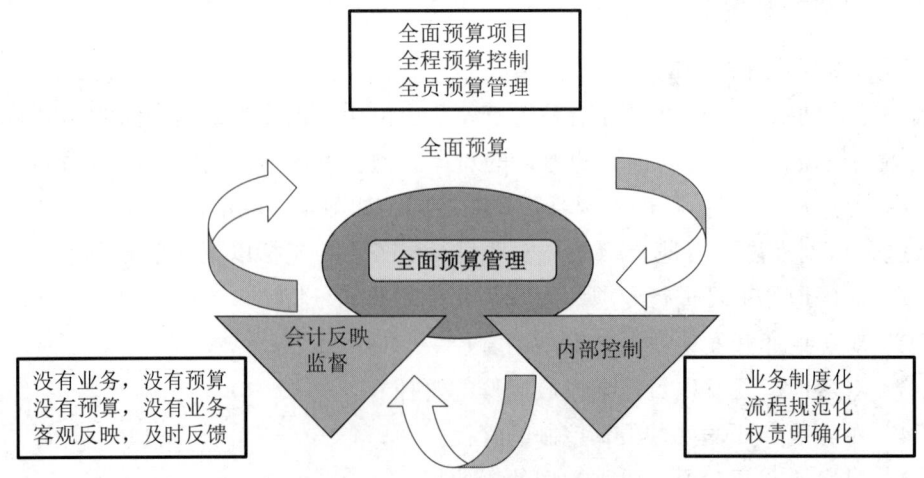

图 4-4　全面预算管理的职能

三、全面预算管理模式

不同模式的全面预算管理决定了全面预算编制的核心、程序和方法不同，全面预算管理模式的选择应该体现不同行业和不同类型的战略重点的差异。全面预算的管理模式必须和公司的发展战略及经营理念等吻合，必须反映企业的年度目标要求。公司应当依据行业和公司自身特征把管理目标和管理模式结合在一起，一方面通过指标的设计来引导管理模式的构筑，另一方面通过建设合理的全面预算管理模式来保证目标的实行。

全面预算管理模式主要有以下几种。

1. 以资本为核心的预算管理模式

以资本为核心的全面预算管理模式是以资本全面预算为起点和重点的，其编制需要围绕资本来进行，注重固定资产等资本全面预算，这是保障全面预算目标实现的有效手段。以资本为核心的全面预算管控模式主要适用于创业初期的企业。由于初创期企业的资本支出较多，所以这时的预算管理就要以资本预算为重点。

2. 以销售为核心的预算管理模式

现今，社会市场竞争激烈，企业如何才能使自己的产品或服务符合市场需要，如何以市场为导向来组织生产经营，以确保自己立于不败之地，已成为众多企业管理者关心的热点。而以销售为核心的全面预算管理模式正是解决这一难题的有效管理制度。全面预算编制指导思想是以销售的预测为基点，按"以销售定产量"的体制进行编制。全面预算的起点是销售预测，然后依据销售的全面预算思考期初及期末存货变动来安排产量的生产并保证生产顺利进行的资源供应和配置，最后以各种经营全面预算（包括销售全面预算、生产全面预算、供应全面预算、成本费用全面预算、利润全面预算及现金流量全面预算）和资本全面预算为基础编制财务全面预算。在全面预算控制环节，也要以对销售全面预算进行控制为主，在考核时以销售收入作为主要考核指标。

以销售为核心的全面预算管理模式主要适用于以下企业：

（1）以快速成长为目标的企业。若企业不是以追求短暂的利润高低为指标，而是以追求市场的占有率为指标，可以采取以营销为核心的全面预算管控的模式。

（2）处于市场成长期的企业。这种形式的企业产品一旦得到市场的接受，市场的占有份额就直线上升了，产品生产技术就更为成熟，这一时段企业的重要管控工作便是不断开拓新的市场份额，提高市场的占有率，增加销量。在这种情况下，企业采用以销售定产量后，再安排供给、编排生产和费用的全面预算，进而编制以营销为中心的全面预算管控样式，能够很好地适应企业管控和市场销售战略的需求，促进企业效益的提高。

（3）季节性经营的企业。以营销为核心的全面预算管理形式还适用于产品的生产和季节性很强，且市场波动性较大的企业。因为从特别的年份来看，这种企业所面临的市场的不确定性很大，它的生产活力必须依据市场变化来调整。按特定销售活动所涉及的时期和范围来进行全面预算管控，既能适应经营灵活性需要，又有利于整个企业的运作。

3. 以成本控制为核心的预算管理模式

以成本为控制核心的全面预算管理模式的内容在于：当市场价格已基本稳定，公司想获得期望的收益时，只能在成本上进行挖潜。用公式表示就是：目标成本＝现行售价－期望的净利润。

全面预算编制指导思想是以成本为管控的主线，以企业期望的收益作为依据。全面预算控制以成本的控制作为主体，全面预算考评以成本为主要指标，企业在生产经营的全过程中按全面预算目标进行全过程管控。

以成本为核心的全面预算管理模式主要适用于以下企业：

（1）产品处于市场成熟期的企业。处在成熟期的企业面临的风险相对来说很低，但存在的压力很大：一是成熟期的长短变化所能导致持续的经营压力；二是成本下降的压力。处在成熟期的企业市场占有率较稳定，要想提高销量很艰难，想实现指标利润就只能依靠降低产品成本。因此，处于成熟期企业的全面预算管控目标要以成本全面预算为主，重视对产品成本和营业成本全面预算的编制，这时企业的全面预算模式也要相应改变，其全面预算模式应以成本控制为核心和重点。

（2）设立成本中心的集团企业。在集团企业，设有很多责任中心，其中的成本责任中心一般选择以成本为中心的全面预算管控样式。

4. 以现金流量为核心的预算管理模式

现金流量是这一全面预算管理模式下全面预算工作的起点和关键所在。特别是在公司日趋成熟化、组织的规模增大、会计的处理方式日趋复杂化的背景下，传统而非现金流量的全面预算管理越来越不能满足公司运营者及决策者的需求。2008年发生的全球金融危机形成的主要原因就是美国的次级债务危机，归根到底，很多账面业绩优秀的企业，在金融风险的袭击下，因为资产质量低，变现能力差，纷纷遭到灭顶之灾。这种危机暴露出单靠运用非现金流量的指标运行财务预测和决策及编制全面预算是有漏洞的。在倡导"现金至上"的当今社会，以净现金流量为核心的全面预算样式显得尤为必要。全面预算编定思想要求公司管控必须要以现金的收到和合理的支付为核心，以防现金被滥用，同时也为下一轮的新产品开发及新的利润增长积蓄强大力量。以净现金流量为中心的全面预算管理思想主要适用以下企业：

（1）产品处于市场调整期的企业。根据产品的生命周期，任何一种产品都包括开发期、成长期、成熟期及调整期四个阶段。其中，在调整期，由于产品已被市场抛弃或出现了更物美价廉的替代产品，产品的市场份额急剧缩小。另外，在财务上大量应收账款在本期收回，而潜在投资机会缺乏，造成大量现金闲置。这时，净现金流量是全面预算管控中的一个中心问题，所以以现金流量作为全面预算指标是本时段的一个显著特征。

(2)财务困难的企业。当企业出现财务困难、现金短缺时,也应该采用以现金流量为核心的全面预算管理模式,以便摆脱财务危机。

(3)重视现金回收的企业。有些企业不存在财务危机,理财比较稳健,重视现金流量的增加。这样的企业也应该采用以现金流量为核心的全面预算管理模式。

5. 以利润为核心的预算管理模式

以利润为核心的全面预算管理模式的特征是以"利润最大化"作为全面预算编定的核心,全面预算编定的起始点及考核点都是经营利润。依据平均利润学说,等量的资本要得到等量的利润。所以,在投资者支付一定的投资额度的时候,一定要合理地对它的报酬进行量化预测,也就是说:投资者(股东)要求的理想报酬=总投资额度×平均利润比率,以这个为出发点,投资者就可以编制出各种全面预算来控制和保证目标利润的实现。以利润为核心的全面预算中所说的利润主要是指会计利润。以利润作为全面预算目标有助于实现企业价值最大化,在做全面预算时,利润作为企业全面预算期内的一个前提提出。但在现实生活中,由于会计上的利润计算受到政策上的选择和会计估算的影响,所以公司在制定指标利润时,就必须依据国家相关的法律法规,详细地制订本公司的会计政策,健全内部控制体系,以保证计算出的会计利润真实并具有一贯性。对集团公司来说,在向各子企业下达目标任务时,也必须确定计算口径来保证指标的唯一性和有效性。全面的预算编制思想是以营业利润为核心。全面预算管理体制,基本上是与以营销为核心的全面预算管理模式相一致,主要包含利润的全面预算、销售的全面预算、成本的全面预算和现金流量的全面预算。在利润全面预算模式下,利润全面预算的确定是关键。通常,确认了全面预算的利润后,要以公司历史数据为基数,依据对未来的发展预测,充分思考产品的结构与成本、技术及供求关系和价格等因素的相互关系及对利润的指标综合影响分析,在多次研讨和充分论证的基础上进行确定。以利润为核心的全面预算管控模式主要适用于如下企业:

(1)以利润最大化为目标的企业。如果企业的目标是追求利润最大化,则在全面预算管控中一般都会选择以利润为核心的全面预算管理模式。

(2)大型企业集团的利润中心。在大型企业集团,一般都有若干个责任主体,其中的利润中心一般是选择以利润为核心的全面预算管理模式。

四、全面预算编制方法体系

全面预算编制可以采用很多方式,不同类别的全面预算编制方法各有利弊,在编制全面预算时需要综合考虑公司的资源及经济活动,并经过市场调研及准确预测,对企业的未来活动做出评估,根据不同编制方法的适用条件和范围选择科学的全面预算编制方法。

房地产企业进行全面预算编制时,可以根据自身需要和要求,采用多种预算方法进行编制。

预算编制方法体系如图 4-5 所示。

图 4-5 预算编制方法体系

1. 采用固定全面预算进行平稳监控

固定全面预算又称静态全面预算,是按固定业务量编制的全面预算,一般按全面预算期的可实现水平来编制。当企业处在一个平稳的发展时期时,固定的全面预算是有利于企业监控过程中的成本费用的变化情况的。然而,在企业达到快速发展的时期,尤其遇到营销周期不稳定或营销季节性波动较强的状况时,全面预算和实际时常有很大差异。

2. 采用弹性全面预算强化评价考核

弹性全面预算是为了克服固定全面预算的缺陷而设定的,它的原理是:在成本的习性分析的基础之上,企业要以业务量和成本及利润之间的关系为根据,编制弹性的全面预算基本程序。以成本全面预算为例,一般分为以下几个程序:

(1)选择业务量的计量单位,这需要据公司的具体情况而选,当然还要注意计量单位的易取得性和易理解性;

(2)确定业务量的范围,业务量的范围就是预期业务量的变动范围,应依据企业的具体情形来看,但将来可能发生的业务量不应超过这个范围;

(3)按成本性态将成本分为固定成本、变动成本、混合成本;

(4)确定全面预算期内各业务活动水平;

(5)编制弹性全面预算。

3. 增量预算

增量预算(又称调整预算)是指以基期成本费用水平为基础,分析预算期业务量水平及有关影响因素的变动情况,通过调整有关原有费用项目及预算额而编制预算的方法。

增量预算的方法源于以下三项假定:第一,现有的业务活动是企业必需的,只有保留现有的每项业务活动，才能使企业的经营过程得到正常发展；第二，原有的各项开支都是合理的，既然现有的业务活动是必需的，那么原有的各项费用开支都是合理的，必须予以保留；第三，增加费用预算是值得的。增量预算以过去的经验为基础，实际上是承认过去所发生的一切都是合理的，主张不需在预算内容上做较大改进，而是因循沿袭以前的预算项目和预算标准。

增量预算方法有以下不足：

（1）按这种方法编制预算，往往不加分析地保留或接受原有的成本项目和数额，可能使原来不合理的费用开支延续存在下去，形成不必要开支合理化，继续造成预算上的浪费；

（2）采用此法，容易鼓励预算编制人员凭主观臆断按成本项目平均削减预算或只增不减，滋长预算中的"平均主义"和"简单化"，不利于调动各责任单位和员工降低费用的积极性。

（3）按照这种方法编制的费用预算，对于那些未来实际需要开支的项目可能因没有考虑未来情况的变化而造成预算的不足，不利于企业未来的发展。

4. 采用零基预算挖掘管控潜力

零基预算越来越被看重，并被看成管控间接费用的有效方法，尤其在非营利性企业和服务性公司中更是得到了广泛的应用。

5. 定期预算

定期预算的方法简称定期预算，也称为阶段性预算，是指在编制预算时以不变的会计期间(如日历年度)作为预算期的一种编制预算的方法。

定期预算法保证预算期间与会计期间在时期上配比，便于依据会计报告的数据与预算的比较，考核和评价预算的执行结果。

但定期预算不利于前后各个期间的预算衔接，不能适应连续不断的业务活动过程的预算管理。因此作者不建议采用定期预算法编制预算。

6. 采用滚动全面预算把握企业未来

滚动全面预算，又称永续全面预算，其基本的精神是它的全面预算期是永远保持12个月，每过一月，都要依据新的变化情况进行相应调整，建全各月明细的全面预算，以便监督全面预算的执行，对当季以外的其他季度可以将预算水平制订得粗一些，到了第一个季度结束以后再把第二个季度的全面预算数按月进行细分，以此类推。滚动全面预算是一种优化了的全面预算的编制方法，与传统的全面预算方法相比，优势如下：保证了全面预算完整性及持续性，可以把握企业的未来和方向；能够使得各级管控职员始终对未来12个月的生产经营活动有所考虑和规划，从而有利于促使生产经营的稳定且有序开展；由于不断被修正，使得预算与实际情况一致，有利于发挥滚动全面预算的控制效能。

各种预算编制方法比较如表4-3所示。

表 4-3 预算编制方法比较

预算编制方法	特点	适用范围
固定全面预算法	即静态预算,不考虑预算期内业务量如产量、销量等的变动,这种预算方法计算简单,以往期实际数据为基础,易于操作	适应范围小,准确性差,一般用于固定费用的预算,适用于经营变化不大的企业
弹性全面预算法	根据成本习性(变动成本、半变动成本、可控固定成本、不可控固定成本)分析,随业务量水平的不同,提供不同的预算数	适用面广,机动性强,用于编制变动成本费用,适用于发展较快的企业
增量预算法	以现有业务为基础,并假设现有业务不存在任何问题,根据预期变化调整预算数据	适用于经济业务和经济环境相对较为稳定,费用管理和控制比较成熟的企业
零基全面预算法	从零开始进行编制,能树立员工节约的意识,规范企业不合理的支出	数额大、有问题或新预算指标,适用于初创期或成长期的企业
定期预算法	预算期和会计期一致,便于会计期内与预算数据的比较,发现预算差异	适用于波动大、经营风险不确定性不大的企业
滚动全面预算法	具有连续不断的动态预算形式,预算期保持固定不变	适用于能持续不断地计划,承受繁重工作量,智能化财务会计体系强的企业

五、预算编制方式

1. 自上而下式

自上而下式预算编制程序体现的是集权思想。这种程序由企业的高层管理者制订预算,下级经营单位和部门很少能参与到预算编制过程中,对预算的确定没有影响力。高级管理层以下的各级单位接受上级下达的预算并按要求实现该预算目标。自上而下式预算又分为两种形式,一种形式是由高层管理者编制并下达给整个组织的预算,各责任单位来执行预算;另一种形式是由高层管理者确定每个经营单位和部门的预算目标,然后由中低层管理者来编制能够实现目标的详细预算。

自上而下式的最大好处在于能够减少预算编制过程中的讨价还价现象,有助于企业管理效率的提高;同时,由企业高层编制预算可以把战略思想和规划贯彻到预算中,有利于企业整体利益的实现。其最大的不足在于将权力高度集中在高级管理层,不能发挥下级部门的主动性和创造性,甚至会导致下级部门的反感和排斥,不利于预算目标的实现。

2. 自下而上式

自下而上式预算编制程序与自上而下式预算编制程序正好相反,预算由组织的下级部门编制,然后汇集提供给上级部门。在这种程序下,上级部门的管理责任是提出预算责任目标,下级部门确认预算责任;或由上级部门确定预算目标,下级部门执行、实现上级部门确定的预算目标。为此，下级部门编制并上报的预算在上级部门看来只是对上级部门预算目标实现的一种承诺。

这一程序的优点在于，体现分权经营和人本管理，可以提高下级部门的主动性，有利于对员工的激励；同时由预算执行人员参与预算编制，可以有效提高预算的准确性。这一程序的缺点在于，预算编制效率低，耗费时间；并且，当下级部门人员对预算目标有影响力时，尤其是以该目标作为业绩评价标准时，就会不可避免地产生预算松弛。

3. 上下结合式

上下结合式结合了以上两种形式之长，在预算编制过程中经历了自上而下和自下而上的往复。一般首先由处于最低决策层的部门，在遵循相关指导原则的前提下，提出关于下一年的第一轮预测，之后提交给上一级组织，并加以归集调整后再提交给更上一级组织，从而在企业的层级结构中不断向上提交。当各个部门的预算最后汇集在企业的最高决策层时，企业的高层管理人员应当分析预算与企业战略的一致性以及部门间预算的一致性，并进行必要的调整。在企业最高决策层对预算进行调整后，这些预算将重新下达到企业的各个部门中去。必要时，再进行下一轮的预算调整。

这一程序的优点在于，可以有效地减少信息不对称，增强上下级之间的交流，有助于上下级目标的协调一致。

基于价值链的企业预算采用上下结合式预算编制程序，对于提高作业基础预算的准确性、有效发挥预算的激励作用，具有十分重要的意义。

首先，采用上下结合式预算编制程序，提高了预算指标的可靠性。预算的成功与否依赖于预算的准确性，以高层管理者为主体制定的预算指标难免主观性太强和脱离实际，而上下结合式预算编制程序则充分考虑了预算执行者的意见。由于预算执行者直接参与企业活动，更了解本部门的现实、需要、发展的潜力以及未来的变化，以他们的估计制定的预算指标更接近实际并可以信赖，对实际工作的指导意义更大。

其次，上下结合式预算编制程序能够充分调动预算执行者的积极性。对于预算执行者来说，亲自参与制定本部门预算可以得到精神上的满足，可以增强其作为企业一员的责任感，并有助于在企业内部营造公开、民主和信任的气氛，增强企业的亲和力。

再次，预算执行者能深刻理解和自觉接受他们亲自制定的预算标准，从而把预算的执行看作自己义不容辞的责任，而不会视之为上级强加的任务。更为重要的是，上下结合式编制程序可以有助于将企业预算目标与个人目标紧密地融合在一起。预算执行者在参与预算编制过程中，会融入个人的目标和预期，使个人目标和预算目标及企业目标达成一致。预算执行者参与预算编制的过程，就是将个人目标融合于企业目标的过程。这样，目标整体化会产生内在的激励作用，将大大提高员工的工作效率。

最后，上下结合式编制程序会促进部门间的协调与沟通，帮助各部门为企业的共同目标协力合作，增强各部门行动和决策与企业目标的和谐性，促进企业资源的合理配置和有效利用。

第三节　全面预算管理体系

一、全面预算管理体系框架

全面预算管理体系包括全面预算组织体系、全面预算指标体系、全面预算编制体系、全面预算监控体系、全面预算反馈体系、全面预算考评体系，如图4-6所示。

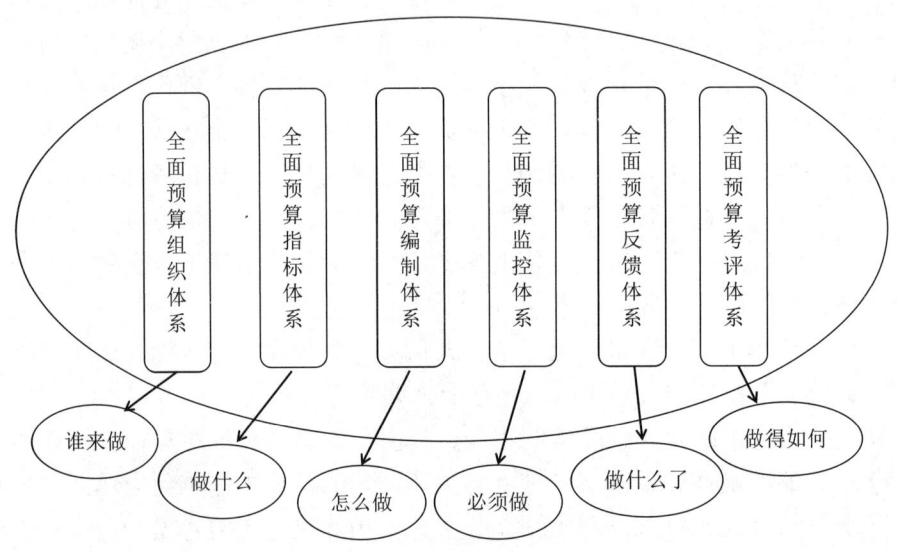

图4-6　全面预算管理体系框架

二、全面预算管理组织体系

企业的全面预算管理组织机构是在预算管理过程中起主导作用的责任体，也是预算模式运行的主体，承担着预算编制、审批、执行、控制、调整、监督、核算、分析、考评及奖惩等一系列预算活动，是全面预算管理有序开展的基础环境，如图4-7所示。

三、经营预算指标体系

经营预算指标体系包含三大类型：运营预算指标体系、资本预算指标体系、财务预算指标体系。如图4-8所示。

第 4 章 全面预算管理概述

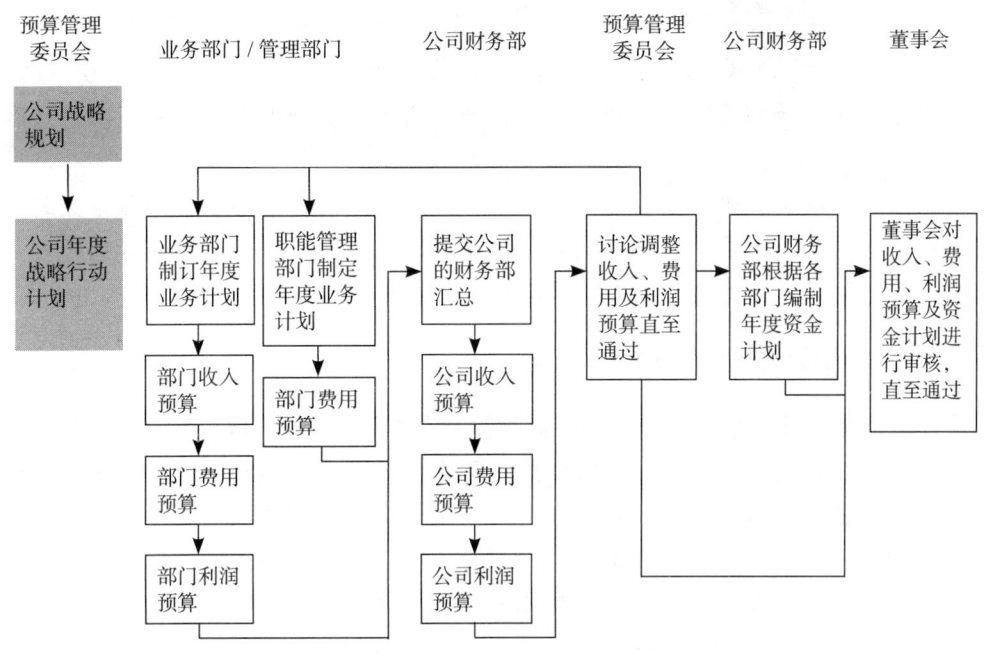

图 4-7 全面预算管理流程框架体系

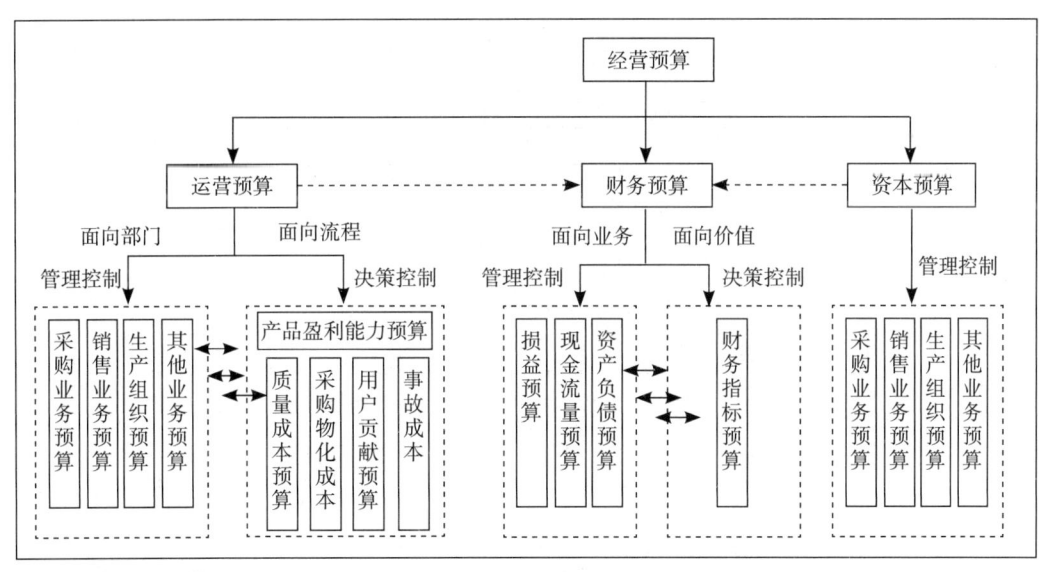

图 4-8 经营预算管理体系框架

运营预算主要包括：采购业务预算、销售业务预算、生产运营预算、其他业务预算等。这些预算以实物量指标和价值量指标分别反映公司经营收入与成本费用的构成情况。

资本预算是指公司不经常发生的一次性业务的预算，如公司固定资产的购置、扩建、改建、更新等都必须在投资项目可行性研究的基础上编制预算，具体反映投资的时间、规模、收益以及资金的筹措方式等。它包括固定资产投资预算表和未完工项目进展投资预算表。

财务预算是指与公司现金收支、经营成果和财务状况有关的各项预算，主要包括现金预算预计损益表、预计资产负债表、预计现金流量表、关键营运指标预算表。这些预算以价值量指标总括反映经营预算和资本支出预算的结果。

四、全面预算管理系统体系框架

由以上预算管理体系综合而成的全面预算管理系统体系框架如图4-9所示。

我们认为，完整的预算内容可以概括为九个相对完整的模块。这些模块中，管理组织体系设计和预算目标的设定是做好整个全面预算的根本性基础工作，需要直接和公司组织架构、经营战略目标相结合。管理与技术支持为全面预算推行的有力保障，体现为公司完善的内部运营管理制度和数字化、信息化管理，共同确保全面预算管理其他模块的顺利进行，如图4-10所示。

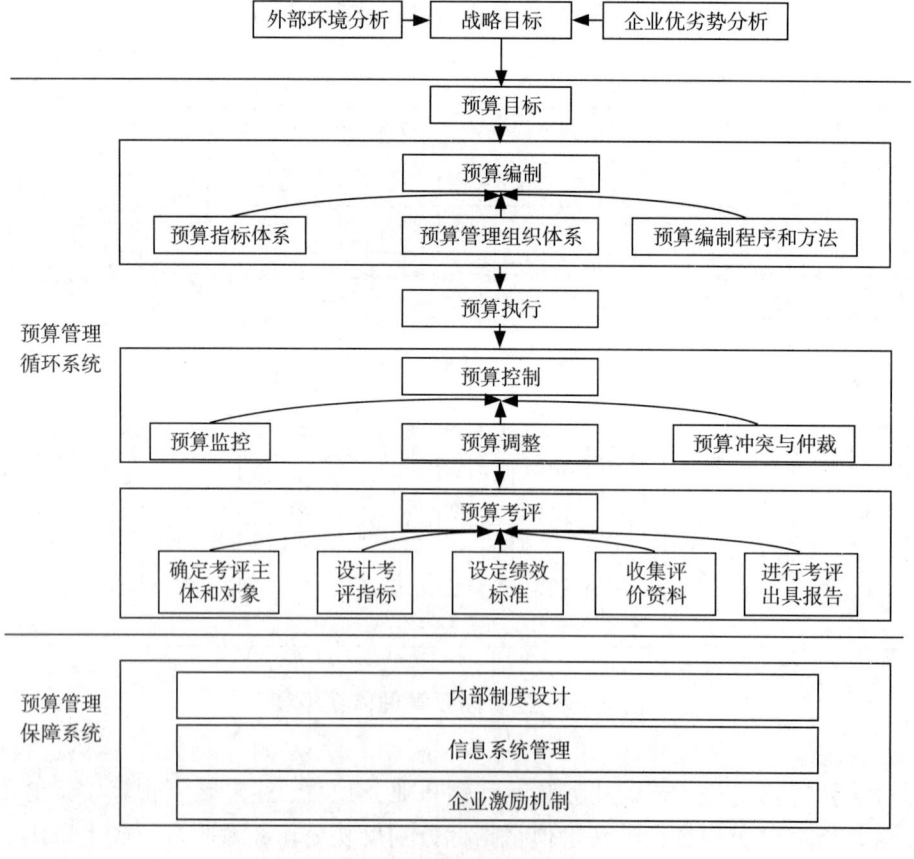

图4-9　全面预算管理系统框架体系

第 4 章 全面预算管理概述

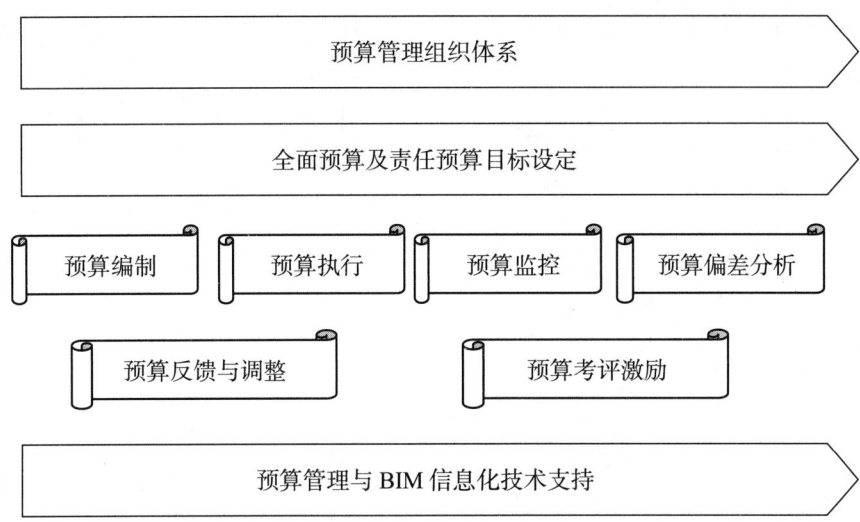

图 4-10 全面预算管理

各模块功能描述见表 4-4。

表 4-4 全面预算管理模块功能表

序号	预算管理模块	预算管理内容
1	组织体系	建立完整的预算管理组织机构，有详细的授权责任
2	预算目标设定	设定符合企业经营、战略的全面预算目标和责任单元预算目标
3	预算编制	依据预算编制程序和方法，将各责任单元的预算指标落实。设计为预算表格，并最终汇总为公司预算
4	预算执行	针对责任预算指标确定并实施生产、经营活动方案
5	预算动态监控	设计预算核算制度和计量方式，即时动态反映预算执行的结果。监督控制预算执行情况
6	预算偏差分析	确定预算与实际执行情况之间的偏差（差异），分析偏差（差异）的原因和相关责任
7	预算反馈与调整	建立反馈渠道，为精益改善措施拟订程序。设计预算调整的规则、方法；设计预算调整所必须满足与调整的条件和授权责任，保证在必要情况下能对预算进行合理调整
8	预算执行结果考评激励	建立预算指标体系、指标责任体系；预算考评体系、考评制度、考评方法体系，保证对预算执行及管理结果进行客观公正评价；建立预算执行激励机制，预算管理控制及执行结果（绩效）与责任单元薪酬挂钩
9	全面预算管理技术支持	设计各种管理制度，培育良好的公司文化，开发量化的数字化的预算管理系统。为公司、项目全面预算管理提供管理和基于 BIM 技术的数字化信息平台支持，方便各级运营、管理者阅读和利用信息管理控制预算

根据以上全面预算管理系统框架体系，本书整合设计了房地产企业的全面预算管理系统框架体系，如图4-11所示。

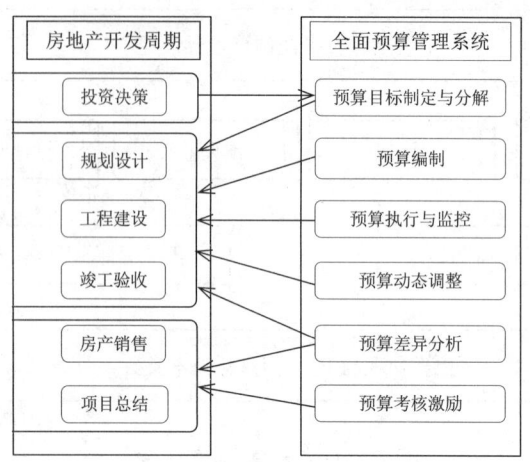

图 4-11 房地产企业全面预算管理系统框架体系图

第四节 全面预算管理的流程

全面预算管理的主要流程包括预算编制、预算执行、预算调控以及预算考评等，具体流程如图4-12所示。

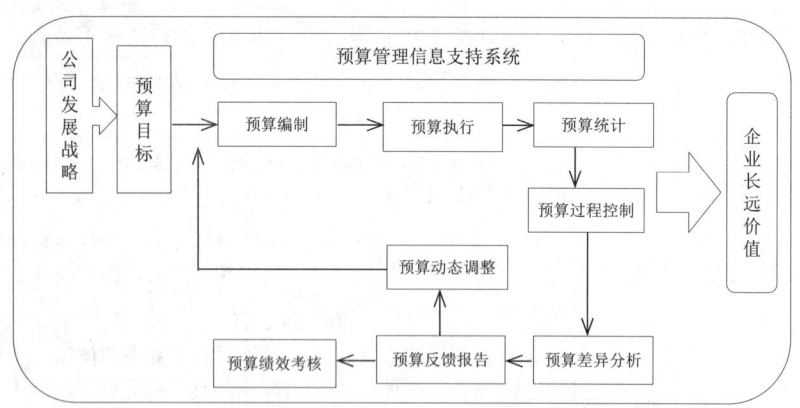

图 4-12 全面预算管理流程图

全面预算管理体系的构建程序以图4-12所示流程为基础，并结合企业自身发展状况、战略目标、行业发展方向，逐步实现组织结构、预算目标、编制执行、考评的重构，其重构递进过程如图4-13所示。

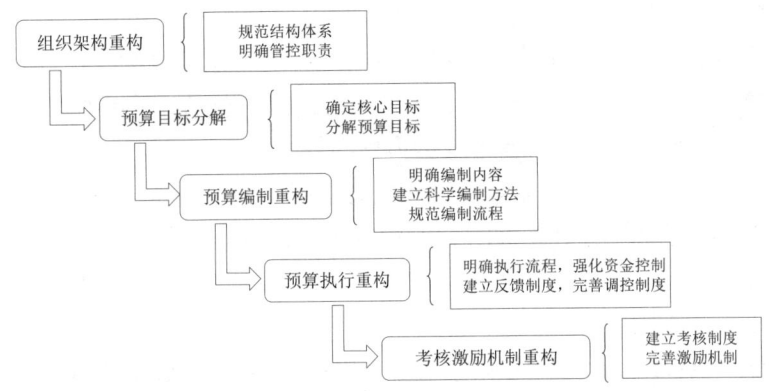

图 4-13　全面预算管理重构递进过程

一、预算目标确定

在企业预算管理制度下，预算目标处于整个预算体系的核心地位，它既是企业编制预算的基础，也是严格执行预算期望实现的目标。首先，预算目标应该体现企业战略目标，企业战略决定预算目标。其次，战略的不同决定了企业的发展思路与方针的差异，所以不同企业和同一企业的不同时间预算管理的目标与重点绝对不一样，预算目标、指标选择必须适应和体现这种变化。最后，企业战略是企业长期经营的总方针，应该体现在年度预算和业绩合同中，而预算作为一种行动安排，使日常的经营活动和企业的战略得以沟通，形成了具有良好循环的预算系统。战略虽然明确了未来的具体目标，但只有在预算定量化的指标体系下才能完成。

二、预算编制流程

预算编制工作的主要任务是将年度预算目标具体化并分解到各个预算单位，具体包括明确预算原则、编制预算草案、预算协调、复议和审批等环节，如图 4-14 所示。

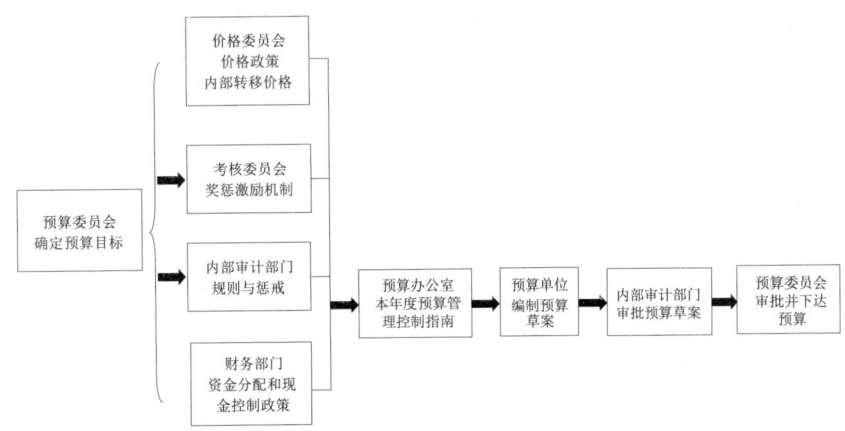

图 4-14　全面预算管理中的预算编制流程

由图 4-14 可以看出：

（1）预算委员会根据公司战略确定预算目标，制定预算原则，比如，在市场进入期，以资本预算为重点；在市场成长期，以销售预算为核心；在市场成熟期，以成本预算为核心；在市场衰退期，以现金流量为核心等。

（2）预算办公室将考核委员会拟定的奖惩制度、价格委员会拟定的转移价格及采购和销售价格的监管政策、财务部门拟定的资金分配和现金控制政策和内部审计部门拟定的审计规则及对审计人员的惩戒措施等汇总起来，加上预算编制中的时间规定，编成本年度预算编制指南。

（3）预算单位根据预算编制指南，结合本单位的具体情况，编制本单位预算草案。并且由上一级的预算单位审查下一级的预算草案，看其是否符合预算原则，是否能够实现，是否与上一级预算单位的目标一致，是否与其他预算单位的预算内容协调一致等等。这一过程中的协商是预算编制程序的核心工作，它占用了预算编制的大量时间。

（4）预算单位通过自己的预算草案后，报内部审计部门进行审计。

（5）经审计后，将这些预算单位预算合并便形成了整个企业的预算。报预算委员会，预算委员会根据预算指南来评价审批预算，并将其提交董事会。经董事会批准后，由预算委员会下达。

三、预算执行流程

预算执行即预算的具体实施，它是预算目标实现与否的关键，因此它是预算管理的核心环节。预算管理的有效措施，必须借助激励与约束机制，充分调动各级责任人的积极性与创造性，并强化其责任意识。为此，除了依据可控性原则编制科学、先进的预算，还必须调动各项经济资源，尤其是人力资源的潜能。此时，人本管理思想的运用便显得尤为重要，也就是说应从人的自我需求及追求个人价值实现的愿望出发，设计激励制度，充分调动每一个人的积极性和创造性，从而实现全员参与及民主决策机制。当然，预算执行环节主要还应做好预算执行情况的真实、完整的记录，有效进行有关预算信息的收集与反馈。预算的执行程序，如图 4-15 所示。

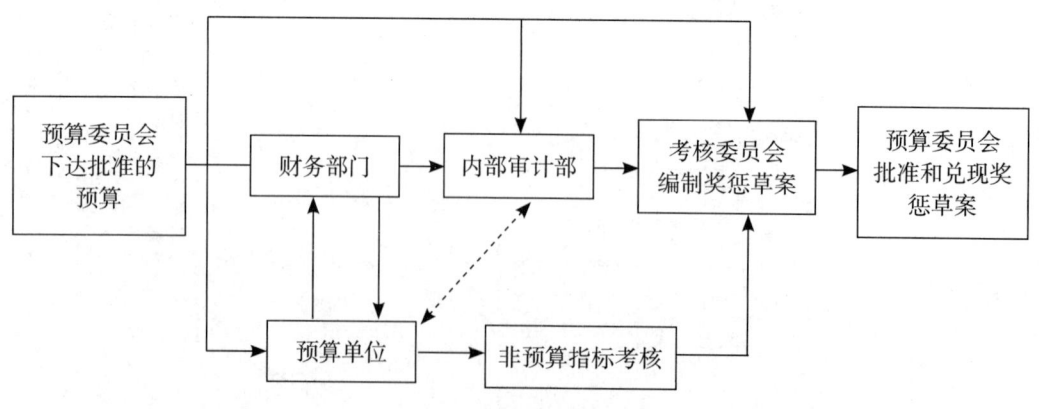

图 4-15 企业预算具体执行流程图

由图4-15可以看出:

(1)预算委员会将批准的预算下达到财务部门作为结算、核算和财务收支的依据;下达到预算单位作为经营活动的依据;下达到内部审计部门作为预算审计的依据;下达到考核委员会作为业绩评价和实施奖惩制度的依据。

(2)财务部门集中办理预算单位的核算和结算业务,统筹资金分配。当然,在一定条件下,核算和结算也可以分散出去,但无论是什么条件,财务部门必须能够取得整个企业的结算和核算的数据,以达成集中监督的目的。

(3)财务部门汇总的结算和核算数据是全面预算执行的进度或结果,其用途有三:一是反馈给预算单位;二是传送给内部审计部门,经过审计,连同审计意见报送考核委员会,最终送达预算委员会;三是作为预算管理的反馈信息报告给公司总经理,以控制整个公司。

(4)除预算指标之外,一般还有考核非预算指标,因此,在业绩考核和编制奖惩方案时必须给予充分考虑。

四、预算差异分析

全面预算差异分析一般是在全面预算执行的过程中及全面预算完成以后进行的,主要是把对实际的业务情况和全面的预算数据进行有效对比,确定差异并分析差异形成的原因,总结经验教训,实施持续的精益改善。

预算的差异(偏差)要素及其关系如图4-16所示,预算差异分析流程如图4-17所示。

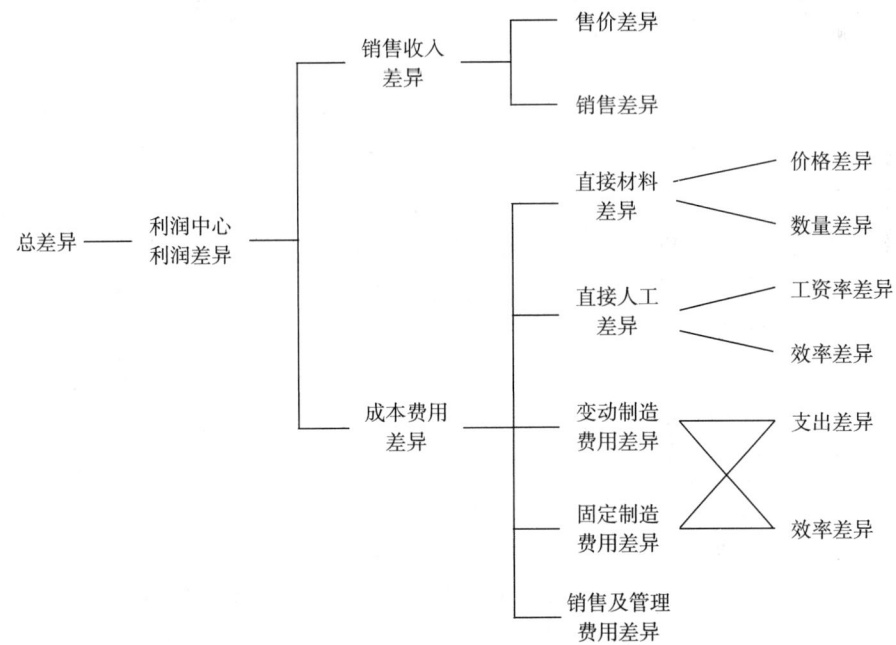

图4-16 预算差异及其关系图

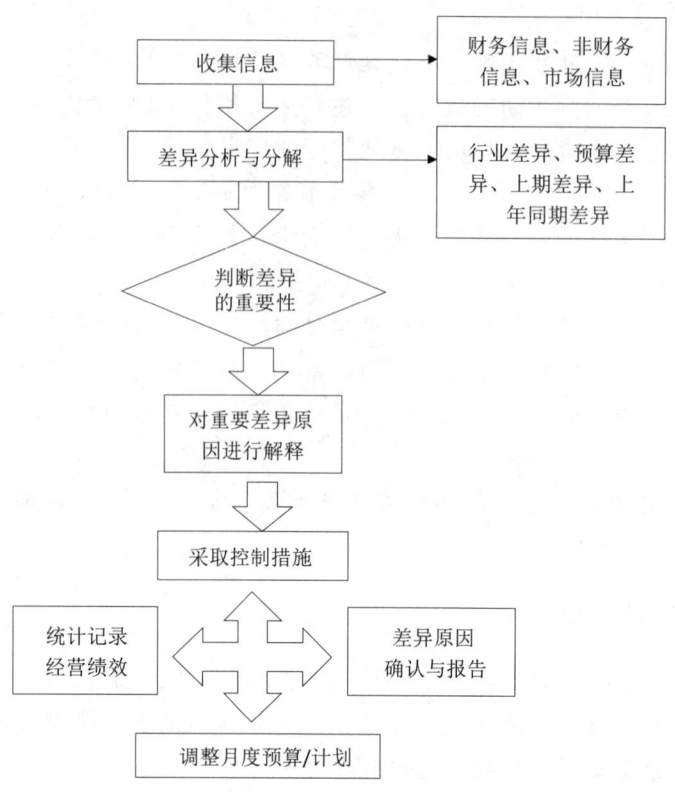

图 4-17　预算差异分析图

五、预算调控

预算调控是预算监控、预算调整等职能的总称。细化的预算为预算在管理中发挥作用奠定了基础。预算真正成为企业行为的"硬约束"，关键是要用强制的力量去执行预算。准确、合理的预算本身并不能改善经营管理、提高经济效益，只有认真严格执行预算，使每一项业务的发生都与相应的预算项目联系起来，才能真正达到预算管理控制的目的。预算监控就是在预算执行过程中对预算执行情况进行日常的监督和控制，它是预算目标实现的必要保证。

当然，预算是对未来的预先规划，而未来必然存在某些不确定的因素，实际完全符合预算的情况是很少发生的。在执行过程中，当预算出现较大偏差，原有预算不再适宜时，就需要调整预算。预算调整必须要有一定程序，且调整程序应有制度来保证。首先，企业应该严格界定调整范围，只有出现不可控因素变化时，如市场需求或价格变化、设备维修的需求变化或其他经预算委员会同意的原因出现才允许调整预算。其次，企业应该规范预算调整的权限与流程，有关的归口部门或责任单位，应对不同预算项目的调整做出申请，依照不同的规程审批后，才能予以调整。预算调整流程如图 4-18 所示。

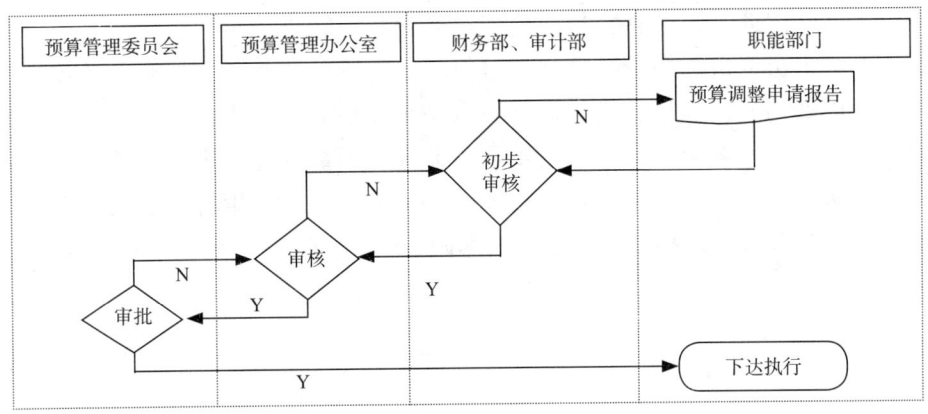

图 4-18　预算调整流程

对于预算调整频率，企业一年最多进行 1～2 次预算调整，调整的时间可在每年的 4 月、7 月或 10 月，选择这个时间调整主要是便于总结、分析过去一个季度、半年及过去三个季度预算执行情况。预算调整要把重点放在重大的、非常规项的关键性差异方面，调整事项在符合公司发展战略及年度开发目标的同时也要求在经济上做到客观可行。

企业要严格控制预算调整的权限。由于预算调整事项事关公司经营决策，因此要对调整权限做出严格规定，以保证预算执行效力。公司应集中控制调整权限，重大调整方案由公司的董事会和预算管理委员会负责审批。依照我国《公司法》及公司的管理要求，对预算调整的审批权限做如下具体划分：

（1）如果调整方案不涉及公司的销售收入、利润等预算总指标，只是调整收入结构、成本费用结构等经营性预算调整事项，可由公司的总经理办公会议批准。

（2）如果调整事项涉及销售收入、利润等经营性预算总指标的调整事项，需公司预算管理委员会和董事会审议审批。

（3）月度及季度重大调整事项由预算管理委员会负责，公司年度经营目标事项的调整交由董事会负责。

六、预算仲裁

仲裁也是预算管理的必要手段之一，是实现预算调控职能的必要保障。由于预算管理是通过建立预算责任网格进行的管理，该网格主观上是要求各主体间必须要有清晰的权责利边界，但企业内部各责任主体的权责利又存在着无法割裂的相互影响关系，从而可能导致各预算主体之间，尤其是同级责任预算主体之间，在执行预算过程中发生有关责任和利益分割的纠纷，影响预算的顺利实施。此时，必须借助仲裁维护预算的严肃性。

内部仲裁机构是负责调解和裁决各预算执行主体之间的经济纠纷的权力机构，必须具有权威性。因此,内部仲裁机构应该由企业预算管理委员会负责,其成员通常由企业高层决策人员组成。内部仲裁必须坚持以下原则:一是公正原则。各预算执行主体均是企业内部的责任实体,进行内部仲裁必须一视同仁、不偏不倚,不能因为某部门重要或其效益好而偏向于它。二是整体利益高于局部利益原则。局部利益应以整体利益为重,决不容许为了局部利益而牺牲整体利益。三是群策群力原则。内部纠纷源于内部,依靠群众的智慧和力量,深入实际调查研究,有利于纠纷的顺利解决。

第 5 章

战略全面预算管理

对于战略预算（Strategic Budget）的定义，现在还没有固定的解释。有学者认为：以企业战略目标为核心实施全面预算管理，推动企业提升核心竞争力，使企业在一个更高的管理水平上发展。这样的一种全面预算管理模式就称为战略导向全面预算管理。还有学者认为，战略导向全面预算管理是指全面预算管理与战略管理相结合，是将全面预算管理的起点定位于企业未来的发展战略，在充分分析企业所处的内外部环境的基础上，确定和选择有效的目标战略，然后通过运用多种分析手段和技术方法构筑的较为完善的全面预算管理体系。

综合以上定义，这里给出一个简短的定义：战略预算是以战略目标为编制起点，针对战略行动计划而编制的确保战略实施所需资源的预算。

第一节 战略预算与全面预算的关系

一、战略目标与战略预算的关系

计划是为了实现目标，而预算是计划的反映形式。这一关系决定了目标和预算的密不可分。计划必须围绕目标进行，预算也需要以预算目标为核心来展开。预算与组织目标的关系：一方面，预算目标是组织目标在预算活动中的体现。德鲁克认为，组织目标包括市场地位、创新、生产率、实物和金融资源、利润、管理人员的表现和培养、工人的表现和态度、公共责任等八个方面。预算是对未来预计经营行为的定量化描述，预算和组织目标的对接是基于组织目标量化前提下进行的。上述组织目标中，有些是可以在预算直接体现的，如生产率和利润的组织目标和预算目标是相同的。而有些目标，如"创新"和"公共责任"则无法以直接的方式加以体现。另一方面，预算目标是实现组织目标的手段。设置预算目标的根本目的是完成组织目标。预算目标必须有助于组织目标的完成。预算目标对组织目标的保障作用主要是通过设置价值标准来规划未来行为的结果来实现的。

明茨伯格的管理金字塔及其对战略的界定很好地解释了预算和目标之间的关系，如图5-1所示。

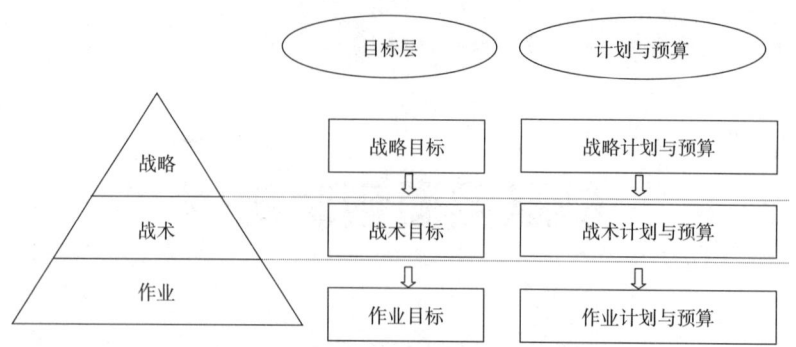

图5-1 战略目标与预算目标的关系

按照管理控制金字塔模型，可以将企业目标划分为战略目标（3～10年）、战术目标（2～3年）、作业目标（年度目标）。在这三个层次上的目标设计是按时间序列以及计划性到操作性递进这两个维度进行的，处于最高层次的战略目标为公司指明了发展方向，战术目标进一步对最高目标做出了解释和说明，作业目标则是具体的行动指南。

为了落实企业价值最大化的目标，就需要对上述三个层次的目标体系围绕公司价值管理和平衡各方面利益的理念进行设计。而作为贯彻企业目标的工具，预算能保证在保持其基本的计划性基础上，更多地将企业的最高层次的目标在具体的操作层次上加以落实。

二、战略目标与经营预算管理体系的关系

预算是以财务数字为主要表达形式，是企业为实现长期规划而对未来经营年度的生产经营活动及其目标做出的预期安排。预算管理则是利用预算这一手段对企业经营的各个环节和企业管理的各个部门进行经营管理控制，其基本内容如图5-2所示。

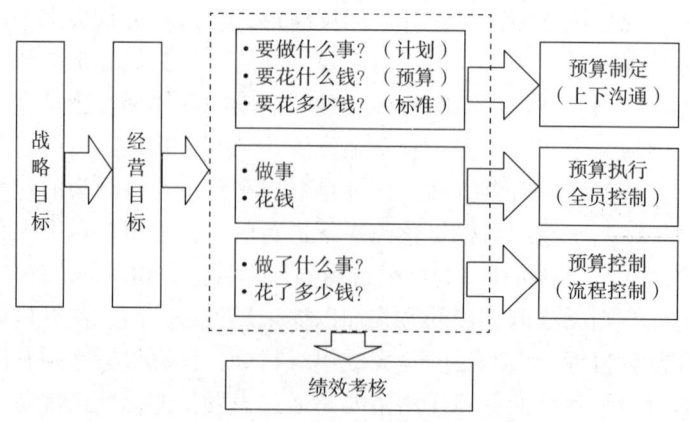

图5-2 战略目标与经营预算管理体系的关系

三、战略目标与各级职能目标体系和预算管理的关系

在现代的企业组织结构下，经过战略整合，企业的组织结构就简化为基本的三个层次，即以高层经营者为主的公司战略层，主要负责总体战略制定、战略目标规划和对经营过程的组织协调；第二层则有运营、管理层负责流程的设计、资源的优化和生产运营的管理；第三层则是由企业内部承担执行不同生产经营任务的职能作业层。战略层的预算工作相对简单，其核心任务就是提出企业的预算总目标，即将明确了的战略意图量化为即各可分解、可操作、可衡量的关键绩效指标，并设定应达到的标准等；同时还将审核、批准下两层级的预算和作业预算，保证企业的战略目标一致性。经营预算就是以战略规划为导向，以责任中心为单位进行分权、确定目标、衡量绩效、实施奖惩。经营层的预算内容主要是依据战略层的预算总目标建立各项目预算目标体系，并以此为依据在执行过程中进行控制，在预算期结束后对整个因素执行情况进行评价考核。作业预算是指针对作业层进行的全面的计划、控制、评价工具。其内容包括确定预算目标前的针对预算管理的作业分析、作业标准的确定和作业责任目标的分解落实。战略目标与各级职能目标体系和预算预算管理的关系如图5-3所示。

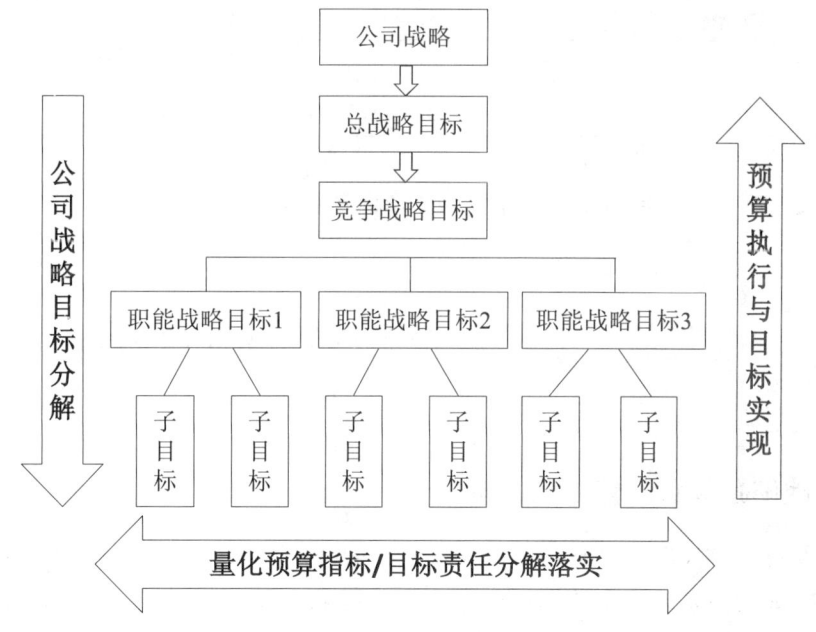

图5-3 战略目标与各级目标体系与预算管理的关系

四、战略活动、经营活动与全面预算的关系

战略活动由外部环境和内部资源分析构成，重点是制定战略目标、战略规划，确

定战略指标；经营活动主要制定经营（业务）计划并优化分配财务预算。两者关系如图 5-4 所示。

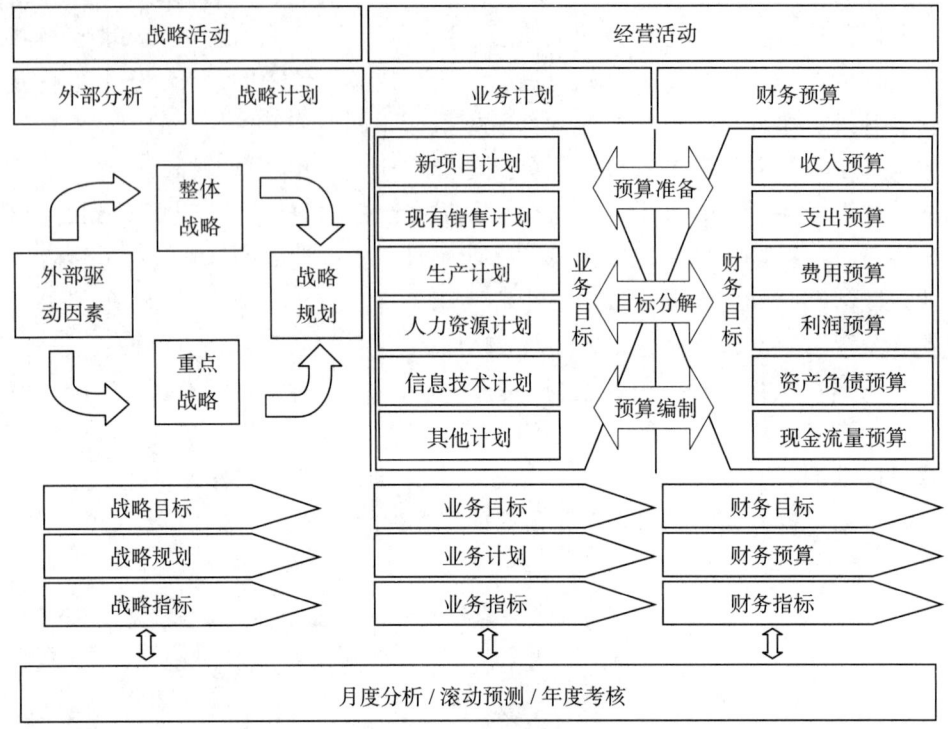

图 5-4 战略活动与全面预算管理的关系

第二节　战略全面预算管理体系构建

一、战略预算管理体系的构成

战略预算管理（Strategic Budget Management）体系是由若干相互依存、逻辑严密的要素构成的体系，这个体系以战略规划为起点，以资源规划为手段，以收入和盈利规划为分阶段目标，具体如图 5-5 所示。

二、基于战略平衡计分卡的预算管理体系流程

战略全面预算管理是一个完整的构成体系，预算编制、执行、控制以及考评这几个环节不可缺少，它们相互影响，相互作用。引入战略平衡计分卡后的全面预算管理是对这几个环节进行优化。总而言之，战略平衡计分卡引入全面预算管理首先要确定公司

第 5 章　战略全面预算管理

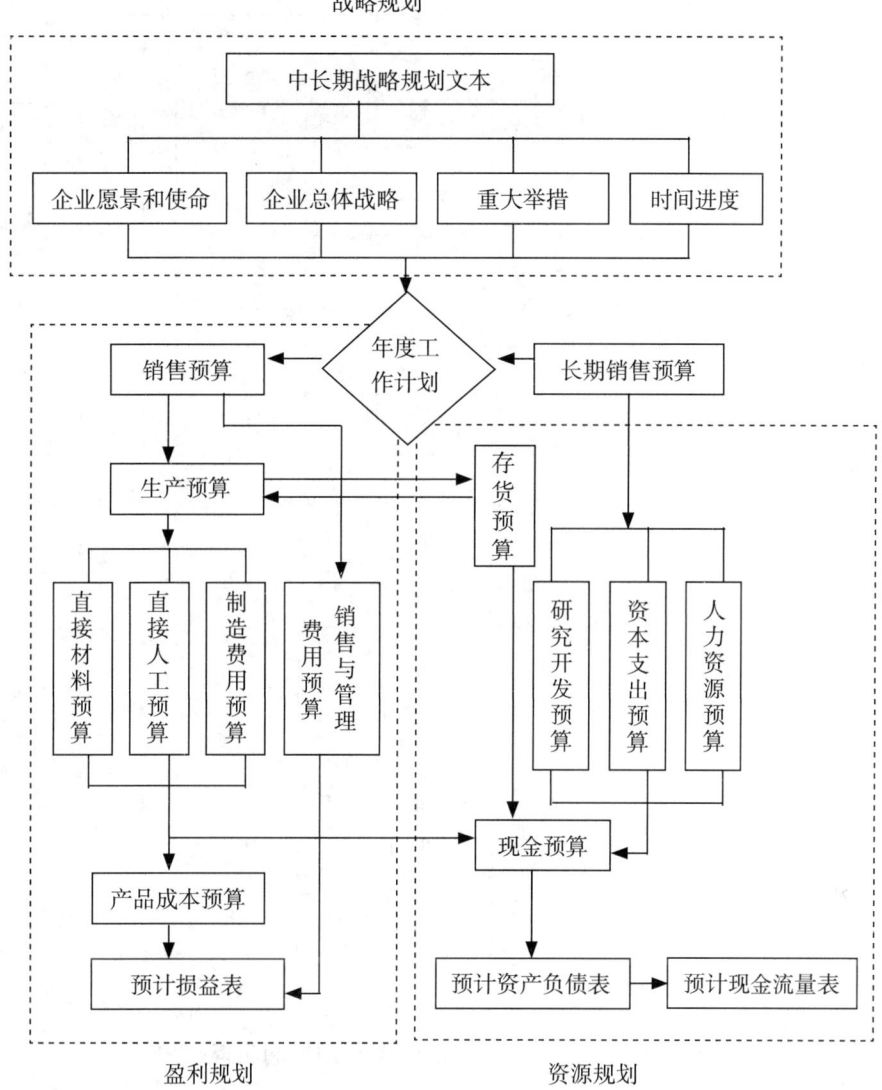

图 5-5　战略预算管理体系的构成

所处的环境，根据公司的具体情况确定符合公司的战略布局，然后利用平衡计分卡将企业战略进行分解，根据战略平衡计分卡的四个维度——财务（Financial）、客户（Customer）、内部运营（Internal Business Processes）、学习与成长（Learning and Growth）制定相应的关键绩效指标（KPI），进而制定出相应的公司级的预算指标以及部门级的预算指标，以此作为执行的标准。在整个预算执行的过程中，财务部门及负责预算的部门将各个部门的预算数据收集汇总，将收集上来的数据与预算指标进行对比，及时地进行反馈，对不符合规定的预算撤回，最后通过使用平衡计分卡，对各部门的绩效水平进行考核。具体流程如图 5-6 所示。

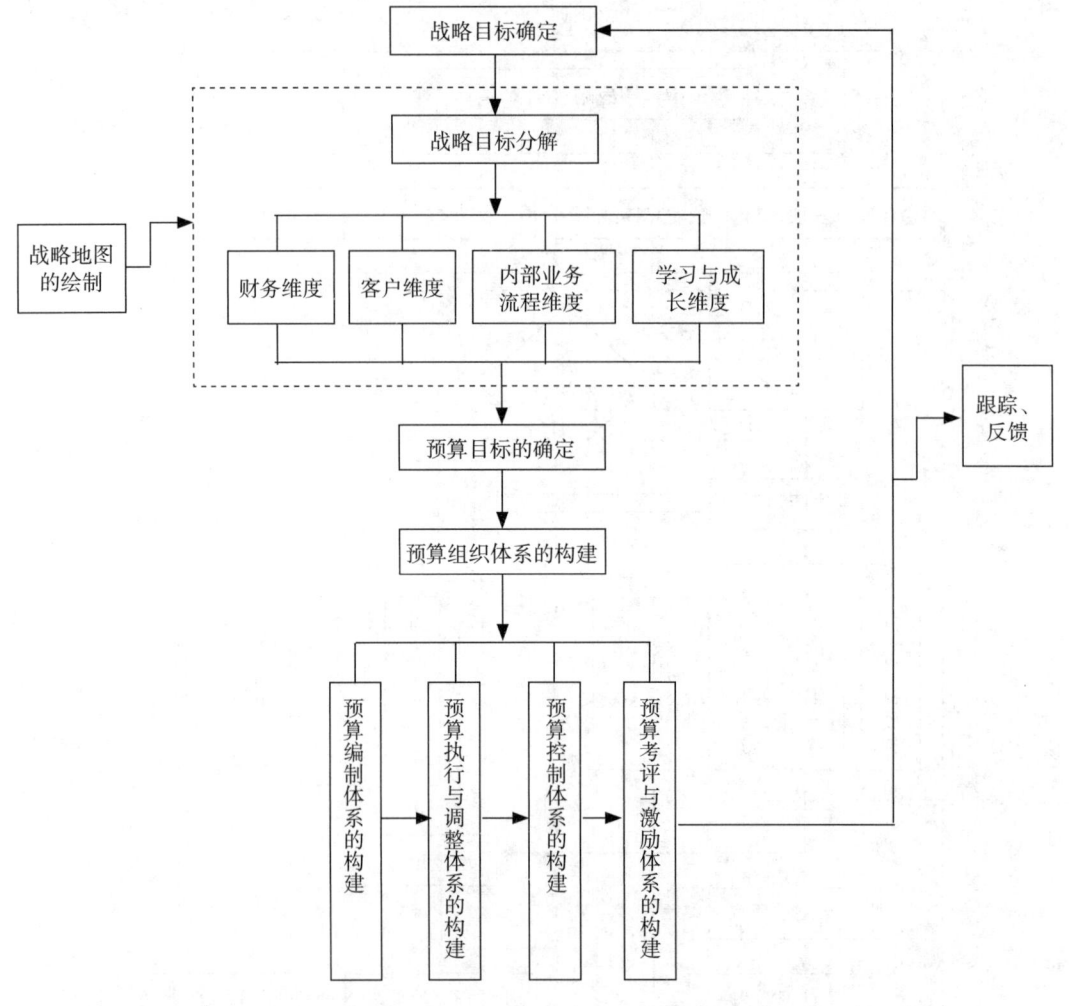

图 5-6　基于战略预算管理体系构建的总体思路

战略平衡计分卡引入公司的全面预算管理系统,一方面把公司的战略目标进行分解,另一方面将公司的战略落到实处。整合后的全面预算管理相较于传统的全面预算管理,很多方面都有了进步。

引入平衡计分卡的全面预算管理系统,有以下特征:一是使公司的预算目标与战略目标相耦合,加强公司的战略管理。这样的全面预算管理是以公司的战略为主体的,而不是以财务为主体,使公司的每一位员工都能清楚地知道自己的工作对公司目标的影响。二是对全面预算管理进行动态的控制。由于传统的全面预算管理模式参照过去的业务数据,与战略目标没有很好的耦合,整合后的全面预算管理会根据环境的变化相应地调整公司的战略,调整相应的指标。三是实现全面的绩效考核与激励。战略平衡计分卡不仅包括了短期的、财务的及内部的指标,还包括了长期的、非财务的以及外部的指标。使得全面预算管理的绩效考核与激励机制更加全面。四是将过程管理和目标管理整合起来。有效的全面预算管理不仅应该对目标的执行情况给予关注，还要结合目标实现的过程。

三、战略导向型预算目标体系的构建

企业战略导向型全面预算目标体系由两部分组成：战略预算和经营预算。为了制定适合制造型企业自身条件以及适应外部市场不断变化要求的战略，要对外部环境和内部资源进行详尽地分析。在确定企业战略后，利用平衡计分卡和战略地图将企业战略进行分解和协调，设置弹性战略目标以形成年度预算目标，将实施战略行动需要的财务和各种资源的需要纳入企业的年度预算，从而保障预算目标的顺利实施。这就构成了如图5-7所示的战略导向型全面预算目标的形成及资源配置过程。

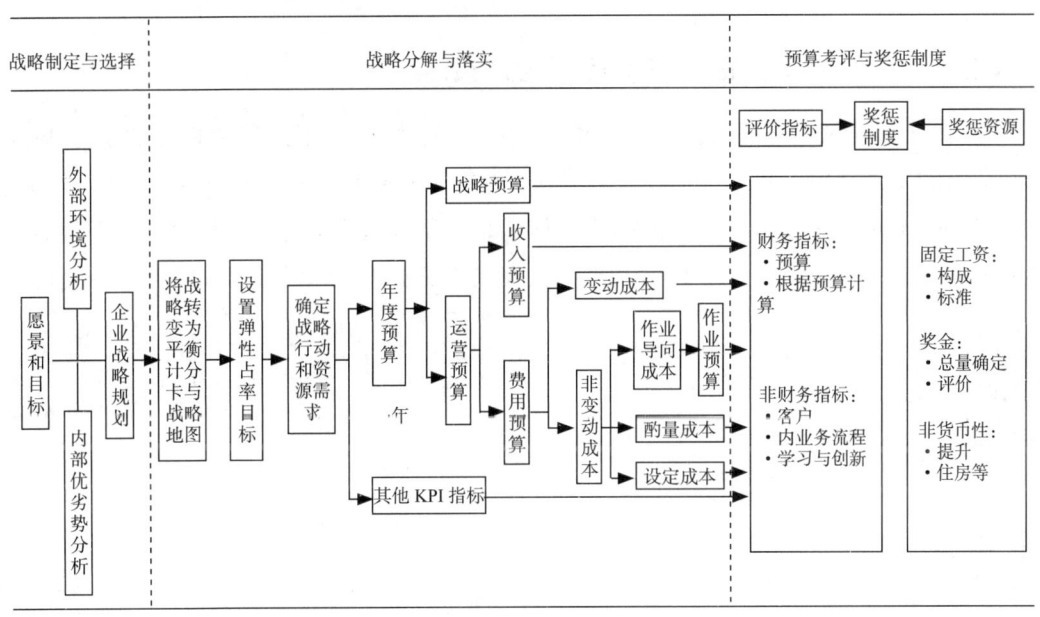

图5-7 战略导向型全面预算目标管理的形成及资源配置过程

四、战略导向型全面预算管理体系框架

由图5-8可知，企业首先根据其愿景/使命，在通过科学地对内部条件、外部环境进行分析和预测的基础上，制定企业战略，并以此为出发点确定企业预算目标，再通过战略导向型全面预算管理组织体系、战略导向型全面预算管理目标体系、战略导向型全面预算编制体系、战略导向型全面预算执行与控制体系的构建，实现战略导向型全面预算管理的规划、控制、沟通、协调、激励功能。

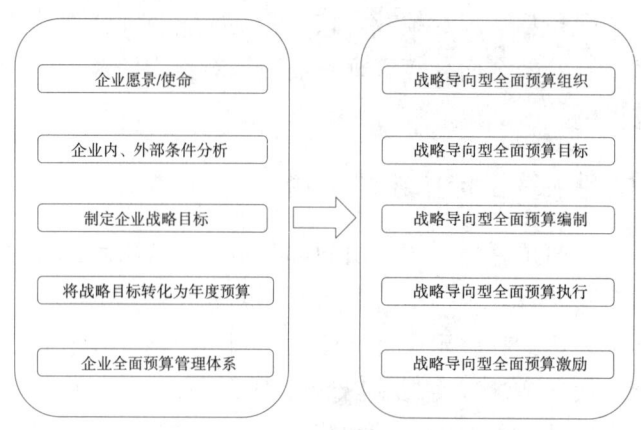

图 5-8 战略导向型全面预算管理体系框架

五、战略导向型全面预算管理平台建设

房地产企业战略预算管理平台由战略层的战略平衡计分卡的四个维度：财务（Financial）、客户（Customer）、内部运营（Internal Business Processes）、学习与成长（Learning and Growth）。战略决策体系，基于战略平衡计分卡的多维预算建模和内部价值链的职能部门业务，形成战略导向型的全面预算管理平台，如图5-9所示。

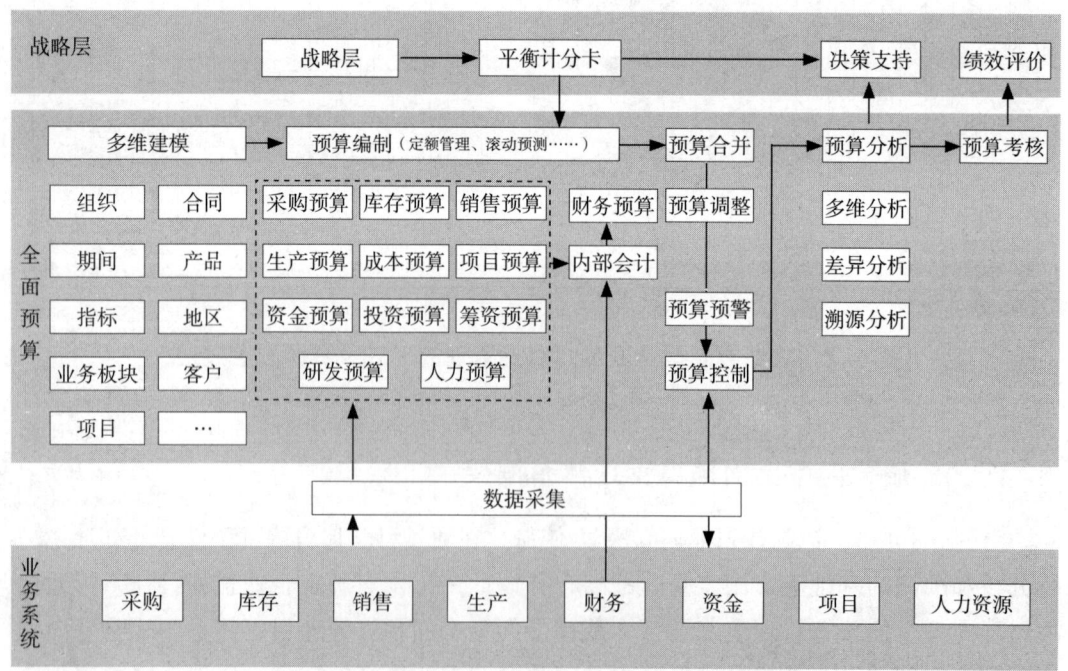

图 5-9 房地产企业战略预算管理系统平台

六、战略导向下的预算管理组织及责任体系的构建

1. 战略导向下的预算管理组织体系构建

预算管理组织体系是指公司预算编制、审批、监控、调整与信息反馈、业绩考核的组织机构,是预算管理组织在公司内部运作的环境。组织体系是完成预算目标的确定、审核、修改、考核、控制的主体机构,预算目标的实现必须建立在企业科学完善的预算组织体系基础之上。通常,预算组织体系应由预算管理组织体系和预算执行组织体系两个层面组成。为突出企业全面预算管理的战略导向性,本书将预算管理组织体系分为战略层组织体系、运营层组织体系及作业层组织体系三个部分,如图 5-10 所示。

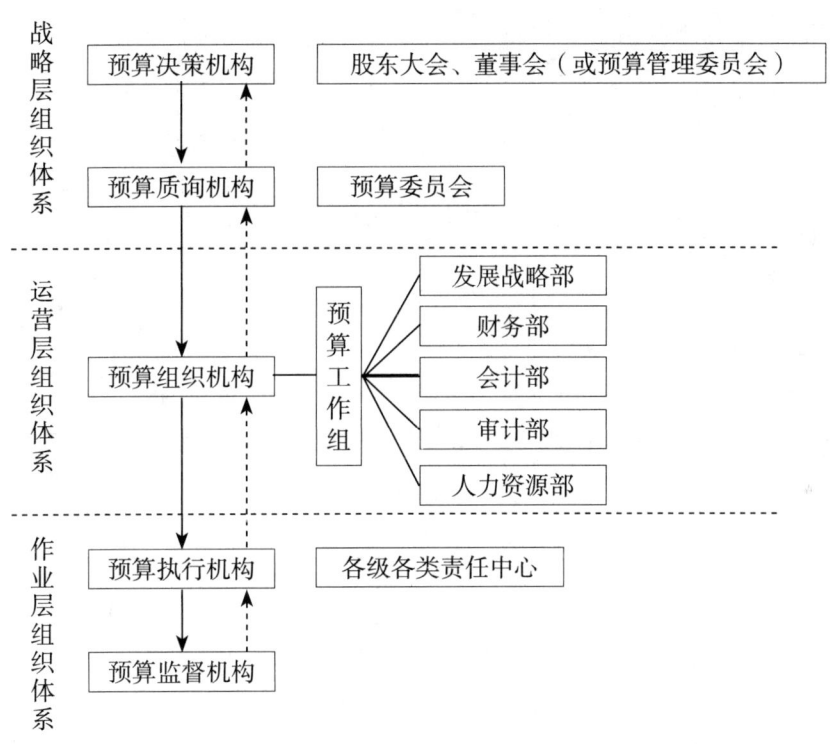

图 5-10 三层级预算管理组织体系框架图

2. 战略导向下的预算组织责任体系

企业的组织结构是预算组织责任体系的基础,后者以经济、高效和权责分明作为建立原则。确定企业的预算组织责任体系是预算管理的一项基本工作,企业只有依据自身的组织结构特点,建立适合发展的预算责任体系,并对预算管理组织各个管理层的责任明确划分,才能使预算在完善的责任体系中得以有效地运行。经过战略整合之后,预算组织责任网络分为三个层级,分别是战略层、运营层和作业层。整合后的组织责任体系如图 5-11 所示。

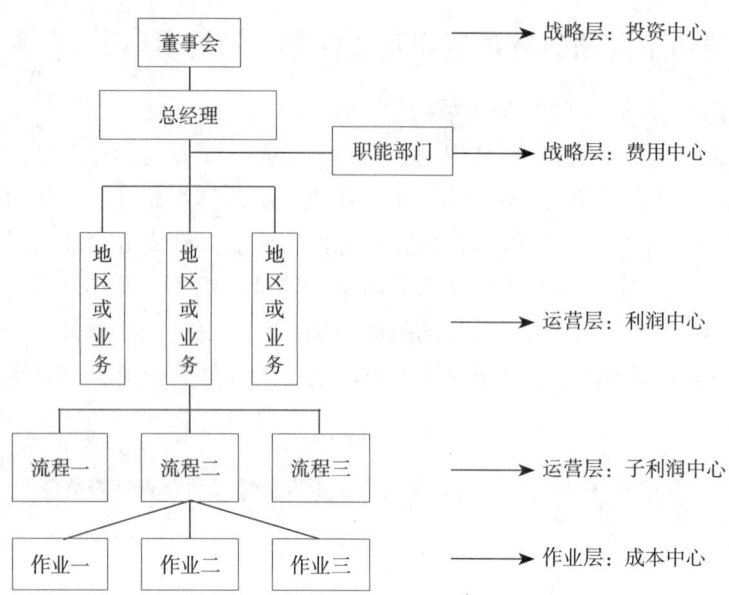

图 5-11 战略导向下的预算组织责任体系

（1）战略层。战略层负责战略的规划、决策以及重大投融资行为的决定，构成了企业中的投资中心。为保证战略的有效实施，战略层要提供相应的人力、物力及财力的支持，而这些职能部门就构成了费用中心。战略层的主要任务是将企业的战略规划进行分解，确定企业下两层级的流程预算和作业预算，进而保证企业的运营朝着战略的方向发展。

（2）运营层。企业的地区或业务分部构成了运营层，可以界定为一级利润中心。企业的地区或业务是由面向顾客的各个流程构成的，所以被认作子利润中心。运营层的预算工作主要是依据战略层确定的预算目标，构建适合各个流程预算管理的多维度指标体系，并以此作为预算监控和调整的依据，以便在预算期结束后进行预算的考评。

（3）作业层。作业层是指在企业运营过程中负责特定作业环节的责任单元，其职责是在最低成本下，提供下一作业程序所需要的产品和服务，所以被定义为成本中心。作业层预算主要是为预算目标的确定提供作业分析及作业标准，保障预算目标的适用性。

七、战略导向型全面预算管理流程体系构建

全面预算管理的流程是一个将企业最终制订的长期战略转化为短期经营目标，依据年度经营目标确定企业的预算目标并为预算的编制提供基础的过程。完善的预算编制不是一蹴而就的，而是多个环节相互作用、反复循环的结果。预算的编制是一个复杂的循环过程，需要对预算报告进行详细地分析，找出预算中存在的问题，并不断地对其进行调整。预算报告和分析的结果作为企业进行绩效考核的基础之一，对实现战略规划起着保驾护航的作用。战略导向型全面预算管理流程图如图 5-12 所示。

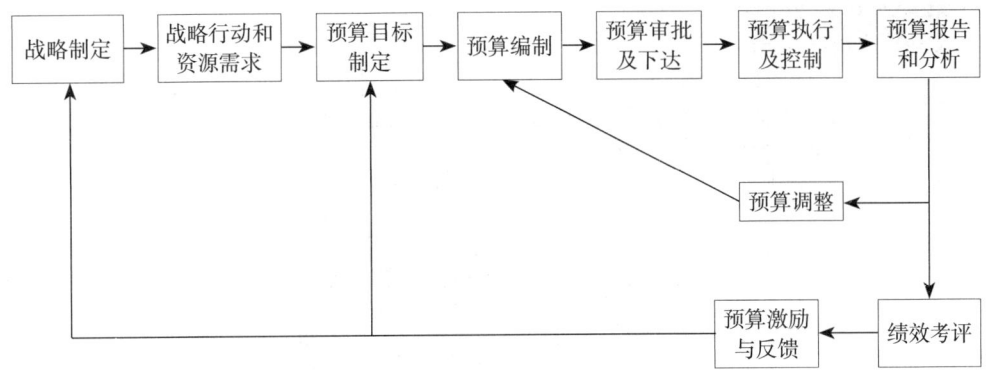

图 5-12 战略导向型全面预算管理流程图

第三节 战略与全面预算的对接工具
——平衡计分卡

一、平衡计分卡维度体系

平衡计分卡（Blanced Score Card，BSC）包括四个方面的内容：财务、客户、内部运营、学习与成长（见图 5-13）。它是一种综合绩效评价体系，一方面强调对财务业绩指标的考核，另一方面注重对非财务业绩的评价，它根据企业生命周期的不同阶段的实际情况和所采取的战略，为每方面都设计适当的评价指标，赋予不同的权重，是一套完整的业绩评价指标体系。

1. 财务维度

一般企业的财务主题有收入增长、提高效率和降低成本、资产利用、财务结构。在不同战略阶段，企业财务目标的侧重点有所不同。在成长阶段，企业侧重于销售收入增长率，以及目标市场、顾客群体和片区销售额增长等方面；在维持阶段，企业注重获利能力，如毛利、资产报酬率等。不同战略的财务主题可以通过不同的细分财务目标予以确定。在设计财务指标时，需要根据价值链分析，确保财务业绩的改善来自企业自身实力的增强。与不同战略相应的财务结构既会对战略形成支持或制约，也会影响到企业盈利水平。财务结构的安排也应引起重视，提前在预算目标中予以明确。

2. 客户维度

客户维度方面可供选择的衡量指标包括：

（1）市场份额、市场占有率，反映经营单位在市场上所占的业务比例；

（2）客户保持率，反映企业保留或维持同现有顾客关系的比率；

（3）客户获得率，反映和衡量企业赢得新客户和新业务的比率；

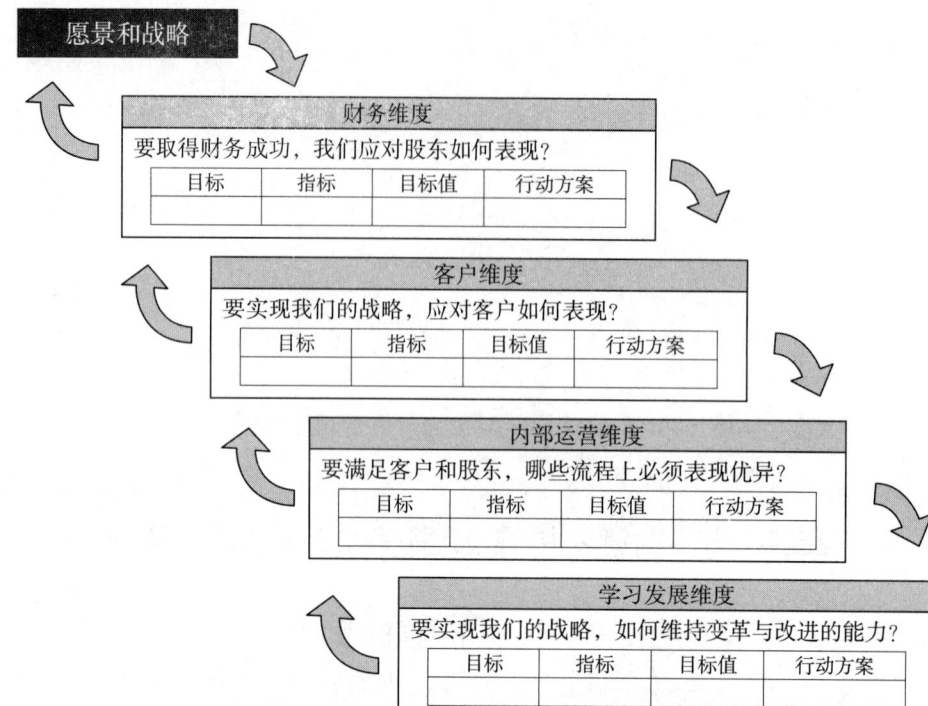

图 5-13 平衡计分卡的四个维度

（4）客户满意程度，只有当顾客对他们的购买经历完全满意或特别满意时，企业才能指望他们再次购买自己的产品；

（5）客户获利能力，指企业单个客户或客户总体的获利水平。

通过对买方价值链的分析，提出满足顾客需要的措施，如新产品开发，完善售后服务等。产品开发的具体措施中要明确新产品数量、新产品开发周期、上市时间等指标，为用新产品填补、占领市场提供支持。在衡量企业售后服务时可以采用时间（接到客户请求到最终解决问题的时间）、质量（一般用售后服务一次成功的比率来衡量）、成本（用于售后服务过程的人力和物力成本）等方面指标进行评价。

3. 内部运营维度

在衡量经营阶段（经营阶段指的是从收到客户订单到向客户出售产品和提供服务的过程）时，平衡计分卡强调向客户提供及时、有效、连续的产品和服务。平衡记分卡对经营阶段采取的衡量指标一般有三个：时间、质量、成本。时间主要指的是对客户需求的反应时间，也就是经营阶段的长短，企业应尽量缩短这段时间。提高经营阶段的质量意味着提高经营阶段的安全性、降低产品的次品率等。成本方面可能涉及企业的流程优化和改善与买方关系的措施。

4. 学习和成长维度

客户和内部经营是企业实现目标、取得成功的重要方面，企业现有生产能力与实现业绩目标所要求的生产能力之间往往存在较大的差距，为缩小这个差距，保证上述两方面目标的实现，企业必须在平衡记分卡中确定学习与成长方面的目标和评价指标。

学习与成长维度应关注三个方面的内容：

第一，员工能力管理方面。企业是否注重员工能力的提高，激发员工的主观能动性和创造力，可用的指标有员工满意程度、员工保持率、员工的劳动生产率等。

第二，信息系统方面。企业是否做到信息沟通，使员工获得足够信息，及时、准确、全面地了解客户的需求及企业产品和服务的反馈信息，不断改进生产和服务过程。评价信息系统灵敏度的标准可以有：成本信息及时传递给一线员工所用时间及一线员工了解信息的途径是否多样化等。

第三，调动员工积极性、员工参与程度方面。衡量指标有员工合理化建议数量、被采纳或执行建议的数量、精益改善质量等。

二、平衡计分卡战略地图

卡普兰和诺顿通过研究发现，平衡计分卡四个层面的指标并不是孤立的，而是相互之间存在着一系列因果联系，并为这些因果关系创建了一个通用的表示方法，叫战略地图（见图5-14）。战略地图是对组织战略要素之间因果关系的可视化表示方法，具有像平衡计分卡一样深入的、清晰的结构。战略地图在平衡计分卡的基础上增加了一个细节层，用以改善清晰性和明确重点，战略地图为战略制订和战略执行之间的鸿沟搭起了一座桥梁。

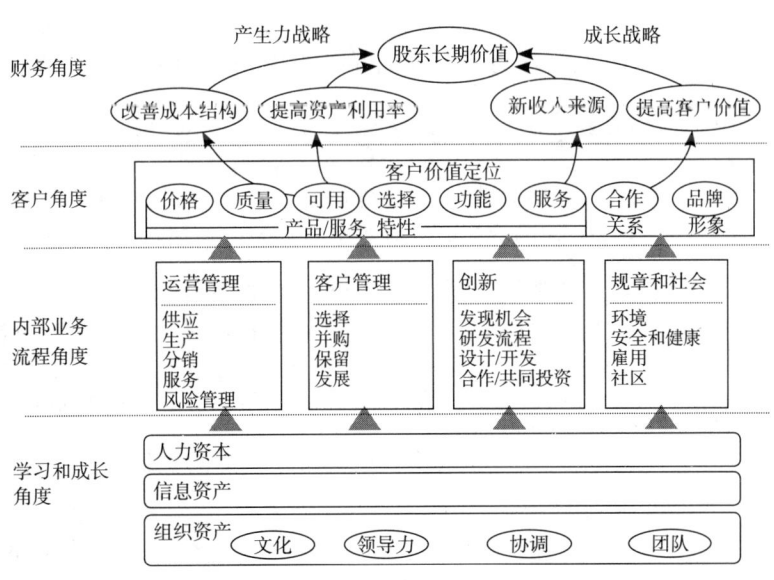

图 5-14　平衡计分卡战略地图

例如：某地产公司的平衡计分卡战略地图如图5-15所示。

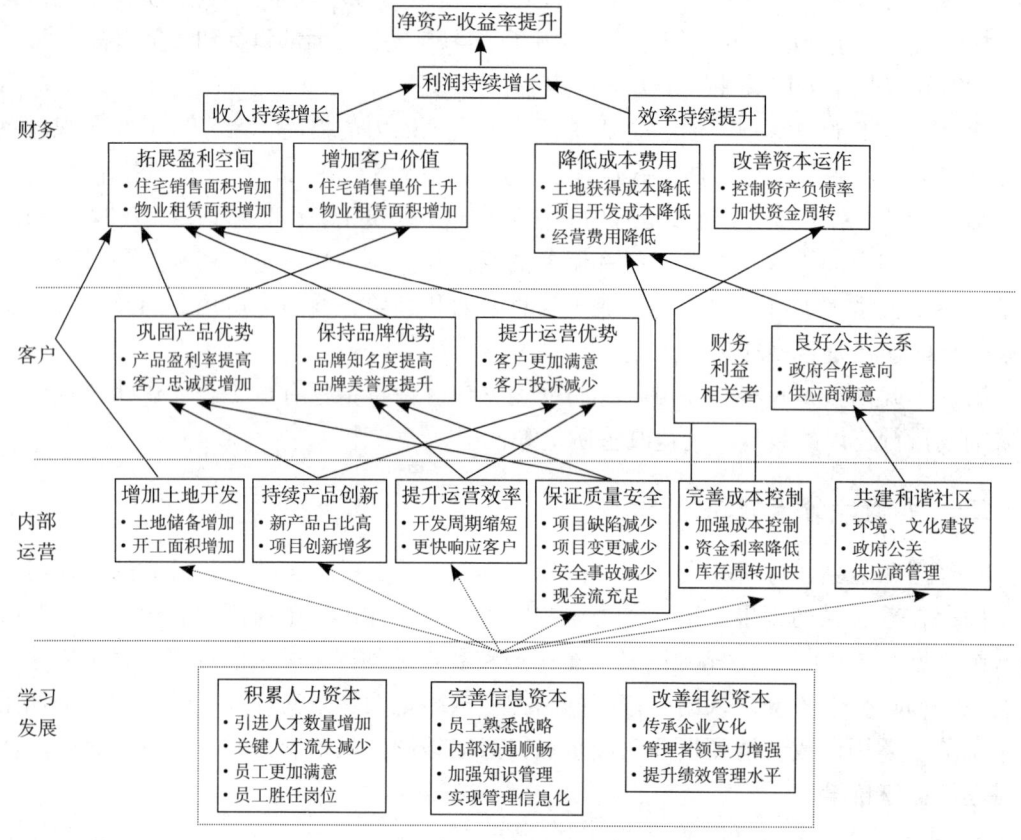

图 5-15 某地产公司的平衡计分卡战略地图

三、平衡计分卡与企业战略、预算的关系

平衡计分卡为企业战略和预算之间建立纽带,从而实现战略与预算的衔接。在实际应用中,企业往往出现战略和预算的脱节,但从战略管理的角度,企业预算管理必须与企业战略紧密结合,因此平衡计分卡是可将战略具体化与企业愿景结合的一种有效方式。基于平衡计分卡的全面预算管理,不但注重企业的短期活动,而且重视企业的长远规划,使短期的预算指标与长期的发展战略相适应。正是由于平衡计分卡的这种作用,使全面预算管理更加适应环境的变化。平衡计分卡的全面预算能准确、及时地反映公司战略方针,并积极调整预算以适应变动环境下的预算管理。平衡计分卡与企业战略、预算的关系如图 5-16 所示。

首先,将企业战略转化为平衡计分卡。企业可将战略用平衡计分卡的形式表现出来,确定战略目标和衡量指标。

其次,企业可以为每个战略目标建立具有挑战性的目标值。

再次,企业可以确定战略行动方案和资源需求。企业建立完具有挑战性的目标后,就需要拟订实现目标的行动方案并确定行动方案所必需的财务和人力资源。

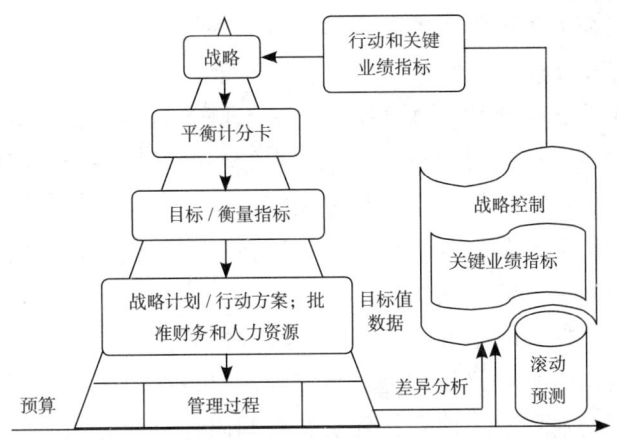

图 5-16　平衡计分卡与企业战略、预算的关系

最后，企业可以将配置的资源纳入年度预算。这样，预算在第一年就将组织推入了预定轨道，使其朝着建立的具有挑战性的目标前进。另外，在年度预算时，企业应采用滚动预算法，以更加适应变化了的环境。

四、平衡计分卡与全面预算管理的整合框架

平衡计分卡和预算管理之间的协同效应为我们建立二者的整合框架提供了理论依据和实践指导。从企业战略层、目标层、四个维度分解、指标层到企业预算管理依次推进，通过企业预算管理的反馈信息来考查目标的实现程度并对目标进行修正性调整，目标层则对企业预算管理提供指导与优化。平衡计分卡与全面预算管理的关系如图 5-17 所示。

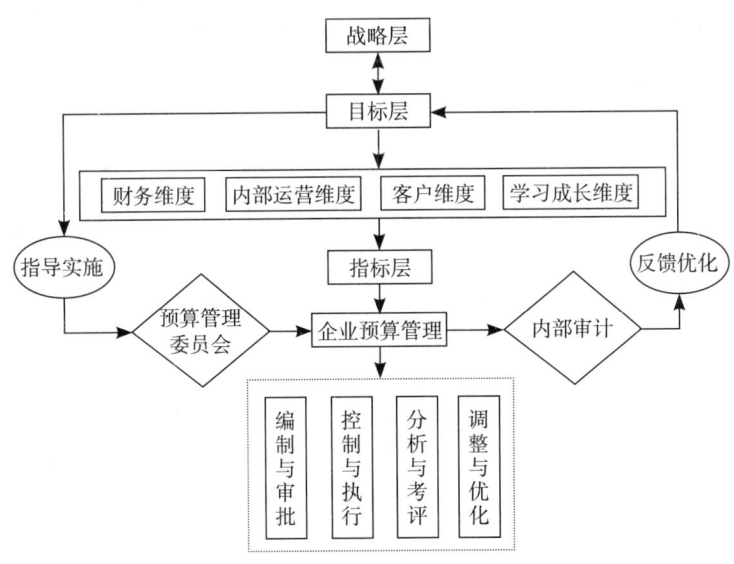

图 5-17　平衡计分卡与全面预算管理的关系

平衡计分卡和企业预算管理的整合框架分为四层，第一层是战略层，包括企业使命、愿景、战略定位及战略调整等。第二层是目标层，是对战略的进一步分析和细化，增加战略的可操作性和可视性，并将平衡计分卡嵌入目标层，与平衡计分卡的四个维度对接，提升目标层对战略层的支持作用。由该目标层进一步分解得到指标层，并将这些指标运用于企业预算管理之中，涵盖预算的编制与审批、预算的控制与执行、预算的分析与考评和预算的调整与优化。目标层指导企业预算管理的具体实施，反之，预算管理系统对目标层起到反馈优化作用。由此，构建了平衡计分卡和企业预算管理的整合框架，该框架具有战略性、层次性、开放性和实用性。该框架由上至下，由战略层渗透到业务层，逐级分解，改变了传统预算由各部门加总汇报而成的做法，改善了广泛存在的预算松弛现象。预算管理委员会和内部审计对预算的实施、反馈优化起到重要的推动作用。

五、基于战略地图的全面预算管理体系

从图 5-18 可以看出基于战略地图的预算管理的整体框架，首先，企业管理层要对企业进行 SWOT 分析，包括对内外部环境及组织结构的充分了解和分析，从而确定企业的战略及发展愿景，并绘制企业的战略地图。企业根据战略地图中企业战略目标确定企业的预算目标，并结合战略地图中各个层面的指标选择构建预算指标体系，通过上下级的充分沟通进行预算编制，并下达执行。其次，在执行过程中，企业根据对战略地图的各个层面因果关系的分析，确定影响企业战略目标和企业价值实现的价值链，并据此进行预算监控，保证预算的有效实施。最后，企业根据对预算的分析，结合层次分析法对预算进行考评。预算的五个环节都是以和谐发展即发挥人的主观能动性和优化设计为主要指导的，企业可以通过预算管理最终提高企业的绩效。

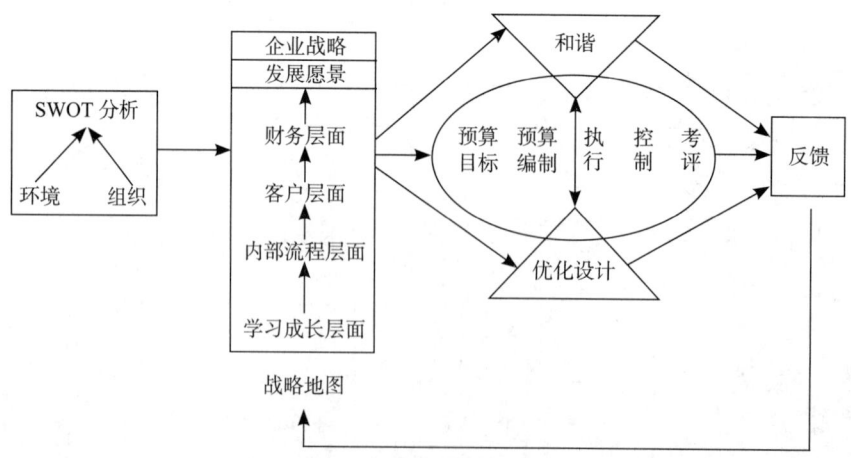

图 5-18　基于战略地图的全面预算管理体系

与传统全面预算管理相比，基于战略地图的全面预算管理将全面预算管理与企业战略衔接起来，弥补了传统全面预算管理与战略脱节的缺陷。与传统全面预算管理不同的是，基于战略地图的全面预算管理，必须要先对企业所处的内外部环境进行分析，绘制战略地图，从而设定合理的战略目标、企业愿景等，这样才能对全面预算管理有正确的指导；另外，基于战略地图的全面预算管理对企业的组织机构及内部治理环境有一定的要求，要保证预算的执行，必须对企业的内部治理环境等进行分析，设立合适的组织结构和管理制度，而传统全面预算管理只是对基期财务数据进行适当的增减，主要依据企业内部过去的财务情况，尤其是很多企业在制定预算目标时常常根据上年的财务目标提升一定的比例。从框架构建的基本思想来看，基于战略地图的全面预算管理借鉴了超越预算的思想，即重视人的主观能动性的发挥，但是与超越预算不同的是，它保留了预算的基本环节。

第6章

价值创造 & 增值的经营预算管理

从我国企业的预算管理实践看,目前大部分还是一种传统型预算管理,将预算作为费用控制的工具,强调节约费用不超预算。而且更多的时候都是简单地从财务的角度来谈节约支出,很少考虑这笔预算支出会不会对企业以后的发展以及企业的价值创造和价值增值有所贡献,也没有对企业经营活动进行整体的价值分析以及成本收益考虑。从有关"预算管理"学术期刊看,系统地从价值创造角度研究企业预算管理的文献不多。而价值创造导向的预算管理是一种从企业整体价值最大化出发,从整体和系统的角度思考预算的执行与管理,用价值创造理念这根主线将企业的预算目标、预算编制、预算执行控制和预算考评四大块串起来,以便更好地服务于企业的价值创造和价值增值这一根本目的。因此,价值创造导向的预算管理可以说是对传统型预算管理的创新型改进,对企业的预算实践具有更好的指导意义。

经济增加值(Economic Value Added,EVA)又称经济附加值、经济利润,是指一定时期的企业税后营业净利润(NOPAT)与投入资源(资金、资本)的资本成本的差额。

价值创造(Value Cretion,VC)和价值增值(Increase In Value,Increment of Value,IV)是通过人的劳动和人力资本所组织的价值创造的经营管理活动,把低投入转换成高产出,实现价值增值的过程,一般用货币价值衡量。

而价值创造(VC)是为实现价值增值(IV)和经济增加值(EVA)服务的。正如彼得·德鲁克指出的:"作为一种度量全要素经营效率的关键指标,VC、EVA均反映了经营管理价值的所有方面。"

本书我们把价值创造(VC)、价值增值(IV)和经济增加值(EVA)整合起来,统一用EVA语言作为经营预算管理的概念及模式,进行价值创造、价值增值的全面预算管理。整合的经营预算模式与传统的预算管理模式相比,最大的不同是:整合的经营预算模式,其目标是为企业组织创造价值,实现价值增值,把企业、组织、员工的一切工作(生产、经营、服务)行为与价值增值目标挂钩,也就是说只有创造价值、实现价值增值的工作才能存在于企业、组织、员工之中。因此,为了保证价值增值经营预算目标的实现,就要求全面的经营预算能够具体落实到每个责任主体以及责任主体所从事的每项作业上,并进行供应链、价值链上作业流、价值流的分析。

第一节 EVA 全面预算管理的概念、内涵、特征及价值

一、EVA 全面预算管理的概念

基于经济增加值(Economic Value Added, EVA)的全面预算管理将 EVA 这种价值管理思想引入全面预算管理体系中,是一种充分结合 EVA 与全面预算管理二者优势的新型管理模式。全面预算管理以企业的战略规划为依据,而这种新型的管理模式则强调在实现企业战略目标的同时,要以价值创造为指引方向。以价值创造为导向的企业,需要在战略规划的各个阶段贯彻落实 EVA 思想,用可以具体数量化的 EVA 目标衡量企业抽象的战略目标,以 EVA 目标作为企业战略规划的目标,以 EVA 目标的持续改良作为企业战略规划分解的依据。由此可知,对企业战略规划的分解就是对 EVA 目标进行分解。EVA 作为新型的企业业绩衡量指标,能够驱动企业创造价值。全面预算作为一项系统化的企业管理工具,预算目标也具有很强的分解性,可以为 EVA 目标的分解提供一个合适的平台。因此,EVA 与全面预算能够实现有效结合,在全面预算管理的编制、执行和控制、考核和评价的过程中融入 EVA 评价指标,将 EVA 作为预算编制起点,将 EVA 作为全面预算控制和执行的标准,将 EVA 作为绩效考核的依据,从而达到企业价值最大化。EVA 全面预算管理是指在企业全面预算管理过程中引入 EVA 理念,以价值创造为导向,将全面预算编制与战略规划相结合,改进传统预算的编制,加强全面预算管理的执行与分析,完善预算考评和激励机制,实现企业资源的优化配置,实现企业的战略目标。

基于 EVA 的全面预算管理模式,在理论和实践上都具有很强的可行性。从理论上看,EVA 与全面预算管理都具有很强的分解功能,两者可以巧妙融合在一起。EVA 指标将公司所有的目标都联系在一起,综合反映了企业的财务状况、经营成果及价值创造能力,具有很强的分解性。与 EVA 相同的是,全面预算管理也具有很强的分解性。在全面预算中,预算目标的适用性和预算的实际执行情况也是通过相关财务指标来评估的。企业用货币控制资源,将有限的资源通过全面预算的目标逐级分解到企业的各个部门,甚至分解到每个员工身上,并在目标分解执行的过程中可以及时比较分析预算目标与执行结果,以便对预算目标进行调整,从而实现企业资源的优化配置。从实践上看,全面预算管理与企业经营管理活动密切相关。随着市场经济环境的变化,现有的预算管理模式不能满足企业管理的需要,EVA 价值最大化的理念与我国企业全面预算管理的发展方向是高度契合的。

传统预算与 EVA 全面预算的对比如表 6-1 所示,传统预算与 EVA 全面预算在管理内容方面的不同主要体现在预算目标、预算组织体系和预算编制内容三个方面,预

算流程的不同体现在编制的核心及起点上,传统预算以收入和利润作为编制的核心,而 EVA 全面预算以 EVA 为预算编制的起点。

表 6-1 传统预算与 EVA 全面预算的对比

项目	预算管理内容			预算编制流程
	预算目标	预算组织体系	预算编制内容	
传统预算	公司/项目利润最大化	基本依靠财务部门	投资预算、生产预算、资本预算、财务预算	以开发面积、销售收入、利润等指标作为预算编制的核心
EVA 全面预算	企业价值最大化	建立了整合的 EVA 责任中心(部门、单元)	在传统预算编制的基础之上编制 EVA 预算	以 EVA 为预算编制起点

二、价值创造导向预算管理的内涵

价值创造导向的预算管理就是要以企业价值创造和价值增值为核心宗旨,在企业战略的引导下,对企业现有的财务资源和非财务资源以及未来可控资源进行高瞻远瞩的数量化、具体化的安排。战略在企业发展的历程中是动态变化的,但是企业追求价值创造的宗旨和理念是不会变的,无非是价值的内涵和外延得到了极大丰富。企业进行预算管理的目的是用预算这一管理工具和管理理念为企业的价值增值做出贡献。一方面可以对现有资源和未来可控资源进行规划谋算和科学合理地安排配置,另一方面可以对预算期潜在的风险做出适当的反映和防范,既注重企业各项资源的使用效率和效果,同时又兼顾对风险的前瞻性管控和防范,保障企业这艘大船在充满大风大浪的外部环境下能够保持长期稳定的增长,不断在原有基础上创造价值产生价值增值,满足股东、债权人、员工、政府等利益相关者的利益诉求和需要,以致能够承担更多的社会责任,达成企业科学和谐发展。

价值创造导向的预算管理在具体的运作中是从一种价值创造理念出发,充分认识到市场信息的导向性(满足顾客需要),同时在企业内部形成了多个有序的价值创造系统(包括研发设计、生产制造、营销销售、维护服务等向顾客提供价值),适应市场需要,降低市场风险对企业的冲击,重视预算对企业组织及业务流程的优化和改进,引导企业各项资源,包括人财物向着实现企业价值而奋斗,是一种价值创造的过程。企业采用预算管理这一工具的最重要的目的是能够增加企业价值,支持企业价值创造。

三、价值创造导向预算管理的特征

1. 以价值创造和价值增值为宗旨

价值创造导向预算管理对其指导思想是非常明确的,就是为企业的价值创造和价值增值服务。企业的价值来源于顾客对产品和服务的认同和接受,来源于顾客为企业

第6章 价值创造＆增值的经营预算管理

产品和服务愿意让渡的价值或者愿意支付的价格，这是企业的生存之本。只有把价值创造和价值增值当成指导思想，在企业预算管理的过程中就不会迷失方向，就会在确定企业预算目标、进行预算编制、预算执行控制和预算考核评价的过程中，时刻关注和重视对企业价值的提升和创造，而不是造成企业价值毁灭的后果。这样一来就能对企业产生价值的资源或者能力进行培植和扶持，不断壮大企业未来发展的后劲。

2. 体现战略性

价值创造导向的预算管理强调战略性，也就是在形成预算管理目标时，需要从企业整体战略出发，分析企业所处的外部环境，包括行业竞争情况。上下游企业之间的关系等，对环境做出最佳选择的同时规避风险，为企业争取了有利的外部条件。另外由于战略的长期性，出于长远利益的考虑，使得企业的战略目标在时间维度上通过预算的逐年得到分解和落实，从而具有实际的可操作性。这样使得预算在战略上具有全局性的特点，在内容和覆盖面上更加全面，区别于传统型预算管理由于预算考虑的短期性所引起的种种弊端。

3. 以企业的价值活动分析为基础

企业的价值活动分析，主要是从企业存在的理由出发，必须不断向顾客或者消费者提供能满足他们需要的产品和服务。从这一基点出发，企业才能为利益各方带来现实的价值或者经济利益的流入等。因此就要认真分析企业内部能够满足顾客需求的作业和活动。经过企业中的作业有机联系相互反馈相互响应，就可以有效地服务于顾客需要，创造价值。企业就能将本身有限的资源配置在这些关键的价值活动或者价值作业上更好地为企业带来价值。这些价值活动和作业就成了预算执行控制的突破口，同时这些影响因素也是预算考评的重点。传统预算没有关注价值创造的本质，仅仅关注成本绝对额的降低，反映不了预算管理的意义。

4. 整合和优化企业各种资源

价值创造导向的预算管理的意义体现在能够协调企业当中的各层级各人员，通过引导资源向着最有利于企业价值创造和价值增值的方向努力。由于价值创造导向的预算管理是在企业价值分析和作业分析的基础上进行的，这样企业的业务流程和组织流程一定程度上的优化，可以减轻由于部门之间信息沟通不畅带来的不便。注重作业上整合协调，提高企业信息流，资金流、物流等系统的运行效率。

5. 提高预算编制效率

价值创造导向的预算管理在企业的层级机构以及业务流程还有管理流程做出梳理和调整的基础上，结合企业信息网络技术使得企业的预算信息、预算制定活动都在同一平台上进行。比方说在生产环节里就有很多类似或相似的作业，这样的信息可以被很好地集成起来进行对比分析，避免企业部门的沟通不畅等现象。

6. 拓宽预算管理的范围和深度

价值创造导向的预算管理不仅仅只对企业预算的财务指标关注，更关注企业战略目标在本年度的实现情况，并监督企业达成目标而努力奋斗的程度，还将战略目标、顾客需求、内部业务流程和管理流程、组织学习、人力资源都纳入预算管理的范围，使得预算管理不再只是财务数据的表达，而是进一步关注价值信息的来源——非财务指标因素的变化。从而企业更加全面地关注财务价值、客户价值、员工价值等。

四、EVA 全面预算管理的价值

1. 有助于明确公司的发展战略方向

全面预算管理作为企业管理的一项重要工具，充分发挥了其在组织规划方面的积极作用。企业的传统预算以利润表为编制的核心，以利润最大化为预算的目标。在这种模式下，企业的资源配置存在很大缺陷。一方面，企业忽视资源配置的合理性，盲目扩大资源规模，例如企业使用其留存资本和融资资产进行再生产，或者通过降低各项费用来降低制造成本。另一方面，这种预算模式忽略了资本成本的影响，若企业所有者投入的资本成本没能无偿使用，投入的资本就会大于其机会成本带来的收益。另外，在处理费用化等项目时，利润最大化目标促使企业忽略未来发展，削减广告宣传费和研发费用等开支，降低了企业资源配置的科学性和合理性，不利于企业战略规划，阻碍了企业的长远发展。而基于 EVA 的全面预算管理在编制的时候考虑了资本成本，并且这些资本成本都与企业的经营利润相关，有利于企业资本结构的调整，从而得到更多的资本收益，更加明确企业的发展战略方向，并通过以后年度预算实现资源优化配置，建立优势产业，实现企业战略目标。

2. 有助于提升企业的价值创造能力

EVA 作为目前最能有效反映企业价值的指标，有利于企业准确评价与衡量自身的价值创造能力。其一，从算数角度来看，EVA 将资本成本纳入考虑范围内，等于税后经营利润减去资本成本后的"真实"利润，即企业为股东创造的价值。其二，从 EVA 理念与企业经营目标来看，EVA 管理的最终目标是股东财富最大化，企业经营的最终目标是实现企业价值最大化，而实现企业价值最大化就是实现股东财富最大化。这样看来，EVA 理念与企业经营目标是完全一致的，并且 EVA 作为业绩评价指标能够帮助企业衡量自身价值，引入 EVA 能够帮助企业提高价值创造的能力。因此，企业价值最大化的经营目标要求将 EVA 与全面预算管理相结合，以 EVA 为导向编制全面预算，考虑全部资本成本的影响，对传统的会计利润进行调整，衡量企业真正的经济利润，最大限度地实现企业的价值创造能力。

3. 有助于实现企业资源的有效配置

将 EVA 理念引入全面预算管理，能够有效调整企业资本结构和资本的使用效率。全面预算管理的一个重要职能就是规划，公司首先要确定公司的战略目标，尽量量化与具体化战略目标，让企业的资源得到合理分配。而在传统的全面预算管理下，管理者盲目追求短期利润最大化，容易忽视长期利润，传统预算将利润最大化作为经营目标，其评价经营业绩的指标也是利润，这容易导致企业的资源分配缺乏科学性和合理性，例如忽视企业发展的需要盲目扩大规模，或者降低研发费用、员工培训费等各项有助于企业未来发展的费用。企业的价值增值表现为收益大于资本成本，EVA 理念充分考虑了资本成本的影响因素，在将重心放在经济利润上的同时，扣除资本成本的影响，使得资源分配更加符合企业价值创造的目标。

4. 有助于全面预算的有效执行控制

在预算编制的过程中，为确保达成既定预算目标需对各部门的生产经营活动进行检查和监督，这种举措就是预算控制。EVA 能提高全面预算的执行和控制的有效性。一方面，全面预算管理是一个综合性很强的管理体系，涉及的企业经营业务范围很广，如果不在编制过程中对预算目标进行细分，则很难辨别出能为企业创造价值的环节。在全面预算管理中引入 EVA，EVA 的可分解性使 EVA 指标可以分解下达给各责任中心，使得各部门的预算编制更加真实可靠，同时可以明确企业价值提升的路径，提高了预算执行的效率。另一方面，企业经营管理的环境不断变化，预算编制与实际执行结果会出现偏差。EVA 导向下的全面预算在编制的过程中，既要求预算编制的执行部门进行分析和自我监督，也要求预算的上层决策机构对执行部门的预算编制进行监督，并在分析和监督的过程中，不断地进行调整和修改，将预算差异保持在可控范围内，甚至降到最低，实现了对预算全方位、全过程的管控，从而提高了预算执行和控制的效率，使预算执行的结果更加真实有效。

5. 有助于完善企业考评和激励机制

在传统的全面预算模式下，企业内各部门经常会忽视企业整体的利益，只是片面追求自身的利益。而基于 EVA 的全面预算管理，将 EVA 理念贯穿于全面预算编制和考核的全过程中，用 EVA 指标去考评预算执行情况和企业业绩，并将考评的范围扩大到整个企业，上至各阶层的管理者，下至各级员工。同时，EVA 指标协调了股东与经理人之间的利益，使管理层和员工所获得的薪酬和奖励与他们实现的股东利益挂钩。这样，企业各级员工为了能够获得更高的薪酬和奖励，会更加积极努力地工作，完成本部门的预算指标，从而激励管理层和员工在追求自身利益的同时实现股东利益最大化。因此，基于 EVA 的全面预算管理完善了企业的考评和激励机制，驱动 EVA 指标的每项重要因素都能在预算管理过程中得到直观反映，不仅使全面预算的执行和考评更加客观公正，而且使股东、管理层和员工的利益趋于一致。

五、在全面预算中引入 EVA 的必要性

根据前面的相关理论可以看出，EVA 是把包含债务成本的资本成本从经营业绩中全部扣除后得到的差额，只有这样，股东的财富才会得到真正的增加。正是因为这样，从狭义的角度来说，EVA 算是一种很好的企业业绩考核的方法，但是这种观点过于片面。其实在管理方面，EVA 同样具有一定的重要贡献。EVA 的整个价值管理体系可以指导企业做出每个决策。EVA 可以分解企业的战略目标，将这些目标下放至每个部门或者单位，这样就可以把一家企业的预算，甚至整个企业里最基层单位的预算直接与市场的要求紧密联系起来。具体来说，在全面预算管理中引入 EVA 的必要性，体现在以下几个方面：

第一，EVA 能够体现企业组织结构及各部门在预算中的责任及层次性。在编制企业预算时，企业根据自己的战略目标制订了相应的 EVA 目标后，将 EVA 目标分解，

然后按照责任目标具体落实到各个责任中心包括利润中心的责任利润和成本中心的责任成本，各责任中心在进一步分解落实到班组个人。

第二，EVA 对于企业在预算分析过程中有很大的帮助。EVA 是税后净营业利润与资本成本的差额，既考虑了企业当期的营业利润也考虑了企业的资本成本，真正地体现了企业创造价值的能力，同时也是说明了企业的 EVA 值至少受这两个因素的影响。当企业的实际 EVA 水平低于企业的目标 EVA 时，企业除了对收入和成本进行一定的分析，还应该将关注点转移到资本成本上去，考虑其对企业的影响。根据有关分析，可以找到收入和费用甚至各个部门对 EVA 的影响，这样还可以明确到具体的责任中心。

第三，EVA 在预算的考核和激励中的作用。在传统的考核模式下，当企业的业绩较低的时候，经营层基本上没有奖金，当业绩水平上升到一个水平时，经营层开始获得奖金，但这种奖金有一个上限，一旦业绩达到某一个点后便没有了额外的奖金，这样可能会让经营层不再踏实工作，会通过一些损害股东利益的行为去获得更多的奖金。而 EVA 的出现正好可以解决这个问题，只有当 EVA 为正时，才是为企业创造的价值，而且 EVA 越大，创造的价值就越多，经理获得的奖金就越多。反之，虽然企业有净利润，但是其 EVA 为负数，经理也不会获得奖励。EVA 采取的是一种上不封顶、下不保底的机制，有效调动了经理人的积极性。

第四，EVA 融入预算可以提升企业价值。将 EVA 的管理理念及核心思想传递给股东和经营者，在预算编制时将资本成本意识包含在内，以此影响业绩评价，成为各方利益的一个桥梁。另外，因为企业开始着重关注资本成本，以前的编制方法有着一定的局限性，新的理念以及新的预算编制方法将有利于经营管理模式的改革，使企业的实际创造价值的能力得到进一步提高。

第二节　EVA 全面预算管理的基本原则

一、以价值创造和价值增值为宗旨

价值创造导向预算管理对其指导思想是非常明确的，就是为企业的价值创造和价值增值服务。企业的价值来源于客户对产品和服务的认同与接受，来源于客户为企业产品和服务愿意让渡的价值或者愿意支付的价格，这是企业的生存之本。只有把价值创造和价值增值当成指导思想，在企业预算管理的过程中才不会迷失方向，就会在确定企业预算目标、进行预算编制、预算执行控制和预算考核评价的过程中，时刻关注和重视对企业价值的提升和创造，而不是造成企业价值毁灭的后果。这样就能对企业产生价值的资源或者能力进行培植和扶持，不断提升企业未来发展的后劲。

二、以价值创造作为战略的引领

基于 EVA 的全面预算管理体系相较于传统全面预算管理体系更注重价值创造的能

力。在 EVA 导向下，实行"上下结合"流程的预算编制，以企业战略为原则，将战略分为长期战略、中期战略、年度战略，下一年度的 EVA 全面预算编制，以年度战略为基础。预算管理的上端连接的是企业战略，以价值驱动作为引领原则有利于战略目标的实现。

从 EVA 价值目标的实现角度看，全面预算管理体系是企业完成价值创造的载体，价值驱动经过全面预算的体系来发挥作用。企业以价值创造作为战略目标，价值创造能力的具体体现就是 EVA 值，EVA 值不断正向改进，表明企业价值创造能力逐步增强。EVA 是税后经营净利润扣除资本成本后的净额，是一个综合性指标，它由资产负债表和利润表的各项指标得来，覆盖了反映企业经营状况和财务状况的全部项目。因此，EVA 最终结果的确立，受到企业开发、投资、建造、销售、成本、造价管理方方面面的影响。要不断优化和提升 EVA，就需要对 EVA 驱动因素进行逐层分解，识别出 EVA 的价值驱动路径和影响 EVA 的关键因素或指标。从结果分析原因，逆向推导出关键影响因素，在预算管理体系中对驱动因素，尤其是关键驱动因素进行有效的资源配置，进行全程动态监控。在价值驱动的原则指导下，让全面预算管理体系成为企业、项目 EVA 价值创造的执行体系。

从全面预算管理的角度看，将 EVA 融入全面预算管理，是对传统预算的优化，将价值管理的理念渗透全面预算管理的体系，以价值驱动企业预算管理。以 EVA 为导向的预算管理，相较于传统预算管理判定标准不同、管控依据不同，从价值管理角度出发，是对企业原有预算体系的一种优化、改进，具体体现在预算管理内容的重构和预算管理流程的梳理上。在预算管理内容重构方面，传统预算以利润作为预算管理的目标，EVA 导向下的全面预算体系以企业价值的提升作为预算管理的目标，具体体现在 EVA 值的变化，将收入、成本、费用、资金作为实现 EVA 的价值驱动因素，将总体的 EVA 指标细化、分解为各个责任中心（部门）具体的 EVA 目标，各个责任中心（部门）对该责任中心可控的、能影响 EVA 的业务负责，并与各个责任中心（部门）的关键预算指标相联系，使 EVA 目标深入各个层级，在预算内容和预算指标中都得以体现。从预算管理流程梳理方面，预算流程的梳理包括对各单项预算流程的梳理和对各子预算之间的体系协调，目的都是实现 EVA 价值管理工具与全面预算企业管理工具的对接，以价值驱动企业预算管理。

三、以 EVA 为预算编制的起点

根据全面预算管理理论的发展和企业"保值增值"的要求，企业应当树立基于 EVA 的管理理念，以价值创造为最终目标，以效率提升、扩大市场为手段，整合多种管理工具，实现各个管理职能相互融合协调的企业管理构架。基于 EVA 的预算管理构架，"龙头"是价值管理，核心是全面预算管理。在经济增加值导向下，全面预算的编制跟传统模式最大的不同就是引入了 EVA 思想，考虑了资本成本，在对传统利润预算表进行调整的基础上编制 EVA 预算，EVA 指标是该模式下企业全面预算管理体系的核心。以 EVA 作为企业全面预算编制的起点，不仅是计算方法和计算指标上

的改变，更是预算理念上的改变。EVA 导向下的全面预算与企业价值最大化这一发展战略相符，是对企业战略的分解，以 EVA 作为预算编制起点，解析影响企业 EVA 的因素，包括正向的驱动因素和反向的消耗因素，指引企业的资源分配，以 EVA 预算目标为基础完成收入、成本、费用等各项预算的编制。同时，EVA 目标实现情况是考核的重要标准，实现了从"端到端"以 EVA 为核心的链接。

四、以股东价值创造为导向

一个实施价值管理的企业，必然是以股东价值最大化为根本目标的，并且股东财富最大化引导着公司战略，决定着管理者报酬。这说明企业、管理者与股东的利益是密切相关的。

一方面，EVA 管理理念强调企业经营的最终目标是实现股东价值最大化，要求经营者站在股东利益的角度去思考，而传统会计利润以企业利润最大化为目标，只注重经营者的利益忽略了股东利益，鼓励企业利用股东资金扩大投资规模。另一方面，与传统会计利润相比，EVA 不仅要计算债务成本，还要计算股本成本。股本成本是一种机会成本，它由无风险收益和风险收益两部分组成，也就是说股东要求获得与投资风险相对应的额外收益。因此，在采用 EVA 指标时，企业所获得的净利润只有高于包括股本成本和债务成本在内的全部资本成本，即 EVA 值为正数的时候，企业才能真正为股东创造价值。

五、以业绩考评激励为动力

首先，EVA 要求企业制订科学合理的预算考评和奖惩制度及薪酬激励机制，确保全面预算管理系统长期有效的运行。其次，EVA 值主要来自企业公开的财务报表，并对会计利润进行一系列的调整，剔除不能真正反映企业经营业绩的部分，使得企业价值的衡量更加准确，企业管理者的业绩考评更加客观，建立并完善了考评和激励机制。最后，将 EVA 理念融入全面预算管理，不仅使预算管理的业绩考评更为公正，而且企业管理者改进业绩的积极性得到了很大程度的提升。

第三节 EVA 全面预算内容与管理职能体系

一、EVA 全面预算内容体系

EVA 指标是企业全面预算的总纲领，基于以 EVA 为核心的预算管理编制不仅包括业务预算、专门决策预算和财务预算，还包括 EVA 预算，它是以企业价值最大化的发展战略目标为基础并加以分析讨论来确定的。EVA 预测是企业全面预算管理体系预算编制的起点。从EVA预测出发，以EVA预算目标为中心编制各项预算，通过执行控制、分析、考核、评价和反馈的PDCA（戴明环）循环程序来保证企业EVA目标的实现。

基于EVA的全面预算管理体系是以EVA驱动因素分析和预算管理为两条主线，分别从战略层面、战术层面和作业层面实施和融合。它以企业价值创造为使命出发，制订公司的发展战略，形成EVA的目标，作为全面预算管理的核心，进行预算管理体系的构建。其体系如图6-1所示。

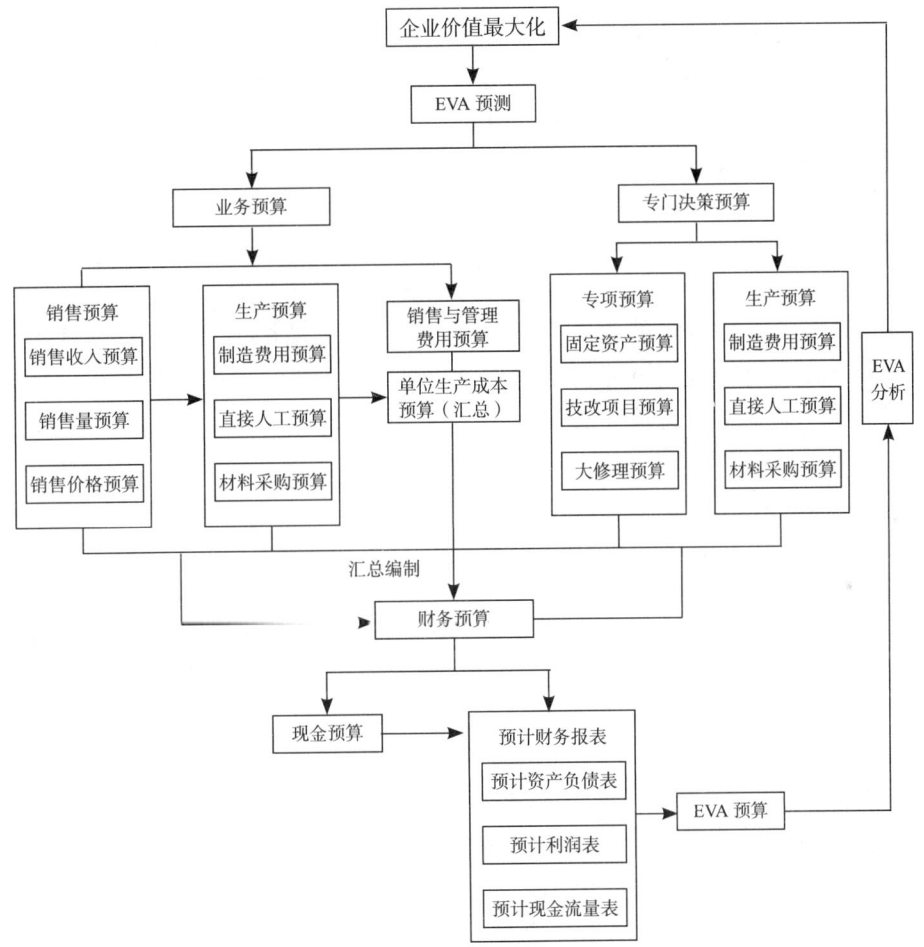

图6-1 基于EVA的全面预算内容体系

首先，在战略层面上，公司基于价值创造的使命，制订企业的发展战略，为预算明确战略导向，并将战略目标转化成EVA目标。

其次，在战术层面上，对EVA目标通过财务指标和非财务指标的驱动因素分解，形成具体的预算指标体系，根据预算指标体系的目标值，推演预算报表，确定预算内容和执行层级，并对预算执行情况进行监督、控制，形成预算考核评价，反馈预算情况，分析原因，修正提高，形成 PDCA 闭路循环。

最后，在作业层面上，预算指标落实到 EVA 责任中心和其下的作业价值驱动作业面，执行 EVA 指标或细化的驱动因素的落实、评价和考核，在基础的作业层面上实现价值创造。

二、EVA 全面预算管理职能体系

关于全面预算管理的职能，威尔士（Welsh）教授认为预算管理有三大职能，即计划职能、控制职能和调整职能。安东尼（Anthony）教授提出计划、协调、指定责任和业绩测定四大职能。总体来讲，规划、控制、协调和评价作为全面预算管理的基本职能是学者们普遍认同的。EVA 这个价值管理工具引入全面预算管理之后，对预算管理的基本职能进行了强化和提升，并且融合了管理科学的理论思想，使全面预算管理的功能更加深入和丰富。

1. 规划职能

"预则立，不预则废"说的是预算管理在规划职能上的体现。预算管理要完成在企业战略的目标下，进行企业整体资源、组织能力与目标战略的匹配任务。传统的预算管理一般基于企业管理层的角度，从完成业绩目标的动机出发，进行预算规划，以此进行资源分配。这种规划可能会导致企业行为的短期性，业绩考核的片面性。这种规划可能损害了企业的可持续发展和对业绩的全面评价，违背了股东的利益，不利于企业价值创造。基于 EVA 的全面预算管理，则从股东的角度出发，以价值最大化作为预算规划的起点，来分配企业资源，调整企业组织结构，保证股东利益的实现，有利于企业的长远发展及对业绩的真实评价。

2. 控制职能

控制是预算管理落实的重要环节，是基于规划职能的对应面。预算的控制职能体现在通过预算的编制、指标分解体现事前的控制；通过业务的审核、作业的执行体现事中的控制；通过对预算执行情况的总结分析体现事后的控制。传统的预算管理在控制方面主要是基于指标的落实和完成情况，强调指标的刚性，在事中和事后的控制环节上强调控制的结果及单纯的指标完成情况。基于 EVA 的全面预算管理在控制职能上，强调作业动因和过程的控制，重视事中的控制和事后的分析，重在控制预算管理过程中反映价值创造的情况，分析上则强调业务层面的动因和结果，努力消除不增值作业，增加各项管理和作业行为的价值创造能力。

3. 协调职能

目标的实现，需要企业上下的共同努力。在实际的预算管理中，由于职责分工的不同，会出现矛盾和冲突。在预算管理的过程中，首先确定企业的共同目标，以此对企业的资源加以优化分配，完成企业自身资源与目标战略的协调；同时将企业的目标作为各项工作的根本任务，进行分解落实，使企业各层面的行为统一在企业目标之下，完成各部门之间的协调。传统的预算管理在协调方面主要是通过指标的量化和指标彼此之间的联系为纽带，明确各层面的责任和权利，在预算管理的制度下，按照计划按部就班地执行。基于 EVA 的全面预算管理在协调的职能上，不过多地依赖烦冗复杂的指标分解体系。在 EVA 为股东创造价值的理念下，具体指标的导向更加一致和协同，它将指标与结果的实质更好地协调起来，避免在传统预算模式下，指标过于冗杂反而带来冲突和矛盾，便于协调目标的达成和企业资源的分配利用。

4. 评价职能

预算是通过上下协商达成的相对优化地实现企业目标的一种解决方案。在规划、控制、协调的基础上，形成了评价指标和作业任务，使预算具备了评价的职能。传统的预算管理，在评价方面强调分解具体指标的实现，更多地重视对企业中观、微观层面上的评价。在评价过程中往往出现局部和整体的矛盾，产生评价的困惑。基于 EVA 的全面预算管理在评价方面，由于评价指标相对简练，评价级次相对简约，评价指标相对协同，所以更加客观。同时，基于 EVA 的全面预算管理的评价的根本不仅在于指标的完成，更加强调在实际作业中，是否真正实现了价值的创造，是超越了指标评价之外的一种评价体系。

综上所述，价值管理和价值创造贯穿于基于 EVA 的全面预算管理的过程中，深深地融入预算管理的规划、控制、协调、评价的职能，从而使预算管理成为价值管理的有效工具，深化和提升了传统预算管理的职能。

第四节　EVA 全面预算管理框架体系

一、价值创造导向预算管理的基本框架

价值创造导向的预算管理，是以价值创造为核心指导思想，即以企业的价值最大化为根本出发点，在满足客户价值需求的情况下，再满足企业所有者和员工等各方利益的要求。价值创造导向的企业预算管理有预算目标层面和预算运行层面，其中运行层面又可以进一步细分为预算编制、预算执行控制、预算考评三个阶段。具体来讲，在价值创造理念的指导下，结合企业的发展战略和企业在行业中所处的价值链的位置以及企业的现实情况确定科学合理的体现企业价值得到提升的预算目标，包括指标选取和指标值确定两个方面。预算编制阶段主要是在预算目标的引导下对企业组织结构进行改造，使其成为响应顾客的流程式组织，通过科学合理上下结合的预算编制程序，选用具有价值创造理念的作业预算编制方法力求编制出准确详细具有指导意义的多维度预算表格体系。预算执行控制阶段主要是建立预算预警机制，恰当选择预算执行控制模式，关注适当的预算调整和预算风险的管控，同时及时反馈预算报告以便更好地完成预算目标。预算考评阶段主要通过建立科学的考评原则和全面的预算考评指标，识别预算工作的进展情况以及预算执行人员通过预算执行取得的成绩，合理地确定奖惩，使企业有持续创造价值的源泉。总之，价值创造导向预算管理时刻关注企业各作

业价值创造和价值增值能力，并对能够产生价值增值的作业和资源进行有效培植。价值创造导向预算管理是为企业价值增值和价值创造的行动方案配置资源，其考核不再简单地以是否超支作为业绩评价标准。

价值创造导向的企业预算管理基本框架如图 6-2 所示。

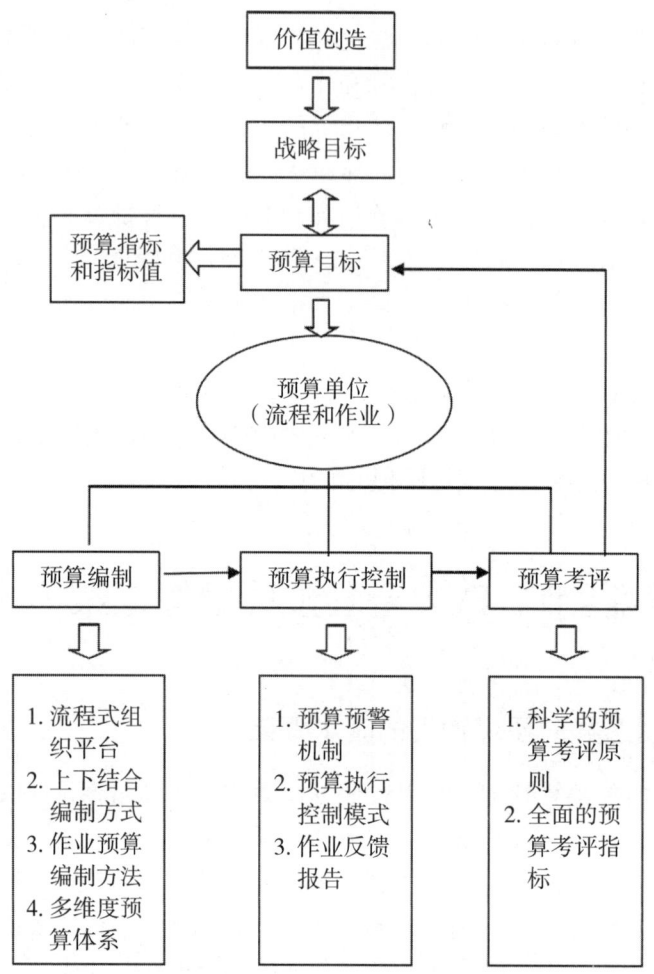

图 6-2　价值创造导向的预算管理基本框架

二、基于 EVA 的全面预算管理体系

基于 EVA 的全面预算管理体系是以战略为指引，根据战略制定出下一年度的 EVA 目标值，预算体现战略，与价值创造挂钩。从业务层和指标层面对 EVA 总目标进行分解：在指标层面，通过驱动因素分析，识别出关键驱动因素，引导预算的编制；在业务层面，将 EVA 总目标从上至下进行分解，成为多个分目标，下达到各责任中心，用 EVA 引导企业财务预算、业务预算的编制，最终编制企业 EVA 预算表，构建基于 EVA 的全

面预算管理体系。

以 EVA 为导向的全面预算管理以公司战略为起点,将公司战略量化为 EVA 指标,通过 EVA 指标的驱动因素分析,识别影响企业价值创造的指标。制定 EVA 目标,指导企业预算的编制,包括运营预算、开发预算、建造预算、销售预算、资本预算、采购预算、费用预算等,汇编企业的预计资产负债表,预计利润表,预计现金流量表,在此基础上,改进形成 EVA 预算表。预算管理委员会和财务部监督推进预算的执行,对于预算偏离的情况进行分析,最终考核、评价预算执行情况,将信息反馈、汇总,为下一年度的预算编制进行指导。

基于 EVA 的预算管理体系与传统预算管理体系的最大不同是其考虑了全部的资本成本,需要在传统预算的基础上,调整利润导向下的预算表为 EVA 预算表。企业以 EVA 作为预算编制起点,也是绩效考评的重要指标,将 EVA 理念贯穿预算管理全过程,形成集事前预算编制、事中过程管控、事后业绩考核为一体,持续改进的基于 EVA 的全面预算管理体系,如图 6-3 所示。

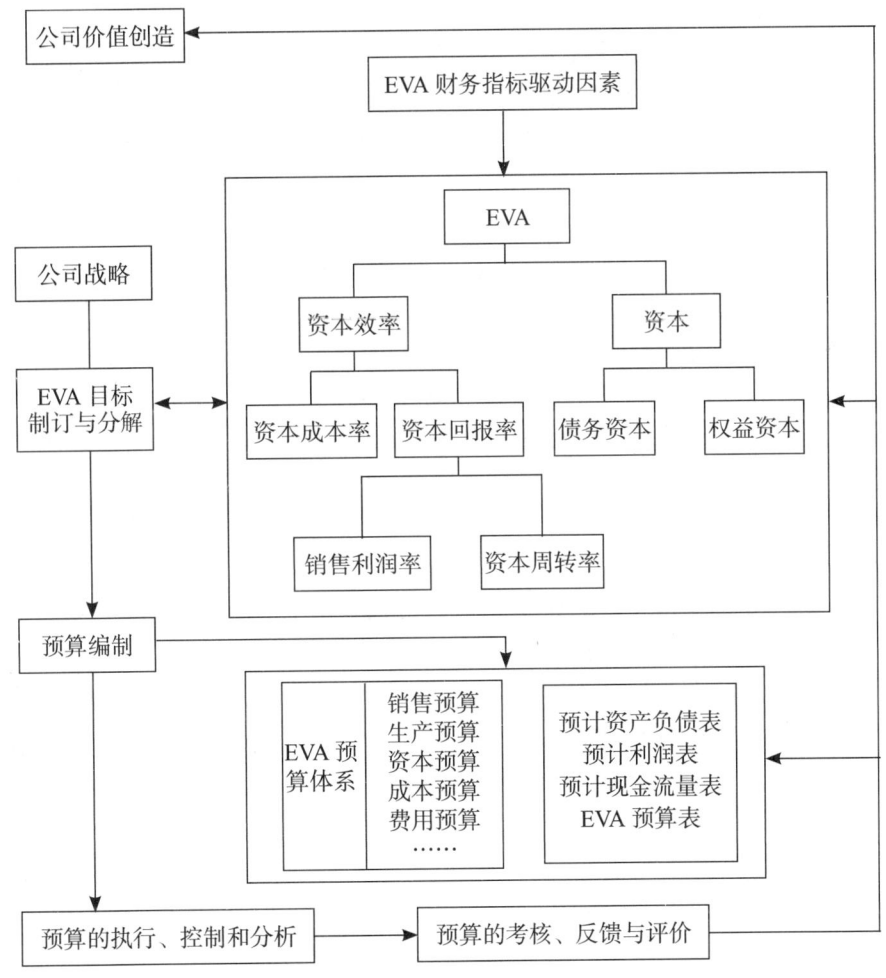

图 6-3 基于 EVA 的全面预算管理体系

首先，在战略层面上，企业从价值创造的使命出发，制定出企业的发展规划和战略并转化形成EVA目标，明确全面预算管理的战略导向。

其次，在战术层面上，利用平衡计分卡从学习与成长、内部运营流程、客户和财务四个维度与EVA高度整合互补。通过EVA财务指标和EVA非财务指标的价值驱动因素分析，指标化企业EVA目标，形成预算指标体系，并确定各预算指标的目标值，再根据预算编制流程分析确定各责任中心执行层级和预算编制方案，并对不同层级的预算责任主体的执行情况进行监督、控制和考评，反馈预算目标的实现和责任履行情况，并对差异进行分析和调控，形成戴明环（PDCA）闭路循环。

最后，在作业层面上，将预算指标下达到各责任中心和它的作业驱动层面，根据EVA预算指标，结合企业内部产、供、销的业务流程，按照内部各单位权利与责任分工的实际情况，将EVA指标驱动因素进一步细化，在基础的作业层面上落实执行、控制和考评，实现价值创造。

三、EVA与BSC相结合的价值管理体系

传统的基于EVA的价值管理体系虽然涉及评价指标、管理体系、激励制度及理念体系四个方面，涵盖了企业整个的经营管理过程，已经是很完善的一套价值管理体系，但其仍无法摆脱将EVA作为核心所带来的过于强调财务指标的固有缺点。因此，一些学者开始尝试将平衡计分卡与EVA结合到一起构建价值管理体系，克服传统的EVA价值管理过于偏重财务指标的缺点。

平衡计分卡（BSC）作为一种可以有效促进企业战略目标实现的绩效管理体系，从财务、客户、内部业务流程、学习与成长这四个维度将企业的战略目标进行逐层分解，并通过四个维度的平衡性将分解后的战略目标转化为各种相互平衡的绩效考核指标，实现企业长期与短期目标、内部与外部利益的平衡。

由最初的平衡计分卡发展到战略地图，再到战略中心型组织，经过长期的发展，平衡计分卡已经形成了较完善的战略管理体系。应用此体系，企业可以分别从财务、客户、内部业务流程、学习与成长方面衡量企业实现战略目标的能力，并通过对相关驱动因素的分析找到实现战略目标的途径。

EVA与平衡计分卡相结合的价值管理体系弥补了EVA作为财务指标仍受企业财务报表质量和局限性制约，反映情况相对滞后、不能全面展现企业实际经营管理情况的不足，让企业也充分关注非财务指标，注重企业外部的客户体验，注重影响企业长远发展的无形资源和人力资本。同时，将EVA作为平衡计分卡考核指标的核心也弥补了平衡记分卡四个维度考核指标容易各自为政、目标不清、考核结果相互矛盾的缺点。

本书借鉴池国华教授提出的EVA价值管理体系的理论框架，将EVA与BSC相结合的理念作为核心，再从战略规划、预算控制、业绩评价和管理报酬四个方面为企业构建一个完整的管理体系框架，将企业整个经营管理过程都囊括其中。EVA与BSC结合的价值管理系统逻辑图如图6-4所示。

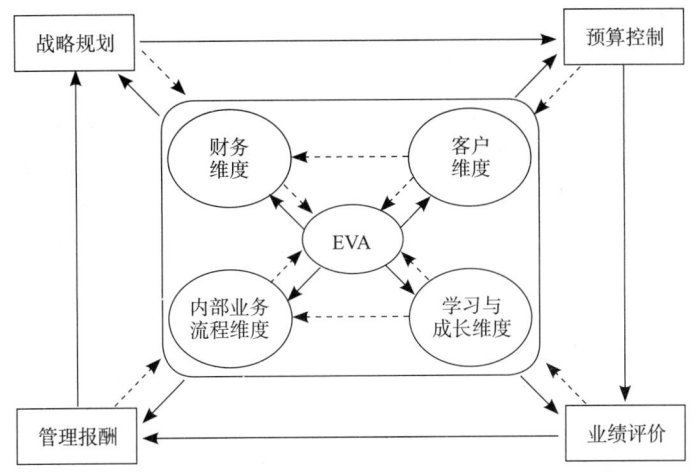

图 6-4　EVA 与 BSC 结合的价值管理系统逻辑图

EVA 与 BSC 结合的价值管理战略地图，如图 6-5 所示。

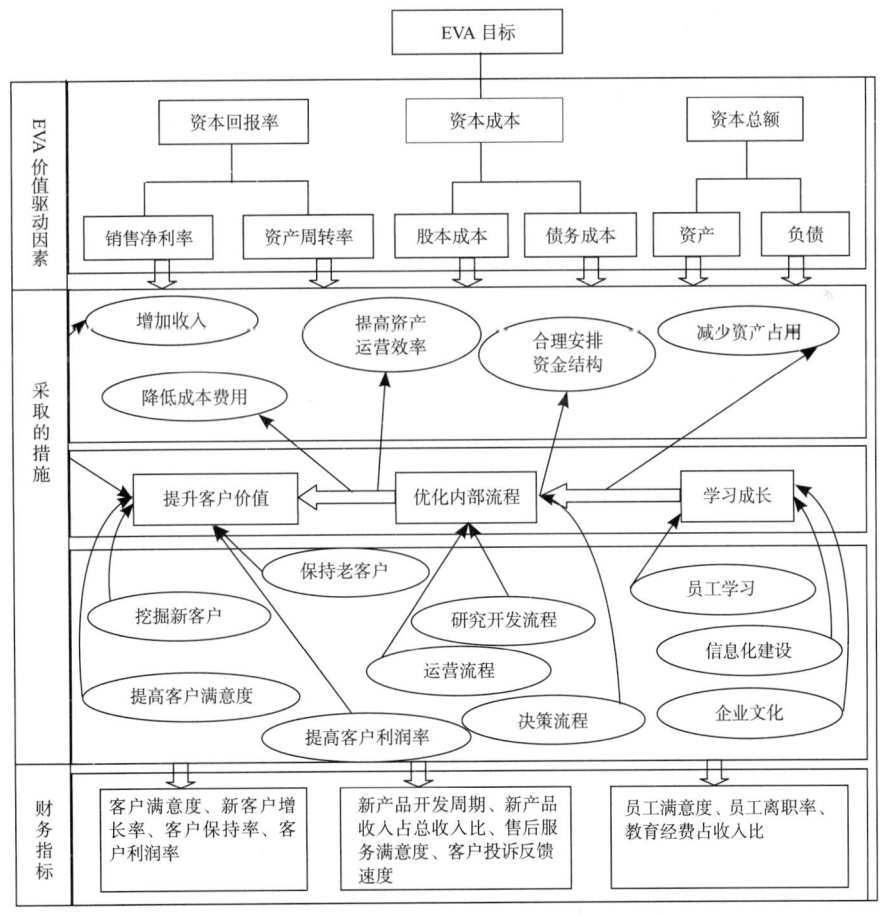

图 6-5　EVA 与 BSC 结合的价值管理战略地图

首先，在战略层面上，企业从价值创造的使命出发，制定企业的发展规划和战略并转化形成 EVA 目标，明确全面预算管理的战略导向。

其次，在战术层面上，利用平衡计分卡从学习与成长、内部业务流程、客户和财务四个维度与 EVA 高度整合互补。通过 EVA 财务指标和 EVA 非财务指标的价值驱动因素分析，指标化企业 EVA 目标，形成预算指标体系，确定各预算指标的目标值，再根据预算编制流程分析确定各责任中心执行层级和预算编制方案，并对不同层级的预算责任主体的执行情况进行监督、控制和考评，反馈预算目标的实现和责任履行情况，以及对差异进行分析和调控，形成 PDCA 闭路循环。

最后，在作业层面上，将预算指标下达到各责任中心和它的作业驱动层面，根据 EVA 预算指标，结合企业内部产、供、建、销的业务流程，按照内部各单位权利与责任分工的实际情况，将 EVA 指标驱动因素进一步细化，在基础的作业层面上落实执行、控制和考评，实现价值创造。

EVA 与 BSC 内容体系整合模型，如图 6-6 所示。

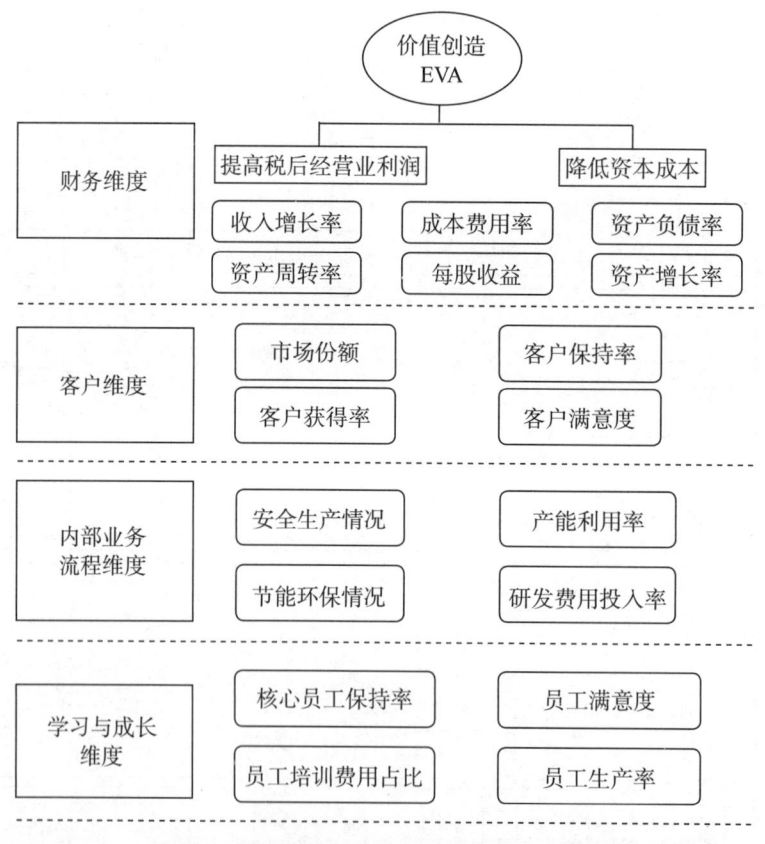

图 6-6　EVA 与 BSC 内容体系整合模型

BSC 模式的四个维度分目标明细表，如表 6-2 所示。

第 6 章　价值创造 & 增值的经营预算管理

表 6-2　BSC 模式的四个维度分目标明细表

维度	内容
财务维度目标	• 不断提高公司/项目EVA值； • 不断提高公司/项目税后净利润； • 优化资源配置，将资源向能提升企业核心竞争力的项目倾斜； • 优化公司资本结构，不断降低公司加权平均资本成本
客户维度目标	• 维持并稳步提升产品项目市场占有率； • 进一步提升客户/业主满意度； • 积极维护老客户并努力开发新客户
内部业务流程维度目标	• 不断加大研发力度，努力缩短技术创新成果转化为产品的时间； • 改进内部建造流程，缩短产品完美交付天数； • 进一步提高售后服务和物业管理水平； • 通过精益建造提高建筑产品品质
学习与成长维度目标	• 进一步提高员工满意度和员工保持率； • 注重员工培训和精益人才育成，努力提高员工精益管理和精益建造技能； • 建立完善的人才选拔制度和员工激励制度，留住核心员工

BSC 模式的四个维度衡量指标明细表，如表 6-3 所示。

表 6-3　BSC 模式的四个维度衡量指标明细表

维度	内容
财务维度目标	• EVA 值； • 税后净营业利润增长率； • 产品毛利率； • 资本总额增长率； • 研发投入增长率； • 加权平均资本成本
客户维度目标	• 产品市场占有率； • 客户满意度； • 老客户维持率； • 新客户开发率
内部业务流程维度目标	• 研究开发投入增长率； • 产品完美交付天数； • 售后服务和物业服务满意度； • 新技术转化为产品的时间； • 各个开发项目建筑品质
学习与成长维度目标	• 员工满意度； • 员工培训支出； • 核心员工保留率

四、基于 EVA 的预算管理组织架构

实施全面预算管理的关键是要建立一个良好的预算组织体系。企业自身的组织机构是建立预算组织体系的基础，是运行全面预算管理的基础环境。预算的组织体系由预算的管理体系和预算的执行体系组成，如图 6-7 所示。

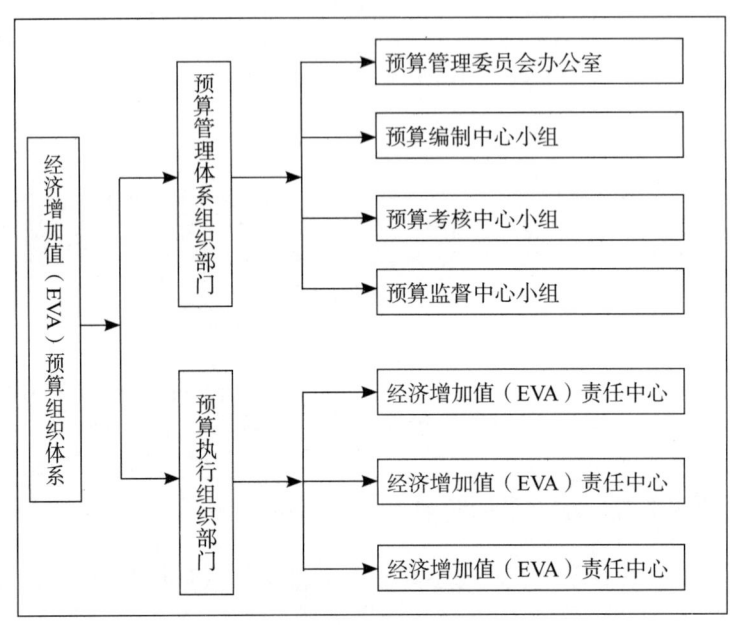

图 6-7 基于 EVA 的预算管理组织架构

在企业内部预算控制环境中，投资收益中心、成本/绩效中心、收入责任中心和利润责任中心作为传统预算管理执行体系下的责任中心都具有一定的经济权力和经济责任，在一定程度上能控制经济责任指标在各个部门、各个单位或个体上落实。这四个中心的区别在于各自控制责任的范围不同。而 EVA 的全面预算管理模式与传统的预算执行体系不同的是，其责任中心是 EVA 责任中心。其经济责任的考评标准是以企业经营单位获得的收益与按照资金成本率或最低投资报酬率来计算投资报酬后收益的差额。如此一来使得企业将资本成本列入决策的首要考虑影响因素。它其实是将传统的责任中心细化到每个经营单位，根据"持续经营"的原则，把企业内部不同层级的经营主体所创造的 EVA 量化并用于企业管理决策。将企业按照 EVA 责任中心分解分层级，帮助管理者在预算目标与决策、投资与绩效之间搭建桥梁，将企业管理的目标与预算管理责任中心的业绩评价协调起来。

然而，确立 EVA 责任中心并不是一件轻而易举的事情，它涉及一个特别重要的问题就是重建组织管理体系。建立 EVA 责任中心既要考虑激励基层组织的积极性，又要体现企业的整体利益。确立 EVA 责任中心，要综合考虑 EVA 核算与管理、绩效薪酬

设计与激励、产品的转移定价、管理决策权限、资本投入与产出等各方面的变量因素，在设置较高层级的责任中心时应遵循协同效应这一基本原则。一是在管理上进行横向资源配置整合，组合 EVA 责任中心。即将在经营活动中存在资源共享或者拥有显著协同作用的多个相互关联的实体部门整合，通过建立研发、市场、信息、人力等资源共享平台，使得企业内部多个运营实体之间相互联合。这种联合既使企业资源得到有效利用，同时还解决了共享资源分摊不合理和难以计量的问题。二是以作业的角度为视角，以价值链为中心，实现纵向一体化的联合。首先要识别作业活动的具体情况，将内部联系的作业流程联合成一个 EVA 责任中心。这种组合能够较为完整地从价值链角度来进行 EVA 整体评价，保证企业经营活动的完整性，同时避免如各职能部门的局部利益或转移定价的弊端等方面存在的问题。EVA 责任中心的业绩评价以 EVA 的驱动因素为起点，也是预算管理的归宿，他是通过关注资金成本利用率、机械设备管理、库存管理、购货成本、应收账款、应付账款等价值驱动因素，将 EVA 全面预算管理可操作化和数据化。

五、基于 EVA 的全面预算编制流程

首先，集团召开公司发展规划会议，由董事会商议确定下一年的战略目标，并以企业价值创造作为发展的总体目标，预算管理委员会根据战略目标编制 EVA 总预算。

其次，预算管理委员会向财务部（预算管理办公室）下达指标，由财务部对各项 EVA 总预算目标进行分解，包括销售收入预算、成本、费用预算等。然后，财务部将编制 EVA 预算的任务传达给各个责任中心，由各责任中心根据中心的实际情况，确定中心的发展目标，编制业务预算，再交由财务部门做综合平衡，如果有预算明显超支等情况，财务部将其返回各责任中心，由责任中心进行修订、更改，完成后再提交财务部。

最后，财务部根据业务部门提交的业务预算和预算管理委员会下达的总目标，编制 EVA 预算表，提交预算管理委员会和董事会逐层审批，通过审批后下达执行。

EVA 导向下的预算编制流程主要有两方面的改进：

第一，将价值创造的目标融合在预算编制过程中，从上向下分解 EVA 的总目标，由下而上编制预算，各责任中心确定的也是 EVA 目标，各责任中心对自己的 EVA 目标负责。因此，成功地将价值创造贯穿到全面预算编制的过程中。

第二，从自上而下为主的编制方式，变为上下结合的编制方式。各责任中心首先对本中心编制业务预算，再由财务部进行综合平衡，各责任中心比财务部门更了解自身情况，更贴近业务，有利于业务与财务的融合，使预算编制更科学合理。

基于 EVA 的全面预算编制流程如图 6-8 所示。

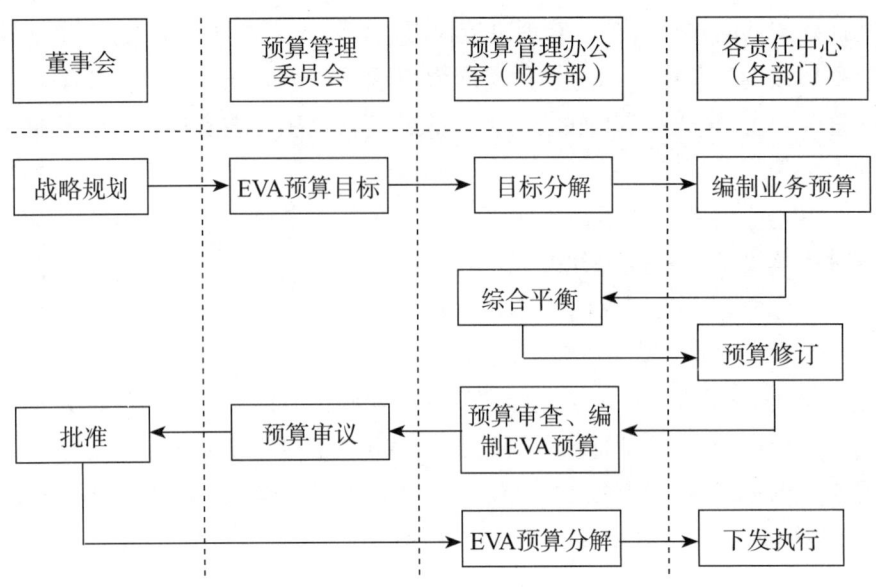

图 6-8 基于 EVA 的全面预算编制流程

第五节 EVA 全面预算管理保障措施

基于 EVA 的全面预算管理模式与传统的预算管理模式存在较大差异，需要采取必要的措施来保障其长期有效地运行。保障措施主要包括文化、组织、人才、管理、信息和激励机制六个方面。

一、文化保障措施

良好的预算文化是实现动态预算管理的必要条件，涵盖了以下三个方面：

1. 价值创造的预算文化

为了使动态预算编制体系与企业价值最大化目标相符，就需要形成以价值创造思想为基础的企业文化，使得编制体系的每个环节都为最终的 EVA 目标服务。为了形成价值创造的企业文化，首先，要在公司中推行 EVA 管理方式，这意味着日常公司经营生产活动都以实现 EVA 的提高为目标；其次，要在公司各层级管理者和普通员工中达成 EVA 共识，使大家的工作目标朝统一的方向进行；最后，可专门增加关于 EVA 和价值创造的培训，以增进各级工作人员对这种新理念的感性认识。

2. 全员参与的预算文化

预算的全面度是预算管理有效性的保障之一。在动态预算编制体系中需要树立全面预算观，其全面性不仅体现在预算编制内容的完整，还体现在预算编制过程的全员参与。员工积极参与到预算编制工作中，有利于促进预算信息的沟通，减少各层级的信息不对称程度，在一定程度上有助于抑制预算编制松弛问题。在预算编制过程中，企业需要赋予各级员工充分的知情权、自主权和发言权，充分调动员工的积极性，使其充分发扬开拓创新精神，在预算编制工作中发挥作用。

3. 自主管理的预算文化

在动态预算模式下，提倡"分散权责、集中管控"的管理模式，即部门相关的预算权责由该部门自行掌握，而最终的监督权和处置权集中于企业预算管理层。在这种分权管理模式下，企业上下需要形成"自主管理"的预算氛围。预算的直接执行主体拥有一定的预算组织权力，在权力范围内可依据自身需要自行安排管理、控制预算工作，并及时向上级反馈预算信息。此外，为提高预算对于市场变化的应变能力，还需要下放一定权限给直接面对市场的团队，避免存在不必要的中间环节，提高预算管理的市场反应能力。

二、组织保障措施

建立健全预算组织管理体系，实现 EVA 全面预算管理体系的良好运行，既要求预算的组织管理机构之间相互独立，又要求它们互相配合。相互独立是指，在预算管理体系运行的过程中，为了实现预算的公平公正，充分发挥预算的价值，预算的编制、执行、监督和考核等环节都应是相互独立的，这就需要预算组织管理体系中的机构各司其职。如果预算编制机构同时也参与了预算执行的监督，就不能充分发挥预算的监督作用，使预算执行的结果有失公允。但独立的基础上也要有联系，预算目标需要层层下达，企业基层与管理层之间要充分沟通，如此信息才能及时地从基层传递给管理层，管理层才能及时了解预算的实际情况。建立健全预算组织管理体系，要求各机构之间既配合又独立，给预算管理提供一个良好的平台，才能真正发挥预算的作用。

三、人才保障措施

关于人才的保障，一方面，要提高相关财务人员的专业知识水平。EVA 导向下的全面预算管理需要制订科学的 EVA 目标，计算各项 EVA 指标，分解 EVA 价值的驱动因素，对比分析关键驱动因素对 EVA 值的影响，判断实现企业价值创造的预算环节。EVA 目标值的确立和指标的计算，以及 EVA 驱动因素的分解，都要求相关预算人员有很高的专业素养和业务能力。由于 EVA 考虑了资本成本且重点关注了资产周转率等财务指标，资本成本能够影响企业筹资总额、筹资方式和资本结构，这就要求相关财务人员要熟悉资本市场和企业的资本结构，以及相关财务指标的计算。因此，企业要不断注重提高相关财务人员的专业知识水平。

另一方面，全员性是全面预算管理的重要特征之一。企业价值不是由管理层创造的，管理层只是起到了决策引导的作用，员工才是企业价值创造的实际执行者。将

EVA引入全面预算，实现了将企业的大目标细分到个人的小目标，使全部员工都能参与全面预算管理，成为影响企业价值创造的主要因素。

四、管理保障措施

首先，树立企业战略管理的意识。树立企业战略管理的意识就是要求企业采取战略管理的方式，制订长远的发展目标和发展规划，实现可持续发展。战略管理不仅是一种管理方式，更是一种理念。EVA导向下，企业全面预算管理的核心就是创造价值，企业发展的战略目标就是实现企业价值最大化。另外，企业的战略意识还需要被全部员工理解和接受，使他们围绕着企业制订的战略目标，遵循战略规划，更好地适应企业战略发展的需求。

其次，完善财务管理制度。全面预算管理与财务工作是紧密相连的，企业EVA全面预算管理的有效实行离不开科学合理的财务管理制度。因此，企业要加快建立完善相关财务管理制度，如明确各会计调整科目、确认资本成本的计算方法等。

最后，优化企业信息系统。随着信息化系统在企业管理中的应用范围逐渐扩大，EVA全面预算管理的实行也需要信息系统的保障。ERP系统不仅能对企业的优势资源进行整合，还能实现对预算全方位、全过程的管控，从而降低预算管理的劳动成本，提高预算管理的科学性和有效性。

五、信息保障措施

为给EVA导向下的全面预算管理体系提供高效便捷的运行平台，企业需要优化原有的EVA预算管理信息系统，推广ERP/BIM系统的使用。首先，ERP/BIM系统整合了企业的人力、物力和财力，在降低了劳务成本的同时提高了预算管理的效率。其次，在ERP/BIM系统下，信息系统管控了预算管理的整个流程，从而最大限度地降低了企业内部的信息不对称性，提高了预算管理的科学性。最后，ERP/BIM系统集监督、控制、反馈等各种功能于一身，能够实现对预算执行过程的动态监控，从而可以及时发现并调整预算差异，提高了预算监督以及控制的效率。

因此，企业EVA全面预算管理体系的高效运行离不开良好的信息管理系统。企业需要加强企业ERP/BIM项目组的队伍建设，结合企业内部需要和外部市场变化，根据自身实际情况开发合适的ERP/BIM软件。除此之外，集团还需要强化对员工的ERP/BIM预算管理培训，增加ERP/BIM信息系统应用的广度和深度。

六、激励机制保障措施

EVA可以帮助企业建立与自身相适应的EVA薪酬激励机制，从而在此基础上建立更加完善的预算管理考评体系。

薪酬机制是指在企业发展战略指引下，对企业员工的薪酬水平、薪酬体系、薪酬结构、薪酬构成进行确定和分配的过程，同时根据外部环境、内部需求等相关因素的变化，不断调整薪酬体系，以适应企业发展的需要。

将 EVA 与薪酬机制融合，就是在企业的薪酬激励体系中引入 EVA 指标，并根据创造 EVA 的高低来决定对管理层及员工激励的多少。建立 EVA 薪酬激励体系要以 EVA 的绩效评价体系为基础，根据绩效评价结果来实施激励。

第 7 章

基于价值创造的责任预算管理

本章在 EVA 理论与预算管理理论的基础上,将 EVA 管理理念引入作业预算管理中,提出了 EVA 直接驱动因素的 EVA 绩效贡献度指标与责任中心管理驾驶舱的概念,建立了一套可操作的责任预算编制方法,设计了相应的绩效考评机制,确立了对应的薪酬激励模式,从组织结构的调整到预算绩效的考核、薪酬的激励,构建了一套较为完整的基于 EVA 的责任预算管理模式。其管理体系如图 7-1 所示。

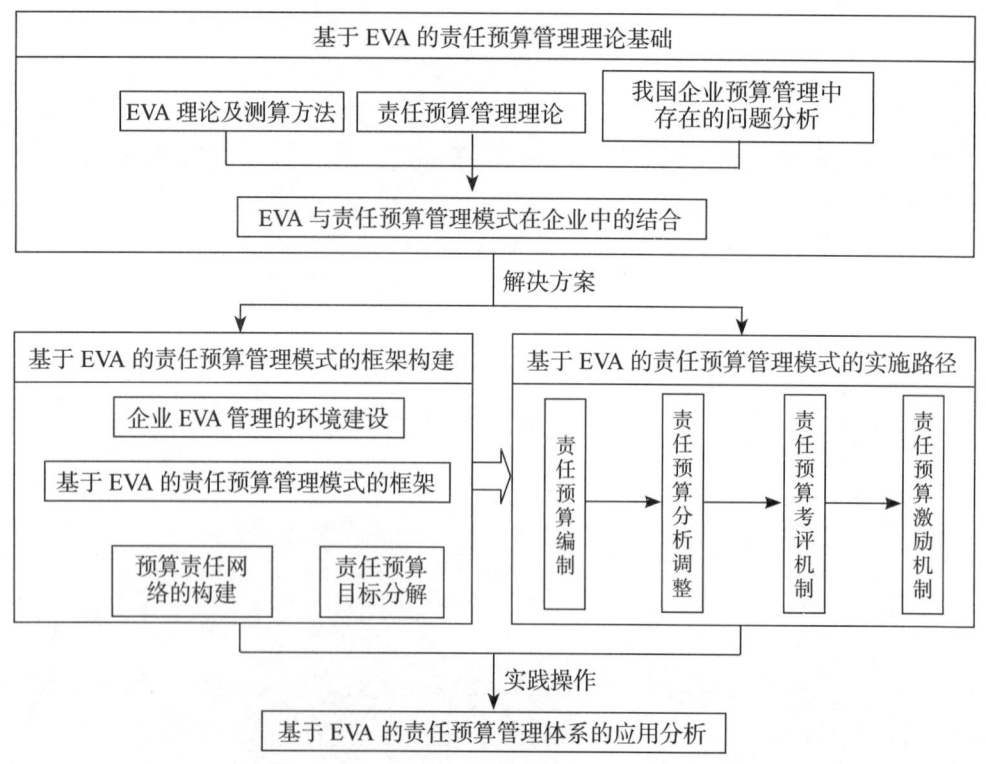

图 7-1 基于价值创造的责任预算管理体系

第7章 基于价值创造的责任预算管理

第一节 基于 EVA 的责任预算管理模式

一、EVA 责任预算管理框架体系

一般而言，企业管理职能主要包括计划、组织、执行、控制、考评等，与此类似，企业责任预算管理模式也包括这些模块。用 PDCA 构建基于 EVA 的责任预算管理模式的循环体系，如图 7-2 所示。

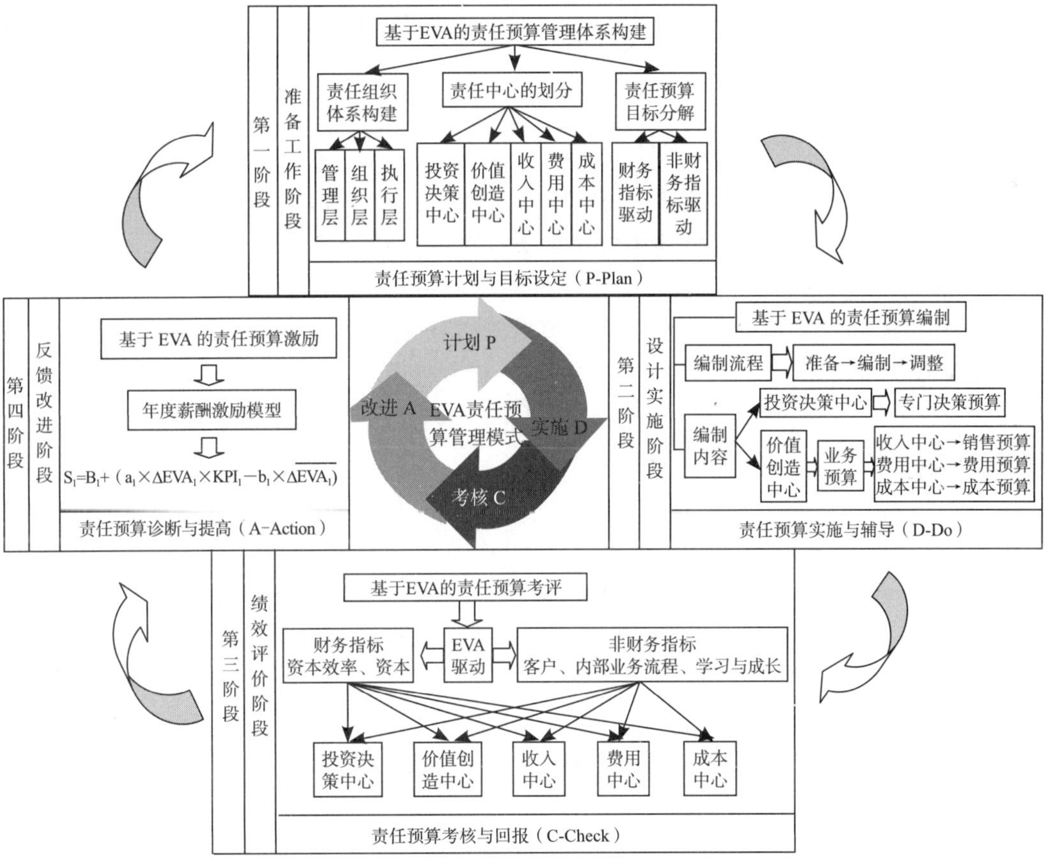

图 7-2 EVA 责任预算管理框架体系

由图 7-2 可以看出，基于 EVA 的责任预算管理模式循环要包括：P——基于 EVA 的预算责任体系构建；D——基于 EVA 的责任预算编制；C——基于 EVA 的责任预算考评以及 A——责任预算激励。基于 EVA 的预算责任体系的构建，是实施 EVA 责任预算管理模式的前提。

首先，从P的层面上看，责任预算管理模式要将EVA纳入其目标管理体系，制订出基于EVA的企业责任预算目标。P的主要内容包括构建基于EVA的责任组织体系，划分责任中心，以及利用平衡记分卡从财务、客户、内部业务流程和学习与成长四个维度将EVA这一目标分解至各责任单元。

其次，责任预算管理模式循环体系中D的主要内容是基于EVA的责任预算的编制，包括预算编制的准备阶段、预算编制的具体内容与步骤以及预算的调整阶段。本节重点讨论如何编制不同责任中心的各种预算。

再次，责任预算管理模式中的一个重点是预算的考评，即C模块。责任预算管理模式根据EVA预算指标，按照内部各单位责任分工的实际情况，利用各责任中心分配的指标对其预算执行情况进行考评。

最后，企业要根据预算的完成情况，设计基于EVA的责任预算激励机制，即A模块。

二、基于EVA的责任预算管理模式

本节是在EVA全面预算管理的基础上，构建基于EVA的责任预算管理模式，使EVA的全面预算分解落实到责任单位（或责任中心、责任单元），让全面预算、EVA预算落地执行。

基于EVA的责任预算管理模式将预算管理责任化，明确划分各责任部门以及责任人，在保障全面预算管理实施效果的前提下，将责任落实到各责任部门（或责任中心、责任人），有利于预算绩效考评与薪酬激励模块的有效运行。基于EVA的责任预算管理模式如图7-3所示。

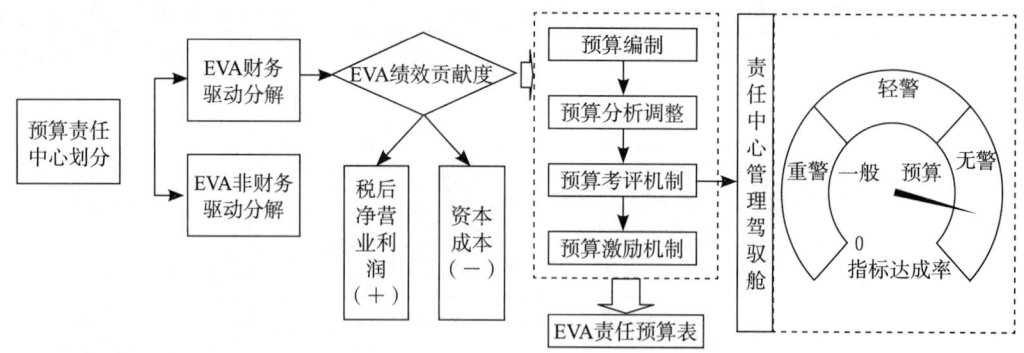

图7-3 基于EVA的责任预算管理模式

第二节 EVA 责任预算管理网格的构建

一、EVA 责任预算组织体系

预算管理组织体系运行的有效性在很大程度上取决于组织机构的设置是否合理以及运行是否流畅，作为责任预算管理模式的基础平台和实际执行主体，责任预算组织体系可以分为管控职责各项的预算管理层、预算组织层以及预算执行层，三个层次分别负责不同阶段的预算管理工作。

基于 EVA 的责任预算组织体系如图 7-4 所示。

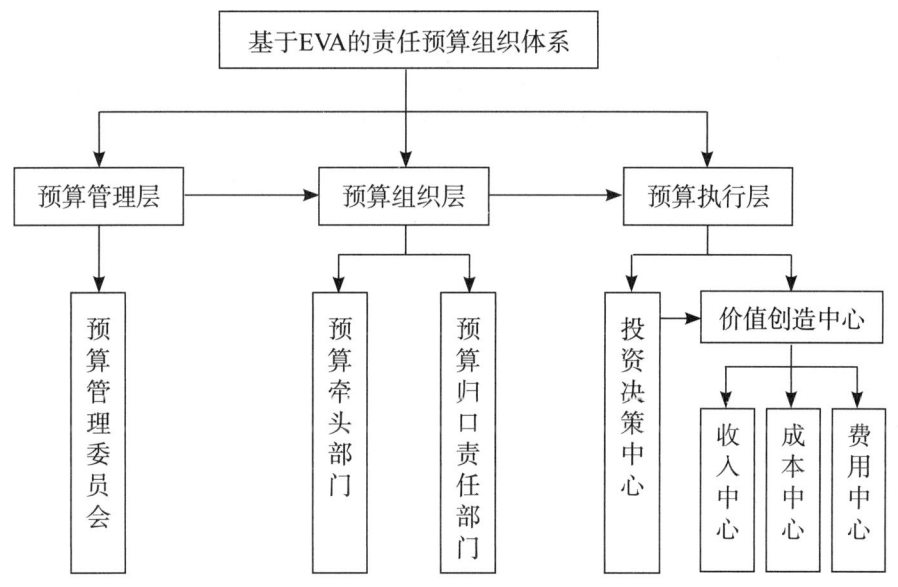

图 7-4 基于 EVA 的责任预算组织体系

责任预算组织设置的具体内容，如表 7-1 所示。

表 7-1 责任预算组织设置表

层次	责任单位	组织性质	基本职能
预算决策层	预算管理委员会	预算管理的最高决策机构和权力机构，由董事会成员和主要高管组成	制订年度预算管理总体目标和总体方针；审议和批准集团公司年度预算以及决算；对现行预算进行调整；负责预算管理相关重大决策

（续表）

层次	责任单位	组织性质	基本职能
预算决策层	总裁办公会	预算编制责任机构，由总裁、副总裁、总工程师以及各部总监组成	制订年度总利润目标，并将目标分解到各责任中心；审议和调整各责任中心的预算方案；基于综合平衡原则，制订月度经营计划和资金周转计划；协调预算冲突，预算外行为审批与控制；督促财务部门进行预算执行情况汇总，审查和分析预算报告；审核预算考评意见
预算组织层	各级财务预算、造价部门	预算具体管理者，与财务部门负责人合作进行预算管理；具体为财务管理部门以及下级公司财务负责人或预算管理专员	在集团财务管理部门领导下，负责组织和指导预算编制工作；负责汇总和分解预算目标以及预算相关政策的上下沟通；汇报预算冲突和预算相关问题；汇总和处理预算编制信息以及相关财务数据
预算执行层	各责任中心	预算执行者，具体为各责任中心，包括收入中心、费用中心、成本中心、投资决策中心、价值创造中心	执行预算计划，为完成预算目标开展生产经营活动，包括：控制和防止预算外行为；负责预算报表的填写，对本部门预算编制提供建议；将部门年度预算分解至周，制订月度和周度经营计划；定期汇报预算实际执行情况以及预算冲突等

二、EVA 预算责任中心的划分

根据"目标管理"的原则，企业预算总体目标可划分为具体的分目标，落实到有关单位，并形成不同的责任单位，即责任中心。责任中心是企业根据经济责任制要求，结合内部具体的管理制度，明确企业内部的责任范围与相应权力而划分的责任单位。

一般而言，成为责任中心的内部单位必须具备以下几个条件：

第一，责任中心是集权责利于一身的实体。每个责任中心在享受一定权力的同时，都要承担对等的责任，企业根据具体的业绩考核指标对这些责任中心进行定期考评，同时分配相应的利益。

第二，责任中心要具有履行经济责任以及承担经济后果的能力。

第三，责任中心只对其所能控制的部分享受权利与承担责任。

第四，责任中心的经营业务与财务收支活动都是相对独立的。

第五，责任中心遵循责任会计核算原则。

责任中心是责任预算信息归集与考核的对象。根据企业各层次管理人员的权责范围与责任性质，可以将企业的责任中心分为投资决策中心、价值创造中心、收入中心、成本中心和费用中心五个层次，具体如图 7-5 所示。

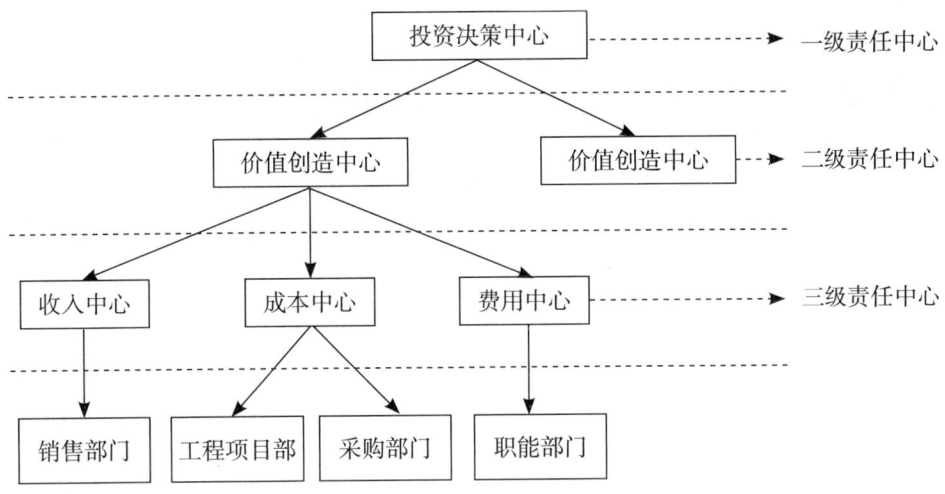

图 7-5 基于 EVA 的责任中心的划分

1. 投资决策中心

投资决策中心是指生产经营独立性较大的责任中心，对这类责任中心，既要考核其收入、成本与利润，又要考核投资的经济效果，对其盈利所占的资金负责。大多数企业在审批投资支出时有严格的制度，并通过对资本预算和现金流量的测算来衡量投资的回报率。由于利润指标具有一定的局限性，为防止企业管理人为追求短期利润而放弃长期发展的行为，企业可以选择 EVA 为考核指标。

需要强调的是，并非所有责任中心都能成为投资决策中心，它一般适用于规模和经营决策权较大的部门，如集团总部管理层。因为投资决策中心不但要求该中心有充分的决策权，也要求其所运营的资产能与其他责任中心明确区分开来。

2. 价值创造中心

价值创造中心要将收入、成本与利润综合起来考虑，它适用于企业中具有独立收入的较高阶层。如果企业中某一个组织的资本支出决策基本是由最高管理者制订的，并且其厂房、设备等能够长期保持稳定，那么该组织就可以被认定是一个价值创造中心。根据该价值创造中心是否能够直接对外提供产品和劳务，价值创造中心可以分为自然价值创造中心与人为价值创造中心。

判断一个责任中心是否为价值创造中心，主要依据有以下几点：

第一，该责任中心能够进行产品或劳务的交易，并有权决定产品的销售数量与对象、原料来源等。

第二，对该责任中心进行业绩考核时，利润指标比成本指标更重要。

第三，该责任中心拥有一定的自主权，其运作目标与企业总体目标能够保持一致。

3. 收入中心

收入中心是价值创造中心的一部分，是指仅对收入负责的责任中心。此类责任中心一般是指负有销售收入与销售费用责任的部门，如公司销售部门或销售单位。收入中心由相应的管理责任人负责，该责任人对本部门产品的销售活动负责，并有权做出影响产品销售量、销售回款、销售折扣、销售佣金等因素的决策。

一般而言，收入中心负责销售从生产部门取得的产成品，其存在的主要目的是组织营销活动。收入中心负责人在承担销售量与销售结构责任的前提下，根据该中心是否有权独立确定产品的销售价格，还考虑是否应另外对毛收益负责。收入责任中心在考核中心的业绩时，不仅要从销售收入入手，边际贡献更不可忽视，因此应当将产品边际成本纳入收入中心的考评指标中。

4. 成本中心

与收入中心相对应，企业还应设立对可控的责任成本负责的责任中心，即成本中心。只要有成本发生，就应该设置成本中心，因此于企业而言，成本中心体系较为庞大，可以在划分成本层次结构的基础上，按照部门职能对其逐级控制，如生产施工部门的建造成本、服务部门的人工成本等。

成本中心按不同的标准有不同的分类，根据是否有下属成本责任中心，可划分为基本责任成本中心和复合责任成本中心，根据成本数据是否客观依据数据分析估算，可划分为技术性成本责任中心和酌量性责任成本中心。

5. 费用中心

价值创造中心的最后组成部分就是费用中心，顾名思义，即对费用负责的责任中心，主要包括一些行政、管理部门等。划分费用中心可以有效控制费用，同时强化各职能部门的服务，但是该中心的绩效很难评估。与其他中心一致，费用中心会设立责任负责人，主要负责对本中心财务费用、管理费用等各类费用的控制，并做出相应决策。

根据费用的发生是否有规律，可将费用中心划分为固定费用中心和随机费用中心，前者主要核算那些有一定规律的正常支出，如材料费、设备费等，后者主要核算那些不规律的管理费用支出。

第三节　EVA责任预算的编制与实施

一、EVA责任预算编制全流程解析

责任预算的编制主要包括两个阶段：编制准备阶段和编制阶段。两个阶段的具体操作路径如图7-6、图7-7所示。

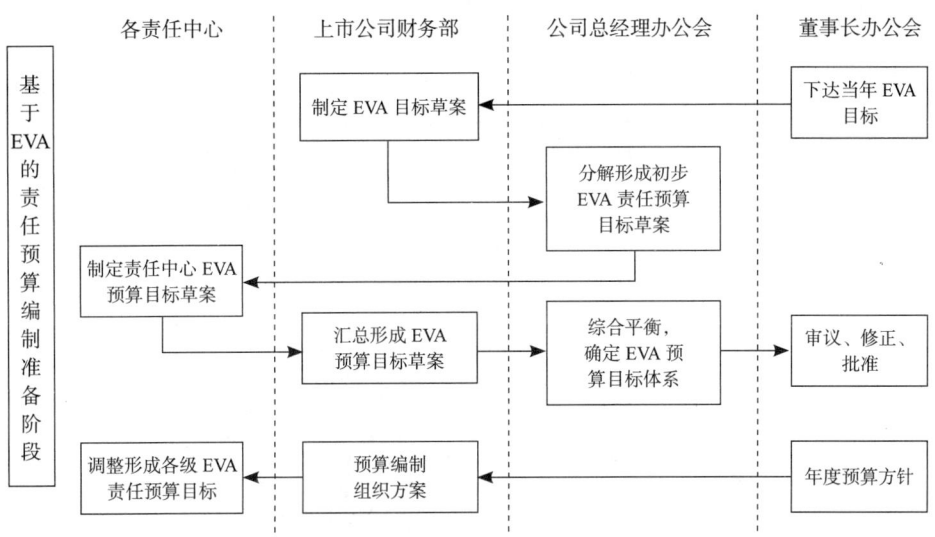

图 7-6 基于 EVA 的责任预算编制准备阶段

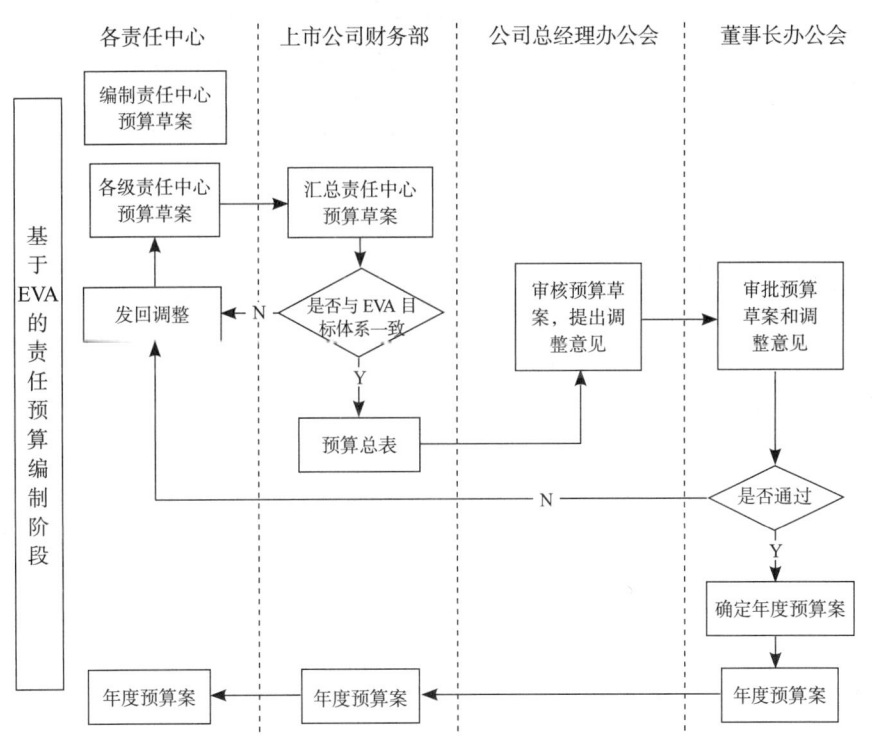

图 7-7 基于 EVA 的责任预算编制阶段

二、EVA 责任预算编制内容解析

在企业中,不同责任中心负责的责任预算具体内容各不相同,投资决策中心需要制订决策预算，价值创造中心则要完成业务预算的制订。

基于 EVA 的责任预算编制内容如图 7-8 所示。

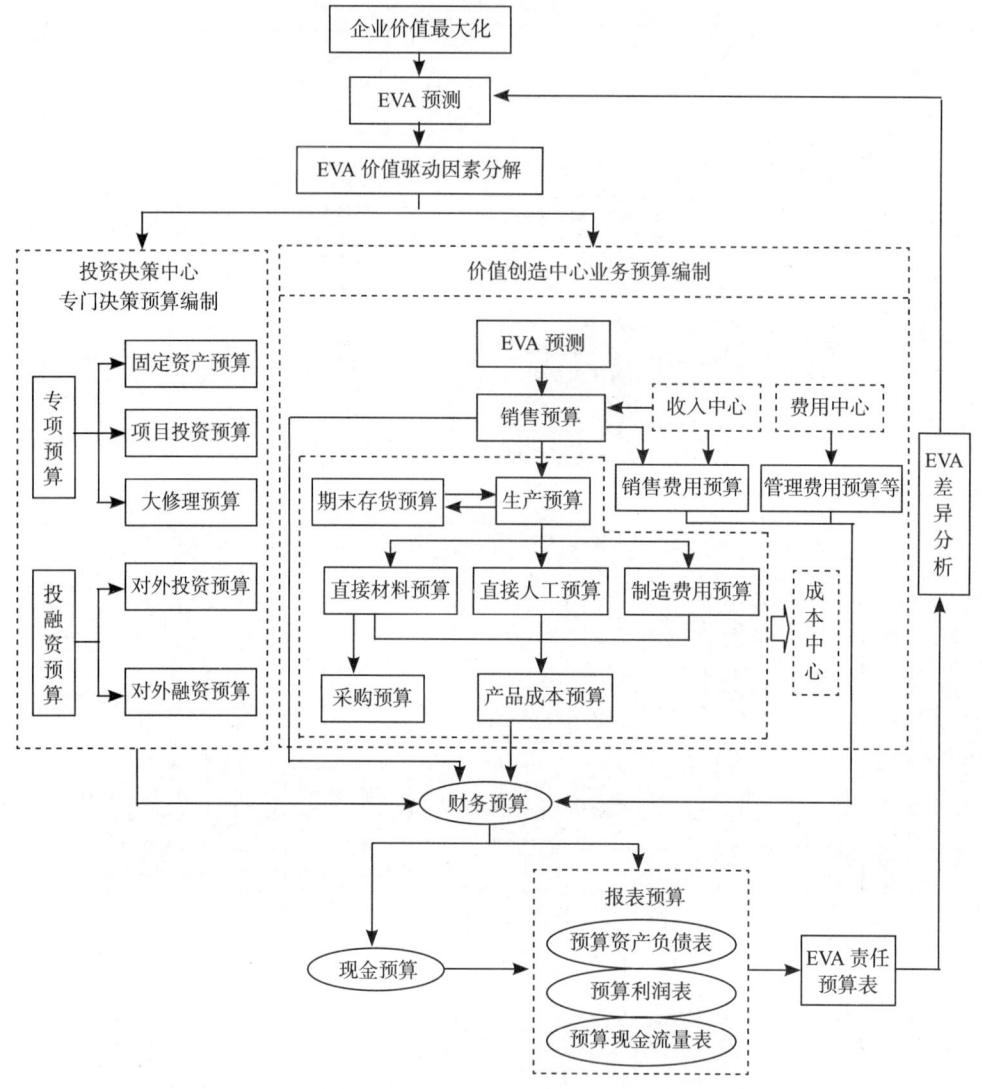

图 7-8　基于 EVA 的责任预算编制内容

EVA 用于反映企业经营盈利，是税后利润减去全部资本成本支出以后的净值，与传统的企业利润指标不同的是，它反映的是企业在经济意识上的价值创造能力而不仅仅是会计意义上的价值增长。EVA 的优势在于通过对企业关注点的调整，使企业将战略重心转向经济价值创造而不是简单的利润获取，这样有利于企业长期价值的提升。另外，EVA 能够更为直接地体现企业的经营成果以及未来增长潜力，因此 EVA 责任预算表也具有企业损益表的功能，为企业管理者和投资者对企业经验状况和价值进行评估提供便利，如表 7-2 所示。

EVA 责任预算表，如表 7-2 所示。

表 7-2　EVA 责任预算表

EVA 项目	会计要素	责任部门	责任中心	EVA 责任
税后净营业利润	营业收入	销售部、市场部	收入中心	扩大市场份额，增加销售额，减少应收款项等
	成本支出	生产部	成本中心	降低材料成本、人工成本及施工建造成本等
	销售费用	销售部	收入中心	降低营销费用
	管理费用	财务部、人事部、采购部等	费用中心	降低各职能部门的各种费用支出
	……	……	……	……
资本成本	资本总额	董事会、总经理、办公室、财务部等	投资决策中心	清理无效或低效资产，减少或消除无效或低效资产占用；清理无收益或亏损的长期股权投资，减少资金占用，及时分配红利，减少资本占用
	无息流动负债	采购部、财务部	费用中心	增加无息负债额、提高资本利用效率等
	在建工程	工程部	投资决策中心	及时结转预付账款，在年末时，尽量压缩预付账款金额，加强建设期管理等
	……	……	……	……

EVA 预算计算表，如表 7-3 所示。

表 7-3　EVA 预算计算表

项目	金额
营业利润	
加：财务费用	
资产减值损失	
投资收益	
减：EVA 税收调整①	
税后净营业利润（NOPAT）	
资本投入②	
乘：加权平均资本成本率	
资本成本③	
EVA	

表格说明:

① EVA 税收调整＝应交所得税＋所得税税率×(营业外支出＋财务费用－固定资产减值准备、在建工程减值准备、无形资产减值准备－营业外收入－其他收益中政府补助收入)

② 资本投入＝债务资本＋股本资本＋约当股权资本

债务资本＝短期借款＋长期借款＋应付债券

股本资本＝股东权益合计＋少数股东权益

约当股权资本＝存货跌价准备＋固定资产、无形资产减值准备＋长短期投资、委托贷款减值准备＋税后营业外支出－税后固定资产减值准备、在建工程减值准备、无形资产减值准备－税后营业外收入－税后其他收益中政府补助收入

③ 资本成本＝资本投入额×加权平均资本成本率

加权平均资本成本率＝债务资本成本率×(债务资本/总资产)×(1＋所得税税率)＋股本资本成本率×(股本资本/总资产)

在确定预测 EVA 值的基础上,可以通过分级逐步计算的方法计算各级部门相应的预测 EVA 值以及目标 EVA 值,然后将目标 EVA 值与预测 EVA 值相比较,如果差异在允许范围以内,就提交给企业预算管理委员会评价和批准,批准以后的 EVA 目标值则为该年度预算 EVA 值;如果两者数值差距过大且超出允许范围或者无法获得预算管理委员会批准,那么就需要对 EVA 值进行分析和调整,整个 EVA 目标值制订过程是一个不断循环的过程,最终的 EVA 计划值越来越接近合理值,最终获得预算管理委员会批准并生效。

三、EVA 责任预算分析调整

企业预算以 EVA 为基础进行编制的重要性体现在:企业进行日常生产经营且必须严格执行的纲领性文件就是经由特定组织(这里指预算委员会)进行审核并通过的该预算编制。因此,企业必须以一系列及时、有效的调控为保障,坚持严格监督、有效调整和理性控制企业预算的执行情况,以实现 EVA 预算的目标。但现实是,对企业的整个预算过程进行行之有效的监督既复杂又艰难,这是由于企业全面预算进行监督、管理和控制的涉及面广,既包括与企业相关的一切经营活动和交易事项,又涉及企业内部各部门单位和外部相关利益者。而高速发展的现代信息技术为解决这一难题、实现企业预算的有效监督(特别是对预算重点环节的监控)提供了巨大助力。举例说明,BIM 预算管理信息系统和资金集中管理系统等信息技术方法,可以用于房地产开发企业和建筑施工企业的成本费用控制中,这样有利于减小甚至避免出现由于人为等因素而造成的企业预算差异,从而规范经营行为,实现预算的刚性管理,提高企业生产经营效益。严格审核预算、监督控制预算、有效调整预算、分析预算差异等都属于预算调控分析体系的内容。

基于 EVA 的企业责任预算调整在分析阶段的流程如图 7-9 所示。

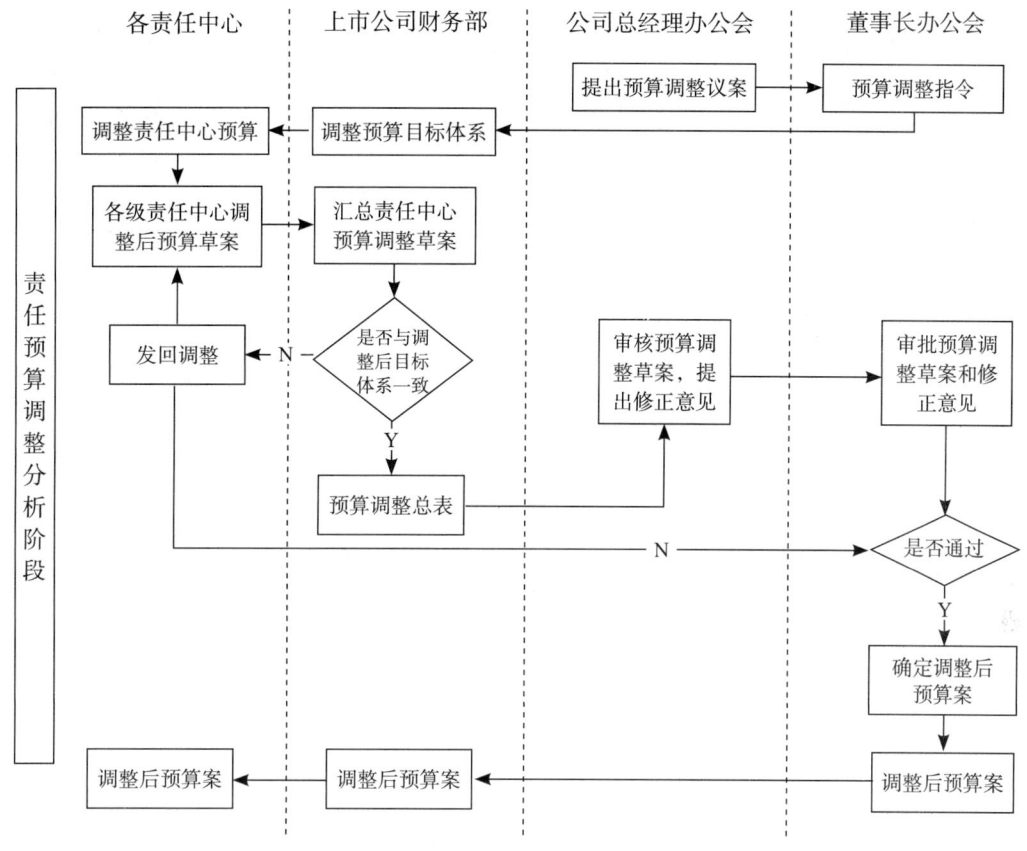

图 7-9 基于企业 EVA 的责任预算调整在分析阶段流程

1. 审核预算

（1）编制与上报预算。基于预算管理委员会下达给各责任中心的预算指标，各责任中心要结合其实际业务状况，遵循逐级汇总要求，编制并上报本中心的预算方案。

（2）审查与平衡预算。预算管理委员会按照相关规定，对各责任中心上报的预算方案进行严格审查和充分协调，据此提出相关建议来实现综合平衡。最后，预算管理委员会还须将审查结果的平衡预算建议反馈给各责任中心监督其做进一步的修正。

（3）审议与批准预算。各责任中心修正后的预算上报后，预算管理办公室以此进行讨论并编制总预算，总预算完成后提交至总经理办公会进行审议。若审批通过，则进入下达执行阶段；若不批准通过，则进一步修正所提出的问题。

（4）下达与执行预算。各责任中心的总预算方案经总经理办公会审议并批准通过后，预算管理委员按权责划分的相关规定将总预算细化，以财务指标体系、非财务指标体系等方式逐级下达给各责任中心负责具体的预算执行工作。

各级责任中心预算审核流程如图 7-10 所示。

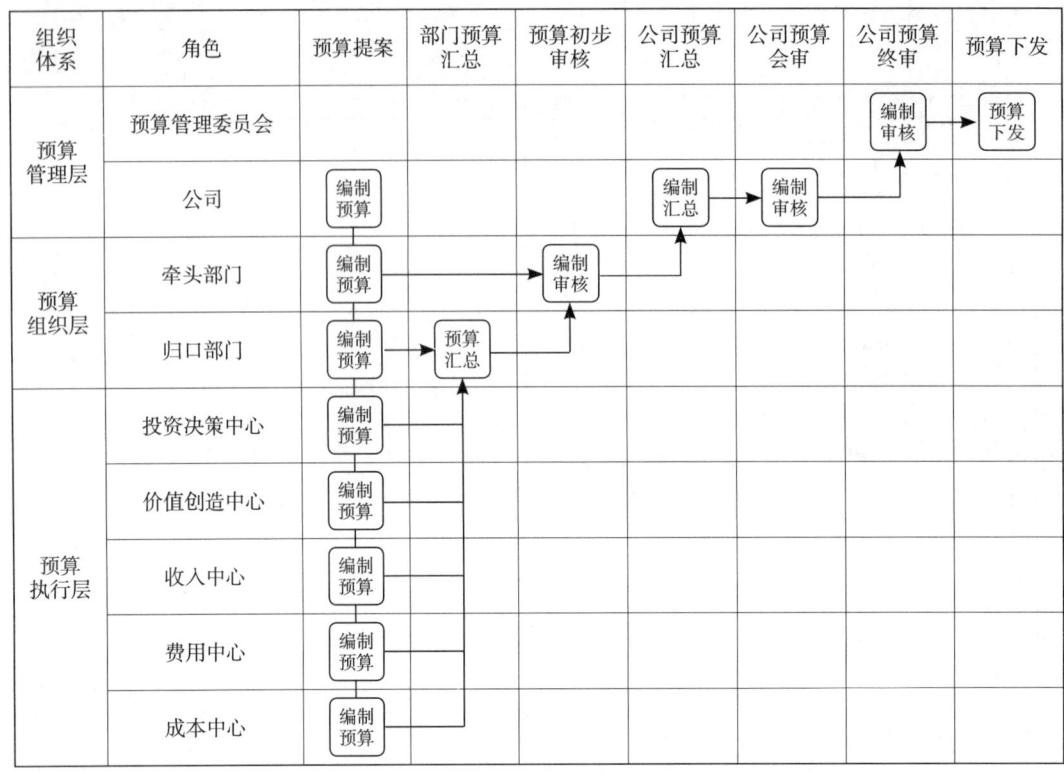

图 7-10　各级责任中心预算审核流程

2. 监控预算执行

预算管理委员会要求各预算责任中心进一步细化预算指标，将其分解到各部门、各项目部和各职能作业、施工单元，甚至是个人（责任人）。各预算责任中心需严格执行这一要求，并明确单位预算的监控办法和相关责任义务，从而形成一套全方位、多层面的单位预算执行责任体系。为实现单位的年度经营预算相关目标，各个预算责任单位开展经营活动时都应严格按照所制定的单位预算管理标准和相关要求，并运用分期预算方式将单位整个预算期间人为地分解为季度预算或月度预算。应当注意，单位预算审批一般只包含程序内的各项支出，需采用追加审批方法审批预算外的各项支出。各预算单位所建立的预算监控体系应以现金预算为中心，实时监控各类预算执行情况，对出现的差异进行探讨分析、有效控制和及时调整，保证单位预算监控的执行进度和问题及时向上级单位部门汇报。

3. 预算差异分析

各预算责任主体需要定期对预算差异进行分析，分析预算差异就是对预算相关的历史数据进行事后分析，有利于指导生产经营和控制预算执行。内、外部因素的共同影响导致了预算差异。其中，内部因素有生产效率、工作效率、质量、成本、交货期等,对于此类因素,单位应主动调查差异产生的原因,明确预算差异责任,采用考核奖惩制度正确评价业绩,制订合理的纠正差异办法,并积极监督相关执行部门的实施;外部因素有市场环境、单位部门经营条件以及国家行政法规政策等,这些都对企业经营战略的实现产生较大影响,因此,各预算责任单位应对预算差异进行及时地分析和纠正,并在下期预算编制时,将其重点考虑。

关键因素分析法是分析预算差异常用的方法,在用此方法对预算进行分析时,要提炼影响预算目标实现的相关指标,对比指标预算值和实际值之间的差异。以成本预算差异分析为例,将成本预算目标值与实际值作对比,分析导致两者之间差异的主要影响因素,一般为价格和数量因素。其计算公式为:

总成本差异＝用量差异＋价格差异

价格差异＝(实际原料价格－预算原料价格)×实际用量

用量差异＝(实际用量－预算用量)×预算原料价格

预算差异分析的重要作用在于:企业管理者可以通过详细、正确的差异分析,揭示责任单位在预算执行过程中与预算执行完成后出现各种偏差的原因,从而改进企业在下一个预算执行期内的工作,发现问题并解决问题,最终达到有效控制预算的目的,这是企业战略规划和预算控制的重要手段。预算差异分析需要遵循循序渐进原则,进行逐步调整。企业单位需要将价值驱动因素(包括财务性与非财务性两类)细化分解,如细化为生产具体指标、经营具体指标和管理具体指标等,以便于实际成果和预算的差异比较,从而准确地掌握单位预算的执行情况。

EVA 预算差异分析与评价表如表 7-4 所示。

表 7-4　EVA 预算差异分析与评价表

序号	预算指标	单位	预算值	实际值	预算差异	预算完成度	EVA 绩效贡献度
1	拿地量	亩					
2	开发量	平方米					
3	交付量	平方米					
4	销售量	平方米					
5	销售单价	元/平方米					
6	销售收入	万元					
7	运营费用	万元					
8	建造成本	万元					
9	销售成本	万元					

（续表）

序号	预算指标	单位	预算值	实际值	预算差异	预算完成度	EVA 绩效贡献度
10	管理费用	万元					
11	财务费用	万元					
12	资本利息	万元					
13	税金	万元					
14	……						
15	销售利润	万元					
16	EVA	万元					

4. 责任预算调整

一般情况下，企业并不调整已正式下达并已执行的年度总预算。但当下列情况发生时可以调整年度预算：

（1）因市场环境或国家政策法规等因素的影响，实际预算与预期预算有重大差异，致使预算管理委员会所下达的预算编制基础在现实上不成立；

（2）因各因素的影响，预算执行实际结果将与预期预算有重大差异。当需要调整企业预算时，预算责任单位首先向相关部门提交书面调整报告，该报告中应包括客观因素变化的具体情况、单位预算执行现状、客观因素变化对其产生的影响及其程度、预期预算的调整幅度等。

第四节　EVA 责任预算考评激励机制

一、责任预算考评指标解析

责任预算的一个重要模块就是预算考评。责任预算考评的对象是各责任中心，考评内容是各责任中心预算执行与完成情况，考评目的是针对预算实施情况进行责任奖惩。本书将 EVA 指标与 BSC 结合起来，从财务与非财务两个维度制订预算考评指标，这些指标既包括定量指标，也包括定性指标。

在选取责任预算考评指标时，要遵循定量定性相结合的原则，用定性指标补充定量指标无法反映的驱动要素。本书分别有针对性地设立了投资决策中心、项目建设中心、收入中心、成本中心与费用中心的指标体系，如表 7-5 所示。

表 7-5　责任预算考评指标体系

EVA 预算指标项目	价值创造责任中心				
	投资决策中心（利润中心）	项目建设中心（模拟利润中心）	收入中心	成本中心	费用中心

二、基于 BSC 的 EVA 指标体系

采用以 EVA 为核心并与 BSC 结合的业绩评价体系，需要从财务、客户、内部业务流程和学习与成长四个维度选取评价指标，共同组成业绩评价标准，并以在预算控制阶段为各个指标设定的指标值为标准，共同组成企业的业绩评价标准。

除财务维度外，其他三个维度的指标均不能直接和 EVA 挂钩，因此，需要先对企业具体的价值驱动因素进行分析，在此基础上，从客户、内部业务流程以及学习与成长维度分别分析哪些做法是能对企业的价值驱动因素产生积极影响的，以此来确定这三个维度的评价指标。

基于 BSC 的四维度业绩评价主要指标体系如图 7-11 所示。

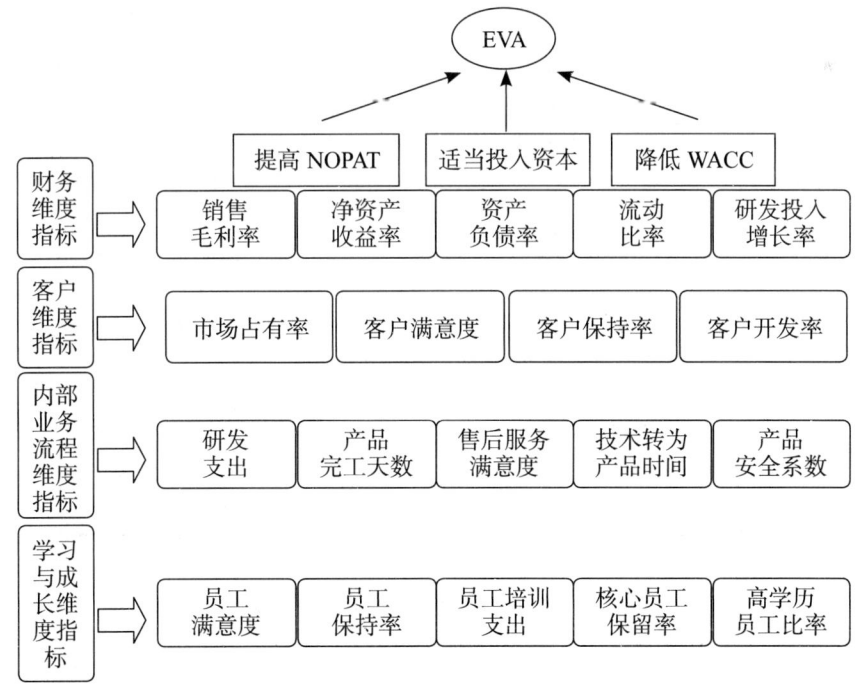

图 7-11　基于 BSC 的四维度业绩评价主要指标体系

三、责任预算考评信息系统构建

根据本书所构建的基于 EVA 的企业责任预算管理模式，可以构建相应的责任预算信息管理系统用于责任中心管理驾驶舱分析。通过录入指标预算值与指标实际值，自动生成每一个考核指标的达成率显示图，说明该指标所在的责任中心对 EVA 绩效贡献度。通过这一显示图可以明确实际 EVA 与预算 EVA 差异的来源以及对 EVA 增长的驱动因素分析，追究相关责任中心的责任。该信息系统的构建思路如图 7-12～图 7-14 所示。

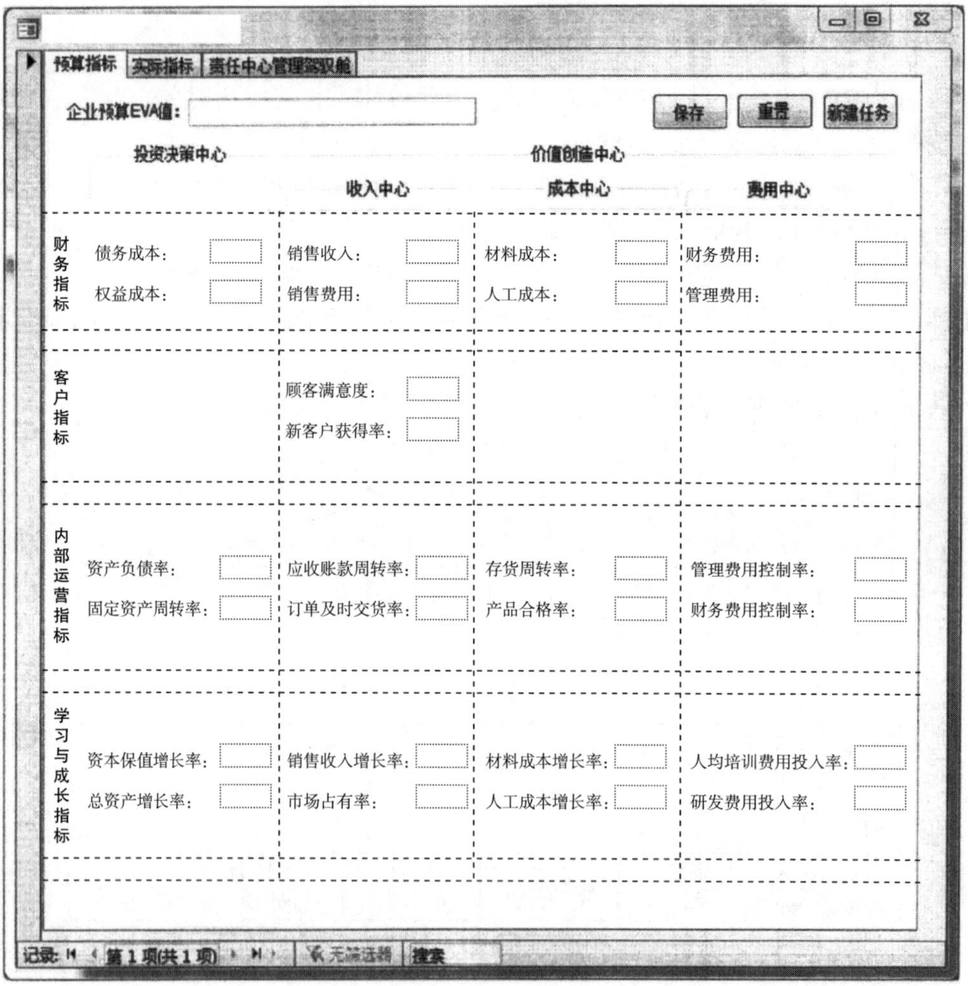

图 7-12 责任预算指标输入界面

第 7 章　基于价值创造的责任预算管理

图 7-13　实际指标值输入界面

图 7-12 所示界面主要输入企业总体预算 EVA 值，将该预算 EVA 值分配到各个责任中心的具体指标中，并将数据录入该系统中。

图 7-13 所示界面主要输入企业每个月实际实现的 EVA 值，同时计算各责任中心的评价指标的实际值，并将数据录入该系统中。

基于前两个数据录入界面，系统进行分析处理，自动生成各个责任中心的每一个评价指标的达成率显示图，如图 7-14 所示。图 7-14 既包括该指标的月达成率，又包括该指标的年达成率，同时，对该指标对 EVA 绩效贡献度的具体责任进行分析。另外，可以将系统与通信工具相联系，在系统中设置相关责任中心负责人的联系方式，将每个月的预算执行情况发送至责任人的手机，以便使其及时了解信息采取纠偏措施。

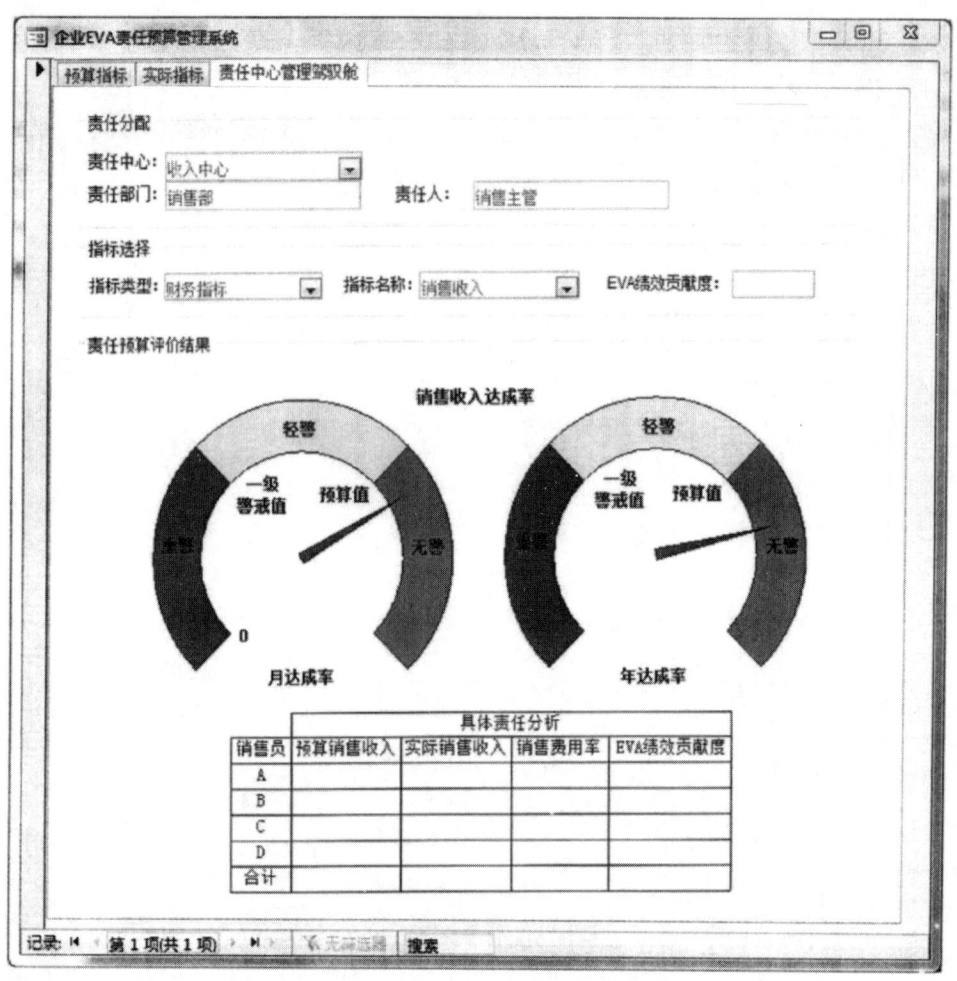

图 7-14 责任中心管理驾驶舱

四、EVA 责任预算绩效激励机制

EVA 责任预算体系管理模式能够有效实施的前提是建立一个与其相适应并完善合理的激励机制，激励机制作为考核结果的后续刺激因素，使企业对部门和员工的不同表现进行反馈，促进企业战略目标的达成。完整的责任预算激励机制需要科学合理的预算考评体系做支撑，因为只有通过科学的方法对预算执行者的表现进行评估才能基于评估结果实行奖励。建立基于 EVA 的责任预算激励机制时，应该以公平性、有效性、合理性为原则，并充分吸收和借鉴企业全面质量管理的相关原则。同时将各责任中心的 EVA 业绩目标的达成程度作为激励机制的核心参考指标。例如，在实际操作中，直接将 EVA 业绩目标的达成程度与奖金挂钩，对于 EVA 业绩目标超额达成的，给予与超额数目成正比的超额奖金，按要求达成 EVA 业绩目标的，给予达

第 7 章 基于价值创造的责任预算管理

成目标奖金，对于不能达成 EVA 业绩目标的，根据距离目标的差距多少适当减少绩效奖金或者年终奖。

为达到科学合理、真实客观评价企业管理层经营业绩的目的，需要引入行业平均 EVA 从而采用相对绩效的方法以消除行业因素对管理层业绩评价的影响。最终管理层的薪酬激励表现为无论行业整体业绩好或者坏，管理层的薪酬激励与企业相对于其他企业的表现挂钩，如果相对行业平均水平高，那么管理层激励薪酬就高，而如果相对行业整体水平差，则激励薪酬就少。

第 8 章

精益价值链全面预算管理

第一节　价值链全面预算管理概述

一、价值链预算管理的含义

对基于价值链的预算管理的含义，目前还没有一个公认的说法，目前比较有代表性的有如下两种观点。

侯龙文等认为，价值链预算管理是以市场和客户需求为导向，以核心企业为龙头，以价值链的整体价值增值为根本目标，以提高企业价值链竞争力、市场占有率、客户满意度和获取企业价值最大化为具体目标，以协同商务、协同竞争和多赢原则为运作模式，通过运用现代信息技术和网络技术，从而实现对价值链上的物流、信息流和资金流有效规划和控制的一种管理活动。可见，这是从纵向价值链的角度来研究预算管理的。

韦德洪等认为，基于价值链的预算管理是通过作业分析、优化价值链，使企业的各项作业活动同步协调，同时对企业内部的各责任单位的各种财务及非财务资源进行分配、考核、控制，以便完成企业的经营目标。显然，这是从内部价值链的角度来研究预算管理的。

本书认为，价值链全面预算管理以价值链理论为基础，以价值链分析为预算载体，以价值增值为战略目标，以作业中心为责任主体，分别站在战略层面、管理层面和作业层面三个层面，从横向价值链、纵向价值链和企业内部价值链三个角度，分为战略预算、经济增加值预算和作业预算三个阶段进行的预算管理过程。它以预算管理、作业成本管理、经济增加值及平衡记分卡为整合工具，以价值链分析方法和作业成本法为基本方法来构建预算管理体系，对公司的预算管理以及预计成果进行设计和规划。

二、基于价值链的全面预算管理创新

1. **主体的重新诠释：从部门员工到价值活动的执行者，价值的创造者**

根据马克思的理论，主体是指人与周围世界相互作用过程中的社会实践者、行为

的主动发起者、改造者和控制者。全面预算管理的主体应该是预算过程中的执行者也就是公司的员工。在价值创造过程中人是起决定作用的因素，人是价值创造的主体，人是价值创造的源泉，人的行为是价值的动因。企业要想获得更大的价值，就应该为企业积累和培养更多的精益人才，规范并激励员工的正确行为，指导员工的行为支持企业战略目标的实现。

传统预算管理是将企业的预算目标逐级分解到各职能部门，各职能部门的员工为实现本部门的预算目标而努力。因此，传统预算管理的主体身份就是部门的员工。员工的角色定位决定了其权利和职责，部门员工的身份使得员工无法明确自己的各种行为与部门预算之间的关系，更无法使员工的行为与公司的战略相一致。员工无法了解自己行为所创造的价值，以及对公司战略的实现所作的贡献，这就无法调动员工的积极性，容易产生各种扯皮现象。另外，传统预算以当前的公司资源为基础，不考虑人力资源的优化配置问题，可能导致人员配置的低效率得不到改善，也可能导致预算的不科学，脱离实际。

价值链管理的主体是各项价值活动的执行者和价值的创造者。与之相对应，价值链预算管理的主体也是价值活动的执行者和价值的创造者。这一模式下，不再以每一个职能部门为预算单元，而是以公司的战略为导向，通过战略平衡记分卡思想的借鉴，将战略目标逐层级分解，以各项价值活动以及由价值活动组成的业务流程为单元进行作业预算。直接针对价值活动进行预算明确了价值活动执行者的责任及其行为与预算目标的关系，也为战略与每一个预算管理主体的行为之间搭建了桥梁。

价值链预算管理是建立在优化了的价值链的基础之上，优化了的价值链就包括了人力资源配置的不断优化，预算的制定已经考虑了人员的引进、人员配置以及人员培训培养等问题，这就会使预算更加科学，更具先进性。另外，价值链预算管理为每一个价值活动的执行者确定了价值创造的预算指标，通过对该指标的实现可以使每一位价值活动的执行者清楚地了解自己所创造的价值及这些价值对公司战略的贡献，通过预算的评价和激励，极大地调动价值活动执行者的积极性。每一个价值活动执行者的预算目标都必须以公司的战略目标、经营目标即实现整个价值链的价值增值最大化以及价值链上各价值环节价值分配的协调均衡为前提，并且对其所进行的预算评价与激励也必须遵循这一原则，这样就有效地避免了价值活动执行者为了自己的利益而损害公司整体利益的行为。

需要指出的是，价值链预算管理主体从组织的角度来看，不再是单个企业针对企业内部的经营活动进行预算，而是在整个价值链上，由核心企业为主导，各节点企业共同参与，每个企业都以整个价值链价值最大化作为前提目标，通过各项价值链预算管理机制的建立，遵循共同的价值链预算管理原则对各企业的经营活动进行的预算管理。

2. 对象的延伸：从部门经营活动及资金运动到价值增值过程及各项价值活动

预算管理的对象就是预算管理活动所要管理的内容。传统预算管理是在公司内部分部门分项目进行预算的，它以各部门的经营活动和资金运动为管理对象。一般来说，传统预算首先从销售预算开始，根据对市场预测以及内外部环境的分析，做出未来一定时期的销售量、销售价格及销售收入的预算。其次，以此为根据进行生产预算，确定生产部门的产量及成本。再次，根据所需生产资源以及公司的其他战略需要进行资本预算，进而做出各项费用等的预算，并形成资产负债表及损益表预算。最后，根据前述各项预算内容进行现金预算并将各项预算逐级分解到各个部门。例如，将销售预算分解到销售部门，生产预算分解到制造部门，费用预算分配到各个运营管理部门等。可以看出，传统预算的对象涉及了企业内部的各项主要的生产经营活动，贯穿了企业的供、产、销三个阶段，而最后的落脚点是资金运动。

资金运动是对企业生产经营活动的价值表现，它反映每一阶段生产经营活动的成果，但无法揭示整个生产经营活动的全过程。因此，传统预算以资金运动为对象并将各项资金预算按部门进行分解，割裂了各部门之间的联系，强调了结果却忽视了过程，无法更好地通过预算管理对整个价值创造过程进行管理。这样导致预算管理不支持企业的价值创造，员工得不到很好的激励。要么使预算目标脱离实际，形同虚设，要么使预算管理低效率运转，阻碍企业的发展。

价值链预算管理以各项价值活动以及整个价值链的增值过程为对象。以价值活动为对象，可以使预算更为精细化、精益化，更为科学，更具实践性。还能使每一位价值活动的执行者、创造者了解自己的预算目标，更好地实现激励与约束。

尤其对于各种辅助活动而言，传统预算管理只关注他们的耗费，而不关注他们的产出，忽视了他们的价值创造者的地位，影响了他们的积极性。而价值链预算管理以整个价值链的增值过程为对象，首先，能够突破公司的界限，将企业放在更为广阔的价值链条上，通过与上下游价值链以及竞争对手价值链的合作，实现更为长期的战略目标。其次，能够更好地揭示各项价值活动之间千丝万缕的联系，实现更好地协调，获得更大的竞争优势。最后，以价值增值过程为对象，克服了传统预算只关注结果忽视过程的缺陷，对整个价值增值过程进行管理，让整个价值增值过程掌控在自己的手中，保证预算管理的高效率，真正地实现价值管理，从过程的管理得到结果的实现。

3. 核心的深化：从传统财务指标到价值增值指标

传统预算管理主要有以销售为核心、以成本为核心、以现金流量为核心、以利润为核心等几种模式，这几种模式的核心虽然各不相同，但都是以财务指标为核心的。财务指标作为价值最直接的表现形式，成为管理的核心有其历史必然性。例如，在追求利润最大化的时期，采用以利润为核心的预算管理模式有利于增强企业的综合盈利能力。对于处于市场成熟期的企业，由于销售份额相对稳定，现金流等各项指标均相对稳定，为提高效益，可供选择的较好方案就是严格控制成本支出，此时采用以成本为核心的预算模式则是相当有效的。对于以快速成长为目标的企业，采用以销售为核心的预算管理模式可以不断提高市场份额、市场占有率使企业快速成长。而以现金流量为核心的预算管理模式适用于产品处于市场衰退期、资金困难、重视现金回收的企业，它有利于增加现金流入、控制现金流出、使企业尽快摆脱财务危机。

但这些以传统财务指标为核心的预算管理模式也存在着无法克服的缺点,例如:以销售为核心的预算管理模式可能会造成产品过度开发,忽略成本降低,过度赊销产品,增加企业坏账风险等。以利润为核心的预算管理模式可能会引发短期行为、冒险行为以及虚假行为等。以成本为核心的预算管理模式则可能会只顾降低成本,而忽略新产品开发以及忽略产品质量。

可以看出,传统预算管理要求企业根据各自不同的情况来确定预算管理的重点,采用不同的模式。然而,信息经济时代的企业所面临的环境纷繁复杂,企业所处的状态也并不单一,企业的规模不断扩大,经营项目多元化,企业的目标也不再是仅仅追求短期利润的最大化。企业管理模式已经发展为战略管理,它强调以企业价值最大化为经营目标,更加重视以价值链管理、业务流程管理等为代表的价值管理,而不再采用传统的以点带面地将人、财、物割裂开来的经营管理方法。因此,传统预算管理将价值管理的各个方面割裂开来,无法适应新的企业目标、企业环境以及企业管理模式。而价值链预算管理将价值链思想引入预算管理,以价值增值作为预算管理的核心,这一指标是对各项传统财务指标的综合反映,可以避免强调某一项指标而忽略其他方面的指标。采用价值增值为预算管理的核心,与企业追求价值最大化的战略目标相一致,符合价值管理的思想。还能使每项价值活动的执行者、创造者了解自己劳动所创造的价值,明晰自己对企业价值增值所做的贡献,从而增强员工对企业的认同感,有效地激励其发挥各项潜力。

4. 导向的升华:从各部门的目标到价值链战略规划

预算管理最主要的作用之一就是指导企业的各项活动能够协调一致地沿着预先规划好的方向健康发展,使公司的战略规划得以顺利实现,传统预算管理也将"战略导向"作为预算目标制定或预算编制的原则。

然而,如何真正地将战略与预算连接起来,传统预算管理却没有给出很好的途径,甚至造成企业的战略与预算脱节,影响甚至阻碍企业战略目标的实现。其主要原因是传统预算目标往往是按照各部门的目标来确定的,各部门的目标的制定则是根据前一年度的实际执行情况,结合计划年度的具体情况加以调整。而实际上目标值的确定还与部门经理人员的利益及其谈判力相关,根据委托代理理论,委托人与代理人所获得的信息量是不相等的,即存在"信息不对称",而且委托人与代理人的利益也存在着不一致,这样就会出现代理人的"逆向选择"和"道德风险"问题,产生代理成本。预算管理过程存在着层层委托的关系,各部门经理为了自己的利益,可以利用信息不对称,进行一轮又一轮的讨价还价,致使最终确定的部门目标脱离战略目标。员工根据部门的目标进行生产经营,在这一过程中还可能再一次发生"逆向选择"和"道德风险",使实际的经营活动与战略相背离。

减少管理层级,清晰地向各项价值活动的执行者、创造者描述战略,使其明确各自的战略使命以及实现战略使命所需要的各种资源投入,并结合有效的激励使其目标与企业的战略目标趋于一致,是降低上述代理成本的有效方法。价值链预算管理借鉴了战略平衡记分卡的思想,从财务、客户、内部业务流程、学习与成长四个层面描述企业组织的价值创造战略以及实现这些战略目标的行动方案,并采用战略地图来分析四个层面之间的因果联系。在此需要强调的是,财务层面的核心指标为价值增值而不是传统的财务指标。通过对各种因果联系的详细分析,寻找价值驱动因素,让价值活动的执行者、创造者也就是预算主体明确地了解企业的战略规划与自己的行动方案之间的关系,以及自己的行动与其他各项活动之间的关系,实现预算主体的目标与企业战略目标的一致性,避免各主体为了自己的利益损害整体的利益。另外,价值链预算管理真正地将战略作为导向,并且将这一战略提升到了整个价值链的高度,是以整个价值链的价值最大化前提下企业价值最大化为目标的战略规划,实现了预算管理导向上的升华。

5. 前提的提升:从不变的组织结构和业务流程到价值链优化

传统企业的组织结构是按照职能部门设立和组织的,各职能领域主要是自治的,各职能之间只存在有限的交流。实际上,由上游供货商、核心企业和下游的顾客/客户构成的价值链是由一组组业务流程构成的,每一组业务流程都是共同行使职能的一组活动,许多业务流程通过企业的多个职能部门从一个职能领域进入另一个职能领域需要许多的人手。而各职能领域往往从部门利益和短期利益出发,各部门之间失去了相互的信任与合作关系,致使市场响应速度滞后和顾客-客户-用户服务不到位。随着市场竞争的剧烈化,企业之间技术、资金实力等实体资源的同构型增强,企业越来越多地认识到竞争的焦点应该从产品或服务的生产、制造、营销、财务等具体部门的管理,转移到从整体上考虑企业供应链、价值链的运作和激励机制、组织结构等系统性的流程因素。首先要打破原有的职能化的组织结构,建立起以顾客为中心的业务流程,对业务流程进行价值分析,进行价值链的优化,针对优化了的业务流程及流程中的各项价值活动作预算。研究各价值活动以及各业务流程之间千丝万缕的联系,考虑内外部的环境因素,根据价值链的战略规划进行预算。通过预算实现合理的价值创造和价值分配,有效地协调整个价值链上各个环节的关系,推动价值链真正地按照"链"的形式,一环扣一环地健康运行。其次,价值链预算管理不是建立在不变的业务流程基础上,而是要以价值链优化为前提的。价值链管理的本质就是通过价值分析以及对价值链上的各项资源进行优化管理,从而识别核心竞争力,优化价值链,以取得持久的竞争优势。价值链预算管理只有以价值链的优化为前提,才能更好地实现价值链各环节间的协调,保证预算目标的先进性,并能够促进价值链价值增值目标的实现。

6. 目标的扩展:从企业自身的利益到供应链、价值链整体性与均衡性兼顾

预算管理的目标是指通过预算指导经营活动的运行方向,通过执行、控制、评价与激励等功能作用的发挥达到所要的目的。只有目标定位明确了,相应的预算管理内容范围和执行、控制、评价以及激励的方式才能确定。任何企业组织预算管理的基本目标总是和其经营管理目标相一致的,它是经营管理目标的具体化。而任何单位的管理目标,又总是与管理思想及经营方针密切相关,管理思想和经营方针既受经济环境

的影响，又受决策层的基本观念影响。传统预算管理的目标是基于传统管理模式而确立的，传统管理模式的目标经历了从企业利润最大化到股东财富最大化再到企业价值最大化的过程。不管是哪一种管理目标都是局限于企业内部，以追求自身利益的最大化为目的，这是一种局部的、短期的、缺乏战略性的目标导向，它将误导经营管理者只关注眼前利益，甚至不惜采用损害合作伙伴利益的手段，来实现既定的目标。然而，当今时代的竞争已不再是单个企业之间的竞争，而是供应链、价值链之间的竞争，供应链、价值链之间的差异性及成本优势才是竞争优势的来源，供应链、价值链各环节之间必须发挥协同效应才能使企业在激烈的竞争中立于不败之地。

然而，价值链上的各个企业之间的关系，不同于企业内部各部门之间的关系，它们之间是相对松散的关系，要想使各个环节团结协作有效的发挥协同效应，只靠团结协作的精神是不够的。任何一个组织都是"经济人"，都有各自的利益诉求，不可能总是以牺牲自己的利益来维护整个供应链、价值链的利益。作者认为，将实现整个价值链的价值增值最大化作为各个企业的目标是不实际的，要想真正地实现价值链价值的最大化，还必须签订各种契约以保证各价值环节价值分配的协调均衡，在此前提下实现核心企业价值的最大化。

由此可以看出，新的管理模式也就是价值链管理的目标，应该被设定为实现整个价值链的价值增值最大化，以及价值链上各价值环节价值分配的协调均衡前提下的核心企业价值增值的最大化。价值链预算管理是基于价值链管理的思想进行的，其目标应该与价值链管理的目标相一致。这一目标的确立指导预算管理的内容、方式，围绕目标的实现而确定，按照设计好的价值链及业务流程，经过对内外部环境的科学分析和预测，确定价值链的长期发展战略，借鉴战略平衡记分卡的思想将战略分解到特定时期特定环节，对整个价值创造过程的各个环节进行预算，通过价值链各环节之间的信息共享，实现生产运营的良好协调，资源的合理配置。可见，价值链预算管理更强调整体性与均衡性的兼顾，而不像传统预算管理那样只强调企业、部门的自身利益。

7. 相关因素的拓展：从财务因素到财务因素与非财务因素相结合

预算管理就其本质而言，是以企业对未来的以价值形式为主的定量描述为依据的，借助于企业财务管理工作进行的一种管理机制，可见，财务因素是预算过程中要考虑的核心因素，财务指标应该作为预算管理的核心指标。

但是传统财务指标又有其固有的缺陷，主要表现在以下方面：

（1）财务指标大多以会计资料为基础，这样，会计资料在反映企业真实生产经营活动过程中存在的不足均会被带入财务指标当中。例如，会计数据存在的"酌定性"行为可能会导致财务指标监控作用的弱化，因为不同的会计政策选择、不同的应计项目调整会产生不同的会计盈余数字。

（2）大多数财务指标所反映的是企业历史的和现在的生产经营情况，而企业价值却要求反映现有经营行为对未来价值的影响，即蕴含对未来价值的预期成分。

（3）环境的不确定性。市场的瞬息万变，以及生产经营活动的复杂性，使得企业绩效评价中不可计量的、不确定的因素越来越多，生产经营行为和企业价值之间的关系也越来越复杂，单纯的财务指标评价难以涵盖企业生产经营的方方面面。而这些缺陷需要通过非财务指标予以弥补。

传统预算管理单纯考虑财务因素，较少考虑其他因素，即便考虑了相关非财务因素也没有在财务因素与非财务因素之间建立直接的联系，无法将战略落实到具体的价值活动当中，造成了预算与战略脱节。战略平衡计分卡从财务、客户、内部业务流程、学习与成长四个维度全面考量企业，体现了财务指标与非财务指标的结合，并描述了非财务指标与财务指标之间的联系。

与传统财务指标相比，其进步之处体现在：第一，它将目标与战略具体化，加强了内部沟通，有助于促进内部决策目标的一致。第二，以顾客为尊，重视竞争优势的获取和保持。它将顾客的服务满意和满意程度作为单独的一个方面来加以考核，并通过内部业务过程、学习与成长来保证和促进这种业绩，不仅从观念上促进了企业内部各个层次对于顾客价值的重视，而且提供了贯彻企业竞争战略的具体方式。

价值链预算管理借鉴了战略平衡记分卡的思想，分析了为实现未来时期的一定的价值增值所需考虑的各项非财务价值驱动因素，并描述这些非财务价值驱动因素与价值增值之间的联系，进一步明确为达到企业战略规划的价值增值预算目标所要完成的非财务指标，以及实现这些非财务指标所采取的行动方案。例如，员工的学习能力与未来的价值增值之间的关系，为实现价值增值，企业应对员工如何培训，以提高员工的技能。这样，不仅考虑财务因素，还考虑了非财务因素对价值创造的影响，将财务因素与非财务因素有机地结合在一起，克服了传统预算管理过于强调财务因素，使预算与战略脱节的弊端。

三、价值链预算管理的作用

（1）以价值增值为导向，有利于实现企业价值最大化目标。价值链以价值管理为理论基础，以价值增值为预算目标，扭转之前将管理者的目光总是固定在成本上的局势。

（2）重视外部环境。通过外部价值链分析，可以将上下游企业和竞争对手企业对本企业的影响因素和程度通过预算指标进行量化，更为直观地看到企业所处的行业位置，及早做好企业进一步发展的对策。

（3）为整合作业基础预算和资本预算提供了框架。之前作业基础预算和资本预算这两者之间没有必然的联系，价值链可以将资本预算看作价值链上的价值活动，为两者整合在一起提供桥梁。

（4）真正体现了预算的预期性。基于价值链的预算，不只关注预算期的财务指标，而且充分考虑企业战略、售后服务、内部业务流程整合和人力资源管理等方面的非财务指标，将其纳入预算指标体系，可以充分发挥预算管理的效能，促进企业健康快速发展。

（5）使预算体系成为一个系统联系的整体。通过价值链分析加强企业外部环境和企业的联系，并对企业内部价值链优化，使企业各增值活动相互联系，并可以达到整体最优状态。对上述各增值活动编制的预算而组成的预算体系势必是一个系统联系的整体。

四、价值链全面预算管理实施步骤

基于价值链的全面预算管理的实施，首先要对企业的价值链进行分析，识别出企业的价值增值活动，据此进行全面预算编制，其次对预算进行分析、控制，最后对其进行考核和评价。基于价值链的全面预算管理的实施过程如图 8-1 所示。

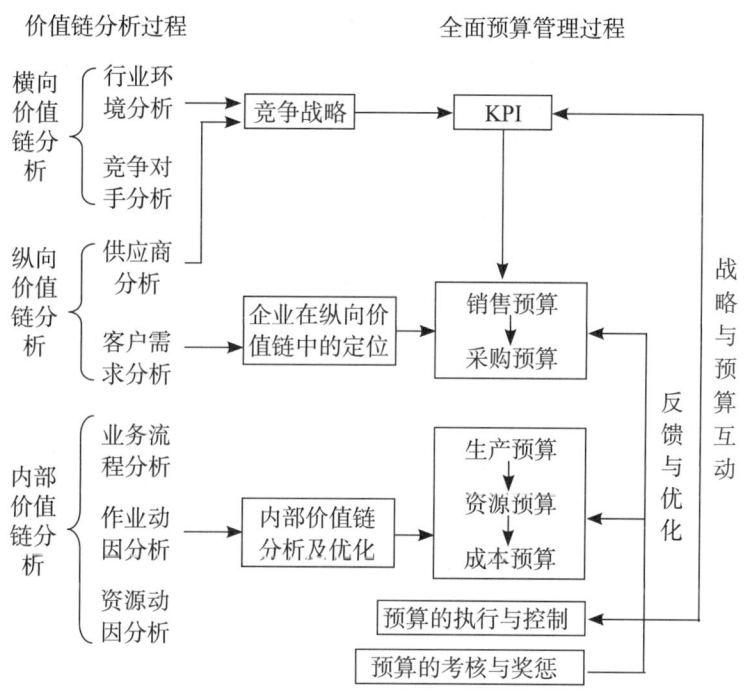

图 8-1　价值链全面预算管理内容及实施过程

由图 8-1 可见，基于价值链的全面预算管理主要包括价值链分析过程和全面预算管理过程，具体包括以下四个方面：

1. 进行价值链分析

价值链的全面预算管理以价值链分析为先导。通过分析企业外部行业环境和供应商价值链，确定企业发展和竞争战略，制订业绩考核指标；通过分析下游顾客价值链，确定企业产品的市场需求。然后重点分析企业的内部价值链，包括基本作业价值链和辅助作业价值链，对各个价值链进行分析，识别各作业中心的价值增值活动，找出增值作业，对其进行优化和改进。

图 8-2 是基于价值链的作业基础预算体系。

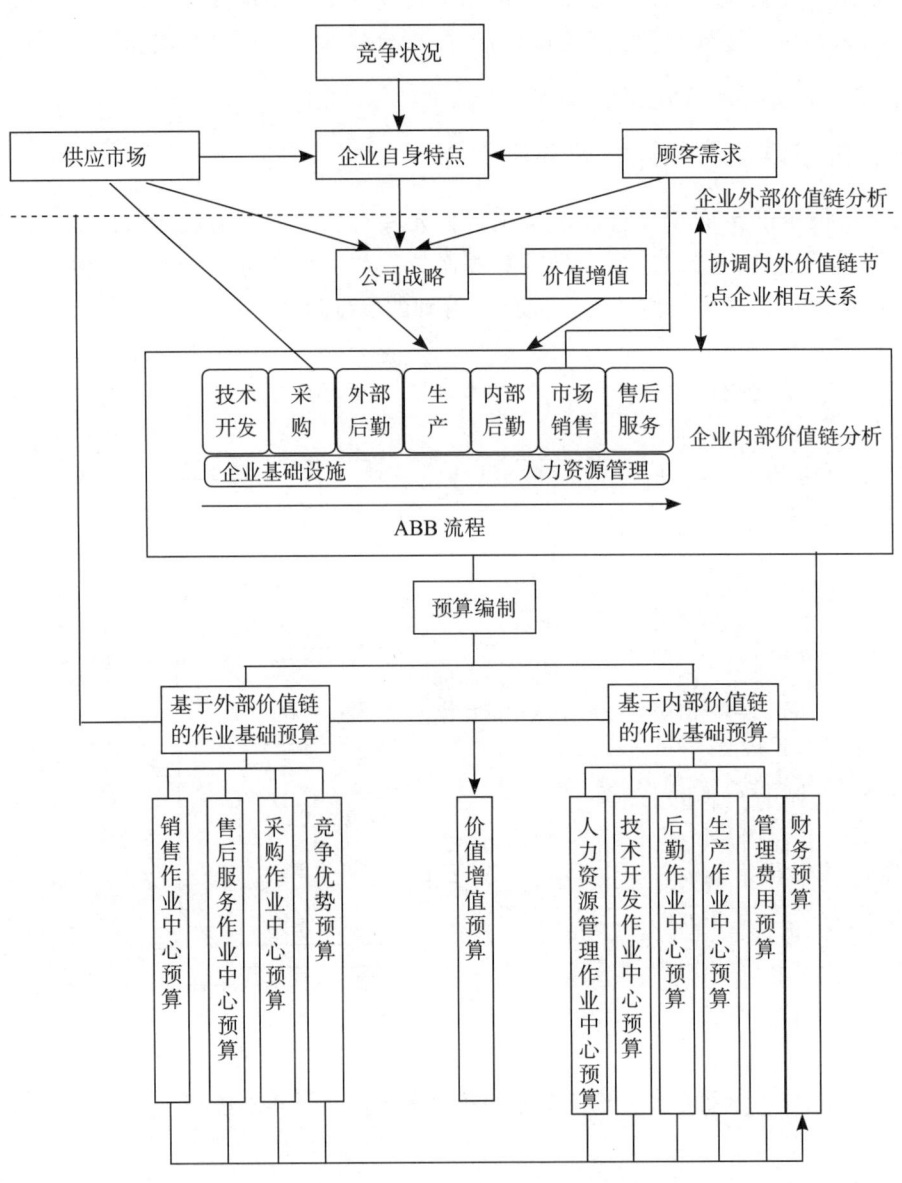

图 8-2 基于价值链的作业基础预算体系

2. 确定全面预算管理的重点

通过价值链分析,识别出每一环节的增值作业、非增值作业,对非增值作业尽量予以消除,对增值作业的作业活动进行优化。相应地,全面预算管理的重点也就是每一环节的增值作业。确定了预算管理的重点,即掌握了资源分配的重心,按作业的类别相应地分配资源、成本,并对优化后的作业流程进行整合,使其更加流畅、高效,从而降低企业的组织、经营成本,全面提升企业的市场竞争力。

3. 编制价值链全面预算

基于价值链的全面预算编制流程如图 8-3 所示。

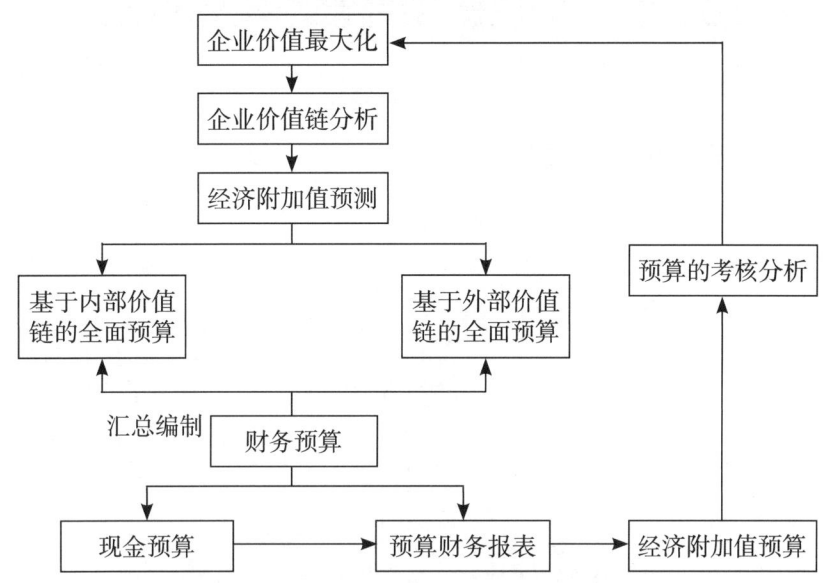

图 8-3 基于价值链的全面预算编制流程

价值链全面预算的编制步骤如下：

（1）结合企业具体情况，对企业的实际生产经营活动从内部价值链与外部价值链两个角度进行价值链的分析。

（2）在价值链分析的基础上，以价值增值为预算的起点进行目标值的预测，分别进行内部和外部价值链的全面预算编制。

（3）在预算的执行过程中加强有效监督和控制，保证预算的有效实施。

（4）及时对预算的执行与控制情况进行差异分析，在原有预算的基础上进行调整，并对预算的执行结果进行公平的考核。

4. 进行全面预算的执行与控制

预算的分析与控制，是基于价值链的全面预算管理的重要环节，也是保证预算管理有效实施的重要手段。在价值链分析与作业分析的基础上，根据不同的流程作业层级设置相应的目标衡量标准，采用财务指标与非财务指标相结合的方法，在预算执行的事前、事中和事后，严格衡量和对比出现的偏差，并及时采取措施予以纠正，进而明确责任，改进预算控制，并重点分析产生偏差的原因。

第二节　价值链预算管理模式构建

一、价值链预算管理模式基本架构

基于价值链的预算管理模式分别站在战略层面、管理层面和作业层面三个层面，从横向价值链、纵向价值链和企业内部价值链三个角度，分为战略预算、经济增加值预算和作业预算三个阶段进行的预算管理过程，其具体模式架构如图8-4所示。

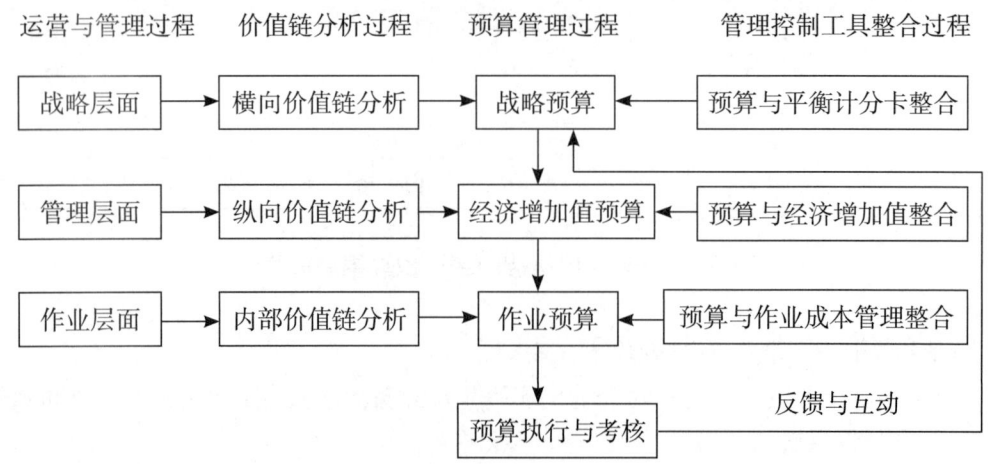

图 8-4　价值链预算管理模式基本架构

首先，从战略层面看，基于价值链的预算是战略预算，这是从横向价值链视角来研究预算管理。企业战略的制订人员应积极开展横向价值链分析，通过对行业环境和竞争对手进行价值链分析，可以衍生出企业的发展战略，以便构建价值链战略体系，并以此为战略预算的编制起点。由于平衡计分卡可将抽象的战略转变为明晰的目标，因此，将平衡计分卡与预算管理整合，可确保战略在预算管理中的中心地位。企业借助于平衡计分卡将战略规划逐步转化为企业的中长期目标，为预算管理的进行指明了方向。

其次，从管理层面看，基于价值链的预算是经济增加值预算（也是运营预算），这是从纵向价值链视角来思考预算管理。纵向价值链由供应商、企业及顾客价值链构成，它们是一种合作伙伴关系。作为一个利益整体，每个成员的利益都是由价值链的整体利益决定的，也就是说，单个企业若想实现价值增值最大化的目标，应以整条价值链的价值增值最大化为前提，由于经济增加值被认为是目前衡量企业价值增值最大

第8章 精益价值链全面预算管理

化的首要合理指标，因此，将经济增加值的理念注入预算管理中，形成经济增加值预算的管理模式。以经济增加值作为运营预算的编制起点，并以此分解、制订其他预算指标。这样，既能使企业预算指标制订得更加准确合理，又能确保价值链整体利益最大化与企业利益最大化的一致性。

最后，从作业层面看，基于价值链的预算是作业预算（它实际是运营预算的一部分），这是从企业内部价值链的角度来探讨预算管理。作业预算是预算与作业成本管理进行整合的结果，它从战略和客户需求出发，以作业成本法和价值链分析法为基本方法，强调对管理流程和作业流程的优化，它的编制起点是销售预算。通过计划期销售需求量预测相应的作业需求量，进而预测出资源需求量，并与企业现有的资源供应量进行平衡，力求达到企业资源的最有效配置。

二、传统预算管理与价值链预算管理构建方法的比较

在概念上，传统的全面预算管理体系的构建是基于企业现有的职能部门划分而进行的，在保持作业流程和管理流程不变的情况下，将部门工作计划以货币或数量的形式表示出来，即成为公司预算。基于价值链分析的全面预算管理体系的构建则是运用迈克尔·波特的价值链分析方法，对企业的价值链和价值活动进行分析，确定预算管理的重点：在价值链系统中寻找降低价值活动成本的信息、机会和方法，确定流程改进的重点，对管理流程和作业流程进行优化；在经过流程化整合的组织结构基础上，按照预算管理过程的循环进行全面预算管理体系的系统设计。

在预算管理重点的确定依据上，传统的预算体系构建方法缺乏确定预算控制重点的通用依据，通常的生命周期法不适用于企业集团这种特殊的组织形式。而基于价值链分析进行预算构建的方法是通过对企业的价值链分析来确定企业进行预算控制的重点。在预算目标的确定方法上，传统的预算体系构建方法是以企业的经营方针和政策为导向的，依据的是企业的年度经营计划；而基于价值链分析进行预算的构建方法是通过企业价值链分析确定组织的关键业务流程和关键成功因素，围绕企业的战略目标重构或培养企业核心竞争力，自然地就使预算目标通过企业价值链分析与企业战略目标联系起来了。传统预算管理与价值链预算管理方法的比较如表 8-1 所示。

表 8-1 传统预算管理与价值链预算管理方法的比较

传统预算管理体系构建方法	价值链预算管理体系构建方法
1.确定集团的经营方针和政策	1.确定集团的发展战略
2.根据集团的经营方针和政策，制订集团及各成员企业的年度经营计划，计划的指标通常是利润、销售额或费用额等	2.根据集团的发展战略，对集团及各成员企业的价值链进行描述，确定价值链的具体价值活动构成，之后，进行价值链分析，找出各价值活动所占总成本的比例和增长趋势，列出各价值活动的成本驱动因素及相互关系，以确定流程优化和整合的重点

（续表）

传统预算管理体系构建方法	价值链预算管理体系构建方法
3. 在确定的年度经营计划基础上，各成员企业需将其进一步细化，分解到各个部门，来制订部门的工作计划	3. 在价值链分析的基础上，对集团和各成员企业的所有流程进行分析和评价，判断流程中有哪些控制点以及控制点的性质，即在这些控制点中哪些是可控的，哪些是不可控的，哪些是关键的控制点，控制的方法怎样，从而确定流程改进的重点，优化整合企业流程
4. 各成员企业的各部门需按确定的工作计划，根据计划安排所产生的收入、成本和费用进行预算的制订；在这个环节中，预算管理重点的确定是通过对成员企业生命周期的分析进行的，即投入期以资本预算为重点，成长期以销售预算为重点，成熟期以成本预算为重点，衰退期以现金流量预算为重点	4. 基于价值链分析，确定集团及各成员企业实施全面预算管理的重点，同时在流程优化的基础上，进行预算的编制
5. 各成员企业的各部门按制订的预算进行预算的执行和调控	5. 预算执行和调控
6. 对预算的执行进行考评和奖惩，并为下一年度的企业年度经营计划的制订提供参考	6. 对预算的执行进行考评和奖惩，并为下一年度预算的制订提供参考

在具体方法流程上，两种方法对比图 8-5 所示。

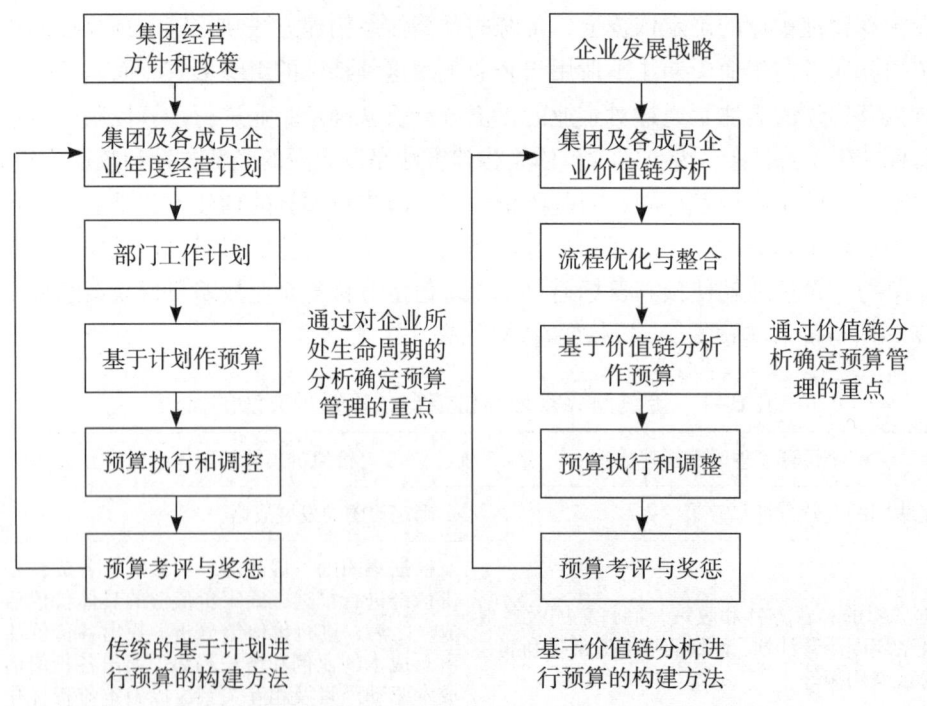

图 8-5 传统企业全面预算管理与价值链预算管理构建方法的比较

三、价值链预算管理结构模块的构建

价值链预算管理模式由价值链预算管理目标、价值链预算管理环境、价值链预算管理机制、价值链预算管理体系基本构成、价值链预算管理流程五部分构成。它们之间的关系如图8-6所示。

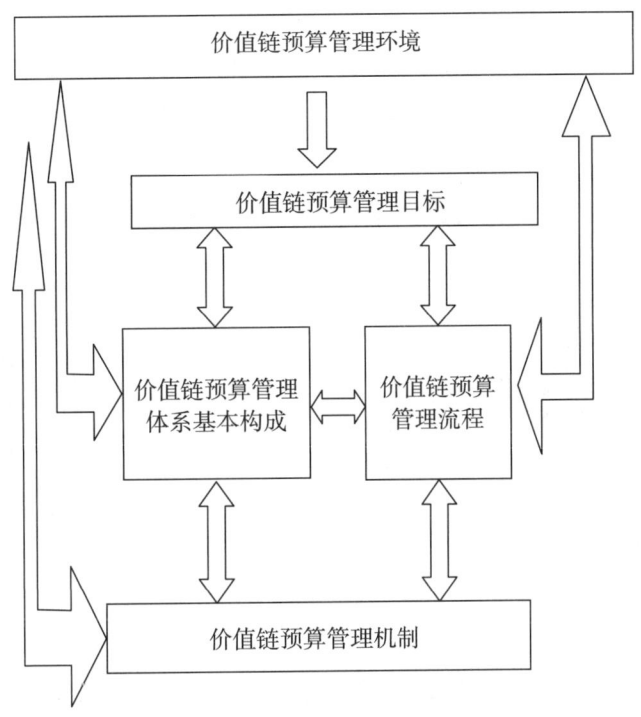

图 8-6 价值链预算管理模式结构图

价值链全面预算管理体系由预算指标模块、预算执行和控制模块、预算考核激励模块以及预算的反馈模块四部分组成。它与价值链预算管理的流程相融合,在价值链全面预算管理机制的支持下,综合分析各种内外部环境因素,建立并发挥其各个模块的功能,促进预算管理目标的实现。

1. 价值预算指标模块

该模块的功能是形成科学的预算指标体系和指标值,为预算的执行、控制、考核、激励提供依据,是整个预算管理体系的起点和基础。

1)价值链预算管理指标体系

不同的企业其业务流程具有较大的差别,价值链预算管理以业务流程及作业为基础进行预算,所以,不可能有相同的预算指标体系。但价值链预算指标体系的结构大致如图8-7所示。

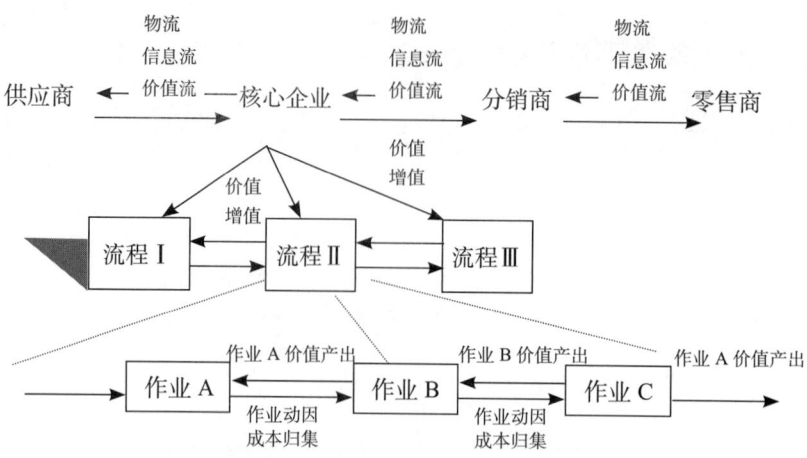

图 8-7 价值增值确定示意图

价值链预算关系图如图 8-8 所示。

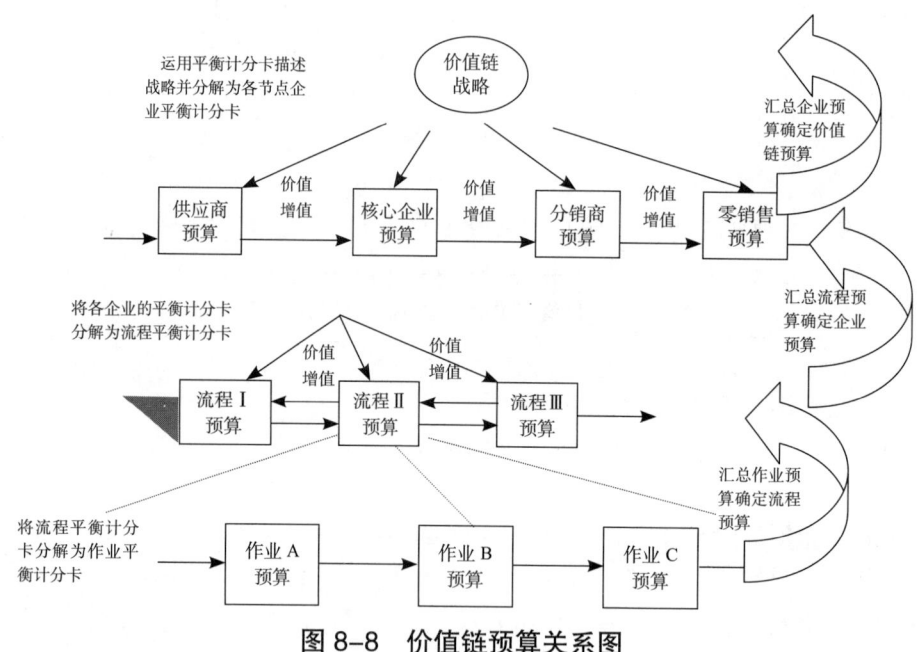

图 8-8 价值链预算关系图

××作业(流程)价值链预算指标如表 8-2 所示。

表 8-2 ××作业(流程)价值链预算指标

平衡计分卡				行动方案	作业量	资源需求量	作业成本	作业产出	价值增值
层面	目标	指标	目标值						
财务层面									

（续表）

平衡计分卡				行动方案	作业量	资源需求量	作业成本	作业产出	价值增值
层面	目标	指标	目标值						
客户层面									
内部业务流程层面									
学习成长层面									

表8-2说明：价值链预算管理根据价值链及核心企业的战略规划，运用平衡计分卡的方法将战略描述为财务（Financial）、客户（Customer）、内部业务流程（Internal Business Processes）、学习与成长（Learning and Growth）四个层面的目标并确定相应的指标，并为各项指标确定目标值，然后将各项目标值进一步层层分解至各个流程乃至各个作业，据以确定各流程及各项作业的作业量、资源需求量，采用作业成本法确定流程及作业的作业成本目标，采用相应的方法确定流程及作业的作业产出，最终计算出流程及作业的价值增值预算目标。汇总得出核心企业及节点企业乃至整个价值链的价值增值预算目标。

2）价值增值指标的确定

价值链预算管理是以价值增值为核心的预算管理模式，价值增值如何确定是实施价值链预算管理必须要解决的问题。在这里我们使用作业增值法来确定价值增值。作业增值法是在作业成本法的基础上同时计算作业的投入成本和产出价值，进而核算出作业增值；再将作业增值汇总为流程增值，流程增值汇总为总体价值增值。

作业增值核算法的核算程序简单分为六步：

（1）确认流程与作业；
（2）归集各类资源；
（3）计量作业产出价值；
（4）计量作业投入成本；
（5）计算作业增值；
（6）价值增值汇总。

2. 价值预算执行控制模块

这一模块的功能是执行预算，并将执行结果反馈给预算编制部门及战略制订者。预算的执行和控制决定着整个价值链的运行是否能沿着预算所规划好的方向达到目标或者超过目标，预算的执行和控制要求各项价值活动都以价值链价值增值为目标做出最优选择。作者认为，预算管理的执行和控制不仅是要求各项活动不偏离预算，还要根据实际情况对预算的目标进行实时调整，以此为依据来控制各项价值活动。因此，价值链预算管理模块应该包括预算目标的下达、预算目标的实时调整、预算差异的实时分析、预算控制等几个子模块。

预算目标的下达要求将审批后的各项目标下达给每个预算执行者和流程负责人以及节点企业的管理层，在价值链预算的下达过程中，不仅要下达有关价值增值的预算目标，还要使每个预算的执行者清楚地了解各自的平衡计分卡指标及行动方案，以及确定这些方案的内外部环境预测依据，以便执行者在执行过程中遇到环境因素变化时采取积极措施，并将情况反馈给预算编制部门调整预算目标。

预算目标的确立是建立在对未来的合理预测基础上的，但是预测与实际之间不可能完全一致，因此，僵硬呆板地将原始的预算目标作为考核和激励的基础是不合理的也是不公平的，它可能会严重打击执行者的积极性，引发预算松弛。因此，应该根据实际环境因素对预算目标进行实时调整，剥离由于环境变化所引起的预算差异。但是，在预算调整过程中，要建立严格的审批机制，避免执行者借预算调整掩饰工作不足，或者造成预算松弛来获取额外激励。

预算的差异分析是预算执行和控制过程的重要环节，主要是采用各种方法分析预算执行结果与预算目标之间差异产生的原因，从而及时采取控制措施，避免目标偏离。一方面，通过差异分析能够找出执行者工作的不足，采取措施予以纠正和控制。另一方面，通过差异分析可以找到预算编制中由于环境因素和人为的因素所造成的差异，进行预算目标的合理调整，为预算的考核和激励提供合理的依据。因此，预算管理部门要对预算差异进行合理、细致地分析，在分析过程中要广泛搜集各种相关信息，以保证原因分析的准确性。传统预算的差异分析一般是在执行过程之后进行的，具有一定的滞后性，使得预算控制缺乏可靠的依据。而且采用的事后控制，还会使预算执行过程中的许多差错得不到及时更正，造成了无法挽回的资源浪费。价值链预算管理要求预算的差异分析能够实时进行，及时为预算控制和预算调整提供依据，进行事前和事中的控制，使每项价值活动都能采取最优途径。

预算控制是根据预算差异分析所得出的结论采取相应措施，促进目标的实现。价值链预算控制包括事前、事中和事后三个方面的控制。事前控制就是采用制订预算的手段实现控制。事中控制是在预算执行过程中根据预算差异实时分析的结果，及时采取措施进行控制。事后控制是根据预算的执行结果分析，采取修改制度规章、更改人员配置、改变组织结构等措施对下一循环的经营活动和预算管理工作进行控制。

价值链预算管理突破了企业原先的界限，在执行和控制中，价值链上各企业较为独立，因此要通过一定的企业间的协调机制保证预算的执行和控制，明确各项价值活动的预算执行对其他价值活动的影响，分清各自的责任。价值链预算管理直接以价值活动为预算对象，使得价值活动的执行者能够清晰地获得个人的预算目标，控制应主要以自我控制为主，并定期向有关预算管理部门回馈执行信息，进行管理控制。

3. 价值预算考核与激励模块

考核与激励是预算管理的生命线。没有预算考评，预算就无法执行，预算管理就变得毫无意义。预算的考核与激励模块的功能是对预算的执行情况进行考评，并据以实施公正的奖惩，激励员工共同努力，确保价值链战略目标的最终实现。

预算考评是对各级业务流程和价值活动的执行者的预算执行情况进行考核和评价。价值链预算管理考评的依据是剔除环境因素所造成的差异后经过调整的预算目标。比较预算目标与实际执行情况，确定有利差异和不利差异，明确产生差异的原因，明确责任人的具体责任，据以实施公正的奖惩。

4. 价值预算反馈模块

1）价值链预算反馈的内容和要求

价值链预算的反馈模块的功能就是将预算的执行与控制过程中的各种信息以及执行结果信息及时地反馈给预算的编制模块和制订战略的高级管理者。

价值链预算的反馈模块主要有三个方面的内容：

第一，将预算执行和控制过程中的各种信息，例如，环境变化的信息，实时地反馈给预算的编制模块，以便预算编制部门根据预算编制的原则对预算目标进行实时调整。

第二，将预算的执行结果反馈给预算编制模块，以便预算编制部门据以确定预算指标体系的科学性，为预算指标体系的进一步修订提供依据，也为新一轮的预算目标的确定提供历史依据。

第三，将预算的执行结果反馈给制订战略的高级管理者，为战略的进一步修订提供有力的依据。

在预算的反馈模块中对于信息回馈的要求有：

（1）回馈的信息要具有相关性和可靠性。

（2）回馈的路径要通畅，确保每个价值活动者都能直接将实际情况回馈给预算管理部门。

（3）回馈要讲究时效性，预算执行过程中的信息要实时反馈，预算的执行和考评结果要在最短的时间内反馈给战略制订者和预算的编制部门，为下一轮预算奠定基础。

2）构建三层次的价值链预算调控机制

图 8-9 是建立在价值链预算反馈循环基础上的三层次预算调控图。

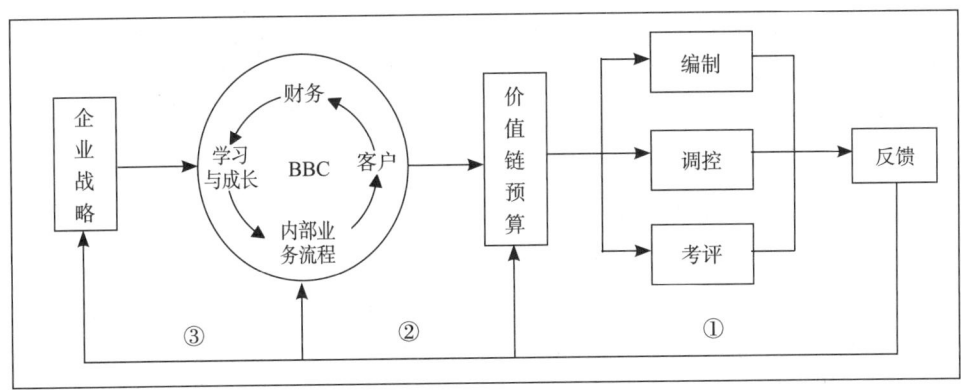

图 8-9　三层次预算调控图

第一个层次：预算内部管理循环与预算纠偏。

在预算执行过程中由于种种主客观因素的作用，实际执行情况难免与预算发生偏离。为了纠正偏差，保证企业按预算预定的目标运行，对预算执行情况进行实时反馈便必不可少。预算反馈信息流是预算执行过程的逆向信息流动，管理者通过对预算执行情况的关注不仅能了解已有成果是如何获得的，而且还能得知它们对未来的预期是否保持在正确的轨道上。例如，假设管理者由反馈信息发现一个重要客户层面指标，新产品和服务的销售增长率比预期的结果低。根据平衡计分卡中确定的因果关系，管理者首先回顾这个成果指标的业绩驱动因素是否达到了它们的目标值，预期的新产品和服务是否已经提供给了客户，员工是否获得了推销这些新产品和服务的培训，信息系统是否就绪，是否能够协助员工确定新产品和服务的潜在客户，是否能够提供客户与银行的现有关系及客户对新金融产品需求的信息，如果这些业绩驱动因素中有一个或多个未能达到目标值，便可将成果指标未能实现预期业绩归因于执行不力。于是，管理层可以立即采取行动纠正这些缺陷，使企业回到预计的运行轨道上。

第二个层次：平衡计分卡指标管理循环与预算调整。

平衡计分卡使管理人员能够实时监控财务、客户、内部业务流程、学习与成长方面是否达到了所规定的目标，把握企业的发展方向。假设上述各种数据表明员工和管理者已经完成了业绩驱动因素指标，员工已被再培训，信息系统已经就位，新的金融产品和服务已经开发完毕并如期上市，但是仍无法实现预期的成果，提高多种产品的销售额。那么，这时管理者应该深入细致地研讨他们对市场情况、目标客户的价值主张、竞争者行为和内部能力所做的假设是否因受复杂多变的企业内外经济环境的影响，而使原有预算失去了现实基础。最后结论，可能是重新肯定当前的战略，维持企业现有的经营信念，但是需要调整预算指标值。这个例子表明，现今的经济环境客观地存在着易变的特点，当内外环境发生较大的变化时，为了更好地发挥预算的指导和约束作用，客观评价预算的执行情况，根据环境变化适时调整预算是很有必要的。

第三个层次：战略管理循环与战略调整。

如果经过以上两个层次的分析得知，无法实现预期结果的原因并不在于预算的执行力出现问题，也不在于环境的变化削弱了预算的合理性，这表明问题出在企业战略的合理性上。此时，企业必须根据对市场情况、客户偏好和企业内部能力的认识来修正战略。

3）预算执行业绩考核与奖惩激励

企业在对全面预算执行与分析完后，要对预算执行情况进行综合考评，可运用平衡计分卡或关键绩效指标（KPI）构建企业的业绩评价体系，定期对各个作业中心和管理部门的预算完成情况进行考核和奖惩，编制相应的业绩报告和分析报告，总结经验教训，明确责任，以便各作业中心和部门对预算进行指导和再控制。同时，对于那些预算完成情况较好的部门和员工，给予相应的奖励，进一步激发他们的工作积极性，从而保证预算管理目标的顺利实现。

四、价值链预算管理实施系统架构

价值链预算管理的根本目的是帮助企业提高环境适应性和环境控制能力，制订出更为准确合理的经营目标，并通过预算体系来保证它的实现，从而使企业获得和保持竞争优势，实现战略目标。一方面，该模式强调通过具有战略导向的预算工作，使日常的经营管理能辅助企业长期战略目标的实现；另一方面，预算管理工作中使用的指标数据是建立在多视角的价值链分析及优化的基础上的，充分考虑了企业内外因素对经营目标的约束，使预算工作更加科学有效。

1. 基于价值链的全面预算管理的实施流程

基于价值链的全面预算管理的实施，首先要对企业的价值链进行分析描述，识别出企业的价值增值活动，据此对其进行全面预算的编制，然后对预算进行分析、控制，最后对其进行考核和评价。基于价值链的全面预算管理的实施过程如图8-10所示。

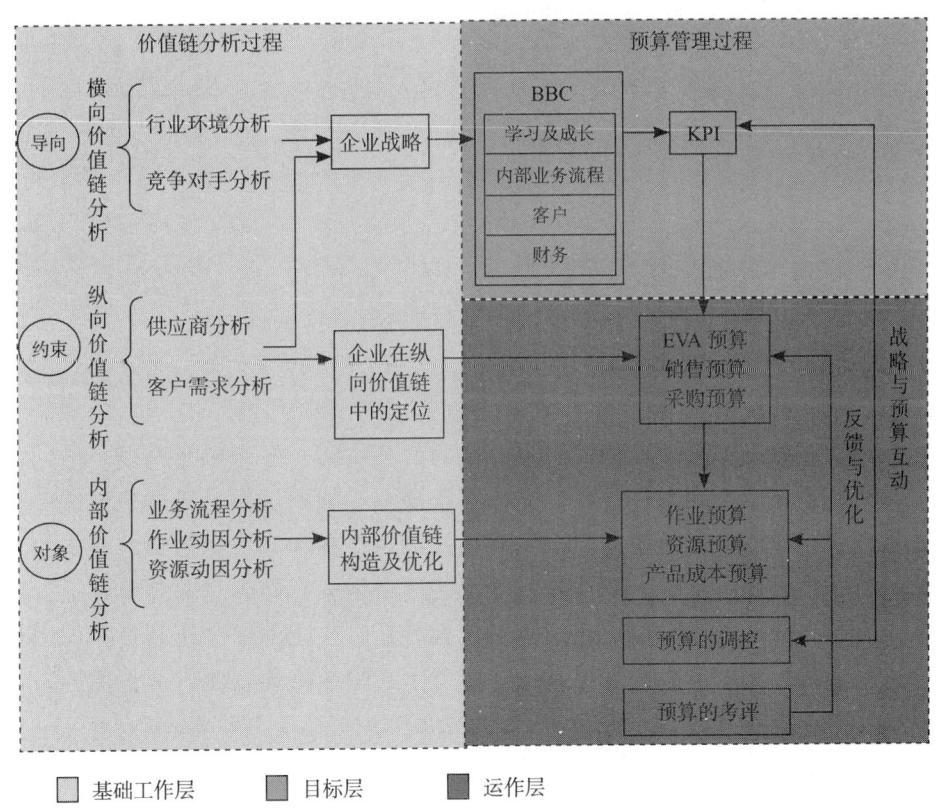

图 8-10 基于价值链的全面预算管理的实施过程

2. 价值链预算管理实施框架

基于价值链的全面预算管理实施框架如图8-11所示。

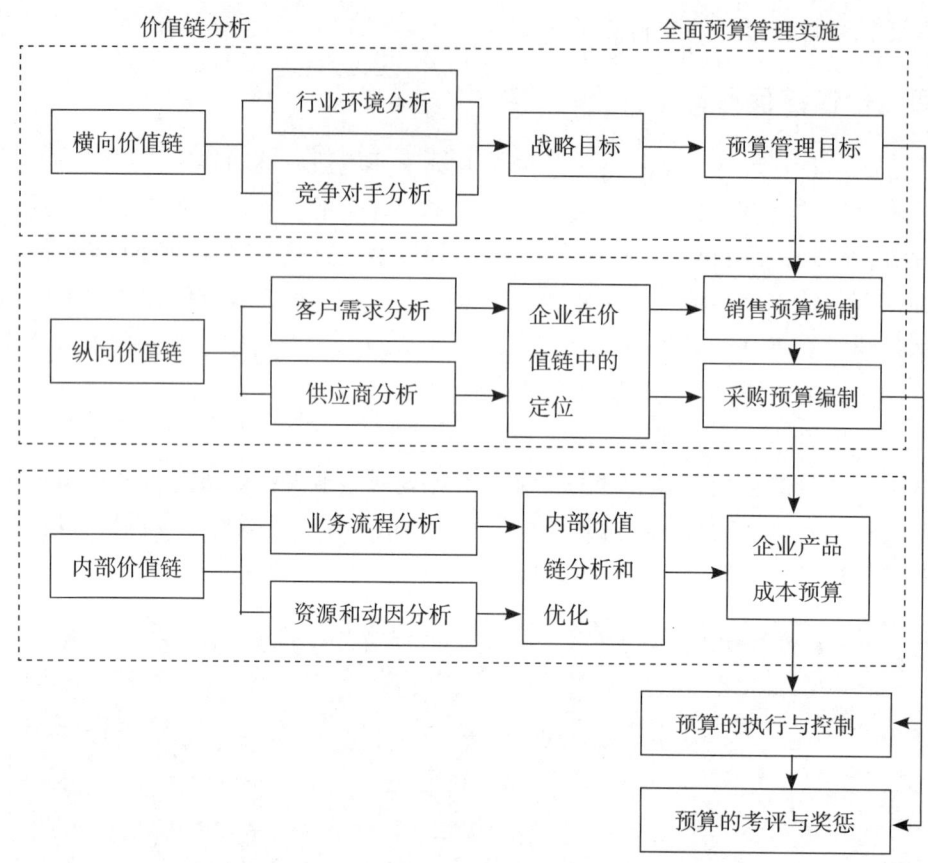

图 8-11 基于价值链的全面预算管理实施框架

该框架蕴含的主要思想包括:

第一,价值链分析和预算管理是该框架的两条主线,二者相互交融。横向价值链分析的目的是确立企业的竞争战略,为预算管理明确战略导向;纵向价值链分析的目的是决定企业在纵向价值链中的定位,并通过以供应商和客户为对象的成本信息,选择供应商和客户,在此基础上明确来自外部的约束因素,结合企业自身情况,确定企业的预算指标;内部价值链分析包括业务流程分析、作业动因分析和资源动因分析,在此基础上结合流程重组和优化技术构建服务于竞争战略的企业内部价值链,并获取预算所需的相关数据。

第二,将战略转化为执行层面的语言是价值链预算管理保持其战略导向的基础。通过平衡计分卡将竞争战略在学习及成长、内部业务流程、客户、财务四个维度上转化为能代表企业长期战略的关键绩效指标(KPI),并将该指标分解为阶段性的目标值,在经营的各个方面展开,在组织的各个层次分解,构筑起围绕 KPI 的预算目标体系。

第三,KPI 中的财务维度选取 EVA 作为指标。企业以自身 EVA 为目标函数,以纵向价值链增值最大化为约束条件,求得目标企业的 EVA 在纵向价值链约束下的最大值,以此作为企业预算管理的财务目标。

第四,价值链预算的编制分为两个层次,纵向价值链预算和内部价值链预算,前者是后者的基础。纵向价值链预算包括 EVA 预算、采购预算和销售预算。其中 EVA 预算是起点,其确定方法如上述第三点所述。采购预算和销售预算分别以供应商和客户作为对象,对交互界面上发生的所有成本进行预算。内部价值链预算包括作业预算、资源预算和产品成本预算。在内部价值链预算中将作业成本信息作为编制预算的基础,可以使预算建立在真实准确的基础上。同时,实际成本与预算成本采用同一种方法计算,二者的可比性大大增强。

第五,在预算的执行和控制中关注其与战略的互动。执行预算的最终目的是辅助企业战略的实现,而企业的战略是随环境的变化而调整的,所以固守最初的预算指标是没有意义的;同时,在预算执行过程中实时进行差异分析可以帮助企业发现改进战略实施的措施。简言之,互动的意义在于使预算和战略保持一致,并实现共同改进。

第三节　价值链预算管理运行实施

基于价值链的企业预算管理实施运行体系包括基础工作层、目标层、运作层和支撑层四个层次,如图 8-12 所示。

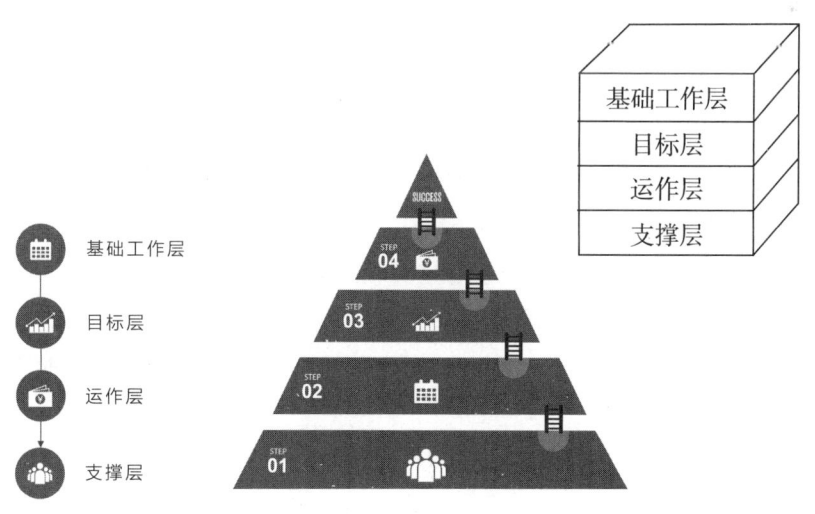

图 8-12　价值链预算管理模式运行的四个层次

该体系的运行程序可用图 8-13 表示。

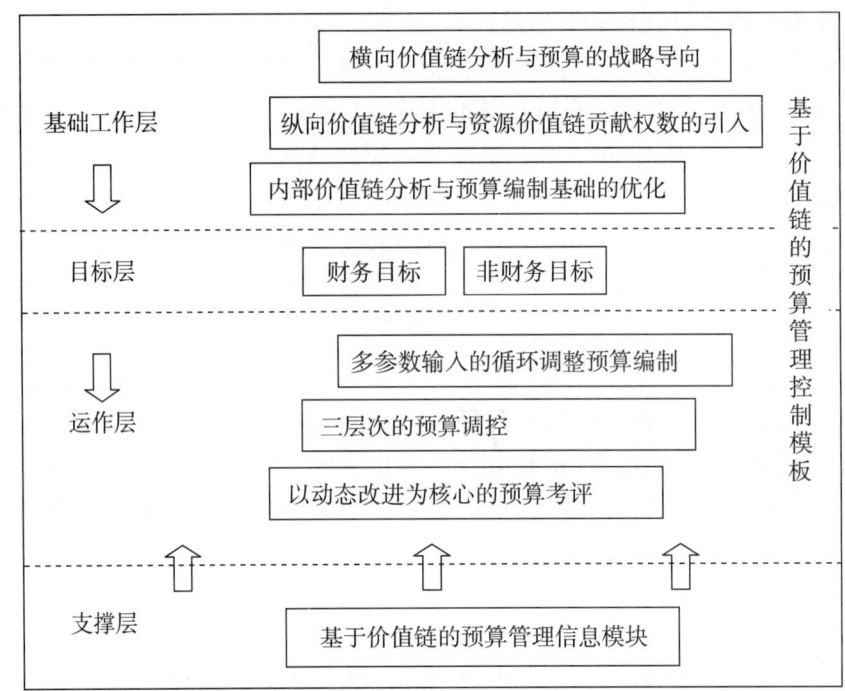

图 8-13　基于价值链的企业预算管理运行体系框架

一、基础工作层

1. 横向价值链分析与预算的战略导向

企业战略与价值链分析优化是相互作用的。两者的关系包含两层内容：通过价值链分析制订企业战略；在战略的指导下优化价值链结构。前者对预算管理的影响在于为预算管理提供战略导向；后者对预算管理的影响在于为预算管理提供科学的基础。从横向价值链的角度来说，横向价值链分析（包括竞争对手分析和行业环境分析）有助于企业认清生存环境，据以拟定长远战略。其逻辑思路为：第一步通过横向价值链分析确定战略；第二步通过相应管理工具实现战略到预算的落实。

通过横向价值链分析确定战略，实际上是通过对行业环境和竞争对手的分析，确定与竞争对手关系的定位——竞争或合作。"竞争"是市场永恒的主题。市场的需求表现为两大类型：一是量的扩张；二是质的提高。这两种类型表现为完全不同的竞争方式。从量的角度来看，市场的需求总量总是有限的，面对众多的竞争对手，可考虑采取低价格战略取得竞争优势。从质的角度来看，市场的需求是永无止境的，独特的设计、创新的思维、可靠的质量保证以及优质的售后服务，永远是消费者追求的目标，这就是差异化战略。企业究竟应采取哪一种竞争战略，一方面要根据企业价值链的优势，另一方面要仔细观察竞争对手的价值链，合理地运用竞争手段。而"合作"是与竞争对手关系的另一定位。当共同创建一个新市场或应对共同的竞争者时，为了对上游或下游价值链活动形成的竞争压力做出更积极有效的反应，提高参与者所共享的价值，企业间的关系会表现为合作，从而取得企业生存和发展的更大市场价值空间。

2. 内部价值链分析与预算编制基础的优化

传统预算隐含着一个假设：已有的流程是合理高效的。事实上不然，各种低效的或不必要的作业因此占去了企业有限的资源，使预算的配置功能失效，其后的预算控制也随之失去了意义。因此，内部价值链的分析优化是运行预算管理的又一先行要务，目的是通过塑造高效科学的企业内部价值链为预算管理提供科学的资源配置基础，以一种持续改进的思维来挖掘增值的潜力。

1）价值活动识别

价值链分析和优化的前提是进行价值活动的识别，具体可以参照迈克尔·波特对价值活动的分类进行，波特将价值活动分为两类：基本活动和辅助活动。基本活动是涉及产品的物质创造及其销售、转移和售后服务的各种活动，可以划分为内部后勤、生产经营、外部后勤、市场销售和服务五种基本类别；辅助活动是辅助基本活动并通过提供外购投入、技术、人力资源以及各种公司范围的职能以相互支持，辅助活动可以划分为采购、技术开发、人力资源管理、企业基础设施四种基本类型。

2）价值链分析

识别价值活动后，接着是进行价值链分析。通过价值链分析要确定各价值活动间的相互关系，识别成本的构成，找出各价值活动占总成本的比例和增长趋势，特别关注那些占有较小比例而增长速度较快、最终可能改变成本结构的价值活动，以及创造利润的新增长点，列出各价值活动的成本驱动因素及相互关系，确定预算管理的重点。

3）价值链优化

在价值链分析的过程中，要寻找降低价值活动成本的机会和方法，判断流程中有哪些控制点以及控制点的性质（即区分其可控与不可控），哪些是关键的控制点，采用何种控制方法，从而确定流程改进的重点、优化内部价值链。价值链优化的主要方法有：

（1）作业消除。作业消除主要是针对非增值作业而言的。非增值作业虽然消耗了资源，但就企业提供最终产品或劳务这一目的来说，它本身并不直接做出贡献，因而这种资源消耗并不合理。对于非增值作业，企业应采取措施，逐步加以消除。

（2）作业选择。不同的策略需要不同的作业，不同的作业引起不同的资源投入。每一产品设计策略都有相应的一组作业及相关成本。作业选择是指在由相互竞争的策略决定的不同作业组之间做出选择。在其他条件相同的情况下，应选择最低成本的设计策略。

（3）作业减低。作业减低指减少作业所需的资源（包括时间），通过改善必要作业的效率，或者作为短期策略改善非增值作业直至能够将其消除。

（4）作业分享。作业分享是指在不增加作业资源投入的情况下，通过增加该作业成本动因的数量来提高必要作业的效率。

二、目标层

目标层是连接基础工作层和运作层的桥梁。具体来说，目标层实现了从战略到预算指标的细化，并且将预算视野的扩展落实到预算指标值的确定上。

基于价值链的全面预算管理目标所要体现的战略是通过经营目标间接体现的，即公司的经营目标体现事业部发展的战略，预算目标体现经营目标——追求价值增值最大化，并通过平衡计分卡的关键绩效指标KPI将两者联系到一起，同时也构成了企业基于价值链的全面预算管理的指标体系，如图8-14所示。

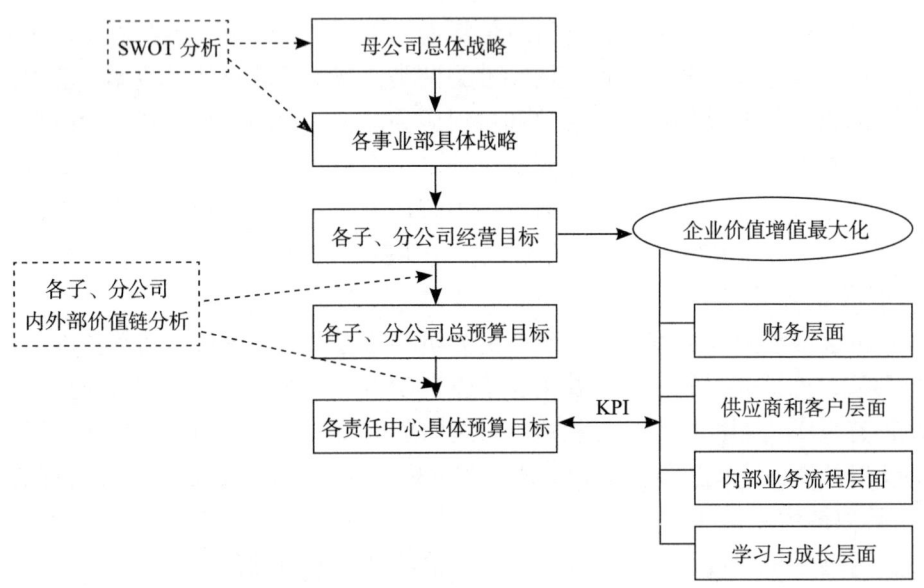

图8-14 基于价值链的全面预算管理目标确定流程图

三、运作层

1. 企业层的预算编制

企业层的预算编制流程如图8-15所示。

2. 各级责任中心的预算编制

对于各级责任中心来说，内部价值链的分析优化是可控的，外部的横向和纵向价值链是作为确定的环境因素存在的，各级责任中心的预算编制主要是确定为了达到企业整体目标各责任中心的各项分目标，探求为了达到分目标所可能采取的途径。各级责任中心的预算编制也沿用企业层的多参数循环编制思维，不同的是，收入预算是以企业整体收入预算为基础的，通过将被认可成本作为权数来分配获得。基于价值链的责任中心的预算编制流程如图8-16所示。

第 8 章 精益价值链全面预算管理

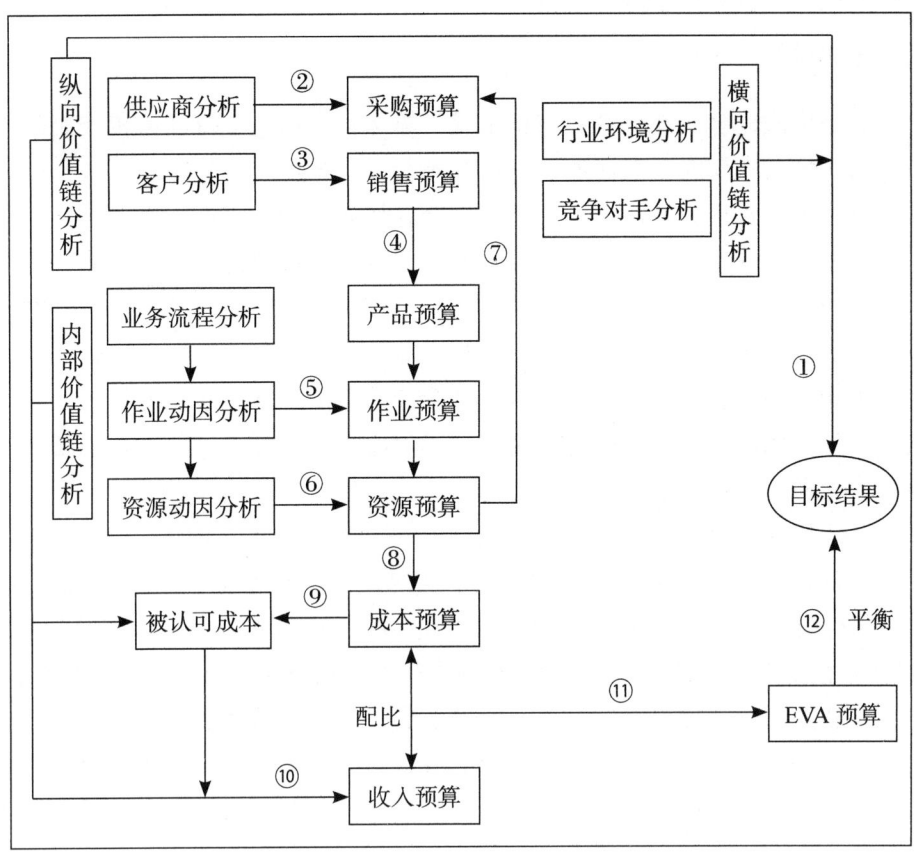

图 8-15 企业层的预算编制流程

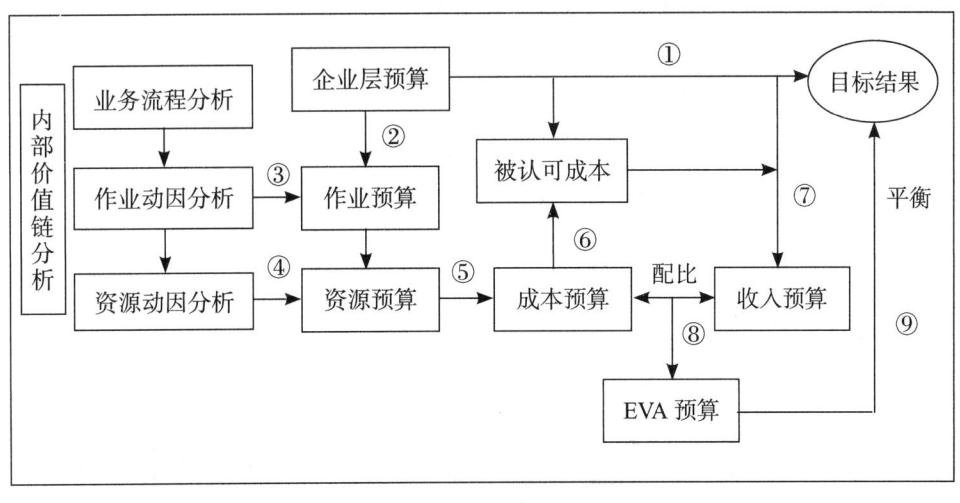

图 8-16 基于价值链的责任中心的预算编制流程

四、支撑层

支撑层是价值链全面预算管理信息系统支撑平台。信息支持和系统控制是价值链管理会计的两大基本职能。然而通常一谈管理会计系统就认为是控制系统，而忽视管理会计信息系统，管理会计信息系统与管理会计控制系统存在严重脱节，从而使价值链管理会计系统构件不完整，发挥效益很差，预算作为价值链管理工具体系的重要成员，其控制功能一直是研究的焦点，而"信息是控制的基础"，基于价值链的预算管理的主要功能应当包括"信息提供"和"管理控制"两大方面。但目前企业预算管理中由于缺少相应的信息支持系统，使得预算管理的功能呈现出不完整状态，阻碍了预算控制各个环节职能的发挥。因此，建立基于价值链的预算管理信息系统就成为支撑价值链预算管理的必要前提。

1. 价值链预算管理信息系统的功能描述

（1）信息系统的目标：围绕价值活动，实时提供价值链各环节有关价值创造的动态信息，使得管理决策和控制活动能始终建立在实时、可靠的信息基础之上。

（2）信息系统的全面性：这些价值信息是围绕价值链条进行收集、加工和报告的，直接服务于企业经营管理当局对可控价值链条的价值增值活动的决策和控制。从信息的内容看，这些信息超过财务会计所假设的特定会计实体，需要包括上游价值提供者（供应商）和下游价值接收者（客户）的价值信息，甚至包括竞争者（同行企业）的价值信息。

（3）信息反映的实时性：所谓"实时"是指不受会计制度所规定的会计期间的限制，而是要以最快的速度反映企业价值链价值流入、创造、流出等价值活动的信息，并对细分的价值链条各项价值活动作出评价。这种经过评价产生的即时性信息，更有利于管理者正确及时地进行决策，实时采取有效的管理措施。

2. 价值链预算管理信息系统功能的实现

经过以上的描述，我们了解了价值链预算管理信息系统的功能，要实现上述功能，关键点有二：第一，信息来源必须涵盖整个价值链；第二，实现信息的实时获得和全面反映。要做到这两点，我们构建价值链预算管理支撑体系的思路是：

（1）信息技术与价值链的结合

价值链管理思想的产生是为了提升价值链企业联盟作为一个整体的竞争能力。因而，建立价值链预算管理信息模块的出发点一定要打破企业分割的局面，从价值链整体长远战略和策略发展的需求出发，实现企业间过程的集成和信息的共享。

一方面是要提高各成员企业的内部管理、控制和决策能力；另一方面还要从价值链的整体价值管理活动（如价值链的成本控制活动、物流控制活动等）出发，提升整个价值链管理工作的监管、分析和决策能力，并按事先规定的法则，在成员企业有关业务发生时，运用信息技术，提取相应的会计、财务、业务、市场、客户和竞争对手等综合信息，作为单个企业来自外部价值链的影响因素，以支持单个企业价值链环境下的预算管理需求，从而提升价值链预算管理工作的水平和价值。

信息技术与价值链思想的结合，为传统预算发展为柔性预算或动态预算，增强预算与动态环境的适应性奠定了基础。

（2）信息技术与预算管理体系的结合

价值链预算管理信息系统功能实现的第二个关键点是实现信息的实时获得和全面反映。其本质要求是以信息技术为核心的核算体系与预算管理体系的契合。

为了与核算体系协调，预算体系必须元素化，建立多维的预算体系。所谓"多维预算体系"是由以预算指标为核心、以价值活动为驱动的多维元素构成预算管理体系。预算指标作为预算管理的核心，具体表现为各项价值活动所引起的资源消耗和资源产出。价值活动是资源消耗和产出的主体，因此，在预算体系中应该选用哪些有效指标，完全由价值活动驱动。

预算管理体系以预算指标为核心延伸而来的维度主要包括：价值活动、期间、计量方式（数量、应收应付制金额、现收现付制现金流量）、责任中心以及其他辅助维度（如存货、地区、客户、供应商等）。

以价值活动为驱动构建的多维预算管理体系在以下方面有助于实现信息的实时获得和全面反映：

第一，如果说信息技术的运用实现了业务流程与核算流程的契合，那么多维预算管理体系的建立则为运用信息技术实现以上两个流程与管理流程的结合提供了思路。因为信息系统中的核算数据详细记录了与价值活动有关的各个维度的元素，而预算管理体系则是根据业务特征及管理需求，选择部分维度用于描述预算数据的属性，预算管理体系所用维度是核算体系的子集。预算维度与核算维度的关系使得实现预算管理与信息系统的集成得以解决，预算信息的实时获得和全面反映也得以实现。

第二，多维预算管理体系有利于对各价值活动耗用资源、创造价值情况进行分析，挖掘增值活动，弱化非增值活动的资源投入。

第三，多维预算管理体系有利于以作业绩效责任中心为核心，了解不同性质的责任中心的预期绩效与实际完成绩效，实现责权利结合的管理。

五、价值链预算管理实施流程

1. 价值链预算管理运作流程的构建

基于价值链的预算管理实务运作模式是对基于价值链的预算管理模式的具体运用，它以价值链分析和预算管理为两条主线，分别从战略层面、管理层面和作业层面实现价值链分析过程与预算管理过程的融合，同时，也将平衡计分卡、经济增加值和作业成本管理等管理会计工具应用到企业预算管理当中。该模式的框架结构如图 8-17 所示。

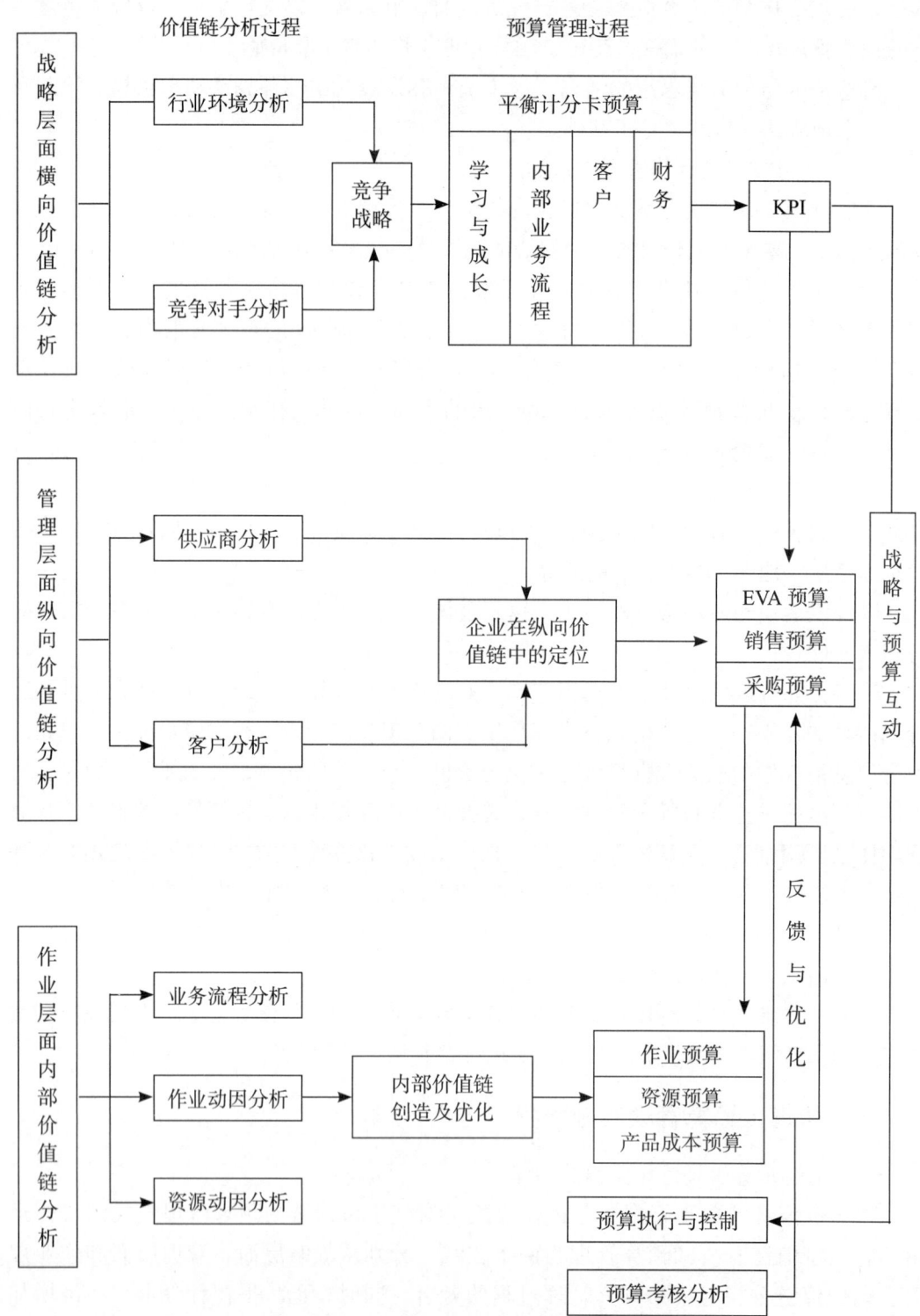

图 8-17 基于价值链的预算管理运作模式框架图

2. 价值链预算管理实施流程

价值链预算管理的流程就是价值链预算管理体系三大模块发挥作用的程序和过程，图 8-18 是价值链预算管理实施流程图。

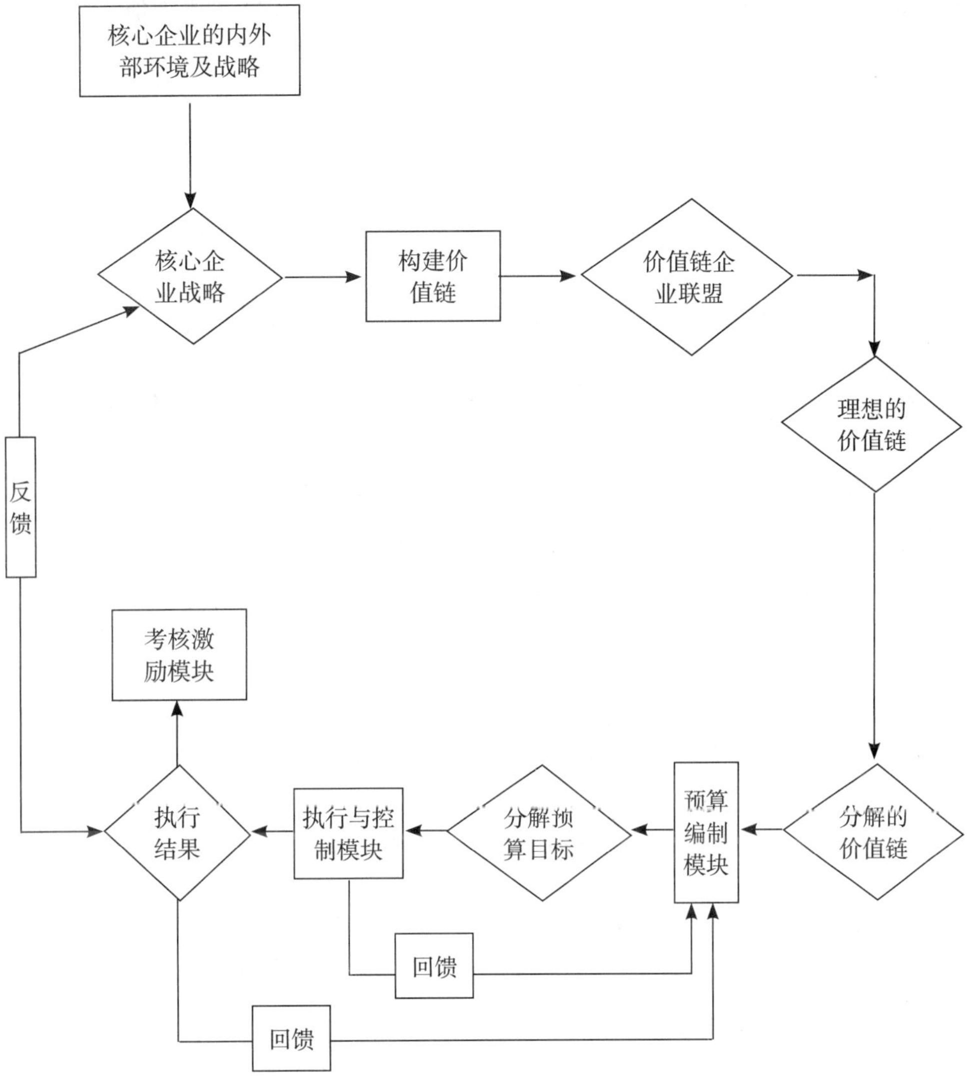

图 8-18 价值链预算管理实施流程图

价值链预算管理实施流程主要有以下几个步骤。

（1）分析核心企业的内外部环境及企业战略意图形成核心企业的战略目标。

（2）对上游供货商及下游客户的价值链进行价值分析构建价值链，形成包括供货商及客户在内的价值链企业联盟，或以其他方式存在的价值链。

（3）对价值链的内外部环境及价值链进行分析，规划未来一定时期理想状态下的价值链目标。

（4）将理想状态下的价值链目标按照时间分解为各阶段的价值链目标，包括初始状态下的价值链目标和不断优化状态下的价值链目标。

（5）根据分解的价值链目标，借鉴平衡记分卡的思想，寻找价值驱动因素，确定行动方案，对各项价值活动的行动方案进行科学预测，形成以价值增值为核心的预算指标体系，确定分解的预算目标。

（6）执行预算，在执行过程中，动态地进行预测，并据此进行差异分析，如果产生差异的原因是预算目标的问题则回馈给预算编制模块，对预算目标进行调整，如果是属于执行的问题则采取控制行动。期末形成预算执行的结果。将执行结果回馈给预算编制模块和战略目标制定机构，检查战略目标是否与要进一步修订，预算目标是否要进行调整。

（7）根据执行的结果对各价值活动的执行者进行考核和激励。

标杆企业案例借鉴：宝钢基于价值创造的全面预算管理模式

在以价值管理为中心的企业管理模式下，宝钢建立了适应企业生产经营管理需要的财务控制体系。该控制体系以全面预算管理为纲；以标准成本管理为基础；以现金流量控制为核心；以信息化技术为支撑。

该财务控制体系是围绕"以全面预算管理为纲"建立的。宝钢从1993年开始探索全面预算管理实践，经历了初步形成（1993—1994年），规范完善（1995—1999年）和深化发展（2000年至今）三个阶段。作为预算管理的倡导者、实践者，宝钢不断摸索，不断创新，逐步形成了基于价值创造的全面预算管理模式。

1. 宝钢预算管理的职能定位

（1）控制职能。控制职能包括经营控制和管理控制。经营控制是指预算作为组织内部沟通的工具，可实现公司对二级部门的控制；管理控制是指全员参与的预算本身是一种激励机制，可实现二级部门对基层的控制。

（2）决策支持。决策支持功能也包括两点：一是关注企业各项资源的优化，具体包括通过明细产品盈利能力管理，优化公司的销售资源；根据不同用户对宝钢的价值贡献，优化用户结构；根据不同生产线产品成本，优化物流组织，降低生产运行成本，提高工序盈利能力等。二是发挥缺陷和漏洞的"探测器"功能，确定公司经营瓶颈。任何管理业务中存在的缺陷和漏洞，都会在预算管理中无处藏身、暴露无遗。

2. 宝钢的全面预算管理框架

（1）全面预算管理整体架构。

宝钢的全面预算体系以企业战略、经营规划为导向，滚动预算为控制手段。战略预算侧重于对规划期经营活动进行描述；经营预算体系是企业对年度内经营活动所作的预算、计划。战略预算通过经营预算来实现，并在经营预算中设置相应战略指标，以实现公司长期目标。其全面预算体系和经营预算体系整体架构如图8-19所示。

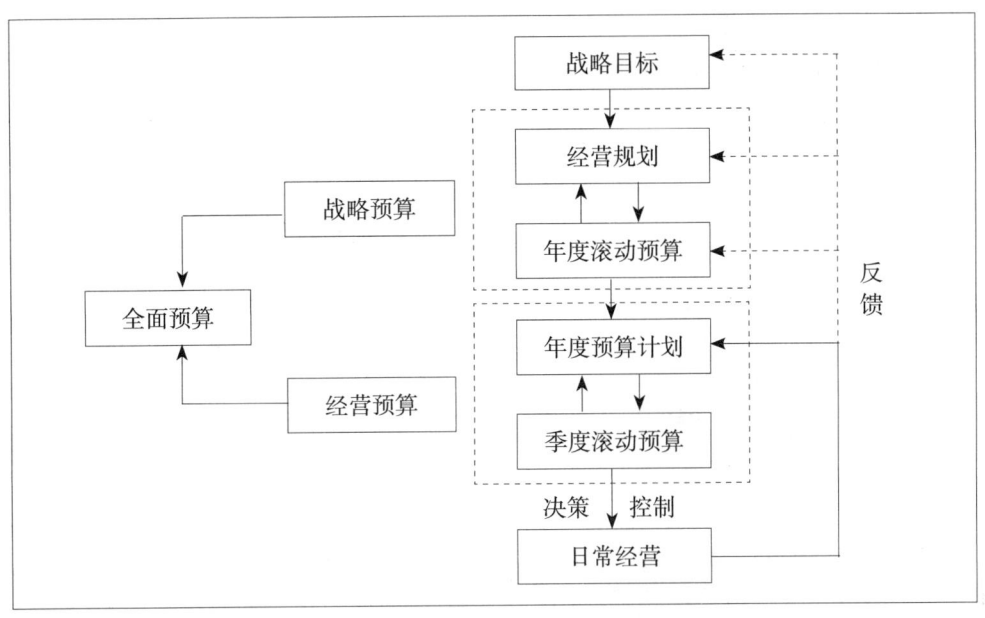

图 8-19　宝钢的全面预算管理体系整体架构

（2）经营预算管理整体框架（见图 8-20）。

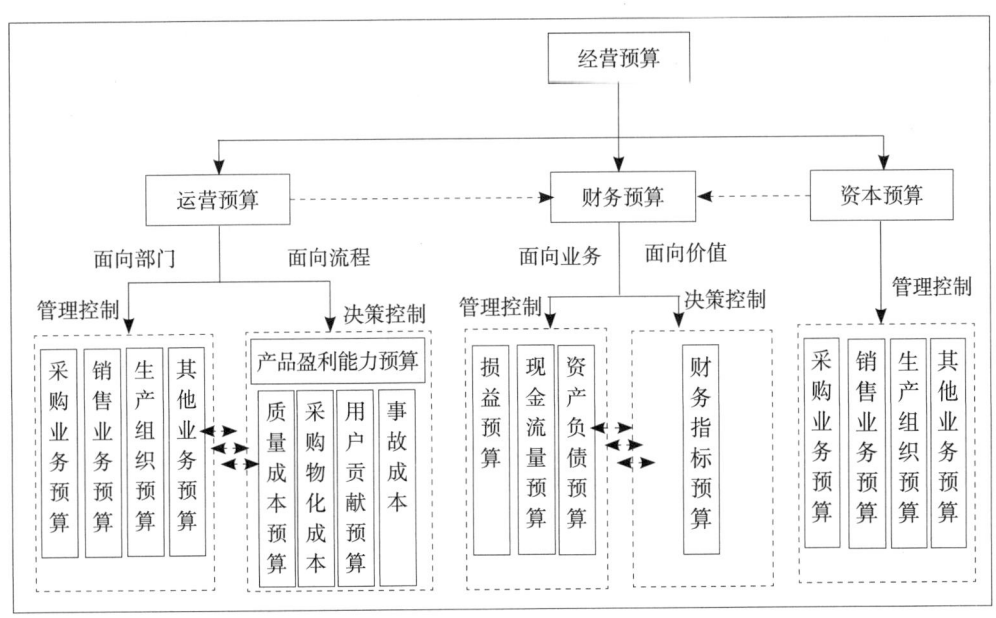

图 8-20　宝钢经营预算管理体系整体框架

3. 宝钢的全面预算管理运行体系

在宝钢的全面预算管理循环体系如图8-21所示,其中"预算编制""预算分析"和"激励考核"这三个环节非常具有特色。

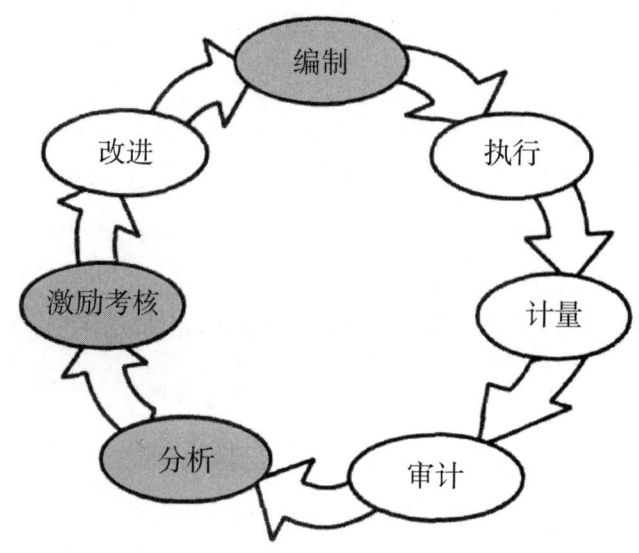

图 8-21　宝钢的全面预算管理循环体系

(1) 预算编制的特色(见表8-3)。

表 8-3　宝钢预算编制的特色

预算编制的逻辑起点	预算编制以公司战略目标为逻辑起点,关注如战略产品、战略用户占有率、交货速度,利润,成本等重要指标
预算编制的多维化	传统预算编制维度一般在二维左右。而宝钢为了充分发挥预算管理的职能,以预算信息系统为支撑,结合企业实际预算管理需要,设计了多维度的预算管理编制模式。预算编制的维度包括用户、产品、部门和时间等。多维预算编制实现了预算管理的多视角化
预算目标的价值驱动分析及其分解	预算编制中,在确定预算目标值时,首先对年度预算进行杜邦财务分析,与国内外先进企业比较,确定公司经营瓶颈及价值增长点;然后对年度财务预算目标进行层层分解,作为控制目标,突出资产负债和现金流预算管理

(2) 预算分析的特色(见表8-4)。

表 8-4　宝钢预算分析的特色

预算分析的对象	由三张表深入到业务层面,通过业务预算分析挖掘业务、流程的价值

（续表）

预算分析的主体	涵盖各业务、流程部门，而不仅是财务部门
预算分析的工具	包括公司的数据仓库和 SAS 系统。

（3）预算评价的特色。

宝钢采用"价值增量"这一指标作为预算的评价标准，公司各二级部门均是价值中心。评价内容涵盖了产品成本，边际贡献或利润和各部门占用的资本成本这三个因素。各价值中心的具体评价指标如下：

产品生产部门：

价值增量＝（当季预算成本－当季实际成本）×30%＋（当季实际边际贡献－当季预算边际贡献）×70%－本工序资产增量×资本成本率

生产辅助部门：

价值增量＝（当季预算成本－当季实际成本）－本工序资产增量×资本成本率

采购部门：

采购价值贡献增量＝采购价格贡献×50%＋采购物化成本贡献×50%－采购部资产增量×资本成本率

销售部门：

销售价值贡献增量＝销售价格贡献×50%＋（当季实际边际贡献－当季预算边际贡献）×50%－销售部资产增量×资本成本率

宝钢通过这样的评价方法倡导价值增值，协调部门与公司利益目标，实现公司价值最大化。

通过上述分析，我们可以看出宝钢的预算管理实践中出现了不少与价值链预算管理模式的思想相一致的做法，包括以下方面：

①强调战略预算概念，推进滚动预算（季、年度）；②业务预算面向流程、反映价值创造；③采用多维度的预算编制，财务维度突出价值贡献视角。这不仅实现了预算管理的多视角化，还易于实现多维预算体系与核算体系的协调，预算管理与 ERP 系统的集成；④突出预算的资源优化配置功能；⑤采用价值导向的预算评价。宝钢预算管理实务中采用的预算技术和方法，为应用价值链预算管理模式提供了现实土壤。

4.信息技术基础

（1）宝钢建立了完善的财务管理信息系统。

财务管理信息系统主要特点包括：贯彻"功能覆盖生产线"的开发理念，系统柔性得到极大提高；会计资料就源归集，实时自动抛账，物流与资金流一致；实现了成本会计与普通会计的分离；利用整体信息系统，使成本管理制度全面电脑化；财务信息是生产与作业自动化的副产品；稽核功能设置于电脑系统中，可确保财务资料的正确性；结账迅速准确，报表编制三天完成。

完善的财务管理信息系统为预算实施控制的实现提供了可行性。

（2）预算分析工具的应用包括数据仓库和SAS系统。

（3）通过公司ESI工程，进行预算重整，强化预算作用。

ESI（Enterprise System Innovation）即企业系统创新工程，是在原来以财务为中心的管理信息系统基础上，再次进行的管理创新，从传统业务注重内部资源的管理转向信息化条件下注重外部资源的管理和利用；从企业内部的业务集成转向企业间的业务协同，旨在构架一个能够随时适应环境变化，对外快速响应、对内高效沟通、快速决策的企业运营系统。ESI工程有三层含义：第一层是按照"以客户需求为中心"的战略目标，对宝钢现有业务流程实施彻底的重组、再造，提出全新的、有效的业务流程解决方案；第二层是依据重组后的业务流程，重建企业组织；第三层是为使重组再造后的新业务流程得以实现，建立相应的计算机管理信息系统，提供必要的支持手段。

ESI对业务流程所做的优化和重组，是根据产、销、研综合信息管理系统中所积累的数据和"以客户需求为中心"的经营战略，用数字"计算"出最优化的业务流程。然后根据流程的需要设置企业的组织和组织所需要的职位及对人员的要求等，最后再改善原来的信息管理系统以支撑新的业务需求；从企业管理模式上说，这是从过去的"人治理企业"向"数字化治理企业"的一次质变。

通过上述分析，我们认为，宝钢现行的预算管理实践无论是在理念上还是预算实务中均已经体现了价值链预算管理模式的许多思想，并且在信息技术方面具有能很好地支持该模式运行的基础。但是也可以很容易地看出，宝钢在预算管理上非常关注作为资源配置基础的企业内部作业流程的优化，即关注企业内部的价值链，但还没有明确地将企业的外部价值链引入预算管理的考虑范围内，在目前的企业环境和竞争模式下，宝钢管理控制的视野应该更加开阔，将控制范围从企业内部拓展到更广的企业环境。

第三篇

精益成本管理

第9章

房地产/建筑企业精益成本管理

英国学者梅乐（Merrow）于1988年通过对全世界52个大型房地产开发项目进行调研和分析，得出了大多数项目的建造所需时间比预期的时平均要延长17%，而成本超支平均达到88%的结论。因此，房地产企业要想开发项目效益更好，必须要不断地加强对房地产项目的成本控制，节约成本，增加利润增长空间，以不断加强房地产项目的竞争能力，实现企业持续的、稳定的、健康的发展。

第一节 房地产/建筑企业成本管理问题与精益成本管理思想引入

一、战略与经营层面的管理认知偏差

1. 成本管理的地位：重测算，轻规划

精益思想强调顾客价值导向，顾客价值导向下的成本管理内涵就是把顾客视角下的产品价值与成本的统一，转化为企业视角下的产品的功能和成本的统一，即强化成本在产品规划中的作用。成本在产品规划中的作用是能够更好地实现成本约束下的功能实现最大化，从而使产品更具有竞争力。然而现阶段的成本管理在事前的介入仅为提供投资测算及方案测算，而忽视了成本具有产品规划的作用，导致成本的投放未实现价值最大化。

2. 成本管理的内涵：重利润、轻价值

精益思想的成本管理纳入了价值管理的内涵。客户的感知价值决定了客户的满意度，而房地产开发项目的成本投放决定了产品功能的实现程度，从而决定了客户的感知价值。一直以来，房地产开发项目成本管理以降低成本提高利润为导向，并不重视

成本效益的概念。一方面对于成本的降低忽略了客户价值的实现，致使成本投放未实现客户价值最大化，即客户满意度不高，直接决定了客户忠诚度不高，企业在战略经营层面不具备优势；另一方面低成本的目标也致使项目开发的过程中隐形浪费的产生。

3. 成本管理的理念：重过程、轻系统

精益思想的成本强调管理过程的持续改进。房地产开发项目的建设过程是产品价值的生成过程，也是房地产开发过程中资源消耗最大的部分，房地产开发企业在强调实施过程中的成本控制，主要是避免变更和工程签证以及索赔的发生，防止目标成本的上限被突破，但这个过程中缺少系统价值流动思想的导入，只关注建造过程内部资源的消耗控制在目标以内，而忽视建造过程之外的各管理过程的关联作用，无法系统地考虑成本投放的关联作用，致使管理过程中的成本管理抑减的效果较差。

二、职能层面的全员参与执行较差

1. 成本管理全员主动参与意识较差

精益思想的成本管理强调员工参与改善。现行房地产开发项目成本管理的人员参与改善主要是通过成本管理部门的人员进行监督和实施的，被考核的主体也是以成本管理部门的人员为主，使成本责任只聚焦于成本管理部门，其他部门的工作大多通过成本管理部门的被动约束，而项目参与人员对成本管理人员的被动约束也仅以控制成本在约束内形式回应，并没有深入挖掘管理活动中存在的浪费现象，致使各部门工作人员对成本管理的协同管理效果较差，无法实现成本有效的抑减。

2. 成本管理组织柔性较差

精益视角下的成本管理强调管理过程能够持续地改善以适应外界多变的市场环境。房地产开发企业流程化和规范化的审核过程会使得成本管理的适应性和灵敏性较差。房地产开发项目所面临的外部环境的复杂性、政治环境的多变性、经济环境的不确定性、法律环境的复杂性等，都构成了外部一般环境的不确定性；以及行业竞争、供应商履约能力参差不齐、消费者需求变化等造成的任务环境的不确定性。这些不确定性需要发挥管理主体处理事务的应变能力和适应能力，能够及时发现管理流程中不适应外界环境的部分，对管理过程进行持续的改善。

三、方法层面的执行方法待完善

1. 成本目标的优化缺少价值导向

精益思想的成本目标的制订和分解应该以顾客的功能需求偏好作为依据，不同的顾客群体对产品的功能需求偏好不同，对成本的敏感点不同。对于顾客成本敏感点较高的部分应当适当提高产品配置，成本敏感点低的部分在保证质量安全的情况下可适当降低配置，从而在成本约束条件下最大化地满足顾客的需求。而现阶段房地产项目目标成本是在产品定位及方案设计之后，结合市场材料价格，通过经验测算的方式确定。在制订、分解、优化的过程中忽略了不同项目客户的价值关注点，缺少了成本与顾客功能需求适配性分析的方法及环节，致使成本规划不合理。

2. 成本管理过程的控制缺少价值导入

精益思想的成本管理过程的持续改善是以价值流分析与改善为主要载体。房地产项目开发的过程是一个有效资源整合的过程，不直接参与生产却是推动生产过程持续改善的主体。只有项目开发过程的参与主体有效地辨清作业活动的价值才能消除过程中不必要的浪费，实现管理流程的优化。辨清活动价值的前提是明确价值需求，不同的客户群体对项目的需求不同，所以在管理过程中以顾客需求为导向才能实现消除管理活动中的浪费，避免投入过剩或不足。但在现阶段的成本管理过程中缺少顾客价值的导向，完全依照管理者经验进行驱动式的管理，不利于成本的抑减和改善。

四、房地产/建筑企业精益成本管理的核心思想

"精益"是从丰田生产模式中提炼出的系统管理理论，以整体优化的观点，合理配置和利用所有的生产要素，消除价值流动过程中的一切浪费，其目的是投入的各类生产要素所实现的价值最大化。"价值"和"浪费"是站在最终顾客的立场上进行定义的，企业所有的管理活动都是围绕顾客最终价值的实现而进行的，而一切不增加客户价值的活动均被视为浪费，精益摆脱了传统面向过程的生产方式，强调对面向最终顾客的生产过程进行管控，消除了生产的盲目性。

通过结合精益思想的内涵及原则以及其在各类管理活动中的应用内涵可以总结出：指导项目成本管理的精益核心思想主要包括顾客价值导向、管理过程持续改善以及强调"人"在管理过程发挥的价值。

1. 顾客价值导向

顾客价值的普遍含义是客户对所获产品和服务感知利得和感知利益的权衡后的一种评价结果，其载体是由企业提供的产品和服务。是否能实现顾客价值最大化决定了客户是否购买企业所提供的产品和服务。本书将顾客价值导向定义为以目标顾客的功能需求偏好为导向。房地产项目在开发过程中整合与客户功能需求偏好相匹配的有效资源，避免资源投放过剩或者资源投放结构失衡导致的资源浪费等。以顾客价值为导向的精益核心理念的应用能够从源头明确客户对产品的功能需求，并系统性地考虑后续开发各个阶段价值实现目标，这样能够避免开发无序及无效带来的成本浪费，达到降本增效的目的。

2. 成本管理过程持续改进

减少浪费和增加价值是一项内在的、增量的和反复的活动。因此需要保持连续不断的实施以达到尽善尽美的效果。项目成本发生于项目的每项生产运营活动中，对管理过程的持续改善是基于客户价值对项目作业活动的改善，通过识别现有价值流中不增加客户价值的非必要作业，尽可能减少不增加客户价值的必要作业，从而达到消除浪费、降低成本的目的。精益的成本改善方式一方面通过施工技术及工艺的改进提高

作业效率，另一方面强调管理过程的系统性，通过管理手段监测作业执行和改善情况，与标准消耗对比从而发现问题并避免问题的再发生。

3. 以人为本，强调员工的作用

精益管理强调充分发挥"人"的主观能动作用。"人"在精益管理中的作用主要体现在以下几个方面：精益工具和方法推行；价值创造及浪费识别和消除；精益持续改善下进行变革管理；系统化管理协同；对抗多变环境进行柔性管理；等等。

由上可见，精益成本管理是一种以为客户创造价值为前提，以供应链成本最小化为目的，从而实现对整个企业价值链的管理。它改变了传统的"售价＝成本＋利润"的成本管理观念，以"成本＝售价－利润"的理念进行成本管理，体现了市场导向；它通过对企业价值链的分析，减少各个价值环节的不增值作业，全面系统地管理成本。

第二节　房地产／建筑企业精益成本管理主要方法
——成本企划

精益成本管理理论属于战略层面的成本管理理论，该理论认为成本管理就是低成本战略下的以成本企划、成本维持和成本改善三大支柱相结合的全生命周期成本管理。

一、成本企划——项目规划设计精益成本控制

1. 成本企划的定义与实质

"成本企划"是日文汉字的译法，按其英文名称 target costing 或 cost design 译为"目标成本计算"或"基于成本的设计"，也可按其日语的字意将其译为"成本企划""成本策划"。

日本成本企划特别委员会对成本企划做出了具有发展观的定义："成本企划是在进行产品的企划与开发时，设定出满足顾客需要的品质、价格、诚信、交货期等目标，把从上游到下游的所有活动作为对象，使这些目标同时实现的综合利润管理。"也就是说，在产品的设计阶段就确定了将要制造的产品成本上限是多少。成本是事先限定好的，生产过程实际消耗的成本乃至客户的使用成本都不允许超越这一范围。这意味着，成本思考的立足点从传统的生产现场转移到了产品的企划、构想与设计阶段，从业务长河的下游转移到了上游或者说是源头。日本有种说法："这东西市场上只能卖50元，我必须有40％的盈利率，那么成本最多只能是30元钱，让我们回过头去从头做起，确保这30元钱目标成本的达成。"被誉为秘密武器的"成本企划"思想就是这么朴素而简单。

由此可见，所谓成本企划是指：在新产品的策划、开发和设计阶段，以产品的整

个生命周期为管理对象,以既定的目标利润为前提,设定为了实现目标利润所需要的单位产品成本的目标(成本目标),并在新产品的策划、开发和设计等阶段实施,以达成成本目标的各项活动。

2. 成本企划的实施与改进过程

美国管理会计学家 Cooper 和 Slagmulder(1999)对运用成本企划较为成熟的七家日本公司(包括丰田公司和尼桑公司)进行了为期数月的考察,在经过高度提炼和规范之后,将成本企划的实施过程分为如图 9-1 所示的三个部分。

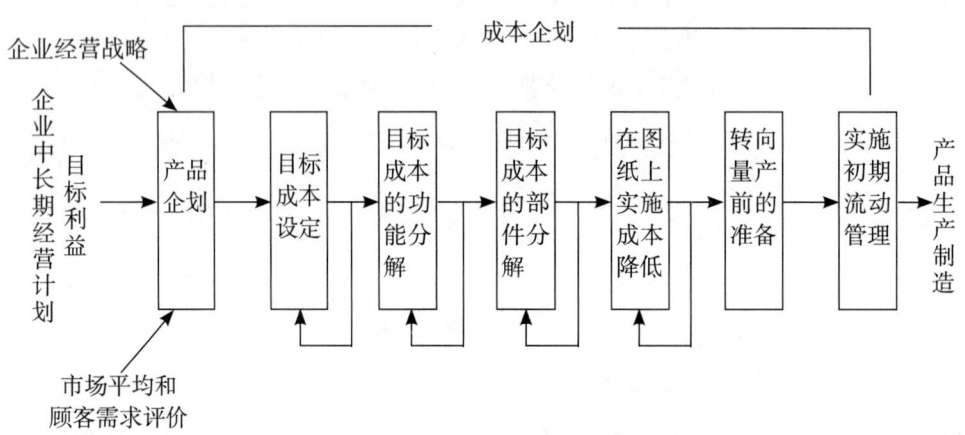

图 9-1 成本企划实施过程

成本企划持续改进过程如图 9-2 所示。

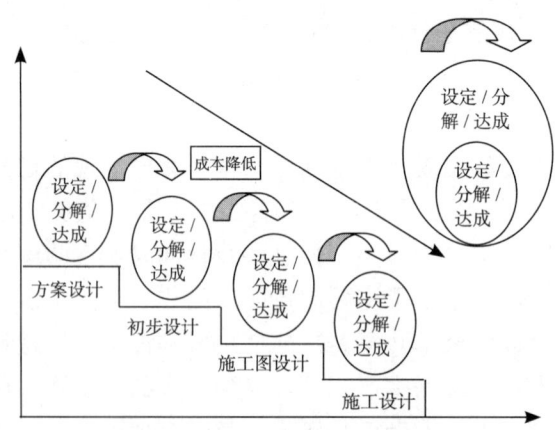

图 9-2 成本企划持续改进过程

3. 成本企划所蕴含的先进建造管理思想

成本企划源于产品开发设计。所谓产品的开发设计,是指在图纸上就房地产建造过程进行一次预演,预演时赋予的各种条件就是实际建造过程中各项具体要求事项的体现。直观地说,设计就是在图纸上"建造"产品。既然实际建造过程必然要发生成本,那么图纸上的"建造"考虑成本发生这一因素就理所当然。这意味着降低成本的重心可以从房地产建造阶段转移到开发规划及设计阶段,成本企划的思想正是由这种"重心转移"引起的。这种重心转移突出地表现在两个方面。其一是"有备无患",即在开发规划设计阶段乃至企划阶段就开始降低成本造价的活动,这种降低成本造价的活动具有"源流管理"的属性,即从事物的最初起始点开始实施充分透彻的分析,这种从源流着手的分析有助于避免后续建造过程的大量无效作业所耗费无效的成本,即源流式成本控制的实施使得大幅度降低成本造价成为可能。其二是重心转移更重要的方面表现为成本的"筑入",成本筑入意味着将材料、部品等汇集在一起装配成产品的同时,将成本造价一并"筑入"进去。这种源流的成本造价"筑入",引起了成本造价控制的重心转移,这是房地产成本造价控制的一次质的飞跃。

成本企划主要包括市场导向、顾客满意、源流管理、成本筑入等思想。

1)市场导向(Market Orientation,MO)思想

所谓市场导向,就是一切以市场/客户为中心,按照市场/客户/业主的需求来进行设计、建造和销售产品(商品房)与服务(物业)。

成本企划以市场售价为依据,通过预计的目标利润,"倒逼"出目标成本造价。换句话说就是,通过在设计阶段进行成本造价控制,以开发、设计出质量、安全与功能达到一定预期标准,且成本造价不超过目标成本造价的产品。由于目标成本造价是建立在极具市场竞争力的售价基础之上的,且同时考虑了质量、安全、功能等具体情况,因此能够有效地增强产品的竞争力,最终在市场竞争中取得有利的地位。

2)顾客满意(Customer Satisfaction,CS)思想

成本企划的一个重要思想是"顾客满意"。菲利普·科特勒(Philip Kotler)认为,顾客满意"是指一个人通过对一个产品的可感知效果与他的期望值相比较后,所形成的愉悦或失望的感觉状态"。房地产企业在成本企划时,首先要进行市场调研,了解顾客目前和将来的住宅需求,通过需求调研,获取顾客需求信息,产生未来住宅构思、设计、建造的规划书。从这一角度,成本企划的过程也是实现"顾客满意"目标的过程。由此可以看出,成本企划的出发点和归宿都是针对"顾客满意"的,其目标售价、功能、外观、套型、品质等均反映了顾客对该住宅的预期,或者说,其售价体现了顾客对于特定功能、外观、套型、品质等可接受的价位,因此,其市场销售及销售建筑自然看好。

3)源流管理(Origion Management,OM)思想

传统的成本造价管理将重点放在了施工环节,也就是说在既定的设计和建造流程的前提下,尽量减少对施工要素的浪费。而实际上,这种成本控制思维并没有抓住成本造价管理的根本。因为,据有关资料表明:房地产项目成本造价的65%~80%已

经在规划设计阶段就确定了，成本造价的90%～95%在建造工艺阶段就已经确定了。产品一旦投入建造，降低成本造价的潜力就不大了。因此，控制成本要从成本造价产生的源流——设计阶段着手。项目不同阶段的成本曲线如图9-3所示。

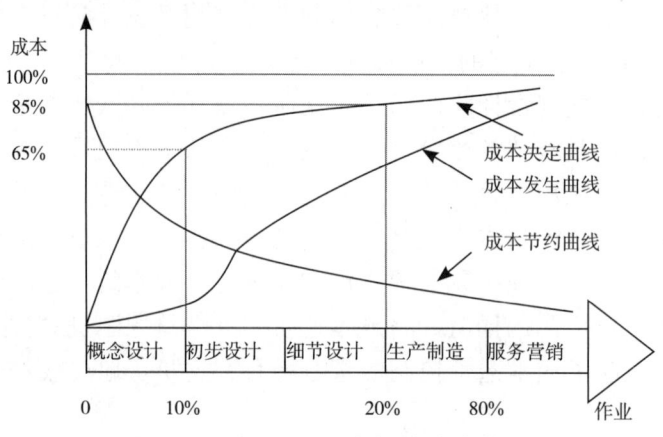

图9-3 项目不同阶段的成本曲线

源流成本造价管控的实质在于其预防性，从成本的最初起始点，做事前分析，通过"源流"分析，借助源流管理向前向的设计（构想设计、基本设计、详细设计与施工图设计）、建造阶段推展，实现成本的前馈式控制，避免后续建造过程中大量无效作业成本耗费，从而大幅度削减成本。

4）成本筑入思想

成本筑入的"筑入"译自日语"つくりこみ"，大意为在生产建造过程中同时"深深地嵌入"或"紧密地结合进"新的要素。

关于"成本筑入"的理论含义，日本学者清水信匡的研究可谓独树一帜。清水信匡从"成本降低"与"成本最低化"这两个概念出发说明问题。他指出，"成本降低可以定义为，对某对象产品及作业过去发生的成本，或认为理论上应发生的成本，在不招致该对象特定属性变化的前提下使其减少"。他又从微观经济学的角度来说明成本最低化，认为成本最低化是成本函数的选择问题，是"由选择生产函数设定的投入组合中，由最低的成本选择对应于要求的产出量的投入组合"。换句话说，成本降低是相对比较的概念，而成本最低化则是最优化的概念。因此，清水信匡对成本筑入做了这样的定义："为选择达成目标成本的技术与投入的最优组合根据需要开发出的伴随着成本降低的技术。"

由上可以看出，所谓成本筑入是指随着实物（如材料、部品）装配成产品的同时，将成本一并装配进去，达成成本装配成形，在成本发生的前期，确保成本优化降低的可能。

成本企划作为一种先导性的综合性管理，对其具体表现形态可以做更为深入的描述。而以价值工程等管理技术实施房地产项目成本筑入，可以说是把产品的装配成形视为成本造价的装配成形，这种思想是现代房地产项目成本造价管理思想的巨大飞跃。

以浅显的比喻来说，成本造价筑入思想在于把成本造价视作一种"特殊的功能与部品"，设计者是在尝试能否将这种"功能或部品"的一部分乃至全部剔除，删除部分又能否装配到其他更重要的功能上去。因而可以说，成本筑入的具体落实也就是对成本这种特殊部品的削减与重新装配。而对构想方案的选择，即对其技术性与经济性概略评价阶段，则是为了对已装配部分做更优化的调整与修正。因此，有必要针对开发、设计、建造乃至销售阶段的目标成本造价，将成本造价概算与产品设计做一体化分析，以达成根本性的成本造价降低。倘若在图纸的预演中排除了各种无效或低效成本造价因素，图纸上有限的筑入成本造价可能就等同于建造现场的实际成本造价，这就等于在前期确保了成本造价降低的可能性。

"源流成本管理"和"成本筑入"思想表明，成本企划着眼于成本的发生源头，立足于成本源头，做事前周密、全盘的分析考察，把住宅的建造成型视为成本造价的装配成型。这是现代房地产企业成本造价管理的巨大飞跃。

5）成本企划与 VE（Value Engineering，价值工程）

成本企划在房地产项目规划设计中的成本造价管理是工程学中的产品设计与管理学中的成本管理两个领域的交叉。成本企划关注产品成本造价构成、部品成本构成以及建造技术等方面，因此，在进行理论研究时，可以同时利用这两个领域的理论来进行。但是，有必要指出的是，工程学更注重技术性（质量、安全可靠性、功能），管理学则更关注经济性（成本造价、功能价值）。

（1）成本企划与 VE 结合的方式。成本企划的目标细分至各设计部后，各设计部即开始从事设计及价值分析（VA）活动，它是一种通过分析调查产品的性能与价格，有助于降低成本造价及商品房开发的一种成本造价管理的科学手法，是成本企划活动的有效手法。对设计部门来说，其目标不仅是要设计出满足顾客需求并具有良好质量和功能的产品，而且同时必须达成成本造价目标。至于中间过程是要通过降低多少材料费、建造费等来实现，则一律由各设计部根据其能力而定。设计部门根据目标限额造价及其他相关部门提供的信息设计施工图纸，再根据施工图进行成本造价筑入。

（2）成本企划中 VE 的形态表现。价值工程对象从具体到抽象，可依次分为设计 VE、建造 VE 和市场 VE 三种应用形态。

一是设计 VE（Lst Look VE）。在房地产项目开发设计阶段，使用价值工程技法称为"设计 VE"。设计 VE 的出发点是"产品企划书"，通过对房地产项目的建筑、结构、使用材料、外观形状和建造方式等方面的分析，使设计建筑的式样、参数、景观等符合目标成本造价的要求，以此做成"建筑规划设计图"。这一阶段进入了成本筑入的实施阶段，基本表现为从提案到选案，运用 VE 改善设计方案的过程，其实质是创新或创造。

设计 VE 可以进行更细层次的区分：构想设计阶段、基本设计阶段、详细设计阶段和施工准备阶段。它们之间表现为设计层面上 Lst Look VE 的层层挤压方法的运用。它实际上体现的是一种创造、改进、再创造的 PDCA 螺旋式推进过程，与建造相关的问题就会趋于明朗。在设计中的 VE，常常着眼于提高质量功能，或者既提高质量功能又削减成本造价使两者同时得以实现。

设计 VE 过程表现出"将经济性的成本'深深地嵌入'或'紧密地结合'技术性的建造方案中"的特质，这是成本筑入极为典型的体现。两者是同一过程的不同认识，前者立足于构想方案的形成与优化，包括技术性与经济性两方面的各自表现，后者则着重于方案所包含的成本造价削减与合理化，专注于技术性与经济性的结合。

二是建造 VE（Zndloko VE）。在房地产项目建造阶段运用 VE 是最为常见的，在美国与日本均称为 Zndolok VE，这是以实施顺序命名的，根据其实施阶段命名为"建造"，比较直观易解。

建造 VE 是在产品投入生产后开始实施的。实施的出发点是"建筑设计图"（包括式样和各种参数），通过对建筑构造的具体检测分析来确保目标成本造价的达成。具体地说，可能通过改变施工组织和工艺等方法来改善功能成本比，常见的情况是保持质量功能不变而成本造价削减，或者用同样的成本造价达到更优的质量功能，二者均使得价值提高。

三是市场 VE（Olook VE）。它是指在项目企划阶段实施 VE，即将 VE 应用于成本造价企划的源流。这对成本企划是非常重要的一步。其出发点是购房者的需求，分析的重点是项目的观念，即项目的功能意境。具体地说，购房者究竟需要哪些实用的、美学的居住功能，同时需要突破什么技术、法规等的限制，进行多少造价才能使这些功能得以实现。在此阶段运用 VE 的结果是做成"项目品企划书"，从而为项目设计、建造阶段消除不必要的产品质量、功能，降低产品成本造价指明方向。

由上可见，成本企划具有强烈的管理工程学属性，那就是在成本企划过程中应用 VE 作为工具来进行成本造价管理。但两者并不等同，成本企划是在项目的设计阶段为了降低成本造价以及确保利润目标而实施的各种活动；而 VE 是通过分析调查产品的功能与价格，有助于降低成本造价及项目开发的一种成本管理科学，可以说是成本企划活动展开的有效手段。设计成本控制与 VE 的有机结合的必然结果，是房地产项目在质量、功能、价格等方面均能够在最大限度上满足购房者的需要，产品的竞争力可见一斑。

当然，在房地产开发实务中，VE 的应用并不一定按三个阶段严加区分，三个阶段之间也不见得有明显的界线，整个 VE 的实施过程都伴随着如何将目标成本造价"筑入"到项目开发、产品建造和销售服务的各个环节，从而使目标成本造价得以达成。

（3）成本维持——建造生产运营过程精益成本控制。成本维持是在现有的生产经营环境下降低成本，节省费用支出。节约能耗、防止事故、以招标方式采购原材料或设备，属于成本维持的初级形式。成本维持是指通过对产品生产阶段各要素，包括成本要素和实物要素进行调配和布局，或制订特定的流转方式，并建立能随时监控、评价的体系，以尽可能消除一切无效成本的防护控制。这种以"预防"和"防护"为主要特征的控制方式在传统管理会计中表现突出，如最优存货控制模式的运用，标准成本制度及建立在其基础上的预算管理等。值得一提的是，作业量基准预算及适时生产系统是成本维持的热点问题。

第三节 房地产／建筑企业精益成本管理主要方法
——成本持续改善

成本改善（Kaizen）是成本抑制的精髓。成本改善主要是通过改进现有生产施工程序，进一步提高其生产效率，来达到不断降低生产成本的目的。其核心在于以一种改造和变革的观念反思现存成本管理环境的有效性、成本控制标准的合理性，以及成本控制责任的范围与实施等问题。它对以扩大生产规模和提高劳动生产率来降低单位成本有着更为积极的改善态势，但也只是一种基于传统规模经济学的质朴而粗略的成本改善方式。现代企业推行的作业成本管理及其相配合的业绩计量与评价方式是一种更为精细化、更为深入的成本改善技术方式，在西方国家效益显著。

一、房地产企业成本管理过程分析

依据全面成本管理的九大要素，结合目标成本管理方法的应用过程，构建的现行房地产企业成本管理过程，如图9-4所示。

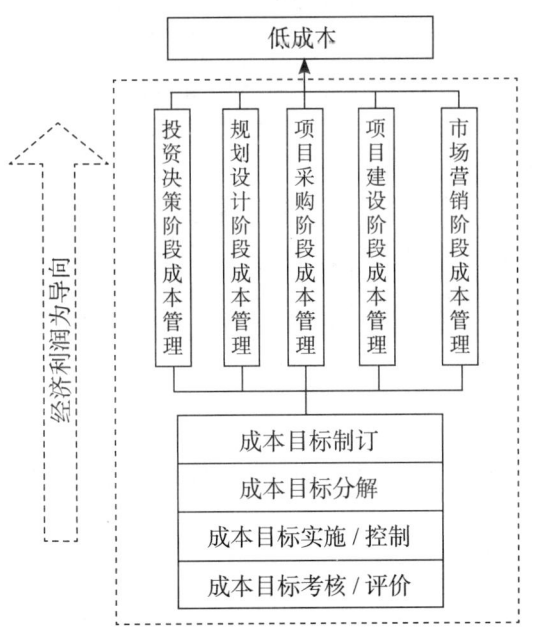

图9-4 房地产企业成本管理过程

从图 9-4 中可看出，房地产企业对项目成本的控制已经从过去的粗放式逐步转变为精细式的全过程控制。通过目标成本的制订、分解、执行、评价来实现成本的管理。经营层面的成本管理过程强调企业内部为成本方法的运行提供一个良性的管理环境。

具体特点表现为以下几个方面：

1. 成本管理介入点前置

房地产开发项目的成本的介入已经从事中走向事前，投资决策阶段根据项目定位和规划指标已经开始了目标成本的测算。

2. 成本管理的范围增加

成本管理的范围增加表现为管理范围延伸至全过程，项目立项定位阶段到销售及物业服务的全过程均已纳入目标成本管理的范围中来；成本管理参与的人员延伸至全员参与，高层对利润回报率的要求在严峻的市场形势下被转换为对低成本和高周转的追求，故项目管理人员对成本的把控意识增强。

3. 成本管理的管理层次化

房地产开发项目的成本管理围绕着企业战略目标，逐渐形成了由企业高层引导，中层管理、基层执行的成本管理集团，该集团关注项目开发过程中费用的生成。

二、精益成本管理改进模式框架

精益成本管理改进模式框架体系设计如图 9-5 所示。

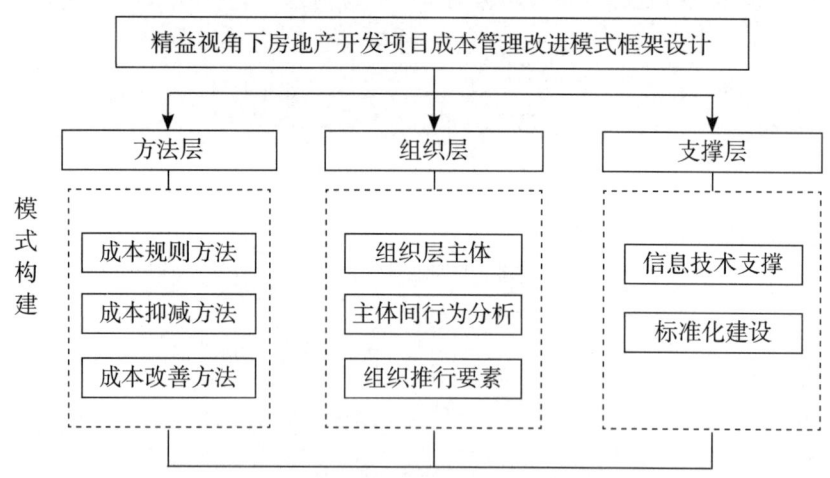

图 9-5 精益成本管理改进模式框架体系设计

精益成本管理需要识别有效资源，在成本约束条件下创造与客户（业主）需求相匹配的产品价值。其成本管理需要体现如何更有效地识别价值，如何通过成本的投放在源头满足客户的价值需求；如何更好地实现"人"在整合资源过程中的作用；如何更好实现成本管理的持续改善。因此，改进模式的构建主要集中在三个方面：方法层面包括适用于项目开发管理过程改善的方法集合，由适合项目开发人员执行的，以顾客价值为导向的，适用于项目开发过程的，能够实现成本管理过程的，能够持续改进的方法的组成。组织层面包括适用于有效推动项目开发人员积极参与执行成本管理精益化活动的要素组成。支撑层面是由能够支撑项目开发人员有效实现方法运行的基础环境组成的。基于精益思想的房地产企业成本管理模式框架如图9-6所示。

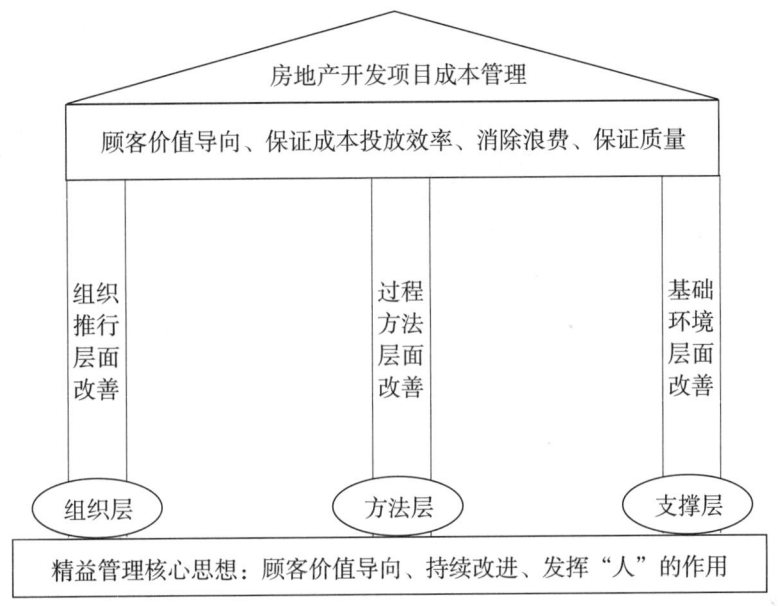

图 9-6　基于精益思想的房地产企业成本管理模式框架

精益成本管理的组织层主要是要解决项目成本管理过程中职能层面缺乏人员积极执行的问题。在影响因素中组织层面因素的讨论未对具体如何解决该问题进行讨论。故在分析组织层所包含的人员主体及其参与成本协同管理行为时，提出推行人员积极参与的具体推行措施。

精益成本管理的方法层主要是解决项目成本管理过程中方法缺少顾客价值导入的问题。在影响因素中方法层面因素的讨论并没有结合具体的方法论进行讨论。故在现有成本管理方法的基础上强化顾客需求的识别、转换、传递过程中，选择能够实现精益成本管理目标下的规划、抑减、改善的方法。

精益成本管理的支撑层主要是要选择集合基础环境改善的要素，这些要素共同作用为方法的实现及人员的推行提供有利的基础环境，从而保证方法应用层面的可靠性以及过程管理的可控性和成本改善的持续性，同时解决组织推行过程中的便利性问题。

三、精益成本管理改进模式的组织层

房地产开发项目成本管理模式中方法的实现需要项目开发各阶段的参与人员共同参与。推动人员的积极参与需要采用主动激励与被动约束相结合的形式。从影响因素的关系分析中,人员的参与行为受组织层面的推行要素构成的内部组织环境影响,如图9-7所示。其中,责任制度是指人员承担的工作任务职责,绩效制度是指组织设置的评价人员业绩并予以奖罚的制度,工作氛围是指高层推动下所形成的企业精益文化,企业培训是指对企业开展的针对项目开发的技能培训。这些方面共同作用能够改善人员的参与行为。

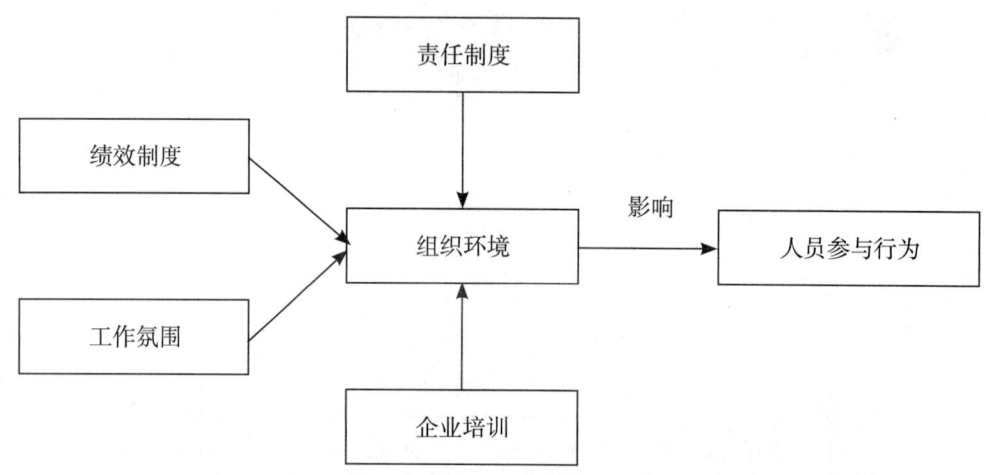

图 9-7 组织推行要素与人员参与行为之间的关系

房地产开发企业需要改善内部组织环境从而引导人员积极参与开发项目成本精益化管理的活动。确定组织推行要素的改进方向是通过对人员参与项目成本管理的行为进行分析得到的。这种方式从员工在企业组织环境中参与行为选择出发,以推动员工执行为目的,改善组织推行要素,从而实现成本管理组织推行层面的改进。

不同的企业针对开发项目设置的组织结构形式不同,职能式的组织结构中项目部仅负责施工的现场管理,其他各人员仅负责各自管理职能下的任务;矩阵式的组织结构中由项目部作为项目执行主体的负责人,各职能部门作为项目的参与者同时对项目总体效果及各自管理职能下的任务负责;项目式的组织结构中项目部由各职能组成全权负责项目的执行。从这三种组织结构中看,无论是何种形式的组织,项目参与人员都是由不同专业的人员构成且分别在组织中担任不同角色,同时受更高层管理人员设置的内部组织环境影响。故本书将精益视角下组织层参与的主体划分为项目开发管理的执行主体和管理执行主体的高层管理者,如图9-8所示。

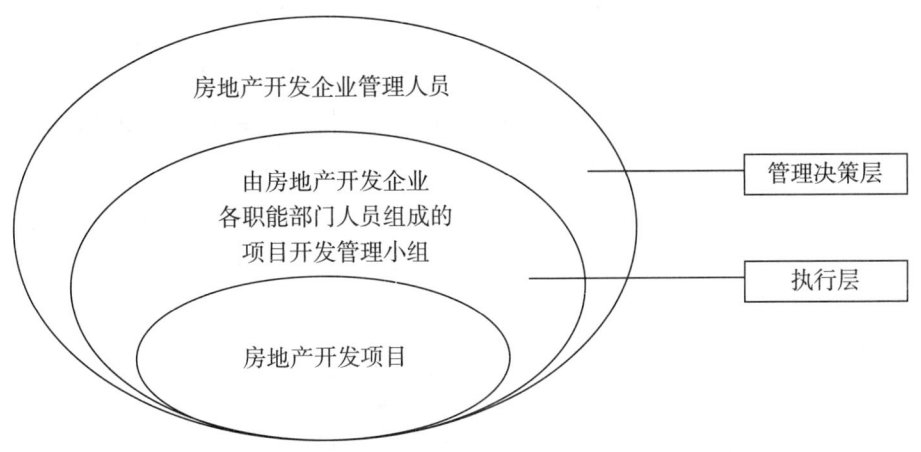

图 9-8　房地产开发项目成本管理主体及关系

1. 执行层主体

精益成本管理延续全面成本管理的理念，参与项目开发全过程的全部人员都是成本管理的主体。涉及项目开发全过程的管理活动，且根据各阶段任务不同划分了不同开发阶段，这也是房地产开发企业在基于项目开发流程所划分的作业中心，而每个作业中心的作业活动都会影响房地产开发项目的成本，将面向本项目开发的各作业中心主要负责人员视为项目开发管理小组成员。该小组成员为精益成本管理的执行主体。

2. 管理决策层主体

房地产开发项目的成本除去管理小组的管理以外，还有来自企业层面管理决策者的关注。其作用是在房地产项目开发的过程中制定相关的制度和措施，以保证在开发过程中精益思想的有效实施。同时对执行层小组成员进行相关的教育和培训，树立精益成本管理的意识，使其在工作中能够处处体现出精益成本管理的思想。

3. 组织推行要素的改进及实施

（1）设置合理的激励结构。合理的激励结构是项目最终目标实现的基础。激励结构包括两方面内容：激励强度及指标考核范围。精益视角下的成本精益化管理需要激发人员主动参与的积极性。企业针对团队产出及个人产出激励强度的设置由个人产出系数、协助他人的产出系数、他人协作的产出系数、个人成本系数、不同努力之间的冲突系数等共同决定。指标考核范围设置即个人任务及团队任务取决于企业的激励目的。精益视角下的管理决策层激励目的是实现成本投放下的价值实现效率最大，从而实现降本增效的管理。为保证项目执行人员对团队目标中成本约束下的顾客价值实现而积极协作，项目管理过程中在给予其基本薪酬情况下，以顾客满意度及无效成本的发生情况作为检查考核的目标之一，设置基于该目标的团队任务激励，这样可以引导项目开发执行人员对"降本增效"任务的关注，有利于实现全过程的顾客价值传递。

（2）设置成本责任系数。成本目标与其他工作目标不同，项目开发的任何一项作业活动都意味着成本的消耗，故房地产开发项目的成本管理工作不仅仅是成本部门单独的任务。虽然成本管理部门作为主要责任部门，但需要其他部门积极且高度配合。需要调动项目开发管理小组共同参与成本管理的积极性。代理人1的"降本"协同努力在不确定项目协作增值收益的情况下，团队成员更倾向于对个人工作的付出，故设置责任系数，将成本管理工作纳入员工个人工作的范围内，一方面可以引起项目参与人员对项目目标成本制订的关注，另一方面也可以引起其对成本支出的关注。责任系数的确定依据可以根据纳什均衡合作博弈求解的方式确定；同理将代理人2的"增效"行为纳入个人工作的范围内，避免仅以降低成本为目标的管理活动。

（3）降低个人付出的边际成本。精益视角下的项目成本管理过程强调人的作用，即员工愿意为工作目标的实现付出更多努力。无论是代理人1还是代理人2，对于个人努力以及协助他人的努力都与个人努力的成本系数有关。个人努力的成本系数越高，在固定激励结构的情况下，则员工努力付出的可能性越小。故企业可通过以下方式改善组织环境，降低员工个人努力成本系数：一方面可以通过企业的专业培训提高员工的专业素养；另一方面可以改善工作环境提高员工的效率，比如流程的标准化、产品的标准化、产品数据库等。

（4）降低协同工作冲突。个人主要负责的任务与需要协同的工作越冲突，越能说明当该员工参与协同时会导致其主要负责的工作产出受损，为保证自身工作原有的产出水平就需要付出更多的努力，此时员工愿意参与协同的努力程度会降低。以代理人1为例，考虑"降本"的目标会使个人的"增效"工作变得更为复杂，员工需要付出更多的努力才能维持原有的工作质量，故其主动参与成本管控的积极性会降低，为降低这一冲突企业可通过以下方面改善组织推行要素：一方面通过培训倡导精益文化，培训的范围包括团队合作、综合技能培训、团队合作意识培训、顾客价值观念培训、持续改进理念培训等，使员工增强解决工作冲突的意识和能力。另一方面通过企业信息化协同办公平台中的功能的集成，可以通过降低因目标冲突而造成的努力冲突。

四、精益成本管理改进模式的方法层

房地产项目的开发过程是由项目参与人员完成的价值识别、转换、传递、生成和实现的过程。成本规划突破原有计划的功能，强调规划功能在系统化成本管理过程中的作用，尤其是针对目标功能需求已知的产品规划阶段，通过成本的规划以便更好地为产品设计提供依据；成本抑减是对成本控制任务的一种延伸，强调避免非增值作业的发生，在控制的基础上抑制无效成本的发生；成本改善是根据成本反馈改善管理活动以降低成本，实现持续改善的一种方式。如图9-9所示为三者共同作用实现精益视角下房地产开发项目成本管理的管理过程改善。

第9章 房地产/建筑企业精益成本管理

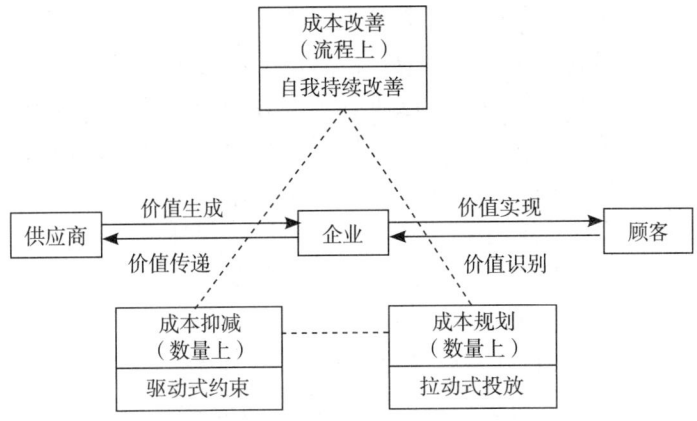

图 9-9 精益成本管理模式方法层的功能需求

结合房地产开发项目所面对的内部组织环境和外部市场环境构建的顾客价值驱动下方法层功能需求，选择的方法能够满足基于顾客需求拉动下的成本合理化投放，实现成本规划；能够通过消除管理过程的无效成本以实现成本抑减；能够实现管理活动的持续改善，达到成本改善的目标。

1. 基于精益思想的房地产项目成本规划方法

基于精益思想的房地产项目成本规划实现的具体过程如图 9-10 所示。

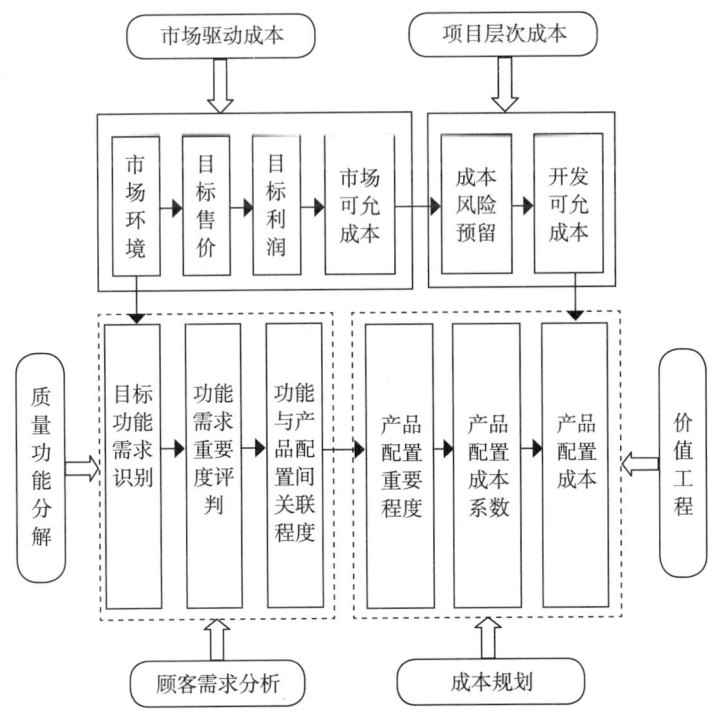

图 9-10 基于精益思想的房地产项目成本规划实现的具体过程

以改进的目标成本法来实现项目成本规划的任务。目标成本法在成本管理中的作用主要体现在通过规划成本达到"增效"的目的，一方面通过市场分析将外部竞争环境和需求环境转化为企业内部控制的依据，另一方面以源流与注入的思想，通过识别顾客的需求偏好来指导成本约束下的投放结构的优化。这需要在原有目标成本法的基础上，引入质量功能展开（QFD）以及价值工程（VE）、关联需求、配置及成本间的关系。对于顾客不关注的功能需求，其投放的目的是保证基本功能，对于顾客关注的部分，在成本投放时根据其产品配置质量特性的重要度选择产品配置水平，从而确定顾客需求下功能配置成本，以此达到目标成本限额下的"增效"。

精益成本管理要求在项目开发成本约束下的各成本科目的具体投放，是以满足目标客户（业主）基本功能需求为基础，依据目标顾客的功能需求偏好，实现的成本有策略投放，以此指导项目的开发设计。故在确定目标成本约束总量的前提下，需要结合客户（业主）需求管理来寻找对项目功能需求的偏好，通过质量功能展开（QFD）的形式寻找需求与产品配置间的关系，从而将功能需求的偏好转换为产品配置的重要度，结合历史项目的产品配置水平与成本间的关系，即配置要素水平变化对成本的影响程度，寻找目标成本约束下的客户（业主）功能需求满足程度最大，即可利用线性规划的形式寻求最优的产品配置水平，可实现成本的合理投放。在目标成本约束内的具体方案的选择，可根据目标客户（业主）的功能需求的重要程度依据功能评分，以及各方案的成本系数，采用价值工程（VE）的方法对项目的质量、功能和成本三者进行优化，从而在源头将客户（业主）的需求转化为内部控制的成本、质量、性能等指标。

2. 精益成本抑减方法

1) 目标—作业成本法

目标—作业成本法在成本抑减中的作用主要体现在对成本动因以及动因量的识别和归集上。成本抑减是在成本控制的基础上通过有效管理活动消除开发过程中可能产生的一切浪费，需要深入到项目具体的作业活动中。故此处采用作业成本法，通过分析作业的动因及资源消耗动因，能够消除不增加价值的活动，从而消除浪费，实现成本抑减的目标。其具体的作用过程如图9-11所示。

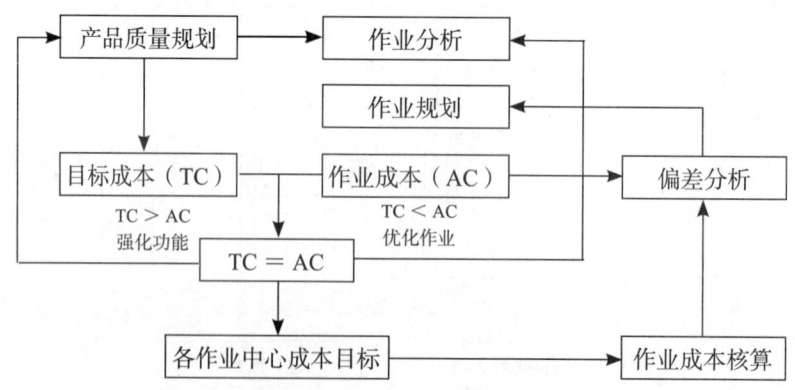

图9-11 目标—作业成本法实现成本抑减的过程

第9章 房地产/建筑企业精益成本管理

（1）指导目标成本科目的分解，以项目的作业划分作为目标成本细化的科目，直至作业的最后一级，同时也能够具体指导合约的具体规划。

（2）将成本规划的成果中质量和性能的要求通过制订作业规划，对其具体的作业链进行作业分析，预计作业可能发生的成本，通过与优化后的目标成本进行对比，若规范的成本较高，则分析作业流优化的空间，达到作业链上的持续改进。

（3）在具体实施过程中，通过对比分析作业下消耗的资源，根据资源动因及资源动因量来分析资源层面是否发生浪费，同时分析作业层面的作业动因量和作业动因判断作业层面是否存在浪费。

2）成本可视化

成本可视化在房地产开发项目管理上主要是指成本轨迹可视化，成本轨迹可视化是成本计划、成本实施、成本余存等的可视化，成本是量和价的体现，故成本动态的可视化也是成本计划完成和已经实施的数量和价值的体现，企业可以对历史成本进行偏差分析，总结经验，指导下一阶段的成本管理。

目视管理是实现精益生产的基础工具和方法，主要通过公开化、透明化以及视觉信号显示来推动生产管理过程浪费现象的消除。借鉴其管理核心功能，利用成本的可视化来实现房地产企业成本的抑减。

3）精益质量管理

房地产开发项目中的质量包括两部分：产品质量和工作质量。产品质量指建造的产品能够满足顾客需求偏好的程度。这要求在成本规划阶段定义下的产品功能在产品建造过程中全部得到实现，需要施工过程中以质量为前提的管理作业：在完全保证考虑基本质量的基础上，要考虑顾客对不同功能的关注程度，在实施的过程中把控质量管理的重点；同时，根据前期不同类别的客户功能，以及产品的质量规划，将不同作业的质量标准细化，有侧重点地实施质量管理，保证过程质量最大化地满足客户的需求。项目开发成员的工作质量直接决定产品质量，工作质量是指在开发管理的全过程中避免返工行为的发生，即保证个人完成工作的质量，同时做好预防措施及应对措施，避免因个人工作质量缺陷造成的损失扩大。

4）供应链协同成本管理

房地产开发是供应链上的核心企业，目标是寻找合作伙伴共同满足顾客对产品需求。精益成本抑减是由房地产开发项目管理人员主导的，在有成本约束条件下进行整条供应链上无效成本的管控，保证顾客价值实现。一方面通过与下游企业建立良好的合作伙伴关系，使供应链上的企业能够充分理解顾客对产品的需求，共同以实现顾客需求作为最终的目标追求。另一方面从企业内部完善采购作业，以规范化和信息化的采购作业降低供应商的选择风险，选择优质的供应商，以拉动式计划管理准时地组织每个建设环节，并且将精益的理念贯彻到每个合作伙伴的经营理念中。同时采用集中采购，以"大订单"的形式选择供应商，在降低成本的同时有利于与供应商之间建立良好的合作伙伴关系。

5）基于价值流的成本改善方法

价值流分析法是精益管理工具中分析浪费、实现持续改善的工具之一。精益管理视角下的成本管理强调管理过程的持续改善。房地产开发企业视角下成本控制与改善依赖执行人员有效地开发管理活动，其价值流的载体是业务流程。企业通过价值流分析识别项目开发管理活动中的价值消耗的节点，通过技术手段和管理能力的提升，逐步消除流程中不创造价值的活动，以实现成本管理效率的最大化，符合精益化消除浪费持续改善的本质要求。

价值流分析通常采用价值流图的形式识别内部浪费，并通过改进流程来消除浪费，是一种精益基础工具。其核心内容是通过分析现状图及理想状态图，找出问题及解决方案的工具，实现过程的持续改善。其分析的核心思想包括两方面内容，一方面是判断在满足顾客功能需求的过程中，每个环节的生产作业流程是否为增值作业，即"流"是否为实现功能创造产品或服务价值存在；另一方面是判断"流"的有效性，即分析其资源耗费的合理性。

价值流分析方法在运用时按照以下的程序与方法来进行，如图9-12所示。

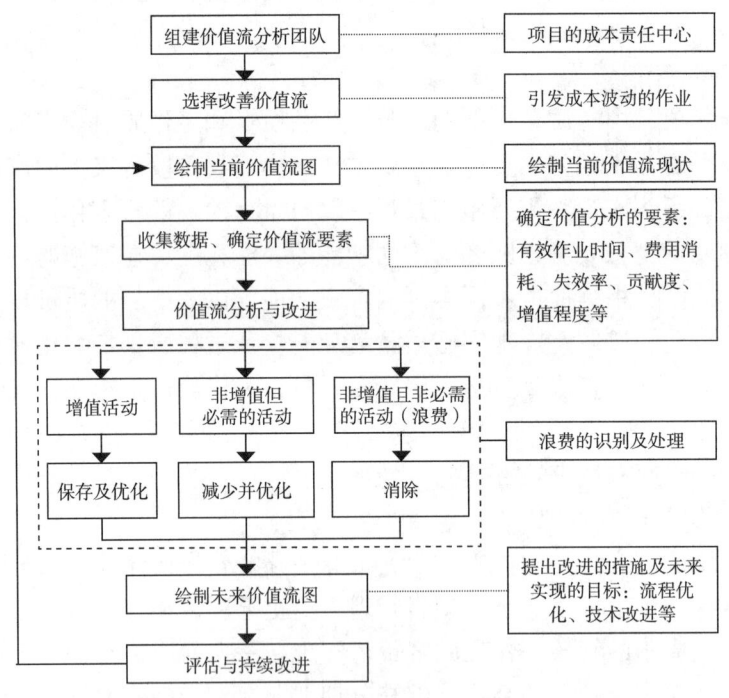

图9-12 价值流分析实现精益成本改善的过程

第1步，建立价值流分析团队。价值流分析团队应当包含参与项目的各职能部门的人员，以便在价值流分析的过程中能够综合各种意见，以及对系统分析人员，从企业整体出发，将系统中其他部分综合考虑、统一分析。各职能部门的项目参与人员即为项目各部分成本的责任人，由决策管理层人员将其整合组建该项目的价值流分析团队，对项目开发的活动进行回顾及改进。

第2步，改善价值流的识别。房地产开发企业的项目开发是一个组织生产、资源集成的过程，主要为管理作业。其价值流的识别与普通生产制造企业不同，产品的建造过程以设计、管理、服务价值流为主。主要表现为以下四个过程：①将项目初步设计以顾客需求为导向转换为可用于指导建设的详细设计流程，这决定了产品的方案价值；②从选择各类承包商及部分材料供应商进场到项目建成这一过程的建设管理流程，这决定了产品的工程管理价值；③从项目建成到项目交付这一过程中的产品服务价值流程，这决定了产品的服务价值；④贯穿于整个项目开发过程的需求识别及产品交付的信息处理流程，它推动项目的生产、建造、销售流程，这些流程相互作用保证了顾客价值的实现。

第3步，确定价值要素。房地产开发过程以信息和知识的形式表达为主，通过信息、知识及部分物料的传递组织整个开发活动，运用价值流图分析开发过程中的增值和非增值活动，需要考虑房地产开发过程中浪费的形式及特点，对其价值要素的识别进行有目的的选择。本书结合研发项目和生产流程中的价值要素以及房地产项目开发的特点，选择以下要素：重要度说明目标实现依赖该项活动的程度；失效程度说明现状下本项工作与标杆企业相比输出改进的可能；满意度说明后续活动对本项工作输出的评价；工期和核心时间说明该项工作的效率；成本反映了该项活动的投入。其获取方式及含义如表9-1所示。

表9-1　价值流分析过程中的价值要素

范围	指标	含义	获取方式	核算单位标准
活动流程效率	ET	完成某项任务的工期	实际项目开发时间获取	天
	CT	产生该项活动的价值核心时间	实际项目调研获取	天
活动流程成本	C	完成该项活动花费的成本	实际项目成本数据	万元
流程活动质量	失效程度	输出存在缺陷的程度	由该项活动负责人自评是否有改进的可能	无缺陷、轻微缺陷、一般缺陷、严重缺陷、致命缺陷——对应的得分为0、1、2、3、4
	下游任务的满意度	后续活动对本活动任务的满意程度	由价值流分析团队成员根据目标进行集体评价	非常不满意、比较不满意、一般满意、较为满意、非常满意——对应得分为0、1、2、3、4
	该项任务相对重要度	该项任务在整个价值创造过程中的重要度	由价值流分析团队成员根据目标进行集体评价	不重要、一般重要、较为重要、非常重要——对应等级得分为0、1、2、3、4

第4步，绘制初始价值流图。房地产开发的价值流图的绘制目的是清晰地反映在这个阶段的管理流程活动是否有改进的可能，根据项目开发的具体情况，结合其开发特点，绘制出主要作业流程节点，并开展具体的分析。

第5步，分析过程中的浪费。根据价值流图中的价值要素的数据，分析作业过程中发生的浪费，如在规划设计阶段分析房地产项目开发过程中发生的浪费主要体现在以下几个方面：①前期定位阶段未准确识别市场可能面临的风险，产品配置过剩；②规划设计阶段缺乏系统的原则，设计标准的模糊导致方案设计阶段的工作反复；③由于项目资金不到位而导致的设计单位供图拖延致使工期的拖延；④由于设计单位对成本控制力度不够导致的方案成本过高；⑤由于标准化水平存在大量的重复的工作；⑥存在不必要的资源或者信息；等等。

第6步，绘制改善的价值流图。因房地产开发项目具有一次性的特点，且不具有完全一致的项目，故需要将改善措施用于下一项目的开发中，避免浪费的产生。一方面企业通过对标将标杆企业的先进管理手段引入到开发过程中，另一方面通过优化流程来提高效率。

五、精益成本管理改进模式的支撑层

精益成本管理的支撑层主要是要选择集合基础环境改善的要素，这些要素共同作用为方法的实现及在人员间的推行提供有利的基础环境，从而保证方法应用层面的可靠性以及过程管理的可控性和成本改善的持续性，同时解决组织推行过程中的便利性问题。

1. 信息技术支撑的作用

实现精益成本管理过程方法的改善离不开信息技术的应用，应用信息技术能够迅速传递项目开发需要的相关信息，并获得及时的反馈。通过信息技术的数据处理技术对收集到的项目开发信息进行科学的分析，企业能够加快项目的技术改进和管理活动优化，在提高管理效率的同时，实现管理协同，对实现成本管理的精益化改进具有重要的支撑作用。

管理过程改善层面的信息技术支撑功能主要体现在以下方面：

（1）强大的数据集成能力。管理过程改善的方法应用过程中涉及的数据包括：不同顾客群体的需求偏好，产品的配置信息，产品的配置与顾客需求偏好的匹配程度、产品配置的成本数据、实时过程中的成本动态数据、项目成本计划、项目开发活动完成的质量信息、行业数据、供应商合作数据等。这些数据集体关联从而更好地实现项目成本的规划、抑减和改善。故信息技术的支撑功能需要拥有强大的数据集成能力，能够沉淀并关联项目的基本信息。

（2）工作流程的可控能力。工作流程的可控能够为跨部门的作业提供支持，房地产开发项目的管理活动是由一系列工作流程组成的，在管理过程改善的方法中，价值流的分析是实现持续改善的重要工具。价值流分析中所需要的数据包括基本管理活动所消耗的时间、完成的质量、返工的次数等，这些基本信息可以通过信息技术记录并保存，企业通过对数据的累积构建项目开发流程的作业标准，通过信息技术来实现流程质量及时间的自动预警。

从组织推行层面的信息技术支撑功能主要体现在以下方面：

（1）强大的信息分析能力。数据集成的作用是解决决策依据的全面性的问题，信息分析能力的作用是解决决策依据的合理性问题。土地的性质决定了不存在两个完全相同的项目，故需要对集成的数据具有强大的分析能力才能有效地指导决策。例如，通过信息技术可以深度挖掘历史项目与待建项目的相似度，可通过历史同类项目的顾客反馈对待建项目的产品配置进行修正。

（2）关联数据的共享能力。项目管理执行主体在决策的制订过程中离不开数据的支持，精益视角下的成本管理是在成本约束条件下以寻求顾客价值最大为目标。顾客价值的目标需要转化为项目开发各阶段的任务目标。成本数据需要被转换为约束条件指导整个项目的管理活动。成本目标的制订需要共享销售部门的调研数据以及设计部门的产品配置数据，成本抑减的过程需要共享顾客需求偏好、成本的动态数据、项目的进度数据等实现成本轨迹可视化以及现场管理可视化等。

2.信息技术支撑的功能实现

信息技术支撑的功能实现是依托组织协同办公平台和项目数据集成平台实现的，如图 9-13 所示。

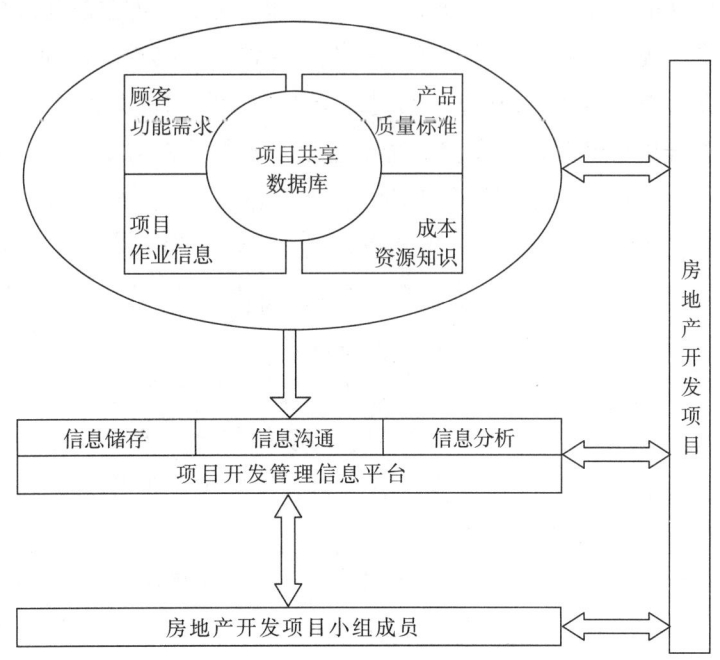

图 9-13 信息技术支撑的功能实现

协同办公平台主要通过对工作流程及个人工作任务进行分解，区分管理模块与管理权限，能够实现流程关系及进度可视；通过记录流程返工次数来评价该工作的完成质量，通过设置流程审批进度标准，并构建预警系统，实现工作处理流程的可视化管理。集成平台主要通过集成并关联项目基础数据，通过工作任务权限接口开放项目基础数据，为管理决策提供支撑。

3. 标准化建设的支撑作用

1）标准化建设的功能

标准化是一种被规范和细化的管理过程，是一种有效的基础环境改善方式。能够管理活动的周期，且能够减少管理活动中无效且繁杂的工作。同时能够为各项工作的展开提供标准，能够降低项目的沟通成本，同时提高项目整体管理效率。从组织推行层面的需求出发，标准化建设能够为组织推行层面的员工努力降低边际成本，并且通过标准化降低团队协作对个人工作努力的影响；在管理过程改善层面，一方面标准化建设需要能够为方法的应用提供便利的应用环境，另一方面需要能够为浪费的分析提供可参照的依据。

2）标准化建设的功能实现

（1）产品标准化。产品标准化主要包括：①针对不同客户群体所形成的产品线规划；②基于产品功能而形成的产品模块化体系；③结合历史项目信息及市场需求环境形成产品的设计标准以及该设计标准下的成本标准；④沉淀的过程工作实践标准，包括材料采购标准、施工过程作业标准等。从管理过程方法改善的层面：产品标准化能够为成本规划阶段的决策提供支撑，通过顾客的功能需求偏好结合产品线中具体模块化的功能，快速定位产品配置信息，能够为质量功能分解方法在改进的目标成本法中的应用提供便利。从组织推行层面上看，产品标准化为员工降低了决策及执行的难度，有利于管理过程中的需要考虑顾客需求及成本约束下的团队任务的完成。

（2）流程标准化。流程标准化主要是指为保证项目管理目标的实现，在项目开发过程中执行管理行为时具有明确的可参考的管理依据，包括通用的流程、职责及权限的界定、工作方法、固定的工作成果模板、成果评价和考核指标等内容的规范化。流程是将管理目标实现的一系列连续的管理活动的集合。流程的标准化是最基础的管理环境，通过改善这一环境可以规范管理过程中方法的应用，同时可以为改善阶段性的浪费分析提供可参照的依据。

（3）合约标准化。合约标准化主要指为降低合同风险而制订的各类标准合同文本，用于具体指导合同的签订。房地产开发项目的价值实现过程主要依靠供应商对工作目标的具体执行。通过标准化的合同文本可以减少因为合同不完善而产生的无效成本。有利于企业实现在成本抑减环节的供应链成本管理目标。另外，合约的标准化提高了员工在合同签订过程中的工作效率,可以抵消因考虑成本问题而需要额外付出的努力,能够提高员工参与成本管理的积极性。

第四节 房地产/建筑企业精益成本管理体系与实施

精益成本管理模式以 TCM(全面成本管理)理念为基础。所谓 TCM,是一种着眼于现行企业成本文化的长期成本管理方法,它综合地考虑了企业的竞争战略、管理决策、人力资源计划、资源配置计划和投资计划,为企业总体的、持续的长期增长提供了一个综合的、相互协调的基础。

TCM 的宗旨与 TQM(全面质量管理)相似,TQM 的核心是识别客户的各项要求,然后企业应尽最大努力去满足那些要求。而 TCM 的核心是确认顾客的成本要求,并尽力去满足这些要求。它们的差别仅在于所采用的主体不同,实施 TCM 的主体是人。

美国企业管理专家根据美国企业的管理实践归纳总结出一个"三 T、三 C、三 M"的模型,TCM 的实质就是管理企业所有资源和管理耗用这些资源的活动,因此,TCM 规划的目标是识别达到目标的机会,监控进程并持续不断地改善成本。但是,同 TQM 一样,LCM(精益成本管理)不仅要求管理者,而且要求所有员工都必须树立这种观念。成功地实施 LCM 关键是培育一种适宜的企业文化,将员工个人目标与企业目标融合为一体。在这种企业文化中,员工知道他们自身的行为对各项成本的影响和对自身利益的影响。

LCM 的九大要素包括:高层管理的重点、任务及目标、技术、监督与检查、文化、继续教育、变革的机制、约束承诺和激励机制。

本书以 LCM 的思想为指导,分别从战略层次和作业层次构建精益成本管理模型,如图 9-14 所示。

一、精益决策成本管理

投资决策阶段作为房地产开发核心流程的开始,是房地产企业成本管理最重要的一个阶段,也是投资项目源头成本控制的关键。虽然决策阶段发生的成本费用较少,但对整个项目的成本控制起着非常重要的作用,它直接关系一个投资项目的成败。据统计,投资决策阶段影响项目成本的程度可以达到 80%～90%。

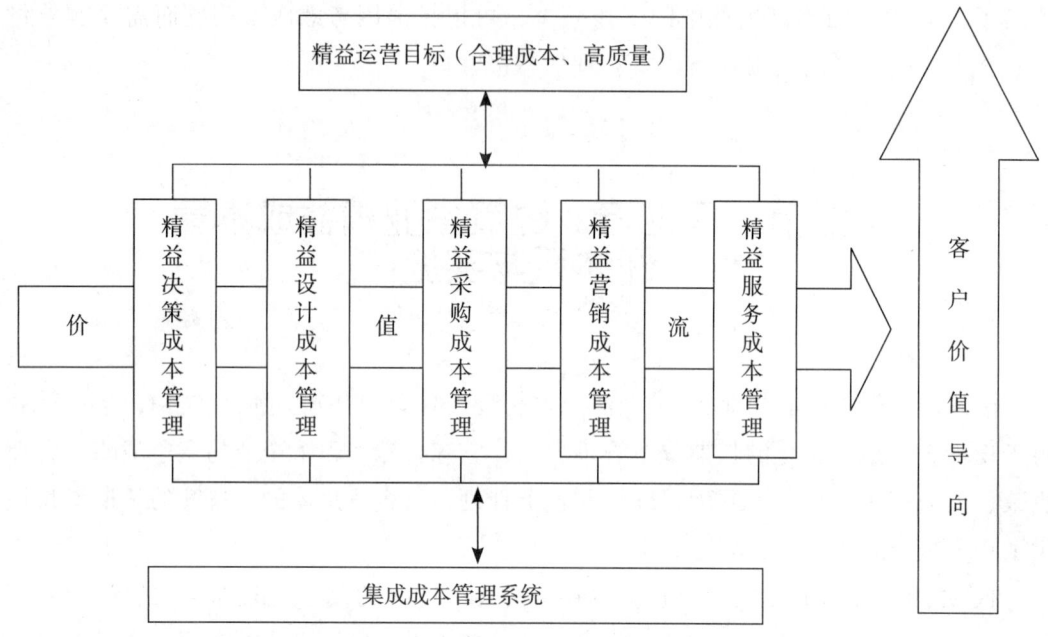

图 9-14　精益成本管理框架模型

在进行房地产项目投资决策时，房地产开发的第一项工作是市场调查。市场调查可以采取工作人员深入房地产市场进行调研和发放调查问卷等多种方式。工作人员对正在开发的竞品楼盘进行产品分析、客户群分析，了解市场购买状况；主要的调查内容涉及市场的购买力、住房销售价格、住房的户型、客户对环境的偏好、目前市场的竞争情况等；第二项工作是对调查资料进行分析总结，根据市场调查的结果并结合公司近年来掌握的情况，经过分析研究以确定本项目的市场定位、户型设计、成本构成与分配等重要指标。同时，企业要提高投资估算的准确度，应根据项目的使用要求、建设目标、建设规模、规划技术条件等技术指标，组织项目前期工作组的相关人员对项目进行共同研究和提出初步投资建议。高质量的项目投资估算能够准确地估算出项目成本，成为项目投资决策的可靠依据。

二、基于价值工程的精益成本优化技术方法

房地产项目精益设计成本管理的技术管理方法有很多，这里主要介绍价值工程（VE）的设计成本优化技术方法。详细技术方法内容请参阅作者的《房地产·建筑设计成本优化管理》一书。

1. 价值工程的定义与内涵

美国价值工程师协会对价值工程的定义是："价值工程是一种以价值与功能分析为导向的系统群体决策方法，它的目的是增加产品、系统或者服务价值。通常这种价值的增加通过降低成本来实现，也可以通过提高顾客需要的功能价值来实现。"该定

义明确指出降低产品成本是价值工程的重要目标之一。

价值工程是处理工程造价和质量功能矛盾的一种现代化方法。运用这一种方法，就可以通过质量功能展开与细化，把过剩的质量、多余的功能去掉，对成本造价高的质量、安全、功能实施重点控制，从而最终降低工程造价，实现项目经济效益、社会效益和环境效益的最佳结合。大量的实践经验也证实了价值工程在降低工程项目成本，特别是在消除不必要的质量、安全、功能成本方面具有独特功效。

价值工程的目的是"以对象的最低寿命周期费用，可靠地实现使用者所需功能，以获取最佳的综合效益"，这三者的关系是：

$$V = F/C \tag{9-1}$$

式中：V（Value）表示价值、F（Function）表示功能、C（Cost）表示成本。

从三者的关系可以得出，产品价值的高低取决于其功能与取得相应功能所耗费的成本。对房地产开发项目而言，其价值系数表现为该项目具有的功能与开发运营全过程中所需投入成本的比值。功能高，成本低，相应的产品价值就越高；反之，功能低，成本高，相应的产品价值就越低。

当 $V = 1$ 时，表示在房地产开发运营全过程中，项目的功能实际成本与实现功能的目标成本相同，即以合理的成本造价实现了产品的最佳功能，无须改进。

当 $V > 1$ 时，存在两种情况。一是开发项目具有明显优势，且 V 值越大，存在的优势越明显，此时无须改进；二是开发项目功能的实现成本小于功能评价值，即成本造价偏低，不能满足或实现目标功能，需进行分析，加以改进。

当 $V < 1$ 时，也存在两种情况。一是开发项目存在一定的抑制因素，或者与开发项目的要求存在一定的差距，且 V 值越小，存在的差距越大；二是开发项目功能的实现成本大于功能评价值，即成本造价偏高，实现的对应功能偏低。这两种情况均需进行成本或功能改进。

2. 价值工程的特点

1）从客户的质量功能需求出发，通过价值创造，实现价值最大化

价值工程以客户的质量功能需求为出发点，致力于提高住宅产品价值的创造性活动，强调寻求住宅使用功能和产品建造成本、使用成本、运营维护成本的平衡点，发掘住宅的最高性价比。这就要求，开发商必须创造和提供顾客满意的价值，因而为此付出的代价——成本造价，也就不能离开为创造和提供客户价值的一连串的活动——价值链，基于现代价值链理论的成本控制正是这一思想的最好体现，它从价值创造出发，终于客户价值最大化——成本投入为了创造价值，而创造价值又必须投入成本。这一变化使得开发商成本控制应该从价值链分析出发，首先确定其成本定位，进而从价值创造和成本投入两个不同的视角进行成本造价控制，从而实现"价值创造→投入成本→创造价值→实现效益"的良性循环。

如何平衡价值创造和成本投入之间的关系，价值工程理论为我们提供了一座桥梁。而从技术的角度讲，价值工程更擅长的是对住宅产品的功能进行分析，保留和增加必要功能，删除和减少不必要的功能，然后再根据保留功能情况确定最低的成本造价数

额。也就是说,开发商不能单方面压低成本造价,也不能盲目强调质量功能的提高,要技术与经济相结合,力求达到"技术先进条件下的经济合理,在经济合理的基础上技术先进",在满足住宅项目安全、功能要求的前提下,优化配置和使用既有资源,适度降低成本造价。这是开发商应该优先选择的成本造价控制方法。

2)以最低的寿命周期成本,使产品具备应有的功能

通过对价值工程基本原理的理解,明确价值工程理论中功能、成本和价值的三个核心含义,了解提高价值工程的途径在于功能与成本间的变化及二者之间的变化幅度,因此判断功能与成本的关系就成了价值工程的一个重要过程。经分析发现,功能和成本之间存在内在联系。一般而言,在经济技术条件稳定的情况下,生产成本$C_生$会随着质量功能增加呈上升趋势,而使用成本$C_使$会随着质量功能增加呈下降趋势。产品的寿命周期成本是生产成本$C_生$与使用成本$C_使$之和,在功能成本直角坐标系中就表现为两个成本曲线的叠加,呈凹形,抛物线存在一个最低点,对应的成本最低总成本C_0,对应的功能为企业和用户追求的最佳功能F_0。如图9-15所示。

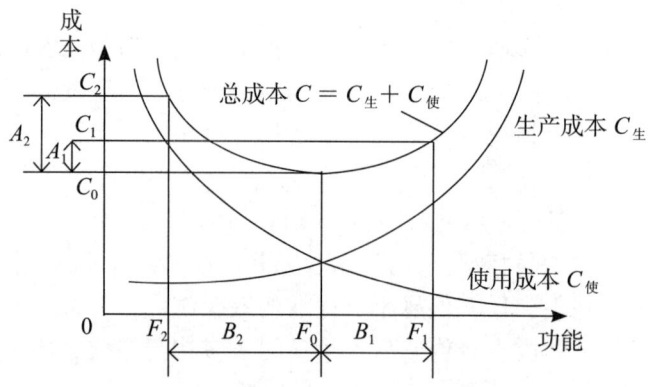

图 9-15 功能、成本关系图

从图9-15中的变化趋势可以看出,当功能提升($F_0 \rightarrow F_1$)时,生产成本增加,使用成本降低,但增加幅度大于降低幅度,导致总成本($C_0 \rightarrow C_1$)仍偏高;同样,当功能降低($F_0 \rightarrow F_2$)时,生产成本降低,使用成本增加,增加幅度大于降低幅度,导致总成本偏高($C_0 \rightarrow C_2$)。若企业欲进一步提高产品功能,由F_0提高至F_1,功能增加幅度为B_1,对应的成本提高幅度为A_1,功能得到大幅度增加,成本小幅度提高,从而使价值也得到提升。同样地,从现有功能F_2提升至F_0,功能增加的幅度远远大于成本降低的幅度A_2。作为价值工程,追求的是功能与成本之间的一种最佳状态,即功能与成本的最佳匹配。

3)以功能分析优化为核心

价值工程是通过对所研究对象的质量功能进行分析,系统研究质量功能与成本费用之间的关系,满足消费者的合理需求,实现设计方案与使用功能的有效对接。

价值工程原理告诉我们:为保证必要的功能而支付必要的成本是值得的,不能为

节省成本而牺牲必要的功能,但为非必要的"过剩功能"而支付成本则是一种浪费。在房地产建筑结构设计中,只要满足了现行设计规范的安全要求和使用要求,就应力求避免随意加大构件截面、配筋数量和提高材料强度。在景观绿化方面,种树要找代价不高、成活率高、成长快、树荫覆盖面积大的树种,一般情况下尽量少采用名贵树种。凡此种种,不一而足。具体操作是对产品功能进行系统分析,弥补设计方案的不足功能,剔除不需要的多余功能,在满足使用功能的前提下,优化和改进产品功能,降低功能的实施和使用成本,提高产品价值,实现利润最大化。

价值工程的工作可以通过一系列系统化的具有启发的提问展开,例如,可以由下列问题组成一个系统的问题:"研究对象有哪些功能?""这个功能在整个产品整体功能中处于什么地位?""实现这个功能的成本是多少?""研究对象的价值是多大?""有没有其他方案能实现这个功能?""新方案能否满足必要的功能要求?""其他方案的成本是多少?"。

4)将产品的价值、功能和成本作为一个整体来考虑

价值工程的理论支柱是把研究对象作为一个"系统"。价值工程中对价值、功能、成本的考虑,不是片面和孤立的,而是在确保产品功能的基础上综合考虑生产成本和使用成本,兼顾开发商和购房者的利益,从而创造出总体价值最高的商品。

3. 提升价值的五个途径

从价值的一般表达式可以看出,如果要提高商品房住宅的价值 V,只有通过提升其功能 F 或降低其成本 C 来实现。

一般说来,提升产品价值的途径有五种:一是提高功能,降低成本,这是最理想的途径;二是成本不变,提高功能;三是成本略有上升,但带来功能大幅度提高;四是功能不变,降低成本;五是功能略有下降,但带来成本大幅度降低。运用这一方法,就可以通过功能细化,把多余的功能去掉,对造价高的功能实施重点控制,从而最终降低项目成本造价,实现项目经济效益、社会效益和环境效益的最佳结合。表9-2中列出了提高产品价值的五个途径。

表9-2 提升产品价值的五个途径

途径	模式	适用范围	特点	采用方法
提高功能,同时降低成本	$V\uparrow\uparrow=F\uparrow/C\downarrow$	新产品设计、老产品更新换代以及重大工艺技术革新	符合用户追求物美价廉的心理,最理想的途径,为VE实施主要方向	采用新技术、新方法、新材料等先进方法
提高功能,成本保持不变	$V\uparrow=F\uparrow/C\rightarrow$	功能不足,用户在价格相当前提下欲购买质量最佳的产品	功能提升为提升价值的主要手段	采用新技术、新方法等提升功能
功能大幅度高,成本小幅度增加	$V\uparrow=F\uparrow\uparrow/C\uparrow$	高档产品、新型时髦产品、特殊功能产品		采用新构思、新思维等

（续表）

途径	模式	适用范围	特点	采用方法
功能保持不变，降低成本	$V\uparrow =F\rightarrow /C\downarrow$	发展较成熟、质量较稳定，基本满足用户需求的产品	成本降低为提升价值的主要手段	保障质量前提下，选择材质或加强管理，减少非必需成本
功能小幅度低，成本大幅度降低	$V\uparrow =F\downarrow /C\downarrow\downarrow$	"经济实惠"型产品，常见于消耗品、低档产品		不影响必要功能，降低次要功能，以简代繁

注：→表示不变，↑表示提高，↑↑表示大大提高，↓表示降低，↓↓表示大大降低。

4. 价值工程工作的步骤

价值工程工作主要包括四个阶段、12个具体步骤，如表9-3所示。

表9-3 价值工程工作的步骤

构思阶段	价值工程工作步骤		价值工程提问
	基本步骤	具体步骤	
提出和分析问题	确定对象	对象选择	（1）VE对象是什么？
		数据资料	（2）与该对象有关的资料有哪些？
	功能分析	功能定义	（3）目的是什么？
		功能整理	（4）用哪些手段实现这个目的？
	功能评价	成本分析	（5）分摊给各功能目前的成本是多少？
		功能评价	（6）各功能应有的成本是多少？
		选定VE对象	（7）有哪些VE对象可改进？
拟订方案	方案创造	方案创造	（8）怎样改进？
方案评价与实施	方案评价	概略评价	（9）新成本是多少？
		方案具体化	（10）能否可靠地实现必要功能？
		详细评价	（11）技术经济效益和社会效益怎样？
方案实施	方案实施	制订改进方案	（12）怎样实现？

设计价值实现模型如图9-16所示。设计阶段价值工程考虑的重点是如何在工程造价控制的过程中实现建筑产品的核心价值。企业建立项目内、外部的有效反馈机制，可以更好地识别利益相关者的需求，项目内部的反馈就是价值工程活动团队对核心价值的研究和反馈，外部的反馈是指项目的其他利益相关者对价值活动的意见和建议。

在项目内外部反馈的基础上形成项目的价值目标。

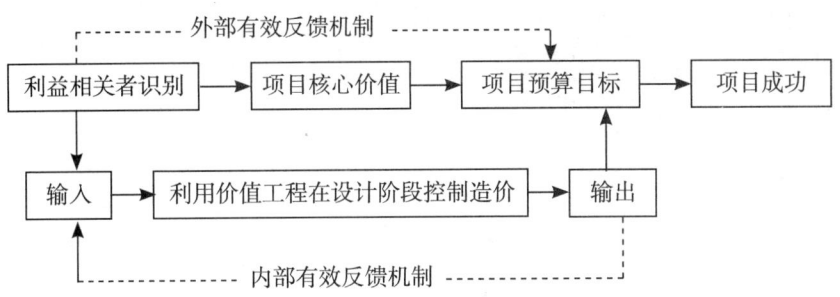

图 9-16　设计价值实现模型

房地产不同于工业产品，针对房地产项目进行的价值工程研究的程序也与一般的工业产品的价值工程活动的程序不同，一般分为研究前的准备阶段、研究阶段及研究后阶段。

（1）研究前的准备阶段的工作是为进行正式的研究做必要的准备，包括组织准备与技术准备。组织准备包括建立价值工程研究小组，小组成员一般由开发商、设计单位、价值工程专家（优化设计专家）以及其他专业人员组成；技术准备的主要工作是建立成本造价模型，通过建立模型对建筑工程的成本造价进行分解、分析。

（2）研究阶段，一般按以下五个步骤进行研究：

第一步是收集与项目有关的情报。这些情报包括开发商的建设意图，开发商对功能的要求，设计单位对设计成果的介绍；还包括与功能定义和功能分析的相关内容，例如，"如何实现产品功能？""产品功能的成本是多少？""产品功能的价值是多少？"等等。

第二步进行方案创造，通过方案创造看有无其他成本造价更低的方案来实现功能要求。

第三步进行方案分析，分析新方案是否能实现产品功能要求，产品功能是如何实现的。

第四步对方案进行完善与评价，通过前面三个步骤的研究，进一步完善可行的方案并形成提案。

第五步选择最终的提案，通过分析各个提案的优点和缺点来确定最优的设计方案。

（3）研究后阶段的主要工作任务是编写研究报告，详细介绍各个设计方案，报告由开发商进行审核并决定是否采纳，如果采纳并实施的话，还需要对最终的设计方案进行追踪、检查实施效果，必要时进行纠偏。

上述价值工程的工作流程如图 9-17 所示。

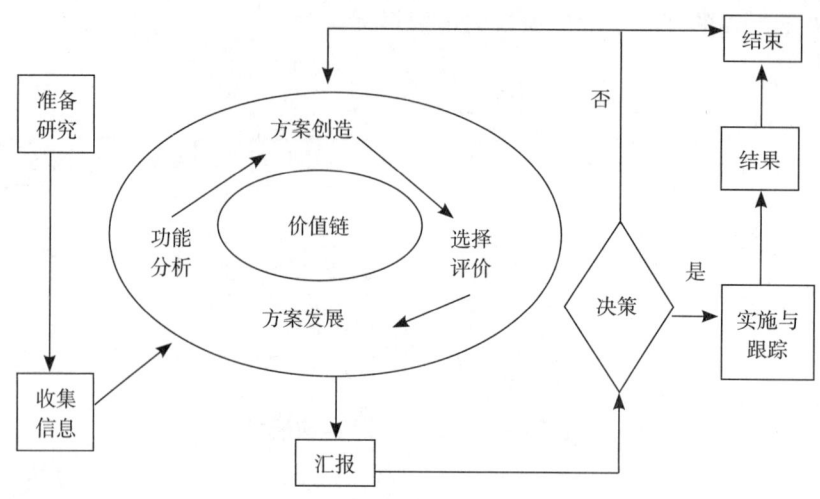

图 9-17 价值工程工作流程

以上价值活动的开展既可以是单个环节、单个阶段的，也可以是针对项目整体的；既可以进行一次性的价值活动，也可以进行多次性的重复循环价值活动。

5. 房地产项目开发设计阶段应用价值工程的价值

设计阶段对房地产项目成本造价而言至关重要。遗憾的是，目前设计人员普遍存在"重安全、轻成本，重功能、轻造价"的倾向，在安全、结构和功能上精益求精，但对工程的成本造价的考虑明显不够。而且，开发商和设计单位并没有完全认识到价值工程在房地产开发中应用的潜力和前景。房地产开发的投资规模庞大和复杂性，使得其节约成本空间巨大，这是房地产开发应用价值工程的一大优势。研究表明，应用价值管理可以降低整个建设项目初始投资额的 5%～10%，同时可以降低项目运行费用的 5%～10%，在某些情况下，节约率可以高达 35%，而整个价值管理活动的经费仅为项目建设成本的 0.1%～0.3%。由此可见，将价值工程应用于房地产项目设计，节省的金额是巨大的，充分体现了价值工程的应用价值。

美国建筑业在应用价值工程方法的统计的数据表明，其降低成本造价的潜力如图 9-18 所示。

6. 住宅项目设计阶段应用价值工程的思路

（1）进行功能分类，把它分解为一级功能、二级功能和三级功能。对功能重要程度进行整理分析、比较评价，把重点放在功能与成本的对比上。一般来讲，住宅最基本的功能是起居功能，即给人以安身之处。其后是享受功能，即给人以安全、舒适、美观、娱乐等精神和物质上的享受。围绕住宅的上述功能，在应用价值工程进行功能分析时，就要弄清用户所要求的功能的侧重点，寻找实现功能的最低费用。在分析中应该多问几个为什么，比如，"这是干什么用的？""它的成本是多少？""它为什么

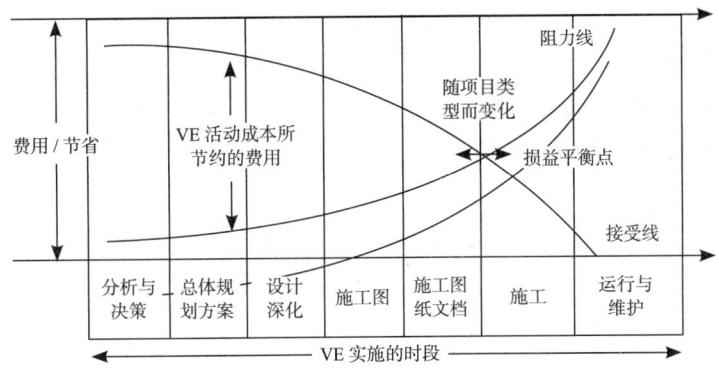

图 9-18 各阶段应用价值工程降低成本造价的潜力

需要,是否可以取消?"等。以住户的要求和减少成本为准则,区分必要功能和不必要功能,而不是由设计和建设单位主观决定。找出多余功能或过剩功能后就应予以消除,只有这样才能使住户避免支付不必要的费用。近几年,房地产行业在提高住宅的使用功能、合理分配功能空间方面有了很大改进,但当人们发现大居室有多余功能应进行消除后,又转向了给客厅、卫生间、厨房增添过剩功能,有的客厅面积大到可以开舞厅和台球室,造成许多功能的不必要浪费。

(2)在住宅本身的一级功能和二、三级功能中进行合理分配,计算合理比重,进一步分清功能主次。对于面向普通大众的住宅应从美观功能向实用功能转移,从次要功能向主要功能转移,以此体现以人为本、以利人为核心的思想。

(3)为相对准确地计量和表达出住宅的性能,项目可以用量化的指标来表示。①确定住宅的适用性、安全性、耐久性和环境性的评价得分,用 DI 表示;②求出住宅的成本指数 C;③确定住宅的性能成本比指数 $FI=DI/C$;④项目还可以结合住宅性能认定加强相关科研工作,总结出住宅达到各项性能指标所需的技术措施和标准构造做法,如屋面和墙体保温、隔热做法、楼板隔声做法、南方地区外墙防渗漏做法等,为住宅良好性能的实现和认定工作提供技术支持和可靠保证。

7. 设计阶段价值工程的应用

英国的价值工程专家 Jhon Kelly 将英国价值工程的应用按照从低到高的顺序分为四个层次:

(1)构件——对构成部件的结构利用价值工程进行优化选择。

(2)部件——对构成项目空间的部件利用价值工程进行优化选择。

(3)空间——对项目的空间利用价值工程设计优化。

(4)项目——对项目建设与否,建设规模大小等重大问题利用价值工程进行决策分析。

现阶段,VE 的应用在工程建设领域除继续在空间、部件和构件三个层次发挥效用之外,在工程项目设计的各个阶段都可以广泛应用。

1）应用于总体设计方案的优化

房地产开发项目规模大，投资额高，价值工程应用于总体方案优化效果最为显著。

总体方案的功能应从比较宏观的角度进行分析，既要站在开发商的角度考虑，也要站在购房者的角度考虑，还要站在社会经济的角度考虑。总体方案的成本除了考虑项目建设投资外，还应考虑项目建成投产使用后的运营成本以及维修费用。

在总体方案设计过程中，利用价值工程对设计方案进行比较和优化，对设计方案实施科学决策，也就是使开发项目的最终价值体现在经济效益和社会效益上。这样既能对社会资源进行合理配置，又能提高产品的性能，因此意义重大。

对总体方案进行价值分析的重点在于提高开发项目的"价值"。除了"项目功能不变，降低工程造价"和"工程造价不变，提高项目功能"外，还要注意"工程造价略有提高，而项目功能大幅度提高"这一提高开发项目价值的途径。

2）应用于建筑结构方案的优化

建筑结构的选择不仅对开发项目的造价有影响，而且对项目的质量和使用寿命也有很大的影响。如建筑主体结构类型的选择、地基的处理方案、基础结构形式的确定等，都与项目造价密切相关。因此，确定合理的建筑结构，能在一定程度上降低工程造价。

价值工程应用于建筑结构方案的优化，要以项目的使用要求为重点，以功能分析为核心，围绕项目的基本功能进行分析，对各个设计方案进行比选和优化，从而确定最终设计方案。

3）应用于设计方案的评价与选择

在以往的设计方案评价与选择中，技术和经济是相互脱节的。人们分别对设计方案的功能与技术的先进性和合理性、设计方案的经济性进行评价，在一定功能的前提下选择工程造价最低的设计方案或者在一定工程造价限额的前提下选择功能最强的设计方案。

从价值工程的观点出发，这样评价选择出来的设计方案都不一定是最优方案。评价和选择最优设计方案，应该从建筑产品的"价值"出发，同时考虑设计的建筑产品功能与费用，选择满足用户需求的"价值最高"的设计方案。

4）应用于建筑材料的优化选择

在房地产开发和建筑建造过程中，材料费和设备费所占比例很大，占工程直接费用的60%~70%，因此，在满足建造质量和使用要求的前提下，必须合理选择建筑材料和设备，有效控制材料和设备使用成本，提高开发效益。

在选择建筑材料时应用价值工程，一般可以采用提问法：

（1）这种材料的功能是什么？

（2）实现这项功能的成本是多少？

（3）有无其他材料可以实现同样的功能？

（4）替代材料的成本是多少？

（5）替代材料能满足要求吗？

在实际中，工程设计因材料或设备选用不当而导致工程造价增加的情况经常发生。运用价值工程，通过合理选择材料和设备，达到在产品功能不变的情况下降低造价，提高产品的价值。

5）应用于建筑设备的优化选择

在工程设计中，建筑设备的合理选择是另一个重要方面。按照价值工程原理，对于设备方案的选择，不应局限于单独地追求设备功能的提高和设备费用的降低，而应该力求正确处理设备功能与费用的合理匹配，提高设备的使用价值。

价值工程用于设备方案选择的步骤是：

（1）确定价值工程分析对象，对其进行功能定义和功能评价。

（2）根据设备的性质和特殊要求，确定功能评价指标。

（3）确定各功能评价指标的权重。

（4）计算各设备方案的成本系数、功能系数和价值系数：

成本系数＝方案的全寿命成本÷各方案全寿命成本总和

功能系数＝方案的功能得分÷各方案功能得分总和

价值系数＝方案的功能系数÷方案的成本系数

（5）进行方案选择，价值系数最大的设备方案是备选的最优方案。

6）应用于设计图纸审核

图纸审核是设计阶段产品质量的最后把关。价值工程应用于图纸审核主要有以下两个方面：

第一，应用价值工程方法选择最有"价值"的审核图纸对象。审核设计图纸应该重点突出，着重选择那些功能比较强，工程造价比较大，对工程影响大的对象进行审核，以求获得较大的技术经济效果。价值工程在这一方面的应用具有优势。

第二，应用价值工程对所审核的对象进行功能分析、比较和论证，研究设计文件和图纸中的总体方案、平面布置、建筑造型、结构形式、材料、设备等是否合理，在科学分析的基础上对设计方案实行评审，选择技术上可行、经济上合理的建设方案，使设计工作做到功能和造价统一，在满足功能要求的前提下，节约工程造价。

7）应用于设计概算和施工图预算的审核

设计概算和施工图预算的审核是设计阶段工程造价控制工作的一个重要环节。

审查设计概算和施工图预算可以促进设计单位严格遵守国家有关概预算的编制规定和造价控制标准，以保证设计的工程造价控制在限定的目标值之内。

概算造价和预算造价是后续各阶段的工程造价控制目标值，其准确性直接影响下一阶段的工程造价控制工作。认真审查设计概算和施工图预算，有利于工程造价的目标管理。

设计概算和施工图预算的审核还可以对建设项目的工程量、工料价格、费用计取及其编制依据的合法性、时效性、适用范围等各方面进行审核，从而严格控制初步设计和施工图设计的不合理变更,确保概算造价和预算造价的准确可靠。

审核概预算是一项繁杂、单调、工作量大、涉及面广的工作,需要责任心强,工作细致。常用的概预算审核方法有全面审查法、分解对比审查法和重点审查法。重点审查法以其审核工作量小,审核速度快,审核结果能控制在合理范围内等优点,成为设计阶段常用的一种概预算审核方法。

重点审查法的审核结果是否合理、准确,关键取决于如何抓住重点进行着重审核。在实际工作中,通常凭借审核人员的个人经验选择重点审核对象,缺少科学有效的方法,导致概预算审核的效果因人而异。

利用价值工程中选择价值工程对象的"ABC分析法"和"价值系数法",可以有效地选择重点审查法的审核重点。

8)应用于限额设计中的限额分配

设计各专业和项目各部分的造价限额合理分配是实行限额设计的前提。利用价值工程,可以比较科学地分配设计各专业和项目各部分的造价限额。根据价值工程中的功能和成本动态相关原理,产品的合理成本应该是和产品要实现的功能大致成比例的,这就为我们合理分配造价限额提供了一条思路:将造价限额与产品的功能挂钩。

通过对各专业和项目各部分的功能进行分析、整理和评价,并采用适当方法将其定量化,我们可以计算出各专业和项目各部分的功能在项目总体功能中所占比例,然后大体上按照这个比例分配各专业和项目各部分的造价限额。

8. 房地产开发项目设计各阶段价值工程的具体应用

1)在房地产开发项目方案设计中应用价值工程

把房地产开发项目的方案设计阶段作为价值工程研究对象,建立设计功能系统图,如图9-19所示,此处以住宅项目为例。运用价值工程的基本原理对多个方案设计对照功能系统图逐一进行评价,选择价值系数最大者,作为项目所求的最佳设计方案。

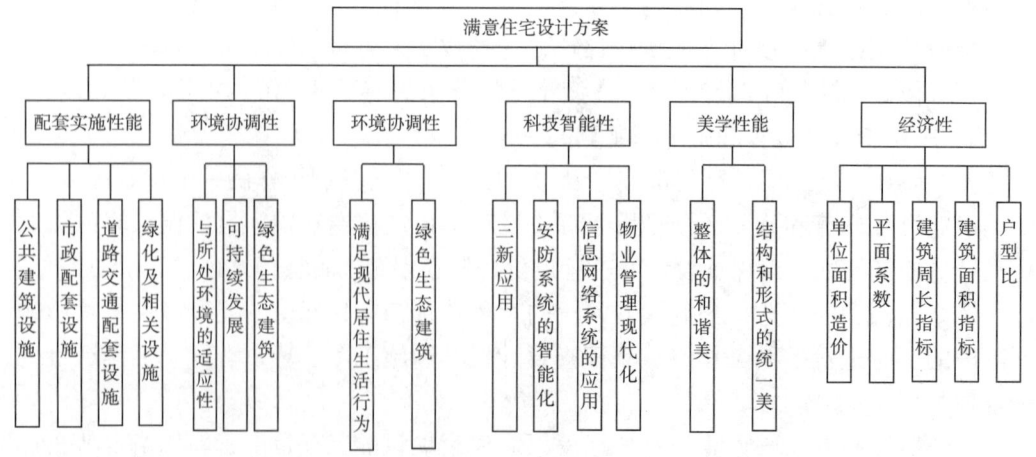

图9-19 住宅项目方案设计应用价值工程功能系统图

2）在房地产开发项目初步设计、施工图设计中应用价值工程

把房地产开发项目的初步设计、施工图设计作为价值工程活动研究对象，可建立设计与施工功能系统图，如图9-20所示。对照功能系统图运用价值工程的基本原理，对多个设计方案逐一进行评价，选择价值系数最大者，作为项目所求的最佳设计。

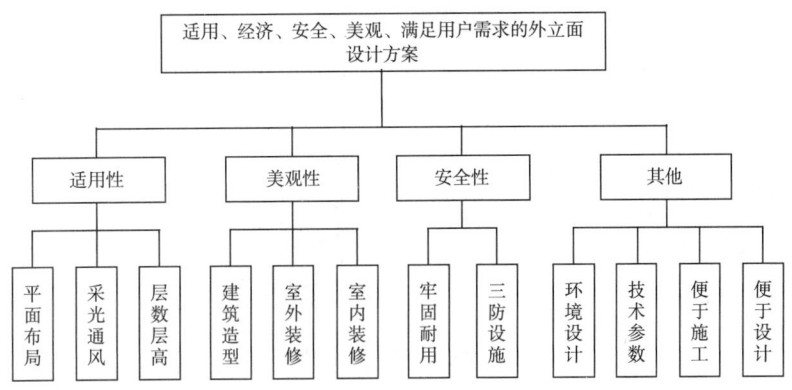

图9-20 住宅设计应用价值工程功能系统图

3）在房地产建造选择承建商中应用价值工程

把选择承建商的评标过程作为价值工程活动研究对象，可建立承建商选择功能系统图，如图9-21所示。按照功能系统图运用价值工程的基本原理，对参加投标的多个承建单位逐一进行评价，选择价值系数最大者，作为项目所选的最优承建商。

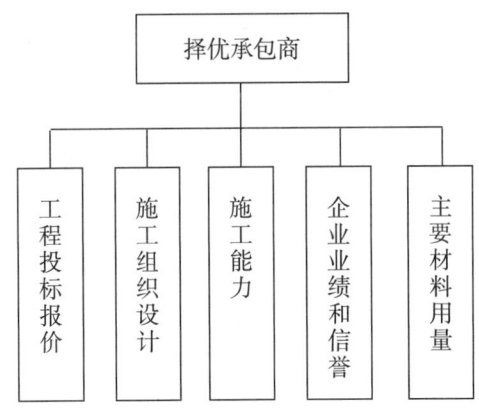

图9-21 择优选择承包商中应用价值工程功能系统图

4）在开发项目实施组织中应用价值工程

把房地产开发项目实施组织作为价值工程活动对象，可建立组织设计功能系统图，如图9-22所示。对照功能系统图运用价值工程的基本原理，对实际可用的多个实施方案逐一进行评价，选择价值系数最大者，作为项目实施所求的最佳的组织设计，指导

项目实施。

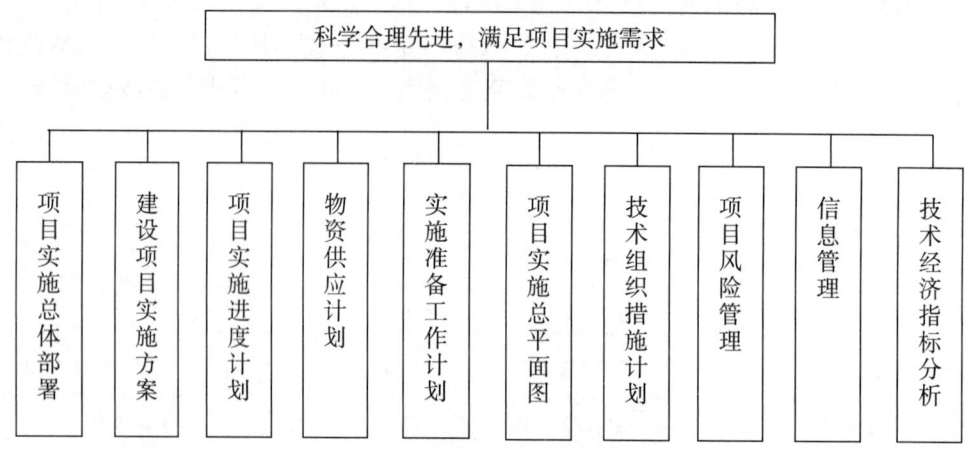

图 9-22 房地产项目实施组织设计中应用价值工程功能系统图

5）在房地产开发实施阶段成本造价控制中应用价值工程

把房地产开发实施阶段的成本造价控制作为价值活动对象，可建立成本造价控制功能系统，如图 9-23 所示。企业把房地产实施过程中的成本造价控制作为价值工程活动对象，运用价值工程的基本原理对照功能系统图进行评价，在确保实现基本功能的前提下，选择价值系数较低者，作为成本改进的对象，有效地控制开发成本，从而达到降低开发成本的目的。

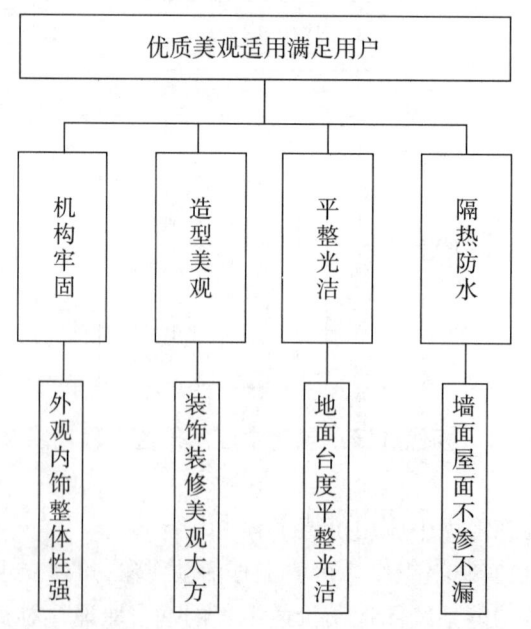

图 9-23 开发成本控制中应用价值工程功能系统图

第9章 房地产/建筑企业精益成本管理

6）在开发项目价值评价中应用价值工程

把通过竣工验收合格的房地产开发项目作为价值工程活动对象，可建立开发项目价值功能系统图，如图9-24所示。对照功能系统图运用价值工程的基本原理对合格的开发项目进行评价，看是否可靠地实现了开发项目的基本功能且成本较低，使住户最终得到了价值较高的建筑产品。

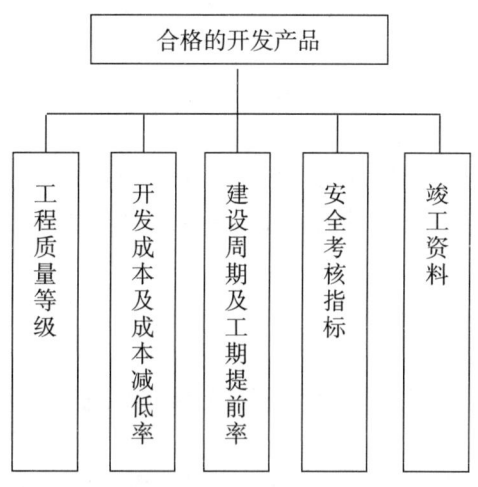

图9-24 开发项目价值评价中应用价值工程功能系统图

三、精益采购成本管理

房地产企业是房地产产品生产过程的组织者和资源配置者。虽然不直接参与土木工程施工，却要选择房地产产品的建筑企业，为建筑企业提供施工所需的资金、建材等相关资源。房地产企业的采购投入主要包括土地使用权、建筑材料、中介代理机构的服务等。采购为房地产企业的经营提供一切必要的条件，在采购过程中房地产企业应选择产品质量符合要求、价格合适、售后服务好的，能达到降低成本、保证质量效果的供应商。

1. 实现及时采购

建材采购作为房地产开发成本的大项，约占开发成本的70%，占据了房地产企业人员的大量时间和精力。优化建材采购对于房地产企业成本管理效率的提高大有裨益。长期以来，房地产企业物资采购强调公司内部成员的努力，没有从战略和供应链的角度进行考虑，采购成本管理空间不大。在精益模式下，房地产企业从企业战略和供应链的角度出发，通过与供应商建立战略合作伙伴关系，实施信息化管理，以共享开发项目数据库为基础，动态实施物资库存状况监控和物资现场管理监控，精确预测物资需求，及时供应，实现物资的精益采购。精益采购的基本思想是：要求供应商恰好在房地产企业需要的时候，将合适品种、合适数量的物资送到施工现场，实现采购与施工的均衡化，既敏捷响应需求的变化，又使库存向"零库存"靠近，尽可能消除库存和不必要的浪费，最大限度地降低成本。在传统的业务往来中，房地产企业与供应商之间缺乏交流合作，材料供应商不知道承包商材料的消耗状况，只能凭主观判断来组织生产、提供货源；同样，房地产企业也不知道供应商的生产情况，不知道供应商是否能及时供货，因此在确定订货数量时只能依据自己的数据。由于供应链中供需信息无法共享，渠道透明度不高，加之信息误差的"棘轮效应"，在很大程度上增加了供应渠道的不稳定性。而为了保证供应和生产的不中断，供应商和房地产企业都倾向于增加库存，结果既占用了大量的流动资金，又造成了库存成本的上升。

2. 对供应商进行评价和选择

根据对房地产企业外部价值链的分析，房地产企业的供应商包括材料供应商、设计商、建筑企业等。房地产企业对供应商的选择应从对供应商的调查入手，调查的主要内容包括：

（1）对供应商的实力、规模、生产能力、技术水平和管理水平以及信用度进行调查。

（2）对供应商生产的产品和提供的服务质量水平进行调查，并结合其价格水平进行综合分析。

好的供应商的选择标准应该是：企业生产能力强，产量高，规模大，生产历史长、经验丰富；企业技术水平高，生产技术先进，设计能力和开发能力强；企业管理水平高，有一个坚强有力的领导班子，有高水平的生产管理系统，有可靠的质量保障体系；同时企业服务水平高，能为客户高度负责，主动热情地服务，并且售后服务完善。

我国地产界的龙头企业——万科集团制定了完善的采购管理制度。首先明确了采购工作的目标是通过各种形式的采购确定符合建筑效果、确保工程质量、满足工程进度的，同时具有价格竞争优势的，合作良好的材料、设备、部品、工程分包方面的资源供应方，提升工程建设效益。在采购形式上，万科坚持"阳光采购"，采用网上公开招标的方式，根据房地产产品的设计要求选择适合的材料和施工企业，然后建立供应商档案，将供应商划分为试用供方、合格供应商、优秀供应商和战略供应商，与供应商之间建立起战略合作关系。万科集团定期召开战略合作伙伴高层峰会，邀请有合作关系的企业共商合作大计，通过战略采购、集中采购，在确保品质的前提下，大幅降低材料及设备的价格，同时，依靠全国统一的采购配送系统，将材料及设备直接送达施工现场，有效地降低了采购环节中的流通、运输和仓储成本。

四、精益营销成本管理

随着房地产市场的不断发展，在产品推广、销售渠道、网上购买、客户联系、合同登记、按揭办理、产证办理等各个环节上的成本费用呈现日趋上升的态势，销售成本占整个房地产项目开发总成本的比重逐步增大，销售成本的管理已成为房地产企业成本管理的重要组成部分。

精益营销是在进行营销活动的过程中，消除不增值的活动，对营销资源进行合理而有效地配置，把重要而关键的资源集中到主要客户上。在营销过程中，营销团队不断在营销过程中学习，丰富自己的知识结构，树立起精益的观念并在以后的活动中不断应用，持续改进营销活动，使其尽善尽美，最终使投资者获得投资收益最大化，这就是精益营销的核心思想。房地产企业的精益营销不仅体现在产品的销售环节，而且体现在企业生产的各个环节中。在投资决策阶段，精益营销提倡企业积极进行市场调研，寻找顾客。在规划设计阶段，精益营销针对不同的目标客户，主张量体裁衣，精心设计；在开发建设过程中，保证质量，降低成本，让利于民。同时，要求房地产企业加强售后服务，建立完善的物业管理。

五、精益服务成本管理

一直以来，住户对物业的售后服务颇有微词，如：物业管理收费过高；高额的管理收费与所提供的服务质量"货不对路"；管理服务差强人意；小区治安管理让住户忧心忡忡等。物业管理和售后服务是顾客满意的关键，也是保证房地产企业生存和发展规律的重要环节，其目的就是尽善尽美地满足人们居住的需要，创造一个安静、舒适、方便、优美的生活环境，使住户满意的同时不断提高本企业的市场形象和综合竞争力。如被称为"广州楼王"的锦城花园，2009年虽然均价在8 000元/m^2以上，但仍出现排队抢购的热潮，这与其优质的物业管理是分不开的。锦城花园拥有近万平方米的中心花园，十余个特色纷呈的主题花园，大面积架空层绿化景观；区内小学、儿童游乐园、商场、游泳池、健身中心、餐厅和大型会所等生活配套一应俱全。为了确保每位住户的财产、人身安全和提供更妥善周全的服务，锦城花园聘用了高素质的保安队伍和专业的小区互联网式保安系统。当然，由于物业的档次不同，针对的消费层次不一，物业管理提供的服务内容、服务程度也各不相同，我们不可能要求平价小区和外销楼盘的物业管理完全一致，但是平价小区仍可以提供一样高质量、效率的各种服务，令客户满意。

据调查发现，获得一个新客户要比维系一个老客户增加5~6倍的成本，每一个抱怨的客户就代表了13个同样的抱怨者，13个抱怨者中有9个以后绝不会再上门。一个客户购买了满意的楼盘后，可能会告诉他的15个亲朋好友，会引来5~8个客户到楼盘现场，可能会引发1~3个客户的购买欲望。所以，满意的客户是企业及其产品的最佳推销员，不仅可为企业提出有关产品和服务的好主意，而且还可以全面深入地宣传企业及其产品，从而吸引新客户。关心客户、了解客户是使客户满意的重要环节，房地产企业应做到：

（1）建立客户档案资料。通过掌握客户的自然情况、财务状况、消费特点、购物习惯等，了解客户的需求和期望，有针对性、有效且不失时机地使客户满意。比如定期地向客户征求意见和联谊，在客户生日和节日时向客户发贺卡等。

（2）与客户保持联系、沟通。市场研究发现，只有1/3客户是因为产品或服务而产生不满,其余 2/3 的客户与企业之间的问题都出在沟通不良上。可见,正确地与客户沟通是使更多的客户感到满意的一个重要环节。与客户沟通的方法可以多种多样,如设立免费电话、定期的客户访问、为客户提供简明易懂的说明手册等,关键是房地产企业在与客户的沟通过程中必须虚心倾听,态度端正,言出必行,最大限度地了解和满足客户的需求。

六、精益成本管理实施过程

最大限度地消除浪费是精益生产的目的。在精益思想的指导下,"浪费"主要有7种:库存、过量生产、材料移动、等待、操作者的移动、不必要的过程和产品的缺陷。除此之外还包括能源和资源的浪费等。

精益生产的实施要求企业对精益技术工具坚持改进,使企业适应外部市场不断变化,在产品的价格、质量和服务方面具有更高的竞争力。改善的七大基本方法:以顾客为导向;消除浪费,对过程及运作进行改善;确定库存位置;较少的文件;提高技能及知识水平;简化控制均衡化生产可以减少浪费;缩短工位间的距离可减少库存的浪费,提高空间利用率。总的来说,精益生产实施分为以下四个阶段:

(1)明确浪费:根据价值流分析、过程分析等方法,确定在目前状态下生产过程中存在的浪费;

(2)改进和消除浪费:采用精益技术,对各种浪费进行改进或删除;

(3)评估:对改进后的效果进行评估;

(4)方法规范化:对能明显提高企业价值的作业和方法进行总计,使其规范化,最后纳入公司的管理系统之中。

总而言之,企业可以按照上述四个基本原则对设备、质量管理和生产进行不断的改进,实施精益生产。这样,企业能够对客户不断变化的要求做出迅速的反应,及时地满足顾客对产品的要求。

第五节 案例:M 房地产公司精益成本管理实施分析

一、优化公司项目组织模式并落实全面成本管理

在 M 公司原有组织架构基础上进行优化,设计出适合公司未来发展的矩阵式组织架构,如图 9-25 所示。

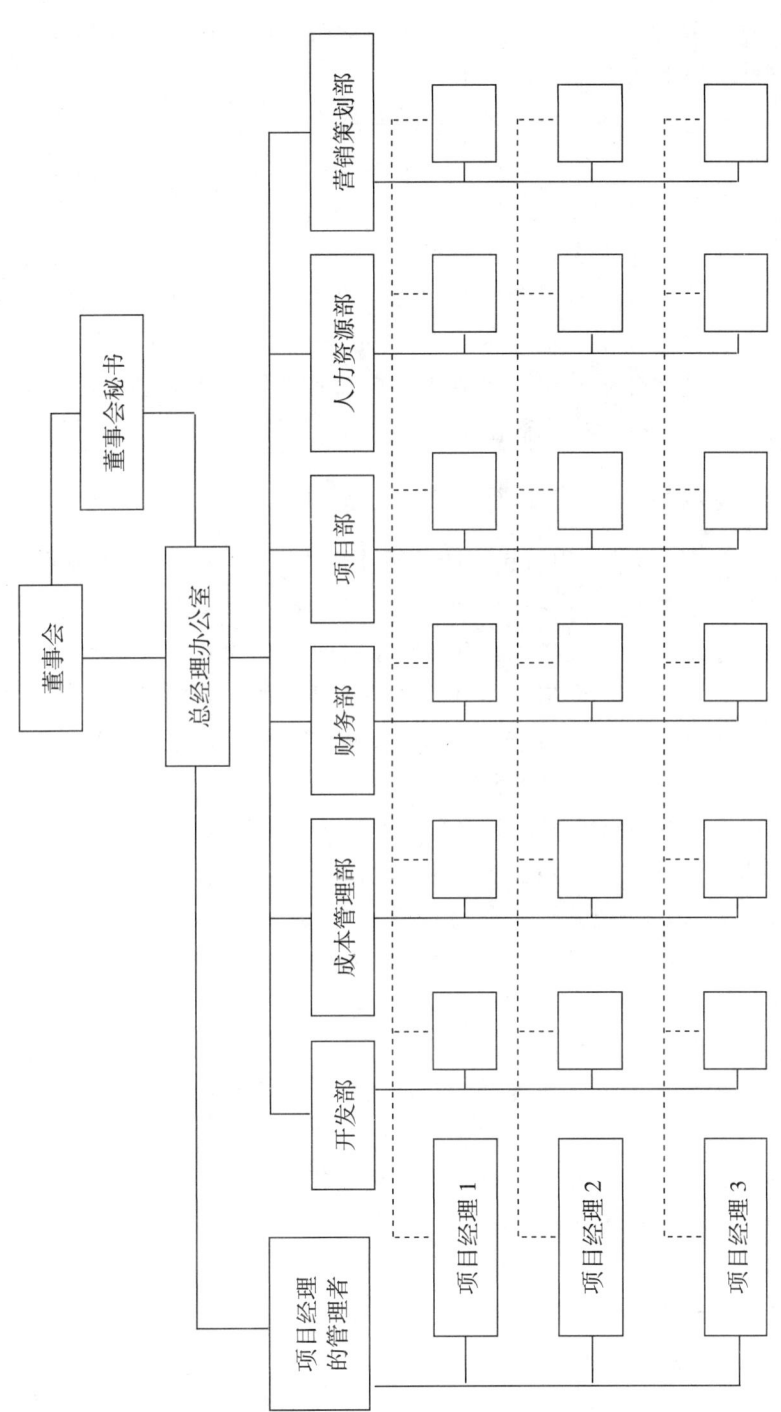

图 9-25 改进后的 M 公司矩阵型组织架构

针对公司的每个施工项目确定专门对其负责的项目经理，根据项目需求由项目经理从每个职能部门中挑选合适的职员组成项目组，负责每个项目的设计、管理、运营和控制等一系列工作。针对各个项目经理设立专门的项目经理管理者对各个项目组进行统筹协调，直接对总经理负责。

矩阵式组织模式机动、灵活，随项目的启动与结束可随机进行组织或解散。这种组织模式能针对公司项目管理的要求，有效消除部门之间的障碍，有利于增强管理的横向联系，专业资源和各类专业人员能够得到充分利用，实现了企业资源的弹性共享。由于矩阵式组织结构是根据项目要求进行组织和管理的，任务清楚、目标明确，具有较大的机动性，能使各类专业人员互相学习、互相激发，增强了项目成员的责任感和荣誉观，对推动项目实施与成本管理都具有良好的促进作用。此外，这种组织模式强化了项目团队的地位，能保证项目组有更短的反应时间，更快地做出决策，降低项目实施总体成本，实现项目之间的有效整合。

二、实行全面成本管理与成本责任制

通过对成本管理理论的研究，全面成本管理是全员、全面、全过程的企业成本管理，它注重从企业运营和项目管理的每一个方面进行成本的整合管理。项目基础工作既是全面成本管理要求，也是企业管理工作的重要组成部分，它为各项成本管理工作提供核算依据、流程规范、工具手段和实现条件，是必不可少的先行性工作。全面成本管理对于从根本上降低项目开发成本具有重要意义，尤其是对于房地产开发公司来说更是具有一种适合企业经营的科学化管理手段。

运用精益成本管理思想，M公司从管理层着手，开始实施项目全面精益成本管理。公司主要从七个环节着手构建全面精益成本管理体系，主要包括报批报建、设计、分包与材料采购、工程施工、现场签证、营销和工程结算评估。各个环节之间具有密切的联系，在成本管理过程中能够相互促进，共同构成M公司全面精益成本管理的闭合回路管理体系。

而在全面精益成本管理的具体实施过程中，公司结合"成本责任制"进行项目的成本管理，将项目成本管理进行不断细分，明确部门责任，具体到人。在项目实施过程中，各责任部门对其所负责的成本内容进行全过程的管理与控制，责任成本的控制执行情况会作为部门及职工年度绩效考核评价的主要依据之一。公司全面精益成本管理责任体系的范围与控制要点具体如下：

1. 报批报建环节

开发部是报批报建环节的成本责任部门，对本环节的成本控制负责。

本环节成本控制的要点是各项政府收费项目的支出与控制、规划方案的优化等。责任部门在该环节需争取最大程度的费用优惠，满足公司要求的方案能够顺利获得批准。

2. 设计环节

开发部是设计环节的成本责任部门，对本环节的成本控制负责。

第9章 房地产/建筑企业精益成本管理

项目设计环节包括规划设计、建筑设计、景观设计、市政设计、勘察测绘及设计变更等内容。开发部应根据公司批准的目标成本为指导，编制项目成本概算上报公司审查，经公司审查同意后作为指导各专业设计的投资控制目标。开发部及相关项目职员要尽量在满足项目设计要求的前提下，降低设计咨询费用，控制建筑及装饰材料的选择，加强施工图纸的经济性评估。对于项目的可研报告与预算成本，开发部负责组织设计单位提前介入，优化设计成本，发挥设计阶段技术对成本的影响和控制作用，把投资浪费消灭在萌芽之中。

3. 工程分包和材料设备的甲供环节

成本管理部为本环节的成本责任部门，对本环节的成本控制负责。

成本管理部根据公司批准的项目开发计划、采购计划和目标成本，通过公开招标、内部议标、比价采购等各项措施确定合作单位，以确保合同价格控制在目标成本之内。加强材料的采购和进场的计划管理，避免资金的占用浪费和施工现场窝工的现象发生。加强材料封样和收发管理，控制库存成本，杜绝与样品不符及不合格材料进入工地现场，造成材料浪费和供货延期及建设成本的增加。此外，成本管理部还应做好本环节的成本动态追踪工作，及时向项目经理及相关管理者提供反馈信息。

4. 工程施工环节

项目部和专门的项目经理是本环节的成本责任主体，对本环节的成本控制负责。

在此环节要严格审查总包单位的施工组织设计和监理单位的监理规划以及甲分包单位的施工计划并监督执行，确保将各项投资控制在公司批准的项目建设总成本目标之内。负责人根据开发计划及时提交材料进场计划并对材料数量的准确性负责，同时负责抓好质量成本管理，避免为片面保证或提高工程质量而发生费用，以及未达到质量标准返工而造成的经济损失。例如，发生项目施工的变更和调整，相关责任人员要及时做好成本变更信息的整理与反馈工作，将变更影响和变更的可行方案及时报备管理者，以便公司从整体上进行项目管理工作。

5. 现场签证环节

成本管理部是现场签证环节的成本责任部门，对本环节的成本控制负责。

成本管理部中相关项目负责人负责签证的审核和造价控制，审查与确认签证的真实性、合理性和经济性，并控制签证发生量。对于需现场测量的签证，要根据合同及计价规定提出工程量计量方案并组织项目部、监理及施工单位人员现场共同测量确定。此外，相关人员要做好成本控制与反馈工作。

6. 营销环节

营销策划部为本环节的成本责任部门，对本环节的营销成本控制负责。

营销费用的成本控制要严格执行公司的《营销费用预算实施办法》，根据项目总目标成本和每年度营销大纲进行营销成本的执行、控制和监督，确保将营销费用控制在年度预算之内，并做好费用的归集和本环节的动态成本跟踪与反馈。

7. 工程结算评估环节

成本管理部为本环节的成本责任部门，对本环节的成本控制负责。

相关负责人要严格控制结算审计过程，认真审查核对结算资料的真实性、完整性及准确性，确保结算如实反映公司的项目开发成本。同时，成本管理部要做好项目完成后的评估工作，以便对项目开发盈利能力做出鉴定；做好项目数据的归档工作，以便为后期工程项目的估算和预算提供依据。

三、建立精益生产（建造）成本管理机制

精益生产成本管理的指导思想是，通过整体优化生产过程、技术改进、物流理顺等方式，坚决不超量生产、不无效劳动、消除浪费、资源有效利用、成本降低及质量改善，达到投入最少而实现产出最大。

精益成本管理的有效实施需要在企业里做到：

第一，在部门中建立与市场挂钩的核算制度；

第二，对具有经营者意识的员工进行培养；

第三，全体员工共同参与经营。

这种理念实际上就是"售价还原成本法"，其销售最大化、成本最小化的经营目标是任何一家房地产企业发展与壮大的航标。

M公司在实施全面精益成本管理时，通过控制成本、提高收入、独立核算、及时管理等方法与手段的运用，提高项目开发利润，实现企业与员工的共同发展。M公司主要实施了以下程序。

（1）建立部门及项目组独立核算机制，实行独立项目和独立部门自主核算模式。调整公司组织结构，形成规范化的项目职能式组织模式，以每个项目团队为大的独立单位，以每项成本核算环节的管理组织和职员为小的独立单位，实行单位独立核算与成本控制制度。通过成本责任制的强化与应用，提高项目组成员成本管理意识，调动员工积极性，让员工对企业产生归属感。

（2）注重项目施工过程中实际支出的动态追踪和及时性反馈。公司设置项目管理成本动态控制制度，运用构建的"项目实际成本明细跟踪表"，每季度、每月度或每周由独立负责单位或员工对项目的实际成本进行跟踪、分析和控制，并及时反馈给项目负责人或管理者，以便管理者根据瞬息万变的市场环境和项目实际情况进行决策调整和成本管理。

（3）对相关成本控制指标进行敏感性分析，及时判断项目成本控制中对各成本因素的控制强度，对项目进行及时化成本管理和调控，力争实现项目成本的最低化要求。公司根据对影响成本因素敏感性分析可以有针对性地进行不同程度的管理，对于影响项目成本较大的因素需要列为管理重点，进行实时监控；对于影响项目成本管理较小的因素可以进行一般化管理，以简化成本核算和管理工作，突出成本控制重点，提高工作效率。敏感性分析的控制过程可用公式表示为：

$$I = (RL - PL)/TR \qquad (9-2)$$

式中，I 为资源消耗控制指标对目标成本降低额的影响；RL 为实际加工消耗额；PL 为计划加工消耗额；TR 为目标成本降低额。

如以"钢材加工耗损率为例"，某项目计划成本为 1 000 万元，目标成本降低额为 50 万元。钢材成本为该项目主要的成本控制因素，其成本占总成本的 30%，计划钢材加工损耗率为 1.5%。钢材加工损耗率对成本控制因素进行敏感性分析，如表 9-4 所示：

表 9-4　钢材加工损耗敏感性分析表

钢材加工损耗率 （控制指标，%）	钢材加工损耗金额 （万元）	损耗控制指标对目标成本 降低额的影响
0.5	1.5	-6
1.0	3	-3
1.5	4.5	0
2.0	6	3
2.5	7.5	6

（4）充分调动项目经营中员工的工作热情，发挥其主观能动性实现项目销售收入的最大化。通过建立合理的激励机制充分调动员工的工作热情，员工对企业产生归属感，每一个人真正参与到项目成本管理中来。尤其是要调动营销部员工的工作积极性，充分发挥每一个员工的主观能动性，从地产销售环节努力提升项目的内在价值，实现销售收入的最大化。这是提高企业经营利润的必要条件。

四、实施项目开发工程造价控制措施

为了尽可能从根本上降低项目开发成本，M 公司必须从人员配备、施工方法、材料管理、现场文明、新工艺的应用等多个方面进行全面的成本管理，保证项目工程在质量要求范围内实现工程造价的最低化。在项目开发工程中，M 公司上下必须做到以下几点：

（1）公司实行矩阵型管理组织模式，因岗设人，真正做到一才多用。为项目班子配备的管理人员和员工素质要高，要选用多面手充实到项目经理和相关技术工人岗位上去，降低人力资源支出和管理费用，达到成本控制的目的。

（2）现场管理要实现科学化和现代化，做到文明施工，要严格控制材料和设备的进出场，完善相关手续，坚决杜绝不合格的材料、设备进场，为工程质量提供源头保障。施工材料采购人员要根据项目计划、顾客要求及市场现状，认真执行原材料采购工作，保证按需购料、购有所用，同时在用料生产上尽量实行 JIT 及时化施工建造，充分利用场地，减少中间倒运环节，避免产生大量库存，占用资本，实现人力、物力、财力与时间的充分利用。

（3）公司应积极采用新工艺、新技术，减轻劳动强度，去除多余人员，提高劳动生产率以节约人工费用等的开支;加强现场安全管理意识,坚决杜绝安全事故的发生,节约医疗劳保费用的支出;同时加强质量控制,提高各分项工程的质量,以确保项目质量都能达到项目设计目标的要求,杜绝因质量问题造成的返修以及原材料与人工费用的二次浪费,控制项目施工成本。

(4)企业选用合理的施工方法,借鉴和引进先进企业的管理方法和施工经验,通过先进、科学方法,保证工程质量。企业在施工过程中,工序管理要严谨,过程控制要严格,杜绝跑、冒、滴、漏,控制设计变更,减少现场签证,避免拖延工期,消灭引起成本增加的各类因素,降低成本。

(5)企业设立项目现场精细化成本控制组织,由项目经理负责。对发生的影响成本的设计变更、现场工程签证,必须由现场成本控制组织进行分析研究,提出相应的应对措施,方可实施。企业应当把项目设计变更与工程签证纳入控制范围,并追踪项目建设支出,定期做好项目实际成本的动态跟踪与反馈工作,以便项目管理者能时时了解项目开发动态,实现项目的动态成本控制和调整。

五、建立项目成本动态管理机制

1. 建立季末成本控制动态跟踪机制

M公司针对存在的"目标成本与责任执行脱钩"的现象,为了加强对项目成本的有效控制和管理,细化成本控制流程,保证对目标成本的执行落实到位,建立了季末成本控制动态跟踪机制,该机制的运作流程如图9-26所示。

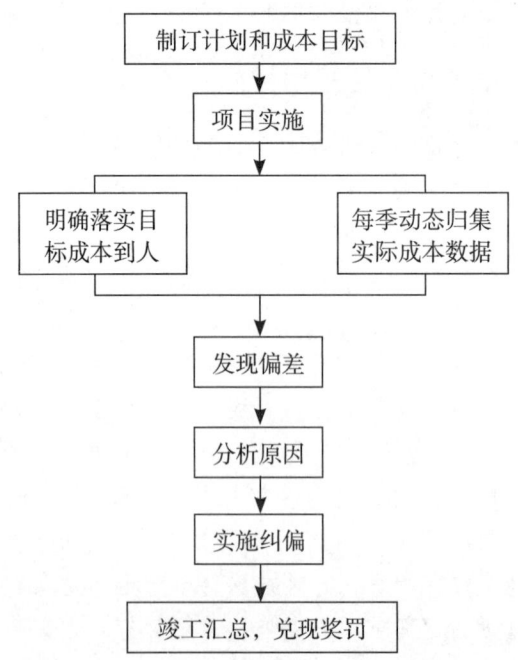

图9-26 M公司季末成本控制动态跟踪机制流程

第9章 房地产/建筑企业精益成本管理

在实施过程中,每季度末(初期暂定为以一季度为一个报告期)编制一份"项目动态调控成本表",成本表依据如下公式编制:

$$RC = PC \pm \Delta C \tag{9-3}$$

式中,RC 为报告期项目成本;PC 为上期项目成本;ΔC 为本期项目成本变动。

根据每个报告期统计的项目实际成本支出明细表,与项目预算明细表对比,通过挣值管理的方法,分析实际成本与目标成本的偏差,针对项目整体进行调整。动态成本管理要通过实时反映目标成本和动态成本的差异,便于公司及时发现问题并采取措施,实现对成本的控制。

每季末由财务部会同成本管理部召开成本预算制订前会议,审核并确认当季已完成结算及签证,核算当季动态成本,如有较大成本异常变化,财务部组织召开成本专题分析会。在成本的动态跟踪过程中将"动态成本跟踪机制"与"成本责任制"相结合,全面落实专项专人负责制。建安成本、基础和配套设施费主要由项目组内成本管理部的负责人进行动态地跟踪和反馈;设计费由项目组内开发部的负责人进行动态的成本管理和控制;土地费用、城市建设配套费、前期费用和期间费用及税金由项目组内财务部的特定负责人进行及时的反映和成本动态管理。日常的成本管理与控制工作与公司月末职员绩效考核制度紧密联系。

2. 季末成本动态反馈与决策调整

开发项目的成本具有不确定性,往往会受到设计变更和工程量签证的影响而产生较大的变化。为确保企业的项目开发目标及绩效要求不因客观原因的影响而受到损害,M 公司在运行项目动态成本控制机制的基础上一定要做好项目实际成本的及时性反馈工作,项目管理层要根据成本反馈数据统筹全局,做好科学的项目调整策略。"成本动态反馈与控制"是全面成本管理的重要手段,也是闭合式项目成本管理的核心内容,基于动态成本控制的全面成本管理体系的运行模式如图 9-27 所示。

为做好项目动态成本信息反馈工作,项目负责人应从以下几个方面规范项目成本反馈机制:

(1)各项合同的签订应依据成本核算对象的确定原则及核算对象分别签订,即合同中所涉及的施工及供货使用范围应与成本核算对象一致。对相关合同进行细致编号,以确保开发成本动态信息反馈的一致性。

(2)开发成本动态信息的反馈应以合同为主线,由项目各部门负责人根据开发成本的责任范围和控制要点提供相关数据,并由成本管理部进行数据汇总。

(3)成本管理部根据每份合同执行内容出具报批报建及设计费相关数据,如"项目设计费明细表""项目面积明细表"以及其他项目施工各相关成本数据,根据合同执行及付款情况汇总编制"项目已出结算应付账款明细表",并入账进行成本核算。

M 公司项目动态成本控制反馈表及 M 开发项目成本明细表如表 9-5 所示。

表 9-5　M 公司项目动态成本控制反馈表

M 开发项目成本明细表

截止日期：　年　月　日

四期 G 组团（68#69#73#74#）预测面积

成本类别		成本明细		预估单位成本	目标成本（单位成本）	预算值/合同值（单位成本）	年　月			年　月			备注
							预估发生额	单位成本		预估发生额	单位成本		
直接开发成本	土地征用及拆迁补偿费	土地购置款								0.00			按实际缴纳额全区分摊金额
		市政配套费					0.00			0.00			按应缴费标准
		土地征用及拆迁补偿费小计					0.00			0.00			
	前期工程款	设计费	规划设计费				0.00			0.00			按开发部数据
			建筑设计费				0.00			0.00			按开发部数据
			景观设计费				0.00			0.00			按开发部数据
			市政设计费				0.00			0.00			按开发部数据
			智能化设计费				0.00			0.00			按开发部数据
			人防设计费				0.00			0.00			按开发部数据
			设计相关晒图及复印件				0.00			0.00			按实际缴纳额
			设计费小计										
		前期工程款小计					0.00			0.00			

（续表）

成本类别			成本明细	预估单位成本	目标成本（单位成本）	预算值/合同值（单位成本）	年 月 预估发生额	年 月 单位成本	年 月 预估发生额	年 月 单位成本	备注
间接开发成本	建筑安装工程费	测绘费	地形测绘费				0.00				参照别墅南区单价数据
			测绘费小计				0.00				
		报建费	建设开发管理费				0.00		0.00		按应缴费标准
			规划用地管理费				0.00		0.00		按实际缴纳额全区分摊金额
			规划定点管理费				0.00				按应缴费标准
			规划技术服务费				0.00				按应缴费标准
			交易服务费	合同价面积×0.07%			0.00		0.00		按照900元/平方米的合同价
			养老保障金（劳保费）	合同价面积×2.6%			0.00		0.00		按照900元/平方米的合同价
			建筑质量监督费	合同价面积×0.175%			0.00		0.00		按照900元/平方米的合同价
			墙改保证金（墙改费）	10.00元/平方米			0.00		0.00		按应缴费标准
			散水保证金（散水费）	2.00元/平方米			0.00		0.00		按应缴费标准
			报建费小计				0.00				

（续表）

成本类别		成本明细	预估单位成本	目标成本（单位成本）	预算值/合同值（单位成本）	年 月		年 月		备注
						预估发生额	单位成本	预估发生额	单位成本	
间接开发成本		施工图审查费（图审费）	2.55元/平方米			0.00		0.00		按应缴费标准
		人防易地建设费	首层面积×600×2.5%			0.00		0.00		按实际缴纳额
		招标代理费				0.00		0.00		按预估单价核算
		放（验）线费	按楼算2594元/楼			0.00		0.00		按应缴费标准
		地震评估费	0.17元/平方米			0.00		0.00		按实际缴纳额全区分摊金额
		工程咨询费				0.00		0.00		参照别墅南区单价数据
	"三通一平"费	"三通一平"费小计				0.00		0.00		
建筑安装工程费	土地工程款	土石方及地基处理				0.00		0.00		按成本管理部提供数据
		主体工程费				0.00		0.00		
		土地工程款小计				0.00		0.00		
	安装工程款	水暖安装工程费				0.00		0.00		
		电气安装工程费								

(续表)

成本类别			成本明细	预估单位成本	目标成本（单位成本）	预算值/合同值（单位成本）	年 月		年 月		备注
							预估发生额	单位成本	预估发生额	单位成本	
间接开发成本	建筑安装工程费	安装工程款	电梯安装工程费				0.00				
			空调安装工程费				0.00				
			消防安装工程费				0.00				
			安装工程款小计				0.00				
		精装修工程费	精装修工程费小计				0.00				按预估单价核算
		工程监理费	工程日常监理费	6.5元/平方米			0.00				
			工程监理费小计				0.00				
			建筑安装工程费小计				0.00		0.00		
	基础设施费		市政工程				0.00		0.00		按成本管理部提供数据
			园林景观工程				0.00		0.00		
			配电系统				0.00		0.00		
			智能化系统				0.00		0.00		
			热力管网				0.00		0.00		
			天然气工程				0.00		0.00		
			有线电视				0.00		0.00		
			物业、设备用房及设备设施				0.00		0.00		

（续表）

成本类别	成本明细			预估单位成本	目标成本（单位成本）	预算值/合同值（单位成本）	年 月 预估发生额	年 月 单位成本	年 月 预估发生额	年 月 单位成本	备注
基础设施费	其他		基础设施费小计				0.00		0.00		按实际缴纳金额
间接开发成本	开发间接费	工程管理费	预结算编审费	2.00元/平方米			0.00		0.00		按实际缴纳金额
			产权登记及交易费	3.00元/平方米			0.00		0.00		按预估单价核算
			执法管理费	0.20元/平方米			0.00		0.00		按实际缴纳金额
			环境卫生费	0.20元/平方米			0.00		0.00		按实际缴纳金额
			房屋测绘费	（1.36元/平方米＋1.36元/平方米）×70%			0.00		0.00		按实际缴纳金额
			工程管理费小计				0.00		0.00		
		工程检测费	环境检测费	2.5元/平方米			0.00		0.00		按预估单价核算
			消防检测费	1.50元/平方米			0.00		0.00		按预估单价核算
			防雷检测费	2.00元/平方米			0.00		0.00		按预估单价核算
			日照检测费				0.00		0.00		参照三期AD组团单价数据

(续表)

成本类别		成本明细	预估单位成本	目标成本（单位成本）	预算值/合同值（单位成本）	年 月		年 月		备注
						预估发生额	单位成本	预估发生额	单位成本	
开发间接费	工程检测费	电气及弱点检测费等				0.00		0.00		参照三期AD组团单价数据
		地基检测费				0.00		0.00		参照别墅南区单价数据
		工程检测费小计				0.00		0.00		
	开发间接费小计					0.00		0.00		
期间税费	财务费用	贷款利息				0.00		0.00		按预估单价核算
		融资评估费				0.00		0.00		按实际缴纳金额
		融资抵押费				0.00		0.00		按预估单价核算
		融资保险费				0.00		0.00		按预估单价核算
		融资费用小计				0.00		0.00		
		其他				0.00		0.00		按实际缴纳金额
	财务费用小计					0.00		0.00		
	样板间装饰费用					0.00		0.00		按预估单价核算
	样板间装饰及装饰费用小计					0.00		0.00		
生产成本合计						0.00		0.00		

（续表）

成本类别		成本明细	预估单位成本	目标成本（单位成本）	预算值/合同值（单位成本）	年 月 预估发生额	年 月 单位成本	年 月 预估发生额	年 月 单位成本	备注
期间费用	期间费用	管理费用	按每月实际管理费用分摊			0.00		0.00		按每月实际管理费用分摊
		营销费用	按收入的 3.2%			0.00		0.00		按均价 ×3.2%
		期间费用合计				0.00		0.00		
	税费	销售税金	按收入的 6.55%			0.00		0.00		按均价 ×6.55%
		所得税	按收入的 2.5%			0.00		0.00		此所得税按照预缴的方式测算（按均价 ×2.5%）
		税费合计				0.00		0.00		
总成本						0.00		0.00		
总收入						0.00		0.00		
净利润（总收入－总成本）										

基于动态成本控制的全面精益成本管理体系运行模式如图 9-27 所示。

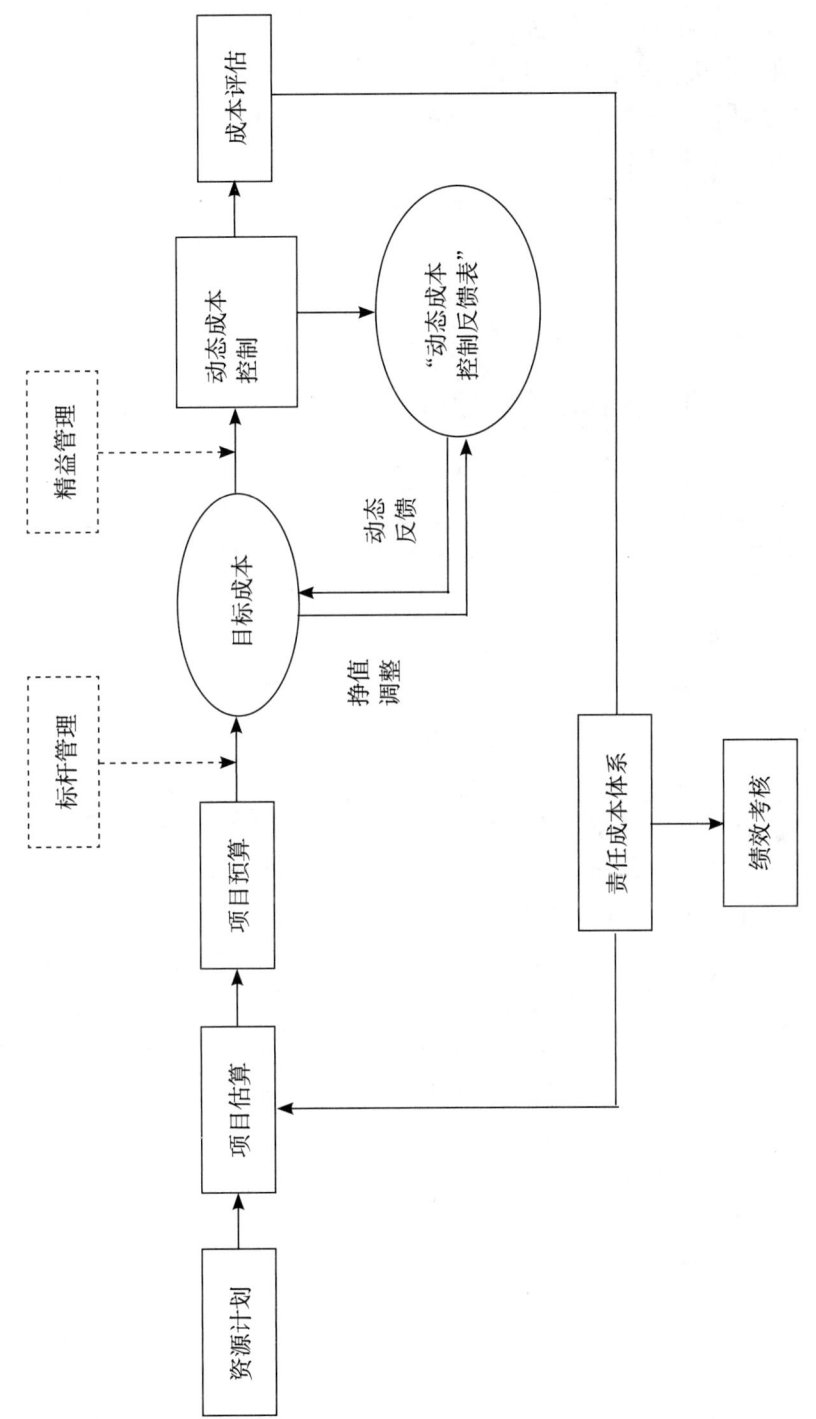

图 9-27 基于动态成本控制的全面成本管理体系运行模式

（4）每季末，成本管理部根据预算审计报告、施工变更签证、材料调整变更、已发生的各项费用和税金、最终的结算审计报告等编制"在建项目成本动态跟踪计算表"，并报送项目经理及总经理。

（5）项目经理和总经理适时监察项目进程，找出影响项目实际成本与预算成本差异的主要因素，进行分析，针对项目实际情况，及时做出项目调整，以控制项目实际成本在目标成本基准线上。

此外，在项目结束后，根据项目动态成本统计结果进行项目工程成本结算，做出对项目质量、项目管理和盈利能力的分析，并通过目标成本控制责任对项目组成员进行评估和考核，并计入各部门年终考核。

企业需做好项目档案整理与保存工作，为后期项目的预算和实施提供真实依据。

六、M公司项目全面成本管理取得的成果

1. 公司项目成本管理趋于规范化

通过一年多时间的成本管理调整与改善，M公司在原先职能部门设置的基础上成立了"成本管理部"，开始逐步规范化管理项目开发成本。

公司逐步完善了企业组织结构，由原来的职能模式向项目职能式转变。在项目开发初期选择恰当的项目负责人，从各部门中抽调职员或是采用临时招聘的方法形成符合职位需求的各类人才，形成一支专业的队伍共同管理项目运营，M公司实现了更加科学的项目管理和成本控制。这种组织模式的建立进一步培养了项目成员的专业素养和多种工作能力。

公司的核算体系也逐渐科学化，项目施工的动态成本反馈管理开始实施，目前负责实际成本统计工作的主要是公司财务部，一般以季度为时间单位。

2. 合理降低企业项目建设成本

通过完善项目施工过程中的进出料控制和签证管理，项目工程人员的质量意识和成本控制意识开始加强，材料浪费问题得到了一定程度的控制，项目的施工成本得以降低。成本的动态监控和反馈工作的施行降低了项目施工中项目变更的随意性，许多临时性的项目调整会根据项目成本影响的预期后果进行多方讨论和论证，避免了增加成本的不必要的项目变更，使项目建设成本被控制在合理范围内。

3. 提高了企业竞争力

M公司在近期投资完工的两个项目中都实施了科学化的管理和市场化的运作，其开发建设均取得了良好的经济效益和社会效益，以较高的质量和信誉赢得了顾客的欢迎和同界的赞誉，公司的实力不断壮大，科学化的管理体系和规范的成本控制措施提高了企业的盈利能力，提升了企业竞争力。

第 10 章

精益建造成本管理

精益成本管理是精益思想在成本管理中的应用,是精益思想与成本管理思想的融合。目前,国内外学者对精益成本管理的研究仍处于初步阶段,尤其是对建筑工程施工企业精益建造成本管理的研究与实践几乎还是一块空白。精益成本管理模式、方法在建筑工程施工企业中的应用,为建筑施工企业的精益建造成本管理提供了新的思路和方向。

第一节 精益建造对传统建筑成本管理的挑战与启示

基于精益思想的精益建造过程是一个持续改进、追求完善化,实现项目建造成本最小化、价值最大化、利润最大化的运营管理行为的过程,它的提出对建筑工程企业传统成本管理产生了深刻的影响,对传统成本管理的最大挑战来自管理思想观念的改变。

一、精益建造对传统成本管理观念的挑战

传统成本管理基于转换模型理论,把建筑生产过程看成一系列转换活动,认为整个项目的成本最小化可以通过各个转换活动的成本最小化来实现。通常传统成本管理把项目分解成一系列独立的成本控制单元(成本科目或工作包),通过监控各个控制单元的成本费用,确保其在一定的预算限额内,来实现整个项目的成本控制。而且传统成本管理通常采用提高生产力的方法,如使用新技术、新材料等来降低成本。这种成本管理模式存在以下问题:

(1)认为各个活动是相互独立的,忽视了活动之间的依赖(协同)和影响关系,增加了成本控制的不确定性和风险,影响了项目成本的整体控制。

在现实中,并非所有活动都相互独立,例如,两个活动之间可能存在先后关系,

或者两个活动可能是在同一工作面上同时进行,以及两个活动可能同时消耗某一资源,等等,在这里我们将这些活动之间存在的依赖和影响关系称为耦合关系。活动之间的耦合与非耦合关系,对项目成本管理有什么影响呢?下面以一个简单的例子来说明这个问题。

假设有四个工作依次进行(见图10-1)。此时,A工作的产出是B工作的输入,并依次类推。显然A工作与B工作之间存在着上下游关系,B工作的完成情况很大程度上取决于A工作的完成情况。

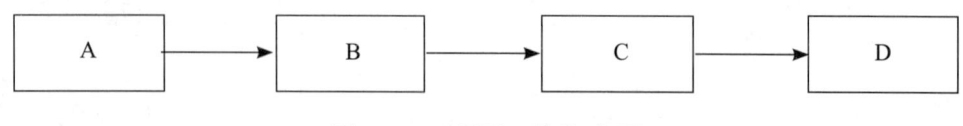

图10-1 项目工作顺序图

假设要求A工作在1个月内生产100个单位的产品,预算为100元。如果A工作以每个星期25/25/25/25生产,在一个月内按预算完成,这时工作流是可靠的。B工作的实施不受A工作的影响,如果B工作出现有成本超支或进度推迟的情况,应该由B工作负责。但是假如A工作以每个星期10/30/15/35生产,虽然也在预算内完成了,但是工作流却变得不可靠了,B工作的完成如果因此受到影响,造成了成本超支或进度推迟,这时管理者必然会惩罚和纠正B工作。因为A工作是在规定的预算和时间内完成的,传统成本控制系统(即使采用的是最先进的赢得值技术)不会显示工作流的不可靠是由A工作造成的。由此可见,活动之间的耦合与非耦合关系,对工作流的可靠性有很大的影响,而工作流是否可靠又会对项目的进度和成本产生影响,从而使成本管理变得很复杂,管理者可能很难找出引发成本偏差的真正原因,进而导致决策失误。

(2)认为整个项目的成本最小化可以通过各个转换活动的成本最小化来实现,只能实现了局部优化,而非整体的成本优化。

由于认为整个项目的成本最小化可以通过各个转换活动的成本最小化来实现,所以项目管理者集中于对每个操作、每个过程或每个部门的成本控制,而没有从项目的整体上考虑成本控制,最终只能实现局部优化。以工程材料成本为例,通常材料采购由专门的部门或人员负责。为降低材料采购成本和物流运输成本,采购人员必然会选择价格较低的材料,并且一次性采购很多材料。这样,采购人员可能在规定的成本限额内完成了采购任务,但是却没有很好地考虑现场施工人员对材料采购的要求,如质量是否达标、数量是否过量、使用是否方便等,从而可能引起质量、库存、搬运、操作延误等一系列成本的发生。

(3)以将成本控制在预算内为目标,所有的成本控制活动都围绕这个目标进行,是MBR管理思想的体现,不利于成本管理的进一步提高。

传统成本管理基于转换模型理论,认为建筑施工活动就是为了实现输入到输出的转换，因而更重视最终的结果而不是实现目标的过程或方法，通常以标准成本为控制目标，只要当成本被控制在预定预算范围之内，即使成本管理的过程可能不是最优的或是最好的，都可以被接受。例如，在签订施工合同时，将建筑物的某个部分作为输出，而将报酬作为输入，后期的成本控制就集中于把这部分的成本控制在合同额之内。因此，这种成本管理属于 MBR，允许缺陷存在，不利于成本管理的进一步提高。

（4）把所有的活动都认为是增值的转换活动，忽视了流动活动和基于客户需求的价值创造，理论不足导致了成本管理效果受限。

由于概念基础的不足，传统的成本管理把所有活动统统认为是增值的转换活动，通过提高转换活动的效率来减少成本的发生。这种做法一方面不能识别一些虽然不能增加产品价值但是可能对产品的最终成本有很大影响的流动活动，从而使成本控制工作容易受不确定性因素的干扰；另一方面无法区分建筑生产活动中的不增值活动和增值活动，不能真正地从源头上减少或消除浪费，没有充分挖掘成本降低的潜力。而且传统的成本控制基本上没有考虑对客户需求的满足，并认为输出的价值与输入的价值有联系，输出的价值可以通过使用更好的材料和更熟练的技工实现提高，其成本也会更高。这样就把价值和成本对立起来，传统成本控制只是追求价值和成本在一定程度上的平衡，很难实现价值管理和成本管理的一致提高。

（5）成本管理是分阶段、分主体进行的，进一步恶化了项目的分割管理。

传统的成本管理通过区别阶段设计、采购和施工各阶段的成本来提高项目的成本管理水平，而不考虑它们之间的相互关系。同时成本管控还是分主体进行的，由业主、承包商、供应商、分包商等在各自的组织内部分别进行。由于建筑工程项目的复杂性及动态性，每个组织都需要为成本数据的收集、追踪、控制花费不少的时间和精力，造成了浪费。而且分离的管理无助于项目整体目标的实现，还加大了库存成本和各组织间的交易成本。

此外，由于建筑工程项目的一次性特征，建筑生产系统具有临时性的特点，项目的参与者是不固定的，这样一方面不利于知识的积累，弱化了组织的学习能力，也不能防止重复浪费；另一方面，项目合作者之间缺乏稳定的信任基础，整个建造供应链系统也缺乏系统的可靠性和稳定性，因此不能为精益成本管理营造一个有利的环境。

二、精益建造对成本管理的启示

精益建造对建筑施工项目成本管理的启示如下：

1. 成本管理目标从一元到多元

精益建造的三个基本目标是转换、流动和价值生产，成本管理也应该围绕这三个目标来组织成本管理活动，在转换方面，考虑为实现项目交付必须发生的成本额，以及必须进行的成本管理活动；在流动方面，考虑什么不必要做，做得越少越好，从过程的角度考虑成本管理活动；在价值生产方面，考虑如何以可能的、最好的成本管理方式满足顾客需求，实现成本管理和价值管理的共同提高。因此，随着成本管理的目标由一元发展为多元，成本管理内容不断增多，成本管理活动也将更加复杂。

2. 成本管理范围从局部到整体

精益建造的一个重要特征就是从项目层上最大化价值和最小化浪费，对建筑生产全过程进行控制，而不是提高某单个活动或过程的效率或价值。它首要关心的是依赖和变化的共同影响，保证和提高工作流的可靠性，注重总体控制而不是局部控制。这就意味着成本管理不能只局限在一个活动、过程或组织内部，而必须从整个项目的系统层面来看待。为此，成本管理一方面应从最终用户的价值出发，考虑项目整个生命周期的成本；另一方面应从整个项目层的角度实施成本管理，这就意味着需要考虑整个价值链上依赖和变化的共同影响，保证和提高工作流的可靠性，甚至可能需要牺牲一些局部成本以实现整个项目的成本降低。

3. 成本管理思想从MBR到MBM

精益建造不是以财务目标为驱动，而是通过确保项目成功实现所需要的必要条件以及持续地学习和改进来交付项目，直接体现了MBM管理思想。因此成本管理也应实现从以财务指标为基础的MBR管理思想向非财务导向MBM管理思想的转变，注重过程控制，以建筑产品的特征和标准如生产周期、生产过程、顾客满意度等为监控目标，并通过成本管理协调各参与方的利益关系，建立起高度合作和信任的伙伴关系，促进项目的成功交付。

4. 成本管理形式从分离到协同

在精益建造中，业主、设计者、总承包商和专业分包商及供应商共同建造一个增值的、可建造的、有用的和可维护的设施，提倡采用跨功能团队，以整体的形式来实现项目管理。精益建造特别强调减少的是成本而不是利润，确保各参与方都能获得一定的利润，并注重保持长期的合作关系，使各参与方的合作建立在充分信任的基础之上。此时，成本管理不再局限于一个组织内部，而拓展到整个价值链，各参与方有着共同的利益目标，共享利润和风险，一起致力于消除价值链的一切浪费，库存和交易成本随之减少，各参与方的合作与信任也为成本管理的顺利实施营造了有利环境，从而可以实现整个价值链的成本最小化。因此，精益建造强调各参与方的高度合作与相互信任是降低交界面成本的关键，也是提高竞争力的关键。

5. 成本降低底线从有限到无限

实施精益建造的过程就是持续改进、追求完善的过程。因此基于精益建造的成本管理也应是一个无穷尽地降低成本的过程，成本管理不再设最低底线，而是采用各种方法尽量降低成本。

精益建造是基于生产管理思想的一种项目管理模式，其中有很多先进的管理技术和方法都可以加强成本管理。例如，使用价值流图消除浪费、通过拉式生产减少库存、通过5S加强现场管理等。目前，关键的是如何将精益建造的先进思想和技术融入成本管理之中，开发出行之有效的、可以操作的成本管理体系。

三、精益建造成本管理的意义和作用

1. 强调任意成员都参与成本形成

成本意识是指在成本管理的过程中要有节约成本和控制成本的理念，尽力减少成本，并使成本保持在低水平。精益建造成本管理强调施工项目中的每个成员都要树立成本管理的意识，把每个施工过程和分解的成本分配到各个团队成员身上。这就要求团队中的每个成员都要有精益成本管理的思想，熟悉自己的任务，采用先进的施工技术，减少施工项目中人力资源的浪费。

在施工组织中，应该鼓励和支持施工项目组织中的成员参与到施工项目价值链结构中，给予团队成员成本决策权，同时对团队成员进行精益建造下的施工项目成本管理培训，树立团队成员的责任心，使施工项目低成本运作。

2. 落实成本管理责任制及监督考核机制，最大限度地减少浪费

精益建造下的施工项目成本管理完善了成本管理体系，更加强调成本责任的落实。项目组织要划分出相关的责任组织，进行成本的核算，制订科学的成本目标，建立合理的成本考核机制和监督机制，把目标成本落实到工作流中的每个成员上，并进行监督和反馈，尽最大可能实现项目成本的目标，最大限度地减少施工建造过程中的浪费。

3. 成本管理注重内容外延化

精益建造下的施工项目成本管理的本质，是要求团队中的所有成员参与的降低成本消除浪费的活动贯穿到项目建设的全生命周期中。要运用传统成本管理的优势，使其和精益建造下的成本管理相结合，形成一个更完善的施工项目成本管理理念。项目组织应注重各个环节的精益成本管理，因此精益建造下的施工项目成本管理已经从施工项目组织内部外延到整个供应链，由传统的成本控制转化成质量好、进度快、成本低的精益成本管理。

4. 可以加强成本信息的共享

精益建造下的施工项目成本管理强调团队间的合作和交流，全面提高团队成员的生产效率、加强团队和团队之间的信息共享和成员与成员之间的信息交流。要在整个项目施工过程中使用计算机技术来加强团队的交流，帮助施工项目组织中的团队全面提高生产效率和改善信息交换。例如，应用CAD进行辅助设计、BIM辅助现场布置，运用可视化通信设备进行远距离的交流，使得现场施工活动更加协调。现代的计算机技术同时可以达到信息共享和交流的目的，以此来解决施工过程中出现的成本数据不能及时反馈、工作流不透明等问题，推动精益成本管理思想的落实。

5. 精益建造下的成本管理有利于成本组织

"参与者的主动"被认为是精益建造下的成本管理组织原则。"主动"是指发挥参与的团队成员的主观能动性，消除可能出现的一切浪费。

在精益建造下的成本管理当中，使用的是团队式构架，而不是传统的成本管理中使用的金字塔式构架。施工项目组织对于团队拥有的成本权利和责任有明确的规定，

团队的权利和责任必须统一。领导层对于团队内部的成本决策和施工生产活动不干涉。团队可以根据实际施工情况对项目成本进行优化和持续改进，同时，通过发挥团队的主观能动性，对成本组织进行改进和优化。

第二节 精益建造成本管理体系设计

一、精益建造成本管理体系设计的思路

精益建造思想下，建筑工程成本管理体系优化设计的主要思路是从其成本管理的环节入手，有成本预算、成本过程控制、成本核算及成本考核激励这四个环节。企业应针对成本预算粗糙导致后期无法进行有效成本分析的问题，实施细化投标报价表和分解目标成本的优化措施；针对成本过程控制力弱、管理水平不高等问题，实施加强材料管理、进度管理、强化工程质量成本意识，引入挣值法、优化预算总成本调节表等具体措施；针对成本核算水平不高，则引入较为先进的作业成本法，为企业识别出非增值作业，从而持续减少浪费、消除浪费；而对于成本管理体制不完善的情况，则针对现有的成本考核制度做进一步的细化、优化。具体思路如图10-2所示。

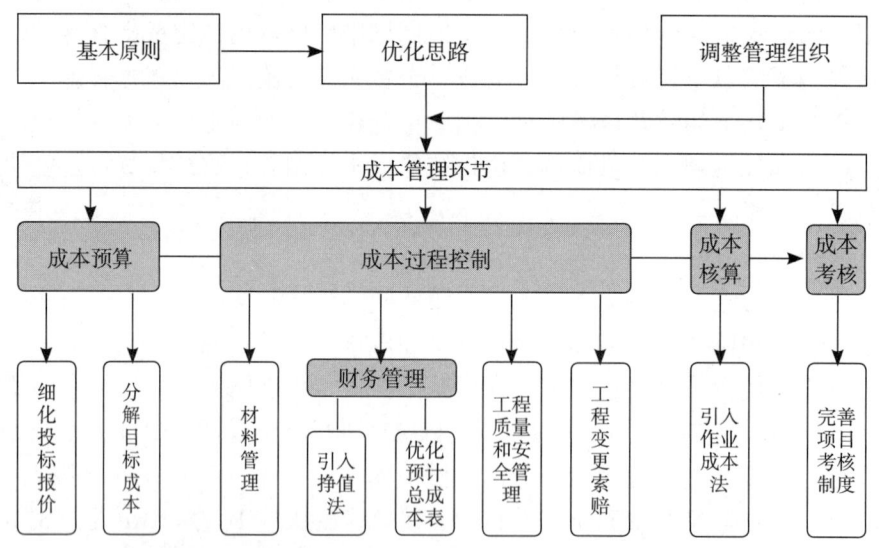

图10-2 基于精益思想的精益建造成本管理体系优化设计思路

二、精益建造成本管理框架体系设计

1. 管理框架体系设计

基于以上对新的成本管理体系应具备的基本特征（即系统性、增值性、前馈性、

过程性、全面性）的分析，结合对支持精益建造的各种成本管理方法的研究，作者认为应该在建设项目全生命周期的各个阶段，根据不同的决策目的采用不同的工具和技术，构建新的成本管理体系。这就需要考虑如何将这些管理方法、工具和技术结合在一起，以一个整体的形式来实现精益建造的成本管理。本书从实用性和可操作性角度设计了一个整合的管理体系框架，如图 10-3 所示。

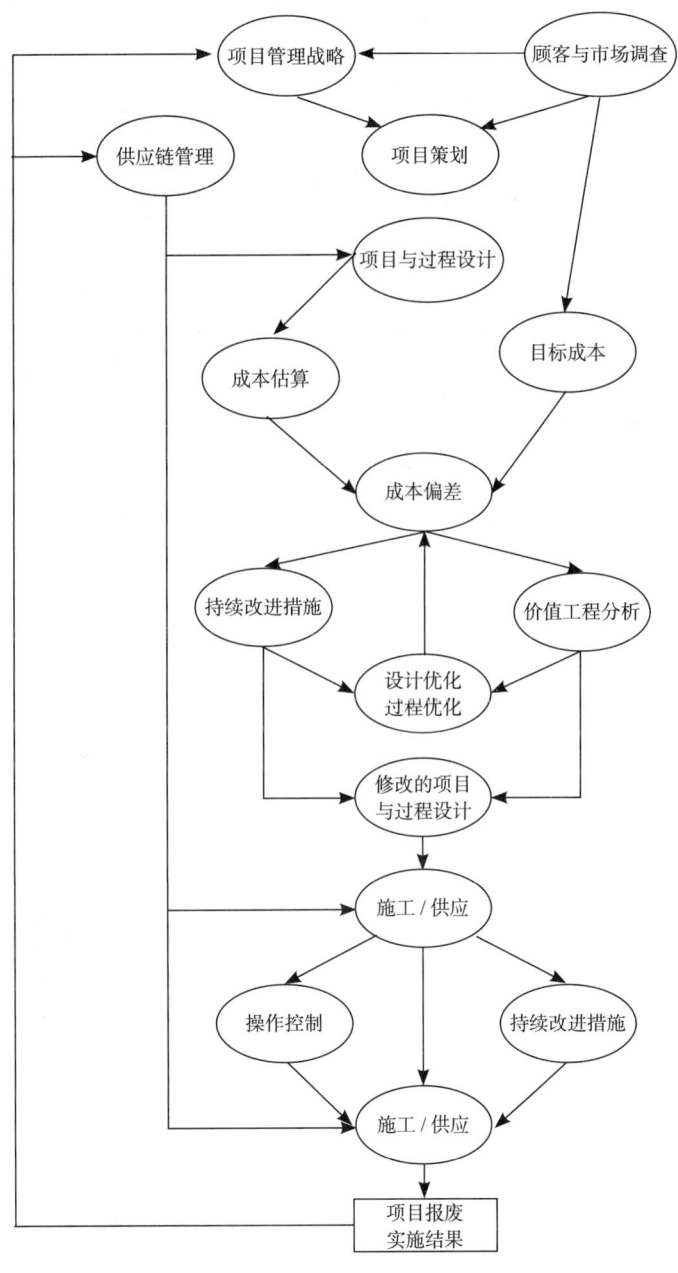

图 10-3　精益建造成本管理体系整合框架

整合框架以目标成本管理法为主框架，作业成本法（ABC）、价值工程（VE）、持续改进措施、操作控制等作为子过程嵌在其中，面向项目全生命周期实施精益成本管理。整个框架致力于优化整个供应链/价值流的成本管理，以实现建筑工程项目精益成本管理。

整合框架的实施开始于目标成本管理的使用，通过考虑业主的需求、建筑产品的功能及各参与方的目标利润，确定出项目的最大生命周期成本。在项目的目标成本确定之后，根据当前的建造水平和预期物价水平估算出成本，两个成本之间必然有偏差。如果偏差为负（即目标成本超过估计成本），表明项目实施拥有成本优势，可以采用价值工程和持续改进措施（如过程优化）来合理化成本和价值功能之间的关系。如果偏差为正（即估计成本超过目标成本），就需要在设计、施工、供应等方面消化偏差，如使用价值工程重新设计项目、使用流程改造优化施工过程、加强与供应商磋商减少供应成本等，在不消减建筑产品最终功能的条件下减少项目成本，以达成目标成本。在项目报废之前还需要通过持续的操作控制来避免实际成本偏离目标成本。因此，整个管理框架通过全过程、全方位、全人员的成本控制，使项目的最终成本满足顾客和各参与方的要求，达到建设项目精益管理的战略目标。

2. 管理组织框架体系设计

支持精益建造成本管理体系框架，需要所有参与者，即高层管理者、中层管理者、一线生产员工，以及业主、设计方、供应商、承包商、分包商等所有项目参与人员的共同努力。精益建造成本管理组织框架图如图10-4所示。

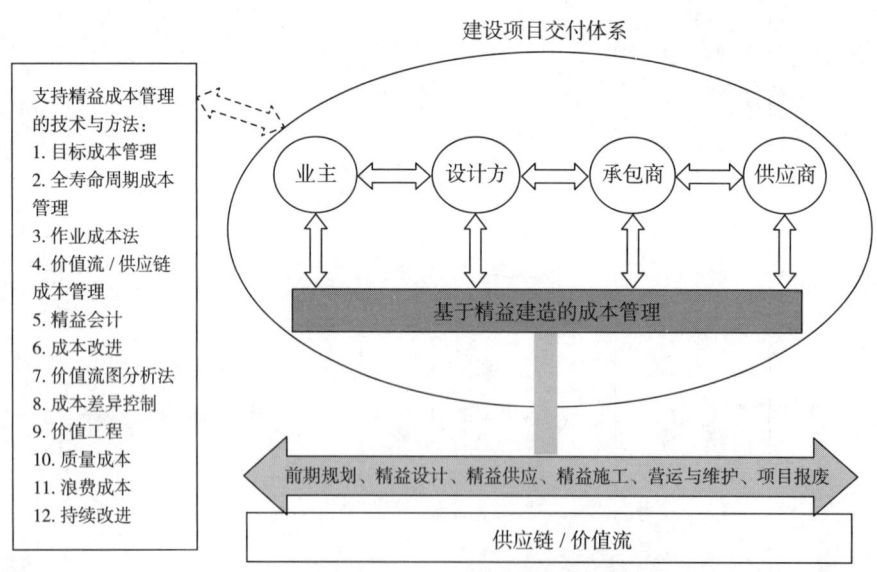

图10-4 精益建造成本管理组织框架图

为此，需要做到以下几个方面：

（1）要求业主，主要的承包商、供应商应该在项目实施的早期阶段介入，这对于目标成本的制订、设计方案的确定都很重要，可以减少成本变异，提高后期的成本可控性。

（2）由业主、设计者、总承包商和专业分包商及供应商等共同组建一个跨功能团队，一起致力于联合的成本减少活动，将成本压力沿着整个价值流传递给整个价值链上的所有组织。

（3）增加信息透明度，特别是成本信息透明能提高各参与方间的信任，有助于成本目标的达成。

（4）建立长期稳定、相互信任的密切伙伴关系，以及风险共担、利益共享的合作机制，当出现问题时，不因互相推诿而造成更大的损失和浪费。

（5）通过培训或其他方式让所有项目参与人员都重视成本管理，积极参与成本管理，都从自身的工作中发现与工程成本有关的因素和特点，主动加强协作配合，通过提高工作质量来降低成本。

三、支持精益建造成本管理的管理方法体系

构建新的成本管理体系，必须探讨哪些成本管理方法、工具与技术可以支持精益建造方式的实施。本书主要从规划与设计、建筑生产过程及整个价值流三个不同的维度来研究与分析可以支持精益建造的成本管理方法、工具和技术，以及其与精益建造中的结合应用问题。支持精益建造的成本管理方法体系如图10-5、表10-1所示。

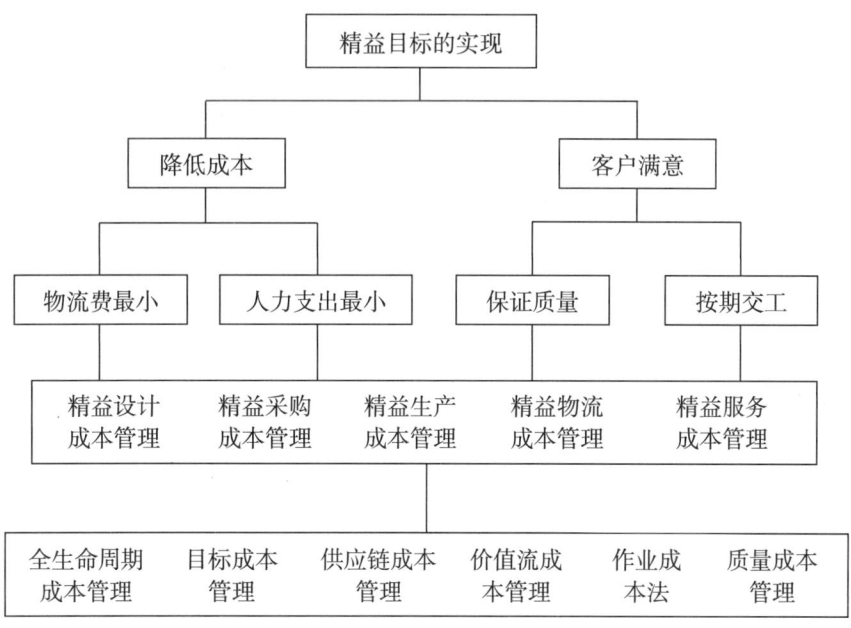

图10-5 支持精益建造的成本管理方法体系

表 10-1　支持精益建造的成本管理体系

规划与设计	建筑生产（施工）过程	整个价值流
项目规划设计精益成本管理 精益建造成本管理信息支撑层——信息平台 精益建造成本管理的管理层 精益建造成本管理的主法层 精益建造成本管理的技术层	**建筑施工成本管理：** 作业成本管理（ABCM） 挣值法——成本偏差分析与纠偏 质量成本管理 **操作控制：** 生产管理措施 成本差异控制 **持续改进：** 成本改进活动 基于 ABC 的成本改善 施工建造浪费消除	供应链协同精益成本管理价值流/价值链成本管理
精益管理会计用于每个阶段和每种决策类型		

1.项目规划设计精益成本管理

一般情况下，建筑工程项目具有投资大、建设期和服务期长的特点，精益理论的原则是施工企业要能够正确地确定价值及实施成本控制时追求完善化，这就使得施工企业在施工时必须考虑施工产品的设计、建造及完工后维护的前后联系，在整个生命周期中合理控制成本。在施工项目规划与设计中，全寿命周期成本可以使我们知道项目整个寿命周期的最大成本及成本减少的合理空间，为管理者提供预算控制标准和财务暗示。同时，目标成本管理帮助企业将目标成本分解，明确目标成本，逐层控制。

1）在项目规划设计中导入全生命周期成本理念

全生命周期成本（Life Cycle Cost，LCC）也称为全生命周期费用，是指项目从策划、设计、施工、经营一直到项目拆除的整个过程所消耗的总费用。

LCC 包括产品生命周期中开发阶段的设计成本和建造成本、产品运行阶段的销售成本及使用成本，还有产品维护阶段的维修成本和回收报废成本六部分。严格地讲，全生命周期成本是指产品从它生命周期开始到终止，期间所发生的一切相关投入及费用，而产品生命周期是从产品的酝酿开始的，经历研究、设计、生产、使用，最后一直到产品报废为止。

LCC 的构成如表 10-2 所示。

表 10-2　LCC 的构成

全生命周期成本构成	内容
设计阶段成本	可行性研究、市场调查、修改设计、设计变更、图纸设计、产品试验、准备技术说明等费用

（续表）

全生命周期成本构成	内容
建造阶段成本	施工工时、劳动工时、材料、半成品运输、存放，以及装配、调试废品、检验、修复费用等
销售阶段成本	物流运输、产品包装、广告及存储费用等
维修阶段成本	对机械设备进行维修或更换零件所耗费的成本等
使用阶段成本	工程机械设备在使用期间所投入的人力、物力、财力，以及维持设备运行所需的维护保养费等
回收报废成本	产品报废处理和再生的费用等

2）引入精益建造成本管理的建筑施工企业全生命周期成本管理

相较于一般的建筑工程项目成本，施工企业项目全生命周期成本外延要大，所以在考虑成本控制时，必须考虑项目的全生命周期，因其考虑的时间长、范围广，也就更具有合理性。其具体内容如图10-6所示。

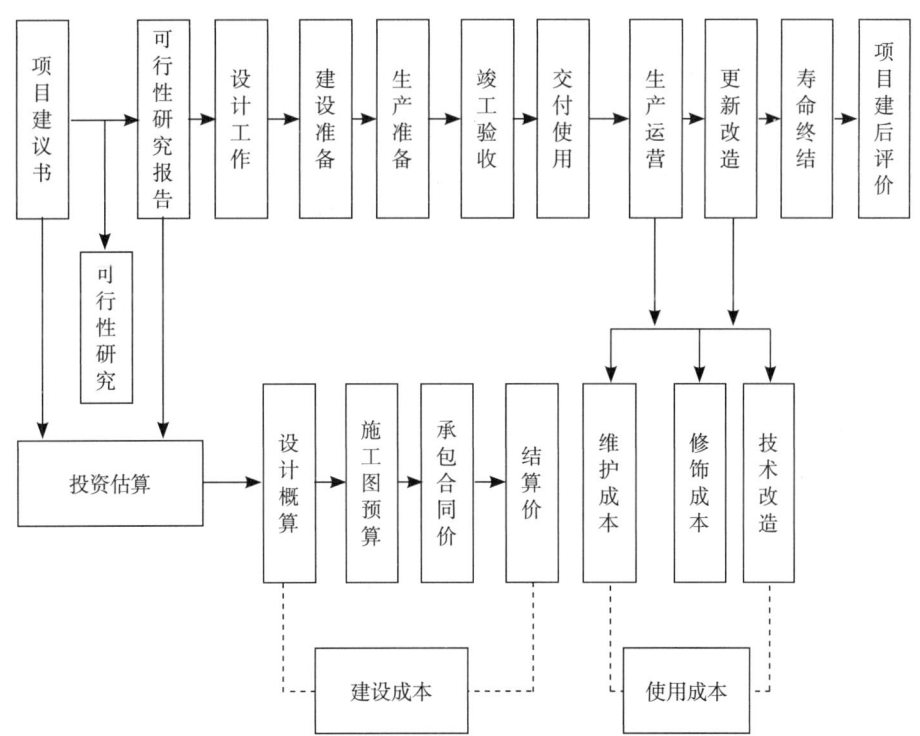

图10-6　建筑施工项目全生命周期项目成本管理的具体内容

施工企业全生命周期成本管理具有"三全"（全系统、全费用、全过程）的特点：

（1）全系统是指项目组织中的所有部门和成员都处在一个相互作用的系统中，项目的成本与每一名员工的利益都是相关的，员工与企业是利益的共同体，这也就是说，项目成本的控制并不仅仅是企业或某些管理部门的事情了，这就要求我们在看待企业的时候要打破部门之间的界限。企业也要重视员工的作用，积极宣传全系统的观念，培养员工对企业的忠诚度，只有这样，系统的各个组成部分都以系统的总体效益为出发点，才能充分调动企业组织部门和员工控制成本的积极性，真正做到成本控制。

（2）全生命周期成本管理中全费用的特点是指在项目施工中也要做到全过程成本核算，企业要将成本核算单位推广到施工企业的每个部门或是每个员工，而不是局限于企业的财务部门，这样才能综合地考虑所有可能发生的费用及有效地核算项目施工成本的所有要素，做到先算后建、边建边算，最终在合适的可用度和全费用之间寻求平衡，找出生命周期成本最小的项目实施方案。

（3）全过程的特点：要保证 LCC 这种方法的应用，需要从两个方面进行约束，包括制度和法规。它的主要特点是代代相传的企业管理方式，这样就会避免了临时思想的产生。整个项目周期都会产生项目成本，如图 10-6 所示。项目成本的起始点是准备开始施工，中间经过整个施工过程，终结点是竣工后到保修期结束。所以说，项目施工的每个阶段和过程都会涉及成本的控制。例如，最优的施工方案是准备施工阶段必不可少的步骤，接下来是根据整体施工方案进行施工，在保证项目工程质量的前提下尽量减少支出成本并合理有效地运用现有资源，减少工程返工费和工程移交后的保修费用。在工程的最后验收阶段，项目组为保证项目成本控制的有效性，应及时根据合同索要款项并进行核算。

全生命周期成本理论为施工企业选择最佳投资方案和施工方案提供了有力的理论指导，指引施工企业站在项目生命周期的角度上，全面、科学地考虑和核算项目生命周期全过程中的成本，并在保证项目质量的前提下，依据效能最大化和全生命成本最小化的原则，科学合理地选择材料、设备、施工顺序及建造工艺，最终达到浪费最小化和价值最大化的目的。

2. 精益建造成本管理的支撑层——信息平台

基于精益建造的施工项目成本管理需要解决成本信息交流和共享的问题。在精益建造下的成本管理模式下，要建立一个成本信息沟通共享平台，使参与项目建设的各方能够通过这个平台进行成本管理沟通，使每一个人都能够针对施工过程中出现的成本管理问题提出自己的意见，降低因为成本问题而带来其他相关问题的可能性。因此，精益建造下的施工成本管理的支撑层是建设信息平台。

1）信息平台的结构

构建成本信息平台要充分利用计算机信息技术，以局域网和网络为基础，在成本管理体系下建立。成本信息平台是一个成本管理数据库，它将纵向传递的成本信息转变为横向，确保成本信息的有效沟通和交流。假如施工过程中出现成本管理问题，可以通过成本信息的共享和各方沟通，使得问题能够很快解决，降低或不增加施工项目成本。信息平台的结构如图10-7所示。

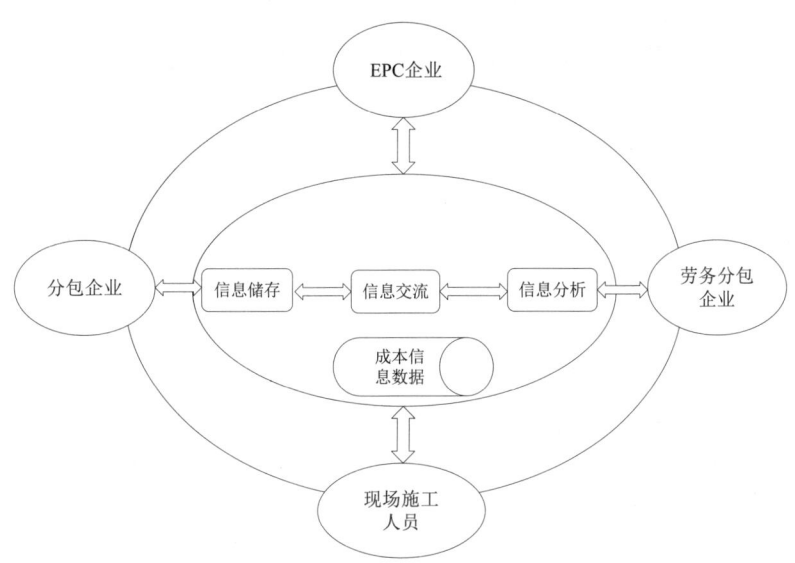

图 10-7　信息平台的结构

2）信息平台的作用

成本信息平台主要是为了在精益建造下的施工项目成本管理过程中，给参与成本管理的各方提供一个信息交流和信息共享的平台，使得各方相互合作，使施工项目成本降到最低。成本信息平台的作用主要体现在以下几方面：

（1）成本信息数据库。主要是在项目施工的过程中，施工项目组织利用成本数据库对所有的人工、材料以及其他发生的相关费用进行记录，得出实际成本。另外，在施工阶段的成本管理过程中，项目组织应定期将项目成本进行核算，通过数据库对成本数据进行整理，用挣值法与计划成本进行对比，同时，利用数据库中所记录的成本数据，进行计算机辅助分析，对项目未发生的成本进行调整。

（2）交流和共享信息。主要是成本管理的各参与方在成本信息平台上传和更新成本的有关信息，给予和项目成本管理有关的成本数据、共享成本管理文件等，保证参与各方对工程项目成本信息能够充分地了解。

（3）信息协同管理。主要是通过信息平台加强参与成本管理的各方对成本问题的交流，协调各方的成本管理工作，确保成本管理工作有效进行。

3. 精益建造成本管理的管理层

1）精益建造成本管理的主体

本书主要是以精益建造下的施工项目成本管理为对象开展讨论，因此成本管理的主体主要分为三个部分：第一部分是总包企业和分包企业；第二部分是劳务分包企业；第三部分是现场的建筑工人。

（1）总包企业和分包企业。在精益建造下的施工项目成本管理中，总包企业和分包企业是整个施工项目管理中的决策者，是对精益建造思想的提出者和倡导者。总包企业要在项目进行过程中提出制度和采取措施，保证精益建造下的成本管理思想可以得到实施。

另外，企业要通过成本信息管理平台与劳务分包企业和现场的建筑工人对项目成本管理问题进行沟通交流，及时解决项目进行过程中出现的成本问题。

（2）劳务分包企业。劳务分包企业是精益建造下的成本管理理论在实际项目中使用的推行者。劳务分包企业要进行精益建造下的成本管理思想的培训，并在项目进行过程中进行推广。同时要对现场工人进行精益建造思想的培训，使其在施工实施中成本管理过程中能够有精益管理的思想。

（3）现场施工工人。现场建筑工程施工工人是精益建造思想、方式的实施者。在精益建造成本管理中，现场建筑工程施工工人要通过精益建造的思想开展工作，使得精益建造下的成本管理思想提出的成本改进措施能够得到很好的落实。

2）加强精益建造成本管理的措施

（1）选择合适的劳务分包企业。总包企业要推行精益建造的思想，选择合适的劳务分包企业非常关键。劳务分包企业的实力和素质都要偏高。如果选择的劳务分包企业素质低，精益建造的思想根本就无法推广。因此，总包企业在选择劳务分包企业的时候必须确保该企业有推行精益建造的基本能力，这样才可以使精益建造思想在成本管理的过程中得到执行。

（2）与劳务分包企业成为长期合作伙伴。

由于施工对于劳务分包企业的素质要求比较高，在这样的情况下，总包企业可以和那些合适的劳务分包企业建立长期合作关系。一方面，施工可以减少寻找合适的劳务分包企业的时间。另一方面，选择长期合作的企业也可以更好地推行精益建造思想。

（3）建立奖励措施。目前，施工主要是通过合同来约束劳务分包企业的施工行为。因此，施工企业在合同中制订相关措施来调动劳务企业推广精益建造的积极性。例如，劳务分包企业在施工项目进行过程中采用精益建造的相关方法，减少了返工次数，提高了工作效率，保证了项目质量，减少了浪费，节约了项目成本，施工企业就应该给予奖励，这样就可以提高劳务分包企业实施精益建造的积极性。

4. 精益建造成本管理的方法层

目标成本法能够将项目的整体成本目标进行分解和落实，为作业成本管理提供参照对象。作业成本法将成本管理和成本计算动态结合，可以用以消除不增值活动，从而提高工程效率，这有益于体现工程项目的价值流管理成果。运用挣值法进行成本差异分析，可以在施工过程中预测成本发展趋势及为决策者提供有效支持信息。

1）目标成本动态管理法

目标成本管理（Target Costing）是一种以市场为导向来制订产品目标成本的战略

成本管理方法。目标成本管理主要用在规划和设计阶段,其目标是在最早的可能阶段消除成本和增加价值。

目标成本管理的主要内容为:

第一,确定目标成本。目标成本管理以目标成本为最终目的,目标成本是目标成本管理的关键因素。目标成本可以通过对顾客和市场调研,在项目规划与设计阶段确定。目标成本是为实现目标利润必须达到的成本目标值,而不管成本是否能被当前的生产实践所支持。目标成本法管理流程及实施步骤如图10-8、图10-9所示。

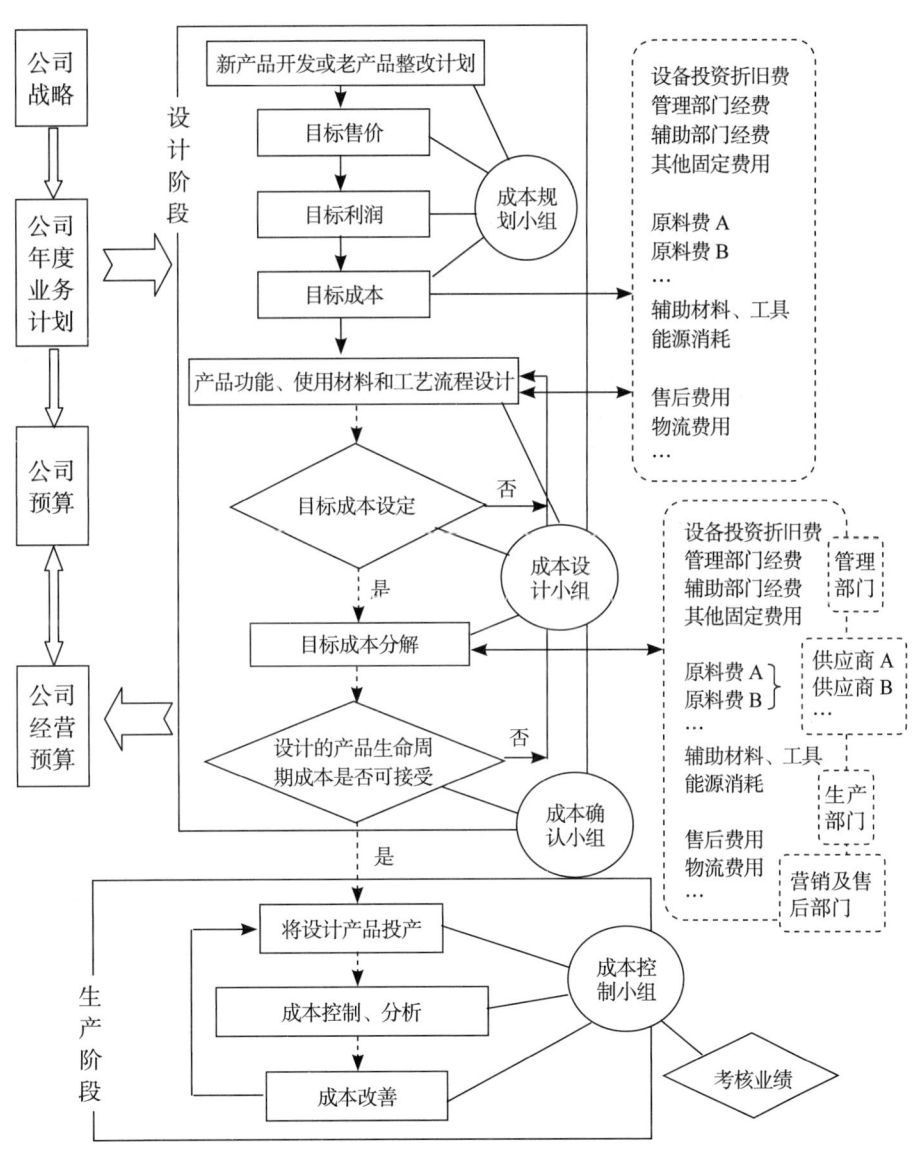

10-8　目标成本法管理流程

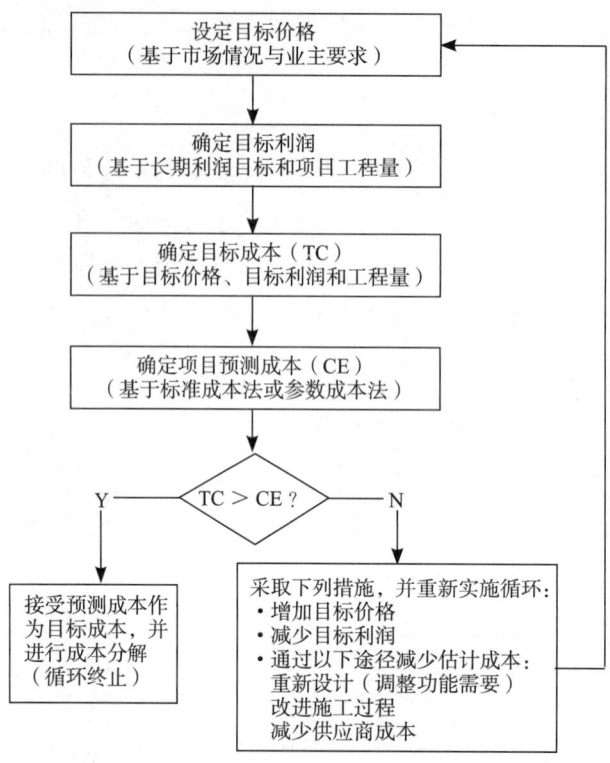

图 10-9　目标成本法实施步骤

第二，分解目标成本和目标成本压力的传递。为达成目标成本必须对设定的目标成本进行分解。目标成本的分解方式大致可以分为以物为分解对象、以工期进度时间为分解对象、以分部分项工程为分解对象和以团队或个人为分解对象等。按物分解又包括按功能分解、按构造分解、按成本要素分解。按人分解则包括按团队、小组或个人责任分解。而具体到建筑工程施工企业，最基本的分解方法就是按照整体项目的费用类别逐步逐层地分解到项目体、部门、分包单位、班组、岗位等各层次上，从而形成相互联系的成本目标体系。工程项目目标成本分解如图 10-10 所示。

第三，目标成本的达成。目标成本分解后，即可采用某些有效的手段来达成目标成本。这个目标成本的达成过程可以通过两个途径实现，一个是成本规划和设计阶段的成本挤压，可以采用价值工程（Value Engineering）来实现。价值工程法的基本思想就是功能/成本分析，在不改变产品功能的情况下降低成本以达成目标成本。另一个是在生产过程中的成本控制，可以通过改进成本法（Kaizen Costing，Kaizen 是日本词汇，意为"持续改进"）来实现。改进成本法就是将确定的成本目标，进一步具体分解落实到各有关生产经营单位，细化至生产经营第一线的具体执行人员，促进他们在日常的生产经营工作中，不断挖掘进一步降低成本的潜力，使整个生产经营处于不断改进的状态，以保证生产经营各个环节成本目标的顺利和超额实现。

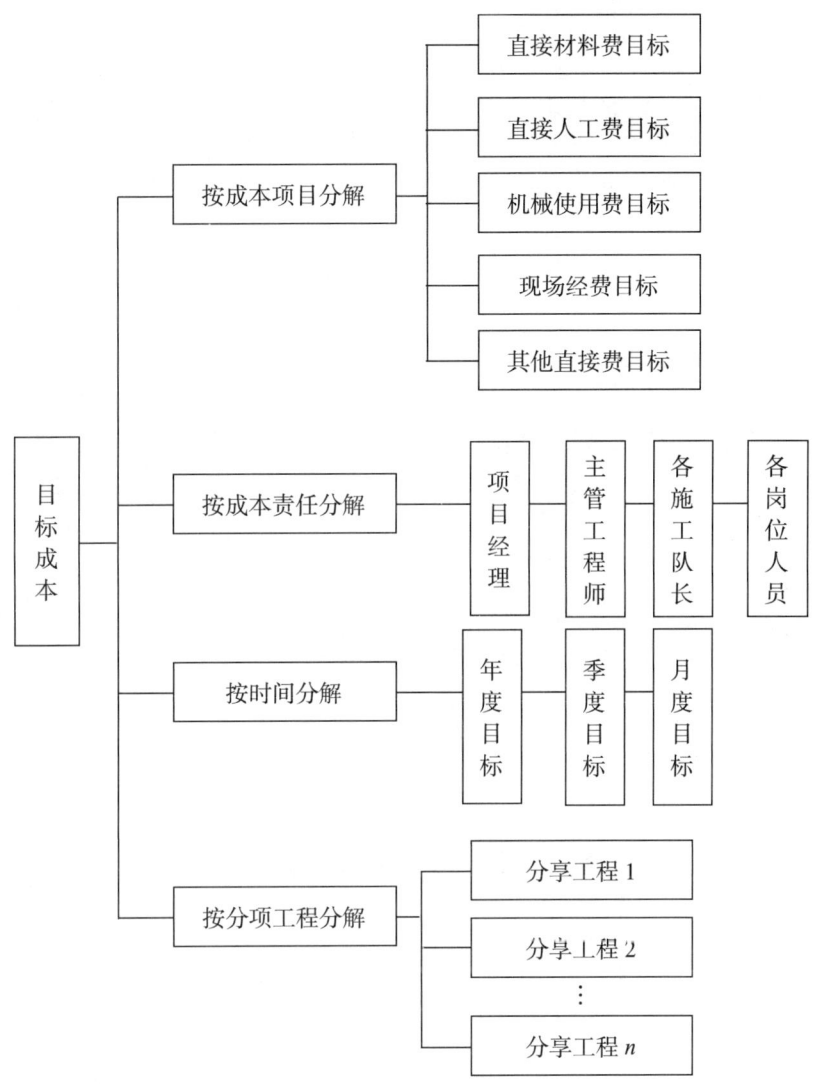

图 10-10 工程项目目标成本分解图

在精益建造成本管理中运用目标成本管理法可以带来以下好处：

（1）形成项目的全生命周期的成本管理。目标成本管理不仅是在项目施工的阶段，而且还包括项目的准备等阶段，形成了项目全生命周期的成本管理，有助于项目整体成本目标的实现。

（2）全员参与。目标成本管理逐级分解成本目标，从项目经理到各岗位工人都能清晰地认识和明确自己的目标。

（3）持续改进。在目标管理的过程中重视持续改进，可以节约成本。

（4）明确了成本管理的具体内容。目标成本管理法作为一种全面、系统、科学的成本管理方法，它能够帮助项目成本管理中的技术和经济更好地结合，完善成本核算机制，具体成本目标，帮助实现施工项目成本目标。

2）作业成本管理（ABCM）——精细化成本管理方法

（1）作业成本法的概念。作业成本法（Activity Based Costing。ABC）是指以作业为核算对象，通过成本动因来确定和计量作业量，进而以作业量为基础分配间接成本的一种成本计算方法。作业成本法把成本的分配与促使成本产生的原因联系起来，按不同的成本动因进行成本汇总和分配，并在此基础上进行管理分析和决策。其理论基础为：生产导致作业的发生，作业消耗资源并导致成本的发生，产品消耗作业。资源、作业与产品三者之间的关系如图10-11所示。

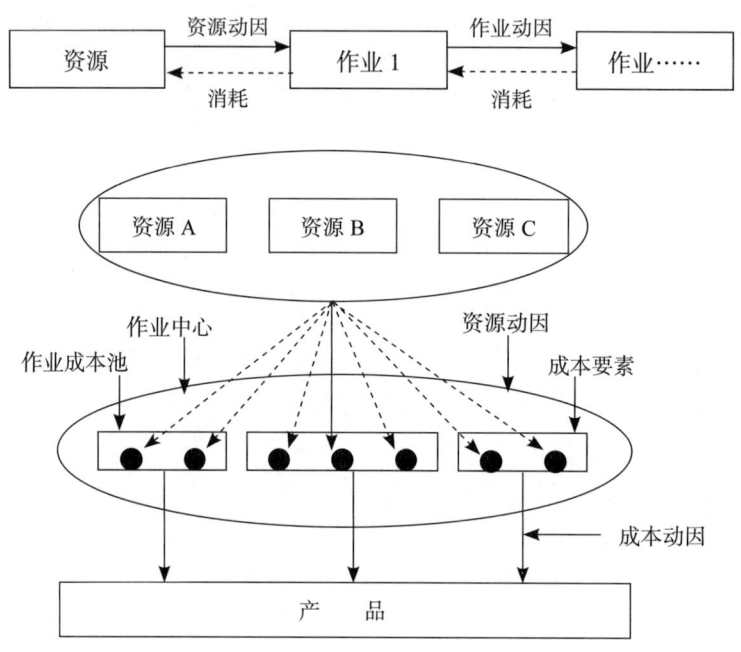

图10-11　资源、作业与产品三者之间的关系

资源是指支持作业的成本来源。它是一定期间内为生产产品或提供服务而发生的各类成本项目，或者是作业执行过程中所需要花费的代价。

作业的内涵是指基于一定目的，以人为主体消耗了一定资源的特定范围内的工作。作业是指相关的一系列任务的总称，或指组织内为了某种目的而进行的消耗资源的活动。

作业库是指具有相同成本动因的许多项单独作业的集合体。

成本动因是指导致成本发生的任何因素，即成本的诱致因素。成本动因主要有两种，即资源动因（Resource Driver）和作业动因（Activity Driver）。资源动因反映了作业中心对资源的消耗情况，是资源成本分配到作业中心的标准。作业动因是将作业中心的成本分配到产品或劳务中的标准,也是将资源消耗与最终产出相沟通的中介。成本动因是作业成本法的核心。

(2)作业成本法的计算步骤。①确认作业,归集作业的成本,建立作业成本库,并为每个成本库选择最恰当的成本动因。②计算每个成本库的成本动因费率,即:成本动因费率=各作业成本÷成本动因单位数。③根据产品消耗成本动因数量,计算产品成本,即:产品成本=成本动因费率×产品消耗成本动因数量。

(3)作业的层次。通常,企业的作业可以分为四大类:单位水平作业、批次水平作业、产品水平作业和设施水平作业。作业层次与不同的作业成本和不同的成本动因类型相对应,所以上述作业分类将大大简化产品成本计算过程。

①单位水平作业。单位水平作业是每生产一个单位产品便发生一次的作业。这类作业所消耗的成本随产品产量成比例变动。例如,与直接人工、直接材料、机器运转有关的动力成本等。

②批次水平作业。批次水平作业指每生产一批产品便相应执行一次的作业。其成本随着生产批次比例变动,但对每批产品而言,又是固定的。例如,批次检验成本、机器准备、订单处理、原料准备等。

③产品水平作业。产品水平作业指支持生产每类产品或劳务所发生的作业,其成本随产品项目成比例变动。工程的变动、产品测试程序的开发、产品的营销等均是产品水平作业。

④设施水平作业。设施水平作业指借以维持企业的一般制造过程的作业。该类作业不针对任何具体产品,而是有益于整个企业。例如,厂务管理、安全设施、厂房维修等。

(4)成本动因的选择。选择成本动因,就是为每个成本库选择一个与成本存在强线性相关的成本动因,这对于作业成本核算的准确性是十分关键的。成本动因选择不当,就不能反映成本库成本发生的原因,也就体现不出作业成本法相对于传统成本法的优势。

通常,成本动因的选择可以从两个方面来考虑,一是作业的层次,二是驱动的特点。作业层次在前面已有详细介绍,而驱动指产品消耗作业的性质。驱动一般包括作业驱动、期间驱动、密度或直接费用驱动等。其中作业驱动指依作业发生的频率来计量的驱动;期间驱动指用完成每项作业所花费的时间来计量的驱动;密度或直接收费驱动则指根据每次完成一项作业所实际消耗的资源来计量的驱动。例如,材料搬动作业的作业衡量标准是搬动的零件数量;人工土方作业的作业衡量标准是直接人工工时数等。

成本动因是将成本分配给作业的基准,也可以解释成本变动的原因,正确理解作业和成本动因之间的关系可以使管理者集中改进那些可能产生更好结果的区域。成本动因会随着环境改变而改变,因此需要经常检查和更新作业数据以确保使用正确的成本动因。

在精益建造中运用作业成本法进行成本管理，具有以下好处：

（1）改进传统成本体系。作业成本法改进传统的成本核算方法，可以在管理成本的空间和时间两方面进行，从而达到成本控制的精确性。在空间上，成本的精确性取决于成本管理流程细分的程度，在时间上，成本数据的采集频率会影响成本计算的精度。

（2）提供成本量化手段。作业成本法可以对作业进行定性分析，在成本管理的过程中，发现低效率非增值作业和高效率增值作业，根据这些发现，改进作业流程，提供成本量化手段。

（3）有助于提高施工项目的管理水平。作业作为连接成本计算和控制的桥梁，构成了整个施工项目的各项施工活动。因此，作业成本法可以计算到施工项目成本作业层，从而使成本的可控制性有所提高，有利于施工企业提高项目管理水平。

（4）有利于提高施工项目的盈利能力。作业成本法利用作业成本核算进行成本控制，可以消除非增值作业，降低项目的成本，从而提高企业的利润。

（5）帮助成本管理人员更好地管理成本。在作业成本法的辅助管理下，施工项目中的成本管理者可以找到那些被扭曲的成本数据，这样可以帮助成本管理人员更好地利用成本数据，进行优质的成本管理。

案例：建筑工程项目施工作业成本计算实例

前面已经详细地介绍了如何运用作业成本法来核算项目，下面用一个简单的例子来说明其计算过程。本例所使用的数据是从某施工项目的实际数据中抽取而来的，考虑到保密性，这里进行了简单处理。

假设一个施工单位在同一地点同时施工两处密肋混凝土楼板，楼板 A 为异型板，对施工有特殊要求，面积 $10m^2$；楼板 B 为矩形，无特殊施工要求，面积 $15m^2$。假设楼板 A 的直接成本为 9 282 元，楼板 B 的直接成本为 12 798 元，总的间接成本为 9 058 元，现在分别采用传统的成本核算方法和作业成本法计算两楼板的单位成本。

（1）采用传统的成本核算法基于直接工时分摊间接成本，计算结果如表 10-3 所示。

表 10-3 按传统的成本核算方法计算的结果

项目	单位	楼板 A	楼板 B	合计
总直接成本（1）	（元）	9 282	12 798	22 080
其中：直接材料	（元）	7 710	10 440	18 150
其中：直接人工	（元）	1 572	2 358	3 930
总间接成本	（元）			9 058
基于直接工时分配 %	（元）	40%	60%	
间接成本（2）	（元）	3 623.2	5 434.8	9 058

(续表)

项目	单位	楼板A	楼板B	合计
合计（1）+（2）	（元）	12 905.2	18 232.8	31 138
单位成本	（元/平方米）	1 290.52	1 215.52	

根据表10-3的计算可以发现，管理者仅仅根据成本报表，很难得到精确的成本信息，也不能发现哪里存在成本较少的可能。

（2）采用作业分析法核算单位成本。根据前面的分析可以确定，密肋混凝土楼板施工的主要作业，以及相应的成本动因，计算单位作业成本如表10-4所示。

表10-4 单位作业成本计算表

过程成本	成本动因	层次	作业量 楼板A	作业量 楼板B	合计	成本总额（万元）	单位作业成本（万元）
备料作业	产品重量	传递批次	30	42	73	1 364	18.68
搅拌作业	搅拌重量	任务批次	18	27	45	3 021	67.13
运输作业	运输次数	运输批次	2	3	5	2 021	404.2
磨板作业	直接工时	任务批次	4	6	10	822	82.2
绑扎作业	绑扎数量	任务批次	18	27	45	1 129	25.09
灌注作业	灌注小时	任务批次	10	15	25	2 093	83.72
养护作业	养护小时	任务批次	16	16	32	800	25
检查作业	检查次数	传递批次	6	6	12	1 738	144.83

（3）将除直接材料成本以外的所有费用按照单位作业成本归集到表10-4中的主要作业，作业成本法核算结果如表10-5所示。

表10-5 按作业成本法计算结果　　　　　　　　　　单位：万元

项目	楼板A	楼板B	合计
直接材料（1）	7 710	10 440	18 150
过程成本			
备料作业	561	803	364
搅拌作业	1 208.4	1 812.6	3 021
运输作业	808.4	1 212.6	2 021

（续表）

项目	楼板A	楼板B	合计
模板作业	329	493	822
绑扎作业	450	679	1 129
灌注作业	837.2	255.8	2 093
养护作业	400	400	800
检查作业	869	869.0	738
过程成本合计（2）	5 463	7 525	12 988
合计（1）+（2）	13 173	17 965	31 138
单位成本（元/m²）	1 317.3	1 197.67	—

（4）对比分析。根据作业成本法计算可以发现，两个施工项目（楼板）的成本都发生了变化。

由于将间接成本按照直接工时单一的标准分配给两个施工项目，没有考虑楼板A的施工特殊性（异型），所以低估了其单位成本，对比情况如表10-6所示。

表10-6　两种方法的核算结果比较　　　　单位：万元

项目	传统的成本核算法		作业成本法		差值	
	总成本	单位成本	总成本	单位成本	总成本	单位成本
楼板A	12 905.2	1 290.52	13 173	1 317.3	−267.8	−26.78
楼板B	18 232.8	1 215.52	17 965	1 197.67	267.8	17.85

另外，从表10-5、表10-6可以看到，两个楼板的总成本是一样的，但是作业成本法把成本分摊到了过程，显示了每个过程及其相应的成本。因此，管理者可以看到成本发生在什么地方及发生了多少，以及是否有降低成本的可能性等问题，从而可以把注意力集中于那些需要改进的地方，寻找浪费和增值活动，尽可能地降低成本。

3）挣值法——成本偏差分析与动态控制

精益建造下的成本分析是一个动态的过程，施工项目成本的分析要与施工进度相结合。基于挣值法的成本偏差的分析可以准确、及时地反映成本状况，进而反映成本偏差。它是一种可以进行成本差异的分析方法，可以综合管理施工项目的进度和成本。

挣值法将三个相独立的变量进度计划、预算成本和实际成本联系起来，以确定实际成本、实际完成量与计划的成本和变量是否符合的一种项目管理方法。挣值法应用的基本思路是以施工项目为基础,通过分析项目的花费和进度进行目标挣值。重点是定期检查成本和进度,根据实际进度,确定成本是否超支,进度是否延后,然后调整项目后续的工作计划并实施反馈,再继续调整计划。

有关建筑工程项目挣值法成本动态控制的内容可参阅本书第12章。

4) 质量成本管理

质量成本是指在保证产品符合一定质量要求的条件下开支的一切费用,以及因未达到质量标准而产生的一切损失。企业的产品质量是企业提高和保持信誉的最重要条件,而企业良好的信誉是企业赢得市场的保证。无条件不计成本地追求高质量是不可取的,生产有质量问题的产品对企业来说是最昂贵的质量成本。

(1) 质量成本的范畴。质量成本 C 从数额上主要包括两项内容:

①不合格产品控制成本,由两个部分组成,一是预防成本 C_1(指企业为在生产过程中减少不合格产品的数量等方面的投资),如质量改进措施费用、搜集和分析产品质量的费用、培训费等。二是检验成本 C_2,如产品鉴定费、设备检验费、工序检验费等。

②损失成本 C_3,如废品利润损失、翻修费、复检费、退货损失、诉讼索赔损失等。随着预防成本 C_1 和检验成本 C_2 的增加,产品的合格率会增加。C_1 的增加可以促进产品质量的提高,降低不良品率,从而减少损失成本 C_3。

建筑工程施工质量成本是指为将工程项目施工质量保持在规定的质量水平上所需要的费用及因未达到既定的质量标准而造成的一切损失费用的总和。工程施工质量成本就是施工生产过程中与符合性质量水平最直接、最密切、最敏感的这部分费用。

建筑企业质量成本由预防成本、鉴定成本、内部损失成本和外部损失成本四部分组成,如表10-7所示。

表10-7 建筑工程施工质量成本的费用构成

控制成本		损失成本	
预防成本	鉴定成本	内部损失成本	外部损失成本
• 质量规划费;	• 原材料和外购件试验、检验费;	• 返工损失;	• 保修费
• 工序控制费;	• 施工工序检验费;	• 返修损失;	• 索赔费
• 新工艺鉴定费;	• 工程质量验收评审费	• 停工损失;	
• 质量培训费;		• 事故处理费用	
• 质量信息费			

①预防成本。预防成本指为了防止工程施工质量缺陷和偏差,保证工程施工质量达标而事先所采取的各项措施而发生的费用。质量规划费是指进行质量规划所需的费用,如可靠性研究,质量分析,为试验、检验和工序控制编写规程或贯彻落实规程的耗费,制定质量规划等费用,这里所发生的费用主要是工时消耗费用。工序控制费是

指为控制和改进现有工序生产能力,对现有工序进行检查、研究、评价,对有关工作人员进行技术指导、示范操作及生产过程中工序质量控制所发生的费用。新工艺鉴定费是指新施工工艺、技术革新项目的鉴定费用。质量培训费是指培训职工提高其操作技能和提高工作质量所支出的费用。质量信息费是指收集、整理、分析、保存全部质量信息的活动费用。

②鉴定成本。鉴定成本指为确保工程施工质量达到质量标准的要求,而对工程本身对材料、构件、设备等进行质量鉴别所需的一切费用。原材料和外购件试验、检验费指工程施工过程中对所使用的原材料和外购件进行检查、试验所发生的费用;施工工序检验费指在施工过程中对各工序进行检查验收时所发生的费用;工程质量验收评审费指建筑工程产品竣工移交业主使用前进行性能检测和系统试验等质量评审活动所发生的费用。

③内部损失成本。内部损失成本指在施工生产过程中,因施工指挥决策失误、施工中违反操作规程、施工产成品保护不善,及由于施工工具、机械保养不善引起工程质量缺陷而造成的损失,以及为处理质量缺陷而发生的费用总和。返工损失指在施工生产过程中,产品或工序在质量上达不到施工验收规范规定的标准和要求,必须"推倒"重建而发生的费用。返修损失指工程质量存在缺陷,必须进行局部返修,使之达到合格质量而支付的费用。停工损失指在施工生产过程中,因处理质量事故而导致停工和延误工期的损失。事故处理费用指在施工生产过程中出现质量事故时对事故进行分析,提出事故处理方案所发生的费用。

④外部损失成本。外部损失成本指工程交工后,用户在使用过程中,发现工程质量缺陷而应由施工单位负责的一切费用总和。保修费指工程在保修期内对用户提供保修服务的费用;诉讼索赔费指由于工程质量原因,业主和用户进行索赔所造成的经济损失费用,包括由此而产生的诉讼索赔费用。

(2)精益建造思想与质量成本管理的结合在建筑工程项目中的应用。质量成本的管理应对建筑产品形成全过程的控制,包括建筑产品设计阶段的成本控制、材料采购、耗用的质量成本控制、对施工工艺和工艺装备质量成本控制及对施工过程质量成本控制。

①建筑产品设计阶段的成本控制。建筑产品正式施工前的技术准备阶段。这一阶段成本控制有两方面的内容:一是建筑产品设计阶段本身发生的费用,这部分费用从性质上看属于产品设计成本,但又是确保产品成本所必须支付的费用,所以属于质量成本的组成内容。二是设计阶段因设计出现问题造成停产、返工等损失,称为设计故障成本。这一部分损失在设计阶段进行控制,通过对产品设计的论证、评审、试制、试验等措施,使设计方案科学、合理,以避免投产后因设计方案问题造成很大损失。

②材料采购、耗用的质量成本控制。建筑企业供应方质量成本应该从材料的验收

标准开始制订一系列工作规范,从而降低购入材料的故障成本。初次检查后,还可通过定期访问重新检查审核的方法对供应方进行监督。施工期间,施工企业进行定期审核,有助于促进卖方保持预选检查时所具有的质量体系,保持买方和卖方之间的人员紧密接触,这也是预防和及时纠正缺陷不可缺少的措施。

对材料消耗的质量成本也要控制。材料消耗占产品成本核算比重很大,降低材料消耗并对材料消耗前的质量方面进行管理,也是质量成本控制的重要方面。材料既有级别、型号的不同,也有品位的差别。企业所生产的产品如果能用二级材料就可保证用户对质量提出的要求,就不必用一级材料。在实际工作中,往往由于使用了质量过剩的原材料,从而造成先天性的消耗材料量大、价高、成本高,这与精益思想减少或消除浪费的理念不相符合,需要把握好对材料消耗的质量成本控制。

③对施工工艺和工艺装备质量成本控制。施工工艺及工艺改善对质量成本有极其重要的影响。企业在施工过程中,要做到用最合理的工艺及工艺装备是很困难的,有时总会有一些不合理的、浪费的和不稳定的环节。因此对一些设计比较匆忙的生产线和比较复杂的施工工艺、生产成本较高的工序及工段,就要特别注意加强质量成本管理,研究分析工艺线路、工艺作业、工艺装备对成本的影响。

④对施工过程质量成本控制。对施工过程质量成本管控主要考核质量故障成本,包括控制返修损失和停工损失。可修复废品返修前发生的费用不是废品损失,应在生产成本中,不必转出,返修发生的修复费用,在成本计算中应单独计算并加以控制。因质量事故造成的停工损失,也要进行预见性的控制,即事先要做好预防措施,从而使上下工序之间不至于因质量问题停工,消除不必要的浪费。

5. 精益建造成本管理的技术层

1)供应链协同精益成本管理

精益建造的成本目标是为不断完善、减少或消除各种浪费,争取更优的成本管理,从而控制建筑工程项目的成本。在精益建造的模式下,可以通过精益思想的指导,对建筑工程项目供应链的关键作业进行成本分析,从各个方面降低成本,把实现整个供应链成本最低作为目标。该理念的实施,可以使传统的成本管理转向"质量最好、成本最低、进度最快"的供应链精益成本管理。

2)利用价值流/价值链控制项目成本

识别价值流是精益思想的原则之一。产生价值流的目的就是对整个建筑施工流程准确地分析和判断,这个流程从设计开始持续到生产结束。

价值流在精益思想中的作用就是为控制生产成本,因此本书认为在精益建造的过程中也可以使用价值流思想对施工项目的成本进行管理。施工项目中的价值流是指在施工过程中,将建设工程的原材料转化为项目成品,并对这个过程赋予价值的全部活动。在整个价值流中,项目产生了价值也产生了成本,同时,管理层可以识别浪费、消除浪费。价值流流动就是要发现和确定价值流中出现的所有要消除的浪费作业。

价值流成本管理概念图如图10-12所示。

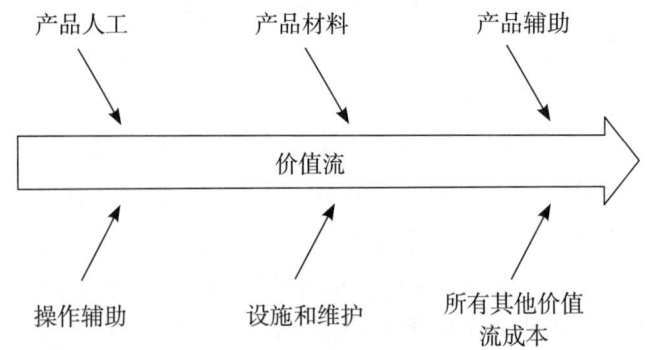

图 10-12　价值流成本管理概念图

在整个施工过程中，精益思想认为凡是相关活动消耗了资源而没有产生价值就是浪费。因此，识别价值流的主要目的就是在整个价值流中找出增值活动和非增值活动。非增值活动在价值流中是可以去掉的。在精益建造实施的初级阶段，先局部运用精益建造思想，就不需要完全改变现有的成本管理系统，可以采用其他成本计算管理方法实现施工项目成本管理。

通常，价值流成本管理对直接成本和间接成本不予区分，只考虑价值流中的所有成本，不考虑价值流之外的成本，一般按每周（双周或每月）汇总计算。此时，产品成本就是价值流在特定的时间段所生产产品的平均成本。为实施价值流成本管理，通常需要根据价值流成立价值流团队。这并不意味着要取消业务部门，而可以采用矩阵组织结构，即在价值流中工作的员工仍然向业务部门的管理者负责。价值流成本管理的目标是将成本报告与精益目标联系起来，为价值流管理者提供相关的、准确的、易于理解的成本信息。

与传统的成本管理方法相比，价值流成本管理具有以下优点：

（1）价值流成本管理简单、易于操作。一方面，价值流成本的收集和计算很简单。成本信息是直接在整个价值流中按每周（每月）汇总收集。例如，人力资源成本只需要直接从工资支付系统中，对在价值流中工作的人员工资收入等进行汇总即可，而不需要通过追踪或其他方式收集。材料和其他成本也是按同样的方法收集的。另一方面，价值流成本管理所需的成本中心较少。价值流成本管理不再按成本要素分解而设立大量的部门成本中心，而是通过价值流收集成本，大大减少了成本中心的数量。

（2）价值流成本管理可以提供更准确的信息。价值流成本管理基本上没有间接成本的分配，意味着其所提供的信息是真实的价值流直接成本。例如，人工成本就是在人力资源方面实际发生的成本，这很容易被在价值流中工作的每个人所理解。

3）绘制价值流图——以砌筑施工过程为例

施工价值流图的绘制及施工生产流的分析的目的是优化施工生产流，设计符合精益建造的生产流。通常情况下，一个工程项目的作业有很多，可以根据施工项目的具体情况和施工特点绘制出主要作业，并开展分析。

本例运用施生产价值流的分析和优化，以砌筑工程为例，进行分析。

（1）砌筑工程流程如图 10-13 所示。

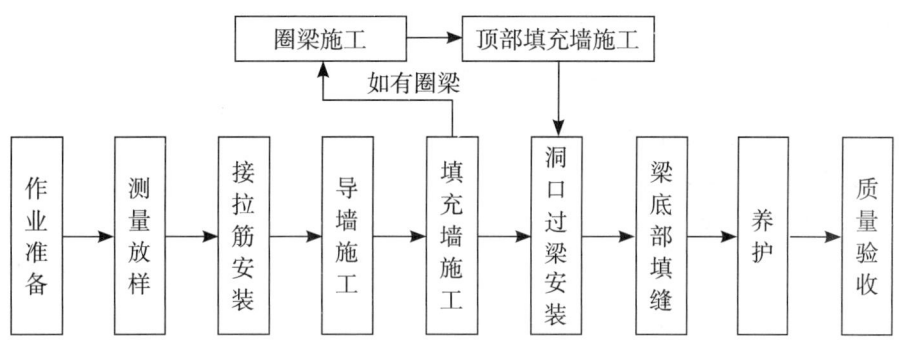

图 10-13　砌筑工程流程

（2）主要过程。根据砌筑工程的作业流程，总结出主要作业过程有以下几个：准备、测量、运输、施工、安装、养护、检查。

（3）作业优化原则。在此过程中，对每个作业过程都进行如下分析，寻找可以删除或优化的作业以达到降低成本的目的。通过前面对施工生产价值流的分析，按照作业过程对于业主是否有价值的原则，可以将作业分成增值作业和非增值作业两个部分。增值作业为施工项目成品增值的过程，如一个永久性混凝土构件的作业过程。反之，活动为非增值活动。非增值活动又可分为必要过程和非必要过程，非增值但必要指对增值活动的实施很有必要，但其本身不直接使建筑产品增加价值，如施工前准备、施工后的处理等；非增值且不必要活动指不能给业主创造价值的多余工作，如不必要的质量检查。

因此，根据以上原则，对砌体的砌筑流程进行了如下分类和处理，如表 10-8 所示。

表 10-8　砌筑工程流程分类处理

序号	主要作业活动	作业活动类别	作业优化方式
1	准备作业	非增值但必要	尽量减少，控制成本的产生
2	测量作业	非增值但必要	尽量减少，控制成本的产生
3	运输作业	非增值但必要	尽量减少，控制成本的产生

（续表）

序号	主要作业活动	作业活动类别	作业优化方式
4	施工作业	增值工作	必须保留，提高效率
5	安装专业	增值工作	必须保留，提高效率
6	养护作业	非增值但必要	尽量减少，控制成本的产生
7	检查作业	非增值但不必要	尽量消除

在整个过程中，除了采取以上办法控制成本以外，还应该分析找出存在的高风险活动和对成本贡献较大的作业，分析这些作业中的成本控制因素，可以为日后的成本控制和成本优化提供帮助。

4）最后计划者体系（LPS）

计划系统是否有效是靠完成计划比（PPC）来衡量的。它指的是在计划的时间内，未完成的工作量与计划完成量之比。传统的施工项目的 PPC 为 50%，相对来说比较低，成本计划的执行力比较差。

在最后计划者体系中，下一部分的工作所需要的工作资源计划是由整个价值流中的最后计划者制订的，并且由下到上汇总。然后运用 PPC 来对计划进行评价。

最后计划者体系如图 10-14 所示。

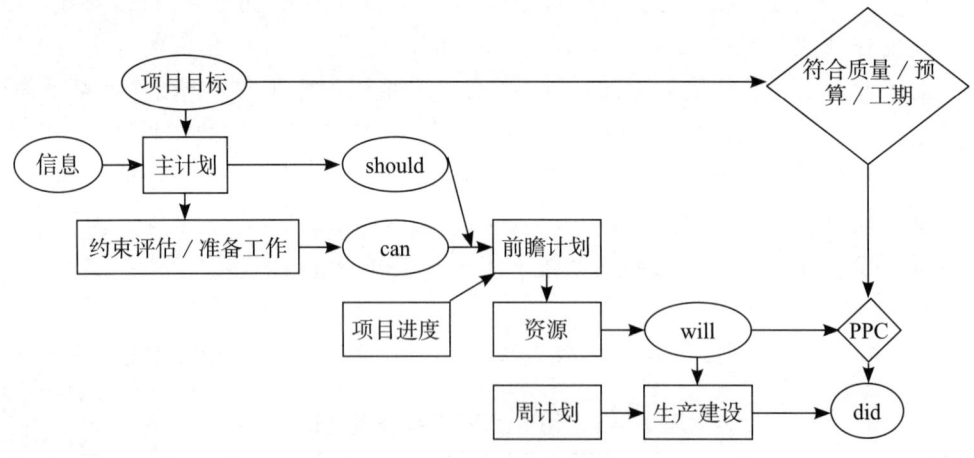

图 10-14 最后计划者体系

5）持续改进

（1）持续改进的工具。持续改进作为精益建造的一个关键因素，可以通过使用表 10-9 中的工具和技术来实现。

第 10 章 精益建造成本管理

表 10-9 持续改进的工作和计划

工具/技术	简要描述
成本改进活动	主要用于施工阶段,通过改进施工技术、机械设备,实施操作和管理的改善活动,持续地优化、降低成本以满足业主的需求
基于 ABC 的成本减少	通过作业成本法选择合适的成本动因,是减少作业成本的一种重要工具
质量成本控制措施	控制施工过程中产生质量缺陷的措施和控制质量的方法
浪费成本控制	根据价值生产模型,减少施工项目中的浪费,降低成本,例如,二次搬运、库存

通常,应该根据不同的成本类别而采用不同的持续改进措施。例如,对于直接人工成本,可以通过避免返工重做、有效利用工时、更好的培训和计划、改进的工作流程等方法来降低;而对于原材料成本,则需要通过杜绝质量缺陷、加强与供应商合作、高效的施工工艺等方法来降低。

以上这些工具和技术虽然只是辅助进行成本管理,但是它们作为精益建造中必不可少的一部分,是可以帮助降低成本和消除浪费的。另外,由于成本有不同的类型,在改进措施选取上有所区别。以直接人工费为例,就可以通过高效利用工时、采取先进的施工技术、有效利用工作时间、更好的培训和计划来减少。

(2) 持续改进的路径。持续改进的路径如图 10-15 所示。

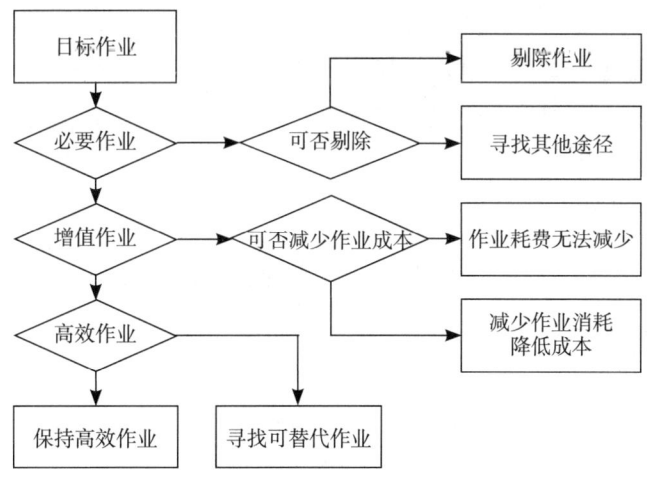

图 10-15 持续改进的路径

第三节 精益建造成本管理的运作实施

一、运作实施流程

鉴于整个成本管理框架比较庞大，这里仅对其主要的成本控制过程进行介绍，称之为面向过程的成本控制。面向过程的成本控制主要是通过系统分析，设计标准作业过程，优化作业过程，从成本形成的原因上大幅度降低成本；在日常管理上，运用过程差异控制提高过程的运行效率和质量，建立起以作业过程为中心的成本计量、控制和考核系统。

面向过程的成本控制贯穿整个建筑工程项目的建造过程，可以实现过程分析、过程设计、过程差异控制、成本分析与核算等成本管理功能，其实施流程如图10-16所示。

二、具体操作

1. 过程分析

过程分析是面向过程的成本控制的第一步。通过过程分析，管理层可以识别出主要作业过程及其性质，掌握过程改进的机会。过程分析可以按下列步骤进行：

1）识别作业过程，列出过程列表

识别作业过程就是要找出"需要做的工作"，可以通过调查、询问的方式确定。作业过程一经确认，应列出一份过程列表。以混凝土工程施工为例，通常的混凝土工程施工流程如图10-17所示。

根据上述施工流程，主要的作业过程如表10-10所示。

表10-10 主要作业过程

序号	作业过程	序号	作业过程	序号	作业过程
1	备料作业	2	搅拌作业	3	运输作业
4	模板作业	5	绑扎作业	6	灌注作业
7	养护作业	8	检查作业		

一般情况下，一个工程项目的作业可能多达数百种，可根据具体工程项目的施工特点划分出主要作业，先对其进行分析。

2）确定过程类型，提出相应的处理意见

为降低成本，应对每个作业过程进行分析，寻找可以改进或删除的活动。通常可

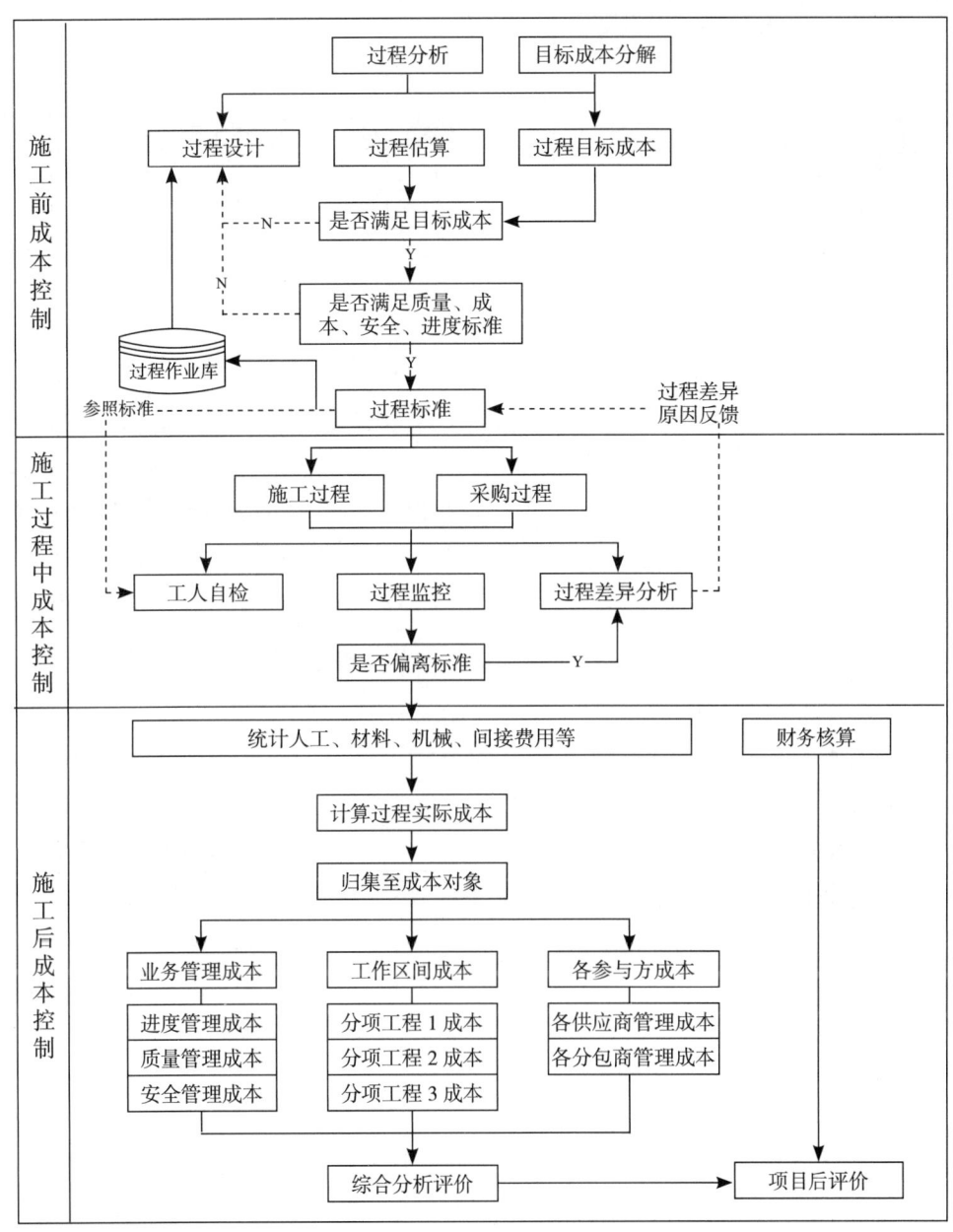

图 10-16　面向过程的成本控制实施流程

以按照过程是否对顾客增值这一标准，将过程划分为增值过程与非增值过程，并针对不同的作业过程类型进行不同的处理。增值过程指可以直接为建筑产品增值的过程，如一个永久性构件的预制过程；反之为非增值过程。非增值过程又可分为必要过程和非必要过程，非增值但必要过程指对增值过程的实施很有必要，但其本身不直接对建筑产品增加价值，如施工前准备、施工后的处理等；非增值且不必要过程指对创造客户所需价值毫无贡献的过程，如多余的检查、额外的报告编制等。

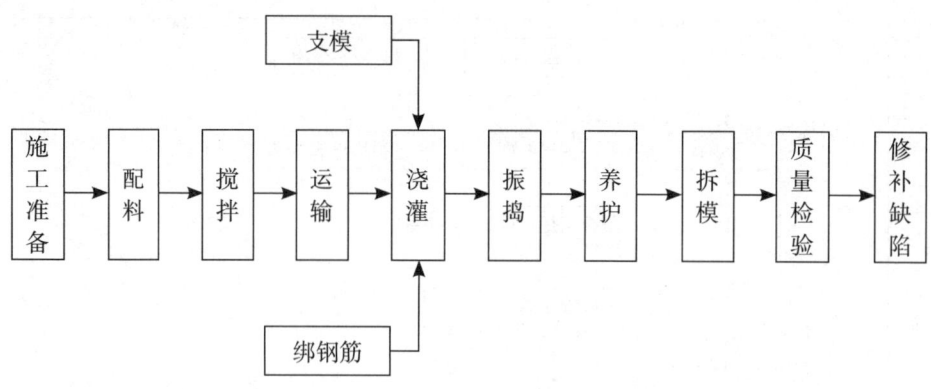

图 10-17 混凝土工程施工流程

根据这个分类标准,混凝土工程施工过程可以进行如下分类和处理(表 10-11)。例如,模板的搭设只是对混凝土浇筑起着支撑作用,模板本身不属于永久性的构件,因此属于非增值但必要的过程。

表 10-11 作业过程的分类与处理

序号	主要作业过程	过程类别	处理方式
1	备料作业	非增值但必要	保留,但控制过程成本
2	搅拌作业	增值过程	保留,提高过程效率
3	运输作业	非增值但必要	保留,但控制过程成本
4	模板作业	非增值但必要	保留,但控制过程成本
5	绑扎作业	增值过程	保留,提高过程效率
6	灌注作业	增值过程	保留,提高过程效率
7	养护作业	非增值但必要	保留,但控制过程成本
8	检查作业	非增值且不必要	尽量消除

此外,过程分析还应找出可能存在高风险的作业过程,以及对成本贡献较大的作业过程,分析这些过程中可控的成本因素和不可控的成本因素,据此确定成本控制点和设定成本指标,为日后的成本控制提供预警指示。

2. 管理过程设计

过程设计的目的就是通过系统分析,优化过程结构,改善过程属性,制订完成这个过程的最好方式,即过程标准。由于建筑生产过程具有复杂性、动态性、长期性等特征,并受外界环境影响比较大,极具不稳定性,因此在项目实施之前设定详细的作业过程标准有助于减少过程变化的可能性,减少项目风险。

在理论上过程设计应该对所有作业过程进行设计,但实际操作中可以先选择比较重要的、重复率高的、新设置的、容易出错的、比较危险的一些过程进行设计,然后逐渐推进到对其他过程的设计，最终实现所有工作的标准化。过程设计可以按照下列步骤进行，如图 10-18 所示。

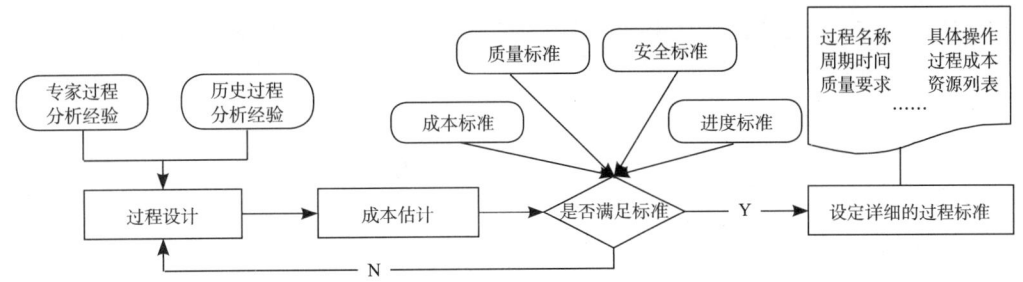

图 10-18 管理过程设计

（1）根据历史经验和专家经验进行过程设计。过程设计应通过对活动的消除、简化、合并、重排、增设等操作，优化过程结构，尽量消除或减少不增值活动。

（2）对设计出来的过程进行成本估算，并确定其是否满足成本、进度、安全、质量等标准。如果满足标准，则将其设定为标准过程；如果不能满足标准，则对其进行重新设计。

（3）对选定的过程设定详细的过程标准。过程标准应该清晰、详细，包括必要的图形和数字信息，如过程名称、操作标准、周期时间、质量要求、目标成本、资源列表等，能被所有的参与者准确理解，并需要不断更新。

过程标准一旦设定，就成为后期施工、管理的依据，现场工人应严格按照过程标准进行操作，项目管理者也应据此进行管理控制。此外，由于顾客需求和建筑环境的可变性，过程设计应该在整个项目生命周期中持续进行，不断地学习和完善，直到成功地实现顾客价值。而且这些反复改进的过程标准将成为企业的一笔宝贵财富，久而久之，这些长期存在的标准就成为企业核心的竞争力。

3.过程差异分析与纠偏控制

过程差异控制是对标准成本差异控制的改进，其通过监视过程完成的方式是否与过程标准一致来实现成本差异控制。在实践中的具体做法如下。

（1）现场操作人员按照过程标准施工，并进行自检，一旦发现与过程标准不符，有权直接予以纠正；必要时可以停止施工，绝对不让有问题的产品流入下一道工序。

（2）现场管理者通过监督操作工人是否遵循设定的过程标准可以发现和纠正工人的操作方式，而不需要使用额外的报告或资源去发现差异。

（3）现场管理者及时根据成本差异修正整个成本管理系统，使成本控制系统具有灵活的应变能力，并采用调节措施达到既定的成本目标，以此避免识别差异、等待指令、返工、纠错等成本。

（4）现场管理者根据反馈的过程差异，结合进度、质量等其他管理情况，进行综合的差异分析，确定差异发生原因和责任归属，并将差异原因反馈给过程设计，以便在下一次的过程设计中考虑这些因素，以达到持续改进的目的。

过程差异的处理过程如图 10-19 所示。

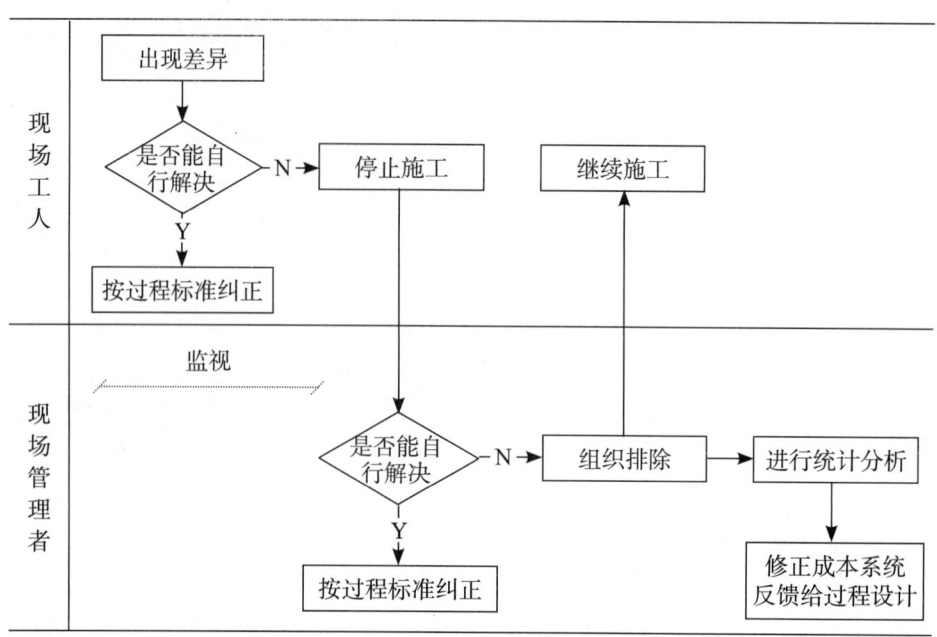

图 10-19　过程差异的处理过程

由此可以看出，过程标准为操作控制提供了一个参照标准和评价尺度，所以过程差异控制可以及时发现执行状态与预定的过程标准之间的差异，并采取有效措施以纠正不利差异，发展有利差异，从而达到不断降低成本和改进过程的目的。而过程差异控制与标准成本差异控制之间的显著不同之处就在于：标准成本差异控制是基于事后发现的差异，属于事后控制；而过程差异控制的差异是当时发现当时解决，属于事中控制。

4. 成本核算

1) 成本核算的范围

工程项目成本一般包括直接成本和间接成本。通常，采用作业成本法进行核算时，除间接成本外的其他所有成本都直接归集到成本对象。但是考虑到建筑业的一些直接成本中包括在制造业中被归为制造费用的活动，如人工成本中包括材料处理等，从而可能隐藏有不增值活动（如返工等）。因此，在这里将除直接材料成本外的其他所有费用都列为作业成本法核算的内容，使其分摊到作业过程，以便减少或消除内在的浪费。

此外，作业成本法的核算范围不包括总公司的总管理成本。这是因为这些成本是为所有项目发生的，因而无法选择合适的分配基准来分配这些成本，也很难确定各项目具体耗用了多少这类作业，所以纯粹的作业成本法无法将这类作业分配到各项目中去，可以把这些成本视为期间费用处理。例如，一个施工企业同时进行几个项目，这时施工企业所发生的企业管理费用、办公室租金等总管理成本就很难分摊到各个项目上去。

作业成本法的核算系统结构如图 10-20 所示。

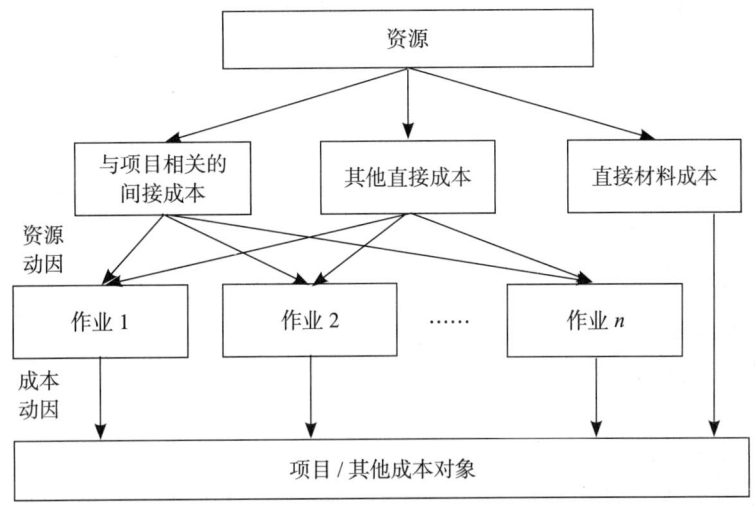

图 10-20　作业成本法的核算系统结构

2）作业动因的选择

成本动因可以根据不同的成本层次予以确定。由于通常的作业层次是按照制造业的作业情况进行划分的，这里参照前面所提到的作业分类对建筑业的作业进行分类，如表 10-12 所示。

表 10-12　制造业的作业分类 VS 建筑业的作业分类

制造业	建筑业		简要描述
单位水平	产量作业		指那些作业成本与工程量相关的作业。例如，建筑生产操作成本，如直接工时、设备折旧等
批次水平	批次作业	采购批次	指以一个批次的订单购买，并基于采购批次支付供应商的采购成本。只与订单数量有关，而与购买材料的数量或金额无关
		运输批次	指从仓库到现场的运输成本，成本是从获取材料后产生的
		任务批次	指只有当分配有任务时才执行这一生产活动所发生的成本，如装配成本、内部质量检验成本
		传递批次	指中间产品被转给下一个生产单元或产品链中内部顾客的数量，如外部检查成本
产品水平	项目支持作业		包括项目总体规划、进度控制和成本控制等，这些作业通常在总公司或现场办公室实施
设施水平	组织支持作业		此类作业成本属于各个项目的共同成本，如总公司的管理费用等

对于本例中的混凝土工程施工的八项主要作业，其成本动因分别选择如下：

（1）备料作业。该作业很多工作标准或时间的设定都是以重量为依据的。因此，该作业的制造成本与该作业产出半成品的重量直接相关，也就是说，项目消耗该作业的量与产品的质量直接相关。所以选择产品的质量作为该作业的成本动因。

（2）搅拌作业。该作业与搅拌的数量有关，因此选择搅拌数量作为该作业的成本动因。

（3）运输作业。该作业属于运输批次，可以选择运输次数作为成本动因。

（4）模板作业。该作业的制造成本主要表现为人力的消耗和机器的占用，这主要与消耗该作业的时间有关。因此，可选择时间作为该作业的成本动因。

（5）绑扎作业。从工艺特点来看，该作业主要与绑扎的数量有关，因此，可选择绑扎数量作为该作业的成本动因。

（6）灌注作业。该作业有两个特点，一方面，该作业的制造成本主要为电力消耗和机器的占用，而这与时间直接相关；另一方面，该作业的加工形式为成批加工的形式，因此，可选择批产品的灌注时间作为该作业的成本动因。

（7）养护作业。该作业以人工消耗为主，因此可选择养护时间作为该作业的成本动因。

（8）检查作业。该作业属于传递批次，可以选择检查次数作为成本动因。

3）成本计算

在确定好成本动因后，就可以按照公式：成本动因费率＝作业成本÷成本动因单位数，计算出每个作业的成本动因费率；然后根据产品消耗成本动因的数量，按照公式：产品成本＝成本动因费率×产品消耗成本动因数量，计算出产品成本。

5. 成本分析

由于建设项目的复杂性，通常需要多个专业分包商共同参与完成。在这种情况下，业主（或总承包商）为协调各个参与者的工作需要花费更多的时间、精力和费用，间接成本相对于直接费用来说有了很大的增长。除了量的增加，产生间接成本的各类活动在协调多个参与者方面也起着重要的作用。因此，对成本的管理与分析，除了满足财务的要求外，还应该满足项目管理的要求。这就要求加强成本分析，特别是对间接成本的分析，为项目管理提供全面、有效的信息支持。

利润点分析（Profit Point Analysis，PPA）正是在这种背景下产生的，它运用作业成本法来实现间接费用管理，一方面可以合理地分摊间接成本，提供较为精确的成本信息；另一方面可以通过分析特定成本对象所使用的资源信息，为项目管理提供有用的信息，提高项目的进度、成本、质量和安全等管理行为。

1）PPA 的概念及运用

下面以一个例子来说明 PPA 的概念及其运用。假设总承包商和业主，以及总承包商与分包商之间的合同是固定总价合同，总承包商将项目全部外包，由几个不同的分包商分段完成。从总承包商角度看，项目的收入与成本流如图 10-21 所示。

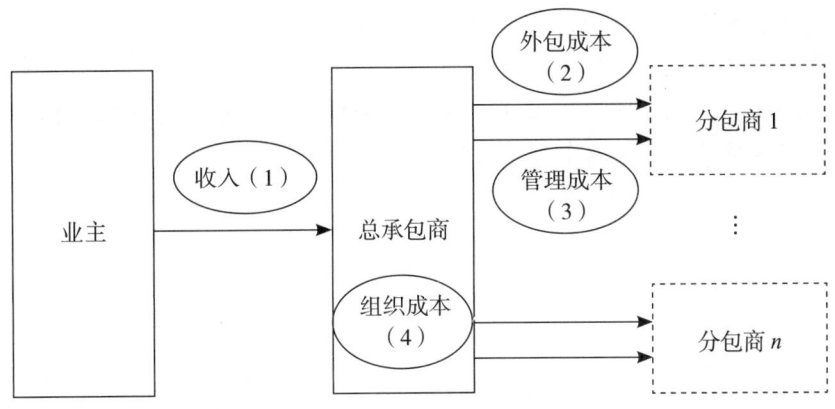

图 10-21　总承包商的项目的收入与成本流

通过图 10-21，可以计算出总承包商利润：利润＝总合同额（收入）－总外包成本（直接成本）－项目管理成本－组织成本［即：利润＝（1）－（2）－（3）－（4）］。

其中，收入指总承包商收到的业主按照固定总价合同支付的对价；外包成本指总承包商按照分包项目合同向各分包商支付的成本之和；管理成本指与管理项目相关的成本；组织成本指除去项目管理成本之外的间接成本，如项目办公室租金等。显然，项目管理成本在很大程度上取决于总承包商对各个分包商的管理。

这里，由于总承包商和业主之间签订的是固定总价合同，除了额外的变更，收入是固定的，因此收入可以很容易地分配给不同的分包商。外包费用作为直接费用，在总承包商和分包商签合同时也已经确定，因此可以计算出总承包商和每个分包商的交界点处的利润，并称之为利润点。而目前的成本管理将所有的间接成本先通过"间接费用"科目进行归集和汇总，然后再进行分配，从而合并了利润点，无法提供这种成本信息。利润点分析就是要通过设定多个成本对象，合理地收集和分摊间接成本，从而将被会计处理屏蔽的成本信息显现出来，为项目管理提供有用的、准确的成本信息，其实质就是多维的成本分析方法。

2）PPA 的实施步骤

通常企业可以按以下步骤实施 PPA：

（1）选择要分析的成本对象。传统的成本核算对象是一维的，而 PPA 要为项目管理提供详细的成本信息，应选取多个成本对象。例如，对于总承包商可以选管理域、分包商和施工段作为成本分析对象。

（2）识别出整个项目管理过程中的作业，如电话、变更、通信、运输、图纸会审、现场监理、会议、人力管理、日常报告、安全、进度管理等，并把所有资源都归集到作业。

（3）将作业归集到要分析的成本对象中去。这时项目成本就是由多个成本对象组成的多维空间的一个点，可以用有序多元组表示：管理域、分包商、施工段，通常称之为成本对象单元。

这样，成本分析的结果可以用于多个成本对象。总承包商除了可以获取管理域、每个施工段的成本信息外，还可以了解其与每个分包商之间的成本、利润信息。三维项目成本视图如图10-22所示，图中每个方格对应一个成本对象单元。但是对于超过三维的情况则不能通过图显示出来，只能通过表格的形式显示。

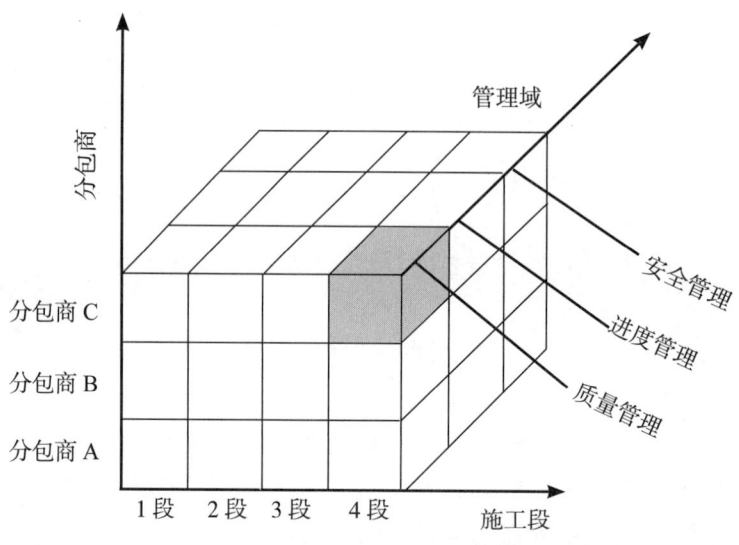

图 10-22　三维项目成本视图

由此可见，PPA是基于"作业消耗资源（成本），成本对象消耗作业"这个主要的原则而确定的，其将每笔成本都归集到多个成本对象，从而使成本分析的维数由一维拓展到多维，为项目管理提供了多方面的成本信息。PPA与作业成本法一样属于两个阶段的成本管理方法，不同的是，PPA只使用一个资源动因将资源分配给作业，以及将作业成本分配给成本对象。

3）PPA的优点

在操作控制上，PPA以过程的观点汇总作业成本资源，将原来被传统的成本管理忽略的重要信息显现出来，使管理者可以看到多个成本对象发生的每个作业所消耗的资源，提高了过程的透明性，有助于减少或消除浪费或不增值活动，促进成本管理的持续改进。

在战略管理上，PPA可以为管理者的战略决策提供数据。例如，从对分包商管理的角度来看，PPA可以支持以下管理行为：

（1）利润点信息可以用于总承包商/业主对在类似项目环境中提供类似服务的分包商/供应商的评价。利润点信息给出了总承包商/业主为每个分包商/供应商所花费的成本信息，这个成本信息可以和质量、能力及经验一起作为评价指标。

（2）利润点信息可以用于将来对分包商/供应商做出选择。总承包商/业主有每个分包商的详细成本数据，可以考虑哪个分包商能给自己带来更多的利益。

（3）利润点信息便于总承包商发展与分包商的关系。利润点分析提供有关利润和过程成本的更多信息，详细的成本数据不仅可以用于总承包商与分包商对额外工作费用的磋商，而且还有助于发现问题，促进对问题域的调查、改进，从而提升总承包商与分包商的利益关系。

同样，PPA 对其他成本对象的分析信息，也可以用于加强对相关方面的管理。

第四节　精益建造方式下的建筑施工成本管理

一、精益建造施工项目成本管理系统

精益建造施工成本管理是一个大系统，包括组织、流程、手段、措施、目标等，如图 10-23 所示。

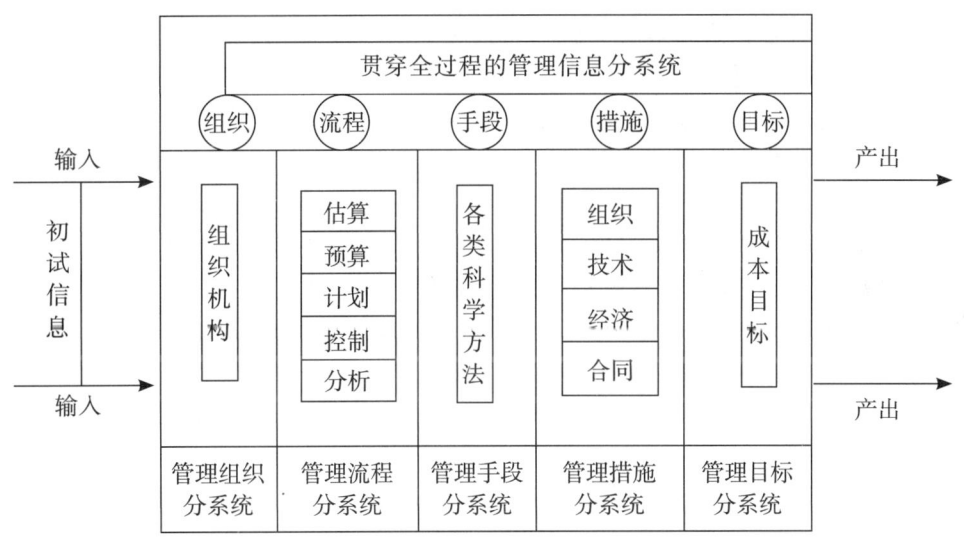

图 10-23　精益建造施工项目成本管理系统

二、精益建造施工项目成本管理控制措施

精益建造施工项目成本管理控制的措施主要有组织措施、技术措施、经济措施、合同措施四大方面。

1. 组织措施

组织措施是指从成本管理的组织方面采取措施，例如，落实成本管理的组织机构和人员，明确各级人员的任务、职能分工、权利和责任，有时组织措施往往被人

忽视。但它是其他措施的前提和保障，一般无须增加什么费用，合理运用就能得到良好的效果。

一般情况下项目经理是项目成本管理的第一责任人，全面组织项目部成本管理工作，应及时掌握和分析盈亏状况，并迅速采取有效措施；工程技术部是整个工程项目施工技术和进度的负责部门，应在保证质量、按期完成任务的前提下尽可能采用先进技术，以降低工程成本；经营部主管合同实施和合同管理工作，负责工程进度款的申报和催款工作，处理施工赔偿问题，应注重加强合同预算管理，增创工程预算收入；财务部门应随时分析项目的财务收支情况，合理调度资金；项目经理部的其他部门和班组都应精心组织，为增收节支尽责尽职。

2. 技术措施

不同的施工技术措施往往会产生不同的经济效果，因此可通过制订先进的、经济合理的施工方案，达到缩短工期、提高质量、降低成本的目的；在施工过程中努力寻求各种降低消耗、提高工效的新工艺、新技术、新材料等措施；严把质量关，杜绝返工现象，缩短验收时间，节省费用开支。

3. 经济措施

经济措施不可理解为简单的奖惩，而应从全局考虑，通过分析和预测发现潜在问题采取相应的预防措施。可以从以下几个方面考虑。

①人工费控制管理：改善劳动组织，减少窝工浪费；实行合理的奖惩制度；加强技术教育和培训工作；加强劳动纪律，压缩非生产用工和辅助用工，严格控制非生产人员比例。

②材料费控制管理：改进材料的采购、运输、收发、保管等方面的工作，减少各个环节的损耗，节约采购费用；合理堆置现场材料，避免和减少二次搬运；严格材料进场验收和限额领料制度；制定并贯彻节约材料的技术措施，合理使用材料，综合利用一切资源。

③机械费控制管理：正确选配和合理利用机械设备，搞好机械设备的保养修理，提高机械的完好率、利用率和使用效率，从而加快施工进度、增加产量、降低机械使用费。

④间接费及其他直接费控制：精简管理机构，合理确定管理幅度与管理层次，节约施工管理费等。

4. 合同措施

项目经理部通过签订劳务承包合同落实到作业班组，通过分包合同落实到分包队伍，在工程施工过程中，索赔事件的发生难免，承包人在索赔事件发生后，要按照合同及时主动提出申请，同时加强日常的合同管理，落实合同规定的责任。

三、精益建造施工项目全过程成本管理

精益建造的宗旨就是持续地降低产品成本，消除一切浪费。将成本的降低、无效作业的消除作为贯穿精益建设的核心目标，从施工招投标的决策及准备阶段的施工组

织设计开始做好事前控制，改变传统的只注重施工现场管理的事中控制，同时加强竣工阶段及保修阶段的事后控制，将成本控制对象延伸到施工的全过程。实施精益建造，将工程学原理运用到成本管理中，将工程学与会计学融合在一起形成一种全新的成本管理模式——"精益施工成本全过程管理"。

1. 精益建造施工项目全过程成本管理方法

成本管理可以说是对企业生产、经营的全过程管理，是"事前成本预测，事中成本控制，事后成本核算分析"的一整套工程项目成本管理方案，施工项目全过程成本管理示意图如图10-24所示。

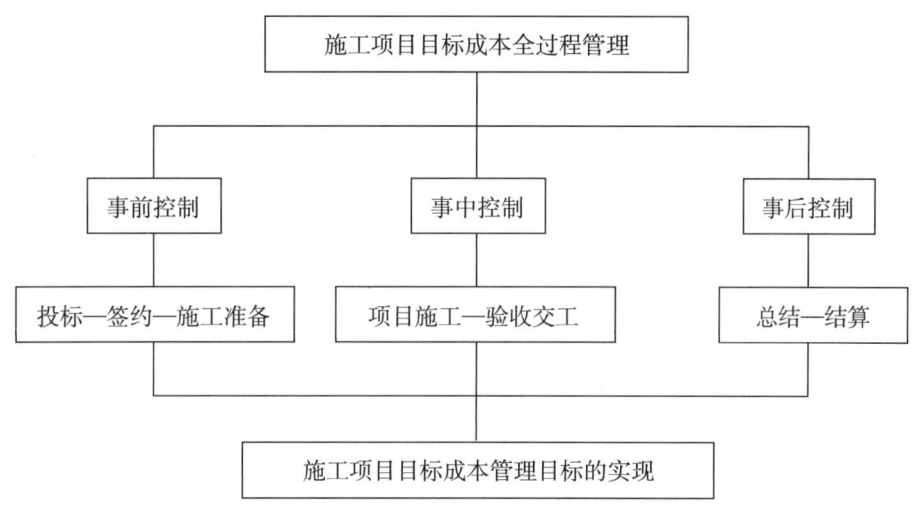

图 10-24　施工项目全过程成本管理示意

1) 事前预算控制

事前控制阶段主要是施工过程前的成本控制，在招投标阶段和施工准备阶段应加强预测。对一切可能会对成本发生影响的内、外界因素进行预测，提出应变措施。在全面进行技术经济分析和价值功能分析后，以求用最合理的成本使产品既达到质量的要求，又达到目标利润的要求。

2) 事中动态控制

事中控制阶段主要是施工生产过程中的成本控制，指随着施工生产过程，产品成本的形成，将实际成本与目标成本进行比较，针对差异查明原因，采取措施，调节偏差。对期间不直接参与生产和实际工作的费用中心也应采用预算方法，加以控制。

3) 事后核算分析

事后控制指施工生产过程结束后，把发生的差异及原因进行汇总，编制成报表，分析研究成本变动的内在规律，以便总结经验，为确定新的目标成本、标准或预算提供科学依据，同时做好各项总结工作。

通过成本管理能使企业产品按照事先预算的成本水平来生产，防止与克服生产过程中的损失和浪费，达到节约各项消耗，降低建造成本，包括人力、物力和财力，以达到提高项目经济效益的目的。

2. 精益建造施工项目成本全过程管理的对象和内容

根据对建筑工程项目成本实行全面、全过程管理的要求，具体的管理内容包括：

（1）在工程投标阶段，应根据工程概况和招标文件，进行项目成本的预测，提出投标决策建议；

（2）施工准备阶段，应结合设计图纸的自审、会审和其他资料（如地质勘探资料等），编制实施性施工组织设计，通过多方案的技术经济比较，从中选择经济合理、先进可行的施工方案，编制明细而具体的成本计划，对项目成本进行事前控制；

（3）施工阶段，以施工图预算、施工预算、劳动定额、材料消耗定额和费用开支标准等，对实际发生的成本费用进行控制，加强施工质量、工期、安全的管理；

（4）竣工交付使用及保修期阶段，应对竣工验收过程发生的费用和保修费用进行控制。

3. 精益建造施工项目成本全过程管理流程

不同专业的施工企业进行施工项目成本管理的具体做法可能存在某些差异，但通常具有相同的循环步骤：

（1）成本预测，即根据有关成本资料，采用科学方法和手段，对一定时期内成本变化的趋势做出判断，从而确定目标成本。

（2）成本计划（预算），主要是成本预算工作，即按设计和计划方案预算成本，同时将成本目标或成本计划分解，提出分解的项目各部分的设计、采购、施工等各种费用的限额。

（3）对实际成本进行监测，具体包括：

①各项费用的审核，确定是否进行工程款的支付，监督已支付的项目是否已完成，有无漏洞，并保证每月按工程状况定时定量支付工程款（或收款）。

②及时形成实际成本报告。

③对各项工作进行成本控制，如对设计、采购、委托（签订合同）进行控制。

④进行审计活动。

（4）成本跟踪，即做详细的成本分析报告，并向各个方面提供不同的要求和不同详细程度的报告。

（5）成本诊断，包括：

①成本超支量、额及原因分析；

②剩余工作所需成本预测和工程成本趋势分析。

上述五个方面组成成本管理周而复始的循环，伴随工程进展的不同阶段，在连续循环过程中，促使工程项目符合合同规定的质量、进度和成本的目标，循序渐进地完成承包任务。

精益建造施工项目成本管理的具体步骤和工作内容如图 10-25 所示。

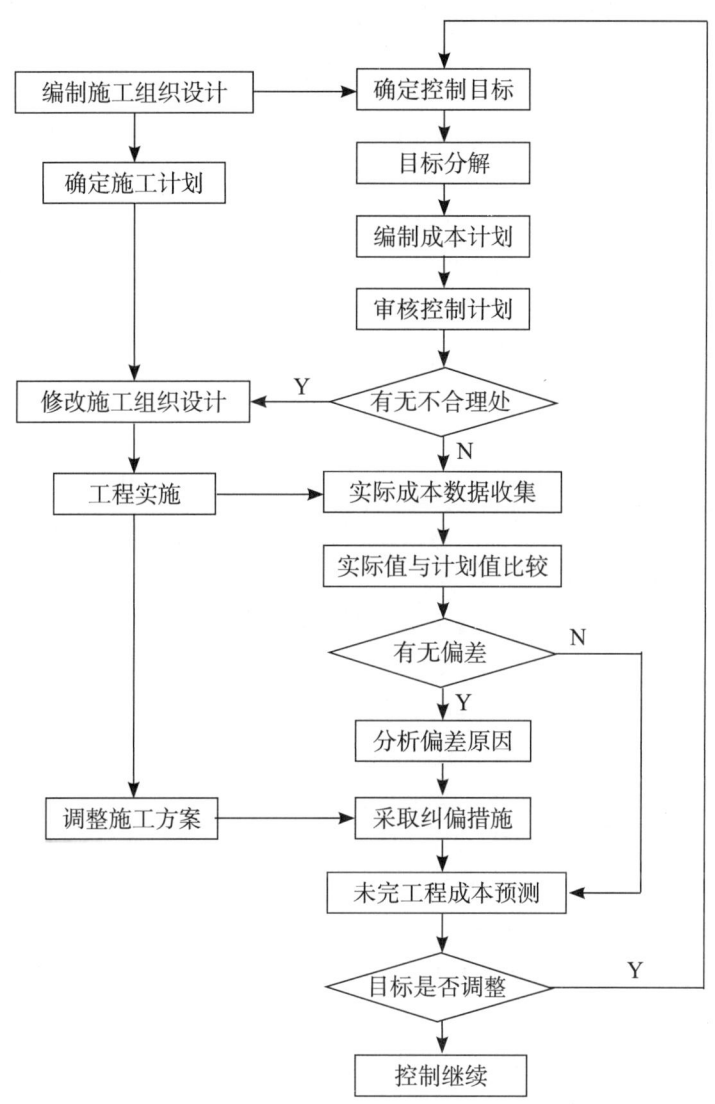

图 10-25　精益建造施工项目成本管理的具体步骤和工作内容

4. 精益建造各阶段施工成本控制的具体要求

1）工程投标阶段的成本控制

（1）根据工程概况和招标文件，结合建筑市场和竞争对手的情况，进行成本预测，提出投标决策意见。

（2）中标以后，应根据项目的建设规模，组建与之相适应的项目经理部，同时以标书为依据确定项目的成本目标，并下达给项目经理部。

2）施工准备阶段的成本控制

（1）根据设计图纸和有关技术资料，对施工方法、施工顺序、作业组织形式、机械设备选型、技术组织措施等进行认真的研究分析，并运用价值工程原理，制订出科学先进、经济合理的施工方案。

（2）根据企业下达的成本目标，以分部分项工程实物工程量为基础，联系劳动定额、材料消耗定额和技术组织措施的节约计划，在优化的施工方案的指导下，编制明确而具体的成本计划，并按照部门、施工队和班组的分工进行分解，作为部门、施工队和班组的责任成本落实下去，为今后的成本控制做好准备。

根据项目建设时间的长短和参加建设人数的多少，编制间接费用预算，并对上述预算进行明细分解，以项目经理部有关部门（或业务人员）责任成本的形式落实下去，为今后的成本控制和绩效考评提供依据。

3）施工阶段的成本控制

（1）加强施工任务单和限额领料单的管理。特别要做好每个分部分项工程完成后的验收（包括实际工程量的验收和工作内容、工程质量、文明施工的验收），以及实耗人工、实耗材料的数量核对，以保证施工任务单和限额领料单的结算资料绝对正确，为成本控制提供真实可靠的数据。

（2）将施工任务单和限额领料单的结算资料与施工预算进行核对，计算分部分项工程的成本差异，分析差异产生的原因，并采取有效的纠偏措施。

（3）做好月度成本原始资料的收集和整理，正确计算月度成本，分析月度预算成本与实际成本的差异。对于一般的成本差异要在充分注意不利差异的基础上，认真分析有利差异产生的原因，以防对后续作业成本产生不利影响或因质量低劣而造成返工损失；对于盈亏比例异常的现象，则要特别重视，并在查明原因的基础上，采取果断措施，尽快加以纠正。

（4）在月度成本核算的基础上，实行责任成本核算。也就是利用原有会计核算的资料，重新按责任部门或责任者归集成本费用，每月结算一次，并与责任成本进行对比。

（5）经常检查对外经济合同的履约情况，为顺利施工提供物质保证。如遇拖期或质量不符合要求时，应根据合同规定向对方索赔；对缺乏履约能力的单位，要采取断然措施，即中止合同，并另找可靠的合作单位，以免影响施工，造成经济损失。

（6）定期检查各责任部门和责任者的成本控制情况，检查成本控制责、权、利的落实情况（一般为每月一次）。发现成本差异偏高或偏低的情况，应会同责任部门或责任者分析产生差异的原因，并督促他们采取相应的措施纠正差异；如有因责、权、利不到位而影响成本控制工作的情况，应针对责、权、利不到位的原因，调整有关各方的关系，落实权、利相结合的原则，使成本控制工作得以顺利进行。

4）竣工验收阶段的成本控制

（1）精心安排，干净利落地完成工程竣工扫尾工作。从现实情况看，很多工程一到竣工扫尾阶段，就把主要施工力量抽调到其他在建工程，以致扫尾工作拖拖拉拉，战线拉很长，机械、设备无法转移，成本费用照常发生，使在建阶段取得的经济效益逐步流失。因此，一定要精心安排（因为扫尾阶段工作面较小，人多了反而会造成浪费），应采取"快刀斩乱麻"的方法，把竣工扫尾时间缩短到最低限度。

（2）重视竣工验收工作，顺利交付使用。在验收以前，要准备好验收所需要的各种书面资料，送甲方备查；对验收过程中甲方提出的意见，应根据设计要求和合同内容认真处理，如果涉及费用，应请甲方签证，列入工程结算。

（3）及时办理工程结算。一般来说，工程结算造价由原合同价和变更及索赔款组成。但在施工过程中，有些按实结算的经济业务，是由财务部门直接支付的，项目预算员不掌握资料，往往在工程结算时遗漏。因此，在办理工程结算以前，要求项目预算员和财务部门进行一次认真、全面的核对。

（4）在工程维保期间，应由项目经理指定保修工作的责任者，并责成保修责任者根据实际情况提出保修计划（包括费用计划），以此作为控制保修费用的依据。

（5）加强应收账款的管理，工程竣工后要及时进行结算，以明确债权、债务关系。项目部要专人负责与业主联系，力争尽快收回资金，对不能在短期内清偿债务的甲方，通过协商签订还款计划的协议，明确还款时间、违约责任等，以增强对债务单位的约束力。

（6）成本核算、分析与考核。强化成本核算管理，坚持预算成本核算原则，坚持实际成本核算的原则，提高核算质量。通过对工程项目成本构成和影响成本因素的分析，厘清未来成本管理工作的方向和寻求降低成本的途径。根据项目部的考核制度，对责任部门、相关人员进行考核，实行奖优罚劣的原则，以提高成本的节约意识。

5. 精益建造施工全过程成本控制的有效途径

施工项目成本控制的方法较多，其有效途径可以从降低成本（节流）和增加收入（开源）两方面着手，确保项目成本目标的实现：

1）遵循精益思想，按照"量、价分离"原则，控制工程直接成本

工程直接成本主要是指在施工项目成本形成过程中直接构成工程实体和有助于工程形成的人工费、材料费、机械使用费以及其他直接费用，按照"量、价分离"原则，应从以下几个方面着手进行有效控制。

（1）材料成本控制。建筑工程项目原材料需求量大的特性决定了在施工过程中需要不断地进货。如果一次进货太多，一方面会出现资金占用量非常大，影响工程建设资金周转的问题；另一方面，由于受施工场地的限制，存放在别处的材料会发生出租费和二次搬运费。如果进货太少，容易造成由于材料储存不足、供应不及时而影响工程进度，而且频繁采购会使采购费用增加，从而增加项目成本。运用精益准时采购的方式能很好地解决上述问题。

准时制（JIT）的宗旨是消除浪费，它要求把材料纳入进度计划体系中，根据进度计划和准时采购的原理及时制订采购计划，并根据进度计划的变化随时调整采购计

划。准时采购实施的前提是材料计划要做得尽量详细具体，进场时间最好落实到小时，信息要保证及时，渠道要保证畅通，供应商的选择要正确。采用准时采购的关键在于两个方面：一方面是供应商的选择，另一方面是工程进度计划要科学合理，符合实际，材料计划要尽可能周密详细，要有关键里程碑工程计划控制和缓冲措施计划控制手段。JIT准时采购流程图如图10-26所示。

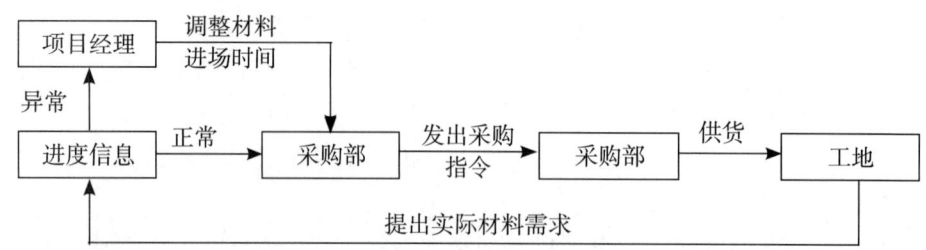

图 10-26　JIT 准时采购流程图

贯彻精益思想，加强材料用量控制和材料价格控制，可以有效降低施工成本，具体做法如下。

一是材料用量的控制包括：

- 坚持按定额确定材料消耗量，实行限额领料制度，各班组只能在规定限额内分期分批领用，如超出限额领料，要分析原因，及时采取纠正措施。
- 改进施工技术，推广使用降低料耗的各种新技术、新工艺、新材料。
- 在对工程进行功能分析、对材料进行性能分析的基础上，力求用价格低的材料代替价格高的材料。
- 建立完善收发料制度十分必要。进场要认真点验、保质保量，发料要严格按照计划发放，做到账物相符，台账清楚，特别要注意各个环节之间的相互监督，相互制约。对周转材料应包干基数，实行限额领料。对余料坚持回收、废物再利用，这也是材料成本不可忽视的最终环节。
- 加强现场管理，合理堆放，减少搬运，降低堆放、仓储损耗。

二是材料价格控制包括：

- 买价控制。材料采购应通过市场调查，论质比价；对于耗量大、价款总额较大的材料，应采取招标方式，公开竞价，择优选定。这样做，既有利于保证质量，又有利于杜绝暗箱操作和腐败现象。
- 运费控制。合理组织运输，就近购料，选用最经济的运输方式，以降低运输成本。
- 考虑资金的时间价值，减少资金占用，合理确定进货批量和批次，尽可能降低材料储备。

（2）人工费控制。企业应通过提高员工的素质和技能来降低单位产品的人工费。

在人工消耗量方面主要按以下方法进行控制：

①根据劳动定额计算出定额用工量，并将安全生产、文明施工及零星用工按一定比例（一般为5%～10%）一起包给班组负责人，进行包干控制。

②为提高全员劳动生产率，可开展技术比武，加强劳动纪律，改善劳动组织，把施工人员的劳动成果与经济效益紧密结合起来，充分调动员工的积极性，发挥员工的智力与潜力，节约劳动消耗。还可学习国内外项目管理的先进经验，积极开展技术创新和技术改造，采用先进的施工技术和工艺，提高施工技术装备程度、操作熟练程度和科学文化水平，从而全面提高工程施工人员的技术业务素质。

③有些分部分项工程可分包给分包商，采取包干控制，降低人工费。对于包清工，工程项目应选择实力强、技术精、人员素质高的施工队伍，其中低值易耗材料、零星材料等采取一次包干的办法。无论是专业分包还是包清工，签订的合同都应详细、严谨、奖罚严明。

（3）机械费控制。实施精益建造要充分利用现有机械设备、内部合理调度，力求提高主要机械的利用率，在设备选型配套使用中，注意一机多用，减少机械设备维修养护人员的数量和机械设备零星配件的费用。机械设备管理部门要根据工程质量、进度和设备能力的要求，合理配置机械设备，外租机械应分别采取按台班、按工作量或包月等不同的租赁形式进行租用，要按油料消耗定额进行管理控制，并合理安排机械设备的进、退场时间，合理调度，充分利用，提高利用效率。自备小型机具，也要合理使用，减少、避免机具闲置浪费。

良好的机械设备保全是实施精益建造不可或缺的部分。为保证机械设备的可靠性，保持机械设备处于"健康状态"，运行中不发生故障，需要对机械设备进行全面生产维护（TnPM）。日本专家对设备故障的研究结果表明：70%的故障可以通过事先的点检［紧固螺丝、及时正确地加油、清扫清洁、发现异常（异常声音、发热）等］发现并加以避免。基于可靠性（需要时即可正常使用）和经济性，操作人员和维修人员共同参与，相互协同，进行有效的管理，建立机械设备日常定期维护保养和检修制度，确保机械设备的完好，杜绝机械事故的发生，努力降低机械使用成本。

2）精简项目机构、合理配置项目部成员、降低间接成本

在传统的项目管理模式中，管理者居于权力金字塔的顶端，层次过多是降低组织灵活性、影响员工创造力的主要原因。基于精益建造管理，应减少管理层次以使组织结构尽可能扁平化，即从最上面的决策层到最下面的操作层，中间相隔层次尽可能少。这样，不仅能够解决信息流动不畅、决策速度缓慢等问题，而且可以给项目管理人员以较多的现场决定权，缩短上下级之间的距离。同时，这种模式使信息技术为所有组织内的决策提供信息，全体员工共同拥有同样的信息资源，各部门员工之间，各部门上下级之间可实现充分的交流，职能部门与组织单元之间的界限变得模糊，组织结构呈现出互相交错的网络化。只有这样，项目内部信息才能流畅，

才能形成互相理解、互相学习、整体互动思考、协调合作的群体，以有效降低施工成本，产生巨大的、持久的创造力。

项目机构的设置要根据具体工程项目工程规模大小和工程难易程度等因素，按照组织设计原则，因事设职，因职选人，各司其职，各负其责。选配一专多能的复合型人才，降低管理人员的费用。

3) 加强全面质量管理，控制工程质量成本

质量是实行精益建造的保证。反过来，精益建造也可以促进质量的提高。质量成本是指项目为保证和提高产品质量而支出的一切费用，以及未达到质量标准而产生的一切损失费用之和。它包括两个主要方面：控制成本和损失成本。控制成本包括预防成本和鉴定成本，属于质量保证费用，与质量水平成正比关系；损失成本包括内部损失成本和外部损失成本，属于损失性费用，与质量水平成反比关系，如图 10-27 所示。

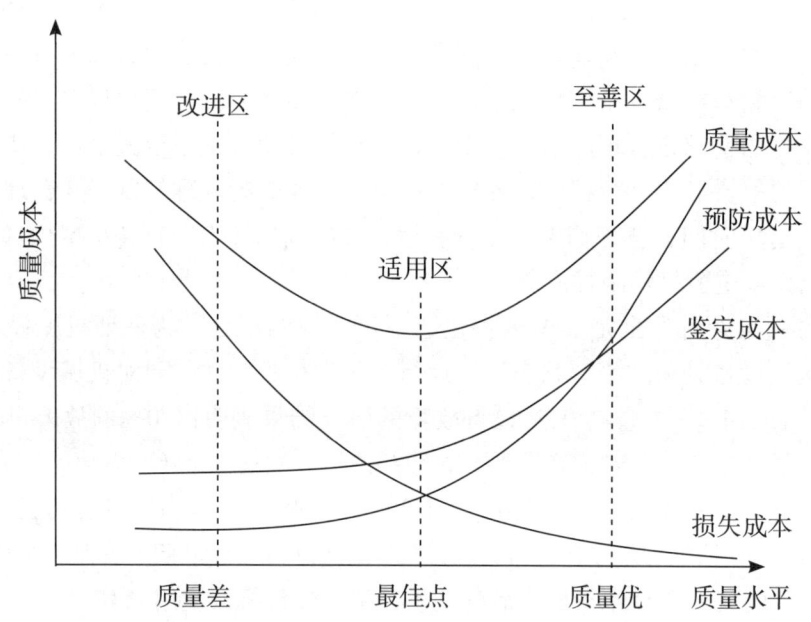

图 10-27 施工质量与工程成本的关系

从图 10-27 中可见质量成本分为三个区：①质量改进区是损失成本占主导地位的区域，它是影响达到最佳质量成本的主导因素。质量管理工作的重点在于加强质量预防措施，加强质量检验，提高质量水平，降低质量总成本。②质量至善区，表明控制成本占主导地位，它是影响质量总成本达到最佳值的主要因素。质量管理的重点在于分析现有的质量标准，减少检验程序和提高工作效率，使质量总成本降至较低水平。③质量适用区，质量成本最低，说明质量标准比较适宜，是合适的质量成本。

当前，迫切需要的是降低损失成本。因为损失成本是工程质量无缺陷时就会消失的成本，有人把可消失的质量成本喻为"矿中黄金"，以表示其潜力之可贵。我国目前建安工程质量尚低，因而可以开发的"黄金资源"非常丰富。而且好的质量能树立良好的企业形象，为企业的长远发展奠定基础。因此，应十分重视提高工程质量水平，降低质量成本。

质量是企业的生命，产品质量的好坏决定着企业业务量的多少，但当质量达到一定水平再进一步提高时，该项费用就会呈几何级上升，提高工程质量，降低工程成本，已成为一个十分重要的课题。管理者要找到质量成本最低的理想点，在保证施工质量达到设计及规范要求前提下尽可能降低工程成本。达不到质量要求有可能会导致质量事故的发生，影响企业的信誉，但也不能为了片面追求提高市场竞争力和企业的信誉度，出现"质量过剩"现象，这也直接影响经济效益。实行精益建造，宜采用拉动式的控制系统，当施工过程中出现问题时，可以立即得到反馈信息并采取纠正措施。下道工序是上道工序的用户，是上道工序品质最权威的检验者，而且实行的不是抽检，是100%的检查。这不仅取消了工序间的专职检查，消除了这一非增值活动，而且更彻底地保证了品质。这一方法对建筑行业的隐蔽工程的质量保证最为可靠。

4）组织连续、均衡有节奏的施工，降低工期成本

施工均衡化是精益建造中十分重要的部分。所谓均衡化就是要求施工进度完全与市场需求同步，即从建筑材料的采购、资金的调拨、机器设备的准备、工作界面的提供、人员的分配等任何一个环节都要与市场需求合拍，既不允许提前准备，更不允许延迟。提前准备会造成库存，掩盖一些问题的实质，更会造成资金的浪费，成本的增加。延迟会打乱后续工作的程序，推迟工期，更会让企业失去信誉。

工期与项目成本的关系如图 10-28 所示。

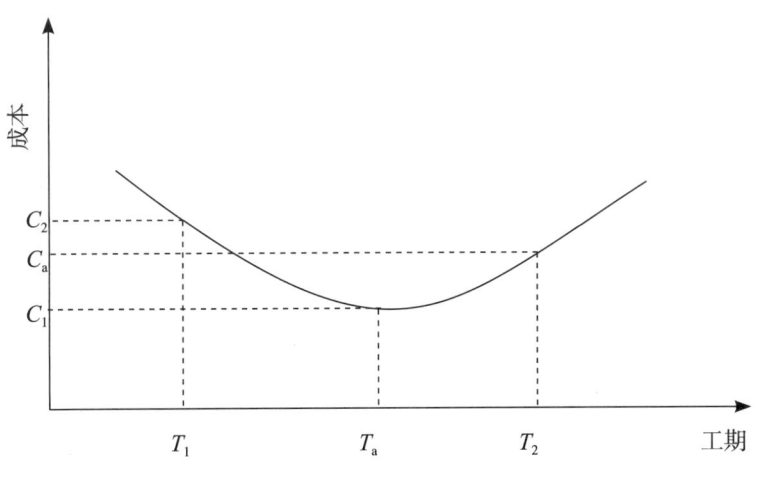

图 10-28　工期与项目成本的关系

图中，T_a 为合理工期。在合理工期下，项目成本支出较低。工期比合理工期提前（T_1）或拖后（T_2）都意味着工程成本的提高。因此，在安排工期时，要注意处理工期与成本的辩证统一关系，均衡有节奏地进行施工，以求在合理使用资源的前提下，保证工期，降低成本。工期管理也是合同管理的环节之一，寻求最佳工期成本，如何处理工期与成本的关系，是施工项目成本管理工作中的又一重要课题，为保证工期而采取技术措施，必然增加工期成本，但由于延误工期而导致违约，必然被索赔。一般来说，工期短则成本小，但当工期缩短到一定限度时，再要缩短工期，所采取措施的成本将会急剧上升，还会出现质量、安全事故，直接影响经济效益。

5）坚持现场管理标准化，堵塞浪费漏洞

现场管理标准化的范围很广，比较突出而又需要特别关注的是：现场平面布置管理和现场安全文明生产管理，稍有不慎，就会造成浪费和损失。

（1）现场平面布置管理。施工现场的平面布置，是根据工程特点和场地条件，以配合施工为前提合理安排的，有一定的科学根据。但是，在施工过程中，往往会出现不执行现场平面布置，造成人力、物力浪费的情况。例如：

①材料、构件不按规定地点堆放，造成二次搬运，不仅浪费人力，材料、构件在搬运中还有可能会受到损失。

②钢模和钢管脚手架等周转设备，用后不予整修并堆放整齐，而是任意乱堆乱放，既影响场容整洁，又容易造成损失，特别是将周转设备放在路边，一旦车辆在其上开过，轻则变形，重则报废。

③现场道路不规范，施工时任意开挖道路，又不采取措施，造成交通中断，影响物资运输。

④排水系统不畅，一旦下雨，现场积水严重，造成电气设备受潮容易漏电，水泥受潮就会变质报废，至于用钢模、海底笆铺路受潮损坏的现象更是比比皆是。

由此可见，施工项目一定要强化现场平面布置的管理，堵塞一切可能发生的漏洞，争创"文明工地"。

（2）现场安全文明生产管理。安全生产是对职工的生命健康的保障，首先要加强防患意识，保证建筑物的安全，保证参加工程建设的施工人员的人身安全，避免安全伤亡事故所造成的不必要的损失。现场安全生产管理的目的，在于保护施工现场的人身安全和设备安全，减少和避免不必要的损失。要达到这个目的，就必须强调按规定的标准去管理。目前提升现场安全生产管理水平的方法中最简单、有效的是6S管理。6S是指：整理（Seiri）、整顿（Seiton）、清扫（Seiso）、清洁（Seiketsu）、素养（Shitsuke）、安全（Security）。6S管理是实施精益建造的基础。6S管理是通过现场现物的规范，明确"场所、方法、标识"、确定"定点、定容、定量"及大量使用目视管理等方法、手段，构筑一个整洁、明了、一目了然的工作现场，其最终目的是提升人的素养，让全体员工养成革除马虎之心、认真对待每件小事、有规定按规定做事的良好习惯。

6）从"开源"原则出发，增加预算收入

（1）认真研究招标文件，树立正确的时间和成本观念。企业在招标中，使用恰当的投标报价技巧，可以在保证报价在具有竞争力的前提下，最终获取尽可能大的经济效益。如在执行单价合同时，采用"不平衡报价"的技巧，通过对工程数量变化趋势的分析，在维持总价不变的前提下，相对于正常报价水平，策略地降低实际施工时数量可能减少的分项工程单价，以便在竣工结算时获得可观的额外收入；同时考虑资金的时间价值，适当提高前期费用的报价，降低后期费用的报价，以便达到尽早收回建设资金、加强资金周转的目的。如果企业能做到"早收多收"，还可以大大减少可预见的风险损失。

（2）认真会审图纸，积极提出修改意见。在项目建设过程中，施工单位必须按图施工。但是，图纸是由设计单位按照用户要求和项目所在地的自然地理条件（如水文地质情况等）设计的，其中起决定作用的是设计人员的主观意图，很少考虑为施工单位提供方便，有时还可能给施工单位出些难题。因此，施工单位应该在满足用户要求和保证工程质量的前提下，根据项目施工的主客观条件，对设计图纸进行认真会审，并提出积极的修改意见，在取得用户和设计单位的同意后，修改设计图纸，同时办理相关签证。

在会审图纸的时候，对于结构复杂、施工难度高的项目，施工单位更要加倍认真，并且要从方便施工、有利于加快工程进度、保证工程质量、降低资源消耗、增加工程收入等方面综合考虑，提出有科学根据的合理化建议，争取业主和设计单位的认同。

（3）制订先进的、经济合理的施工方案。施工方案主要包括四项内容：施工方法的确定、施工机具的选择、施工顺序的安排和流水施工的组织。施工方案不同，工期就会不同，所需机具也不同，因而发生的费用也会不同。因此，正确选择施工方案是降低成本的关键所在。制订施工方案要以合同工期和上级要求为依据，联系项目的规模、性质、复杂程度、现场条件、装备情况、人员素质等因素综合考虑。可以同时制订几个施工方案，倾听现场施工人员的意见，以便从中优选最合理、最经济的一个。必须强调，编制施工方案，应做到先进性和可行性的统一性。如果方案只先进不可行，则不能在施工中发挥有效的指导作用，那就不是最佳施工方案。

（4）落实组织施工技术措施。落实组织技术措施，走技术与经济相结合的道路，以技术优势来取得经济效益，是降低项目成本的关键。一般情况下，项目应在开工前根据工程情况制订技术组织措施计划，作为降低成本计划的内容之一，列入施工组织设计。在编制月度施工作业计划的同时，也可按照作业计划的内容编制月度技术组织措施计划。

为保证技术组织措施计划的落实，并取得预期的效果，应在项目经理的领导下明确分工，由工程技术人员拟订措施，材料人员提供材料，现场管理人员和生产班组负责执行，最后由项目经理根据措施执行情况和节约效果对有关人员进行奖励，形成落实技术组织措施的一条龙。

（5）加强合同管理，强化索赔观念。承包人应增强法律意识、合同意识，订立合同时，应尽量采用示范文本，以防止一些显失公平的条款，对合同的严密性、规范性、合同条款的逻辑性认真加以研究，力求按权利和义务对等原则与业主分清责任，谋求公正的合法权益，对风险范围所涉及内容应尽量描述详尽，从而达到降低合同条款风险的目的，如面对业主要求采用风险最大的固定总价合同，应注意平衡权利和义务，尽可能规避和分担风险，可定量地约定风险范围，如果在合同中未约定风险范围，当市场材料价格重演2003年涨价风暴时，施工一方是无力承受这种风险的。对垫资工程承包商可要求业主提供担保，合理转移风险，因为低价中标和无担保的垫资工程，要想摆脱困境是十分困难的。在竞争日趋激烈的市场中，施工企业面临着巨大的施工风险，为此应强化索赔意识、合同意识、时间和成本观念，培养索赔的管理能力，提高合同管理水平。通过依照合同索赔，可以弥补承包商不应承受的风险损失，使承包工程的合同风险分担程度趋于合理。

（6）用好调价文件，正确计算价差，及时办理结算。随着市场经济的不断完善，各种价格要素随市场不断变化，在工程建设活动中，价格变化对工程造价的影响，在工程结算时必须及时、客观、全面地予以考虑。目前，国内工程主要采用调价系数和实际价格差价方法，相对简单一些；国际工程大多采用调值公式法进行调价。实践证明，承包商通过价格调整是获取额外收入的重要途径之一。如果事先确定好调价公式中的各种价格指数及各种可变因素和不变因素的调价比重，则是一种潜在的、比较客观的增加额外收入的方法。

7）施工项目成本核算、考核

施工项目成本核算是施工项目成本管理中最基本的职能，离开了成本核算，就谈不上成本管理，也就谈不上其他职能的发挥。这就是施工项目成本核算与施工项目成本管理的内在联系。

项目成本管理是一个系统工程，而成本考核则是系统的最后一个环节。如果对成本考核工作抓得不紧，或者不按正常的工作要求进行考核，前面的成本预测、成本控制、成本核算、成本分析都将得不到及时正确的评价。这不仅会挫伤有关人员的积极性，而且会给今后的成本管理带来不可估量的损失。施工项目成本考核的目的，在于贯彻落实责、权、利相结合的原则，促进成本管理工作的健康发展，更好地完成施工项目的成本目标。在施工项目的成本管理中，项目经理和所属部门、施工队直到生产班组，都有明确的成本管理责任，而且有定量的责任成本目标。通过定期和不定期的成本考核，既可对他们加强监督，又可调动他们进行成本管理的积极性。

施工项目的成本考核，特别要强调施工过程中的中间考核。这对具有一次性特点的施工项目来说尤为重要。因为通过中间考核发现问题，还能"亡羊补牢"。而竣工后的成本考核，虽然也很重要，但对成本管理的不足和由此造成的损失，已经无法弥补。

施工项目的成本考核，可以分为两个层次：一是企业对项目经理的考核；二是项目经理对所属部门、施工队和班组的考核。通过以上的层层考核，督促项目经理、责任部门和责任者更好地完成自己的责任成本，从而形成实现项目成本目标的层层保证体系。

施工项目的成本考核，应对成本完成情况进行经济奖罚，不能只考核不奖罚，或者考核后拖了很久才奖罚。因为职工所担心的，就是领导对贯彻责、权、利相结合的原则执行不力，忽视群众利益。奖罚的标准，应通过经济合同的形式明确规定。在确定施工项目成本奖罚标准的同时，必须从本项目的客观情况出发，既要考虑职工的利益，又要考虑项目成本的承受能力。一般情况下，造价低的项目，奖金水平要定得低一些；造价高的项目，奖金水平可以适当提高。具体的奖罚标准，应该经过认真测算再行确定。

四、案例：精益建造施工项目成本管理案例分析

1. 项目背景

M建筑施工企业承接了在××市示范区住宅楼建设工程项目。该项目总占地面积298 643平方米，总建筑面积298 182.15平方米（其中地下室面积10 686.8平方米，A、B、C地下埋置面积分别为415.31平方米、316.18平方米、363.23平方米，地上面积287 495.35平方米，其中，A、B、C地上面积分别为35 301.35平方米、88 530.4平方米、174 350.4平方米。工程分A、B、C三个户型，共30栋单体，A户型有5栋共17层、层高2.9米，B户型有10栋共28层、层高2.9米，C户型有15栋共32层、层高2.9米。其所承包工程为施工图纸范围内的全部工作及招标文件中明确的由承包人完成的其他工作。

2. 项目成本目标

本项目通过精益建造成本管理方法中的目标成本法、作业成本法和挣值法三种方法对整个项目的成本进行预算、核算、控制、持续改进，以达到成本管控的目的。

1）项目总成本

工程项目施工组织结构如图10-29所示。

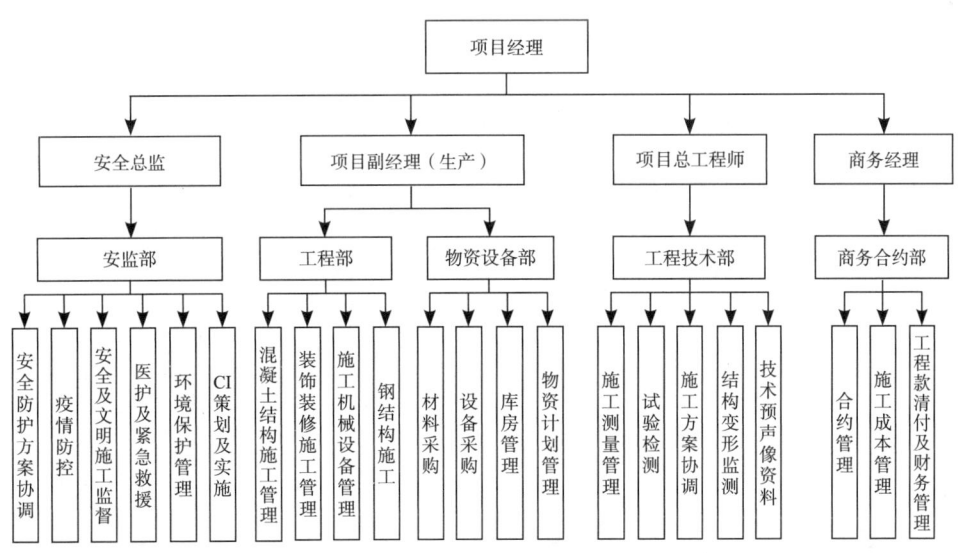

图10-29　工程项目施工组织结构

项目总成本如表 10-13 所示。

表 10-13　项目总成本

序号	费用项目名称	费用（元）
1	人工费	88 903 326.30
2	材料费	215 482 308.98
3	机械费	10 089 000.00
4	措施费	19 584 761.19
5	间接费	13 537 363.83
6	分包费	288 774 873.78
	合计	636 371 634.08

2）项目成本分解

（1）人工费，明细如表 10-14 所示。

表 10-14　人工费

序号	成本项目名称	成本项目说明	单位（元）
1	实体劳务	外墙抹灰	85 351 797.50
2	零星用工	零星辅助工程	3 117 900.00
3	辅助用工人工费	公共建设工程	433 628.80
	合计		88 903 326.30

（2）材料费明细如表 10-15 所示。

表 10-15　材料费

序号	成本名称	成本说明	单位（元）
1	主要材料费	钢材、商品砼等	198 577 715.45
2	辅助材料费	油料、五金等	3 177 243.45
3	材料涨价风险费		4 875 000.00
4	周转材料费	模板等	8 852 350.08
	合计		215 482 308.98

主要材料费详细如表10-16所示。

表10-16 主要材料费

金额单位：元

序号	材料名称	型号规格	单位	预算数量	预算单价	预算采购成本
1	钢筋	一级钢	吨	2 728.66	4 980.00	13 588 726.00
		二级钢	吨	95.11	5 200.00	494 556.19
		三级钢	吨	15 288.62	4 985.00	76 213 777.65
2	商砼	C20	立方米	3 085.96	300.00	3 234 576.29
		C25	立方米	23 290.29	310.00	956 648.58
		C30	立方米	52 762.67	320.00	7 452 892.16
		C30P6	立方米	87.34	330.00	17 411 679.48
		C35	立方米	24 181.42	345.00	30 131.81
		C35P8	立方米	20.38	345.00	8 342 588.73
		C40	立方米	21 261.26	360.00	7 336.44
		C45	立方米	16 594.33	360.00	7 654 053.31
3	砌块	加砌块	立方米	19 182.93	18 972.46	4 883 627.45
		水泥配砖	立方米	4 200.00	4 175.94	2 331 000.00
		页岩标砖	立方米	361.00	360.38	122 970.34
		空心砖	立方米	22.00	22.00	3 410.00
		水泥标砖	立方米	44.45	60.65	24 447.50
4	装饰材料					20 619 354.83

（3）机械费明细如表10-17所示。

表10-17 机械费

金额单位：元

序号	机械设备名称	单位	数量	台班单价	使用台班	总价
1	塔吊 QTZ5013	台/月	4	27 000.00	9	972 000.00
2	塔吊 QTZ6010	台/月	11	33 000.00	9	3267 000.00
3	施工电梯		10	19 500.00	30	5 850 000.00
	合计					10 089 000.00

(4) 措施费明细如表 10-18 所示。

表 10-18　措施费

序号	成本费用名称	成本说明	预算成本额（元）
1	检验试验费	相关费用	380 000.00
2	施工水电费	相关费用	3 525 682.00
3	临时建筑费	相关费用	7 190 000.00
4	CI 费用	相关费用	225 000.00
5	临时水电费	相关费用	34 318.00
6	安全生产费	相关费用	8 229 761.19
	合计		19 584 761.19

(5) 间接费明细如表 10-19 所示。

表 10-19　间接费

序号	成本费用名称	成本说明	预算成本额（元）
1	办公费	相关费用	664 150.00
2	差旅交通费	相关费用	3 618 381.28
3	业务招待费	相关费用	835 000.00
4	职工费用	相关费用	6 679 000.00
5	科研经费	相关费用	500 000.00
6	工程保修费	相关费用	1 240 832.55
	合计		13 537 363.83

(6) 分包费明细如表 10-20 所示。

表 10-20　分包费

序号	费用名称	费用	预算成本额（元）
1	分包工程费	基础土方、钢筋外加工等	288 774 873.78
	合计		288 774 873.78

3. 运用作业成本法进行项目成本核算

1) 作业成本法的计算思路

作业成本法设计的基本思路是：分解项目—以作业为单位计算作业成本—计算整个工作的作业成本—逐级分解作业成本—建立相关作业成本的责任制度—施工项目组织人员在各自的成本管理范围内开展自我管理—采取持续改进的方法实现各自的目标成本。

2) 划分作业层次

施工项目层次的划分可以根据施工项目的特征和作业水平来进行。通常情况下，施工项目的作业分为四个层次：单位作业，批量作业、产品作业、管理作业。单位作业是指构成施工项目中直接生产的每一项作业。批量作业是指构成每批次产品而发生的作业，它的成本是指某批次产品的所有费用，这些费用要根据作业动因合理分配。批量作业主要是指材料采购花费、运输费、存储费等。产品作业是指相关的生产需要的费用，此类费用和批量作业一样可以涉及每一个产品，但是它的成本是独立的，跟批次毫不相关，所以此类费用需要分配。管理作业主要是指保证施工项目正常进行的相关管理费用，用如办公费、保险等。

3）作业中心的构建

根据作业的分类，作业中心的确定一般要考虑是否便于施工管理，是否能够提高施工效率，以及与成本动因是否属于同一个性质。根据以上原则，本项目将主要作业中心及作业列在表 10-21 中。

表 10-21　作业及作业中心

作业中心	相关作业	相关费用
模板作业中心	模板制作 模板安装 模板拆除 模板修理	包括模板的材料费、辅助材料费、人工费、机械费、租赁费、水电费等
钢筋作业中心	钢筋切割 钢筋弯曲 钢筋焊接 钢筋绑扎 钢筋安装	包括相关材料和机械的使用费、水电费、人工费等
混凝土作业中心	混凝土搅拌 混凝土运输 混凝土捣鼓 混凝土养护	相关材料费、辅助的机械费用、人工费、水电费等
砂浆砌体作业中心	砂浆搅拌 砌筑砌体 砌体勾缝	相关辅助材料费、机械费、人工费等
材料作业中心	材料采购 材料运输 材料检验 材料库存	材料的采购费、运输费，材料试验费，相关保管费等
现场管理人员	日常办公 后勤服务 交通 通讯 协调关系	项目日常办公费、交通费、通讯费、IT 信息费、员工伙食补贴、业务招待费等

4）作业成本法的项目成本计算——以混凝土工程为例

（1）确定成本动因。每个项目的作业都受项目的大小、采用的施工技术的影响。本项目作业比较多，因此选取了本项目中的某栋楼的主体部分的混凝土工程作为研究对象。对于作业动因的选取，本案例通过对现场的管理人员进行询问，并依据他们的经验来选取。这样选择的作业动因比较科学合理。作业确定及作业动因表见表10-22。

表10-22 作业确定及作业动因表

序号	作业名称	作业性质	作业动因
1	绑扎柱钢筋	单位作业	绑扎构件个数
2	支模板	批量作业	模板面积
3	绑扎模板钢筋	单位作业	回填体积
4	混凝土浇筑	单位作业	浇筑体积
5	混凝土养护	单位作业	养护天数
6	措施费	产品作业	发生成本
7	间接费	管理作业	发生成本

（2）作业成本汇总表详见表10-23。

表10-23 作业成本汇总表

单位：元

序号	作业名称	人工费用	材料机械费用	水电费	合计
1	绑扎柱钢筋	35 672.00	2 908 606.00		2 944 278.00
2	支模板	82 506.00	1 355 330.00	4 065.00	1 441 901.00
3	绑扎模板钢筋	46 431.00	3 981 501.00		4 027 932.00
4	混凝土浇筑	53 508.00	1 430 454.00	2 120.00	1 486 082.00
5	混凝土养护	23 590.00	3 308.00	223.00	27 121.00
6	措施费		515 218.00	3 984.00	519 202.02
7	间接费		903 429.00		903 429.03
8	合计	241 707.00	11 097 846.00	10 392.00	11 349 945.05

（3）计算作业成本。

①计算公式。

• 作业成本数据（来源于表10-23）。

- 提供作业量，根据经验估计。
- 作业动因分配率：

$$作业动因分配率＝作业成本库÷提供作业量$$

- 实际消耗作业动因，根据现场消耗实际测定。
- 未消耗作业动因的计算公式为：

$$未消耗作业动因＝提供作业量－实际消耗作业动因$$

- 工程实际消耗成本的计算公式为：

$$工程实际消耗成本＝实际消耗作业动因×作业动因分配率$$

② 计算过程。根据混凝土工程中作业的确定和作业成本分配表，以其中的支模板为例说明计算过程，已知支模板提供的作业量为 3 401 平方米。

支模板的动因分配率＝作业成本库÷提供作业量＝1 441 901÷3 401＝423.96

工程实际消耗成本＝实际消耗作业动因×作业动因分配率
　　　　　　　　＝3 380×423.96＝1 432 997.76（元）

不增值成本＝1 432 997.76－1 441 901＝8 903.24（元）

作业库中的其他作业也根据这个过程得到，如表 10-24 所示。

表 10-24 中的作业成本库：作业动因、作业库成本、提供作业量是根据预算成本中统计而来的，而实际消耗作业动因是根据现场测定得到的，其系数据根据上述计算公式得出。

表 10-24 作业成本分配表

单位：元

序号	作业成本库	作业动因	作业库成本	提供作业量	作业动因分配率	实际消耗作业动因	未消耗作业动因	工程实际消耗成本	非增值成本
1	绑扎柱钢筋	绑扎构件个数	2 944 278	602	4 890.83	602	0	2 944 278	0
2	支模板	模板面积	1 441 901	3 401	423.96	3 380	21	1 432 997.76	8 903.24
3	绑扎模板钢筋	回填体积	4 027 932	784	5 137.67	784	0	4 027 932	0
4	混凝土浇筑	浇筑体积	1 486 082	4 142	358.78	3 920	222	1 406 432.02	79 649.98
5	混凝土养护	养护天数	27 121	813	33.36	813	0	27 121	0
6	合计		9 927 314					9 838 760.78	88 553.22

③ 管理作业成本的分配。根据实际成本的汇总可以发现，混凝土工程中有增值作业和非增值作业。另外，由于措施费和间接费属于管理费用，因此，这部分费用的分配要根据混凝土价值链中实际产生的价值进行分配。管理作业成本分配率的计算公式为：

管理作业成本分配率＝作业库增值作业÷作业库总成本，然后根据管理作业成本分配率进行管理成本的分配，如表10-25所示。

表10-25 管理费用分配表

单位：元

序号	作业成本库	增值作业成本	非增值作业成本	合计
1	措施费	514 606.20	4 595.82	519 202.02
2	间接费	895 370.30	8 058.73	903 429.03
	合计	1 409 976.50	12 654.55	14 422 631.05

（4）主体工程中的混凝土工程总成本汇总。

使用作业成本法对工程项目主体部分的混凝土成本进行汇总，如表10-26所示。

表10-26 混凝土工程成本汇总

单位：元

费用项目名称	费用
作业库成本	9 927 314
管理费非增值成本	12 654.55
管理费增值成本	1 409 976.50
主体工程总成本	11 349 945.05

本案例通过作业成本法，实现了精益建造下的施工项目成本的核算，主要优势体现在以下几点：

第一，经过实际的调查和研究，选择了适用于本项目的成本动因。这样会使成本核算更加准确，不会因为间接成本的分配而使成本不符合实际。

第二，通过作业成本法的多个计算，对多个作业进行分析，使项目中的成本管理人员能够获得更加详细的成本管理信息，从而提高了项目成本管理的质量，同时也提高了整个项目的质量。

根据上述过程的计算，得出了支模板和混凝土浇筑工程的非增值作业成本分别为8 903.24元和79 649.98元。所以本项目需要改进施工过程中这两项的成本管理，以消除非增值作业，减少成本。

4. 成本—进度偏差分析

1）项目进度和费用统计

项目开始实施时，选取其中某100个日历天进度和成本差异进行分析，在项目进行到第 100 天时，项目进度和费用的统计如表 10-27 所示。

表 10-27　项目计划完成工程预算费用统计表

监控时间点	BCWS（万元）									
	10	20	30	40	50	60	70	80	90	100
10 天 BCWS	1 210	1 050	1 230	550	500	470	490	450	580	660
累计 BCWS	—	2 260	3 490	4 040	4 540	5 010	5 500	5 950	6 530	7 190

已完工程预算成本统计表如表 10-28 所示。

表 10-28　已完工程预算成本统计表

监控时间点	BCWP（万元）									
	10	20	30	40	50	60	70	80	90	100
10 天 BCWP	1 230	980	1 170	520	540	390	480	440	540	760
累计 BCWP	—	2 210	3 380	3 900	4 440	4 830	5 310	5 750	6 290	7 050

已完工程项目实际成本统计表如表 10-29 所示。

表 10-29　已完工程项目实际成本统计表

监控时间点	BCWS（万元）									
	10	20	30	40	50	60	70	80	90	100
10 天 ACWP	1 300	1 200	1 400	800	650	700	630	610	780	920
累计 ACWP	—	2 500	3 900	4 700	5 350	6 050	6 680	7 290	8 070	8 990

注：BCWP：实际已完成工作量的预算费用＝单位预算 × 所完成的工作量，该值与项目进度无直接关系，只与实际完成的工作量多少有直接相关；

BCWS：完成进度（时间）计划工作的花费预算成本费用＝项目工程总预算费用 × 完成项目时间进度百分比，该值与时间进度密切相关；

ACWP：到某阶段完成项目工作量所实际耗费的成本费用；

CV：项目成本差＝ BCWP － ACWP（小于零意味已超支，是不好的情况，需要开源节流或增加资源投入或缩小项目范围）；

SV：项目进度差＝ BCWP － BCWS（小于零意味进度落后，需要赶工，增加资源投入加快进度或剩余部分压缩关键路径工期）；

CPI ＝ BCWP/ACWP（小于零意味给项目亮黄牌，大于等于 1 才是好的）；

SPI ＝ BCWP/BCWS（小于零意味给项目亮黄牌，大于等于 1 才是好的）；

挣值 EV ＝ BCWP。

2）挣值指标计算

通过累计获得挣值数据，根据表10-29中的统计数据和相关参数与指标的概念，在检测第70个日历天时，相关挣值指标的数据计算如下：

CV＝BCWP－ACWP＝5 310－6 680＝－1 370，表示项目严重超支；
SV＝BCWP－BCWS＝5 750－7 000＝－1 250，表示项目实际施工落后于计划施工；
CPI＝BCWP/ACWP＝5 310÷6 680＝0.795<1，表示实际成本超出了预算成本；
SPI＝BCWP/BCWS＝5 750÷7 000＝0.821<1，表示实际进度落后于施工进度。

时间—成本累计曲线图如图10-30所示。

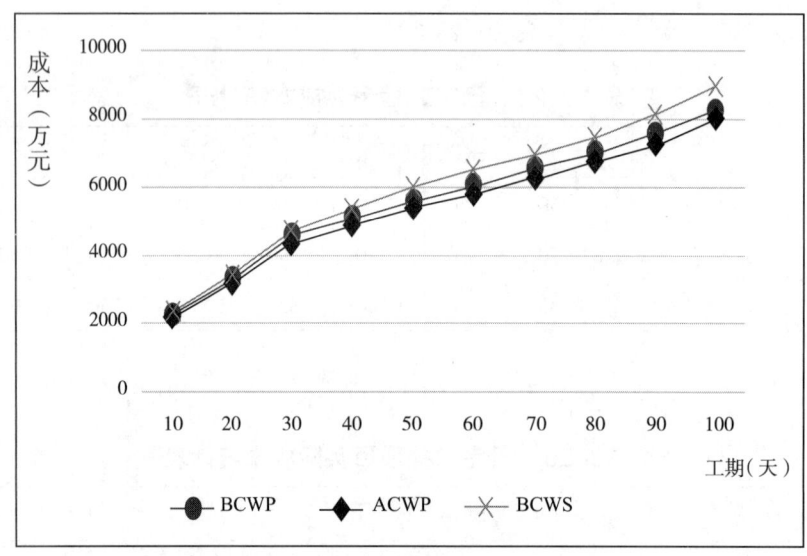

图10-30　时间－成本累计曲线图

3）施工计划成本与实际成本偏差的计算

施工过程的成本计划与实际成本偏差（差异）计算如表10-30、图10-31所示。每期默认为一个月。成本偏差根据实际成本与计划成本计算得出。

表10-30　计划成本与实际成本完成情况汇总表

月份	成本计划（万元）	实际成本（万元）	偏差
1	847	910	107.44%
2	735	749	101.90%
3	861	910	105.69%
4	385	441	114.55%
5	350	455	130.00%
6	329	350	106.38%

（续表）

月份	成本计划（万元）	实际成本（万元）	偏差
7	343	301	87.76%
8	315	357	133.33%
9	406	476	117.24%
10	462	574	123.38%
11	541	508	93.90%
12	521	552	105.95%

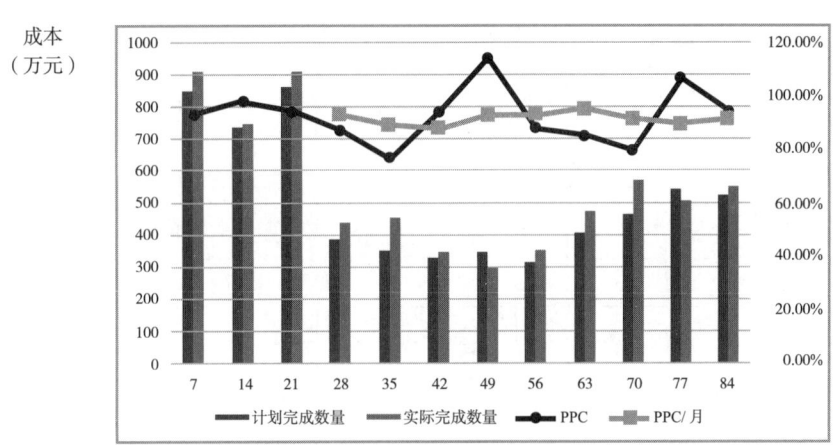

图 10-31　施工计划 PPC

5. 精益建造方式下的成本问题分析和改进

1）成本和进度指标分析

从上面计算的参数来看，该施工项目实际成本严重超支，实际进度慢，计划完成率处于正常水平。结合施工项目的现场，造成实际成本超支和进度缓慢的原因主要有以下几点：

（1）没有做好事前控制，成本目标不明确。项目开始前没有做好事前控制，导致成本目标不够明确。项目经理没有指明具体的责任人，目标成本没有落实到各个班组，以及施工项目组织中的每一位成员，也没有制订相应的奖励和惩罚措施，因此导致员工对于成本管理的责任感不强。事前没有计划好成本，而事后控制只能进行成本的核算和相关偏差分析，并不能够对已经发生的费用和损失进行挽回。

（2）参与项目的各方相对独立，缺乏沟通。因为本项目体量大，持续时间长，参与方众多。哪一方的变动都将影响到其他各方的利益，因此各方都为自己的利益着想，导致了施工项目组织管理的混乱。

（3）在材料采购方面，控制不严。在材料采购方面，有时候会采用质量不合格的材料。在材料的使用方面，雇用未经过相关培训的工人，导致增加现场材料的消耗，延误进度的同时，使得成本增加。

(4)管理人员素质普遍不高。项目经理的领导能力导致产生了额外成本,如发生安全事故、工作效率低下责任划分不清等。另外,成本管理人员缺乏精益成本管理的意识。

2)基于精益建造的施工项目成本优化措施

针对本项目在实际进行过程中出现的问题,根据精益建造下的成本管理体系,提出以下持续改进措施。

(1)应用成本供应链管理,优化材料供应方案。通过前面章节的分析,精益建造的思想应用到成本管理中时,就需要靠供应链管理的方式来实现。因此,该项目应该根据外部供应和内部需求来确定战略合作伙伴。本项目在采用供应链的方法对采购成本进行控制时,只从供应链上的供应商的选择和评估的程序来做简要分析,如图10-32所示。

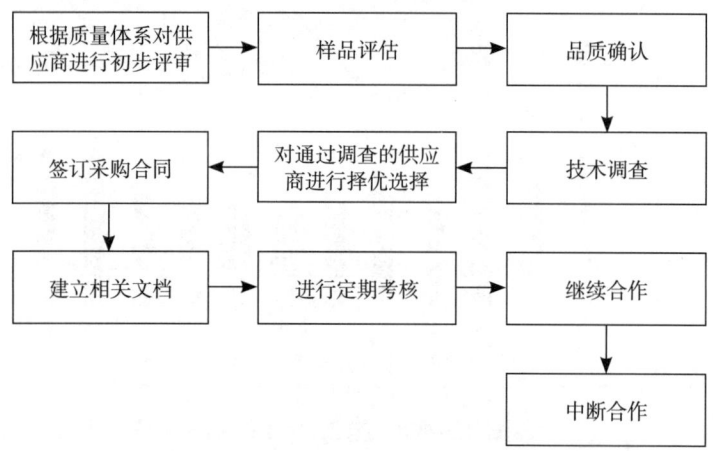

图 10-32 供应商选择和评估的程序

一般的施工项目在选择材料时都会根据业主的意见,开展市场调查,保证所使用材料的质量,并采取相关措施,在当地选择符合相关要求的材料供应商。例如,本项目在砂石材料供应商的选取时,选择了离本施工项目所在地较近的供应商,这样不仅可以保证砂石这样大规模使用的材料能够及时供应,还能节约运费,降低材料的价格。

加强与供应商的沟通并成为合作伙伴。这样可以使供应商及时供应材料,并且能够保证材料质量,实现及时采购。

建立及时采购小组,由小组成员负责采购方案的制订,以及水泥、钢材等主要材料的采购和库存情况的记录。采购计划的实施,要由小组成员进行详细的说明。在施工项目进行的过程中,对采购计划进行持续不断地改进,定期考核和检查,并且实施反馈和对未完成的采购计划进行调整。

(2)运用价值流思想,优化作业链。本项目在支模板和混凝土浇筑过程这两个作业中产生了非增值作业。对于支模板出现非增值作业的原因是模板安装作业与梁板柱模板施工衔接不连贯,导致在支模板的过程中出现了窝工。对于混凝土浇筑过程中出现非增值作业的原因是,在混凝土的输运过程中存在一定损耗,另外混凝土在浇筑过程中等待的时间过长,这两个原因影响了混凝土的质量,最终导致了非增值成本的产生。因此,在以后混凝土浇筑过程中应该避免此类问题发生。通过作业成本法可以计算出哪些作业中心会产生非增值成本,然后寻找其中的非增值作业。通过分析这些作业之间的关系,优化作业链及各个作业,持续改进,降低作业成本。

(3)细分目标成本。在本项目的目标成本分解中,分解不够详细。应该通过目标成本法将目标成本详细分解,把目标成本细化到各个部门、各个班组,并落实到该项目中的所有成员。通过最后计划者体系,在成本计划执行过程中,项目经理要及时关注成本的反馈信息,并对成本信息进行分析,根据实际情况,对目标成本做出调整。

(4)应用最后计划者体系进行成本制订。加强计划的制订,主要是在制订人员、制订依据、计划内容、计划目的、计划执行这五个方面开展,如表10-31所示。

表10-31 计划制订体系

序列	计划类型		
	总计划	前瞻计划	执行计划
时间	整个项目工期、项目月计划	每个月或每个季度	每周
对应项目计划	项目月计划	月度工作计划/季度工作计划	周工作计划
制订人员	项目经理	成本管理人员	班组长
制订依据	图纸、承包合同	总计划、资源配置情况、施工准备情况	前瞻计划、现有资源
计划内容	施工总进度安排	分解总进度计划,安排下一个月或下一个季度的计划	每周的资源和人员等的安排
计划目的	施工项目管理	合理安排使用资源	对施工现场的施工活动进行指导,提出季度/月计划优化建议
计划执行	下达命令,听取成本管理人员的意见	将成本计划分配到施工班组,并根据现场反馈意见,对总计划进行改进	将计划在现场实施,计算周PPC,对计划提出意见,并向成本管理人员反馈月度、季度计划

(5)加强精益建造成本管理文化建设。精益建造下的施工项目成本管理并不是简单地使用精益建造理论进行施工项目成本管理,而是从根本上改变全员的成本管理的理念和意识,要在企业中形成一种长期的精益建造成本管理文化。首先是加强精益建造的员工成本管理培训,不断地提高成本管理人员的成本管理意识,促进精益建造思想的完善和发展。其次,建立相关制度,规范成员的成本管理行为,并且制定相关的奖励措施,以提高成员积极性。最后,建立全员的成本管理价值观,减少由于施工人员失误造成的施工项目成本的增加。

第 11 章

智慧建造成本管理

我国房地产建筑行业效率低、施工成本难以控制、建造与管理方法滞后、"信息孤岛"问题等成为制约我国建筑业发展的主要障碍因素，由此带来的社会资源浪费，成本造价超支等问题普遍存在。由于建筑工程施工缺乏标准化、智慧化的管理模式及先进的信息技术支撑，建筑业广泛存在生产率低、资源管理粗放、信息难以共享等问题，造成成本失控问题频繁发生，亟待新的建造管理理念方式来解决。而以BIM技术、物联网、大数据和云计算等新兴信息技术为支撑，通过与先进建造技术的融合及智能技术的应用，创建智慧化的建造环境，从项目的全生命周期视角实现建筑工程项目建造实施的工业化、信息化，有效促进了建筑工程企业施工管理模式的创新与变革，实现了工程项目施工成本的精细化管理，确保达到工程项目施工成本控制的目标，从而进一步降低工程项目施工成本，提高施工企业的生产效率和经济效益。

本章将 BIM 技术、物联网、大数据和云计算等新兴信息技术与传统的建造技术相融合，引入了新型建筑工程建造模式——智慧建造管理模式，以改进建筑施工成本管理的方式，为建筑工程施工成本精益化管理的实施提供思路与方法。

第一节 智慧建造概述

一、智慧建造的内涵

智慧建造包括了 BIM、协同设计、移动通信、无线射频、虚拟现实（虚拟建造 Virtual Construction）、4D项目管理、项目信息门户（Project Information Portal，PIP）、物联网等技术在工程建设中的应用，实现了工程项目建设过程的信息化、可视化、透明化、智慧化。在这一系列技术中，BIM技术居于核心地位，其他一系列技术是 BIM 技术的辅助技术、拓展技术或延伸技术。随着 BIM 技术的不断发展，未来将会形成以 BIM 技术为核心的智慧建造技术体系，带来工程项目组织实施方式及建筑业企业经营管理模式的根本性变革。现阶段，智慧建造技术的发展主要体现在 BIM 的应用与发展上，同时协同设计、移动通信、无线射频、虚拟现实（虚拟建造 Virtual Construction）、4D 项目管理、项目信息门户、物联网等技术逐步与 BIM 相结合发展。

智慧建造的内涵有广义和狭义两部分。

1. 广义的智慧建造

广义的智慧建造着眼于工程建设项目产生的整个过程，包括工程建设项目立项、设计、施工阶段，每个阶段都通过新兴信息技术的集成应用来完成工程建设活动。主要有以下几个特征：

（1）目标是自动化、智慧化、信息化、工业化、绿色化；
（2）本质是以人为本；
（3）前提条件是质量与安全保障；
（4）依托科技进步和系统管理；
（5）各参与方协同工作；
（6）全生命周期内各阶段相互融合，信息传递共享、交互。

2. 狭义的智慧建造

狭义的智慧建造着眼于建筑工程项目的建造阶段，旨在以 BIM、物联网等新兴信息技术为技术支撑来实现整个建筑工程建造施工过程中的信息化与智慧化。建设工程项目全生命周期 BIM 的典型应用如图 11-1 所示。

智慧建造的内涵还可从以下四个方面来理解：

（1）智慧建造涉及一个建设工程项目的全生命周期，包括从项目的决策阶段、设计阶段、施工阶段、运维阶段直到整个建筑的拆除阶段。

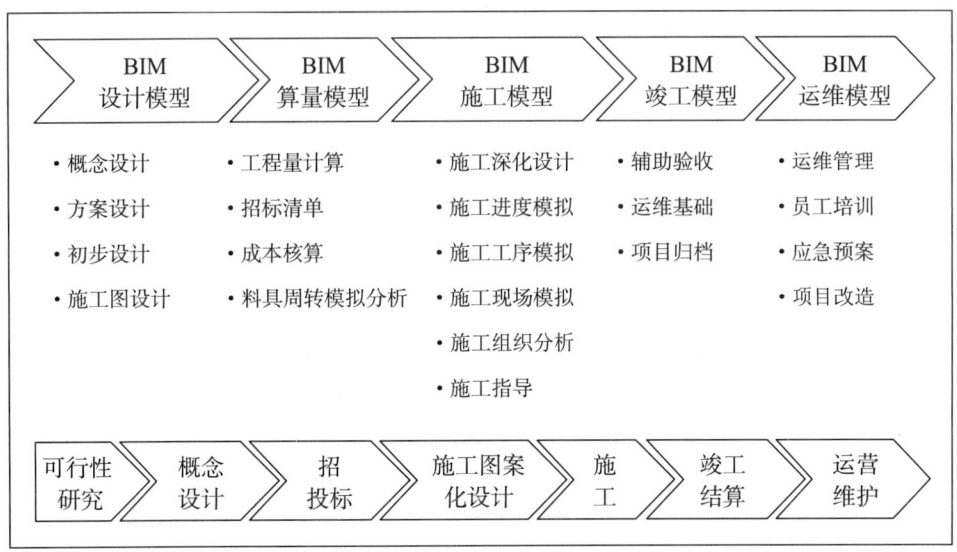

图 11-1　建设工程项目全生命周期 BIM 的典型应用

（2）智慧建造是以 BIM 技术为核心，物联网、4D 可视化等新兴信息技术为支撑的全寿命周期的智慧化。

（3）智慧建造要求项目各参与方信息的协同与共享，提高建造过程中信息利用率、资源利用率，采用精细化管理，实现低碳、低耗能、可持续发展的要求。

（4）智慧建造能实现全生命周期的智慧设计、智慧施工、智慧运维、智慧监管等各参与方的智慧管理。

二、智慧建造与传统建造的区别

随着信息技术的发展，传统建造已无法适应现代化建设的要求，下面主要从应用范围、应用技术、组织形式、信息传递方式、信息传递效率、应用信息模型、多参与方协同和成本管理方面分析两者之间的主要区别，如表 11-1 所示。

表 11-1　智慧建造与传统建造的主要区别

对比内容	传统建造	智慧建造
应用范围	主要是建设项目施工阶段	建设项目全生命周期
应用技术	CAD、互联网、数据库等传统信息或网络技术的应用	BIM、物联网、4D 可视化等新兴信息技术的应用与集成
组织形式	松散组织形式，冗长的组织结构，多数情况下是根据具体管理任务组成的临时组织	利用新兴信息技术将项目的所有参与方集成到虚拟组织中，实现统一协调、资源共享
信息传递方式	纸质文档、会议、电话、传真、E-mail、快递等方式	通过物联网和普适计算等实现实时的信息交互
信息传递效率	传递效率慢，传递过程中容易造成信息缺失，各方主体之间大多是相互独立的，容易造成"信息孤岛"	通过改变信息的交互方式，提高信息的传递效率，各参与方需要可随时获取相关信息，实现信息协同、共享
应用信息模型	大多使用面向对象的建模技术，少数使用单一建设过程的 BIM 软件实现参数化建模技术模型。功能较为单一，往往仅能辅助某一方面的决策，自主分析和解决问题能力不足	利用多种新兴信息技术集成的参数化建模技术。功能多样、互相关联，能实现全寿命周期的"三控两管一协调"
多参与方协同	基本无法实现多参与方协同信息管理，仅能通过沟通实现以各自利益为出发点的合作	多参与方协同的工作环境，并实现多方协同的信息管理
成本管理	被动参与，事后控制，相互独立	主动控制，事前预警，集成管理

三、智慧建造的应用场景

智慧建造的主要应用场景如图 11-2 所示。

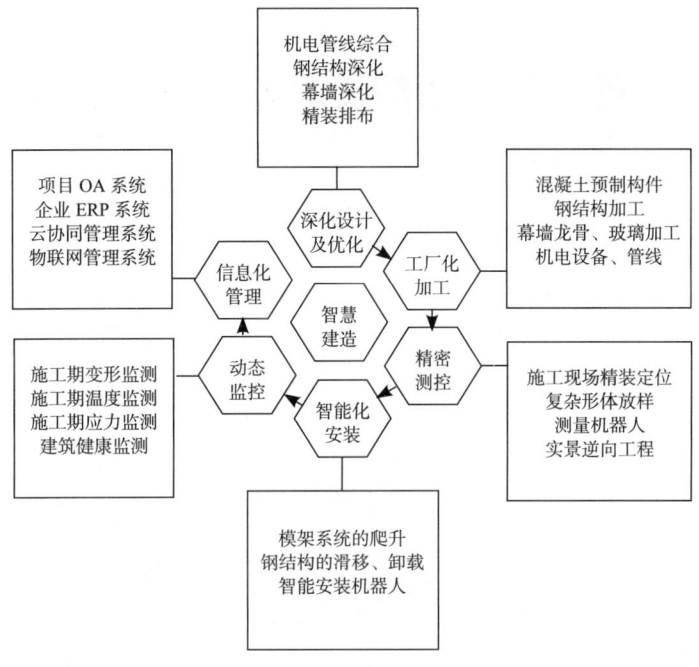

图 11-2 智慧建造的主要应用场景

四、智慧建造的优势及意义

智慧建造理念的诞生给建筑工程项目管理领域带来了新的契机，对建筑工程项目的各参与方都有益。对于建设方或业主来说，智慧建造理念要求的成本降低、工程质量提高、资源浪费减少使得他们能获取更多的利益；对于承包方来说，建造过程中资源合理分配，工期实时动态调整，人员安排的合理化，减少窝工现象，使得承包商在精益化管理中获取更多的利润。实施智慧建造模式有如下优势及意义：

（1）缩短工程项目周期。合理安排工程项目进度，人员安排，工程项目周期大大缩短。

（2）提高企业竞争力。智慧建造理念要求企业内部机制与组织架构改革，提高信息化水平，增强企业的竞争能力。

（3）增强各参与方的协作能力。智慧建造理念要求建立信息共享平台，各参与方根据项目的开展增加项目信息，使得工程信息获取更加快捷，增强了各参与方的协同作业能力。

（4）减少施工建造过程中的冲突。通过合理施工现场平面布置，减少施工机具碰撞、结构碰撞，降低施工现场风险。

（5）全面质量管理。合理调整施工现场质量管理规定，实时监控施工现场工作情况，提高工程质量。

第二节 智慧建造体系的构建

一、智慧建造体系架构

智慧建造体系架构如图11-3所示。

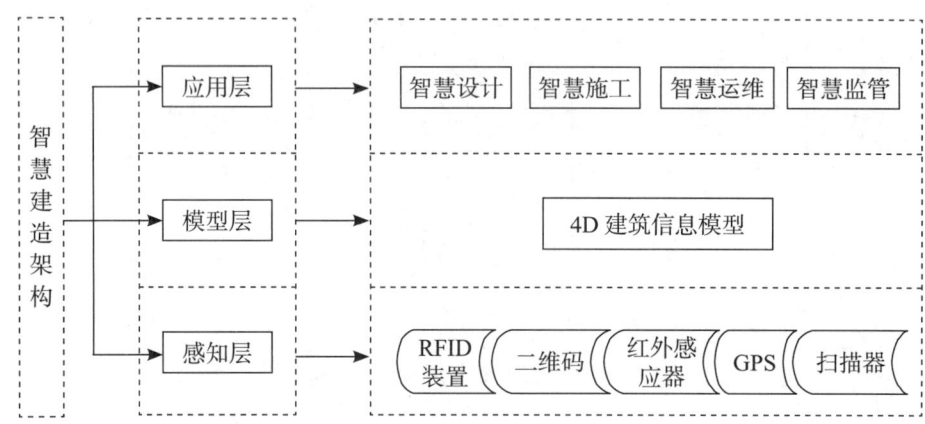

图11-3 智慧建造体系架构

二、智慧建造体系构建的思路

智慧建造模式的实施、实现需从以下两个方面考虑：

第一，硬件设施资源配置更新，需要建立集成BIM技术、物联网、大数据、4D可视化等新兴技术的信息化综合管理平台以提高生产效率。

第二，科学合理的管理制度与管理流程，包含全生命周期的质量、进度、成本、安全与运营管理等过程，先进的管理方法有助于项目管理效益的提升，这两方面的有机整合构成了以BIM技术为核心的智慧建造体系。该体系依托"互联网＋BIM技术"的跨越式发展，能够在全生命周期过程中提高建造管理水平，改进传统的建筑业效率低下、资源浪费严重的生产方式。

三、智慧建造架构体系的构建

智慧建造架构为智慧建造技术的应用搭建了基本的框架，本书通过综合考虑建设项目智慧化应用对于智慧建造体系的需要，构建了以BIM技术为核心的智慧建造框架体系，如图11-4所示。该框架体系总体包括信息采集层、网络层、平台层、服务层与应用层五个层面。

第 11 章 智慧建造成本管理

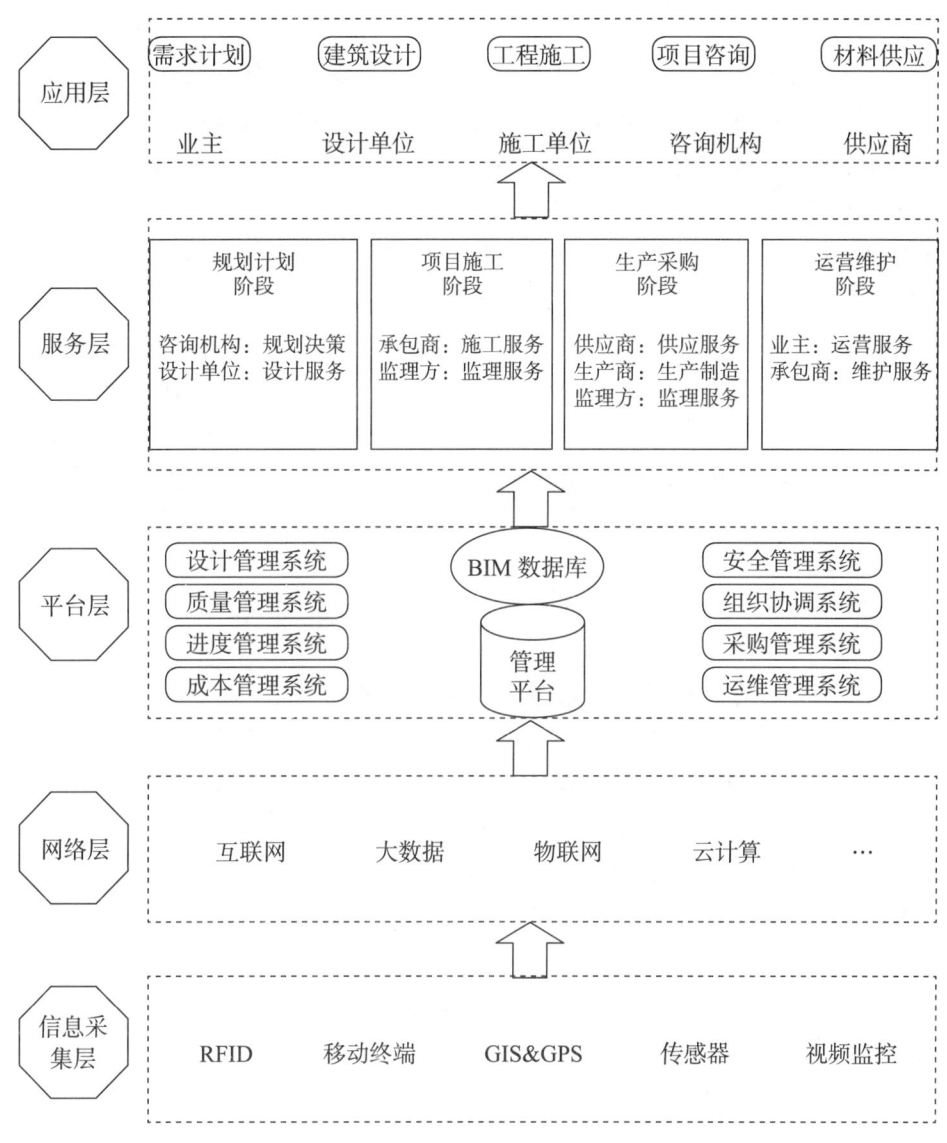

图 11-4 智慧建造框架体系

1. 信息采集层

信息采集层作为智慧建造体系的基础层，通过借助无线射频（RFID）、移动终端、GIS&GPS、传感器、视频监控等先进设备能够实现对建设项目施工过程中产生的数据信息进行采集、传递、处理与反馈，实时获取建设项目实施中的质量、进度、安全和人、材、机等环境与资源等相关信息，RFID 与传感器技术的集成实现了建筑信息模型与建筑构件实体的有效结合，能够提高各施工环节的信息共享与协同工作，为项目管理人员全方位、多角度地了解与感知建设项目信息提供了便利，有效解决了"信息孤岛"问题，有助于工程项目建造过程的智慧化应用。

2. 网络层

网络层是将互联网与物联网技术作为建设项目数据信息传输与共享的纽带，利用云计算技术对信息采集层的基础信息进行分析与计算，挖掘关键信息，这一层可视为智慧建造体系的"中枢神经"，是实现多元信息融合的基础。互联网与物联网技术能够联通终端设备与数据信息平台之间的信息交互，各相关方可以实时查看、获取智慧建造过程中的有用信息，尽快做出反馈与应对措施，保障建设项目各个系统的和谐高效运行。

3. 平台层

平台层作为智慧建造体系的数据中心，通过与信息采集层、网络层的协同作用能够实现对建设项目的相关管理系统进行数据整合和项目信息输入存储，最后放入 BIM 平台数据库中，为智慧建造体系应用层提供重要的支撑。该平台层包含功能各异的应用软件，如建筑结构设计、能耗计算、成本管理、进度控制等，形成了涉及建筑工程全生命周期的综合管理系统，如设计、质量、进度、成本、安全、采购、运维管理、组织协调系统等，根据不同参与方的需求提供相应的个性化服务。

4. 服务层

工程建造过程复杂多变，包含的建造服务项目各式各样，服务层就是通过建立规范化的项目服务库，实现一系列建造服务的有机组合，该层面涵盖了从决策、设计、施工到运维阶段的全过程，为整个建设项目的全生命周期管理提供服务，为不同的服务对象提供解决各种业务主体的集成应用，具体包括：决策阶段的规划与决策服务，设计阶段的设计服务，生产采购阶段的供应服务、生产制造服务，施工阶段的施工服务，运维阶段的运营服务。

5. 应用层

通过 BIM 技术与物联网、云计算、4D 可视化等先进技术的集成应用能够为项目管理人员提供准确、客观的数据支持，帮助他们做出比经验判断更为精准的决策，同时，也实现了建筑信息模型与建筑构件实体的有效结合，能够提高各施工环节的信息共享与协同工作，有效解决了"信息孤岛"问题，从平台层导出的数据图表可以直观地表达项目进度、成本管理、物资消耗与资金需求情况，满足不同项目相关方的需求，有助于建造过程的无缝集成和各参建方之间的协同工作，真正实现建造过程的信息化、智慧化。

第三节 智慧建造成本管理

智慧建造成本管理框架体系如图 11-5 所示。

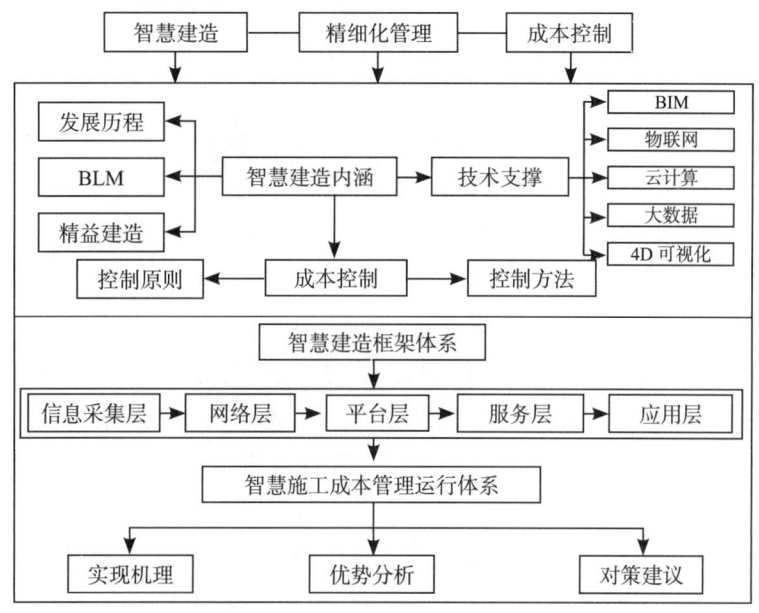

图 11-5 智慧建造成本管理框架体系

一、智慧建造成本管理的范围

传统建设项目成本管理是分阶段进行的，每个阶段中不同的参与方分别作为管理主体，例如设计阶段设计方是管理主体，而施工阶段施工方成为管理主体。这样分阶段的管理具有很大的弊端：不利于全生命周期成本管理；不便于各参与方实现各自成本管理目标；容易形成各阶段和各参与方的"信息孤岛"，使信息丢失或无法交互，这就造成了割裂式管控；不利于项目的全生命周期管理。因此，本书设计的智慧成本管理体系将建设项目建造期的成本和项目建成后的运营维护阶段的成本集成整合考虑，即建设项目全生命周期总成本等于项目建设初始成本（建筑产品在建成之前的所有成本，我国称之为工程造价）加上建设项目运营成本和维护成本再减去项目拆除后的剩余值（建筑产品在生命周期结束时的纯价值，可以为负数）。智慧建造成本管理的核心思想就是在建设项目全生命周期总成本一定的前提下，尽力争取项目功能和价值上的最大化，即在建设项目功能和产出不变前提下，实现建设项目全生命周期成本的最小化。

智慧建造成本的管理范围如图11-6所示。

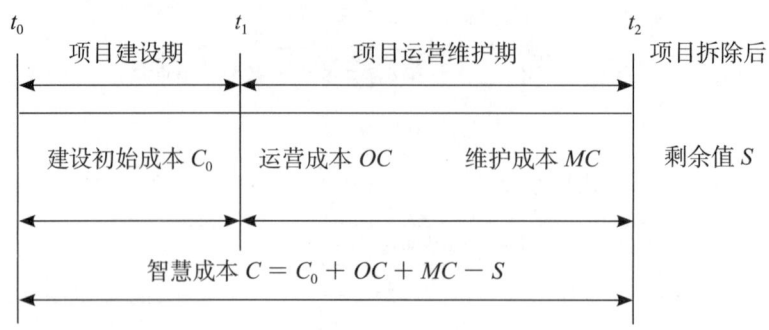

图11-6 智慧建造成本的管理范围

二、智慧建造成本管理的优势

1. 设计指导施工，做到成本事前管控

在设计阶段就利用BIM 5D设计模型确定项目的设计限额，通过这个限额对各种方案进行比较，选择最优方案。在设计阶段开始对成本进行管控，保证了成本的准确性，并且这些成本数据在项目全寿命周期成本管理中发挥着重要作用。

2. 改变传统成本管控模式，弱化算量工作，关注成本动态管控

通过BIM 5D算量模型进行算量工作，能提供更准确的工程量计算，可以将成本管控人员的精力从烦琐的算量工作中解脱出来，把精力更多地放在成本的动态控制上，关注由工程量产生的工程造价的变化、分析变化程度及规避成本风险等问题，使项目的动态成本管控优势得到最大的发挥。

3. 注重项目建造过程中成本信息收集，便于指标库建立

基于智慧建造的动态成本管控在数据库建立和指标测算方面有较大优势，在BIM算量模型中已经包含了构件的各种信息，因此测算指标可以从模型中直接提取，这就节约了时间成本。在下一个类似项目开工前，可以从建立的数据库中提取相关信息辅助成本预测，具有指导和借鉴意义。

4. 减少工程变更，节约项目资源

项目实施过程中，大量的设计变更和现场签证都会造成项目的动态成本管控的不便，比如降低工作效率，造成资源浪费等。基于智慧建造的动态成本管控，从项目设计、虚拟施工到施工方案确定，早已把这些不必要的设计变更控制到最小，从根源上减少变更和资源浪费。

5. 有利于智慧建造理念模式的实施

与传统的建设项目成本管理方法相比，智慧建造成本管理具有很多好处：

第一，智慧建造成本管理以建设项目全生命周期为管理的时间长度，比传统方法作用的时间更长，也更全面。

第二,智慧建造成本管理指导各参与方综合考虑建设项目的全生命周期,特别是将运营维护阶段引入项目成本管理。

第三,智慧建造成本管理注重多种新兴信息技术的应用与集成,对辅助投资决策、设计方案选择、材料选择、施工过程控制和项目智慧功能的实现提供了重要的支持。

第四,智慧建造成本管理综合考虑了建设项目实施阶段的工程造价和运营维护阶段的使用成本,可以更合理地进行设计方案和建材的选择,最大化地降低成本,更科学地进行施工组织设计和施工方案变更,等等。

第五,智慧建造成本管理从全生命周期的每个环节采取绿色、低碳、节能、降低浪费等措施,全面落实我国关于建筑节能和可持续发展的政策,采用环保材料,提倡可回收资源再利用,实施施工废物无污染处理,在总成本最优的前提下,尽量达到建设项目的可持续发展目标并产生社会效益。

三、智慧建造成本结构的分解——以房地产建筑项目为例

成本结构是定义在全生命周期各个阶段的包括所有相关成本范畴的成本分解结构。房地产项目建造全生命周期成本可分为:决策成本、设计成本、施工成本、运营维护成本、改造成本和拆除成本。房地产建筑工程项目智慧建造成本的结构,从上到下分为五个层次,如图 11-7 所示。

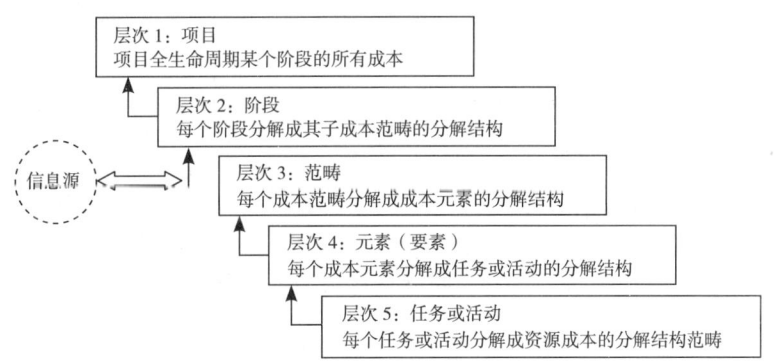

图 11-7 房地产建筑工程项目智慧建造成本结构

1. 项目层次

该层次与建筑产品相关,与建筑工程项目全生命周期对应层面,项目成本分为资本成本(设计与施工过程)、运营维护成本和拆除成本,在项目整体层面还有管理成本和融资成本,图 11-8 显示了项目层次的成本结构。

2. 阶段层次

项目的每个阶段都分解成其子成本范畴,如图 11-9 所示。项目成本中的资本成本是指建筑设计、施工需要的全部支出;运营维护成本是在一个建设项目使用阶段所有运营和维护的支持成本;拆除成本是建设项目拆除时需要的成本,也体现了其未来价

值，包括转售成本、拆除或场地清理、拆除管理成本和拆除管理费用等。

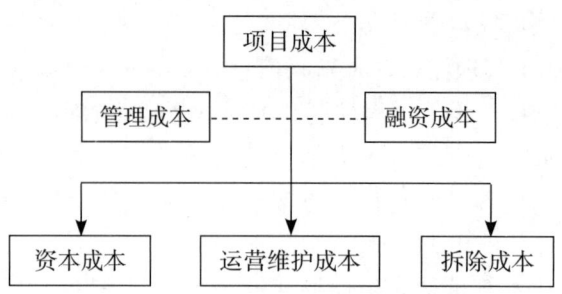

图 11-8　项目层次的成本结构

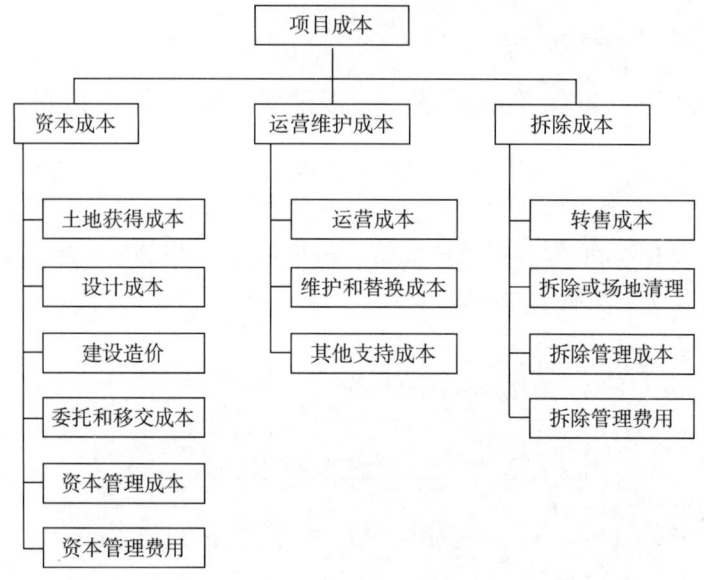

图 11-9　阶段层次的成本结构

3. 范畴层次

以子成本范畴中运营维护成本的三个部分（运营成本、维护和替换成本、其他支持成本）为例，如图 11-10 所示。

4. 元素（要素）层次

将范畴层次成本分解为各成本元素，以运营维护成本中的维护和替换成本为例，如图 11-11 所示。

5. 任务层次

任务成本是完成该项任务所需要的所有资源的成本之和。例如，建造、维护和替换一个窗户所需要的各种资源，窗户的全生命周期成本是资源的总成本，即建造和维护窗户所需的人力、材料、设备等直接成本和管理等维护任务的间接成本、支持成本等，如图 11-12 所示。

第 11 章 智慧建造成本管理

图 11-10 范畴层次的成本结构

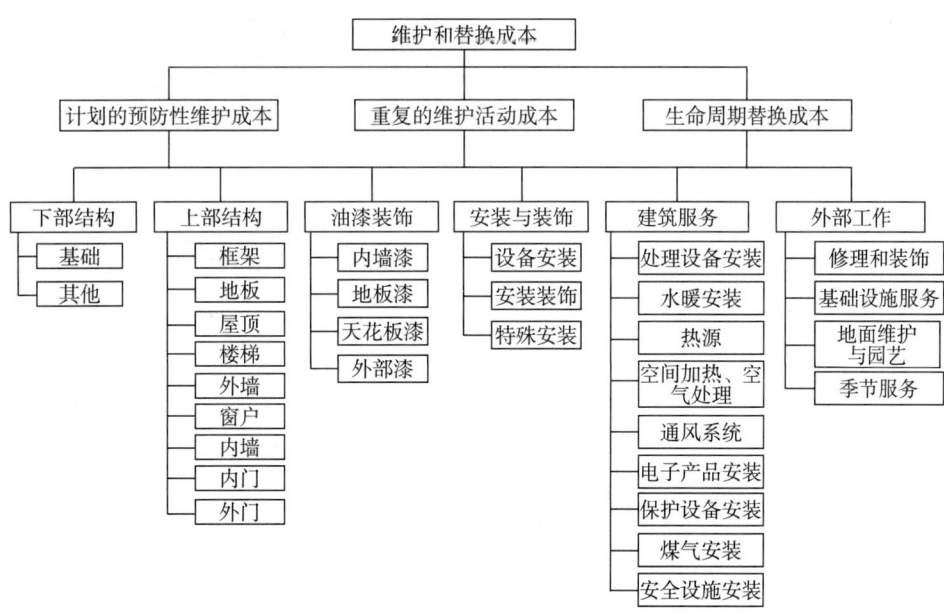

图 11-11 元素（要素）层次的成本结构

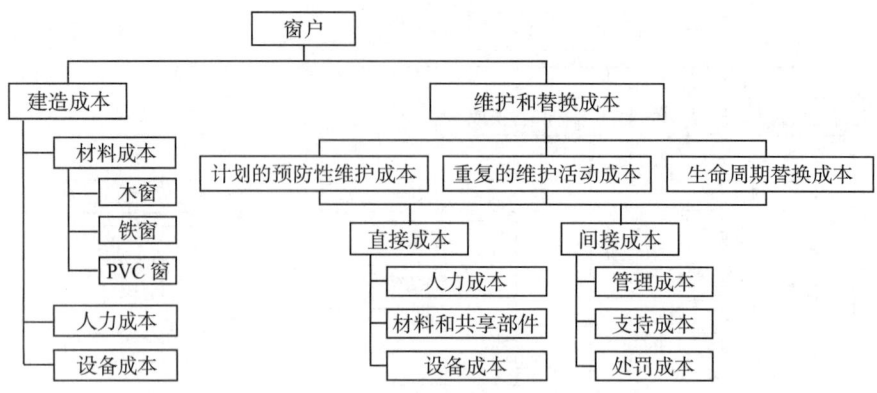

图 11-12 任务层次的成本结构

房地产建筑工程项目成本结构分解方法有很大优势：生成方案并考虑每个方案对成本的影响，提供最优成本的解决方案；减少采集成本信息的时间；由于部分历史成本信息的循环利用，减少了招投标和设计耗费的时间；促进各参与方应用新兴信息技术实现信息管理；促使各参与方使用全生命周期成本进行估价。

四、智慧建造成本管理的组成模块

智慧建造成本管理子模型的设计目标就是协助各参与方明确各项成本、编制成本管理方案，并按照进度计划变更来调整成本方案。智慧建造成本管理提供了新的建筑工程成本管理流程，方便不同使用者利用成本计算与控制等工具辅助成本方案选择和决策。智慧建造成本管理流程如图 11-13 所示。

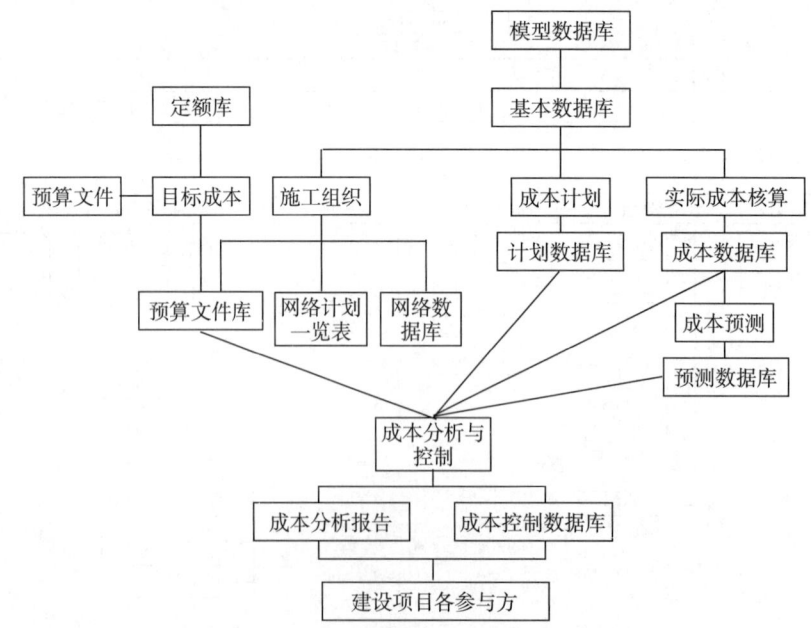

图 11-13 智慧建造成本管理流程

根据以上的智慧建造成本管理流程，我们将智慧建造成本管理功能具体分成五个主要的功能模块来实现。

1. 基础信息模块

该模块是利用 BIM 数据库、4D 可视化技术、物联网技术实现建设项目全生命周期的成本信息采集、分类与编码，为 SCPIMM（智慧建造信息模型）提供准确、可靠的原始信息样本。模型中成本相关的基础信息包括建材采购与运输价格、物料编码、各分部分项工程信息、各项费用等。

2. 成本计划（预算）模块

该模块根据项目进度计划的改变而自动进行成本计划的动态调整。同时，该模块能够制订针对不同参与方的不同种类的成本计划方案。例如，面向业主方的项目成本计划，面向投资者的成本投资方案，面向施工方的工程造价管理方案，面向运营维护方的项目使用成本计划，等等。

3. 成本计算模块

该模块是 SCPIMM 成本管理的核心，涉及成本管理的组织、信息（数字）表达，以及成本数据的加工、处理，提供的成本信息将为建造成本管理和控制提供依据，为项目经济效益考核评价提供支持，也为成本计划模块、成本控制模块提供数据。该模块主要用于工程造价，如人、材、机等费用，管理费用和其他费用等计算。

4. 成本控制模块

该模块主要包括成本差异和成本预测分析，为使用者提供决策依据。由于 SCPIMM 能够及时将设计变更体现在 3D 图纸和信息数据中，结合智慧建造成本管理子模型的应用软件，可以利用普适计算技术自动计算工程量变更等参数信息，并提供生命周期内成本的变化，优化建设项目的整体方案，并利用物联网技术将方案和相关信息传递给各相关参与方，实现各参与方成本计划的优化。

5. 成本报表管理模块

该模块可以提供所有成本相关报表的存储、查询、修改和上下行功能。由于各种报表是成本管理的有效输出形式，体现了智慧建造成本管理对于信息的反馈能力。成本报表管理模块根据 SCPIMM 及其子模型的设计，提供友好、便捷和用户界面，具有实现无障碍人机交互、实时报表更新、历史报表保存等优势。

五、智慧建造成本管理体系的运行

成本管理作为建筑工程项目管理的三大目标之一，施工阶段产生的费用损耗最大，因此，本书将以全生命周期的成本管理为基础，重点从建造施工阶段的成本精益化管理角度进行深化，以期为智慧建造模式下的施工成本精益化管理提供思路与借鉴。

本书通过 BIM 技术、集成物联网、RFID、4D 可视化、云计算等新兴技术方法，结合先进的施工建造技术，构建了精益化的智慧建造成本管理运行体系，如图 11-14 所示。

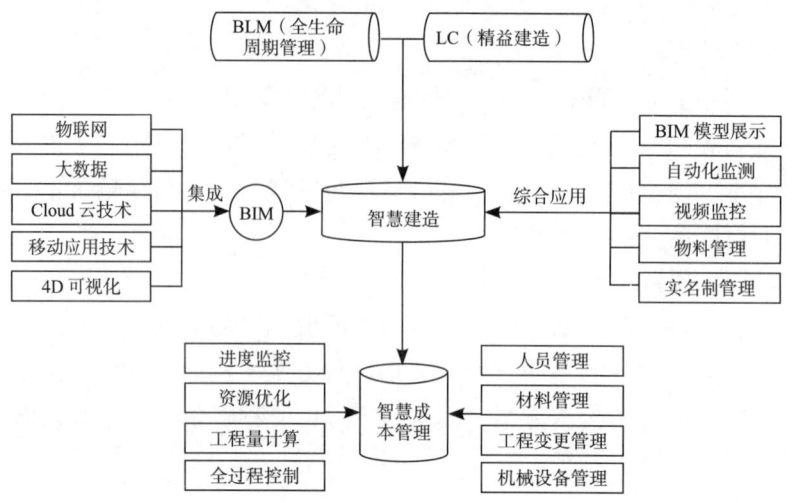

图 11-14　智慧建造成本管理运行体系

该体系以"BIM＋"为核心集成新兴技术，作为智慧建造的技术支撑，并融合 BLM 与精益建造理论作为智慧建造的理论基础，通过 BIM 模型展示、自动化监测、视频监控、物料管理、实名制管理等业务系统综合应用，实现建筑、结构和机电等各个专业的串联与整合以及成本风险的动态监控，强化各专业协同管理，同时通过人员管理、材料管理、工程变更管理、机械设备管理、进度监控、资源优化、工程量计算及全过程控制等业务的集成管理，从而解决项目成本信息采集中传递迟缓、数据割裂、精准度低、反馈不及时等问题，改进现有的智慧施工成本管理方法，降低综合施工成本，以"智慧、互联、协同"的建造理念实施智慧施工成本管理，能够提高建造施工成本管理的精细化程度，进而提升建筑工程企业成本管控水平。

1. 施工资源精细化管理

建筑施工资源管理在工程项目成本管理中占据着很重要的地位，资源的合理配置是工程项目组织与管理的核心。在建设工程施工资源的优化中，智慧建造体系能够帮助项目管理人员将施工资源信息实时输入施工成本管理系统中，建立基于 BIM 的 4D 施工进度、5D 成本信息模型。数据信息转换平台 IFC 标准能完成来自不同应用软件的数据转换，系统发挥 BIM 与云计算的集成优势来整合转换后的数据信息，对建筑施工工序中涉及的相关资源进行计算，为项目管理人员提供工期、人力、材料、机械设备、成本等实际应用数据，使其清楚掌握施工资源的占用情况，并及时发现施工资源与成本的矛盾与冲突，根据数据信息对施工资源进行动态调整与优化，实现资源的合理配置，图 11-15 为 4D 施工资源管理系统。整个过程中，材料资源占整个建设项目的资源比例最大，其中，水泥、钢材、木材消耗最多，因此，基于智慧建造体系的施工资源精细化管理对于建造施工成本管理过程中的资源节约至关重要。

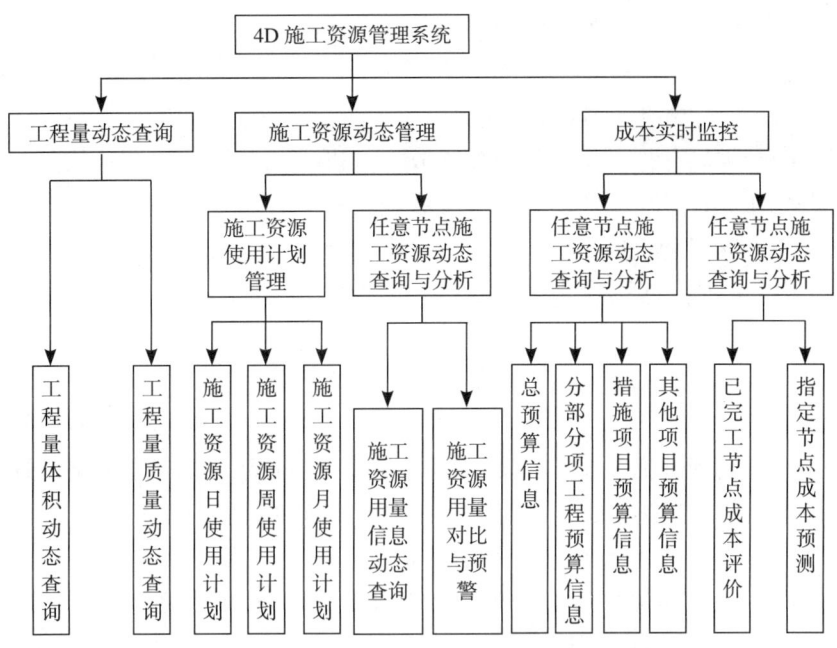

图 11–15　4D 施工资源管理系统

1）混凝土工程

混凝土的施工过程需要严格执行规范要求，智慧建造的信息采集层能够实施监控浇筑过程，完成材料配合比检测，避免因混凝土的质量缺陷而带来的成本增加。该体系的实时信息反馈功能能够精准地反映混凝土的振捣密实情况与养护周期，既能防止振捣不合理、养护不及时带来额外费用，又能减少不必要的浪费。该资源优化管理体系下的资源供应计划与消耗统计更加科学合理，能够避免资源浪费，节约成本。

2）钢筋工程

钢筋在建筑工程施工过程中用量大且成本高，因钢筋浪费带来的成本问题屡见不鲜。传统过程中采用的审核翻样与阶段用量由于钢筋预算与实际消耗量的差距较大，且施工部位无法精准拆分，不能真正实现钢筋的精细化管理，智慧建造体系中的资源优化管理系统基于 BIM 软件与广联达软件，对钢筋模型按施工段自动翻样，4D 可视化能够提前自动排布钢筋，合理优化钢筋断料，减少余料浪费，避免了钢筋加工环节带来的材料损耗。

3）模板工程

智慧建造体系能够将信息技术引入模板工程施工中，通过 BIM 软件建立的模板支架模型，能够摆脱传统二维图纸编制与技术交底的困难状况，实现模板三维搭设可视化，直观地完成对工人的技术交底，同时可以从空间与信息维度精准定位模板大小与空间位置，杜绝模板位置偏差现象。另外，模板作为周转性材料在施工过程中存在着周转次数低、回收利用不充分等问题，基于智慧建造体系的资源优化系统能够通过对模板用量的精确统计导出模板下料加工图与优化方案,并结合材料性能设置科学的周转参数,以提高模板周转次数,减少材料损耗。

2. 全过程施工成本控制

施工阶段的成本控制涉及因素众多,成本、进度、质量、安全等信息互相关联,为提高全过程的成本控制水平,多角度关联项目信息,需要引入科学合理的信息集成平台 BIM 5D,该模型是在原有的三维模型基础上引入时间与成本维度,从而创建的集成进度与成本数据信息的多维信息模型。

1)事前成本预控

BIM 5D 模型的可视化应用可以提前发现图纸问题并实时反馈,进而不断地修正与完善信息模型,通过广联达 BIM 5D 软件进行施工模拟,能够调整专业间的冲突,优化设计,提前发现并解决施工过程中可能存在的问题,进而提高施工效率,降低变更成本,减少工程返工。BIM 平台的 BIM 算量软件能够分类型、分工段地汇总工程量及预算信息,为成本预测提供科学的依据,同时该平台能够完成对进度计划和施工方案的模拟,进而生成各时间节点的资源、资金累计消耗值,也可以实时查询任意施工工序的资源、资金需求情况,以此制订合理的成本计划,有效实现施工成本的事前控制。

2)事中成本控制

通过实际成本与计划成本的实时对比分析进行纠偏,降低成本超支带来的损失。RFID 技术能够实现 BIM 模型对施工现场的动态监控,通过模型可以获取现场资源消耗情况,完成实际消耗与计划值的对比,BIM 5D 模型可以查询到任意时间节点、施工工序的实际成本和计划成本,平台根据偏差程度做出预警,提醒管理人员采取控制措施,当出现工程变更时 BIM 模型可以完成自动扣减,计算出变更部分的工程量以及成本、资源变化,并通过 BIM 平台在线发出变更通知,提醒各相关方做出调整,以减少成本损失。对于事前与事中控制的建筑施工成本控制流程如图 11-16 所示。

3)事后成本分析

成本核算、成本分析和成本考核均属于事后成本控制,广联达 BIM 5D 软件的算量计价功能为事后成本控制提供了便利,基于 5D 模型快速统计和汇总实际成本,与预算成本进行对比分析,从而做出施工项目盈亏与节超分析,并一键生成图表方便查阅,也可实现从时间、工序、构件等多维度进行成本核算与分析,分析成本偏差产生的原因,第一时间采取补救措施,实现成本的精益控制,并将成本信息导入 BIM 平台数据库,为类似的项目成本控制提供经验参考。

BIM 5D 平台是集 3D 信息模型、精确的施工进度信息和造价成本信息为一体的施工投资、进度及成本管理的数字化实时监控系统,能够有效地对成本费用的实施进行动态模拟和决算,确保各类信息数据及时准确地调用、查阅、核对,实现工程成本从"量"的精细控制到"价"的全过程控制,最终优化施工成本管理,提高施工成本的精细化管理水平。

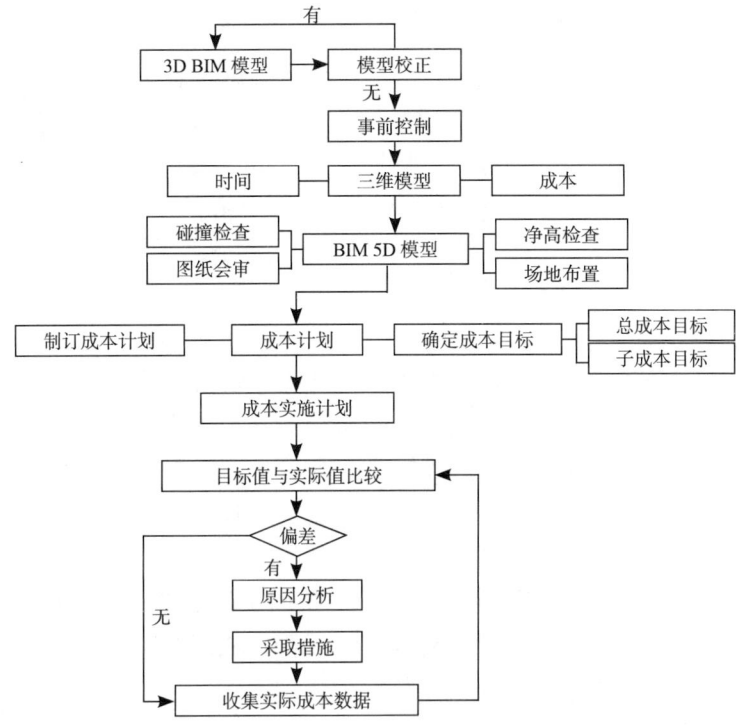

图 11-16 建筑施工成本控制流程图

3. 工程量精确计算

智慧建造体系能够提供比传统工程量计算更加智能、精确的自动化算量功能。传统工程量计算过程繁杂，干扰因素众多，往往因为各种不确定因素或人工失误带来工程量计算的偏差。智慧建造体系通过 BIM 技术对新兴信息技术的集成发挥了云计算与大数据的优势，摆脱了传统手算的人为因素影响及缺项漏项问题，BIM 模型以 WBS（工作分解结构）为核心集成了施工成本、进度等信息，可以实现从时间、空间、工序等维度查询数据信息，从而使得到的以构件为单位的工程量数据更加客观、全面，BIM 5D 平台能够自动进行扣减计算，并完成不规则异型构件的精准计算，大幅度提高了工程量计算能力与施工效率，智慧成本管理体系使得施工成本多维度多算对比管理得以实现，有利于施工阶段的成本精细化管理，具体分析如表 11-2 所示。

表 11-2 多维度多算对比分析表

维度	算量 （量、单价、合价）	WBS （投标）	WBS （实时）	计算依据	基础数据 （来源）	ERP （来源）
	中标价	★		标书、合同	★	
	目标成本	★		企业定额	★	
时间	计划成本	★		施工方案	★	
空间	实际成本	★		实际发生		★

（续表）

维度	算量 （量、单价、合价）	WBS （投标）	WBS （实时）	计算依据	基础数据 （来源）	ERP （来源）
工序	业主确认	★		业主签证	★	
	结算造价	★		结算审计		
	收款	★		财务		★
	支付			财务		★

4. 工程变更管理

施工阶段的工程变更比较频繁且大多不可避免，这就给建造施工成本带来了不利影响，往往会导致工期延误、成本超支，甚至会造成劳动生产率降低，因此工程变更管理也是项目成本控制的重点之一。智慧建造体系下的BIM技术可以对各专业模型进行碰撞检查，可视化功能可以实现复杂节点或隐蔽工程的动画形象展示，能够直观地发现碰撞点和空间位置，及早发现设计冲突和遗漏，实现零碰撞交叉，杜绝因设计问题引起的变更与返工。另外，利用BIM技术的协同工作及RFID的动态监控等功能，能够对施工过程中发生的变更情况实时跟踪和反馈，从而提高工程变更管理信息化，保证信息数据及时共享，减少不必要的施工成本浪费。

5. 成本信息集成与共享

传统的施工成本管理由于缺乏有效的信息采集与分析处理，不能实时传输与统一存储，导致大量有效成本信息缺失，出现信息断层，全生命周期内的成本信息也难以衔接，使得各相关方之间的协同工作难以实现。本书利用BIM技术、云计算等在信息集成中的海量数据存储、处理与编程优势，并融合互联网与物联网等先进技术提出了智慧建造信息集成平台，能为各参与方提供所需的信息服务，大幅度减少信息获取成本，彻底解决传输延迟及信息难以存储等问题，云计算提供的一种名为MapReduce的编程模型，能够提高海量数据的处理效率，基于该模型能够实现大型数据的并行处理，有利于建设项目各参与方之间的高效协同工作，促进智慧施工成本管理的变革。

六、智慧建造成本管理的方式

按照建筑工程项目成本管控的原则，下面从决策阶段、设计阶段、招投标阶段、施工阶段、结算阶段五个阶段来分析应用智慧建造后如何对项目各阶段进行成本管理，如表11-3所示。

表11-3 建设项目全生命周期成本管理要点

项目成本管控阶段	项目成本管控重点
决策阶段	1. 通过BIM模型中积累的类似项目进行匹配分析，确定决策项目的单位成本，进而算出工程估算数据； 2. 构建项目是实体模型，检查是否漏项，以减少成本估算误差

（续表）

项目成本管控阶段	项目成本管控重点
设计阶段	1. 对项目成本进行限额设计，即根据业主方要求通过对模型数据库中的历史数据分析确定设计的限额，在不影响设计效果的前提下达到成本最小化，最大限度地实现设计的经济性； 2. 设计完成后，进行成本测算，及时纠正偏差，有效控制投资总额
招投标阶段	1. 业主能够快速获取精确的工程量清单，不仅节省时间，还能减少因工程量计算不准确造成的索赔； 2. 施工单位可以提供精确报价，降低报价风险
施工阶段	1. 用三维图纸替代传统二维图纸，将不同的专业整合到这个平台上进行碰撞试验，可以发现隐藏在交叉点的不合理因素，为成本管控提供有力支持； 2. 在施工建造过程中，可以实现按时间、工序、区域来计算工程造价，方便对成本进行动态控制
结算阶段	1. 保证结算数据和历史记录的准确性； 2. 在施工建造阶段对设计变更及工程签证进行及时处理，避免结算时出现扯皮现象，推进结算顺利进行，降低结算成本

七、智慧建造成本管理实施措施

（1）企业应树立智慧建造理念，以BIM技术为核心，促进建设项目流程标准化，对人、材、机等施工资源进行精细化管理，大力提高劳动生产率，是降低施工成本的重要途径。

劳动生产率在所有因素中的总影响度最大且原因度较小，其对施工成本的影响作用显著且易受其他因素影响，直接关系到对人、材、机等资源的精细化管理。智慧建造理念以BIM为核心技术，通过工程信息建模、深化设计、4D施工进度管理、5D施工成本管理、动态监控等集成化BIM应用提高信息化水平，并结合先进的施工技术和管理创新，采取信息化手段科学地协调全生命周期管理目标，对现场的人、材、机等资源进行精细化管理。通过引入一卡通、人脸识别及智能安全帽等设备对现场施工人员进行实名制管理，能够减少窝工、待工现象，提高劳动力资源的利用率，同时，RFID技术通过将电子芯片植入构件，以电子标签来标识构件，对构件信息进行实时跟踪，可有效实现物料管理功能，提高材料的利用率，减少损耗，进而提高劳动生产率。物联网、云计算、大数据与BIM技术的集成可以促进信息化市场环境趋于成熟，提高信息采集传递效率，实现施工过程的精益化、标准化，同时，成本数据的实时动态更新也解决了数据割裂、精准度低等问题，提高了数据共享与沟通管理水平，能够显著地降低施工成本。

（2）基于新兴信息技术手段，智慧建造成本管理体系彻底消除或大幅度减少了环境等风险因素，满足并适应了建筑施工现场变化多端的需求和环境，实现了信息化技术与建造过程的深度融合。

智慧建造成本动态管理流程如图 11-17 所示。

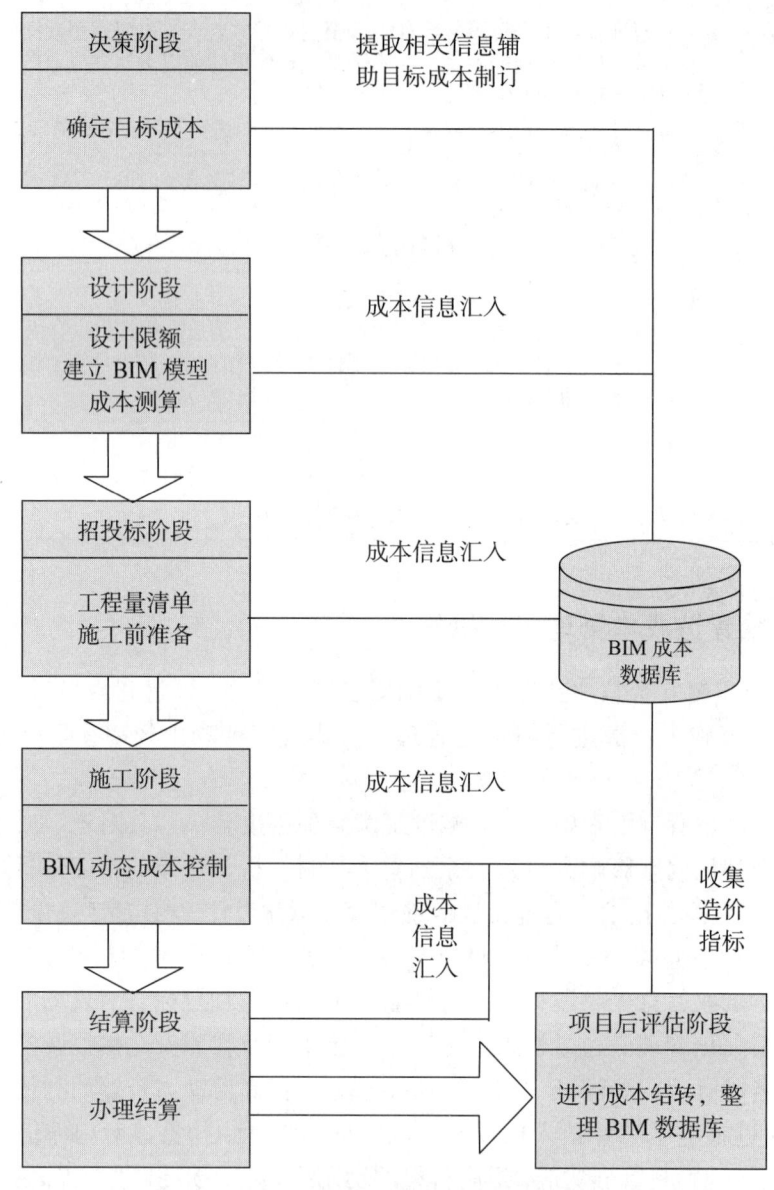

图 11-17　智慧建造成本动态管理流程

建设项目环境复杂多变，项目实施过程中的天气风险、施工条件恶化等不可预见因素会对施工成本带来较大影响，因此智慧建造成本管理体系借助虚拟现实、RFID、4D 可视化等技术手段，发挥互联网与物联网的纽带作用，实现对施工现场无死角的动态监控，能够形成风险预警与动态决策的施工形态与智慧环境，做好事前成本控制与应急预案。成本控制措施与项目管理人员的参与执行息息相关，其知识架构、管理模式等直接决定着智慧建造体系的应用及成本管控的有效落实，进而影响成本监督管理水平。因此，企业需大力提高项目管理者素质，加强对相关应用软件的技能培训，依托智慧建造信息管理平台，完善管理体制与机制，并贯彻落实成本管理和控制措施，突破传统的信息化应用模式，将信息技术应用到一线工作中，通过不同的系统和平台针对性地解决不同的业务问题。

（3）利用智慧建造体系，促进因素间平衡协调，有效利用信息共享与协同，贯彻管理行为执行力度，提升智慧建造的施工成本精细化管理水平。

人、材、机等资源的可得性与生产要素价格波动较大，受市场环境影响较强，通过智慧建造理念下的互联网协同平台可以感知对象、采集数据，实现价格变化趋势的预测，并针对人、材、机等资源进行整合与分配，能够节约成本，实现施工成本的管控与优化。基于智慧建造的框架体系，从全生命周期视角出发，打破各专业间的壁垒，实现数据之间的互联互通，形成横向到边、纵向到底的数据交互关系，避免信息孤岛和数据死角。通过建立数据归集、整理、分析展示的机制，让管理体系能自动产生预警和管理响应，并进一步落实管理行为执行力度，提高施工过程中的信息共享与协同效率，增强结果因素的稳定性。同时，集成应用软硬件技术，保证信息化系统的有效性，以此提高现场基于数据的协同工作能力与施工成本精细化管理水平，为项目建造施工成本的有效控制提供了保障。

第四节　案例：M 实验大楼建筑项目智慧建造成本管理分析

一、项目概况

M 实验楼建筑工程项目，建筑用地面积 9 639.59 平方米，总建筑面积 44 915 平方米。其中地上面积 31 555 平方米，地下建筑面积 13 360 平方米。本项目分地下两层，地上十层，共享大厅四层，建筑总高度 43.2 米，结构形式为框架结构体系，基础为筏板基础，计划工期 900 日历天。本案例选取该实验楼项目作为智慧建造技术应用的分析对象。项目整体效果图如图 11-18 所示。

该项目施工场地位于校园教学区，现场狭小，文明施工要求高。另外，本工程包含钢筋混凝土、钢结构、装配式、幕墙、精装修、机电六大专业，造型独特，结构形式较为复杂，部分框架柱为型钢混凝土组合结构，工期紧张，施工难度大。因此，引入了智慧建造技术来加强施工过程中各专业间的协同作业，以优化施工过程，保证工期，实现施工成本的精益化管理。

图 11-18　实验楼项目整体效果图

二、项目 BIM 模型创建

本工程项目对智慧建造技术的应用是从施工阶段开始的,设计阶段并没有建立 BIM 模型。因此,本工程项目于施工准备阶段开始成立项目施工智慧建造工作小组,以施工图为基准完成 BIM 信息模型的创建,作为支撑建设项目的数据库。该智慧建造工作小组由 BIM 工作负责人牵头,下分 BIM 设计组、BIM 施工组、信息集成组三个小组,其组织架构图如图 11-19 所示。其中,设计组主要负责构建 BIM 信息模型,综合完成建筑、结构和机电安装建模之后,分别对相应的专业模型进行整合,运用碰撞检查功能进行施工图的校正,通过深化设计完成优化;施工组主要结合工程建造的实际情况,建立 BIM 4D、BIM 5D 模型,以此为工具完成施工方案优化、资源动态管理、工程变更管理、施工成本管理等目标;信息集成组主要通过物联网与云计算等信息技术完成项目信息的收集与整合,创建基于智慧建造体系的项目管理平台,实现项目各参建方之间的协同管理。其中,BIM 建筑模型效果图如图 11-20 所示。

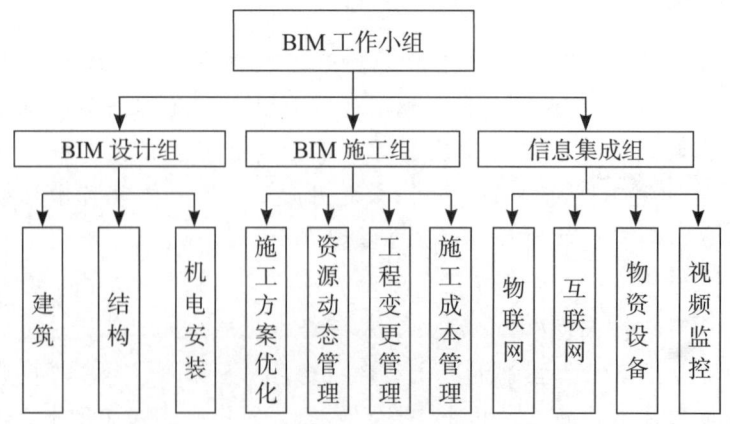

图 11-19　智慧建造工作小组组织架构图

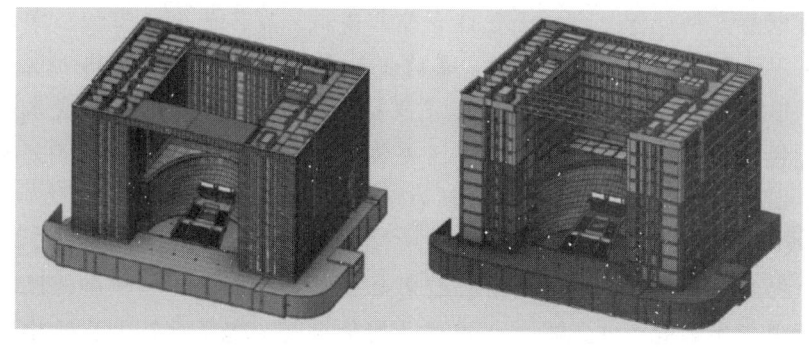

图 11-20　BIM 建筑模型效果图

三、项目案例实证分析

本项目案例主要从资源精细化管理、工程变更管理、成本优化管理三个方面展开，详细说明智慧建造框架体系下的成本管理运行系统对施工成本精细化管理的管理过程，通过对本案例施工成本的动态分析来表明智慧建造技术的应用给工程施工成本精细化管理带来的积极作用和应用价值。

1. 资源精细化管理

施工项目的资源管理主要以人员、材料、机械设备、资金等作为施工过程中的主要管理对象，而材料资源在整个建设项目中所占的资源比例最大，因此，将从混凝土、钢筋、模板三个方面对智慧建造体系下的资源优化管理进行分析。

1）混凝土精细化管理

施工成本信息模型以 WBS[①] 为核心将 BIM 模型与进度成本信息关联，利用 BIM 技术的框图出量功能选择要查询的建筑构件即可得到相应的工程量信息及所需的资源用量，精确地统计出混凝土各个施工段、楼层、构件类型的用量明细，RFID 技术可以实现对施工现场材料的定位与消耗量统计，进而实现对混凝土资源的动态把握，从而帮助管理人员制订合理的混凝土资源使用计划，做好施工成本的事前控制。本项目案例选取该实验楼八层土建部分的流水段 3 进行混凝土用量的提取，以立方米为单位，明细。

2）钢筋精细化管理

通过广联达云翻样软件建立本项目钢筋翻样模型，生成软件料单指导下料，将钢筋翻样模型 GFY 导入广联达 BIM 钢筋算量软件，导出广联达交互文件 IGMS，将 IGMS 导入广联达 BIM 5D 三维查看细部节点，有助于提高交底效率，并能够按照规范与施工要求完成钢筋的翻样计算，最后根据需求按照不同楼层、不同构件精确地统计钢筋翻样量，由于钢筋的采购是分批次完成的，对钢筋的精准统计有助于制订精确的钢筋采购计划，降低损耗率。广联达现场管理软件可以实现对钢筋的优化加工，以

---

① WBS：工作分解结构（Working Breakdown Structure）。

钢筋级别与钢筋直径进行分类，设置最合理的废料长度，优化钢筋加工方案，从而实现剩料的多次使用及余料的优先使用，最终统计直筋的使用率达到95.28%，箍筋加工的原材料使用率高达99.73%，有效降低了原材料损耗率，节约了材料成本，提高了施工效率。可视化功能能够指导钢筋的现场安装，以该实验楼五层的多梁交会处钢筋细部和工艺复杂的39.85米预应力大梁细部为例。

3）模板精细化管理

模板材料对于施工过程中的质量控制起着关键性作用，是一种周转性材料，模板的精细化管理直接影响到施工成本、进度、质量控制。本项目基于智慧建造理念，引入BIM技术，有效地实现了对模板施工的精细化管理。首先，通过广联达BIM模架设计软件建立模板结构模型，并对该模型进行优化；其次，运用拼模设计功能，使拼模整体、局部全方位细节呈现，帮助项目技术交底，防止漏浆，保证材料统计量的精确度，以实验楼四层的多梁交汇处的拼模设计为例，如图11-21所示。最后，完成墙、梁、板、柱的模板体系设计，在保证混凝土强度达到设计要求的前提下，有效提高模板的周转率，减少浪费，节约施工成本。

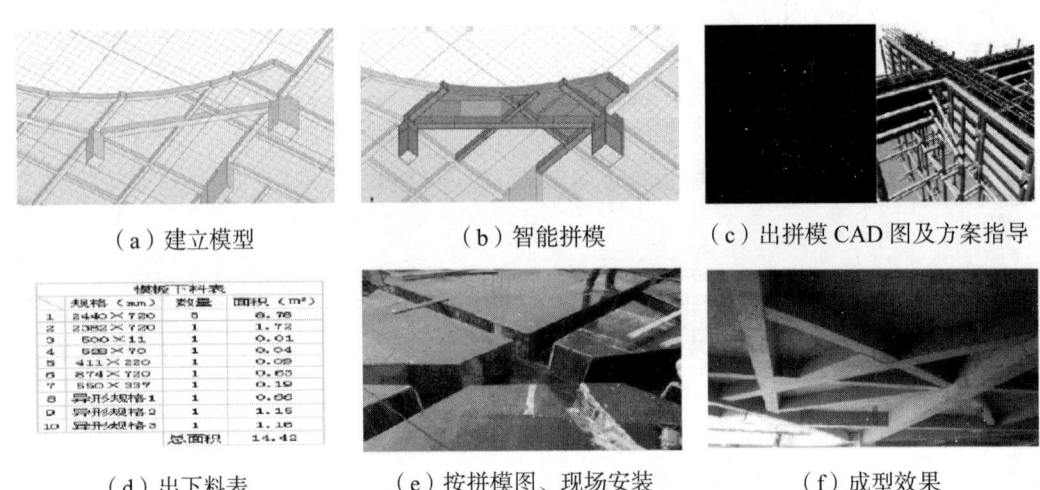

图 11-21 BIM模架设计流程

2. 工程变更管理

工程变更能够直接带来施工成本的变化，本项目基于智慧建造技术能够实现对工程变更的有效管理。首先，利用Revit的碰撞检测功能对各专业设计模型进行施工阶段的碰撞检查，如图11-22所示，能够提前找出碰撞点并与设计方协商进行优化，消除碰撞、优化管线排布，有效避免了工程返工与工期延误；该体系下的4D可视化功能与虚拟建造可以实现对不同施工方案的模拟，进而发现施工过程中的难点与问题，提前进行优化与控制；物联网技术与云计算的集成可以高效地完成对工程变更信息的传递，提醒各相关人员第一时间采取应对措施，进而将工程变更带来的施工成本损失降到最低。本工程对土建模型完成碰撞检查发现碰撞点 200 多处，机电模型碰撞点 460 多处，挽回的直接经济损失将近 20 万元。

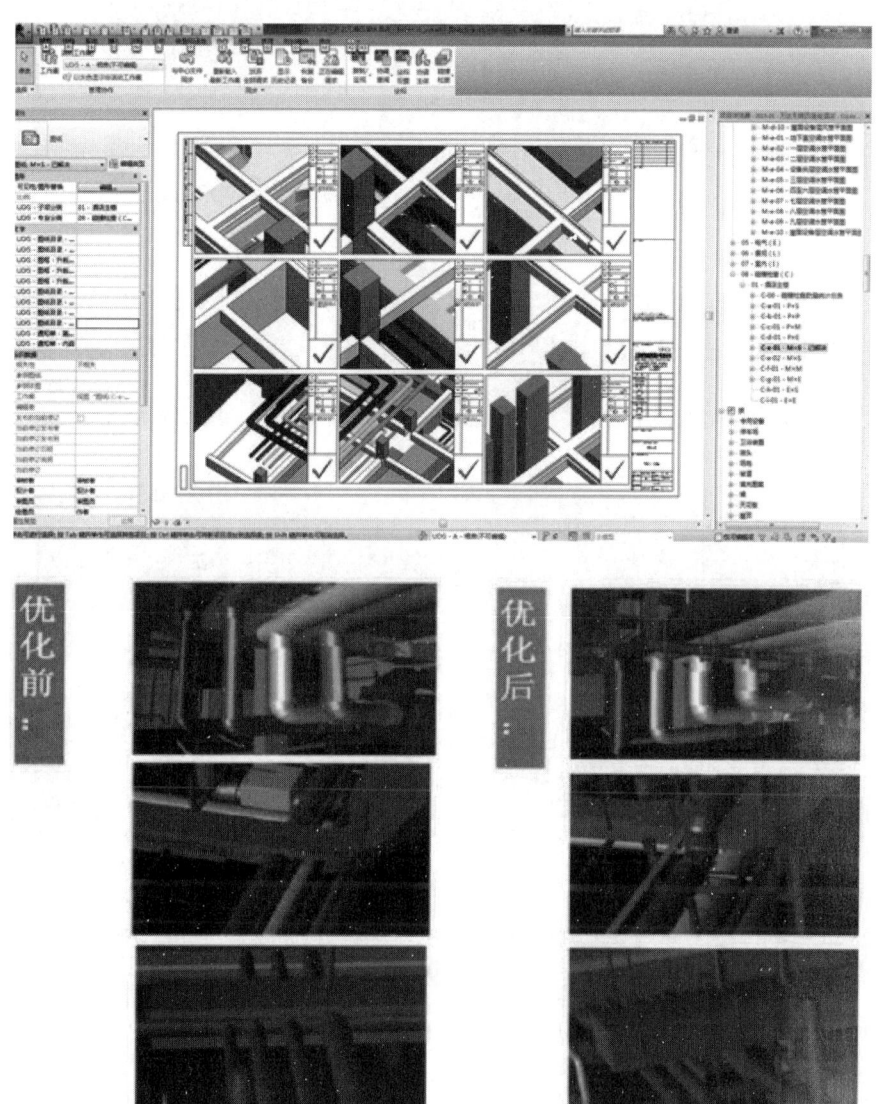

图 11-22　碰撞检测

3. 成本优化管理

1）三维场地布置管理

动态施工现场的合理布置是施工项目高效完成、施工成本得以有效控制的保障，BIM 技术人员应用虚拟建造功能对施工现场设施进行模拟，并通过场布漫游进行动态展示，及时整改问题，优化现场平面布置，解决施工现场前期策划；指导现场，以保证施工现场道路通畅，材料堆放合理，减少二次搬运带来的额外成本，图 11-23 为 BIM 场布与现场对照情况。

(a) 场布策划

(b) BIM场布与现场对照图示

图 11-23 三维场布管理

2) 三维图纸审查

通过 BIM 技术的碰撞检查功能发现图纸问题，BIM 技术人员借助 Naviworks 软件将主要图纸问题的三维模型做好视点保存，在进行图纸会审时，对于出现理解偏差的情况直接打开相应的视点，直观形象地展示问题，参会人员共同通过三维模型确认图纸问题并提出解决方案，最后形成图纸会审记录存入数据库。相较于传统的方法，三维图纸会审（图11-24）能够直观清晰地表达问题，提高工作效率。

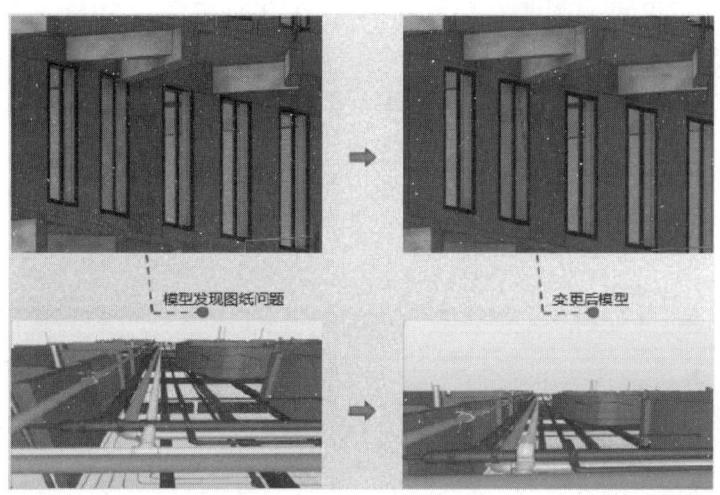

图 11-24 三维图纸会审

3）砌体排布优化

本工程地上为框架结构，有大量砌体工程。砌体砌块为横孔连锁混凝土空心砌块，借助广联达 BIM 5D 设置砌块参数模板，进行砌体排布，导入 CAD 中查看排砖图并打印交底图纸对现场工人进行交底。提取每面墙的"砌体需用表"，用于材料采购，精确控量，减少浪费，确保一次成优，实现"四节一环保"。实体砌筑时与 BIM 5D 排砖图纸进行对比、复核，确保实际施工严格按照排砖图纸施工，如图 11-25 所示。仅广联达 BIM 5D 砌体排砖带来的成本节省就约 8.8 万元。

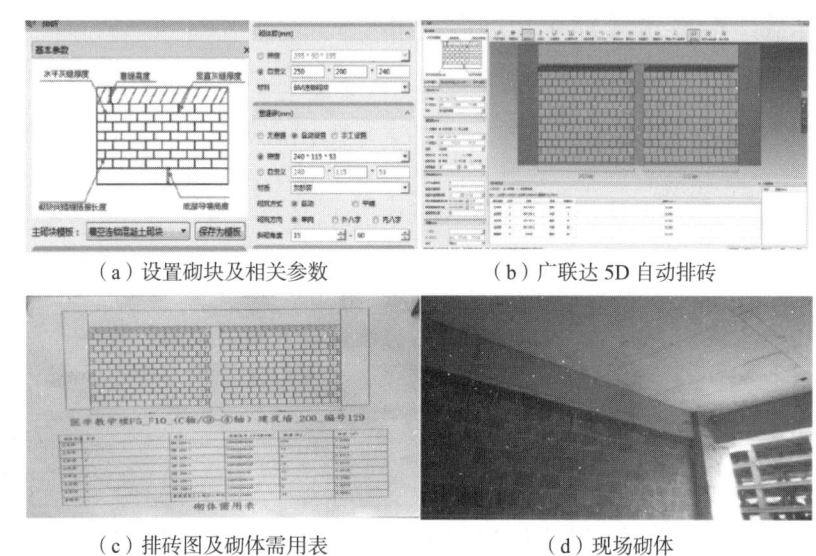

(a) 设置砌块及相关参数　　(b) 广联达 5D 自动排砖

(c) 排砖图及砌体需用表　　(d) 现场砌体

图 11-25 砌体排布优化

4）BIM 5D 平台进度管理

本工程建立了 Project 进度计划，导入广联达 BIM 5D，与 BIM 模型关联，三维模拟施工进度，可对比不同进度计划和现场实际进度，通过物资、资金数据曲线对进度计划进行校核，不同颜色表示滞后或提前，主要检查以下三个方面以优化项目施工进度：各阶段及总体用量是否合理；人员安排是否平缓；关注数据的波峰波谷。通过分析可以看出，主体四层四段延迟一天完成，如图 11-26 所示，进度拖延原因为雷雨天气影响，通过后期优化工期得以恢复进度。

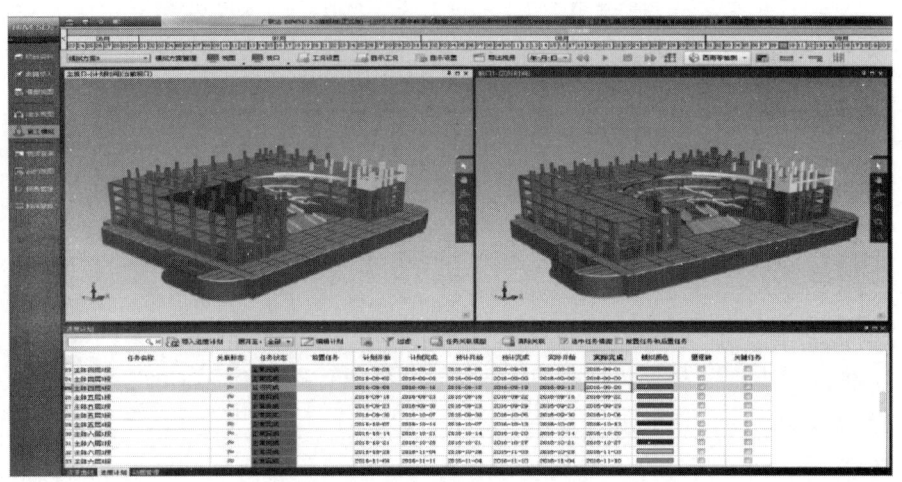

图 11-26　BIM 5D 平台进度对比分析

四、智慧建造成本管理应用效益分析

智慧建造技术在该实验楼项目中的应用实践带来了良好的效益，从数据信息采集、现场动态跟踪、智能感应报警、物联网协同管理到 BIM 技术的数字化全面集成应用，实现了施工成本管理的智能化、数字化、精细化发展目标，改变了传统的粗放式管理方式，加强了各参与方之间的协同工作。目前，该项目已完工，比合同工期提前 21 天，具体的智慧建造技术应用效益分析如表 11-4 所示。

表 11-4　M 实验楼项目智慧建造技术应用效益分析

应用点	效益分析
钢筋翻样	统计对比 BIM 钢筋翻样与传统手工翻样，钢筋节约率约 3.13%，本工程使用钢筋 4 900 吨，共节约 153.3 吨，单价为 2 589 元/吨，共节约成本约 39.69 万元
碰撞检查	土建与机电碰撞点共计 660 多处，优化后节省的成本约 20 万元
节点深化设计	提高施工质量，降低施工难度，减少图纸变更，确保工期节点，带来成本节约

（续表）

应用点	效益分析
三维场布	合理布置场地，材料堆放一次到位，减少二次搬运，成本节约 48 万元
砌体排布	广联达 BIM 5D 对横孔连锁空心砌块进行预排砖，砌体损耗率降低 1.7%，项目共使用砌体材料 4 100 立方米，共节约 69.70 立方米，单价 300 元/立方米，共节约 2.091 万元
移动平台端	通过移动端的动态更新与问题追踪，实现了施工问题可控，有效集成项目信息，提高了管理效率
BIM 算量	大幅度提高工程量计算效率与准确率，降低项目工程量偏差，加快项目进度
图纸管理	在图纸会审中协助各参与方消除多达 216 项图纸问题，节约了变更费用，BIM 平台辅助图纸管理，提高了图纸传输与管理效率
协同管理平台	协同管理提高了施工效率，工期缩减 21 天，施工电梯租赁时间减少 15 天，塔吊租赁时间减少 15 天，带来的经济效益约 11.10 万元（15×0.74）

综合来看，智慧建造技术在工程建造成本管理中的应用带来了巨大的经济效益，施工效率的提高与工期缩短也为建设项目带来了可观的间接效益，降低了劳动强度及劳动力方面的资金投入，提高了施工人员的整体素质和劳动生产率；智慧建造理念追求建筑业低碳节能、可持续发展，实现了"四节一环保"，减少了建筑垃圾的产生及碳排放，具有显著的环境效益；智慧建造促进了传统建筑产业模式由资源粗放型向环境集约型转变。同时，BIM 信息技术的集成应用提升了施工的安全性，最大限度地降低了风险成本，提升了建筑产品的质量和性能，综合效益显著。

第 12 章

基于 BIM 5D 技术的精益成本管理

以 BIM 技术为中心的项目信息化管理对房地产开发企业提升质量、促进其转型升级、节约成本、缩短工期方面有其显著的优势。运用 BIM 5D 对房地产开发项目进行成本控制，可根本地实现项目管理的信息化、集成化、精细化。企业才能够做到由决策阶段到运营阶段整个进行过程的动态成本管理，进而从本质上降低成本，使得房地产开发企业获得更多的利润。

第一节　BIM 5D 成本管理技术概述

一、BIM 5D 的内涵、特点

BIM 5D 系统作为现代建筑工程项目管理的集成系统，主要是以 BIM 模型和运用服务为中心，围绕建筑施工企业对施工项目成本控制的精准化实施目标，实现以 BIM 技术为核心的数据集成平台。以工程的成本控制为核心，以施工进度为主线，实现进度、成本、质量三位一体的有机控制和对施工合同及施工资源的有效管理为主要目标的项目总控管理，为项目参建方的项目管理实现增值。

BIM 5D 的成本控制系统，把工程项目的工程量、人材机消耗量、价格信息等与进度管理有机结合，实现进度控制和成本造价的实时监控，在项目管理过程中，主要有以下特点。

（1）建立 BIM 5D 建筑工程动态仿真模型数据库，改变传统项目管理模式，创新了在管理平台中先虚拟"建模"、后真实"建造"的管理流程，能够通过数字化技术提高管理效益。

（2）BIM 5D 模型实现施工过程的可视化，即在正式施工前，基于 BIM 5D 技术，对施工组织设计进行预演，以可视的方式进行虚拟施工，可以直观地发现施工中工序和搭接中存在的问题，进而对其进行纠正；同时，通过对计划施工进度与实际施工进度的模型比较，从中发现施工工期差距，为采取纠偏措施和工期优化提供清晰明了的依据。

（3）BIM 5D 技术实现项目管理信息的综合查询功能，基于 BIM 5D 技术，项目成本管理部门能够轻松实现对成本的全盘掌控和动态查询，为建立施工成本的动态监控机制提供了技术基础。

（4）结合挣值分析法、BIM 5D 模型，可以快速确定 WBS 各项工作的费用是否超支，进度是否出现延误，实现成本、进度同步监控管理。

（5）由 BIM 5D 模型项目支付周期的支付款项及数值，形成"工程量及费用申报表"，作为工程进度款的审核依据，并可同步实现总承包单位向建设单位、分包单位向总承包单位的工程款流向记录，提升了项目的合同管理水平。

（6）BIM 5D 高效存储了工程项目的信息，IFC 数据交互标准为信息的上下流通提供了技术通道，BIM 5D 平台搭载工程项目从策划、设计、施工各阶段的信息，可供企业的其他管理系统（如 ERP 系统等）进行工程信息数据对接，更进一步增强了数据的共享性及其价值。

二、BIM 5D 模型构建方式

BIM 的发展其实可以说是一个从 1D 发展到 nD 的过程。BIM 5D 在三维空间模型的基础上，加上成本、进度的维度，集合成了具有"3D + 1D + 1D = 5D"概念的建筑信息模型，从相关等式可以表示为"5D = 3D 实体＋时间（Time）＋成本（Cost）"，如图 12-1 所示。

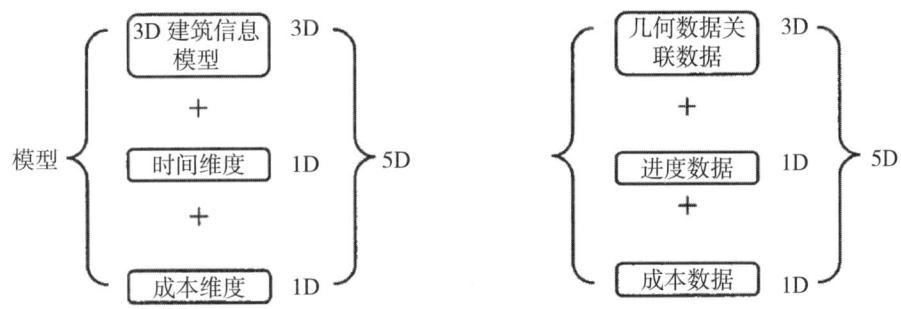

图 12-1 BIM 5D 原理的概念

从原理模型上看，3D 模型与另外两个维度有较好的拟合性。因此，构建 5D 模型需要依托 3D 模型的相关框架体系，在不改变 3D 模型的基础上，以增加构件属性的方式，结合施工组织设计在构件中增加时间和成本的信息，实现与施工模型的关联，即可构建相关 BIM 5D 概念模型，如图 12-2 所示。

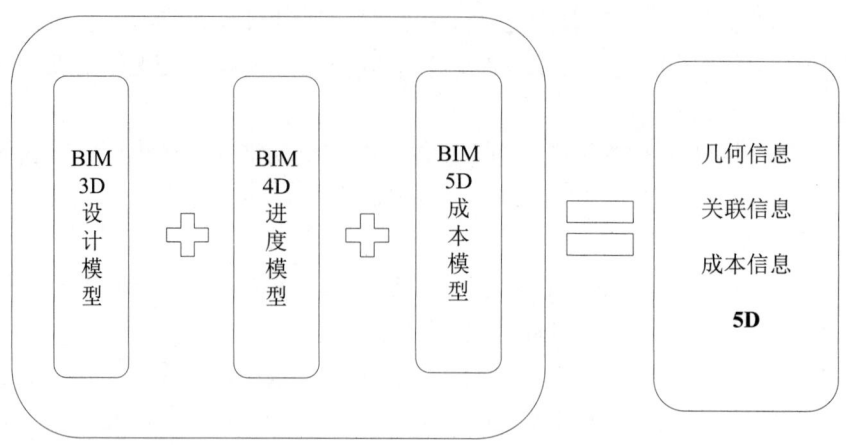

图 12-2　BIM 5D 概念模型

　　BIM 5D 工程项目管理控制系统是在 BIM 3D 模型（构件几何信息）的基础上，进度（工期信息）、融入造价（成本信息）两个维度的因素，形成以 BIM 5D 为主要核心的信息管理体系。根据设计方式的不同，BIM 5D 模型的形成方式有两种，如图 12-3 所示，基于 CAD 的 5D 信息模型的构建方式增加了一步从 2D CAD 图纸向 3D 模型过渡的步骤。

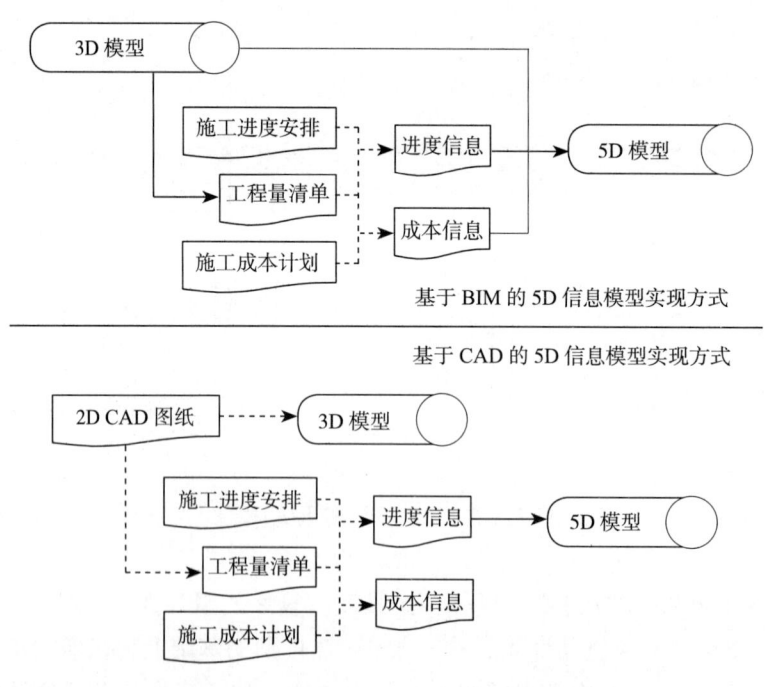

图 12-3　BIM 5D 模型的构建方式

三、BIM 5D 模型关联分析

1.BIM 4D 模型的进度关联集成

BIM 5D 模型的集成实现是把进度信息（4D）和成本信息（5D）与 BIM 的模型构件——挂接关联，而且在 BIM 5D 模型也能够对模型中的进度和成本信息实现"一键操作，实时更新"的操作。

1）进度计划的编制

在现行的清单计价模式下，传统进度计划编制是以工作分解结构的分部分项为基础单元的。基于 BIM 的施工进度计划第一步也是通过相关软件如 Microsoft Project、P3 进度计划等，辅助完成进度计划的编制，建立工作分解结构 WBS，再将工作分解结构进度、资源等信息和 BMD 模型的构件图元信息关联，即可实现 BIM 4D 的进度计划。

基于 BIM 4D 的施工进度计划编制流程如图 12-4 所示。

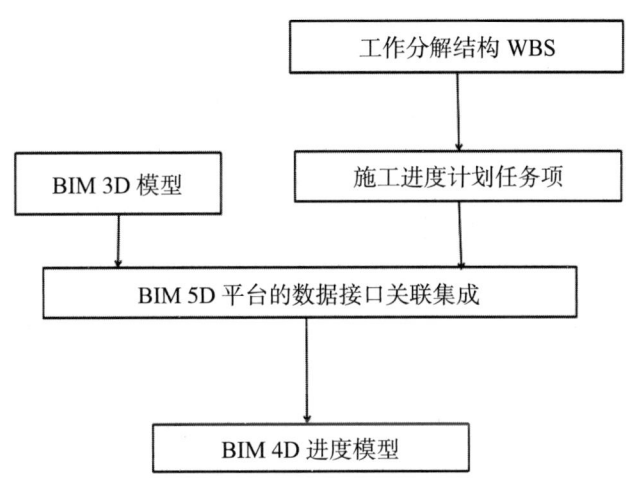

图 12-4 基于 BIM 4D 的施工进度计划编制流程

2）进度计划的关联

通过利用辅助工具 MS-Project 将编制好的进度计划导入 BIM 5D 平台中，利用 BIM 5D 中施工模拟模块采用自动关联和手动关联的方式实现对应单体、对应楼层、对应专业、对应流动段分别与各个构件进行——关联，即可实现三维模型中的构件与进度计划的任务项信息进行关联，从而实现 BIM 4D 模型的进度关联集成。

对于工程变更导致的模型变化，可以在 BIM 4D 平台中实施"一键操作，更新模型"的操作，就会实现原先所有的关联自动一键关联，变更的构件再采用自动关联和手动关联的方式关联进去，这样保证了设计变更的信息能够及时有效地在 BIM 4D 平台中录入和使用，提高了信息收集的效率和信息化管理的水平。

对于由施工方案的改变和变更原因影响进度计划的变化，可以在 BIM 4D 平台中直接编辑进度计划，能够实现进度计划同步更新，再实施三维模型中的构件与进度计划的任务项信息的关联，保证了 BIM 4D 平台能够及时应对变化的信息。BIM 4D 平台提供了实际进度手动录入，从而帮助项目管理者根据计划进度和实际进度对比情况，查看和预测项目进度是否按照计划时间完成，以及对进度偏差进行及时的分析、预警和调整，从而最大限度地使项目进度与总体进度趋于一致。基于 BIM 4D 平台的进度关联流程如图 12-5 所示。

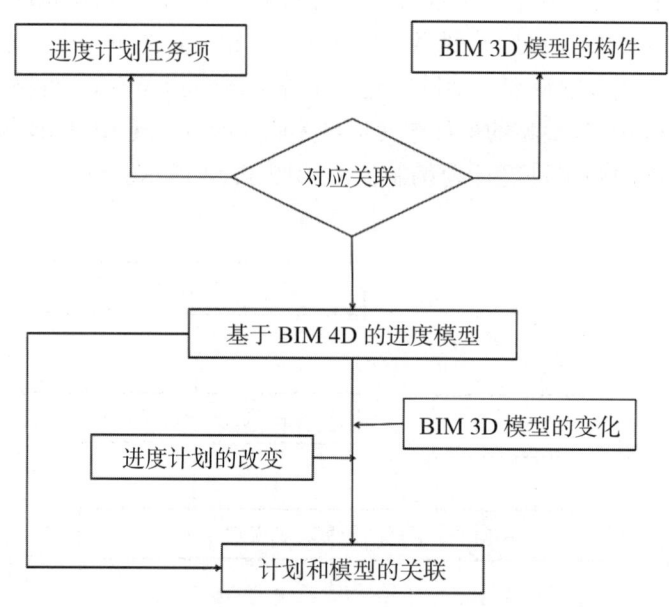

图 12-5　基于 BIM 4D 平台的进度关联流程

2.BIM 5D 模型的成本关联集成

在清单计价模式下，工作分解结构 WBS 不仅是能够实现进度信息和模型构件进行关联的基础，也是建立工程量清单和成本信息的基础。

在建立 BMD 模型的过程中，在图形算量软件中对应建立构件时，建立对应的工程量清单分项编码，对于套价的定额信息可以在图形算量软件中进行对应工程量清单套取价格信息，也可以在专门的计价软件中进行对已经整理好的算量构件集套取定额信息。在 BIM 5D 模型平台中，BIM 5D 支持合同预算和成本预算两种类型、多份文件、多种格式（XLSX、GBQ4、GZB4、GTB4、TMT、EB3）的导入，为模型清单和预算清单提供接口，通过清单这个公有的信息进行清单匹配和关联，进而实现成本信息的提取和调用，同时 BIM 5D 模型支持实际成本的手动录入。

基于 BIM 5D 平台的成本关联流程如图 12-6 所示。

第 12 章　基于 BIM 5D 技术的精益成本管理

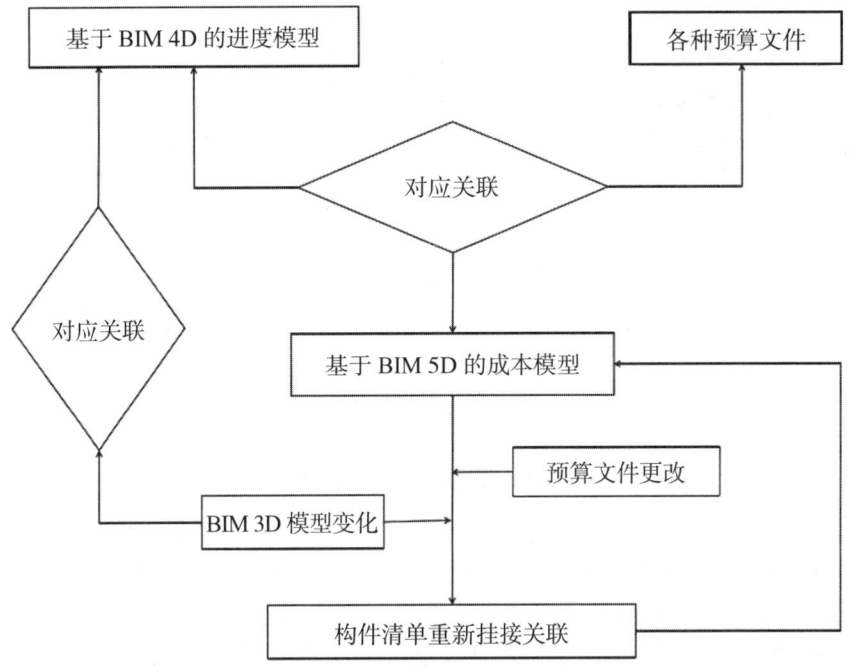

图 12-6　基于 BIM 5D 平台的成本关联流程

BIM 5D 模型中的清单和构件工程量、施工进度、资源消耗量、合同预算、成本计划、实际成本等主要动态数据信息是进行成本控制的信息库。随着实际项目工程的开展，不仅要实时对已经发生的成本信息进行录入，以保证数据信息与模型的一致性，还要对由于变更和市场变化引起的模型工程量和预算价格进行自动更新，以保证成本信息的准确性和及时有效性。BIM 5D 模型中合同预算和成本预算的成本信息在施工前也是事前预测的，需要及时将施工过程中发生的成本信息录入模型中，并实现合同预算、成本预算和实际成本之间的对比。按照一定的时间对动态成本信息进行科学合理的监控、分析和预警，进而实现施工成本的动态控制。

第二节　BIM 5D 成本管理系统构建及应用

一、BIM 5D 信息库的构建与应用领域

1.BIM 5D 信息库的构建

施工阶段的 BIM 5D 信息库的构建并不仅仅是 BMD 模型的集成和 BIM 5D 模型关联上成本和进度信息，还需要以下信息的集成，才能构建全面的 BIM 5D 信息库，

如图12-7所示。

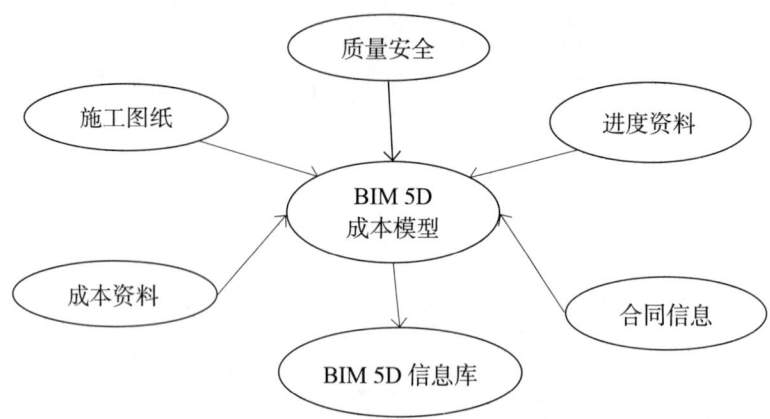

图12-7　BIM 5D信息库的构建

（1）施工图纸资料的关联，实现图纸的分类、定位管理，在应用中可方便快捷地查看到所需的图纸，并实时进行二维和三维的对照查看。

（2）各种与进度有关的施工日报表、现场进度图片、变更单及实际进度等与进度有关的信息还需要和模型进行挂接关联，从而获得更全面的BIM 4D模型，实现进度的动态预测、分析、跟踪、优化和调整。

（3）实际成本信息的录入，保证已完工工程实际信息的及时、准确获取，从而实现成本的三算对比（合同预算、计划成本和实际成本），真正帮助管理者实现对成本的核算、预测、监控、分析和偏差响应。

（4）质量安全信息实时录入，实现质量安全问题实时记录、跟踪与改进。

（5）合同信息的实时录入能够获取相关的合同清单、定额资源、分包合同费用等多方面的信息。

BIM 5D模型平台能够实现对以上信息的录入和关联，从而全面实现BIM 5D信息库的构建，全面的信息库能更好地实现施工阶段成本的控制。

2.BIM 5D信息库在建筑施工阶段的核心应用

BIM 5D信息库提供施工模拟、模型浏览、流水段管理、物资提量、工程计量、场地布置、质量安全等核心应用，帮助相关管理人员进行有效决策和实现施工阶段精细管理。图12-8是BIM 5D信息库在施工阶段的核心应用。

（1）施工过程的模拟，实现项目精细化管理。BIM 5D平台能够真正打破传统华而不实的虚拟建造过程展现方式，对BIM应用中的施工模拟进行了重新定义，可以让项目管理人员在施工之前提前预测项目建造过程中每个关键节点的施工现场布置、大型机械及措施布置方案，还可以预测月和周的周期内资金和资源的使用和变化趋势情况，能够预先通过资金和资源使用计划发现问题并进行事前优化。BIM 4D的施工模拟应用于施工阶段的虚拟化施工模拟，实现事前管理和控制。

第12章 基于BIM 5D技术的精益成本管理

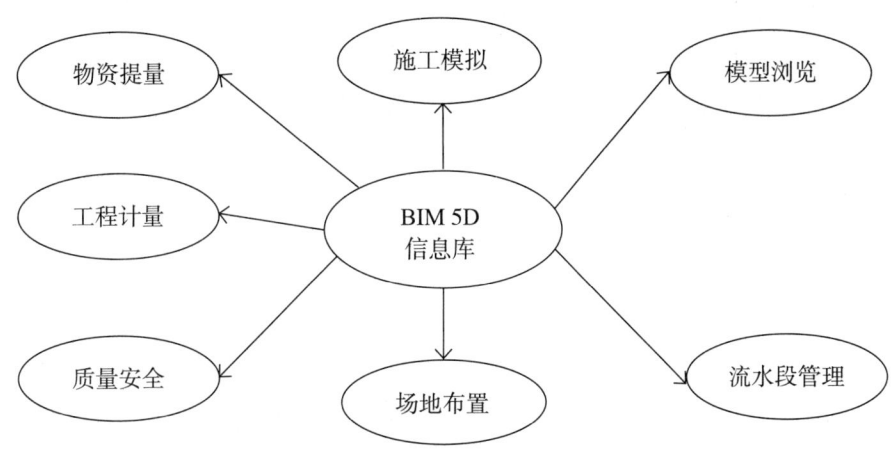

图 12-8 BIM 5D 信息库在施工阶段的核心应用

（2）全专业模型集成，实现全专业模型浏览和管理。BIM 5D 信息库集成结构、机电、钢构、幕墙等模型，实现全专业模型浏览。便捷的三维模型浏览功能，可从楼层和专业多角度进行全面检查，可以在模型中任意点击构件查看其类型、材质、体积等属性信息，将模型构件与二维码关联，使用拍照二维码，快速定位所需构件；BIM 浏览器提供批注与视点保存功能，随时记录关键信息，方便查询与沟通，支持手机与平板电脑，随时随地查看模型，便于沟通、指导施工。

（3）流水段系统管理，提前规避工程面冲突。在生产管理中，合理安排规避工作面冲突是其重要内容。BIM 5D 平台事先通过流水段、施工层等划分方式将 BMD 模型划分成具有足够施工空间的工作面。同时，将施工进度计划、总—分包合同、招标工程量清单、施工图纸等施工重要信息关联到划分后的工作面。通过一键操作可以清晰地浏览和查看各个流水段的进度开始和结束时间、钢筋和构件工程量、施工图纸、清单工程量、质量安全问题等重要信息，通过技术交底，帮助现场技术人员合理组织施工。

（4）物资提量的管理和控制，实现现场零库存管理。由于 BIM 5D 模型上关联了与施工成本有关的清单和定额资源，用户可以通过一键操作，及时有效地从多维度精确统计所需的资源量。物资量的精确统计作为物资采购计划、节点限额领料的重要依据，通过对库存理论和 BIM 5D 技术相结合可以精确实现每种物资的采购计划和库存计划。

（5）工程计量精确快速，提升成本控制的能力。在项目施工过程中，处理向业主方的报量、审核分包工程量是合同管理过程中频繁发生处理过程，期间涉及大量的现场完成情况的确认、工程量的统计及计算。用 BIM 5D 模型中记录的完成情况、现场签证情况，商务人员可以快速统计已完成部分的清单工程量，快速完成向甲方的进度款申请及分包工程量的审核。在 BIM 5D 平台中，可实现构件与预算文件、分包合同、施工图纸、进度计划等相关联。支持按专业、楼层、进度、流水段等多维度筛选统计清单工程量、分包工程量。施工单位各个部门的有关人员均可以在 BIM 5D 平台中及时有效地获取需要的信息。例如，工程部工程师可以迅速提供准确的分流水段、分楼层的材料需求计划；物资部材料员可以迅速审核工程部工程师的材料计划的准确性，使审核流程有效可靠，真正做到限额领料；商务部预算员可以根据模型数据的提取，实现成本分析、成本控制、成本核算，迅速完成对业主月度工程量申报，对分包的实际完成工程量审核；项目经理可以随时查看项目成本控制情况，对宏观决策提供支持。真实、准确、共享的实际工程量和自动更新的预算工程量，为材料员采购、造价人员成本分析、项目经理宏观掌控提供数据信息支撑。

（6）施工场地布置，高效地完成三维临时建造活动。在招投标阶段，基于 BIM 5D 模型的场地布置，可以更加形象直观地展示建筑准备阶段中施工现场的物资材料、施工机械的布置位置和不同阶段投入机械情况；在施工准备阶段，三维的场地布置，内置了道路、板房、加工场、料场、围栏、水电设施等 80 多种施工现场构件，并可以导入施工场地布置平面图进行定位建模，帮助施工单位快速地建立施工现场的三维模型；在施工阶段可以在配合建筑主体内部进行三维漫游，判定专项方案的合理性，在施工模拟过程中，可以和建筑的不同施工阶段共同模拟，展示不同阶段施工现场的物资材料和施工机械的布置位置以及不同阶段投入的机械情况。

（7）质量安全问题系统管理，提高质量安全问题处理效率。由于项目施工周期长、现场条件复杂难测、施工技术和现场管理限制，质量安全一直是施工现场管理中的难点和重点，BIM 5D 平台提供基于 BIM 技术的质量安全管理方案。当问题发生时，通过手机对质量安全内容进行拍照、录音和文字记录，并关联模型。软件基于云自动实现手机与计算机数据同步，以文档图钉的形式在模型中展现，协助生产人员对质量安全问题进行管理。

二、BIM 5D 在项目成本管理中的应用框架

1.BIM 5D 成本管理应用模块

BIM 5D 成本管理应用根据成本管理工作的性质和软件系统的设置分为计量模块、计价模块、核算模块、数据统计与分析模块、报表管理模块和 BIM 5D 平台协作系统模块。

各应用模块功能如下：

（1）计量模块：BIM 5D 软件根据模型中构件的属性和设置的工程量计算规则可快速计算选定构件或工程的工程量，形成工程量清单，对单位工程项目定额人、材、机等资源指标输出，是成本管理的基本模块。

（2）计价模块：目前有两种实现模式，一是将 BIM 模型与造价模块相关联，通过框图或对构件及工程的选择快速计算工程造价，二是 BIM 软件内置造价功能模块，

模型和造价相关联。计价模块也可对造价数据进行分类分析输出，同时根据造价信息反查到模型，及时发现成本管理中出现偏差的构件或工程。目前，鲁班、广联达等软件已将算量模型导入造价软件进行计价。

（3）核算模块：随着工程进度将施工模型和相应成本资料进行实时核算，辅助完成进度款的申请，材料及其他供应商、分包商等工程款的核算与审核，实现基于模型的过程成本计算，具备成本核算的功能。

（4）数据统计与分析模块：工程成本数据的实时更新和相关工程成本数据的整理归档，可作为 BIM 5D 模型的数据库，实现企业和项目部信息的对称，并对合约模型、目标模型、施工模型等进行实时的对比分析，及时发现成本管理存在的问题并纠偏，实现对成本的动态管理。在鲁班 BIM 中即为 EDS 系统。

（5）报表管理模块：作为 BIM 5D 成本管理辅助模块，一方面实现承包商工程进度款申报、工程变更单等书面材料的电子化编辑输出，另一方面将成本静态及动态控制、成本分析数据等信息以报表和模型的形式供项目部阅览和研究。

（6）BIM 平台协作系统模块：与 BIM 数据库相连，实现对工程数据的快速调用、查阅和分析；对成本管理 BIM 5D 应用模块综合应用，实现项目部和有权限人员数据共享与协同工作，促进传统成本管理工作的信息化、自动化。

综上，将 BIM 模型同 BIM 应用相关联，BIM 5D 应用系统模块如图 12-9 所示。

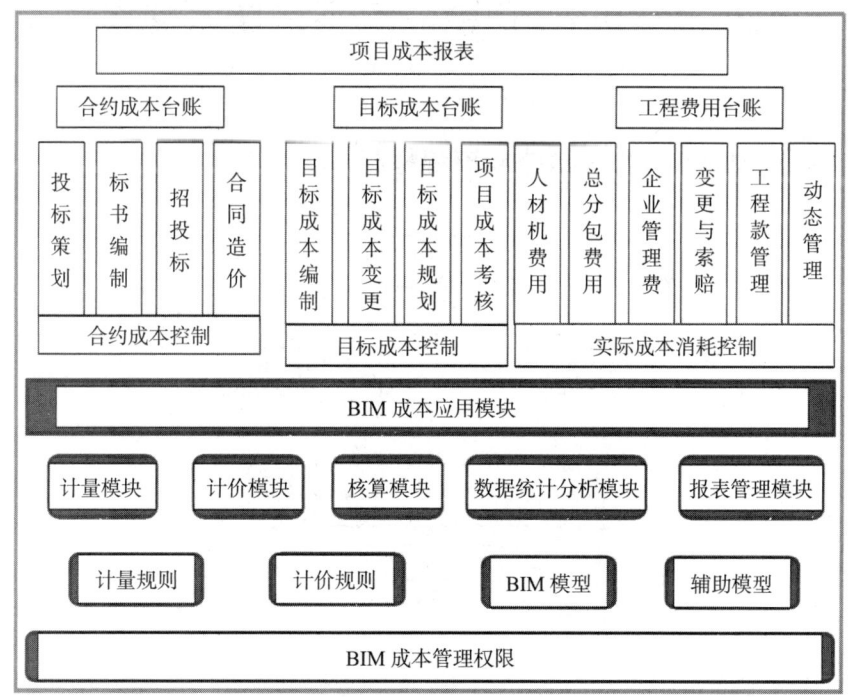

图 12-9　BIM 5D 应用系统模块

2.BIM 5D 精益成本控制方法体系（见图 12-10）

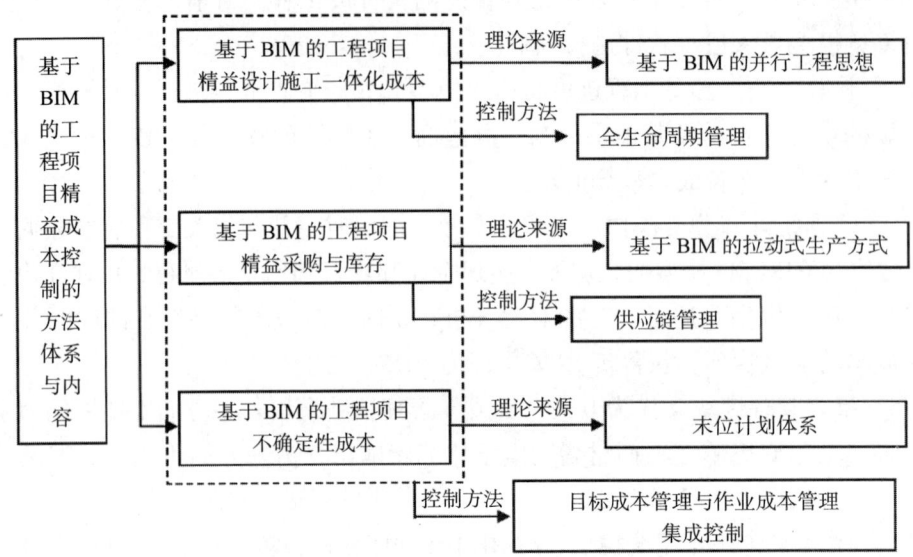

图 12-10　BIM 5D 精益成本控制方法体系

第三节　BIM 5D 精益成本管理流程设计

一、基于 BIM 5D 的成本控制流程框架（见图 12-11）

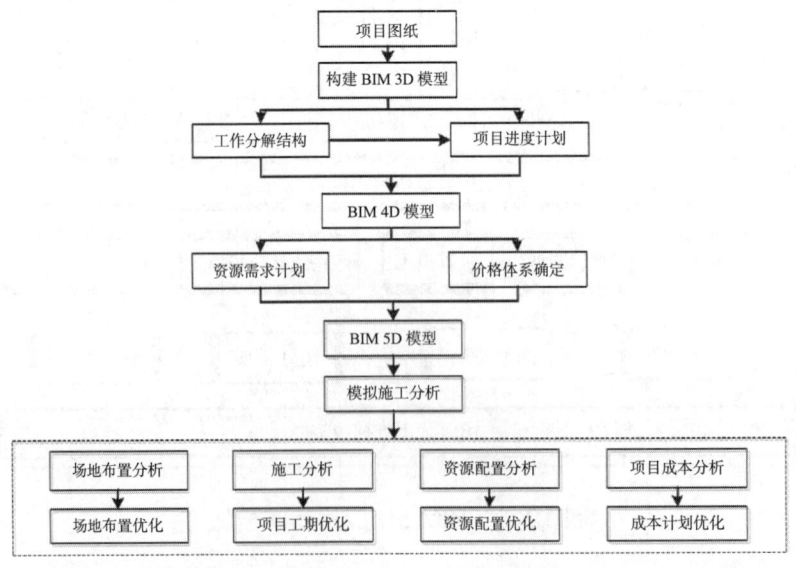

（续图）

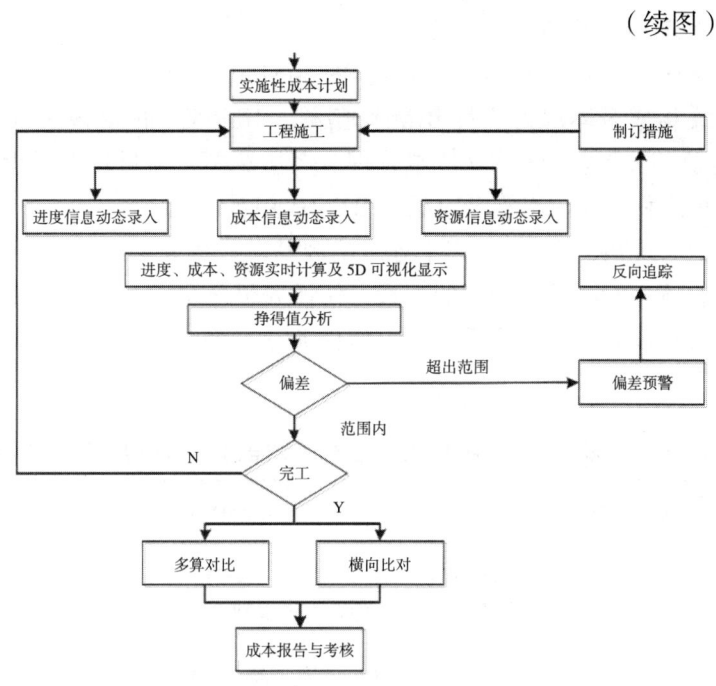

图 12-11 基于 BIM 5D 的成本控制流程框架

二、BIM 5D 精益成本管理设计流程（图 12-12）

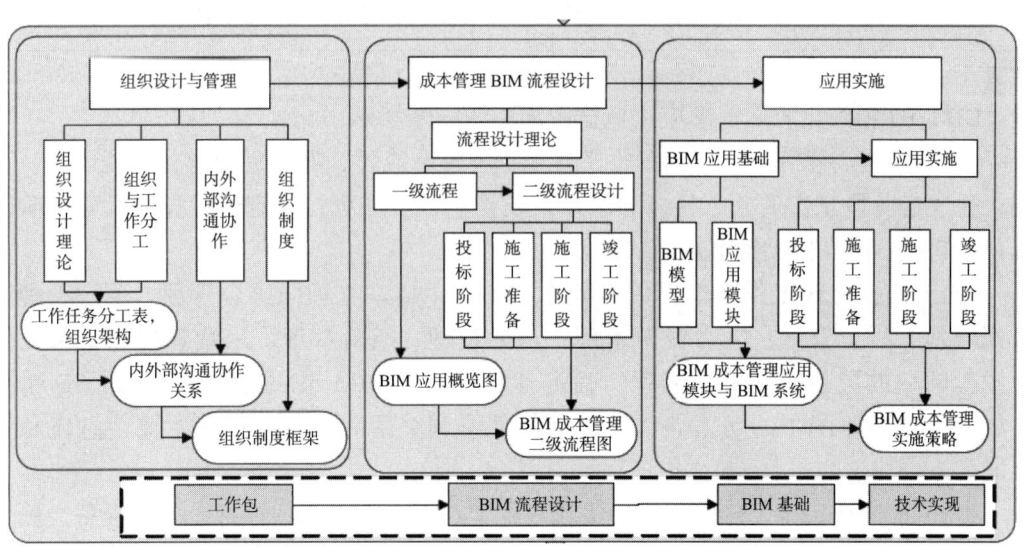

图 12-12 BIM 5D 精益成本管理设计流程

1.BIM 5D 成本管理一级流程设计

一级流程是将工程项目与建造过程的 BIM 5D 成本管理流程相对应。

一级流程成果体现为项目 BIM 概览图,其定义了团队成员在该项目涉及的全部 BIM 用途及其关系。BIM 5D 成本管理应用概览图将项目建设过程、项目参与者、项目分部分项工程三大成本管理对象同 BIM 应用进行集成。

一级流程是各二级流程设计与衔接的基础,也是开展项目工作全过程的全面反映。但一级流程并不是将所有的宏观工作任务包含在内,而是针对核心任务的 BIM 应用。明确流程设计注意事项后,以工作任务分工表(表 12-1)为基础按以下程序进行一级流程设计。

表 12-1 项目建设过程各阶段 BIM 5D 应用统计表

序号	项目阶段	BIM 5D 应用点	模型类型
1	招投标阶段	BIM 建模、BIM 算量、BIM 计价、BIM 施工模拟与技术方案、成本管理、投标策划	合约模型
2	施工准备阶段	进度计划、资源计划、资金计划、施工方案编制、施工组织设计、现场应用规划	目标模型
3	施工阶段	施工管理、工程协调、安全管理、分包管理、数据收集与处理、资源管理、采购管理、工程变更与索赔、工程签证、计量与支付、成本动态管理、档案合同管理	施工模型
4	竣工阶段	工程计量、工程计价与结算、分包结算、工程知识管理	竣工模型

BIM 5D 精细化成本管理应用概览图如图 12-13 所示。

(1)建立流程清单,识别和收集各项业务现有流程,界定每项业务流程内容、范围;通过各阶段工作的核心目标和工作性质识别核心流程,确定建设过程及建设阶段流程的起点、终点及关键节点。

(2)依据一级工作间逻辑关系和 PMBOK 中成本管理同整合管理、范围管理、时间管理、质量管理、人力资源管理、沟通管理、风险管理、采购管理和干系人管理知识领域的关系确定工序流程,确定各知识领域 BIM 5D 应用点在 BIM 5D 精细化成本管理概览图中的切入点,通过内外部协调关系明确各工作间主要信息流和资金流。

(3)按照项目建设阶段确定一级流程框架,时间上采用招投标、施工准备、施工及竣工四个层次,在成本流程上为成本预测、成本计划、成本控制、成本分析与考核、成本总结五个模块,在 BIM 5D 方面则体现为 BIM 应用和信息交流两个层面,使相应工作程序同 BIM 5D 成本管理应用点对应。

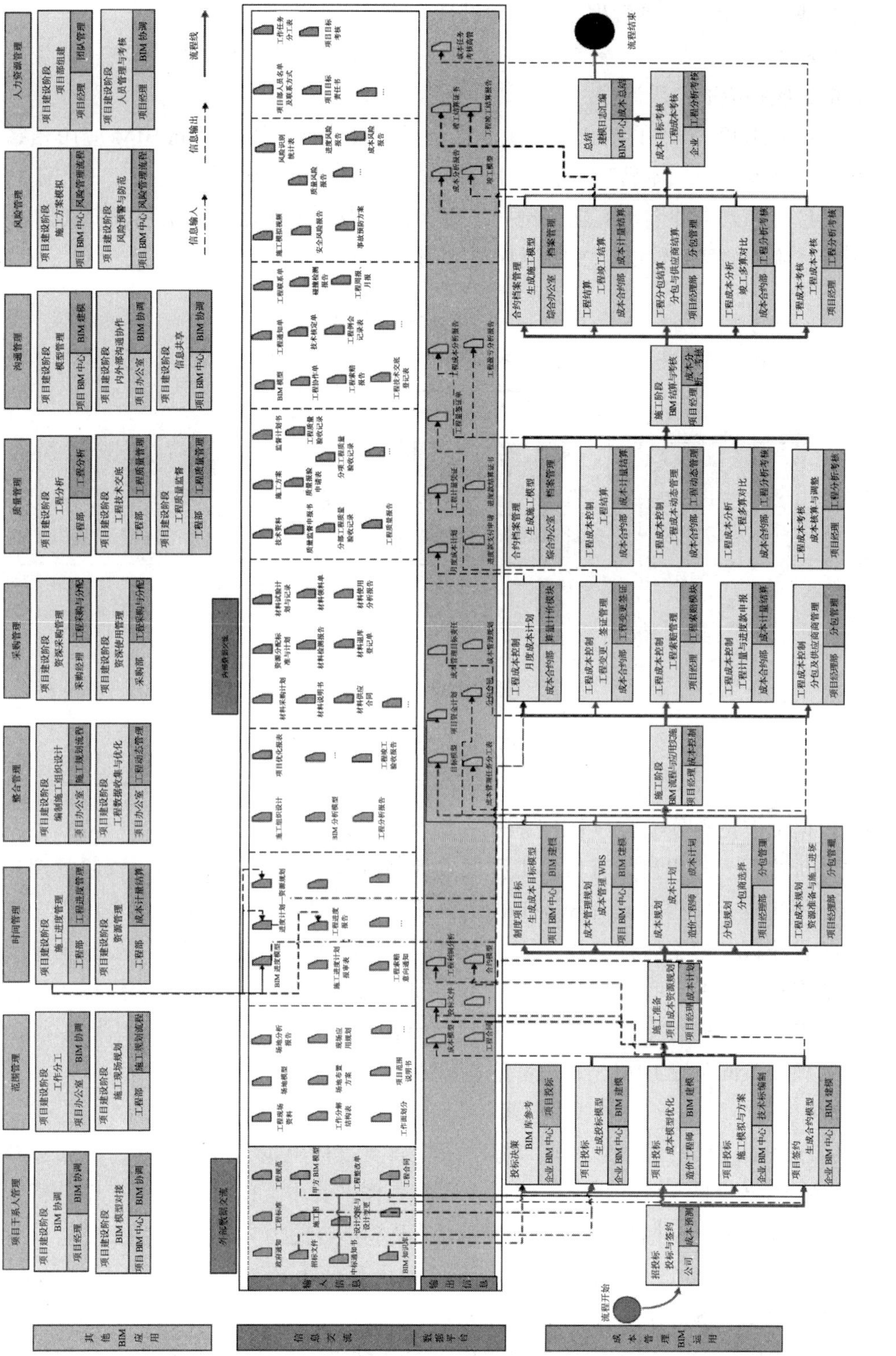

第 12 章 基于 BIM 5D 技术的精益成本管理

图 12-13 BIM 5D 精细化成本管理应用概览图

2. 基于 BIM 的成本管理二级流程设计

对具体工作和业务，需要制订流程清单和特定 BIM 实施流程，即在一级流程图的基础上形成相应的二级流程。

同步使用相关 BIM 应用和文档信息资料，将传统工作流程同 BIM 应用相结合，能够使二级流程对成本管理工作、工作间逻辑关系等的体现更为直接，工作流同资源流、信息流相融合并同步实施，例如，可根据模型和工作任务分工表辅助和监督 BIM 应用及其流程的实施情况。二级流程图示例如图 12-14 所示。

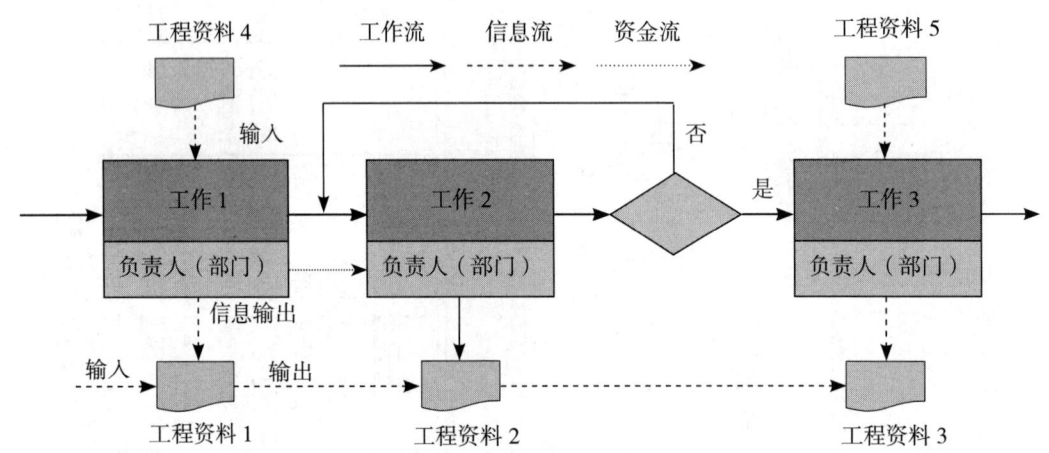

图 12-14　二级流程图示例

根据工作任务分工表和 BIM 应用一级流程，涉及的成本管理的二级流程主要有：算量计价流程、工程投标流程、工程成本计划流程、材料管理流程、资源管理流程、分包管理流程、工程签证流程、工程变更流程、工程计量与进度款结算流程、成本分析与考核流程、档案管理流程，同时考虑同成本较为密切的建模流程、施工组织设计的编制流程。这些流程中可分为工作主导和应用主导两类，类似工程投标、分包管理等多是以工作流程为支撑，对建模、算量计价、成本分析等流程以应用为主导。

3. 项目不同阶段 BIM 5D 成本管理流程设计

1）投标阶段基于 BIM 成本管理流程设计

基于 BIM 5D 的成本管理在投标阶段主要有投标决策、投标策划、BIM 建模、模型分析、编制投标文件、投标、签订合同等工作，其中，BIM 建模和模型分析为新增工作，投标决策、投标策划、编制投标文件及签订合同为 BIM 改善型工作。此阶段工作重点是做好 BIM 建模流程和工程算量计价流程两个新增流程。投标阶段的 BIM 建模流程如图 12-15 所示。

通过 BIM 5D 应用为投标流程提供资料和辅助，根据相应 BIM 应用和信息输入输出规划 BIM 环境下投标流程，如图 12-16 所示。

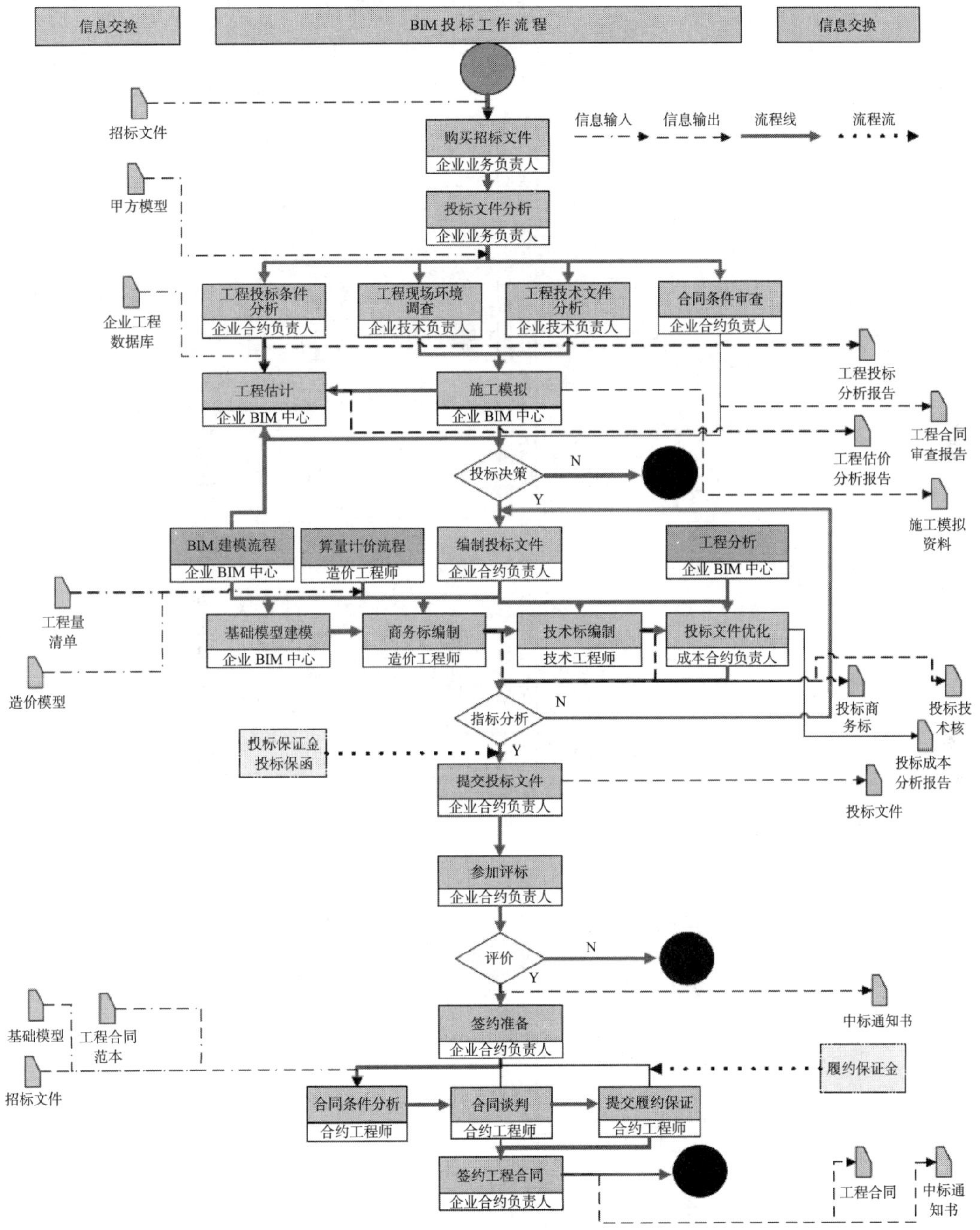

第 12 章 基于 BIM 5D 技术的精益成本管理

图 12-15 投标阶段的 BIM 建模流程

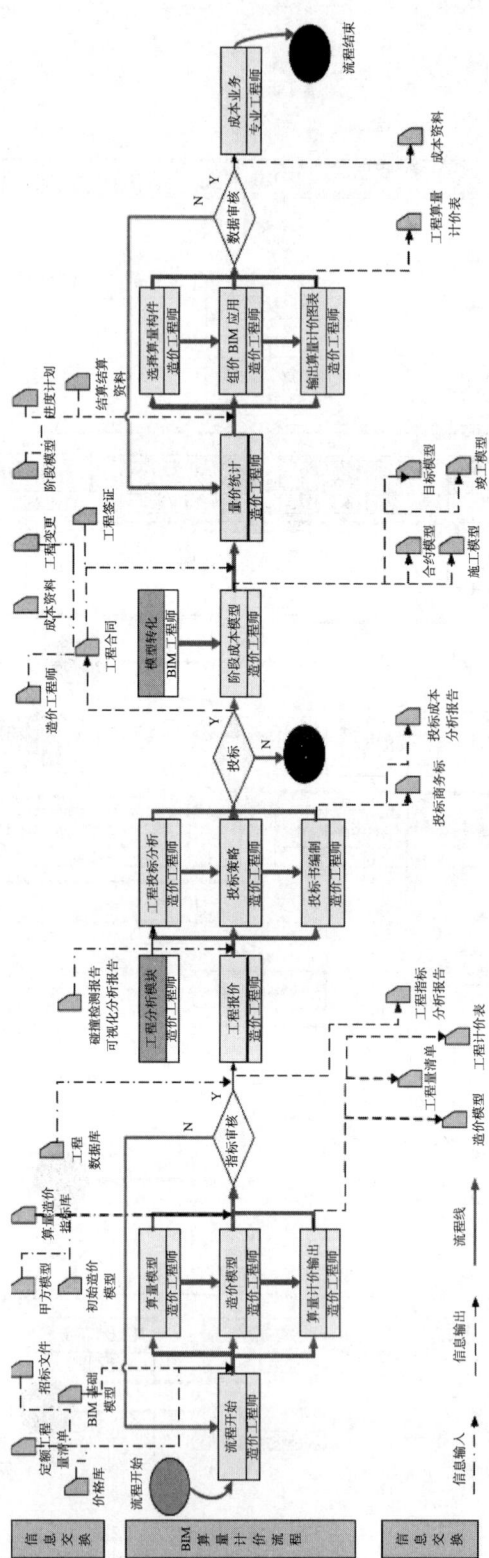

图 12-16 BIM 5D 算量计价流程

第 12 章 基于 BIM 5D 技术的精益成本管理

2）施工准备阶段基于 BIM 5D 成本管理流程设计

基于 BIM 5D 的成本管理在施工准备阶段的工作范围主要有成本计划、分包商选择、资源准备与施工进场四项，BIM 5D 的应用对以上工作均有辅助作用，均为 BIM 改善型工作。此阶段 BIM 5D 应用模型为由合约模型转化的目标模型。

施工组织设计是项目施工管理的重要资料，是用来指导施工过程各项活动技术、经济和组织的综合性文件，编制内容包括制订施工方案、绘制施工现场平面布置图、施工进度计划及保证措施、资源管理计划、质量保证体系及措施、安全文明施工措施、环境保护、成本控制措施、合同当事人约定的其他内容等。基于 BIM 的施工组织设计的编制是对 BIM 各应用的综合使用与关联，通过各 BIM 应用数据信息的综合应用与统筹实现对项目的科学规划，具体流程如图 12-17 所示。

基于 BIM 5D 的成本管理流程设计与传统施工组织设计编制过程相似，不同的是，基于 BIM 5D 的成本管理流程设计通过 BIM 模型和应用辅助编制和优化、通过相应的指标对比审核施工组织设计的可行性。

资源准备与供应是施工准备的核心工作之一，是确立成本计划的基础要素之一。此处资源主要指人、材、机，包括对工程材料的采购与供应管理（施工阶段）、人机资源的施工分配两个方面，实质就是做好自身资源的管理（施工阶段）和供应管理这两条线，分析资源供应方案管理流程。通过 BIM 模型快速输出各工作准备阶段的具体资源量并进行控制。BIM 5D 资源供应方案管理流程如图 12-18 所示。

BIM 5D 环境下成本计划工作即编制施工预算，以货币书面化形式编制施工项目在计划期内的生产费用、成本水平、成本降低率及降低成本所采取的主要措施和规划的书面方案，是阶段性目标成本的一种体现。其工作包括确定基于工程进度计划的工程量及工程成本、明确成本计划的质量指标与效益指标（施工预算成本计划降低率及降低额、责任目标成本计划降低率及降低额）、输出工程量清单工程计划成本及成本性质计划成本汇总表，并形成相应阶段的资金使用计划与成本控制计划。基于 BIM 5D 的成本计划流程在进度计划（进度计划的编制流程在施工组织设计编制流程中体现）和资源供应计划等基础上设计，如图 12-19 所示。

分包管理是建设项目管理的重要组成部分，主要有专业技术分包、劳务分包、机械分包三类。对于分包商，承包商是其业主，接受承包商的直接管理和业主工程师的间接管理，承包商对分包商的选择与管理同业主对承包商的管理流程基本一致。对于分包商的选择基本参照招投标流程，不同的是承包商对于分包合同价格的确定是通过 BIM 5D 模型、项目数据库及工程实际情况确定的。对分包商的管理重点为控制总价，在项目施工过程中通过工程计量、进度款支付等实现对分包商的管理，对分包项目采用单项核算时，成本分析通过分包模型对比即可。控制过程为科学签订分包合同并严格执行。总体上同传统管理流程一致，不同的是在计量和支付等工作引入分包目标成本分包模型，具体流程如图 12-20 所示。

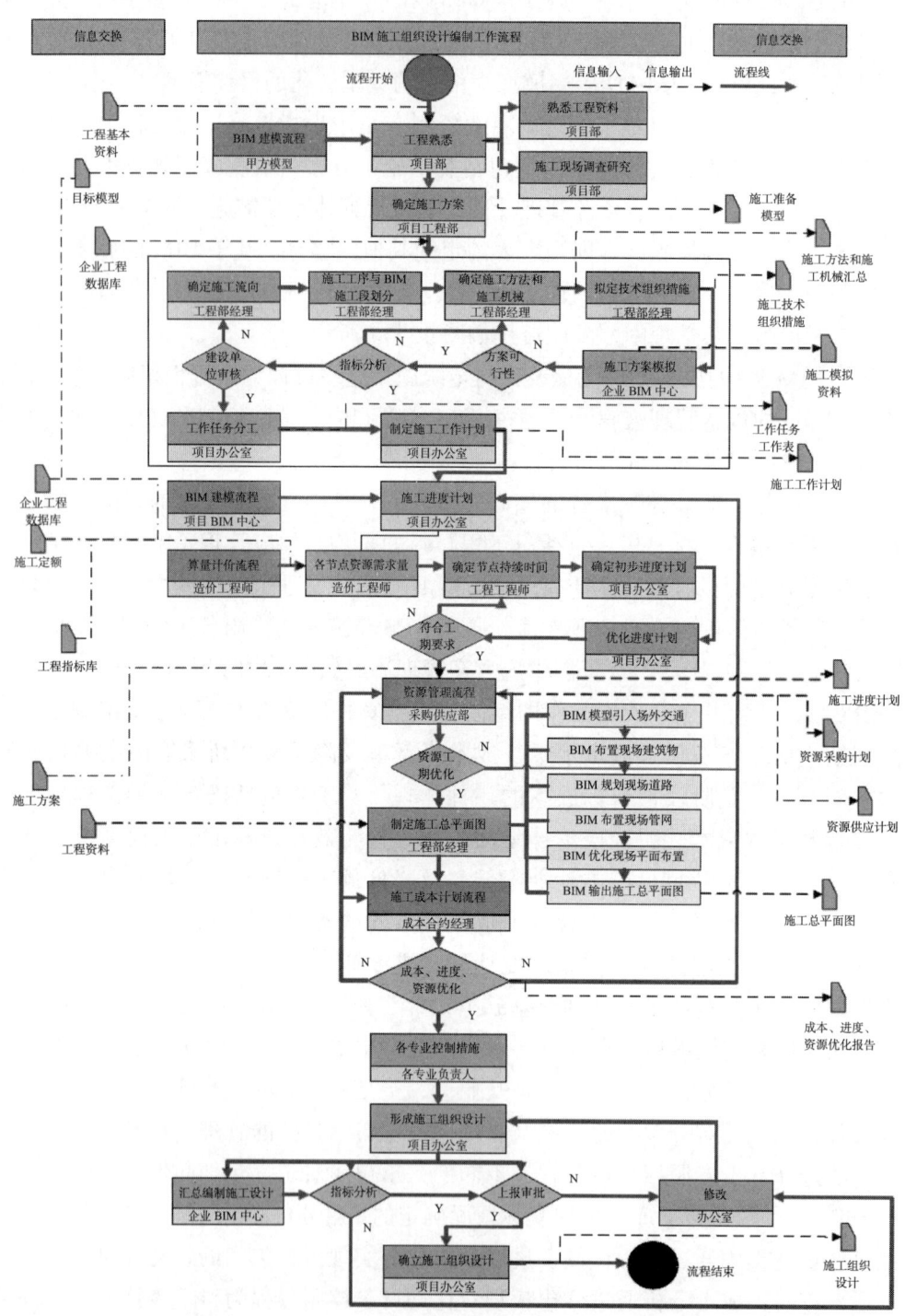

图 12-17 基于 BIM 5D 的施工组织设计编制流程

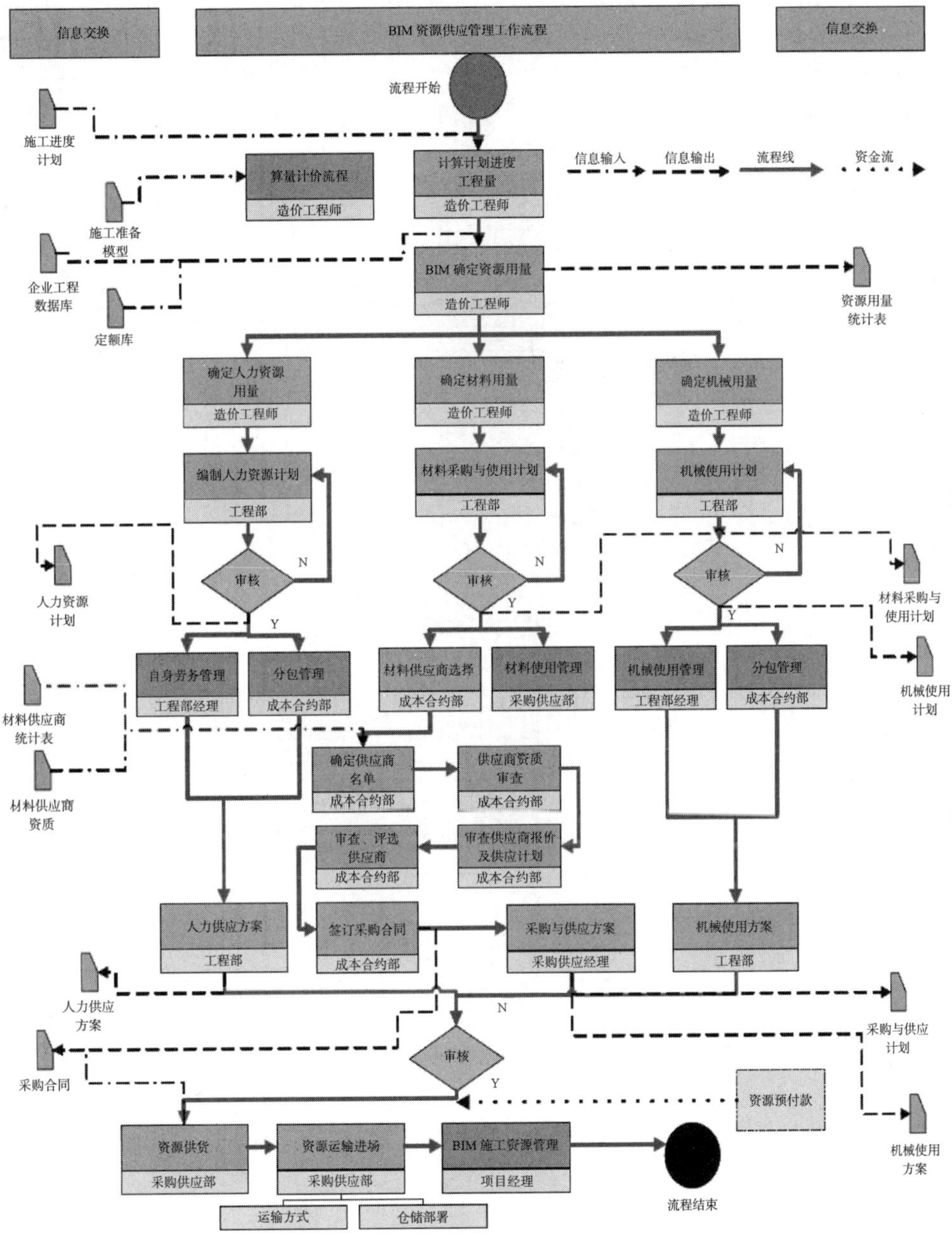

第 12 章 基于 BIM 5D 技术的精益成本管理

图 12-18 BIM 资源供应方案管理流程

第三篇 精益成本管理

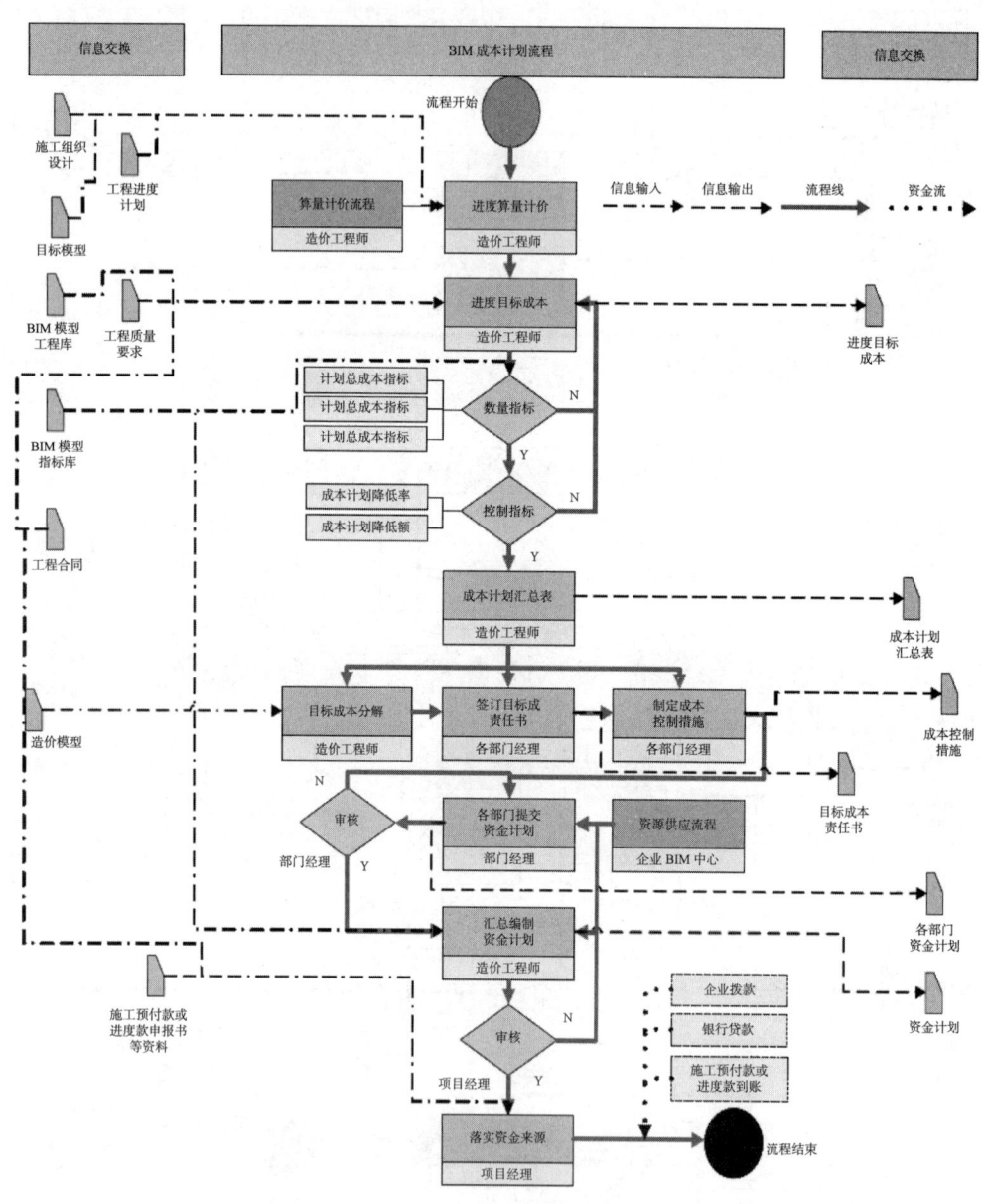

图 12-19 基于 BIM 5D 的成本计划流程

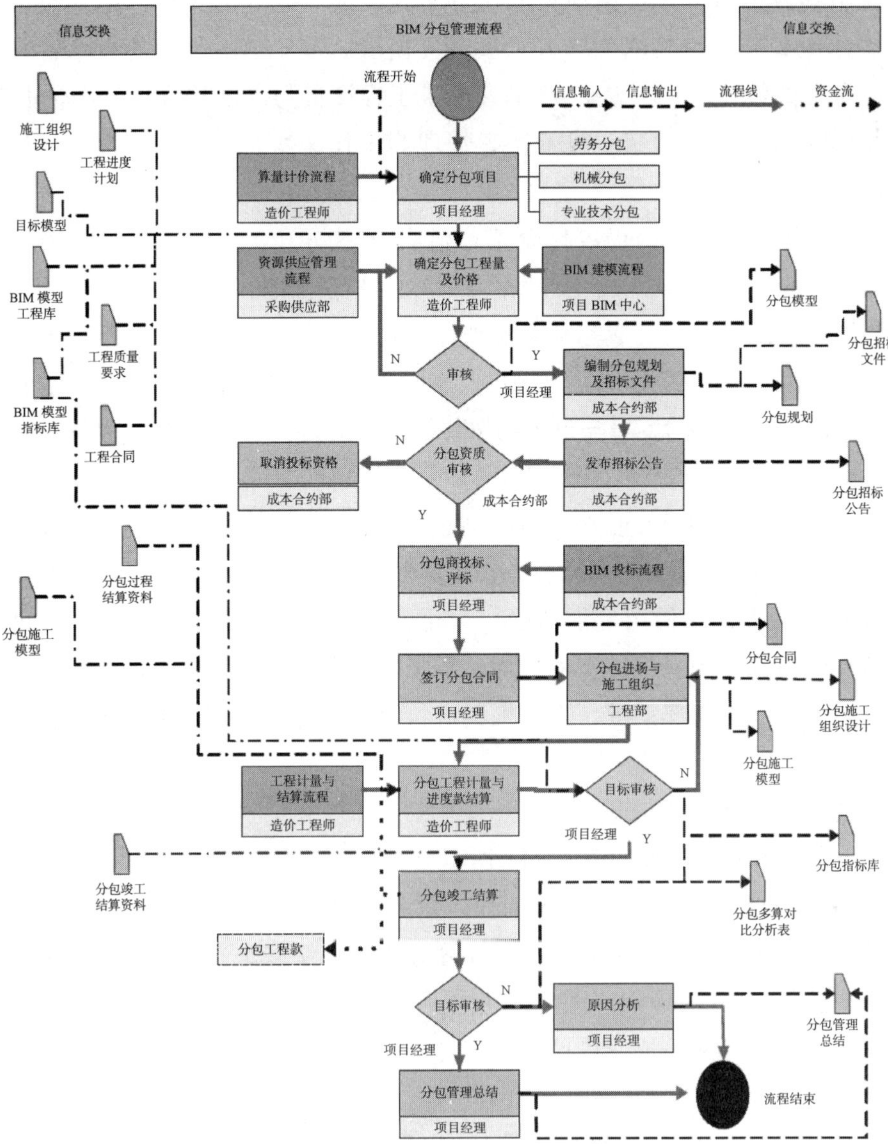

第 12 章 基于 BIM 5D 技术的精益成本管理

图 12-20 基于 BIM 5D 的分包管理流程

施工阶段性成本管理施工准备较施工前整体的施工准备工作更加简单、精细，实施流程同施工准备阶段一致，采用"工程量价统计—工程资源统计—工程资源与资金规划"这一流程。因此每个月或项目阶段所做的阶段性成本计划和成本准备工作均视为施工准备，采用成本计划的编制流程实施。

3）施工阶段基于 BIM 5D 成本管理流程设计

施工阶段成本管理的工作界面从施工进场、施工准备工作完毕开始，到建设单位同意竣工验收结束，主要由项目部负责实施，成本管理的具体工作和负责人以成本管理工作任务分工表为基础写入二级流程模块。基于 BIM 5D 的成本管理在施工阶段主要有资源管理、工程签证、工程变更、工程计量与进度款阶段、成本动态管理、成本分析与考核、工程索赔、成本档案管理等工作，所有工作均为 BIM 5D 成本改善型工作。

BIM 5D 成本管理流程仍以传统工作流程为主，BIM 技术辅助支持，形成基于 BIM 5D 工作流程。施工阶段需要设计施工阶段资源管理、工程签证、工程变更、工程计量与进度款结算支付、成本动态管理、成本分析与考核、工程索赔管理和成本档案管理流程。由于 BIM 工程协调与信息共享同成本较为密切，所以按内部协调机制实施。日常书面工程资料的签署与审核仍按传统流程进行，在 BIM 系统基于构件进行电子文件备案。

（1）施工阶段资源管理流程设计。施工阶段资源管理同施工准备阶段资源管理侧重不同：施工准备阶段基于项目整体，注重根据施工进度做好资源准备与供应工作；施工阶段对阶段性资源使用更加精确、量化，主要做好固定性资源采购与供应（材料）、流动性资源（人、机械）的规划与调配。资源管理由需求部门提出资源申请，材料类资源由采购供应部审批，人、机类材料由工程部调配，到提供资源完成相应工作任务结束。

根据基于 BIM 5D 成本管理工作分解及工作任务分工表对资源分类并进行流程设计的施工阶段资源管理流程如图 12-21 所示。

（2）工程变更流程设计。传统工程变更主要是在建设单位准许后调整施工并调整相应的工程量和工程价款，并且由于计算方式的限制多是延期至竣工后结算。大量的工程变更会影响正常的施工安排和资金资源计划，传统变更控制较为被动。BIM 5D 工程变更能够通过模型模拟变更项目，实时分析变更的效果及其对项目管理要素的影响，并及时主动做好相应的算量计价工作。

基于 BIM 5D 的工程变更流程如图 12-22 所示。

（3）工程现场签证流程设计。BIM 5D 模型对签证工作的作用其实就是计算现场签证范围工程量及成本和签证费用，并记录签证发生时间。由于工程签证过程具有时效性，因此基于 BIM 5D 的工程现场签证流程应该同工作的时间要求相结合，流程如图 12-23 所示。

（4）工程计量与进度款结算支付流程。

此项工作是项目部对成本消耗实体工作的考察及工程收益的管理工作，基于 BIM 5D 的工程计量与进度款结算支付流程如图 12-24 所示。

第 12 章 基于 BIM 5D 技术的精益成本管理

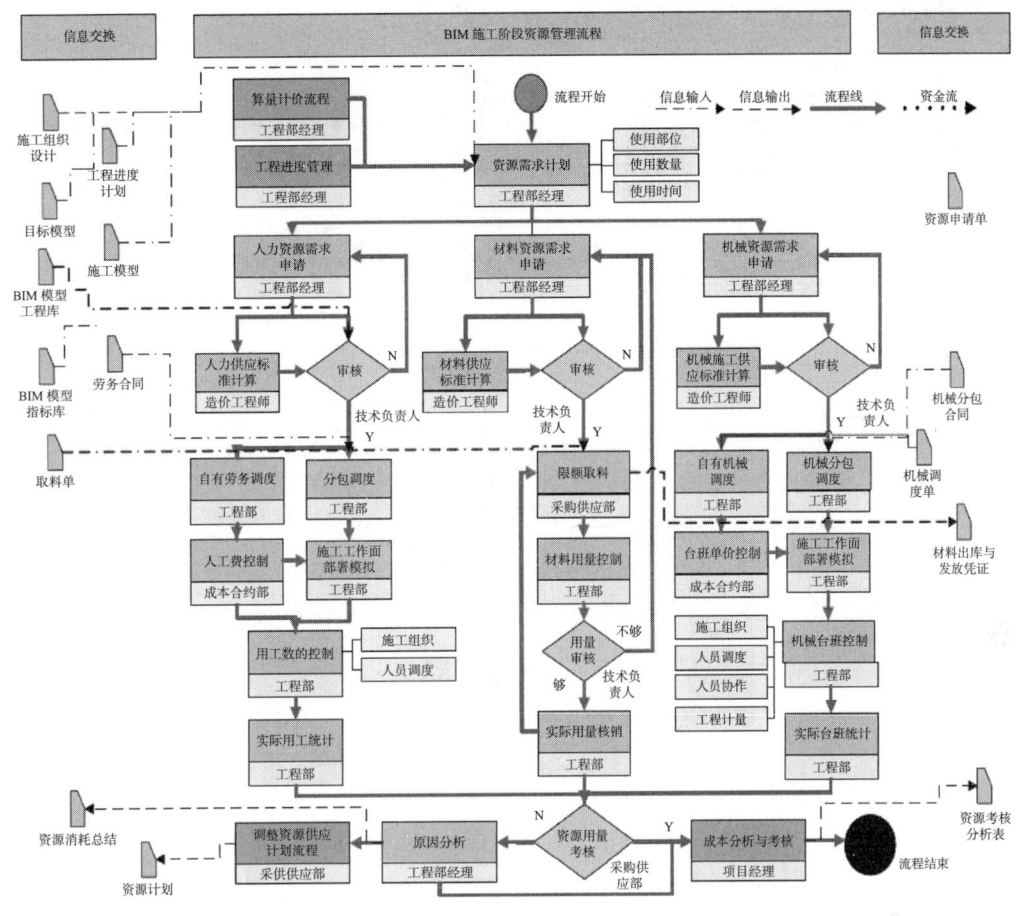

图 12-21 基于 BIM 5D 施工阶段资源管理流程

（5）施工阶段成本分析与考核流程。对阶段性结算和核算后，在 BIM 5D 模型中通过参照相关资料进行不同类型模型多算对比，对成本计划的执行过程中成本实体形成过程和影响成本的主要因素进行分析，寻找计划成本与实际成本的偏差：一方面发现成本管理过程中的问题和良好措施，并做好相应的改进和总结工作，寻求降低成本的途径；另一方面通过输出的成本图表理清成本实施的实际情况，进而做好成本控制的要点和重点。成本考核根据成本分析中将各部门及其责任人目标成本与实际成本的对比分析，考核其成本目标完成情况，并进行工作的调整和奖惩。对于 BIM 5D 辅助下施工阶段成本分析与考核同传统工作的区别是参考资料和分析数据均可通过 BIM 系统获得。具体流程如图 12-25 所示。

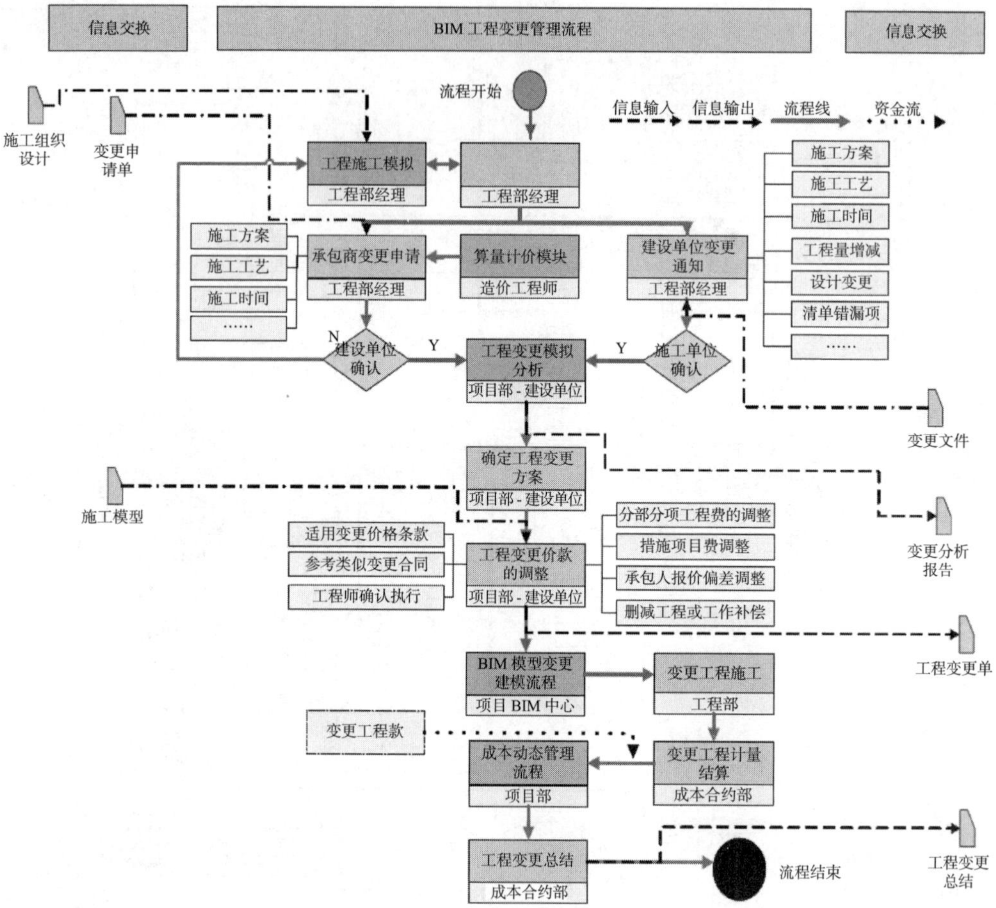

图 12-22 基于 BIM 5D 的工程变更流程

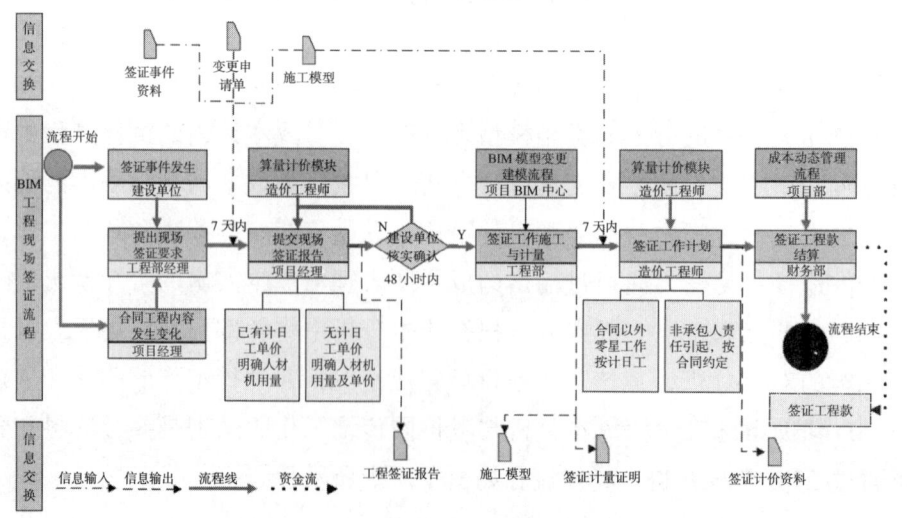

图 12-23 基于 BIM 5D 的工程现场签证流程

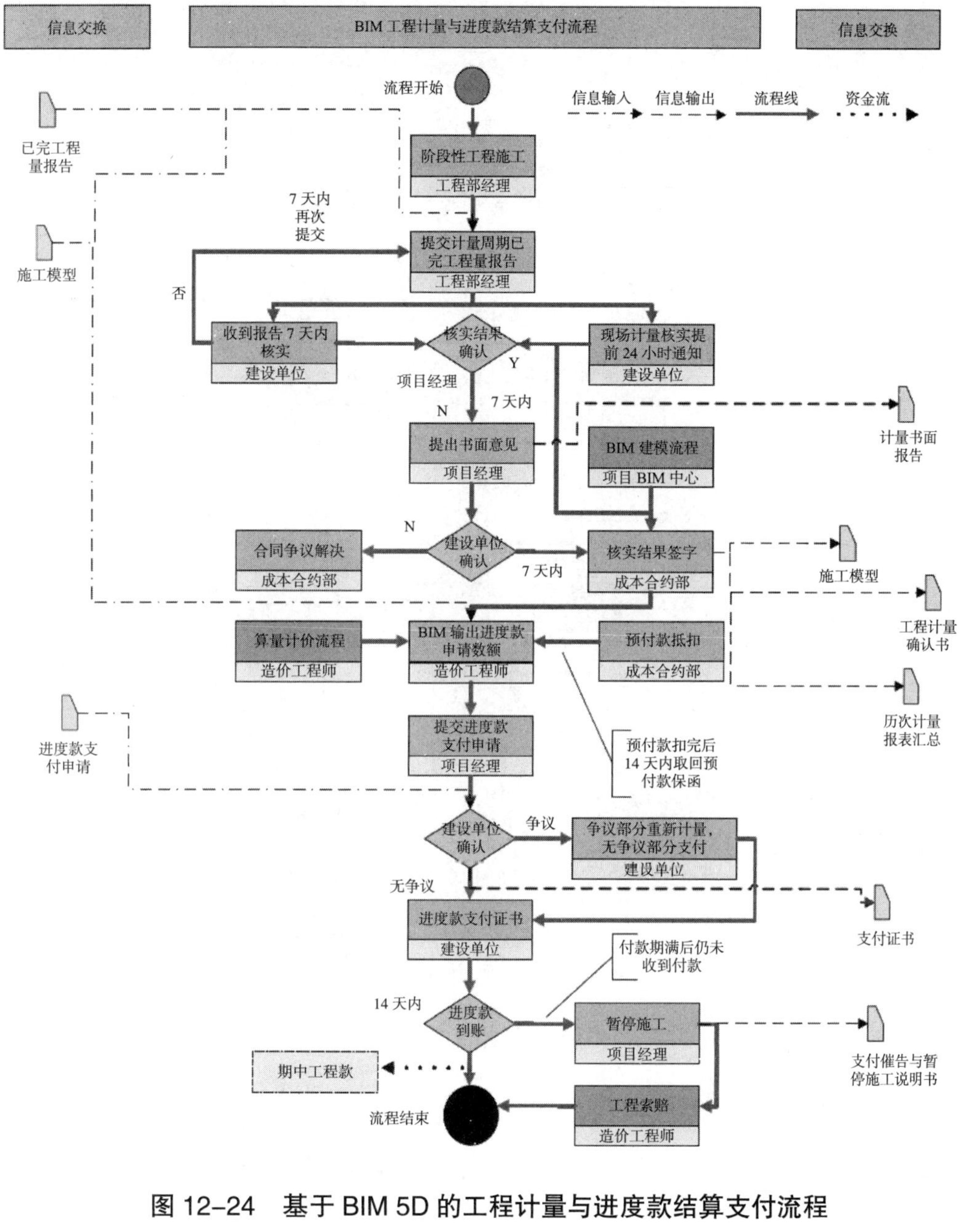

第 12 章 基于 BIM 5D 技术的精益成本管理

图 12-24 基于 BIM 5D 的工程计量与进度款结算支付流程

（6）工程索赔管理流程。BIM 5D 对于索赔工作的影响有以下优势：①对于索赔事件的分析记录和索赔损失的快速计算；②为承包商对索赔事件时效性的掌握提供辅助，改善传统索赔工作；③使甲乙双方有理有据地处理索赔事件。

基于 BIM 5D 的工程索赔管理流程如图 12-26 所示。

-349-

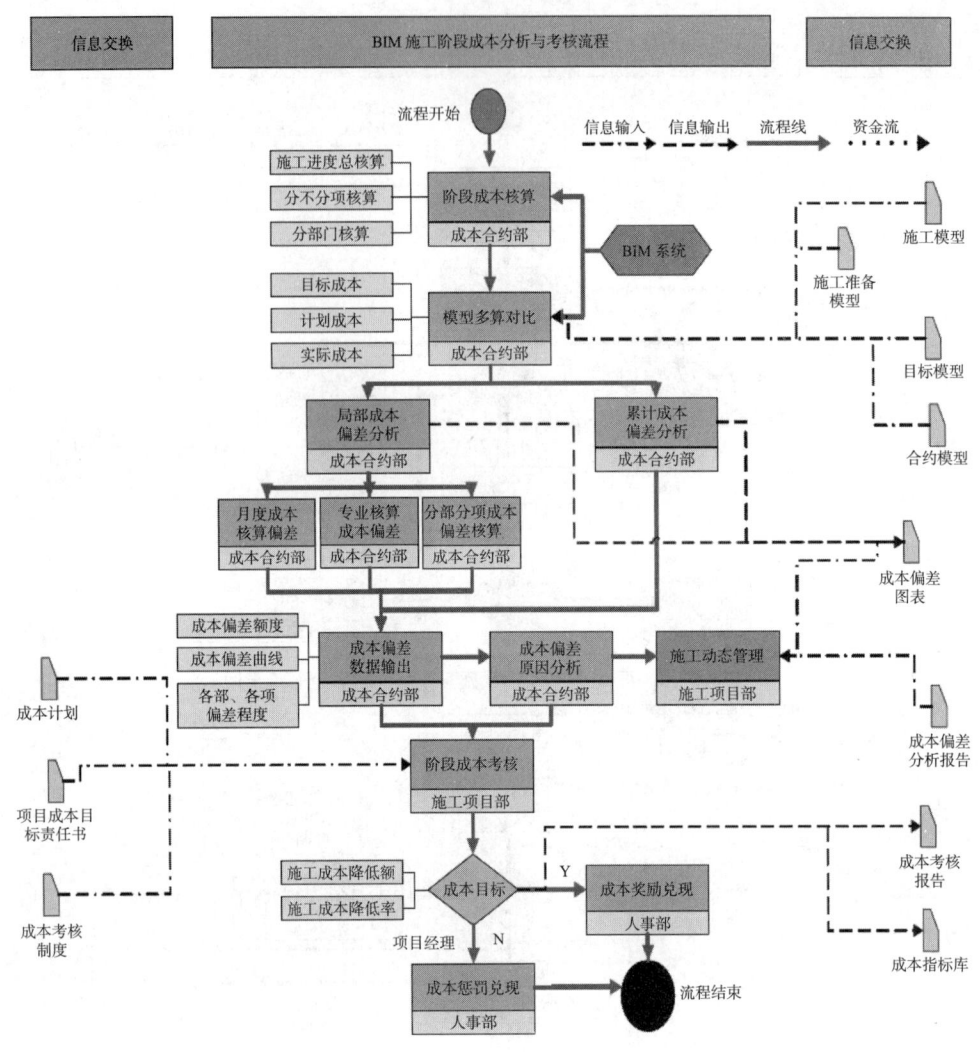

图 12-25 基于 BIM 5D 的施工阶段成本分析与考核流程

（7）施工阶段成本动态管理流程。基于 BIM 5D 的成本动态管理同传统成本动态管理的区别是项目部各部门可动态模拟评估成本计划与施工计划及调整后的成本状况，能够实时调用自身所需的成本实施数据，并根据系统给出的分析实施成本调整的重点，同时综合分析阶段性收入与支出，确保资金的均衡使用。这种动态的成本管理是对阶段性及整体性成本的综合掌控，是对计划、实施及纠偏的综合性管理。如果成本动态管理的监控过细，一方面工作量过大，另一方面频繁地调整也不利于项目的顺利推进。因此将一个计量和支付周期作为动态管理的节点，并根据里程碑等重要节点设置弹性管理范围，将其作为项目动态管理的一部分。

基于 BIM 5D 的成本动态管理流程如图 12-27 所示。

第 12 章 基于 BIM 5D 技术的精益成本管理

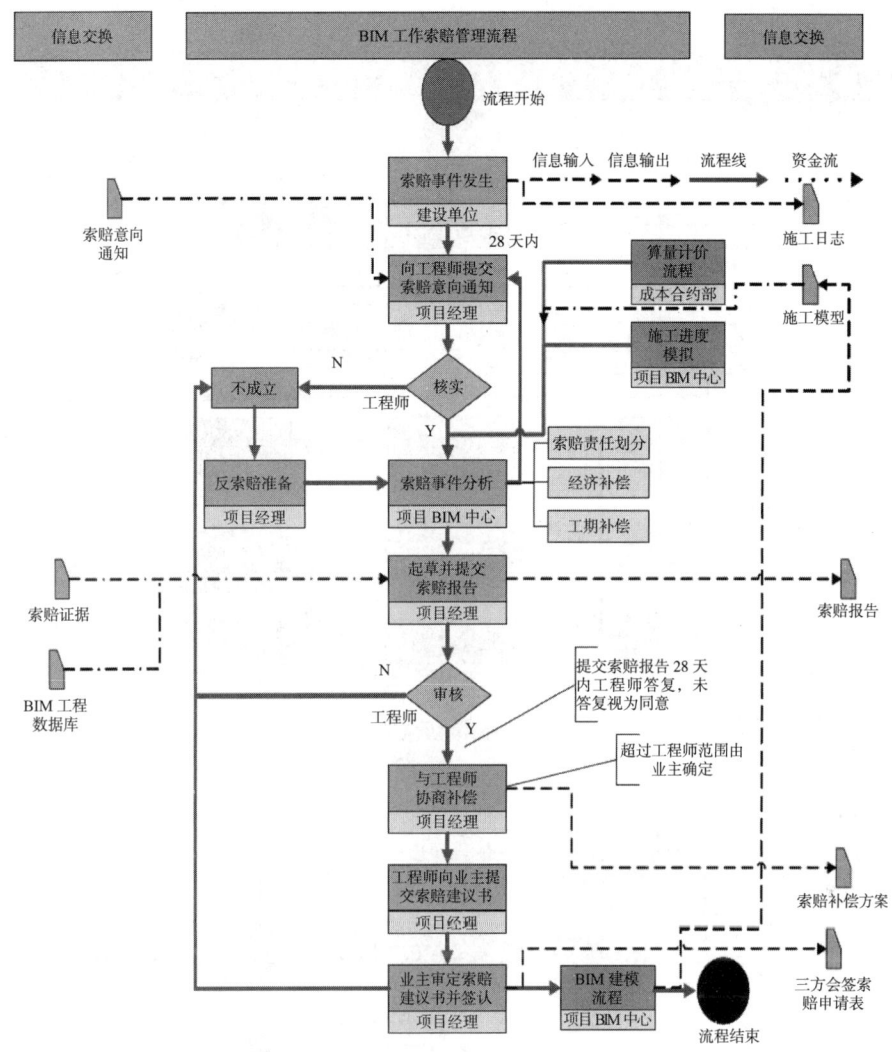

图 12-26 基于 BIM 5D 的工程索赔管理流程

（8）施工成本数据档案管理流程。档案管理是对项目实施全程相关资料的收集、整理、鉴定、保管、统计、核算、分析等，对于成本管理主要是招投标文件、工程合同、工程量确认单、进度款支付申请等与成本计量计价、结算等活动相关的资料。针对成本的档案管理需要厘清成本管理的基本资料，明确各项目阶段及项目工作内容的资料需求和资料输出，通过 BIM 档案管理实现档案信息化，能够将文件同模型构件相关联，方便检索和使用，比传统的档案管理快捷。BIM 档案管理超越了传统管理过程中单纯的纸质档案，包括工程的过程数据。因此基于 BIM 的档案管理通过收集及使用纸质档案和现场数据，并将其转化为模型中的物理及功能特性数据，成为共享的知识资源，实现各自职责的协同作业，档案资料的转化由资料生产者负责。

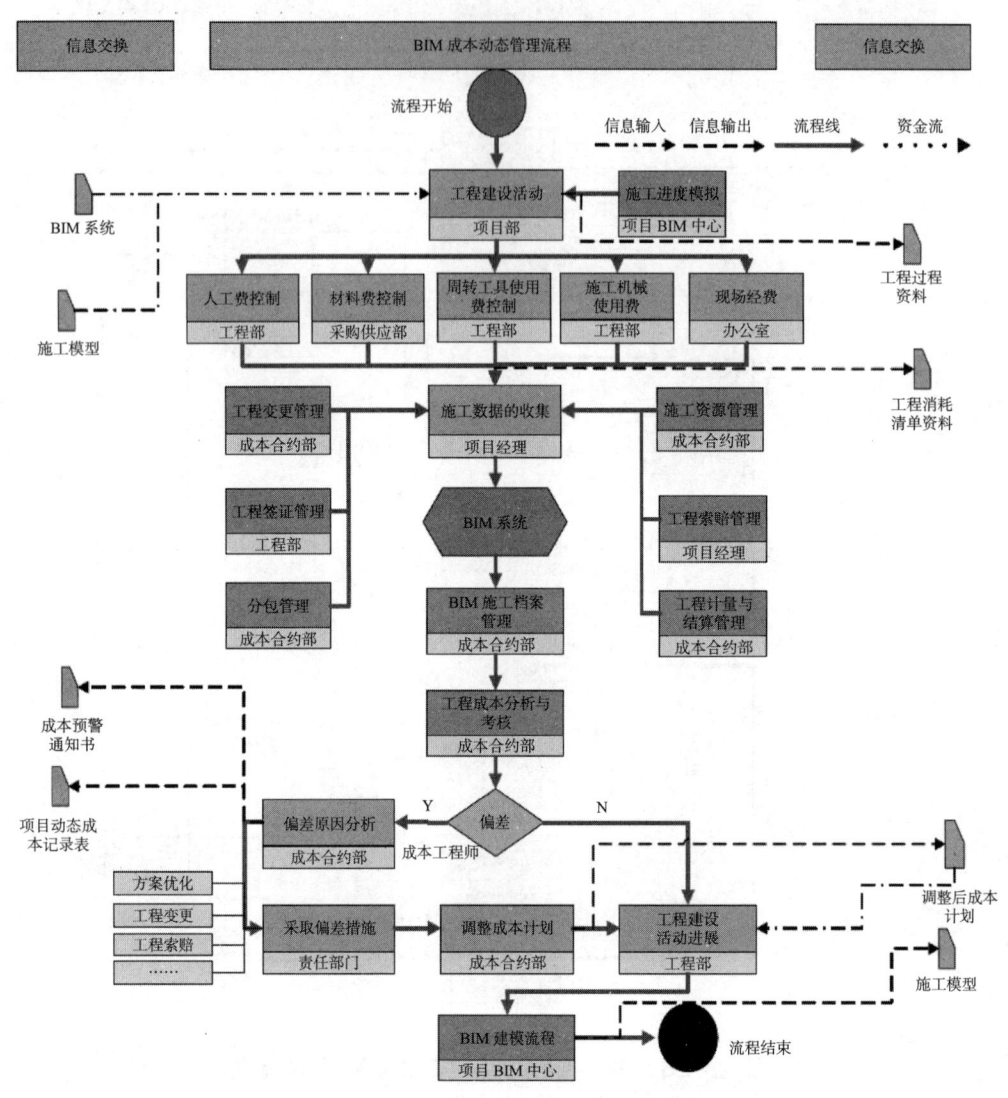

图 12-27 基于 BIM 5D 的成本动态管理流程

基于 BIM 5D 的成本档案管理流程同传统工作流程的区别是通过信息化手段收集与共享工程档案，并可对传统纸质文档实现标准化、电子化输出。基于 BIM 5D 的成本档案管理流程如图 12-28 所示。

4）竣工阶段基于 BIM 5D 成本管理流程设计

竣工结算主要工作有竣工结算文件的编制、竣工结算、工程款的申报与支付工作及缺陷责任期结算。BIM 5D 对竣工结算的辅助主要是工程量的确认和工程价款的结算，具体实施工作流程如图 12-29 所示。

第 12 章 基于 BIM 5D 技术的精益成本管理

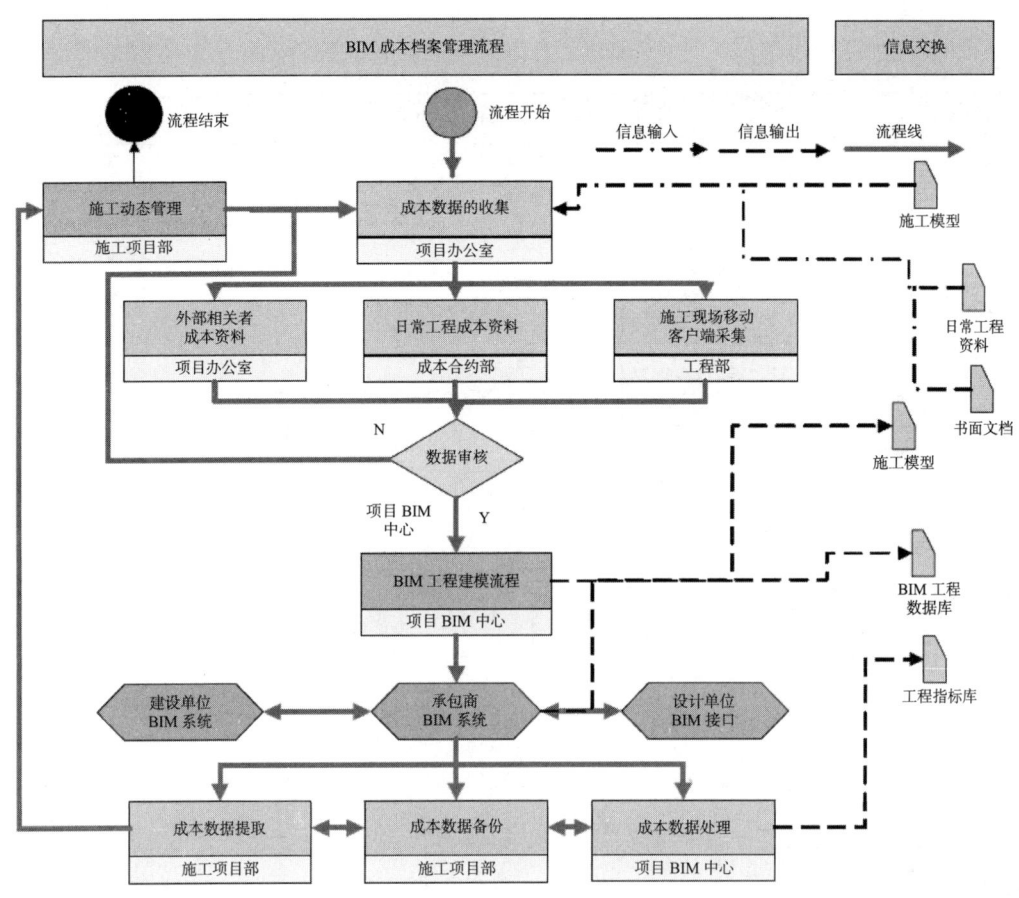

图 12-28　基于 BIM 5D 的成本档案管理流程

　　知识管理是对整个施工过程工程施工数据信息、工程经验、存在问题及其解决措施等的总结，通过对历史施工数据信息收集与处理，形成施工企业知识库，供后续施工参考。传统的知识管理多数是在工程竣工阶段，BIM 知识管理则可通过模型和 BIM 系统将施工过程数据纳入其中。基于 BIM 的知识管理将附着工程信息的各类 BIM 模型、数据等分类存储于 BIM 数据库，形成基于模型与数据相结合的工程知识库。因此 BIM 知识管理的基础工作是对工程资料的收集，核心是对资料的分类、归口管理，实施技术是 BIM 系统对数据的快捷分析与调取。

　　由于完整的竣工结算是在缺陷责任期后，此时临时施工项目部已经解散，因此最终的知识管理工作应该在竣工验收后，由各项目部、各部门在 BIM 中心辅助下完成，将施工过程中的 BIM 模型、工程资料等信息数据整合后，提交企业 BIM 中心管理。在缺陷责任期产生的信息数据由企业 BIM 中心补充处理。具体实施工作流程如图 12-30 所示。

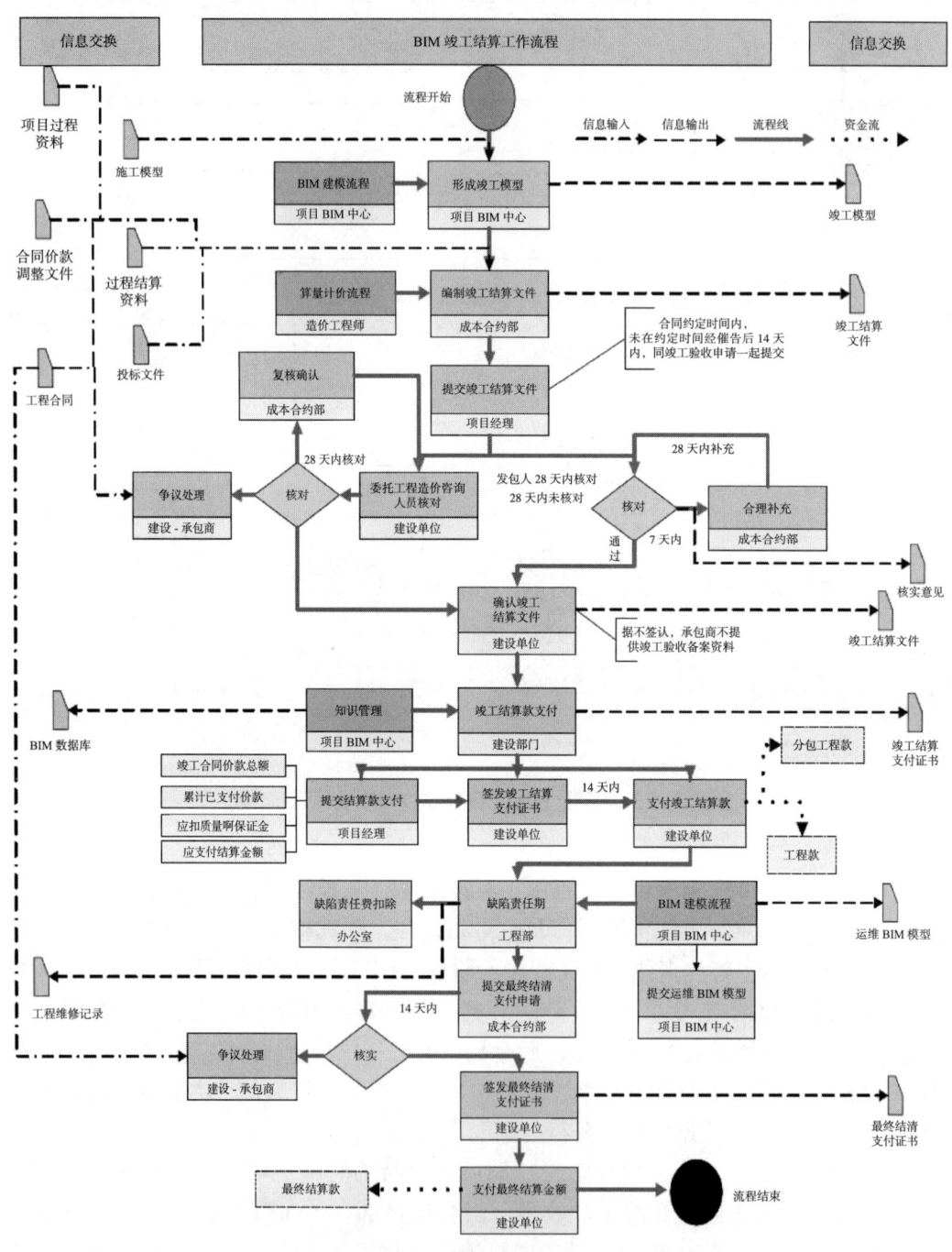

图 12-29 基于 BIM 5D 的竣工结算工作流程

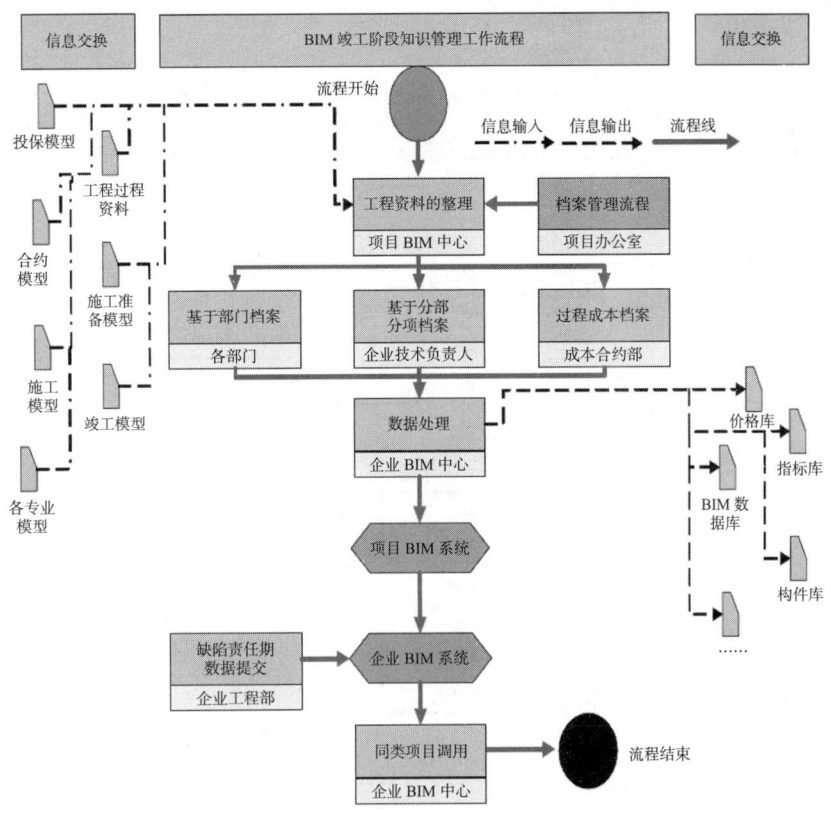

图 12-30　基于 BIM 的竣工阶段知识管理工作流程

第四节　基于 BIM 5D 的施工成本控制应用分析

在房地产建筑项目施工阶段，基于 BIM 5D 的成本控制应用体系如图 12-31 所示。

一、施工准备阶段的应用分析

对于招投标阶段成本控制主要包括两个及以上商务标编制。工程量的复核属于经济标编制过程中最为繁重的工作，投标时间有限，该工作会占用大量的人力成本和时间成本，当招标方提供的设计方案是属于 BIM 5D 三维模型时，则可以实现一键提取工程量，实现与招标工程量清单的快速比对，核对结果和节省出来的宝贵时间可以用来制订更有投标价值的投标策略工作。BIM 5D 模型嵌入工程量清单规范（GB50584—2013），可以直接实现清单规范下的工程量和实物工程量。BIM 5D 中的工程量自动计算，使造价管理人员从相关烦琐的记忆运算准则计算公式及按照低级计算工具计算中解脱出来。下面单独从墙体的相关计算中，可以看出传统手工与 BIM 技术计量的相互关系，如图12-32所示。

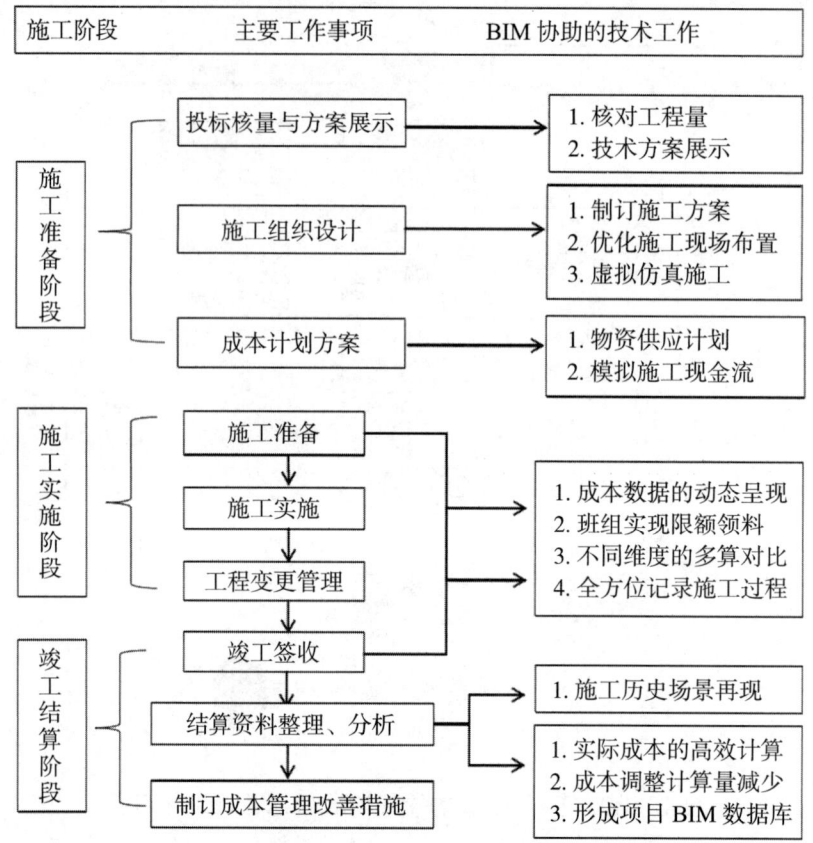

图12-31 基于BIM 5D的成本控制应用体系

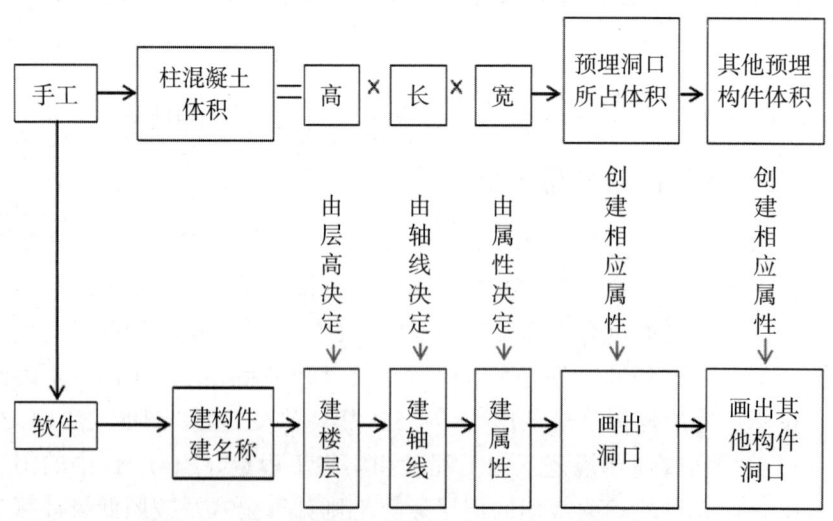

图12-32 传统手工与BIM技术计量的相互关系

招投标工作结束后，项目进入施工准备阶段。本阶段的成本控制的重点工作就是编审施工组织设计和成本计划方案的决策。施工成本的控制主要是对施工现场平面的布置，对施工方案、进度规划及施工资源的计划与调配等，利用 BIM 5D 进行辅助三维场地设计、优化施工方案、构件碰撞检查和优化，实现事先解决问题，减少或杜绝出现返工，大大降低了施工进度拖延和成本增加的风险；在成本计划方案的决策过程中，建立基于企业 BIM 5D 项目库的成本决策模型，根据企业 BIM 5D 项目库中历史成本数据，用检索相似度的方法，形成拟建工程的项目成本方案，在分析、比对、优化的基础上形成拟建项目的施工成本方案。

二、施工实施阶段的应用分析

1. 进行多算对比

BIM 5D 模型集成了构件的成本和进度信息并实现同步关联，由于 BIM 5D 平台可以存储及调取不同的预算模型，在平台上任意时间内查询、提取实际成本模型与成本计划模型的对比，实现了施工成本的精细化控制。此外，在多个成本对比的基础上，进行成本统计和成本分析，可以选择部分具有代表性的施工工序的成本数据，整理成具有施工定额性质的企业成本标准，为企业的成本管理提供基础信息。

2. 优化施工现场布置

BIM 5D 系统能实现快速分析所需要的材料、机械设备的数量，结合拟建工程的实际施工组织方案，快速合理配置各项施工资源，实现资源的均衡投入，形成施工的劳动力、工程材料、施工机械的供应计划。同时，根据 BIM 5D 参数化的特点，可以快速地统计出各种构件根据工序流程在相关区域内的分布情况，为施工现场内的物资存放、调拨优化提供依据，以尽可能地减少因材料二次运输造成的成本增加。

3. 优化施工方案

随着工程项目的实际推进施工现场进入高峰期，如没有详细预设的施工轨迹，工地有可能会进入管理混乱场面，关键施工部位可能会产生不可预料的后果。对施工方案进行优化，是以 BIM 5D 的虚拟仿真技术为基础，用类似视频表现方式，供技术人员观看施工进度、工艺、工序的编排，从而识别出施工方案中的不足，在分析之后，对存在的问题采取相关的优化措施，避免在施工中出现构件之间的尺寸、标高等矛盾，最大限度地实现"零碰撞、零冲突、零返工"，从而降低成本增加的风险，实现对施工成本的控制。

4. 进行资金模拟分析

结合施工中"零库存"成本管理理念，严格执行限额领料，从而最大限度地发挥资金效益和降低效益材料积压导致的资金占用和仓储支出，通过施工模拟，确定最优的现金流方案，加快资金的周转速度、提高资金的使用价值。为施工项目制订最佳的资金使用计划。同时，为施工项目的资金的筹集提供决策依据。

5. 提升成本数据管理

施工阶段周期性的计量与支付，是施工阶段成本控制的重要环节。成本管控的主要工作有三个：一是确定最终工程量；二是变更与签证资料有效性、真实性核验；三是对相关的争议进行处理。

相对于工程量核算，在相对传统模式下，对于二维图纸核对工程量一般较为烦琐，需要针对每个部件进行一一核对。而由于设计过程中对于整体工程的控制不当等原因，会直接导致图纸信息缺损而产生更多的工程量争议。面对传统工程量核对方式中存在的诸多问题，采用BIM 5D技术则可以完全真正改变施工企业在施工阶段工程量核对的不利局面。因为在实际使用BIM 5D技术过程中，通过BIM技术的优化作用，BIM模型可以同步施工进度，完全记录工程施工全部信息，特别是与成本有关信息，使施工项目的设计变更、现场签证、索赔等信息得于保全，一旦进入计量与支付阶段，BIM 5D模型则是包含了本项目各种信息的最大集合体，在这个大而全的信息集合体里，可以让建设单位、施工单位根据自身需要，全面地去提取与阶段性结算相关的所有信息，为施工企业成本控制提供依据和创造附加价值。

三、竣工结算阶段的应用分析

传统的工程成本造价工作流程是：识图→算量（电算＋手算）→套项→调价→取费→完成成本造价计算。这样的过程有很多重复性的工作，并且很多环节需要大量的人工劳动力来解决过程中遇到的复杂问题。

运用BIM 5D技术构建的BIM 5D成本造价数据库，将管理重心指向设计阶段、招投标阶段及施工阶段，注重项目实施阶段的数据信息收集、处理。在竣工结算阶段只需要从BIM 5D模型中调取相关竣工结算资料，结合合同约定，梳理出竣工结算BIM 5D模型，利用BIM相关自动计算功能复核竣工结算工程量、费用等。

在竣工结算阶段运用BIM 5D模型的主要优势有：①快速结算与结算支付前审计。BIM 5D模型可以利用构件的几何尺寸、自由属性特点和空间的扣减规则进行结算工程量计算；②通过BIM 5D模型检查建模中的问题（模型错漏、套定额错误、属性设置合理性、混凝土等级合理性等），并优化模型（反查图形，批量修复等）。实现工程项目实施全生命周期数据的全面集成，大幅度减少竣工结算中的基础工作，提高竣工结算效率，缩短竣工结算时间。

四、BIM 5D在施工准备阶段成本控制中的应用分析

1. 确定项目施工成本计划，进行成本计划方案编制

BIM 5D模型以数据集成的方式，记录了建设项目全生命周期的所有相关信息，能真实反映施工企业对该项目的实际建造成本。施工企业通过存储BIM模型来形成企业自身的BIM工程项目库，当企业在未来项目成本管理中，需要根据企业的历史成本来测算施工成本时，则可以使用计算项目或构件相似度的方式，在BIM工程项目库中检索相似度较高的项目或构件来测算，形成多个初步成本组合方案，综上再选择相似度最大成本组合为拟建工程的备选方案。然后，使用价值工程的方法，对所选方案进

行功能分析和功能评价，将计算最大价值系数的方案作为最优方案。最后，分别利用三维场布辅助设计技术、虚拟仿真施工和构件碰撞检查对施工成本方案进行施工安全、施工工期、施工质量等方面的优化，最终得到拟建项目的成本决策方案，作为该项目的成本控制计划方案。根据这个思路，建立施工成本决策模型，如图 12-33 所示。

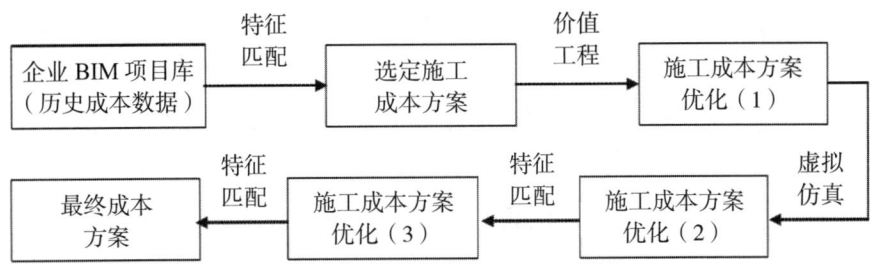

图 12-33 基于 BIM 5D 的施工成本决策模型

在施工准备阶段，基于 BIM 5D 的施工成本决策按以下步骤来完成，如图 12-34 所示。

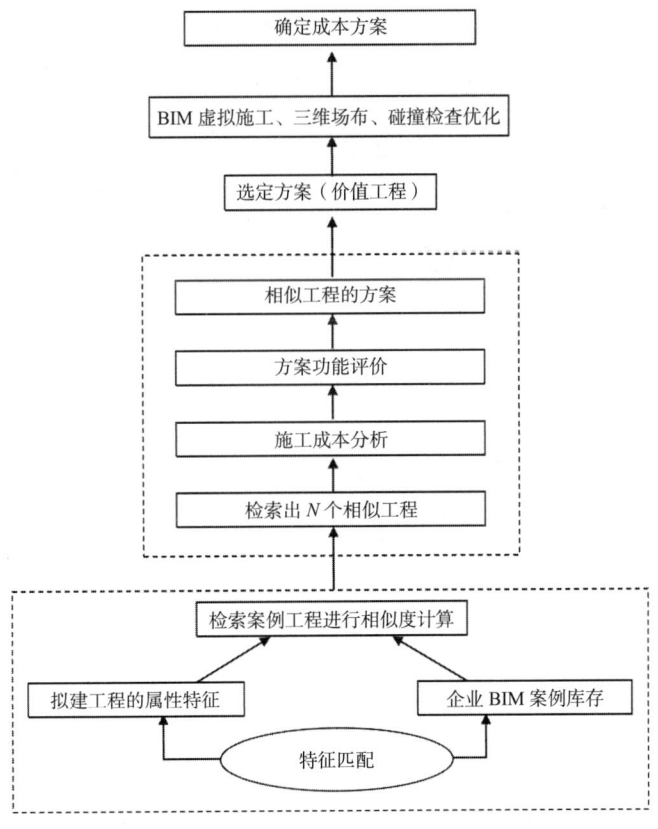

图 12-34 施工准备阶段基于 BIM 5D 的施工成本决策流程

2. 价值最优的成本方案选定

企业选取价值最优成本方案时，首先要建立一个相对合适的相似度参考值，对于案例工程的选择基于参考值以上的项目，并调取其中的解决方案作为备选。最终成本方案的选定是参照BIM模型和价值工程，两者相结合分别区分数据和功能量化，优劣互补，达到优势的共同发挥，最终进行选定，进而实现价值最优成本方案，做到"优中选优"，具体流程如下。

1）价值分析对象

价值分析对象是以上述欧式距离法所计算出来的 n 个备选的成本方案。

2）功能分析

对备选的方案从构成施工成本的施工安全、工期、质量和绿色施工四个方面进行分析。

3）功能评价

通过分析相关的资料，功能分析后，对备选方案在施工安全、工期、质量和绿色施工进行功能评价，为进行定量评价，把评价指标进行具体处理，方法如表12-2所示。

表12-2 成本方案功能量化表示

功能	量化指标（公式）	权重
施工安全（A1）	历史工程采用此方案施工的无事故率（u_1）	w_1
施工工期（A2）	（目标工期－方案工期）＝目标工期（u_2）	w_2
施工质量（A3）	工程优良率（u_3）	w_3
绿色施工（A4）	历史工程采用此方案的节能效果（u_4）	w_4

方案的功能得分计算公式为：

$$F_i = u_1 w_1 + u_2 w_2 + u_3 w_3 + u_4 w_4 \qquad (12-1)$$

4）成本分析

所采用的方案不同，相应的成本是不同的，结合备选方案的情况，先把项目的三维模型导入相对应的算量软件之中，进行工程量的计算，并生成工程量清单。然后把工程量清单导入计价软件中，并根据人、材、机的市场行情价格，计算出方案 i 的施工成本 C_1。

5）价值分析

计算各方案的价值系数，计算公式为：

$$V_i = F_i / C_i \ (i = 1, 2, L, m) \qquad (12-2)$$

6）选定最终实施方案

根据上述计算，对备选方案的价值系数进行排序，从中选取价值系数最大的方案即表示备选方案中的最优方案，即可将其定为该项目的实施方案。

3. 运用虚拟施工技术来优化施工项目成本

虚拟施工（Virtual Construction）技术是通过数字化仿真、虚拟现实等技术，根据项目计划进度安排，将项目的整个建造过程或重要的施工环节及工序进行仿真模拟，以便尽早发现其中异常的工序搭接、资源安排、成本控制等问题，以达到优化施工方案和资源配置，提高工程质量，从而降低施工成本。工程项目投标前的虚拟施工主要是施工方向业主展示自己施工方案的视频，目的是把施工组织方案视频化，重视画面效果，但在投标展示之后，模型在后期的使用率就非常低了，甚至再也不需要了。而基于 BIM 5D 技术的虚拟施工是在 BIM 模型中加入了虚拟仿真技术，通过对施工过程的虚拟技术，可以对施工计划进行实时、逼真和交互的虚拟，相当于把施工进度、施工资源、施工方案设想在 BIM 5D 模型上进行彩排预演，在这个预演过程中，如发现方案中不合理的地方，可进行提前干预，实现施工组织设计的优化，从而达到施工方案中工期、成本、资源合理安排的目的。

通过施工过程的虚拟，可以对现有的施工计划进行检查和计划优化，以提高施工计划编制效率。虚拟施工流程如图 12-35 所示。

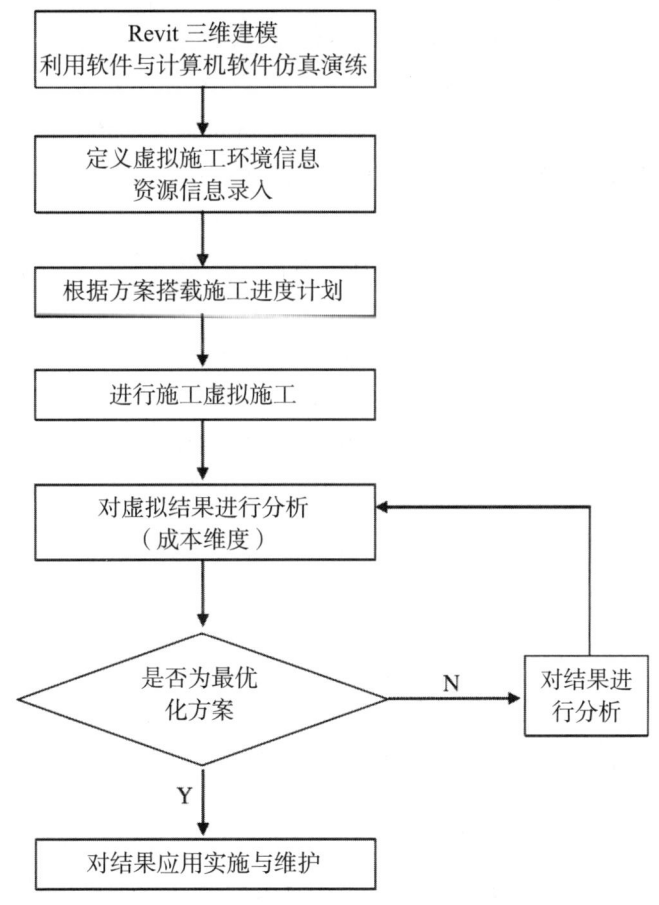

图 12-35 基于 BIM 5D 的虚拟施工流程

据图 12-35 显示，虚拟技术的应用无疑可以起到对方案的进一步完善，进而起到节约成本及施工过程的管理作用。整个过程的完成建立在软件操作的基础上，简单明了，可解决以往因为经验等因素而造成的各方面问题，从而大大提高了决策的科学性。

4. 通过虚拟三维场布来优化施工项目成本

所谓三维场地布置，就是改变在图纸上做图、布置的传统做法，在 BIM 5D 系统中实现使用虚拟技术摆布各种临时设施的位置。对场地进行功能分区、道路规划、管线布置方案等，实现"所见即所得"，并能按照相关规范进行场地布置的合理性检查，同时按照《建筑施工组织设计规范》等规范和标准，结合现场情况，实现自动配套生成临电、临水方案并进行最优化设置，布置效果直观，并可以设置漫游、视频等形式展示场地及现场临时设施的总体规划。

采用 BIM 5D 三维场布技术可以在系统中进行现场临电线路、临水线路、现场办公区域、加工区域转换、临时通道、施工配合模拟。通过仿真和模拟，可以优化总平面布置、提高场地利用价值和设备数量、负荷的优化投入，以达到场地布置指导现场施工的效果，从而避免总平面布置不合理、不科学而造成施工和生产、生活设备物品的搬、拆、腾、挪等空间异位操作引起的施工成本增加，最终达到优化施工成本的目的。

5. 运用碰撞检查来优化施工项目成本

所谓碰撞检查，是指通过使用 BIM 5D 技术对建筑、结构、装修、管线综合模型进行前效合并，然后使用 BIM 5D 系统中"碰撞检查"功能，指明不希望发生的图元冲突行为，以此来检查和发现模型中图元之间的冲突。碰撞分为两种类型，一种是构件之间的实际交叉，这种碰撞称为硬碰撞，是同设计标高错误造成的，也是执行碰撞检查的初衷；另一种是构件与构件之间特点距离检查，这种碰撞称为软碰撞，为符合施工规范，有时也会对这种碰撞进行标注和优化。在系统中执行碰撞检查命令后，系统出具构件碰撞检查报告，这样就可以事先发现项目中可能遇到的实际问题，针对碰撞点进行分析，并且进行巧妙解决图纸中问题发现、碰撞检测及管线综合优化等相关操作，在施工前排除这些潜在的返工内容，降低了不必要的成本支出，节约了工期。

五、BIM 5D 在施工实施阶段成本控制中的应用分析

在施工准备阶段确定最优施工成本计划方案，进入实施阶段后，在真实环境里会受各种因素制约，做好了成本计划并不一定等于实际开支，为确保计划和目标的实现，需要在项目施工实施阶段建立成本控制系统，结合此前已形成的 BIM 5D 模型和当前的云技术，对计划的模型与随施工进度变化的实际模型进行实时的对比、分析及采取纠偏措施。

在使用 BIM 5D 进行项目管理时，可以根据进度计划和成本计划创建"BIM 5D 预算模型"，模型中的进度、成本信息可以通过挣值分析法中的"计划工作预算费用"

来表达；根据项目的施工进度，在系统中实时录入实际进度、成本信息，形成"BIM 5D 实际模型"，可以直接在模型中提取"已完工程实际费用"，根据这两种模型的数据，在企业的云空间中进行实时对比和分析，即可实时分析出挣值分析法所需要的三个基本参数，通过三个基本参数的相互关系，计算出挣值分析法的评价指标和预测指标，构建施工项目成本控制的成本监控、成本预警、成本预测、分析偏差、成本纠偏的成本动态控制系统，如图 12-36 所示。

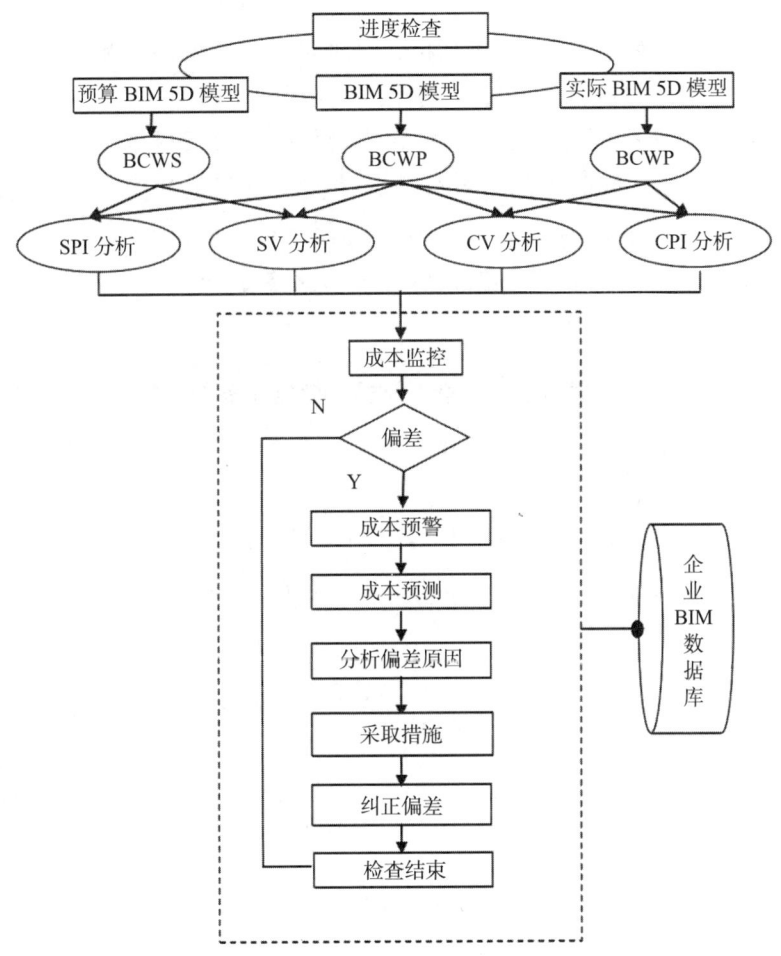

图 12-36 施工成本动态控制系统

1. 施工过程成本监控

在施工中实际执行的施工进度计划，定会受到种种原因，而造成项目管理在工期、成本、资源的实际投入出现偏差，所以在施工阶段的成本控制中，要结合上述的成本控制系统图做好施工全过程的成本监控工作，及时监控成本数据，为纠偏措施提供数据支持，实施成本监控，主要有以下三个方面的工作。

（1）首先，在 BIM 5D 平台计算成本参数。即通过在施工过程产生的成本信息，并根据 WBS 工作分解之后的相关结构或者任意时间段查询资源的计划用量和实际用量，使用平台收集信息、筛选信息的功能，进而计算出成本的关键值，即挣值分析法的三个基本参数之间的相互关系，初步分析成本是否出现偏差，并以直观的数据图谱来表达。

（2）其次，计算成本评价数据。根据项目管理人员在平台中实时录入施工工程计划进度、工程实际进度、工程成本数据和工作结构分解和上述三个基本参数的逐项对比，在平台中计算出挣值法四个评价指标，分别是：进度偏差指标（SV）、进度绩效指数（SPI）、费用偏差指标（CV）、费用绩效指数（CPI）。

（3）最后，依据挣值法的相关参数和评价指标，进行成本、进度的数据分析。通过参数、评价指标之间数据的关系分析，从而可以确定各项工作进度是否能够提前或者延误、项目成本费用是否存在超支或者是否有效节约了成本，并且有针对性地采取相关的改进措施，确保项目管理的顺利进行和有效控制，具体关系如表 12-3 所示。

表 12-3 挣值分析法参数关系表

序号	参数与指标关系	现状分析	建议措施
1	ACWP>BCWP>BCWS SV>0，CV>0；SIP>1，CPI>1	进度较快，投入超前，工作效率偏低	抽出部分工作人员，均衡资源配置
2	ACWP>BCWP>BCWS SV<0，CV<0；SIP<1，CPI<1	进度较慢，投入超前，工作效率低	由工作效率高的人和机械，替换工作效率低的
3	BCWS>ACWP>BCWP SV<0，CV<0；SIP<1，CPI<1	进度慢，投入延后，工作效率偏低	增加工作效率高的人员，或提高工作效率
4	BCWS >BCWP>ACWP SV<0，CV>0；SIP<1，CPI>1	进度较慢，投入延后，工作效率较高	加派工作效率高的人员，加快工作进度
5	BCWS >BCWP>ACWP SV>0，CV>0；SIP>1，CPI>1	进度较快，投入延后，工作效率较高	如果偏差不大，继续保持现状
6	BCWP>ACWP > BCWS SV>0，CV>0；SIP>1，CPI>1	进度快，投入超前，工作效率较高	抽调出部分工作人员，放慢施工进度

2. 施工过程成本预警

通过成本监控，可以在检查周期中实时发现施工成本是否出现偏差，但是偏差的程度不能在面板中直接显示，这就让成本管理人员在分析出现的偏差时，很难判断是否要采取措施及采取措施的程度。因此，要在 BIM 5D 系统中开发或搭载一个能够对施工成本进行预警的功能。这个预警功能应能够准确量化施工成本的偏差程度，并能够根据不同的施工成本的偏差程度,发出预设的声光预警信号,让成本管理人员能够及时地意识到出现偏差的严重性,进而采取针对性措施,避免成本出现大偏差,导致项目管理失控,为此,预警功能按以下两个步骤进行工作。

1)实时提取基本参数,同步进行指标计算

按照施工项目的施工进度,BIM 5D 后台管理人员,及时录入进度、成本及资源投入及生产产出数据,在预设的检查时段自动提取挣值分析法所需的三个基本参数。依据前述的挣值法评价指标计算方法,同步计算施工项目成本绩效指标(CPI)。

2)区分成本偏差级别,及时输出预警信号

根据挣值分析法中成本费用绩效指数值(CPI)的大小,来实现成本偏差预警的目的,在成本监控中,在依据各施工项目或子项目在挣值分析法的前提下,对其偏差值进行量化并评定级别,为便于区分,把这个偏差量化级别定为五级,按 5% 的偏差为标准,设定五个偏差区间,不同的区间对应不同的偏差指标值。为更加直观表达区间,对超出标准值的成本绩效指标设定不同颜色的声光预警信号,如表 12-4 所示。

表 12-4 施工成本偏差预警基准

费用绩效指数(CPI)	0~0.8	0.8~0.85	0.85~0.9	0.9~0.95	0.95~1.0
偏差级别	高偏差	较高偏差	中等偏差	较小偏差	小偏差
预警颜色	黑红色	浅红色	黄色	天蓝色	浅绿色
预警方式	屏显红灯文字提示	屏显红灯文字提示	BIM 平台信息通知	BIM 平台信息通知	弹出对话框

3. 施工项目成本预测

在项目施工控制过程中,当发现成本出现偏差时,需要及时纠偏,并根据实际的施工和管理情况,对未来施工成本的发生情况做出预测,以便制订资金使用计划,因此所基于的施工项目成本控制系统需要有成本预测功能。

可以利用挣值分析法的预测指标来预测完成项目完工成本估算 EAC 和完工成本偏差 VAC。EAC 的预测,在检查工期以前的项目成本的实际执行情况的基础之上,再考虑项目未完工项目的全部费用预测之和;VAC 的预测,则是通过预测的 EAC 与成本的总预算比较得到的,CPI 被广泛用于预测完工时的项目成本,SPI 有时与 CPI 一起被用于预测项目完工估算。完工估算所需的成本的计算公式如下:

$$完工估算(EAC)=项目预算 \div CPI(不考虑进度因素) \quad (12-3)$$
$$完工估算(EAC)=项目预算 \div (CPI \times SPI)(考虑进度因素) \quad (12-4)$$

正常情况下,项目的估算是考虑施工进度这个影响因素的,因此主要使用的是公式(12-4)。

根据 EV 的含义,项目进度的计算公式用公式(12-5)来表示:

项目进度＝EV÷项目预算 (12-5)

同时还可以根据以上四个评价指标预测出工程项目的总成本和总工期，即项目完工成本估算（Estimate At Completion，EAC）和项目预计完工时间（Estimate Time To Completion，ETTC）。从而达到工程项目的完工成本偏差（Variance At Completion，VAC）和工程项目的完工时间延迟（Estimate Delay Time，ED）。具体含义和计算公式如表12-5所示。

表12-5　挣值分析法的预测指标体系

序号	预测指标	表达含义	计算表达式
1	项目成本估算（EAC）	预测工程项目完工时所需的实际总费用	项目成本估算（EAC）＝项目的总预算（BAC）÷成本绩效指数（CPI）
2	完工成本偏差（VAC）	预测的完工成本与预算总成本的差值	完工成本偏差（VAC）＝项目成本估算（EAC）－项目的总预算
3	项目预计完工时间（ETTC）	预测整个工程项目完工时所需要的总时间	项目预计完工时间（ETTC）＝项目最初估算工期（OD）÷进度绩效指数（SPI）
4	项目完工时间延迟（ED）	预测的完工时间与最初估算工期的差值	项目完工时间延迟（ED）＝项目预计完工时间（ETTC）－项目最初估算工期（OD）

4.施工过程成本纠偏

1）成本纠偏流程

（1）成本偏差在可调控范围之内。当成本出现的偏差数值在预警可控的范围之内时，成本动态监控系统中的预警阀门就会被部分激活，会按照设定的程序向成本管理人员发出预警信号，经成本管理人员甄别后，如存在小偏差，则向成本主管报告，采取相应针对性的措施进行成本纠偏整改，同时跟踪纠偏的整改进程，实时收集的成本进度数据，计算并分析成本控制的效果。如果采取措施后，成本偏差在慢慢缩小，说明纠偏措施让成本控制向好的方面发展，直到完全受控；如果成本的偏差还在继续扩大，说明采取的措施不当，或现场管理还有其他别的严重问题，极有可能这个隐患会给企业带来极大的经济损失，像这种情况，成本的监控系统将预警全部激活，成本部门的主管会接收到强烈的预警信号，主管领导必须认真对待，如月报上的数据显示偏差非常严重的，必须上报项目经理，组织项目班组开会讨论，分析成本控制无效且进一步恶化真正原因，并研究有效的应对策略。

（2）成本偏差在不可调控范围之内。如果出现的成本偏差是属于严重级别的，那么成本监控系统中的预警阀门就将全部被激活。因为照此发展，系统预测项目后期成本超支严重，甚至导致项目失败。所以，项目经理应当高度重视，马上组织各个部门及专业技术管理人员立即召开研究会议，共同探讨成本超支的根本原因和影响深度，根据分析的原因，逐一分析所采取的行动方案，并制订方案有效执行的监管措施和阶段性检查执行新方案的效果。纠偏措施执行结束后,根据 BIM 5D 系统的数据分析和相关的图谱来研究评价方案的有效性。如果调控的效果不佳,则要进一步采取更严厉的措施来继续调控。如果调控的效果明显,则根据 BIM 5D 的进度—成本关联分析,掌握并核实项目的盈亏状况,让项目处于平稳的运行状态,项目的施工成本纠偏流程图如图 12-37 所示。

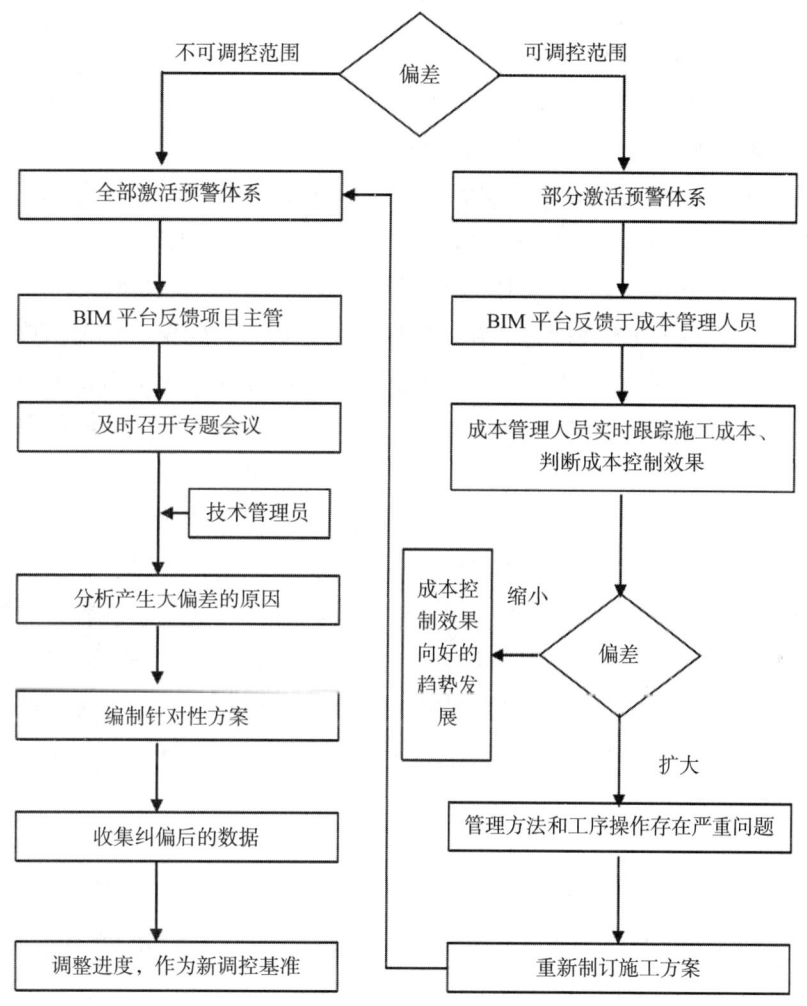

图 12-37 施工成本纠偏流程图

2) 纠偏措施

在施工阶段对施工成本偏差所采取的纠偏措施有很多种,主要有组织、技术、经济和合同方向的措施,具体采用哪种措施,主要是看偏差程度和产生偏差的具体原因,本书就施工成本偏差中采用的经济措施分析如下。

(1) 人工费的纠偏措施。企业内部应建立专门的人工费管控制度,不断积累管理经验，降低人力资源成本，常用的措施包括：①编制并严格执行企业的施工定额制度，灵活下放零星用工，实行总量控制；②以激励和绩效方式提高工人的劳动水平和班组管理水平；③培养技术人员的成本意识，强化对技术人员技术考核；④加强对劳务公司的合同管理，实行合作入库考核和白名单管理。

（2）材料费的纠偏措施。材料费用的管理重点是要加强对材料采购的价格和使用数量进行管理。主要措施如下：①明确材料管理任务。材料管理必须要从施工生产角度出发，搞好物资的平衡和供应。合理地组织材料供应；监督材料使用。②控制材料库存容量。降低库存，加速资金周转，节约仓储费。③制订材料供应计划。根据项目施工进度计划和计划执行程度来制定材料供应方案。④执行材料消耗定额。在项目上提供材料供应计划采用的消耗定额，必须考虑实际情况，但不得超过规定材料消耗定额标准。⑤强化现场材料管理。确定发料标准，核算需用量，工地仓库管理员照单发料，各种低值易耗品建立卡片，专人领发保管，建立工具交旧领新制度。

（3）施工机械费的纠偏措施。施工机械使用台班费的纠偏，主要措施是：①严格控制施工台班支出，加强对机械的作业效果督促，落实责任成本；②加强对操作人员的技能培训，通过考核、绩效来提高生产效率；③提高施工设备的维护保养标准，减少维修费用支出。

（4）管理费用的纠偏措施。管理费由于其散而杂，量少项目多，进行成本控制的空间较大，所以不像施工构件那样容易提前计量，不能用人、材、机的措施来进行解决问题，应着重对管理费用的计划管理、使用指标管理、员工思想教育与物质奖励相结合的方式，多管齐下，强化执行的时间性。主要措施有：①强化对管理费的计划和预算管理；②对管理费的支出进行分类管理，建立使用标准；③加强对管理人员的成本意识教育，强化组织管理；④建立成本节约及成本责任管理；⑤成本节约、超支对应的奖惩及时兑现。

第五节　基于 BIM 5D 的项目动态成本控制方法

一、动态成本管理的含义

动态成本管理是相对于目标成本静态管理而言的，项目开发成本在整个项目实施期间，受诸多因素的影响经常发生变化，对这些变动成本情况进行有效的记录、整理、分析、总结，并通过采取节约成本措施，将项目的开发成本控制在目标成本之内的过程，就是对开发成本的动态管理，也可以认为是目标成本的动态管理。动态成本管理是包括成本、预算、合同、变更签证、结算、付款管理等全项目的明晰的管理系统,如图 12-38 所示。

图 12-38 项目动态成本管理系统

二、动态成本管理的过程和 PDCA 思想

动态成本管理要抓住两条线。一条是目标成本,目标成本是企业预先确定的对各项目开发成本的期望值,是项目开发过程中努力所要控制的成本目标,是进行动态成本控制的依据。另一条线是项目的动态成本。动态成本,即实时反映的实际成本。动态成本的组成如图 12-39 所示。在项目生命周期内,当一个实际合同或非合同性成本发生时,将该合同或非合同性成本与相应的合约规划做关联,让合同的金额或非合同性成本费用能够实时地反映到成本中,体现出对成本科目,甚至整个项目成本的影响。合同执行过程中的变更与签证也一样,一旦发生变更和签证,应及时将相关费用与合约规划关联起来,反映到动态成本中。另外对于尚未发生,但是根据市场或项目情况预计会发生的成本,即待发生成本,也要纳入动态成本中。

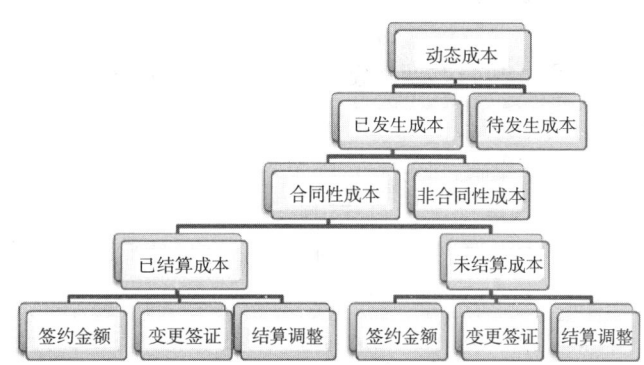

图 12-39 动态成本的组成

项目动态成本管理就是要在项目实施过程中，除了要对上述的目标成本和动态成本分别进行管理外，还要不断进行动态成本与目标成本差异的动态分析。当动态成本超出目标成本时，要立即反馈预警，分析原因并做出应对、调整措施。动态成本管理过程如图 12-40 所示。

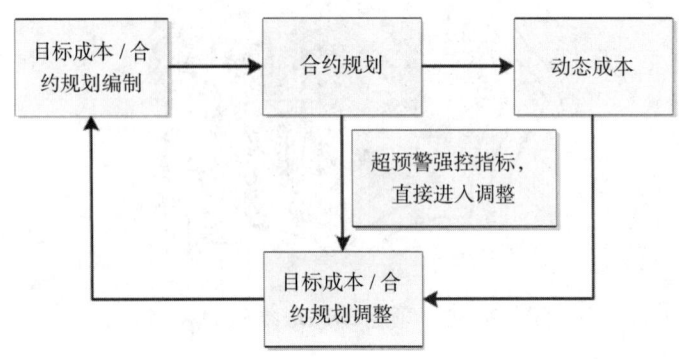

图 12-40　动态成本管理过程

以上动态成本管理过程体现出动态成本管理的 PDCA 循环思想，如图 12-41 所示。

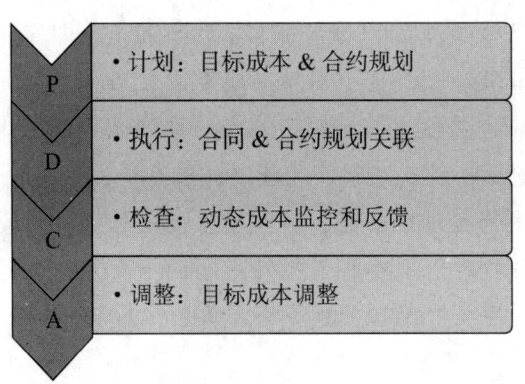

图 12-41　动态成本的 PDCA 循环思想

其中：

P（Plan）：指测算目标成本，编制合约规划，并制订计划和工作细节；

D（Do）：指合约规划、工作计划的执行，在项目实施过程中需及时将合同与合约规划关联起来；

C（Check）：收集数据，对比、检查实施结果与计划差异，找出差异原因，并预警反馈；

A（Adjust）：采取措施纠正问题包括调整计划，总经验和教训。

第 12 章 基于 BIM 5D 技术的精益成本管理

三、房地产开发项目成本的动态控制流程

成本控制流程常用事前控制、事中控制及事后控制相结合的思想。本书就是在这一思想的基础之上，引入 BIM 理念，利用先进的计算机技术，使成本管理人员可以在第一时间收集并且分析成本数据，从而实现成本的动态管理。工程项目的成本动态控制流程体系主要分为编制成本控制计划、监测项目成本数据、成本控制动态评价以及成本偏差控制四个部分，具体内容如图 12-42 所示。

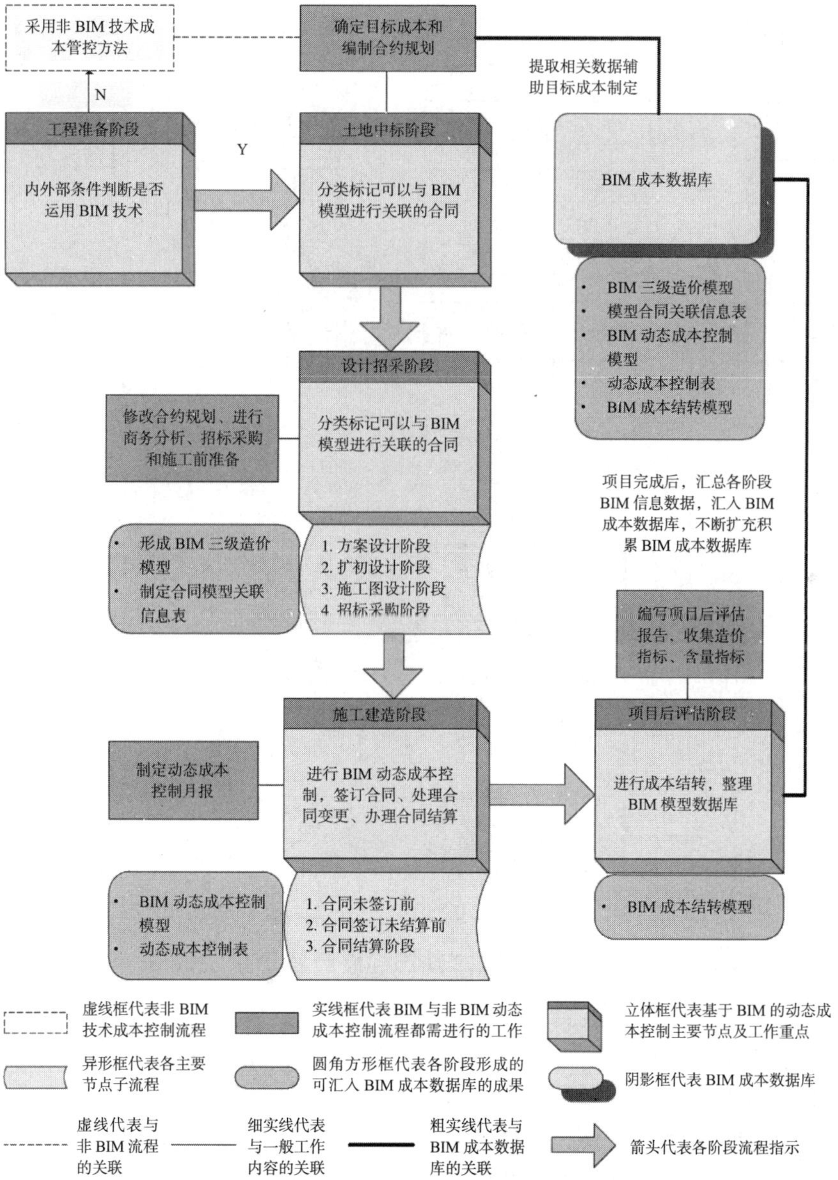

图 12-42 基于 BIM 5D 的项目成本动态控制流程体系

四、基于 BIM 5D 的成本动态控制流程

我们将 BIM 技术理念引入常规成本控制流程中，在以往成本事前控制、事中控制和事后控制的基础上，利用改进挣值法原理和先进的数据处理技术，加入即时动态预警方案，使成本偏差在第一时间内得到管理人员的关注和及时处理。

项目成本动态控制响应流程主要分为前期计划编制、施工动态监测、动态预警方案及偏差调控措施四大部分。图 12-43 为成本动态控制流程示意图。

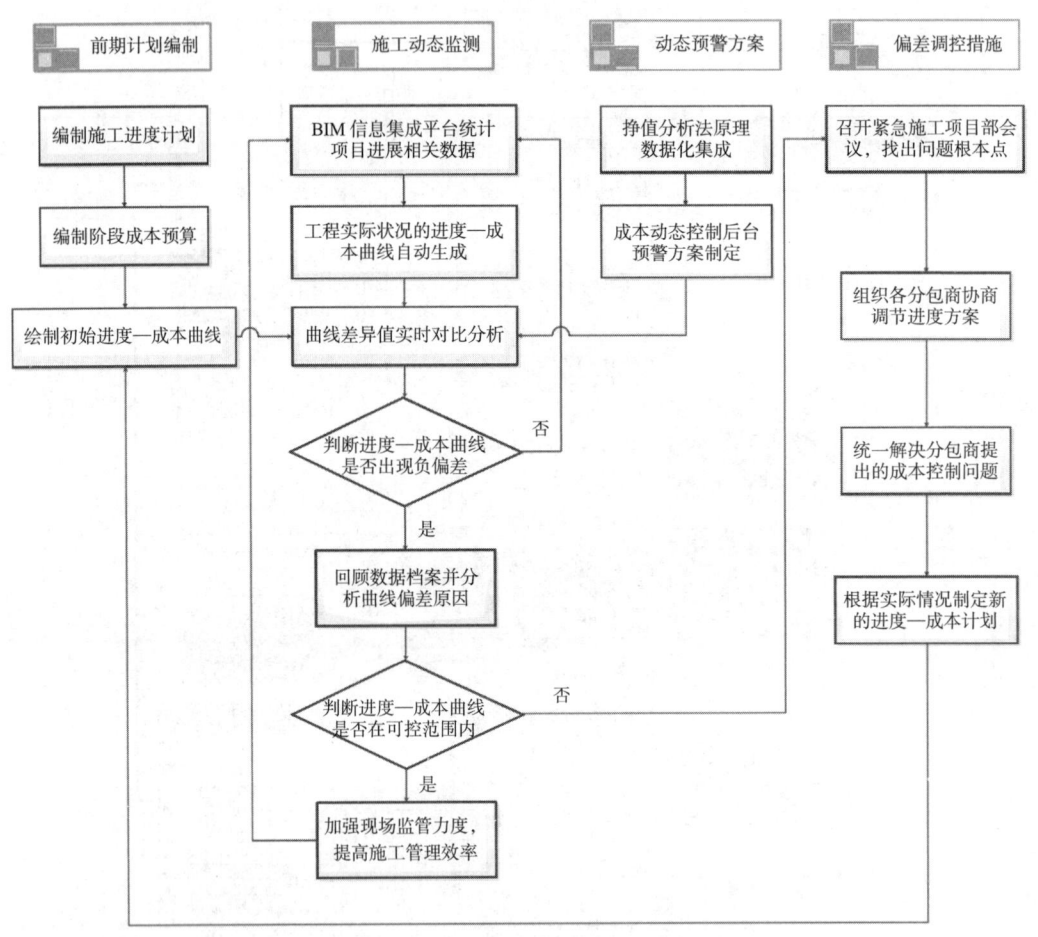

图 12-43 成本动态控制流程示意图

（1）前期计划编制，是指项目在施工准备前，开发商根据以往类似工程的施工经验及 BIM 信息集成平台的共享资料，对目标工程进行详细分解与分包商工程划分，编制完整的施工进度计划，并以此进度计划测算各个阶段的预期成本，同时在 BIM 平台中绘制初始进度—成本曲线，作为后期施工阶段成本调控的对比标准。

前期成本计划编制流程图如图 12-44 所示。

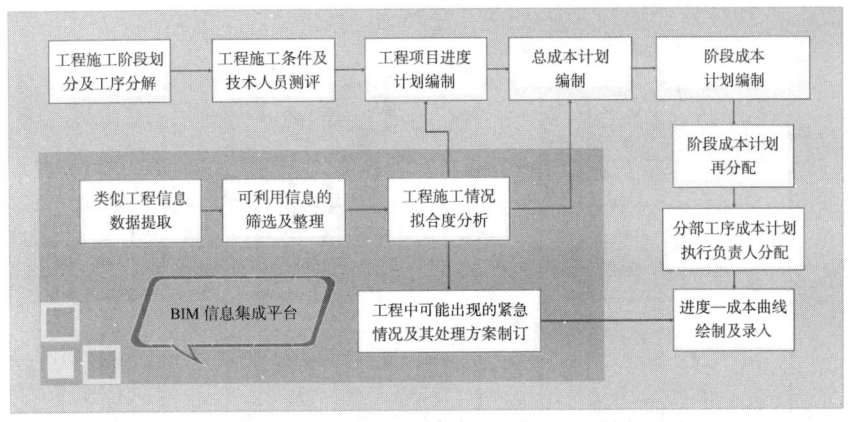

图 12-44　前期成本计划编制流程图

（2）成本控制绩效动态监测，是工程项目成本动态控制的重点，只有保证了各项施工数据信息的准确性并实时反馈至 BIM 信息集成平台，才能在第一时间内统计整理和运算分析各方汇集的数据资料，得到符合项目实际进展的进度—成本曲线。在初始进度—成本曲线的基础上，通过动态预警限值的设定，对比分析实际进度—成本曲线的实施状况，测定成本支出是否产生负偏差值。若产生负偏差，则根据偏差出现的分界点回顾工程数据，并组织成本控制职能人员分析偏差产生的原因。若偏差在可控范围内，则仅需提高施工效率，加强现场监控管理力度，将偏差值逐渐缩小至预期正常状况；而若负偏差值过大，超出可控范围，则需制订更有针对性的调整方案，做到成本偏差的有效处理。动态预警方案，简单来讲，即为改进挣值法原理下的工程实际施工与计算机技术的结合使用。利用 BIM 5D 集成平台对目标项目的实时监测及回馈，收集整理现场工程数据信息，并与前期已形成的初始进度—成本曲线对照。当运算结果为进度—成本曲线出现负偏差时，以弹出对话框、数据颜色转变或语音播放等提示方式对成本管理人员作出预警。这种预警避免了以往工程施工中，成本管理人员因大量的数据处理工作，不能及时发现成本偏差，导致错过最佳调整期限，而造成的不必要成本损失。

总承包成本控制绩效监测流程的三部分属于逐层递进的管理模式，每一层对于其上一层视为执行方，而对下一层则视为管理方，且管理范围自工序至整体逐层增大，管理方式也从精细管理逐步至决策总控。

（3）成本控制动态评价，即成本超支动态预警流程，主要运用改进挣值法原理，结合 BIM 5D 集成管理平台，对目标项目成本进行实时观测与预警控制的过程。与以往施工中所运用的成本控制方式不同，在 BIM 5D 支撑下的成本控制理念，脱离原始各自管理的混乱管理状态，将控制重点放在工程信息的交换与共享中，实行各级透明化数据管理，并利用先进的软件系统，对数据信息进行自动匹配对比，从而将成本管理工作人员从大量的数据处理工作中解脱，使其发挥原本的管控职责。

项目成本控制绩效监测流程图如图12-45所示。

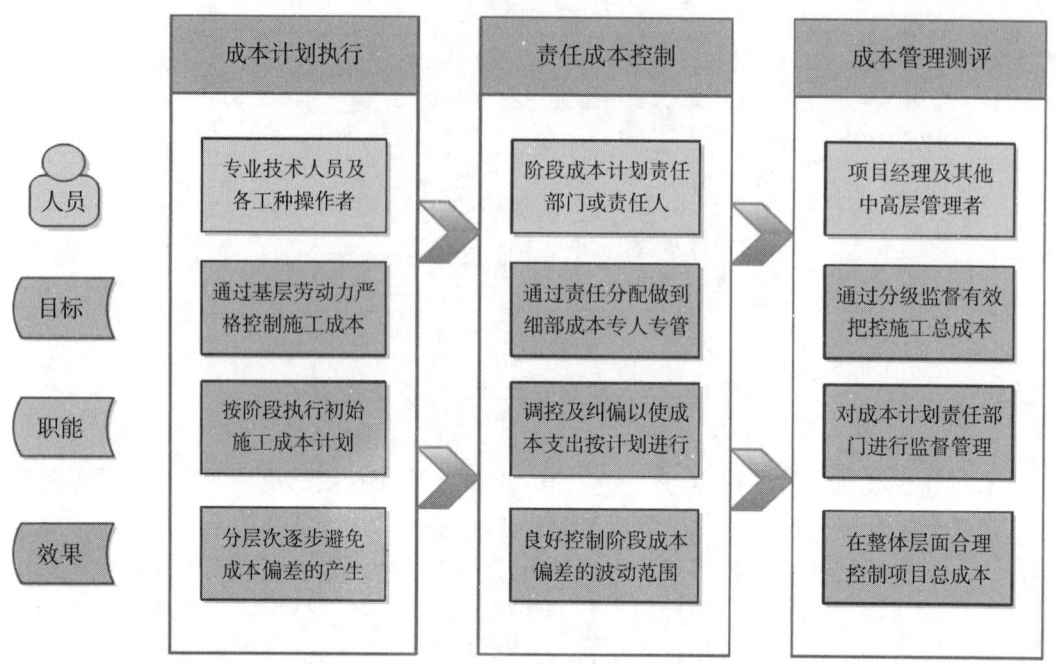

图12-45 项目成本控制绩效监测流程图

在上述改进挣值法原理中，PV、EV、PV-C、EV-C等一系列预算成本的数值是固定不变的，所以在曲线对比和偏差判定过程中，必将忽略工程变更所带来的工程量变动，从而也造成了项目数据的不完整。而将此理念引入BIM 5D集成平台后，不仅可以利用平台软件自动计算各种目标项目数据信息，同时能够在工程变更发生的情况下，将变更工程的数据信息按照相应的预算成本和实际成本进行自动匹配，作为独立模块加入项目整体成本控制体系中，图12-46是施工总承包成本控制动态评价流程。

（4）成本控制偏差响应。项目成本偏差可分为可接受偏差与不可接受偏差，可接受偏差是指成本偏差较小，同时在后期项目施工过程中可通过组织管理或先进施工技术等予以弥补的偏差；不可接受偏差是指成本偏差过大，并且预测在后期项目施工过程中无法通过组织管理或先进施工技术等予以弥补的偏差。

如果目标项目出现可接受偏差，则需要成本管理人员及时汇报，并作出相应的技术组织管理方案，调控成本支出。而当目标工程成本支出情况超出预定的可接受偏差范围，激发成本动态预警流程最终的报警提示时，项目经理应给予足够的重视，并及时召集项目组重要成员及各专业技术人员对成本偏差进行快速分析处理，避免偏差的再次扩大对项目造成严重的经济损失。对于处理两种偏差的项目成本控制偏差响应流程可如图12-47所示。

第 12 章 基于 BIM 5D 技术的精益成本管理

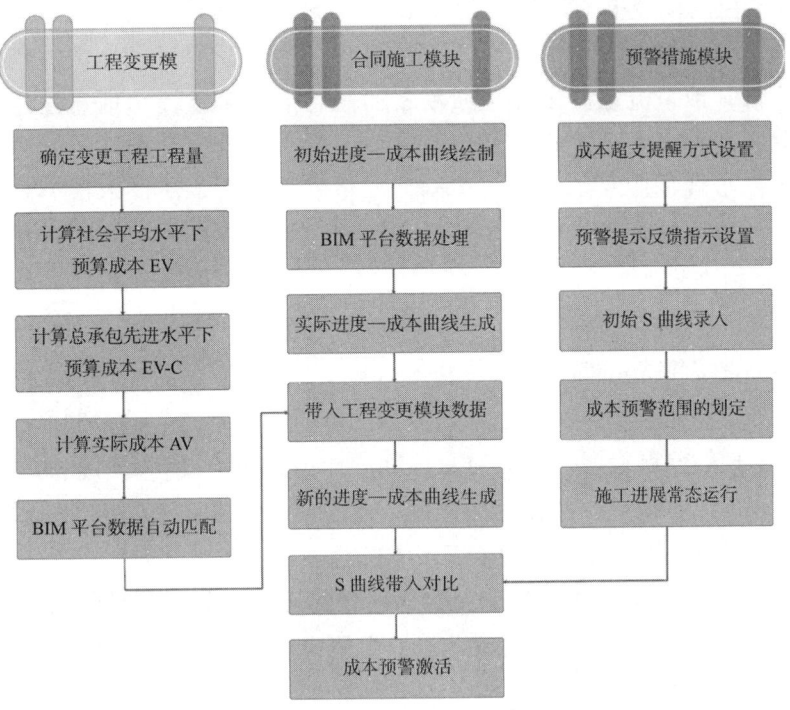

图 12-46 施工总承包成本控制动态评价流程

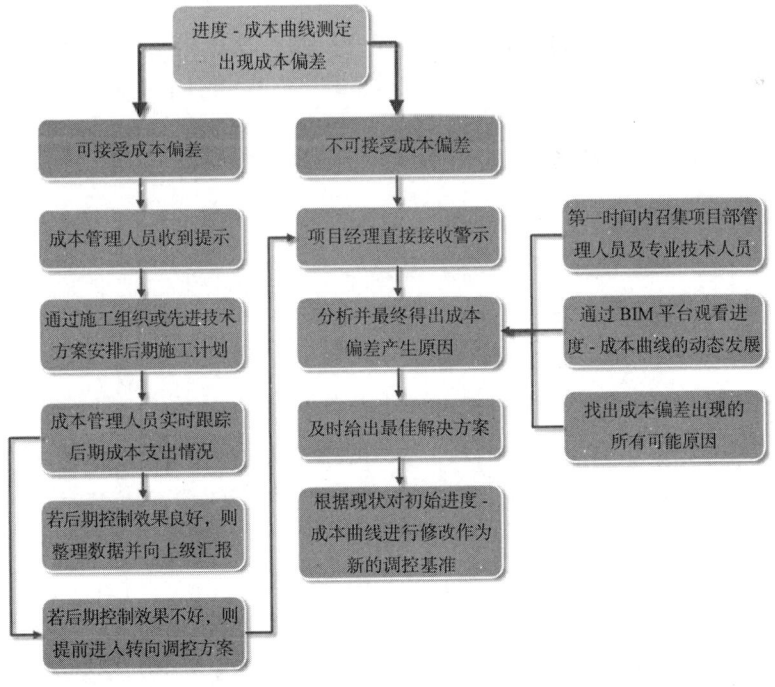

图 12-47 项目成本控制偏差响应流程

项目成本控制偏差响应流程，是在 BIM 信息集成平台实际工程进度—成本曲线生成过程中，出现偏差时形成应对方案的过程。当目标项目在施工过程中发生可接受成本偏差时，预警流程并未完全激活，而是将成本偏差提示信息发送至成本管理人员处，由成本管理人员跟相关部门或专业负责人协商，利用有效的施工组织或施工技术方案逐步减少成本偏差。若控制情况良好，则将本次成本偏差的处理全过程整理并上报；若控制效果不好，甚至偏差加剧，则需要提前启动不可接受成本偏差控制流程。

当目标项目在施工过程中发生不可接受成本偏差时，预警流程被完全激活，BIM 信息集成平台直接将成本偏差警示信息传达至项目经理，项目经理需及时召集项目部所有管理人员及专业技术人员对成本偏差详细分析，确定产生偏差的可能性原因，最终找出偏差出现的问题根源。之后对具体问题作出相应的具有针对性的处理方案，及时更正后期施工成本偏差，并在初始进度—成本曲线的基础上调整现阶段情况下的新的进度—成本基准曲线，以便后期施工成本的合理调控。

由上可以看出，动态成本控制依托合同所处的各种状态，当合同状态发生变化时，动态成本也会随之变化。本书正是在此思路上研究传统方法加入 BIM 技术后，项目各阶段的动态成本控制该如何进行。

五、BIM 5D 和挣值法结合的项目施工成本动态控制

如图 12-48 所示，基于挣值法原理，结合 BIM 5D 技术更新了项目成本动态控制流程，同时我们考虑了原设计范围内和工程变更两种情况下，BIM 处理数据的操作流程，形成了两套成本动态控制体系。其流程如图 12-49、图 12-50 所示。

六、基于 BIM 5D 的动态成本管理基础框架

基于 BIM 5D 的动态成本控制中除了 BIM 和动态成本两大关键词，目标成本、合约规划、模型构件、软件运用等也有着重要作用，为了厘清研究关键点并梳理，我们加入 BIM 技术后形成成本管理的基础框架。

1. 以成本线和信息线构成的线型框架

在基于 BIM 5D 的动态成本控制中成本和信息是两大不可或缺的因素。成本条线中涉及的内容有目标成本的确定、目标成本的延伸工作合约规划的制订、合约规划的载体合同（清单）的编制以及最后贯穿成本管理全过程的动态成本控制。信息条线中以 BIM 为主导的技术支持下 BIM 软件选用、BIM 模型建立、BIM 参数设置和 BIM 数据库积累是其中的主要内容。这两大条线中的内容不是孤立存在，而是相互配合进行，只有当成本线和信息线融会贯通在一起才能形成一个完整的成本信息管控框架。基于 BIM 5D 的项目各阶段动态成本控制是由这样的成本信息线型框架进行支撑，如图 12-51 所示。

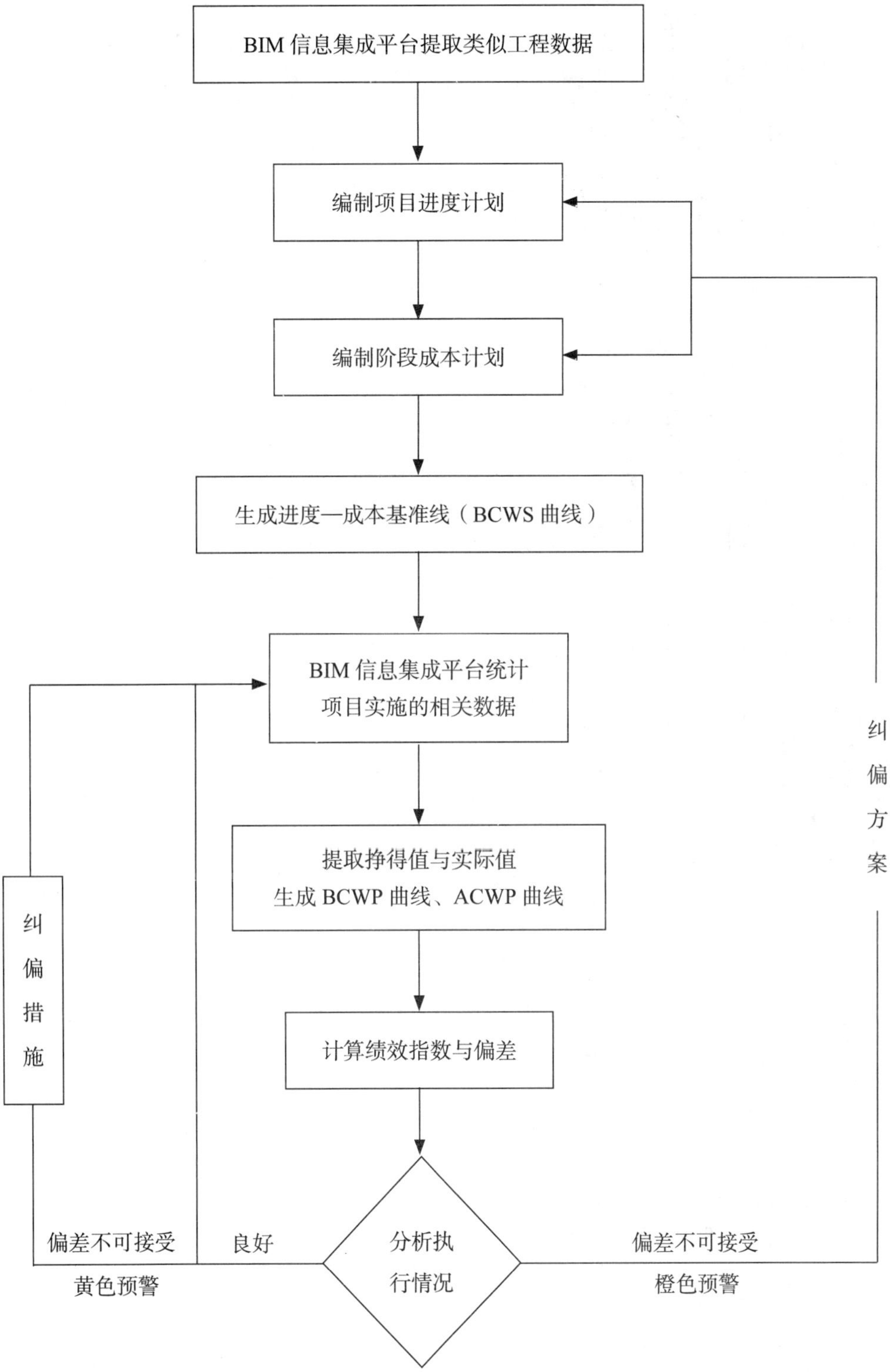

第 12 章 基于 BIM 5D 技术的精益成本管理

图 12-48 基于 BIM 5D 和挣值法结合的项目成本动态控制流程

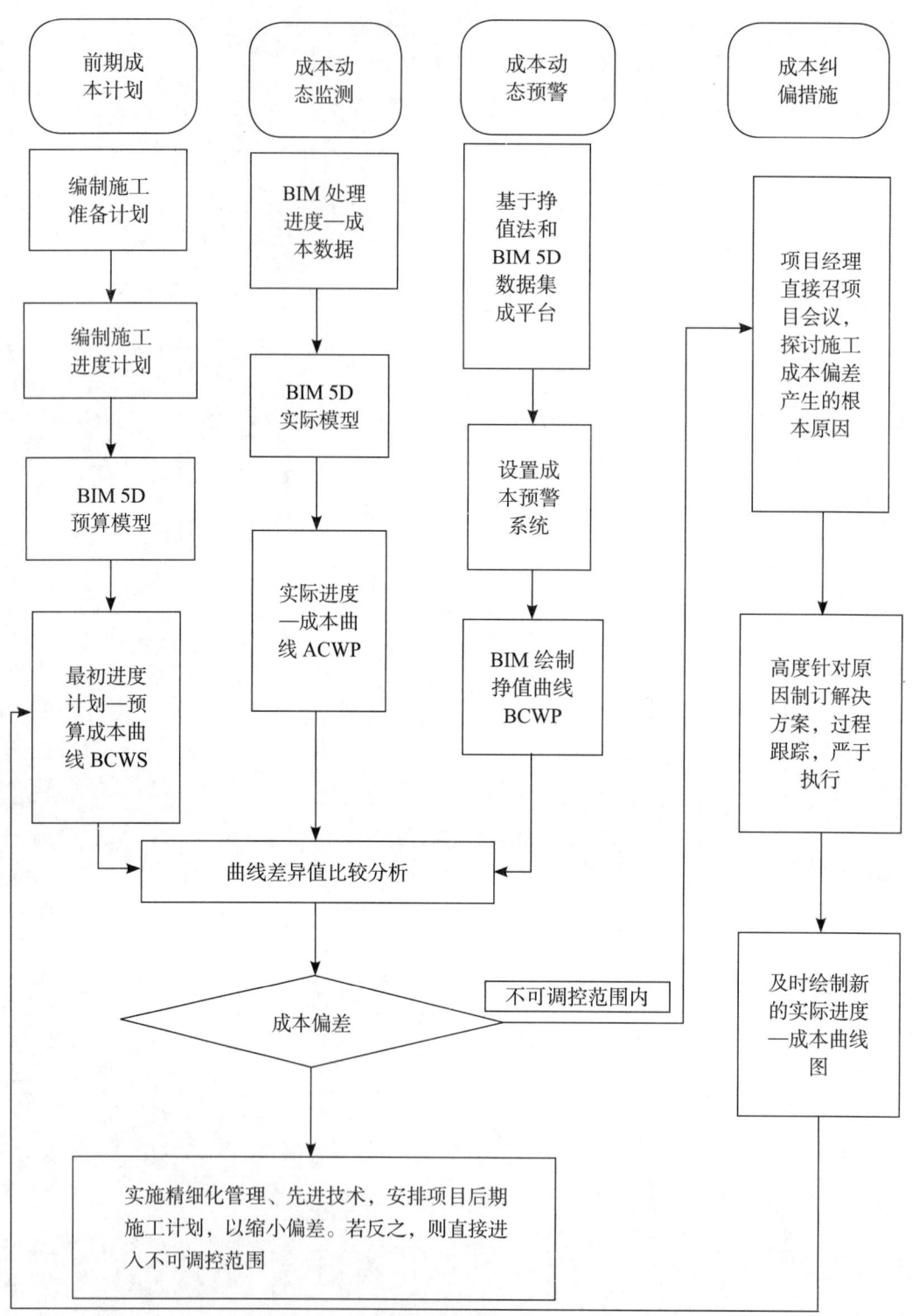

图 12-49 BIM 5D 结合挣值法动态成本控制体系（不包含工程变更）

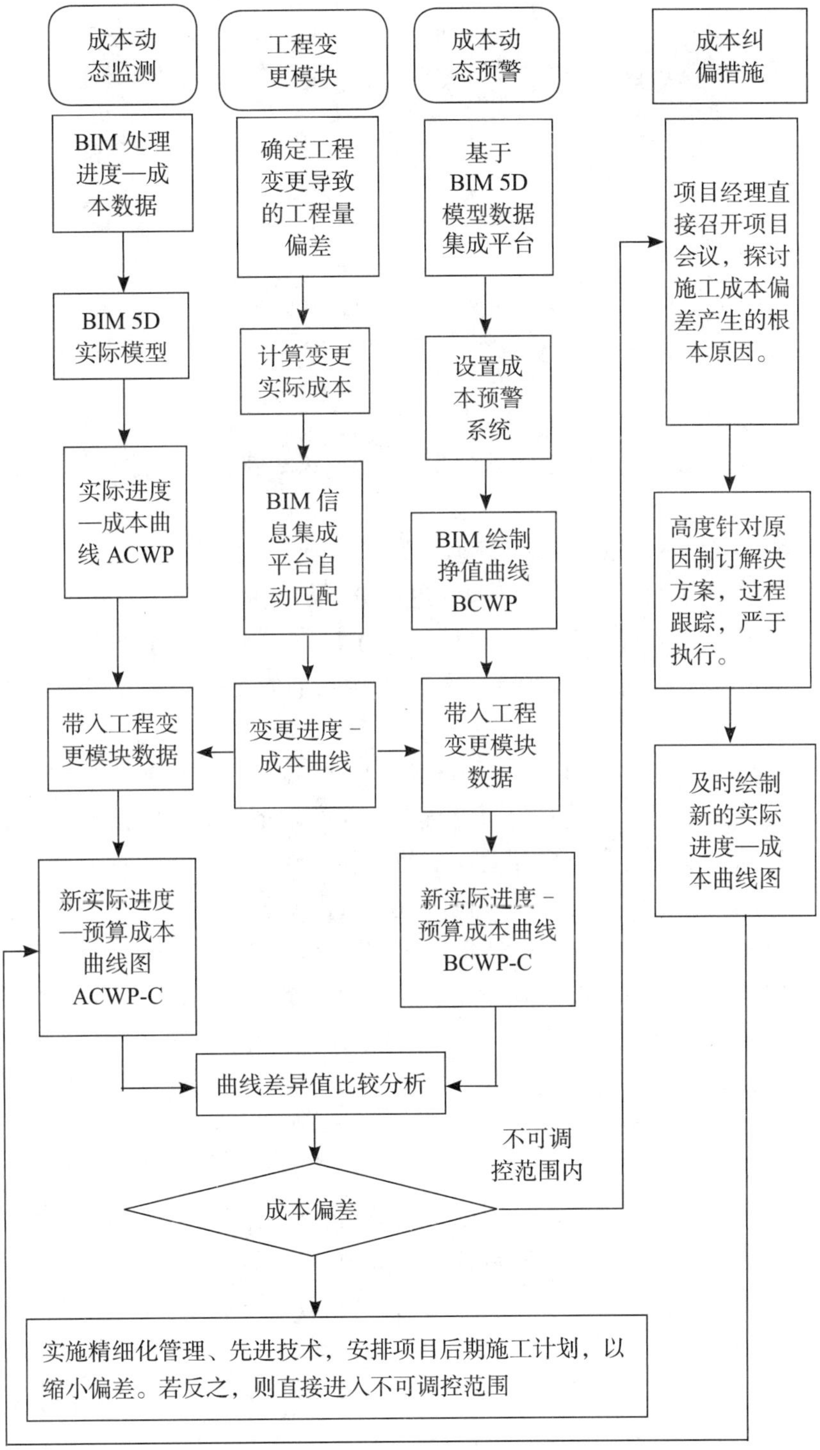

第 12 章 基于 BIM 5D 技术的精益成本管理

图 12-50 BIM 5D 结合挣值法成本动态控制体系（包含工程变更）

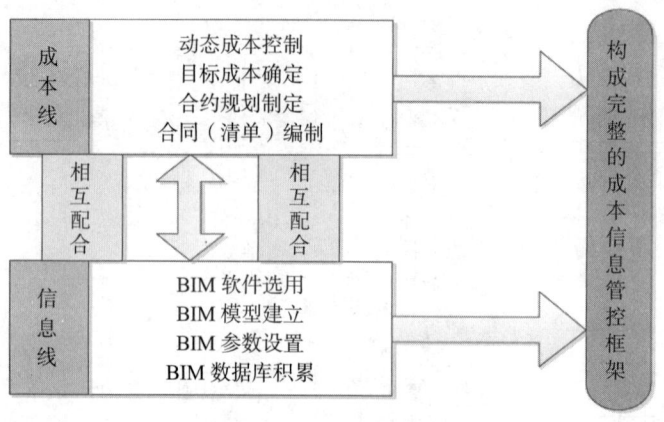

图 12-51　基于 BIM 5D 的动态成本控制线型框架

2. 以传统方式融入 BIM 技术的环型框架

线型框架分别从两条关键线路入手进行分析，而每条线路里包含的内容是相互融合的，若将这些内容单独进行分析则构成了环型框架。环型框架中，目标成本、合约规划、动态成本、合同（清单）及 BIM 相关内容是分别联系、共同推进成本信息管控的。

合约规划是目标成本和动态成本的纽带，其将目标成本按照合同类别进行分类，并预估项目的合同类别、数量及价值。在大合同类别下编制相应的预算，每签一个合同都可以寻找到成本科目中与之相对应的目标控制线。合同与成本科目关联起来，在成本体系上可以进行实时动态成本控制，找到合同对整个项目产生的影响。确定的目标成本和编制的合约规划的合理性是实现 BIM 技术完整性的前提，目标成本确定后合约规划编制水平的高低也直接体现了企业成本管控水平的高低。如果说合约规划的作用是便于目标成本和动态成本关联，那么 BIM 技术运用后则是更具体地将合同、成本科目和对应构件联系在一起，辅助管理动态成本、控制实际成本在目标成本以内，其关系示意如图 12-52 所示。

BIM 软件选用后，BIM 模型建立、相关工程参数设定、模型中的构件与合同内容或是合同中具体的清单相对应，合同有相应的成本科目对应，成本科目的内容在 BIM 模型中也可以标出，这三部分内容从合约规划中延伸出来又可以实时反映动态成本主要组成部分的变化情况及实际成本是否控制在目标成本以内。在具体的动态成本控制完成后，所有数据又逐渐积累在 BIM 5D 成本数据库中，以便下次项目参考使用。实际操作过程中合同与 BIM 模型怎样关联、动态成本具体怎样变化是以这样一个相互融合的成本信息管控框架作为支撑的。

3. 基于 BIM 5D 的精益成本动态控制实施过程

基于 BIM 5D 的精益成本动态控制实施流程分为事前控制、事中控制与事后控制三个阶段，如图12-53所示。

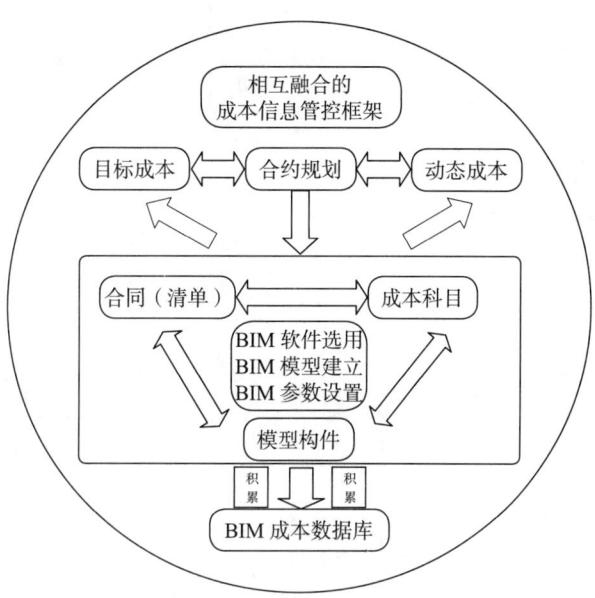

图12-52 基于BIM的动态成本控制环型框架

事前控制，即施工项目动工前，制订出合理可行的实施性成本计划的过程，依据施工图纸建立三维（3D）模型，关联进度后成为四维（4D）进度模型，同时加入资源需求计划与价格体系，形成集方案、进度、成本为一体的5D模型，通过过程分析与优化得到最佳工期、资源配置与项目成本，以此制订实施性成本计划。

事中控制，指项目施工过程中的动态成本监控，将BIM 5D平台与BIM标准工序工艺关联，录入实际进度、资源供应与成本信息后，与实施性成本计划动态对比，借助挣值分析法分析，对超出范围的成本偏差进行预警，采取措施，动态追踪，从而形成一个动态成本监控系统，直到工程结束，如图12-54所示为选定不同的施工段或模型单元对应不同的动态资金投入。

事后控制，当工程项目施工完成后，对成本计划执行情况与实际成本进行分析，得到具体的各项成本指标，与同类项目指标横向对比，最终形成本项目成本报告。

七、基于BIM 5D的项目各阶段动态成本控制要点

从项目工程准备阶段到土地中标阶段、设计招采阶段、施工建造阶段再到最后项目后评估阶段，BIM技术介入建设项目各个阶段是逐步进行的，每个阶段与BIM相关的工作内容和重点都是不同的，每个阶段基于BIM 5D的项目各阶段动态成本控制要点如表12-6。

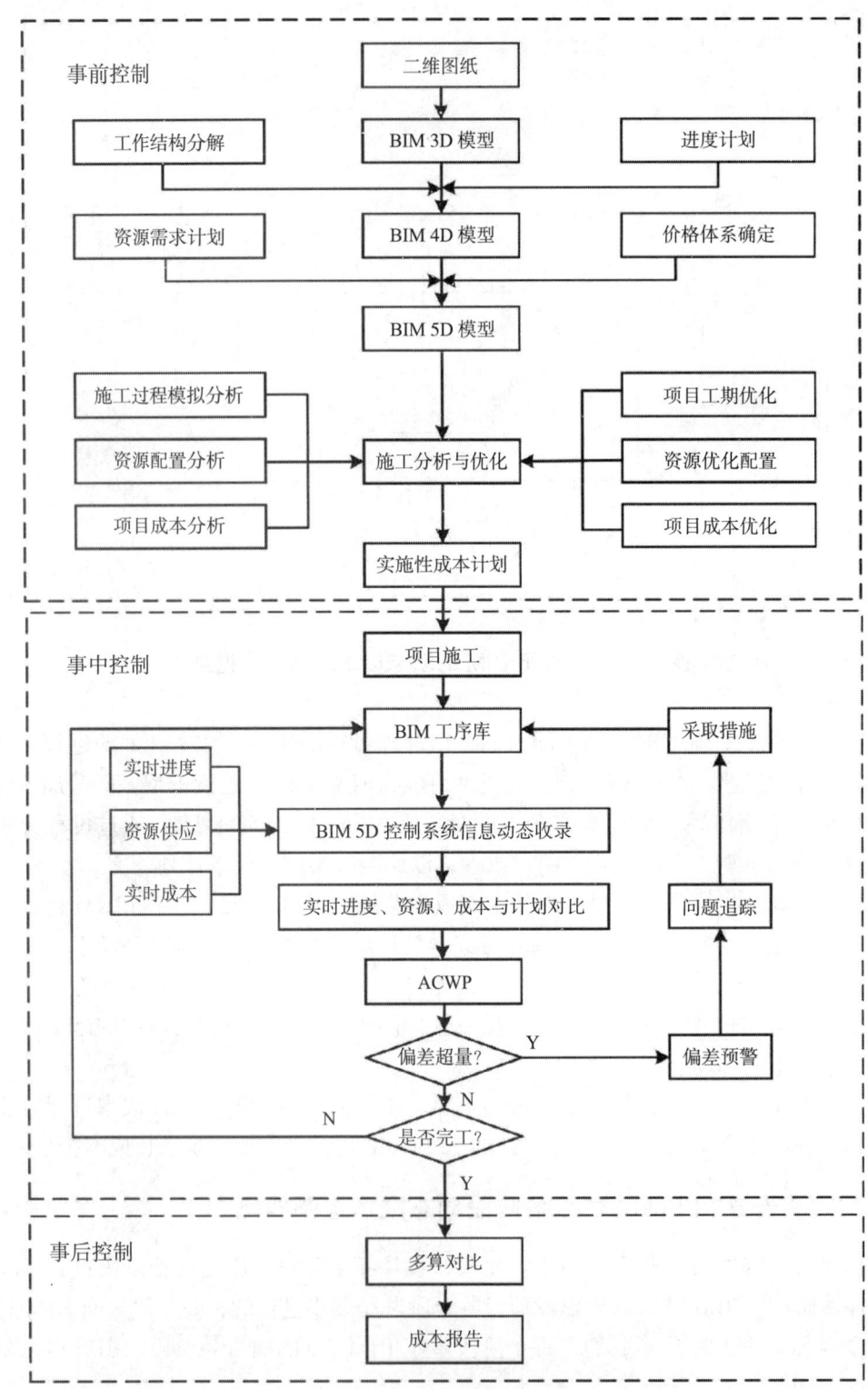

图 12-53 BIM 5D 精益成本动态控制实施流程

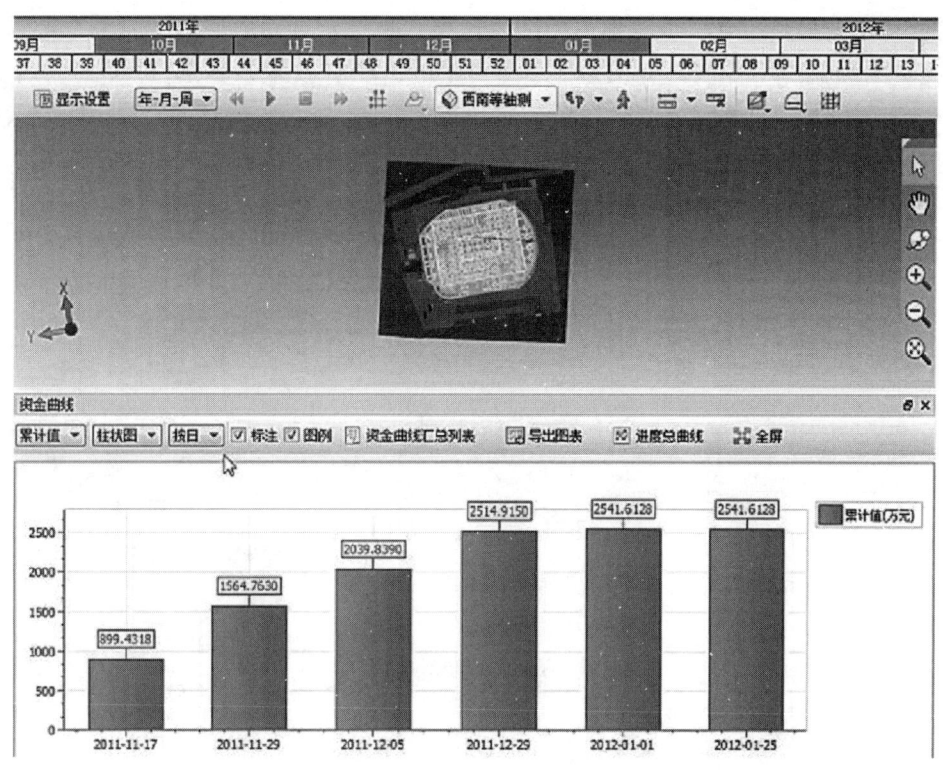

图 12-54 动态资金投入

表 12-6 基于 BIM 5D 的项目各阶段动态成本控制要点

成本控制阶段	工作重点	BIM 的作用
工程准备阶段	判断项目是否采用 BIM 技术	BIM 暂不介入
土地中标阶段	确定目标成本和编制合约规划，分类标记可以与 BIM 模型进行关联的合同	查看 BIM 数据库，提取相关数据辅助目标成本制订
设计招采阶段	修改合约规划，进行招标采购工作，建立 BIM 模型，进行合同与模型构件关联，建立三级 BIM 造价模型和建立合同模型信息关联表	整理合同为后期动态成本控制做准备，利用 BIM 造价模型辅助商务分析和施工准备工作
施工建造阶段	进行动态成本控制，纠纷处理，合同变更，解决合同办理及结算	通过 BIM 造价模型辅助动态成本管理，指导合同签订，及时处理变更、办理结算
项目后评估阶段	办理成本结转，整理 BIM 模型数据库	收集造价指标、含量指标，积累 BIM 成本数据库

由表 12-6 可以看出，建设项目各个阶段的工作重点既保有传统的成本控制方式又融入了 BIM 5D 模型进行管控，核心点在于设计招采阶段的合同模型关联，关联合同

信息的 BIM 模型是包含了成本信息的造价模型，再结合合同模型信息关联表可以进行比较完整的动态成本控制。但正如本书所讨论的，BIM 技术并不是仅存在于某个阶段的某个环节之中，而是存在于各阶段，辅助成本控制。基于 BIM 5D 的项目动态成本控制应构建一套完整的流程体系。故根据表 12-6 的整理，绘制基于 BIM 5D 的项目成本动态控制流程体系，如图 12-55 所示。该体系系统地展示了 BIM 5D 与传统方式的结合及各个阶段所做的工作和产生的成果。

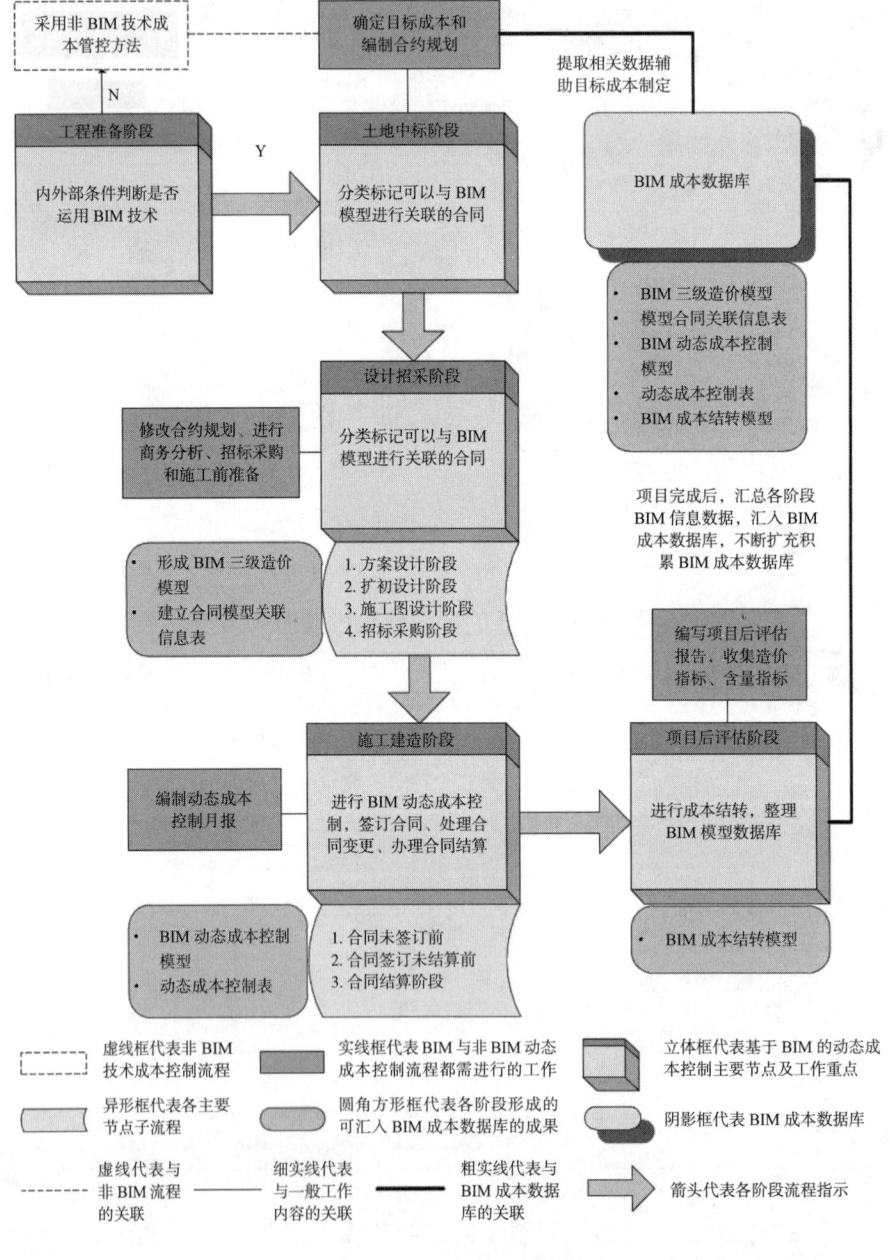

图 12-55　基于 BIM 5D 的项目成本动态控制流程体系

第六节　BIM 5D-ERP 房地产项目成本控制体系

通过对目标成本管理、招标采购管理、项目质量管理、资金运营管理和产品营销管理五个方面的集成，本书构建了基于 BIM 5D 和 ERP 系统的房地产企业成本控制体系，如图 12-56 所示。

由图 12-56 可知：

（1）BIM 5D-ERP 系统下的成本控制体系包括目标成本管理、招标采购管理、项目质量管理、资金运营管理和产品营销管理五部分，将 BIM 模型的信息集成特点结合 ERP 本身的物料供应和财务管理两条主线，对房地产企业成本控制体系进行了改造。

（2）BIM 5D-ERP 系统下的成本控制体系在目标成本管理阶段根据 BIM 模型的不断深化，建立了多阶段的目标成本测算版本，保证了项目建设和成本控制动态相关，提高了成本控制的时效性。

（3）BIM 5D-ERP 供方管理中心结合工程量清单和各部门采购需求，输出物料计划和工程进度计划，在项目实际开发过程中结合 BIM 模型的模拟施工对开发计划进行动态调整，在产品正式入市销售之前完成前期准备工作，同时根据营销进展对开发计划的实时更新提供建议，促进房地产企业形成闭环动态的成本控制体系。

（4）BIM 5D-ERP 系统下的成本控制体系从企业级数据库和共享平台两方面搭建了涵盖项目建设各方和建设全周期的项目质量管理模块，保证了企业物流供应和项目施工的连贯性，确保了高周转情况下的项目施工质量。

（5）BIM 5D-ERP 系统下的成本控制体系从项目前期研判、项目销售信息维护和客户管理三个方面确保了产品营销阶段的顺利进行，缩短了资金回收期，并为后续项目提前完成了客户储备工作。

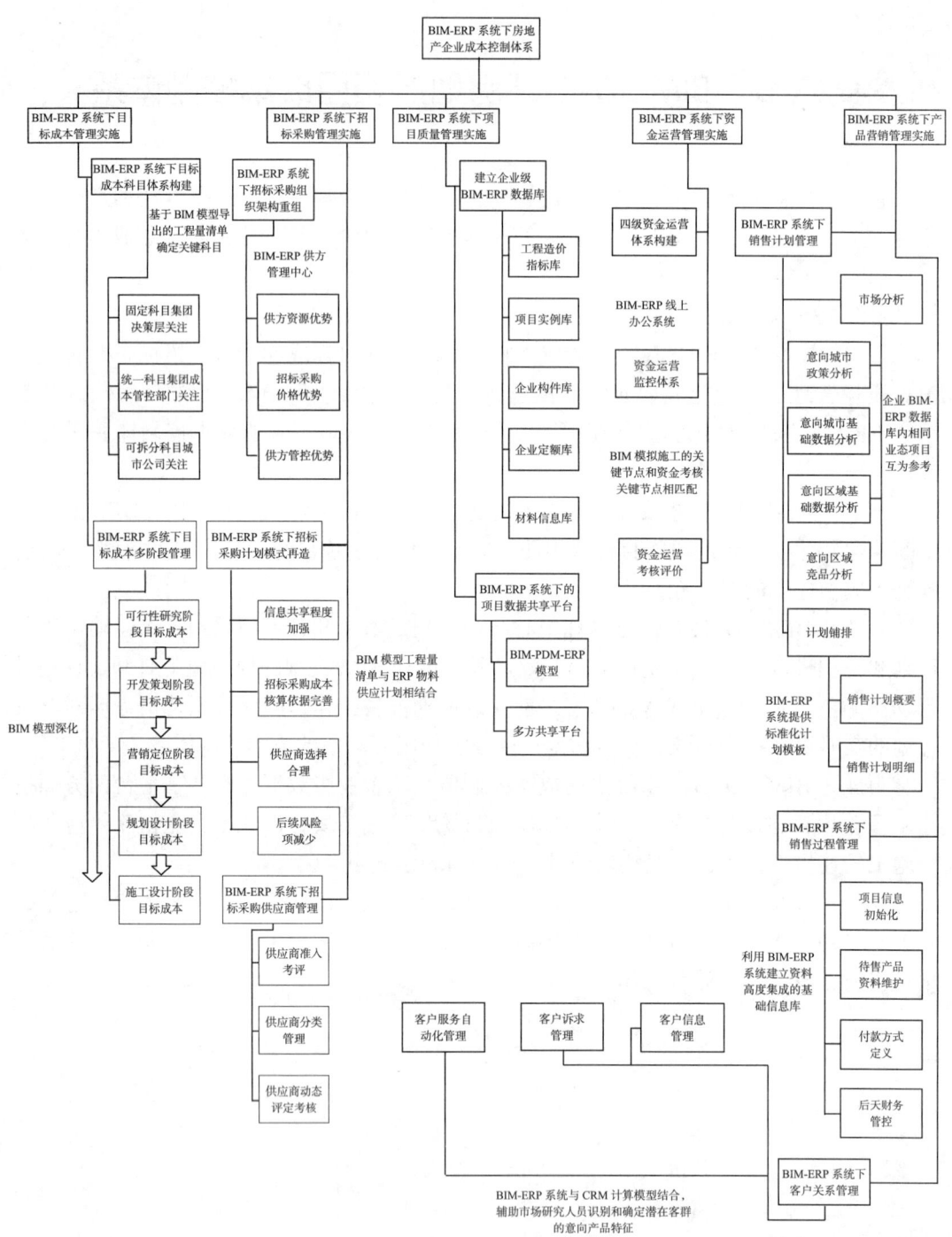

图 12-56 BIM 5D-ERP 系统下房地产企业成本控制体系

第四篇

精益资金链／现金流营运管理

第 13 章

房地产企业资金链管理

房地产行业是一个资金密集型行业，资金是房地产企业的"血液"，资金链的稳定运转是维持房地产企业生产运营的根本前提。近年来，我国房地产业发展迅猛，规模不断扩张，房价节节攀升，国家政府为抑制房地产业过快发展，出台了一系列的调控政策——紧缩银根、控制信贷、限购限贷等。随着调控的不断深入，房地产业环境变得日趋严峻，呈现融资困难、成本上涨、销售低迷、资金回笼速度缓慢的严峻态势，房地产企业开始面临较大的资金运转压力。因此，如何在这种严峻的形势下，研究、分析和管控不确定因素给房地产企业带来的资金链风险，提高房地产企业的资金运营能力，保证房地产企业健康可持续发展，是亟待解决的问题。

第一节 资金链理论分析

一、资金链的定义

资金链是指维系企业正常生产经营运转所需要的基本循环资金链条，是企业维持正常生产经营运转所需的重要保障，是资金的筹集、投资形成资产再到现金流收益(增值)的一个不断循环增值的经营过程。企业要维持正常的生产经营运转，就必须保持这个循环良性的不断运转。一旦企业缺乏对于资金链的营运管理，缺乏对资金链/现金流的管理控制，企业将陷入资金链断裂的危机。

学术界和理论界对于资金链还没有达成统一的认知。作者认为，所谓资金链就是指资金在企业三个活动过程中的全循环过程，即筹资活动、经营活动和投资活动过程中的流入和流出的全循环过程，它能够保证企业正常生产经营运行和创造企业价值所需要的基本资金链条，"资金链"也属于企业价值链上的重要部分。

二、资金链管理理论分析

1. 资金链循环理论

资金链是当企业的现金在发生流入和流出时，在一个特定时间点上的"静态"体现。按照在资金循环过程中所展现的形式不同，可以把企业资金链分为四部分：资金筹集、资金投放、资金运营和资金回笼。企业先从内部（股东/职工）和外部（银行或其他金融机构或他人）筹集本钱（原始资本）后，再将本钱（原始资本）投放到企业中（包括不涉及所有权变动的内部投资和非所属企业的外部投资），经过企业各个运营阶段，最后通过销售产品（或服务）再收回资金，实现资金增值保值过程，这个资金循环阶段就形成了一个完整的动态资金链。我们把它使用流程表述出来，就是：筹集资金→内部/外部投入资金→资金运营→资金回笼→资金分配→筹集资金，然后进行下一个循环，周而复始。

我们通常将资金链循环中的四个部分表述为三个阶段：资金来源、资金使用和资金回收。这三个阶段涵盖了资金流入和资金流出的所有环节，因此对于资金链风险管理，就是对这三个阶段所有环节的事前、事中和事后管控，我们通过对三个阶段的资金进行有效的管控与安排，就能确保企业资金链的长期有效运转。资金来源、使用和回收三个过程的循环可用图13-1表示。

2. 马克思资本循环理论视野中的资金链管理

资金链管理首先要涉及的基本问题是资金的合理流动、资金的合理分配、资金的有效控制等问题，虽然在马克思的经典著作中没有出现"资金链"的概念及针对以上问题的直接论述，但这些问题的相关原理在《资本论》中却有详细说明，其中马克思资本循环理论可视为理解和掌握现代企业资金流程和资金链管理的一把钥匙。为此，本书从马克思资本循环理论的相关原理出发，对现代企业资金链管理的基本问题进行审视和考察。

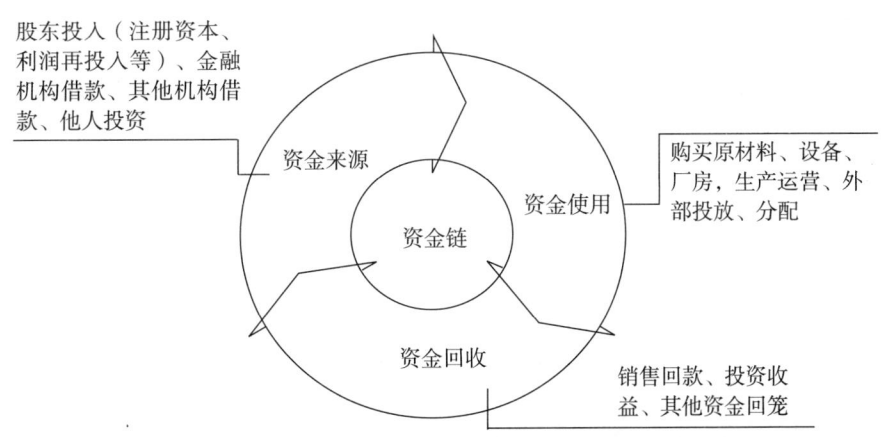

图13-1 资金链循环理论模型图

1）马克思资本循环理论的主要内容

在《资本论》第二卷的第一篇和第二篇中，马克思详细阐述了单个资本循环理论。通过对资本主义社会单个资本运动过程的分析，马克思展示了商品经济条件下产业资本运动的一般过程，揭示了这个运动过程所涉及的经济内容和一般规律，并指出资本运动本质的目标追求。马克思的资本循环理论既是《资本论》的一个重要部分，又可以自成体系，整个资本循环理论包含资本循环阶段论、资本循环形式论、资本循环条件论、资本循环时间论四个部分。

马克思指出，资本的循环运动经过购买、生产、销售三个阶段，在各个阶段资本相应地以货币资本、生产资本、商品资本三种职能资本的形式存在。在完成一个周期的循环后，资本带着剩余价值回到原来的起点，并为下一轮循环做好准备。整个循环过程，马克思用资本循环总公式来描述。这个公式为：G—W…P…W'—G'（G 货币资本，P 生产资本，W 商品资本）。从资本循环总公式中可以看出，资本循环可分为三个阶段：第一阶段购买阶段"G—W"，资本家以购买者身份出现，在生产要素市场上用货币购买劳动力和生产资料，为剩余价值生产做准备。在这个阶段中资本的具体形态由货币资本转化为生产资本。第二阶段生产阶段"W…P…W"，资本家将购得的生产资料和劳动力投入生产，在生产环节中通过工人的劳动把剩余价值融入新商品中，生产出包含剩余价值的商品。这个阶段是生产剩余价值的阶段，它是资本循环中的决定性阶段。在这个阶段上，资本的具体形态由生产资本转化为商品资本。同时，资本在价值总量上也发生了变化，实现了价值增值。第三阶段销售阶段"W'—G'"，资本家作为卖者回到市场，把生产出来的、包含剩余价值的商品通过交换，转化为货币。同时，为下一轮循环的顺利进行做好准备。在这个阶段的循环过程中，资本实现了价值和剩余价值。在这个阶段上资本的具体形态由商品资本重新转化为货币资本，在形式上回到了原来的起点，而其总量扩大了。

在 G—W…P…W'—G' 中，虚线表示商品的流通过程暂时中断，但资本循环依旧进行；W' 和 G' 表示包含着剩余价值的 W 和 G，W'>W，G'>G。要实现资本正常循环，必须符合两个条件。

（1）资本保持其三种职能形式在空间上必须并存。全部的资本不能同时处在一种职能资本形式上，必须按一定比例分割为货币资本、生产资本、商品资本三部分。每一部分各占多大比例，取决于企业生产的性质、技术水平和购销状况。

（2）资本必须保持每一种职能形式的依次转化，即在时间上必须具备继起性。产业资本的三种职能形式都必须顺利地进行各自的循环，不断完成职能形式的转变。无论哪一种职能形式的资本，在其循环的哪一个阶段停顿下来，都会使产业资本循环中断。这两个条件之间是相互依赖、相互并存的关系。资本在空间上并存是其时间上继起的前提，没有空间上的并存就没有办法实现时间上的继起；反过来，空间上的并存又是时间上继起的结果，没有时间上的继起也没有空间上的并存。

在资本循环理论中，如何提高资本循环的效率，马克思通过资本周转的理论来揭示。资本周转（Capital Turnover）是指不断重复、周而复始的资本循环过程。提高资本周转的效率，主要的办法就是提高资本周转速度、缩短周转时间。资本的周转时间是产业资本家从预付一定形式的职能资本开始，经过资本的循环运动，实现了价值的增值，然后重新回到原来的职能资本形式为止所经历的时间，也就是资本的一个循环周期的时间。马克思把资本在生产领域停留的时间定义为生产时间，相应地，资本在流通领域停留的时间则定义为流通时间。产业资本循环过程所需要的时间，等于生产时间与流通时间的总和，这就是资本周转时间的计算方法。

在资本循环过程中，影响资本周转速度快慢的因素有两个。

（1）资本的周转时间和周转次数。资本的周转次数是指在一定时间内资本循环所完成的周转的次数。周转速度与周转时间成反比，与周转次数成正比。

（2）生产资本的构成。按照资本不同部分在资本运动中的价值周转方式不同，生产资本划分为固定资本和流动资本。固定资本是以机器、设备、厂房、工具等劳动资料形式存在的资本。流动资本是以原料、燃料、辅助材料等劳动对象，以及劳动力形式存在的资本。生产资本构成对资本的周转速度有两方面影响：一是受固定资本与流动资本比例的影响，固定资本所占比例越大，资本周转越慢，反之，则资本周转越快。二是受固定资本与流动资本各自周转速度的影响，它们的周转速度越快，资本周转速度也越快，反之，则资本周转速度越慢。

2）马克思资本循环理论和资金链管理的启示

马克思资本循环理论，是建立在对资本主义生产过程的深入考察基础上的，马克思完整地展现了资本主义生产过程中资本运动的过程，他所揭示的资本循环的规律对当前企业生产和经营中的资金流转和资金运作有很强的指导意义。在目前的房地产企业资金链管理的实践中，马克思资本循环理论在以下几个方面可以起到指导作用。

首先，企业经营管理者在深入理解资本循环阶段论的思想后，可以借鉴马克思分析资本循环过程的具体做法，结合房地产企业资金运营的实际步骤深入分析房地产资金运营的全过程，把作为整体的房地产资金链运营过程分成各个不同阶段，并针对不同阶段资金的来源和资金使用的具体情况，采取不同的策略和办法。这种管理方法，有利于经营管理者透视各个不同阶段资金运动的特性，根据不同阶段资金的盈利特性把握经营重点，达到企业利润最大化的目的。企业经营者通过对资金链运行各个阶段的有效风险识别可以有效开展风险评估，进而有的放矢地制订控制计划，设计应变对策和措施，减少资金链风险所带来的损失，避免资金链断裂风险所带来的各种不良后果。

其次，马克思关于资本循环条件的论述对企业资金链管理有着最为直接的指导作用。一方面，马克思强调资本循环中每一种形式职能资本在时间上必须具备继起性，进行依次转化，各种职能资本都必须顺利地实现职能形式的转变，完成各自的循环，无论哪一种职能形式的资本在循环的哪一个阶段上停顿下来，都会使资本循环发生中断，生产就无法继续下去。现代企业资金链的运行最注重的也是首尾相连，实现流程的各个环节之间的无缝连接是资金链运作的最高追求，企业资金链管理中无论是资金筹措、资金使用还是资金回收，其中任何一个环节造成可用的资金流枯竭，都会给整个企业带来巨大的损失，严重的甚至导致企业被迫破产清算。这与马克思资本循环理论中的职能资本必须具备时间继起性的原理如出一辙。另一方面，马克思强调资本循环中必须保证其三种形式的职能资本在空间上能够并存，在资本循环的这个大过程中，资本家必须把资本分配到各个环节，以保证和维持各个职能资本在本环节中发挥作用，全部的资本不能同时处在一种职能资本形式上，而要按生产的性质、技术水平和购销状况按比例分配。这一原理，符合现代企业资金链运行的实际，在理论上具有明显的指导作用。在现代企业资金链经营管理中，企业经营管理者有技巧地把资金分配到各个环节，使得资金在各个环节内各自进行循环并发挥有效作用，是作为整个企业正常存在和运行的基本条件。如果企业经营管理者无法按照实际需要、根据各个环节的业务特点和工作内容按比例分配资金，则各个环节的工作就不能照常进行。

最后，马克思资本循环理论中的资本循环时间论部分，对现代企业提高资金链运作效率有着指导意义。马克思指出，资本家要获得更多的剩余价值，就必须提高资本循环的效率，要提高资本循环效率，就必须加快资本周转，而加快资本周转则必须做到缩短资本周转时间、增加周转次数、优化资本构成。这一思想启示着现代企业经营管理者在资金链经营管理过程中除了保证企业正常运行外，还需通过优化资金运行的流程、缩短资金回笼时间、优化资金分配比例来提高资金使用效率，创造更多的利润。

3.价值链视角下的资金链

美国哈佛大学的迈克尔·波特教授于1985年出版的《竞争优势》一书中首次提出"价值链"的概念。他认为，企业需要了解既定的价值链中各种活动之间的关系。企业做大，资本就会扩大，企业考虑"价值链"时应当将自身的"价值链"放到整个行业的"价值链"中去考虑，从最开始的原材料到最后的终端消费者。同时，企业也要充分了解处于"价值链"上其他竞争对手的情况，分析自身优劣势，制订合理战略。由此可见，对"价值链"进行分析已经成为一种实用的决策分析工具。

4. 商业信用视角下的资金链

马克思指出：随着商品流通的发展，使商品让渡与商品价格的实现在时间上分离的关系也发展起来。在一项赊销买卖中，卖家将商品转至买家，卖家并没有从买家手里拿到现金，而是一张延期支付的票据。信用便是在这样的商品经济中发展起来的良好的债权债务关系。马克思肯定了在巨大的资金网络中信用所产生的作用，然而，其中也隐藏了一些发生危机的可能性。相关学者在研究马克思经典著作中指出商业信用的规模受限于企业自身职能资本量、贷出商品资本价值回流情况、商品流通方向和其他物质要素等。在错综复杂的资金网络关系中，商业信用一旦受到外部的干扰和冲击，就会引致整个社会生产资金运动关系的全盘崩溃。历次的资本主义经济危机事实呈现得淋漓尽致。

5. 社会"信用链"视角下的资金链

学术界有观点认为：要维持市场经济的有序运行和防范金融风险发生，就必须重新整顿社会信用制度，因为现在信用主导的经济要比国家财政主导的经济要复杂得多。在社会化大生产条件下，任何经济单位都不是独立存在的个体，都要发生经济活动，难免会涉及信用活动（无论作为资金供给者或者资金需求者中任何一方）。市场经济越发达，信用活动越普遍，由信用所连接起来的债权债务链条也延伸得越长，如果"信用链"不能良性循环，就会对经济发展产生负面影响。

综上所述，如果给资金链下一个本质的定义，即资金链是指社会经济体系中若干个微观经济主体之间的债权债务关系。由于在实际经济活动中存在着复杂的债权债务关系，资金链成为任何一个经济体中必然存在的现象。一般产业链中的资金链是指维系企业正常生产经营运转所需要的基本循环资金链条，涵盖了投融资、业务组合等多重内涵。其主要由资金投入链、资金运营链和资金回笼链构成。其中资金投入链是源头，相应地要求企业具有较高的筹资能力；资金运营链是灵魂，是企业业务运营的直接反映；资金回笼链是关键，资金能否安全收回、资金回笼是否产生增值是企业经营的目标实现，也是企业延续存在和发展的保证。

第二节 房地产企业资金链及运营管理

一、房地产企业资金链的特点

如第一节所述，房地产企业的资金链的运动是由资金的筹集、资金的使用及资金的回笼这三个阶段的不断循环构成，其资金的一般流转过程与其他行业相似，但由于房地产行业属于资金密集型行业，整个周期耗费巨大，投资及收回周期较长，资金回笼随时受到市场风险的影响，具有高风险经营的特点，具体如下。

1. 资金密集，需求总量大

根据央行公布数据显示：截止到2017年年底，社会贷款总额120.1万亿元，较上年增长13.5%；在房地产信贷资金流向方面，房地产行业信贷总额32.2万亿元，较上年增长20.9%。其中，房地产项目和地产开发信贷余额分别达到7万亿元及1.3万亿元，前者较上年增长21.7%，后者则较上年下调8%。对比分析相关数据可得出如下结论：每年房地产行业的贷款规模都在不断递增，资金的总需求量也随之上升。房地产的投资开发是一个复杂庞大的系统工程，每个环节都要流出大量的资金，从购置土地到后期施工建造，各个环节都离不开资金。

房地产行业年贷款余额如图13-2所示。

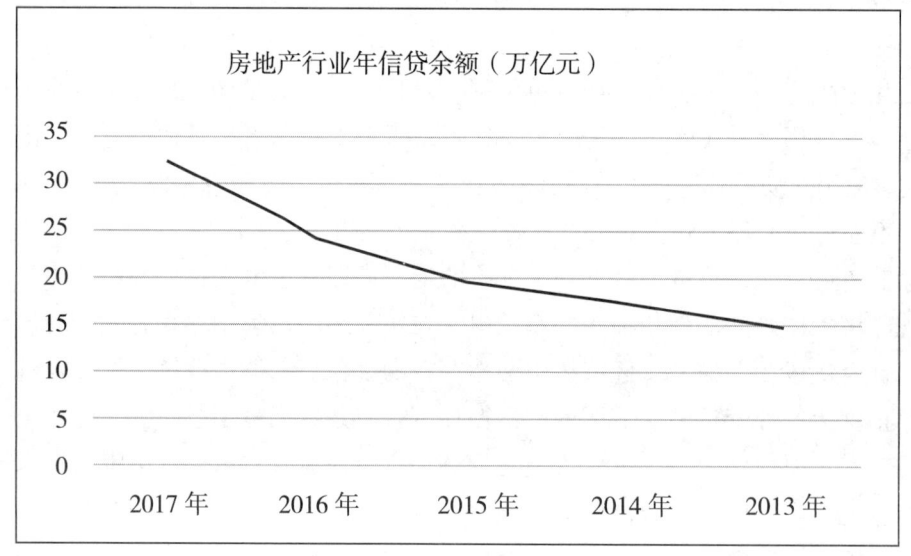

图 13-2　房地产行业年贷款余额

（数据来源：中国人民银行《金融机构贷款投向统计报告》）

2. 开发周期长，资金回笼速度慢

在投资开发前期，房地产企业需要先进行项目的可行性分析研究，通过比较各个项目的投资成本，投资回报率及回报周期等，决定最终的投资项目，这个过程中需要耗费较长的考察时间。

当开发项目提上日程进入到启动阶段，各个部分及上下游行业都将会涉及。从前期的筹集资金、参与土地的竞标，到中期项目开工中的设计施工、质量检测，一直到最后申请销售许可证房屋出售或者出租实现资金回流，整个过程非常漫长，大约需要耗时3～5年。由于房地产项目的开发周期长，整个过程中大量资金被占用，资金的回流要等到最后阶段，回笼速度缓慢。

3.资金来源多样化

依据国家统计局的相关标准可将房地产开发资金细分为如下几部分：其一是国内贷款（17%），具体包括银行与非银行贷款；其二是自筹资金（32%），即现房销售回款、盈余资金等自筹资金；其三是利用外资（0.1%）；其四是其他资金（50.9%），其他资金以预收账款及定金、个人按揭贷款为主，也包括债券融资等。房地产企业在融资时需要优化自身的资本结构，平衡自有资金和外部融资的比例，合理安排融资计划，达到盈利性和风险性的平衡。

二、房地产企业资金链及其流动

中国房地产企业资金链及资金流结构如图13-3所示。

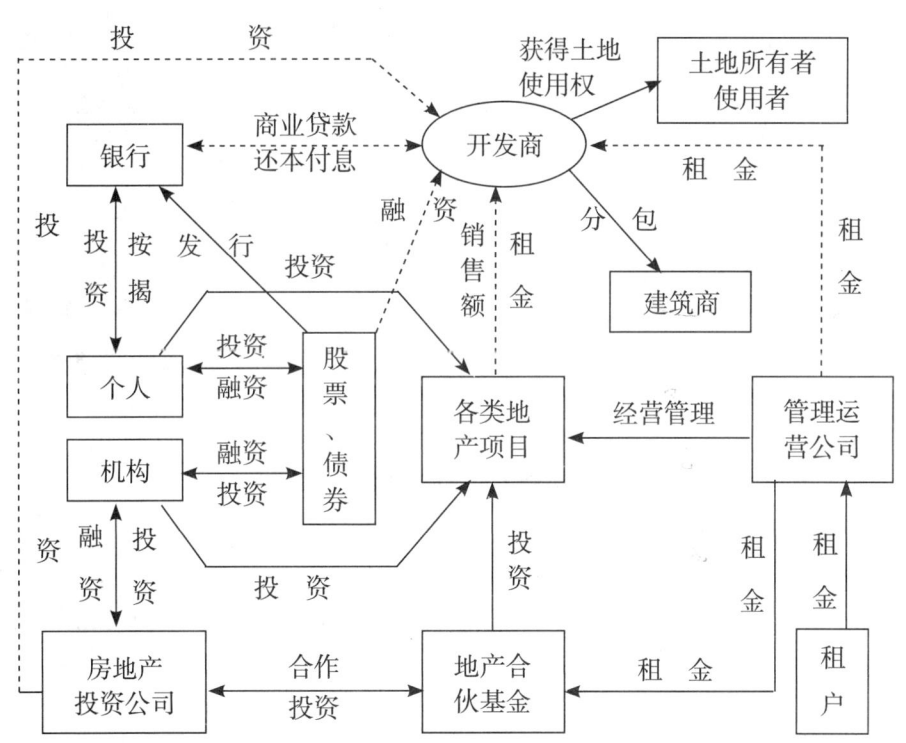

图13-3　中国房地产企业资金链及资金流结构

1.房地产企业资金链构成环节

从宏观角度来看，房地产企业资金链是从资金融资到使用，再到资金回收的一个闭环过程；从微观角度来看，它是指项目从拿地到开发，再到竣工移交使用，最后回收资金并偿还外部借款的过程。

房地产企业资金链体现了资金流在某一个节点上的状态，主要包括三个主要节点，即资金融资、资金使用和资金回笼。其中资金融资，即资金筹集链；对于房地产企业而言资金使用就是其开展投资业务的切入点；资金回笼是投资增值的过程。

综上所述，本书认为房地产企业资金链包括融资、使用和回笼三个主要部分，它们通过不断循环实现投资增值和回报，如果资金只投入不产出，极有可能出现资金链断裂的情况。房地产企业在各个资金链环节会与各类对象存在资金往来，如图13-4所示。

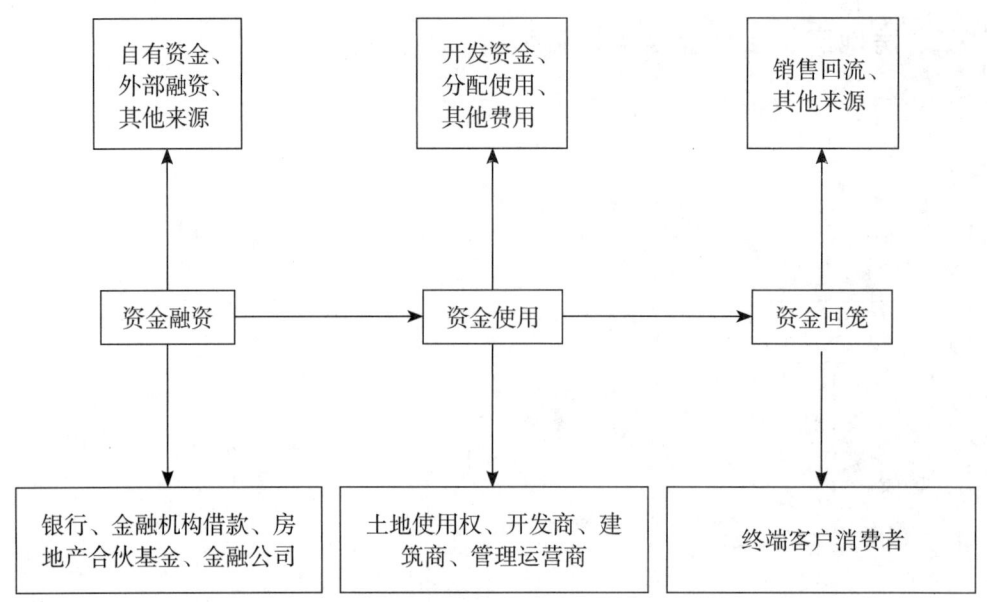

图 13-4 房地产企业资金链的构成环节

2. 房地产企业资金链的流动过程

在一般意义上，房地产项目主要分为土地批租、房地产开发和租售运营三个阶段。这三个不同阶段涉及不同的资金链管理环节，如在土地批租和房地产开发阶段都涉及资金筹集和资金使用，而开发阶段和租售阶段则都涉及资金的回流过程。房地产产业是我国国民经济的支柱产业，可以促进和带动整个国民经济的发展。同时，房地产企业也是资金密集型企业，投资规模大、周期长，从土地批租、开发到销售都需要占用大量的资金，而往往开发商的自有资金有限，无法满足房地产项目的资金需求。因此，资金筹集成为房地产公司最为关注的问题。图13-5是我国房地产企业资金的流动过程。图13-6是我国房地产企业资金链运行过程。

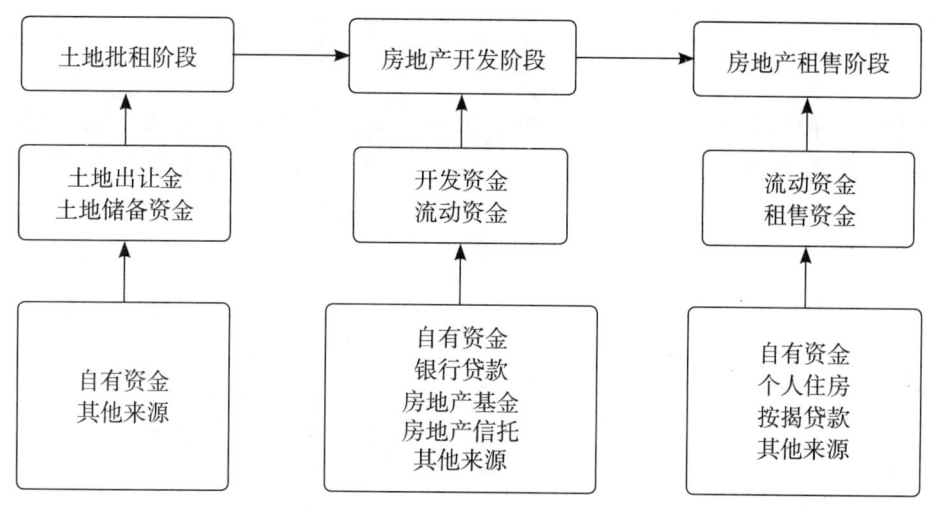

图 13-5 我国房地产企业资金的流动过程

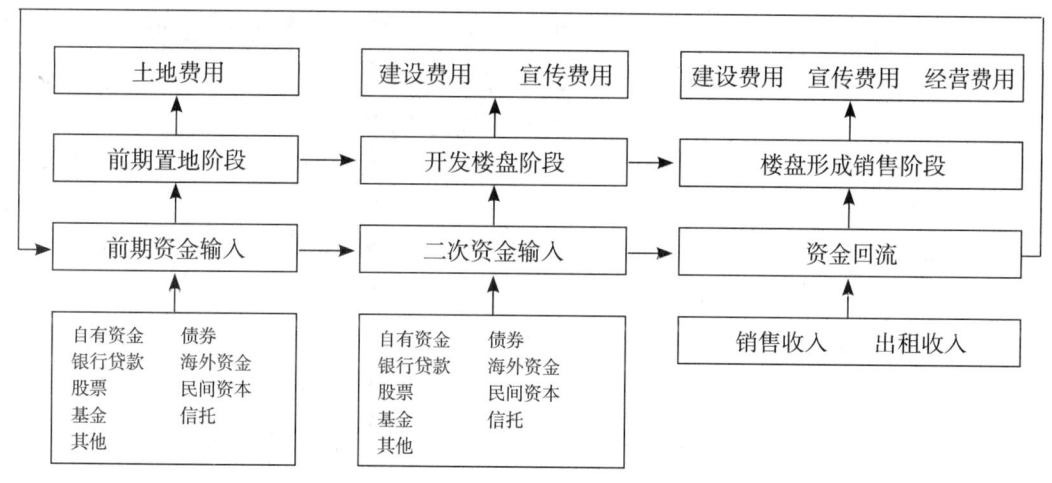

图 13-6 我国房地产企业资金链运行过程

由图 13-5、图 13-6 可以看出，房地产企业资金链的运动过程会涉及很多其他社会环节，房地产资金链的风险容易传到其他社会部门。防止房地产企业资金链断裂，不仅可以避免企业自身的财务风险，同时也有助于和其他社会部门一起安全度过金融危机，形成高效稳定的资金循环体系。

三、房地产企业资金链运营管理的主要内容

从本质上来讲，对房地产企业资金链的管理，是对其资金在不同阶段流动的一种管理，它着重于在流程链上的完整性管理，主要体现在资金收益、资金安全及资金效

率三个方面。从宏观意义上来讲，对房地产公司的资金链管理是从项目融资开始到项目投资开发再到销售资金回流整体过程中的一种资金链管理方式；从微观意义上来讲，它是对项目从前期拿地到建设再到后期销售运营整个过程的一种管理方式，同时，也是对资金来源和使用方面的计划、控制、考核、监督及资金回流方面管理的多项工作。对房地产公司资金链的管理，涉及面很广阔，比如资金构成、资金使用情况及资金风险等。

1. 从资金链管理的结构方面来看

在项目筹资层面，房地产公司主要从筹资方式、筹资成本等方面进行管理；在资金使用层面，对资金链管理主要是针对资金使用情况、资金使用风险及投资成本等方面开展管理；在资金回流层面，主要对项目管理的获利方式、资金回流效果及资金回流风险等方面进行管理。

2. 从资金链管理的操作内容方面来看

对房地产公司资金链进行管理，首先要对资金在运营过程中所产生的风险进行管理。这些资金风险因素，主要包括流动性风险、汇率风险、利率风险、国际运作风险、市场环境风险、法规风险、信誉风险、管理风险等。

房地产公司资金链管理主要包括：现金管理、资金信息与流动性管理、融资与融资关系管理。在公司实际运营中，这四方面的内容会相互重叠，且相互支持和配合。对房地产公司资金链的管理是基于公司资金管理基础之上的一种管理，其重点关注的就是项目是否拥有完整的现金流、关注公司资金来源和运用得当及资金经过循环能否产生增值等。

四、房地产企业资金链管理的目标

房地产企业资金链管理的目标既要充分保证项目资金使用的安全性又要为企业带来一定的盈利性，让资金在整个流动过程中保持顺畅的循环。在资金的来源阶段、使用阶段和回笼阶段能够正常地流动，不出现断裂的风险，充分利用资金，实现资金使用效率的最大化。

1. 获取充分资金

房地产企业在开发具体的项目时，对资金的需求量大。因此，要保证项目开始阶段获取足够的资金，仅通过单一渠道较难满足，需要多元化的融资渠道。另外，还可以对融资结构与具体的方法进行完善，也能够不断降低融资成本为企业带来充分资金。

2. 提高资金使用效率

在房地产企业开发具体项目的过程中，对资金使用情况做出适当的计划，并严格按照计划执行，既能保证不出现资金使用缺口，又可以充分利用资金，提高使用效率。

3. 保证资金安全

资金安全是指企业在资金链的各个环节能够顺畅运行，资金链能够完成循环，项目可以顺利完工。如果将项目分为多期，每一期都可能发生资金流入或流出，资金安全是指每一期及其以上所有期的累计资金流入应大于累计资金流出,而不是指每一期的资金流入大于当期的资金流出。如果以后者作为标准,资金的安全性虽然可以保证,但同时也会增加企业的资金使用成本。

4. 实现资金增值

资本具有逐利性,所有的资金投入都是为了获取回报,实现增值。而资金的安全性是实现资金增值的必要条件,但并非充分条件。资金增值是指项目的回流资金应能完全补偿所有的成本费用支出,实现盈利。同时,企业或项目的经营目标不仅是要实现资金的增值,他们更是追求利润的最大化。这需要企业在资金循环的各阶段都选择最优的资金安排,如在资金筹集阶段,应选择最优的资金来源结构,在保证资金顺畅循环的前提下,最大程度降低筹资成本;在资金使用阶段,应按工程进度选择最优的资金支出计划,加速资金周转,提高资金利用效率;在资金回收阶段,选择最优的营销方案,尽快实现资金的回笼和利润最大化。

5. 提高资金盈利能力

房地产企业资金管理方面的特点之一就是收回资金的周期较长,资金在整个周期中被占用的时间较久,产生的成本较高,对资金链管理目标之一就是要加强对资金的回收,使资金链能够顺畅地循环流动,充分实现资金的盈利性,通过缩短回收资金的周期,提高资金的使用效率,提高盈利能力。

五、房地产企业资金链运营管理的意义和作用

房地产资金链的提出是以房地产企业经营管理实践为基础的,并且是对过去关于资本运动理论或者资金流转理论研究的进一步发展。从理论上看,资金链的实质是资本循环的具体表现形式,是维系企业生存和发展所需的价值链循环的一种;在企业关系上,"资金链"表现为社会经济体系中若干个微观经济主体之间的债权、债务关系;在产业链中,资金链则又可指各市场主体之间的资金流动链,现代企业的一切生产经营活动都和资金链有着千丝万缕的联系。

在房地产企业经营管理中,引进资金链概念,一方面有利于企业经营管理者从资金运行的角度和高度上重新审视企业运行的各个环节,明确各个环节的内在联系,并把各个环节更加紧密地串联起来,为企业创造更多的价值,从而在提高企业核心竞争力的同时取得更多的竞争优势。另一方面,由资金链本身特质所决定,它们之间的联系必然要超越单个企业而扩展到企业外部,从而加强企业个体之间、企业集团之间、相关行业之间的横向和纵向联系,在某种意义上,拓展了企业成长的空间,这也直接促使企业经营管理者开阔思维、扩展视野,为企业更好地获取利润和扩大经营规模做好准备。

总之,在房地产企业运营中引进资金链及运营管理的概念,有利于房地产企业经营管理者将企业的资金活动的过程加以分解,对资金运行的环节加以考察和分析,找出优点和弱项,然后采取有针对性的策略和措施,优化资金的配置,提高资金使用效率,从

而为企业赢得竞争优势。而强化基于精益思想的资金链经营管理理念，则可加强企业经营者对资金的筹集、运行管理和投资运营，促使企业管理者借助各种现代分析和管理工具，对资本循环过程进行有效的监控和优化，以达到资金成本最小化、利润最大化。

第三节　房地产企业资金链管理对策

一、完善筹集阶段的资金链管理

现阶段，房地产企业大多依赖于贷款获取资金，金融危机爆发后，银行在审批过程中逐步提高放款标准，融资渠道受到限制。企业不应局限于银行贷款这一种融资方式，必须拓宽融资渠道并建立多元化的融资模式，如上市融资、债券融资、信托投资、互联网金融平台等多方向发展。同时企业应结合自身实际情况，综合分析各种融资方式、资金成本及融资条件，择优选择融资成本低还款周期长的渠道。企业还可以考虑以下几种融资方式：

1. 合作开发

房地产合作开发，即为持有房产开发资格的机构和资源提供机构一起承担风险，并分享利润的承建活动，这里的资源可以是资金、土地、技术等。之所以进行合作开发，一方面公司需偿付较高的融资成本，且资金周转困难，再者企业通过合作开发模式，有助于分散项目风险。另一方面，可合理借助双方的优势，发挥合作的积极影响。双方进行的合作实质是资源互补、分工的一种模式。相对而言，合作开发可方便快捷地实现融资，和其他机构建立合作关系后，能为项目的实施获取更多资金，处理好项目运营中融资难问题，再者有助于规避风险，积累资本，带动房地产公司稳步增强自身综合实力，实现双方同步发展。

2. 房地产信托融资

房地产信托融资即利用专业的投资机构管理房地产企业融资。简而言之即由信托投资企业制订信托规划，汇集投资人资金，从而为投资人带来最大化利益。参照投资者的意愿，分配好资金，合理投向项目。现阶段，多数房地产公司均采取该类模式，在我国灵活性强的房地产信托已经成为企业最为重要的融资渠道。此种融资方式监管方式灵活，且发放贷款的速度快，较传统的银行融资贷款具有多重优势。

3. 融资性售后回租

售后回租，是房地产公司出售后进行回租的业务，是现阶段相对个性化的租赁模式，房地产企业利用金融租赁企业进行售后回租，该模式的实质为融资的行为，企业在获得资金之后，能够实现持续运营，同时有相应的资金用于投资活动。融资性售后回租能确保房地产公司实现平稳运行，在不对日常生产带来干扰的基础上，提升资金规模，此种方式具有共享资源，分散风险的作用。通过融资性售后再提供平台扩展商业银行、金融租赁企业、房地产开发的合作模式，形成多方共赢。

4. 众筹融资模式

2014年，很多房地产企业开始尝试众筹模式，但是仅采取较为单一的模式。2015年万达、万科等房地产企业都积极开展众筹项目。其融资方式主要包括向员工融资、项目跟投制度等。房地产企业依托众筹模式得以提高融资效率，扩大融资成本，弱化融资风险。另外众多投资散户也借此机会参与相关投资。作为金融行业的创新模式，众筹逐渐成为房地产最佳创新融资方式。但是就当前的实际发展情况来看，此种融资方式尚存诸多不足，存在一定的风险，企业在选择的时候需要结合自身的实际情况。

二、完善使用阶段资金链管理

1. 重视开发项目前期的可行性研究

企业应将资金链中资金的使用管理提前到项目可行性研究阶段，通过实地调查获取相关资料后，多方面分析项目实际需求大小，剖析现阶段供给规模，总结出相对准确的预测金额，确定售价、目标客户、开发及销售周期等，初步确定投资成本和资金使用量。房地产开发投资巨大，企业必须在投资前做好充分的调研和测算，合理安排资金的使用。

2. 实行项目成本动态管理控制成本偏差

房地产项目运行时一直处于动态调整中，客观环境出现新情况后，项目也会随之调整，所以企业运用资金时，需尽可能获取成本方面的金额数据，并与预期消耗成本比较，分析二者之间是否有偏离。假设二者保持趋同，项目便能依计划推进，否则需分析为何存在差异，针对性地推行纠正措施，扭转二者之间的偏差。房地产公司需采取动态成本监控机制，管理好日常发展中消耗的成本。其一，界定项目推行的目标及整体规划。其二，项目规划落实过程中，需予以必要的监督，获取成本数据，分析实际投资金额，比较实际偿付的成本及预期成本是否存在差异。其三，对比计划金额和实际金额后，分析是否存在差异并找出根源所在，总结出哪些科目上出现偏差，由此针对性地做好成本监控，降低实际和计划的差距，做好对项目的管控工作。图13-7为动态成本偏差控制流程图。

三、完善回流阶段资金链管理

1. 加快存量房周转，实现去库存化

房地产企业承建项目的最终环节是销售，亦是资金管理的关键点，企业成功出售房屋，方能获取价值、赚取利润，不然只会变成存量房，占用大量资金，也影响资金的高效周转、影响资金增值。现阶段，国内三四线城市中，分布较多的存量房，为促使房地产公司可以高效去库存，可兼顾到两点：第一，合理地界定房屋价格，以低价吸引消费需求从而增加销售收入。第二，增加增值服务提高房产的性价比。例如，房地产开发商可以提供一年免费的物业服务，或者赠送地下车位等服务，以额外的附加服务来拉动销售额。

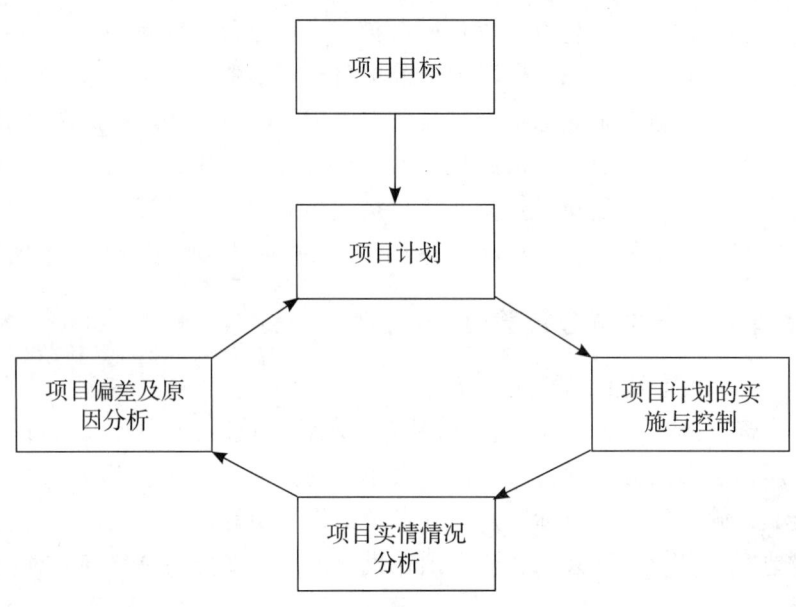

图13-7 动态成本偏差控制流程图

2.落实现金流管理制度，加快资金周转

公司应基于如下三个方面加快资金周转：其一是现金流预算管理；其二是现金支付管理；其三是现金收入管理。房地产企业应重视现金流预算管理，科学编制资金预算计划，具体分析销售房屋可能为企业增加的现金流量预算收入、企业投资；预算由于支付税费而引起的现金流量流出额；现金支付方面，应注意控制土地成本高企，适当延长付款时限，此法有助于减少企业的营运资金需求量，延长营运资金周转期。另外在现金流出方面可采取施工单位垫资的方式；现金收入管理方面，应在做好销售工作的同时，做好资金回收工作，通过及时获取销售房屋的现金，加速工程进度，全面提高工程质量，加速应收账款回笼，加大催收账款力度。

3.降低资产负债率，保持资金周转流畅

根据相关统计数据显示，高负债房地产企业在我国极为普遍，平均负债率达到55.7%，平均流动负债占负债总额的76%。也就是说，大多数企业需要在一年内或者一个营业周期内偿还全部债务的76%，对企业自身资金流通提出了很高的要求。

如何才能降低资产负债率？理想的方法就是加快现金周转速度。于是问题就成为如何加快资金周转速度？企业除了要修炼好前文所述的"内功"，还必须注意加强以下几个方面。

第一，稳定现金管理。譬如针对企业应收账款，可以设置房款台账，财务部门定期与销售部门核对客户信息,积极催收客户以保证资金回收;针对应付账款,应当尽可能使得应付账款周转时间长于应收账款周转时间,利于按期结清应付账款,减少利息费用的支出及不必要的资金占用。第二,控制过度预支。房地产企业普遍是以借贷方式筹措资金,如果未能合理计划而过度预支负债资金,自然增大了风险,一旦资金链断裂就容易导致财务危机,难保企业生存。第三,保障资金信息流顺畅。由于房地产企业集团所跨地域广、公司内部结构复杂,资金信息流往往不是很顺畅,容易导致信息流传递缓慢而延误资金周转。

实际企业经营中也有很多成功案例:2008年以来,万科放慢土地储备的脚步,比之2006年、2007年的增量是大幅下降的,以期能保证稳健的现金流维持当前项目运作。数据显示,当时万科的资产负债率约为45%,速动比例为1.1,这些指标均在行业指标的安全范围内。同样,为追求高速周转下的企业扩张,获取市场份额,恒大也采取了"薄利多销"的营销策略及扩张二线城市中土地成本低、可持续性拓展强的开发项目推动业绩倍增,在房地产企业纷纷叫嚣资金链吃紧之时突破重围。

4. 保证企业筹资、投资、生产经营三大活动平衡

房地产企业发展过程与一般企业的发展过程类似,是由经营活动、筹资活动和投资活动三大活动逐步形成的过程,也是企业财务风险逐步加大的过程。企业在开创时期,重心在业务创收,财务风险来源于经营活动的变现能力;当企业经营稳定后,就需要有较强的筹资能力,以支持企业迅速做大做强,而不仅仅依赖企业盈利来积累资本和扩大生产,企业的高速发展带来高销售、高需求、高负债,并可能带来管理效率的流失和利润率的下降,企业的财务风险就加大了。而一旦企业业务成熟之后,企业的成长受限,利润增长放缓,此时现金流量仍然充沛。企业自然地就进入了新的发展阶段——投资活动,寻找新的增长点,以培养新的利润创收点,这样的发展过程要求企业在经营活动、筹资活动、投资活动中寻找平衡。这三者之间的平衡就是一个高度的财务风险,需要动态的控制力,稍有不慎就会导致全军覆没。

第四节　标杆房地产公司资金链管理案例分析

一、标杆房企案例分析1:BGY地产资金链运作问题分析与建议

(一)BGY地产的财务组织结构

在财务管理方面,BGY地产集团组建了如图13-8所示的包含资本市场信息部、金融部等的财务组织架构图,以有效沟通筹资投资信息,促进资金链的有效运作。其

中金融部主要负责融资方面的事宜，资本市场信息部主要负责资本市场沟通方面的工作，基于全球视角选择资本市场工具，选择适合当前形势的新融资工具以降低企业的资本成本，优化资金链的筹资管理。

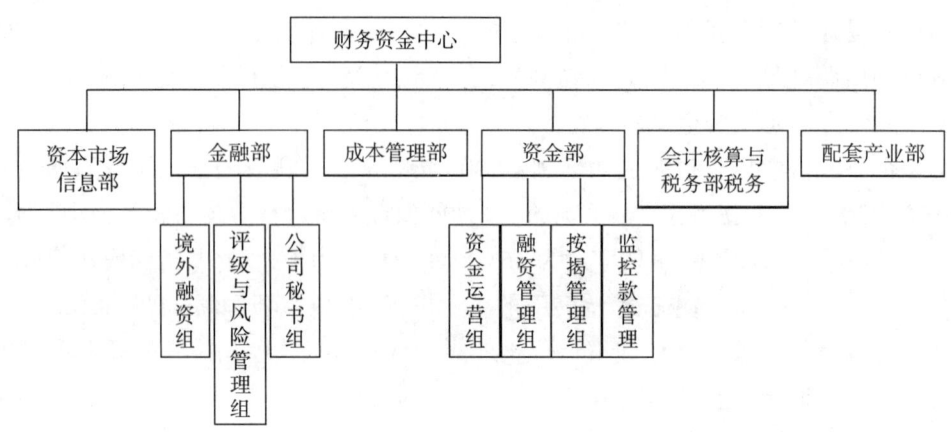

图 13-8　BGY 地产集团财务组织架构图

（二）BGY 地产资金链的特点

1. 资金需求量大

近年来，BGY 公司经营收入不断增长。2017 年公司的销售收入、合同销售收入分别较上年增长了 48.2%、78.3%，达到 2 269 亿元、5 508 亿元；销售面积较上年增长了 61.89%，达到了 6 603 万平方米；2017 年投入 2 645 亿元购地，总共购地 7 079 万平方米，受让宗地 881 块，较 2016 年增加了 468 块宗地，同比增幅达 113%。

作为资金密集的房地产行业，在各项指标快速增长的背后离不开庞大的资金支撑。高额的运营资金始终贯穿着企业发展各个环节。

2. 资金循环周期短

BGY 公司采用高周转的项目"456"运行模式（4 个月开盘，5 个月资金回流为正，6 个月回笼资金用于新项目投资），这种快速拿地，快速开工，快速销售的模式使得资金得以快速回笼用以再次投资项目，提高了资金利用效率。

此外，BGY 公司运营效率高的背后与集团的激励制度有着很大的关联性。公司采取的激励制度为共担权责、共享权责。公司通过正规的渠道获取现金流后，即可依据股权分配利润。公司自实施跟投机制后，自有资金回收率达到 78%（此前为 30%）；项目现金流回正优化至 8.4 个月（此前为 12 个月）。

2017 年，BGY 公司引入了全新的建筑开发模式，这样大大缩短了项目开工时间，提高了项目开盘效率，资金周转速度不断加快。BGY 公司摒弃了传统的项目开发模式，采用了全新的"一条龙"开发模式,且渗透房地产开发各个环节,如项目设计、施工、装修及后期的物业管理、销售等,各环节都有巨大的利润,以此走上低成本、高效开发的道路。同其他房地产公司相比,BGY公司在项目可行性论证、项目文件编制、竣工验收、规划设计、办理交接手续等方面工作效率大幅提升,这是BGY公司的优势所在。

(三)BGY地产资金链管理现状分析

1.资金筹集现状分析

BGY公司采用的融资渠道主要有三种,分别是内源性融资、外源性融资和其他融资方式。内源性融资是指企业利用预收资金、销售收入及自有资金作为投资资本;外源性融资主要包括发行股票、发行债券、票据抵押、合作开发等;其他融资主要包括融资租赁、入股开发及民间借贷等。

表13-1为BGY公司2014—2017年筹资活动现金流量表,分析BGY公司的筹资渠道不难发现,当前BGY公司以外源融资借款为主。2017年,BGY公司借款占筹资流入的比例高达95.78%,权益筹资占筹资所得现金总流入的比例仅为4.22%。分析筹资活动现金流出的数据得出,近年来因为回购股份、股东权益,BGY公司一定程度上减少了用于偿还债务的现金流,但总体保持较高的比重。2017年用于偿还债务的现金流出仍占筹资流出的81.83%。具体分析筹资活动流出部分中取得借款的拆分明细数据由表13-1、表13-2可以看出。BGY公司自2015年起逐步走向多元化的融资模式,由仅仅通过银行或其他金融机构这一单一来源取得借款走向发行公司债券及优先票据方式来筹资,但大部分的筹集资金还是依靠银行贷款,公司债券及优先票据的金额所占比例较低。

表13-1 BGY公司2014—2017年筹资活动现金流量表

指标(万元)	2017年	2016年	2015年	2014年	2013年
吸收投资收到的现金	434 270	338 528	2 294 395	602 254	56 201
取得借款收到的现金	10 551 660	6 509 100	5 349 093	2 282 409	3 368 857
收到其他筹资活动的现金	29 520	705 544	1 672	—	—
筹资活动现金流入小计	11 015 450	7 553 172	7 645 160	2 884 663	3 425 058
偿还债务支付现金	-3 055 177	-4 003 540	-2 950 486	-1 824 448	-1 326 857
分配股利利润、偿还利息的现金	-538 211	-426 209	-509 900	168 951	-179 325
支付其他筹资活动的现金	-139 894	-378 007	-17 817	—	-120 416
筹资活动现金流出小计	-3 733 282	4 807 756	-3 478 203	-1 993 399	1 626 598
筹资活动产生的现金流量净额	7 282 168	2 745 416	4 166 957	891 264	1 798 460

表 13-2　BGY 公司 2014—2017 年取得借款收到的现金

指标（万元）	2017 年	2016 年	2015 年	2014 年	2013 年
发行债券	1 066 381	2 190 113	1 511 180	—	—
发行优先票据	774 695	665 436	548 352	484 950	913 634
银行及其他借款	8 710 584	3 653 551	3 289 561	1 797 459	2 455 223
取得借款收到的现金合计	10 551 660	6 509 100	5 349 093	2 282 409	3 368 857

总体看，BGY 公司融资成本较低，融资渠道多元化。

截至 2017 年年底，BGY 公司加权平均融资成本下降 44 个基点至 5.22%，期末加权平均融资成本连续五年下降。长期以来，BGY 公司除了与银行建立关系顺利取得银行贷款外，还积极通过长期债券、优先票据、配股融资、与其他企业合作拿地开发等。通过内源外源融资相结合的方式，以较低的融资成本取得资金。

1）优先票据和公司债券

除了传统的银行及金融机构的贷款，BGY 公司自 2013 年开始发行优先票据，自 2015 年起发行本公司自行担保的公司债券，以获得长期借款。2017 年 9 月 20 日，BGY 公司发行的优先票据主要包括 2022 年、2024 年到期的优先票据，其分别为 4.25 亿美元和 5.5 亿美元，对应的融资成本分别为 7.125% 和 8%；11 月 17 日，BGY 公司发行可换股债集资 10 亿美元；同年，还分别发行了三笔共计 96.96 亿元人民币的中长期美元债券和人民币债券。

2）依托互联网金融平台

在众多房地产公司面临融资渠道单一只能通过商业银行贷款获得融资，融资成本居高不下等风险时，BGY 公司采用多种融资手段相结合，进一步丰富金融融资及资本市场的融资渠道。开发商通过此种表外融资方式的融资平台，可形成表面上看"更优质"的资产负债，从而降低获得银行端融资、公开发债的门槛，减少融资成本。传统的信托融资的成本较高，融资成本约 15% ～ 18%，而对于地产商而言如果引入表外融资渠道，则其仅需要 8% 的融资成本，从而有效控制企业成本。

互联网金融平台、地产商以"应收账款"供应链金融作为主要服务模式。该供应链金融的核心企业即为房地产商，主要为上下游企业提供应收账款贴现金融服务。地产公司在资金匮乏的情况下，依托其庞大的上下游企业得以顺利进入金融行业，并获取资产端优势。项目在开发商应收账类资产中占据较大的比例。BGY 公司（2014）与道口贷合作，并通过平台为旗下公司、上下游公司融资，当前已发布的项目达到 800 个以上。

中国平安于 2015 年成为 BGY 公司的第二大股东，收购了集团 9.9% 的股权，双方形成战略合作伙伴关系。对中国平安来说，可以获取优先选择 BGY 公司门店作为网点的权力，同时为 BGY 公司地产业主提供更便捷的金融服务，在保险、银行、投资等方面满足不同客户需要。中国平安与BGY公司开展深度合作，利用BGY地产庞大的项目群和客户资源，深入开展社区金融服务。对BGY公司来说，通过与中国平安建立战略伙伴关系，可以获取新的融资渠道，为自身业务发展提供强有力的支持。

2.资金使用现状分析

BGY公司的资金使用主要是用于前期的土地购置成本，中期的建设开发投入，如建筑工程费、地产开发费及后期的销售运营费用等。虽然BGY公司作为房地产行业的龙头企业，具有良好的银行信贷条件及发债条件，可以通过各种直接和间接方式融到资金，但是这5年企业快速扩张，投资活动现金流出每年递增，面临现金流压力较大的处境。

3.资金回流现状分析

单从销售合同金额这一指标来看，BGY公司无疑在2017年房地产企业中以销售合同额5 508亿元摘得桂冠。为了达成这一业绩，BGY公司大规模地扩张，大力度地营销推广。然而在这些漂亮数字的背后是以数万亿元的投资额粉饰的，最为重要的资金回流情况却并不尽如人意。

资金回流是资金循环链的最后环节，而经营活动中的现金流入是公司现金回流的主要构成部分，根据表13-4 BGY公司经营活动现金流量表可以看出，2013年和2014年BGY公司的经营活动现金流量净额一直为负数，资金回流压力较大。2015年由亏转正，资金回流情况良好。而2017年却未保持良好的发展势头，较2016年的经营活动现金流出同比上升了87%，而经营活动现金流入却同比下降了6%，经营活动现金流量净额下降了42%。

表13-4　BGY公司经营活动现金流量表

经营活动现金流（万元）	2017年	2016年	2015年	2014年	2013年
现金流出小计	−2 991 758	−1 604 038	−1 110 135	−1 087 527	−863 179
现金流入小计	5 400 119	5 730 314	648 858	654 340	282 241
经营活动现金流量净额	2 408 361	4 126 276	1 758 993	−433.187	−580 938

（四）BGY公司地产资金链管理问题分析

1.资金筹集问题分析

1）高负债资本结构下的债务风险

虽然BGY公司的融资成本较其他房地产企业而言相对较低，但是低利率的资金成本是以高额的负债融资换来的，企业将面对高额的财务费用。根据表13-5所示，2017年年报总负债合计9 331亿元，总资产为10 497亿元，资产负债率达88.89%，相比2016年总负债5 000多亿元增长了几乎一倍。其"左手进右手出"的银行贷款行为，对于BGY公司而言有点类似于以"新债还旧债"，从而减少企业的融资成本与利息支出，提高了经营利润。2017年BGY公司的加权平均成本从2016年年底的5.66%降低到了5.22%。

表13-5 BGY公司资产负债率

指标（亿元）	2017年	2016年	2015年	2014年	2013年
负债	9 331	5 099	2 726	2 056	1 602
资产	10 497	5 916	3 619	2 680	2 062
资产负债率	88.89%	86.20%	75.32%	76.73%	77.79%

面对以后每年高额的滚动利息支出，假设未来不改变策略，仍以高额的债务资本结构持续扩张，一旦出现资金链断裂的情况，必然会给企业造成巨大的损失，届时BGY公司可能无法偿还如此巨额的债务。

2）互联网金融平台的合规性问题

近年来，BGY公司大力拓展融资渠道，并推出了自由金融平台——碧有信，面向广大社区业主提供金融服务，同时与项目业主、置业业主、社区供应商及内部客户提供金融服务。但是部分供应链金融项目存在严重的自融问题。比如，1号160627001期融资项目，该项目中的原债权人、债务人分别为福建省三屿建筑工程、BGY公司，两家公司共同签署了一份工程合同款为582万元的项目。本项目在"碧有信"平台上融资390万元，以满足项目流动性资金需要。从表面上看，直接融资方与BGY公司是融资合作关系，但实际上前者作为BGY公司的旗下公司，存在自融问题。

国务院等各部门共同建立的专项整治方案明确禁止没有取得相关金融资质的互联网金融从业机构、房地产中介机构、房地产开发企业利用股权众筹平台、P2P网络借贷平台等从事有关的金融活动；上述部门如果取得金融资质，则必须在规范的要求下开展相关业务。该方案充分说明监管部门已经意识到开发商参与金融行业的风险，方案的出台正是为了规避地产、金融相互勾结而引起风险。

此外，表外杠杆加大将导致一定金融风险。以往银行通过监控可了解表内杠杆，但是对于金融机构而言，此种方式加大了其预防信用风险的难度。

2. 资金使用问题分析

1）土地购置成本高

2013年，BGY公司土地购买金额为103亿元，之后每年呈翻倍增长，但是销售收入增长速度却未和购地增长速度同步。土地购买支出占比不断增长，2014年土地购买支出占比合同销售额为12.55%，到了2016年增长到57.47%，购置土地资金占用了大量经营性资金，如表13-6和图13-9所示。BGY公司大量的账面利润以储备土地的形式存在，而这些储备地块短期内是无法变现的，这在无形中占用了大量流动性资金，而且后续开发还要投入大量流动资金。对于房地产企业来说，储备土地可以提高经营利润，使低价购入的土地获得翻倍的收益，但是随着国家房地产市场调控力度不断收紧，过多的土地储导致BGY公司资金流动性下降。随着土地储备规模不断扩张，企业资金链断裂风险也不断加剧。

表13-6 BGY公司拿地金额与合同销售额及占比

年份（亿元）	2017年	2016年	2015年	2014年	2013年
拿地金额	2 645	1 775	402	162	103
合同销售额	5 508	3 088	1 402	1 288	1 060
占比（%）	48.02%	57.47%	28.69%	12.55%	9.72%

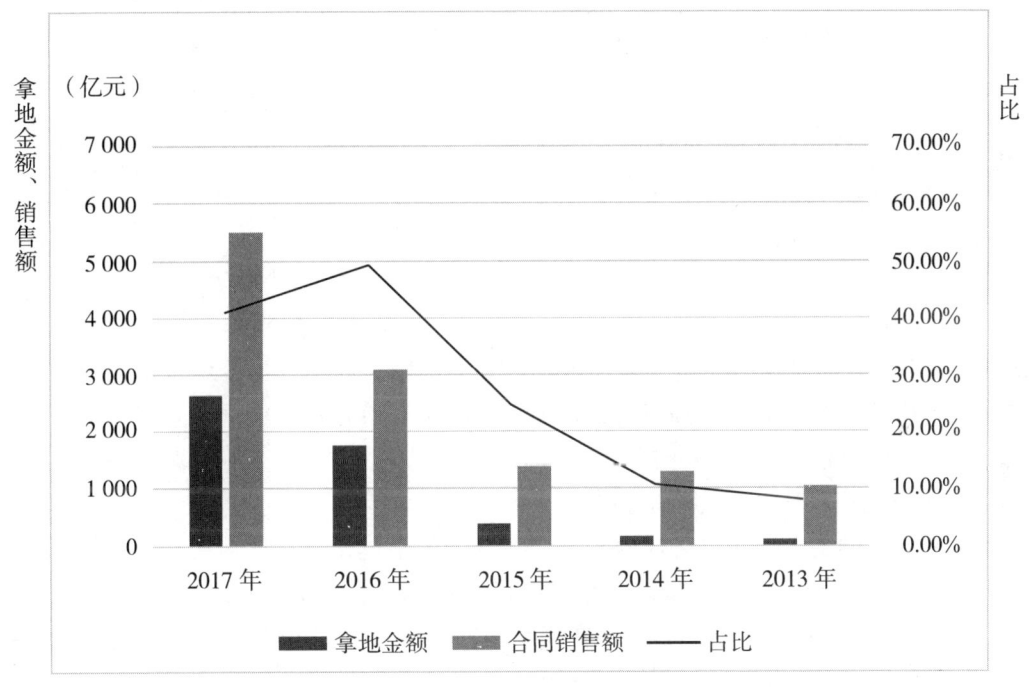

图13-9 BGY公司拿地金额与合同销售额及占比

2）成本费用控制制度虚设

BGY公司高度重视成本控制，设立了绿化设计、机电安装工程公司、家居装修公司及物业管理公司。这些子公司可有机结合共同发挥作用，形成完整的产业链、作业链，利用由上到下一体化的高效模式，严格控制成本。在材料采购成本方面，BGY公司要求效仿"沃尔玛式"集中采购，通过集中采购而控制成本，促进连锁经营，真正实现"中央控制、门店执行"，在此基础上逐步缩减向单一采购的比例，以期从供应商方面获得更大的竞争优势。施工人工成本方面，BGY公司要求科学制订合理的施工方案，减少无效用工。根据成本目标，量化细节到施工的每一个人身上，明确成本控制范围、对象，科学安排作业，合理控制成本支出，优化作业效率。

然而，根据表13-7中数据分析，BGY公司2013—2017年的营业成本率和销售费用率均高于行业平均水平。营业成本包括土地成本、建安成本、前期工程费、配套设施费等。比较2013—2017年间BGY公司的营业成本率和行业平均水平，其每年的比率均高于行业的平均比率68.63%，甚至在2015年和2016年BGY公司的营业成本率高达近80%，超过行业平均水平近10%。销售费用主要包含营销推广费、销售代理费用等。根据表13-7，BGY公司2013—2017年的销售费用率均高于行业平均水平，其每年的销售费用率也相对较高。

表13-7 BGY公司成本费用率 单位：亿元

年份	2017年	2016年	2015年	2014年	2013年	行业平均
营业成本	1 681.14	1 208.50	903.60	624.94	437.13	—
销售费用	100.02	73.84	46.89	43.56	43.01	—
销售收入	2 269.00	1 530.87	1 132.23	845.49	627.25	
营业成本率	74.09%	78.94%	79.81%	73.91%	69.69%	68.63%
销售费用率	4.41%	4.82%	4.14%	5.15%	6.86%	3.62%

基于以上分析，BGY公司虽然有一套完善严格的成本控制体系，但成本费用却未在实际使用中加以管理控制，导致每年的成本费用率居高不下，浪费了大量资金。BGY公司应当重视该问题并加以控制协调，否则资金链很有可能由于过度投资和成本浪费而造成现金流压力，带来财务风险。

3）资金使用缺乏合理的风险控制

BGY公司的资金使用缺乏风险控制，对资金的整体投资量评估控制能力较弱。在项目开发前期，公司未对项目进行全面深入的尽职调查和投资回报分析，也未充分考虑发生风险情况的措施，导致已开发的项目在中期由于潜在风险而发生资金链的断裂的危机。这主要从其海外投资项目森林城市来分析。

海外项目投资方面，2015年BGY公司开启了境外投资战略，计划拿出2 500亿元在马来西亚柔佛州，耗时20年打造一座森林城市。BGY公司于2016年斥资近20亿元的营销费用用于宣传该项目，又于2017年继续投资了122亿元。

自2015年引入新的海外战略投资项目起，BGY公司2016年及2017年的投资现金流量净额大幅度地下降，资金流出远远高于资金的流入。人力成本、开发成本等如高额的海外的差旅费、市场营销推广费等相应增长。但是，从销售情况来看，除了2016年楼盘销售情况符合预期，合同销售收入为180亿元。后续随着2016年年底中国政府严控国内资本外流，以及2017年海外马来西亚政府向BGY公司提出"不得向购置BGY公司马来西亚房产的中国人发放永久居住证"后，当前国内已经全面取消了销售森林城市项目,很多已购房客房甚至出现毁约的情况。由于前期 BGY 公司缺乏对于整个项目的资金规划及风险应对措施,盲目乐观的投资扩张,造成后期一旦出现问题,前期的投资难以获得回报。

3. 资金回流的问题分析

1) 应收账款回收期长

资金回收流情况除了与后期的销售情况相关,还与已售房源其应收部分能否尽快收回相关,只有当应收账款收回时,企业才真正实现资金的流入。应收账款周转率的大小影响应收账款周转和坏账准备。

应收账款周转率可充分表示企业应收账款的周转速度、频率,即企业在会计期间里转换应收账款为现金的次数、频率。另外该指标还可用于说明企业赊销产品,到真正回收该款项的时间。BGY 公司的应收账款主要是购房者在签订购房协议后,支付首付款后剩余拖欠的尾款,或者是购房者向银行按揭贷款金额。

根据表 13-8 所示,BGY 公司的应收账款自 2013 年至 2017 年连续上涨,增长幅度超过 200%,这与 BGY 公司这几年的销售额情况成正比。但应收账款周转率从 2013 年到 2017 年下降了 44%,这一现象表明企业收回应收账款所需要的时间越来越长。由此看来,BGY 公司应收账款变现能力还有待增强,加快应收账款的回收周期,确定相应的催收机制及合理的信用政策,以提升企业的资金利用率。

表 13-8 BGY 公司应收账款周转率   金额单位:万元

指标	2017 年	2016 年	2015 年	2014 年	2013 年
应收账款	2 894 355	1 367 313	1 476 483	869 006	627 443
应收账款周转率	7.61%	10.77%	9.65%	11.3%	13.57%

2) 存货变现能力减弱

BGY 公司存货的一般形式是已开发的存量房或土地等,相比其他行业,房地产企业的这部分存货资产变现能力较差。BGY 公司一直以来都坚持高周转模式,但是近几年存货的周转率逐步下降,根据表 13-9 所示,2017 年 BGY 公司的存货周转率为 0.52,存货周转天数为 692 天,存货消化大概需要 1.9 年,同比下降了 12%;而 2016 年 BGY 公司的存货周转率为 0.58,存货周转天数为 621 天,存货消化需要 1.7 年,同比下降了 7%;连续几年的下降可以看出 BGY 公司存货的流动性变弱,存货占用的资金比例逐渐升高,变现的速度持续减缓。

表 13-9 BGY 公司存货周转率   金额单位:万元

指标	2017 年	2016 年	2015 年	2014 年	2013 年	行业平均
存货	425 133	220 373	197 844	209 514	57 286	—
存货周转率	0.52%	0.58%	0.66%	0.64%	0.72%	0.61%

总结上述数据可得出结论：企业的存货流动性变差，其变现速度、收回账款的速度渐缓，增加存货占用资金，不利于企业顺利开展其他活动，继而影响企业后续发展。

3）建造质量不佳，影响销售回流

由于要实现"456"模式需要赶工工期，高周转下BGY公司地产项目频繁出现工程质量事故。BGY公司马来西亚新山项目遭到大量中国台湾业主维权，被诉讼至马来西亚房屋仲裁庭投诉要求退房；上海奉贤区海湾镇BGY公司项目在建小区工地发生模架坍塌事故，致1人死亡、9人受伤，一位51岁的工人被混凝土压死；杭州萧山的BGY公司项目的坑基直接坍塌，基坑的裂痕延伸到了旁边居民楼的地基上，十几户业主被疏散至宾馆；南京BGY公司地产业主集聚项目营销中心在35摄氏度高温下艰难维权；安徽六安市BGY项目施工再度发生事故，导致6人死亡、1人伤情危急。

虽然BGY公司层面对产品有控制政策，但落地到了各个项目之后，各个项目经理人为了完成公司指标，可能并未执行到位，严重地影响了企业形象和声誉。虽然目前BGY公司的销售收入仍然一路高歌，2017年的合同销售金额已居房地产行业龙头位置，但若后期质量问题不解决，新开盘的项目很有可能无人问津，导致资金回流金额降低。

通过以上分析可以看出，BGY公司在资金链的筹集阶段中，有效地利用了财务杠杆作用，以高负债模式获得了较低的资金成本；同时除了单一的银行借款融资，BGY公司通过公司债券、优先票据、互联网金融等平台多渠道为公司筹集大额资金。但获得较低的资金成本是以高负债率为代价的，适度负债有助于企业充分利用财务杠杆，并促进企业发展，但是如果负债超过限度，则有可能出现债务成本抵销部分财务杠杆利益的情况，这意味着更大的财务风险。在资金链的使用阶段，BGY公司有完善的成本控制制度，采用"沃尔玛式"集中采购政策和一体化产业链的模式来减少不必要的成出。但将BGY公司的各项支出和同行业的平均数相比时，发现其成本控制效果不佳，制度如同虚设。每年在购置土地金额的增长率远大于销售额的增长率，整个项目过程中资金紧张。在资金链的回流阶段中，即使在营业收入实现逐年增加的情况下，其经营活动净流量却在2017年下降了近50%，应收账款的回收周期变长，存货周转率的变现能力下降，不利于资金回流。

综上分析，BGY公司资金管理尚存的问题，主要提出以下对策措施建议。

第一，企业应结合自身的负债情况，通过科学的方式筹集资金，拓宽筹集资金的渠道。

第二，企业应重视自我经营能力的提高，以期获取更大的自有资金，提高内源筹资的权益比例。

第三，在资金使用时，应加强投资项目的事前风险预判和控制，积极关注政策导向，落实内部的成本管理。

第四，合理规划企业购置土地和项目开发的安排，进一步优化整体投资布局，采取稳健的投资策略。

第五，在资金回流阶段，企业应采取适当的营销策略提高销售额，加快应收账款回流周期和存货周转率周期，快速回笼资金。

二、标杆房企案例分析2：HD房地产公司资金链管理案例分析

（一）HD房地产公司资金流动路径分析

资金是房地产公司各项目顺利进行的保证，资金的顺畅流通及资金链的有序循环是公司进行正常运转和实现公司经营目标的重要前提。房地产行业是一个资金密集型行业，保障资金链顺畅与安全是房地产企业资金链管理工作的重中之重。资金链的安全性主要表现在资金来源的可靠性和资金收支在项目时间节点上的匹配性，这是资金链管理人员需要重点要关注的地方。房地产公司资金链的安全性主要体现在资金的流动路径上。

HD房地产公司资金流动路径，如图13-10所示。

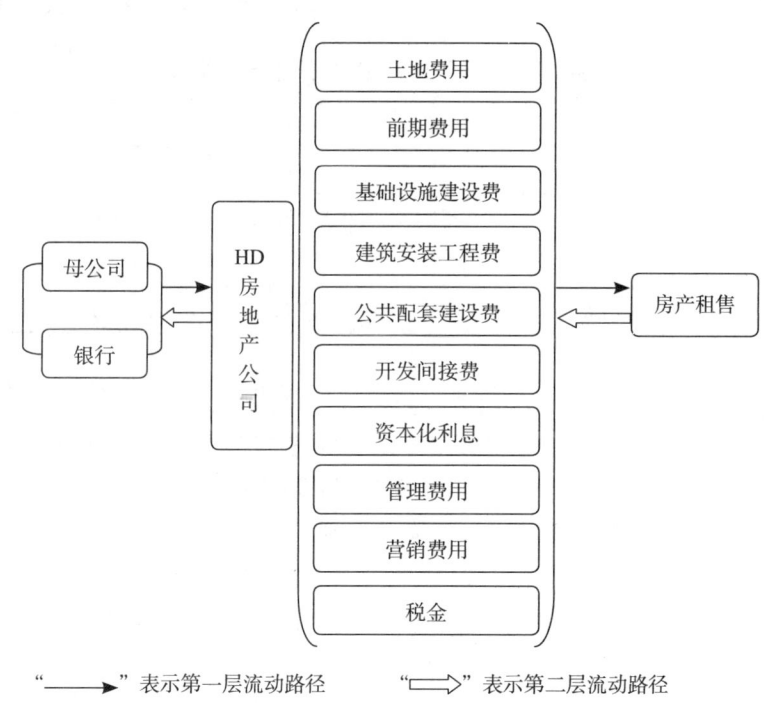

"——▶"表示第一层流动路径　　"⇨"表示第二层流动路径

图13-10　HD房地产公司资金流动路径

从图13-10中可以看出，在房地产整个项目的开发过程中，资金的流动分为两个层次：第一个层次，在项目开发初期用于土地出让金、行政事业性收费、工程款及日常支出的资金，来自母公司的自有资金和银行的开发贷款；第二个层次，在房产达到一定的预售条件之后，房地产资金再以预售回款（包括现金和银行按揭贷款两种）的形式流至HD房地产公司，HD房地产公司将取得的预售回款用于归还母公司的垫款

和银行的开发贷款,在 HD 房地产公司用预售回款偿还银行的贷款本金和利息的同时,银行会进一步为该公司客户继续办理住房按揭贷款。由此,在 HD 房地产公司、母公司、银行之间形成了一个资金链的链接与循环。

(二)HD 房地产公司资金链状况分析

HD 房地产公司资金链通过资金筹集、资金使用和资金回流三个阶段来体现,即公司从土地批租到开发再到销售整个过程中资金流动。本案例以 HD 房地产公司 YHY 项目、YK 项目、JX 项目、SH 项目、YJY 项目为主,对 HD 房地产公司资金链管理进行分析。

1. 资金筹集阶段状况分析

资金结构,也可以称为资本结构,是指各种资金构成及其比例关系。公司资金是否能够正常运转,要看公司的资金总量及其结构是否正常合理。资金结构同时用来反映公司资金筹集阶段的管理状况。HD 房地产公司资金结构分析表,如表 13-10 所示。

表 13-10　HD 房地产公司资金结构分析表

指标	项目	2012 年	2013 年	2014 年	2015 年
资产负债率	HD 房地产公司	97%	91%	83%	81%
	行业均值	75%	70%	70%	70%
产权比率	HD 房地产公司	15.74	10.47	4.89	4.28
	行业均值	0.50	0.50	0.50	0.50

由表 13-10 可以看出,HD 房地产公司的资产负债率呈现逐年降低的趋势,基本上保持在 85% 左右,然而,同行业均值保持在 70% 左右,说明该公司的资产负债处于一个较高水平,主要是由于该公司的资金筹集方式较为单一,绝大部分依赖于银行贷款,进而存在较大的财务风险,同时也未能充分保证公司资金的长期供给,给公司资金链带来了一定的潜在风险。同时由表 13-10 可以看出,HD 房地产公司的产权比率呈现逐年递减的趋势,但仍和行业标准值差距很大,总体上该公司产权比率还是偏高。一方面反映出该公司资金结构不太合理,借款经营比重大,公司自有资金比重小;另一方面也反映出该公司的偿债能力相当差,公司可能面临着潜在的财务及经营风险。以上主要从 HD 房地产公司的角度来分析了该公司的资金结构,接下来以 YHY 项目、YK 项目、JX 项目、SH 项目、YJY 项目为例对该公司资金筹集阶段的情况进行详细分析。

1)资金来源的结构分析

对 HD 房地产公司资金来源的结构分析,根据侧重点的不同,主要划分为三个方面:第一,资金性质,主要包括母公司投入资金、银行贷款、预售款及其他,其中预售款包括销售 POS 款和银行按揭贷款;第二,资金属性,主要包括内、外源融资及其他融资等形式。其中,内源融资主要是由公司日常生产经营活动所产生的资金;外源融资主要是指通过吸收其他经济主体来转化成自有资金一种形式；第三，资金来源途径，主要是以银行、母公司、客户为主。以上对 HD 房地产公司资金来源结构分析侧重点不同，具体如图 13-11 所示。

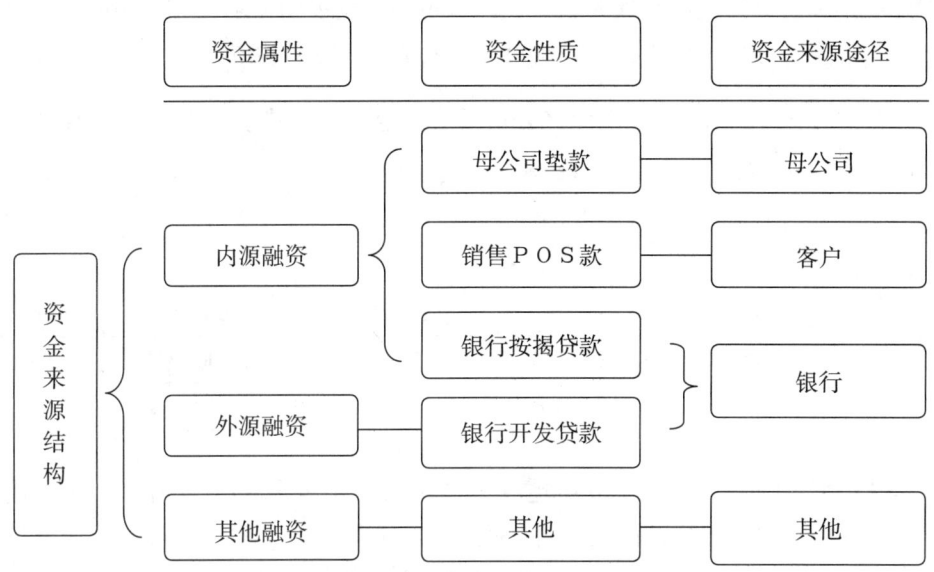

图 13-11　HD 房地产公司资金来源结构

从图 13-11 中可以看出，HD 房地产公司主要资金来源于其母公司、客户及银行等。当该公司内源融资满足不了项目资金需求时，必然通过外部融资的途径，吸收到最佳的资金总量来满足项目生产经营需要。

2）资金来源的构成

众所周知，房地产公司属于典型资金密集型公司，资金是房地产公司的血液，就其资金需求而言，房地产公司对资金的需求和占用量一般都高于普通公司。HD 房地产公司由于刚成立不久，更是如此，公司自有资金不足，只能依赖于外部融资。HD 房地产公司自 2010 年成立以来，截至 2015 年 12 月 31 日共开发了 YHY 项目、YK 项目、JX 项目、SH 项目及 YJY 项目。HD 房地产公司资金基本情况如表 13-11 所示。

表 13-11　HD 房地产公司资金基本情况　　　　　　单位：万元

项目	总投资额	现有资金总量	资金需求总量
YHY 项目	33 173.42	10 337.41	22 836.01
YK 项目	43 572.00	12 635.88	30 936.12
JX 项目	46 570.00	13 505.30	33 064.70
SH 项目	28 465.25	8 457.00	20 008.25
YJY 项目	142 536.30	41 478.06	101 058.24

从表 13-11 可以看出，HD 房地产公司各项目总投资额都很大，并且远远超出了该公司现有的资金总量，以至于该公司各项目的资金需求总量大，如 YJY 项目的资金需求总量约占项目总投资额的 70.9%。为了满足该公司巨大的资金需求量，实现公司可持续经营发展，需要进行内源和外源融资，以满足公司发展的需求。该公司的资金来源主要是由自有资金、母公司垫款、客户及银行开发贷款等方面构成，如表 13-12 所示。

表 13-12　HD 房地产公司项目资金来源构成分析表　　　　单位：万元

项目	母公司投入	销售 POS 款	银行开发贷款	按揭贷款	其他
YHY 项目	940.80	2 822.39	15 523.17	3 763.19	470.40
YK 项目	1 237.44	3 712.33	20 417.84	4 949.78	618.72
JX 项目	158.72	3 967.76	21 822.70	5 290.35	661.29
SH 项目	938.77	2 470.21	9 744.55	5 150.23	555.91
YJY 项目	4 042.33	12 126.99	66 698.44	16 169.32	2 021.16

从表 13-12 中可以看出，HD 房地产公司项目资金来源主要包括该公司直属母公司投入、销售款、银行开发贷款、按揭贷款及其他等方式，其中来自银行的开发贷款约占总投资需求量的 67%，可见该房地产公司银行借贷所占比重较大，需要支付高昂的利息费用，容易存在一定的金融风险，同时容易造成资金结构不合理。同时，HD 房地产公司以银行借款为主导的筹资方式，一方面会影响公司的偿债能力，另一方面会影响公司的再融资能力，极易给公司带来筹资风险。

2. 资金使用阶段状况分析

在当前市场经济大环境下，房地产公司经营核心就是资金的循环运动，如何使资金安全快速运转，为公司创造更多的增值，是房地产公司资金链管理的一项重要内容。如果公司对资金利用效率高，资金周转速度快，我们就认为公司对资金链的管理效果好；反之，我们就会认为房地产公司对资金链的管理效果不理想。因此，我们可以用资金的利用能力来反映房地产公司资金使用阶段的管理效果。HD 房地产公司的资金利用情况分析表如表 13-13 所示。

表 13-13　HD 房地产公司资金利用情况分析表

指标	项目	2012 年	2013 年	2014 年	2015 年
存货周转率	HD 房地产公司	0.15	0.39	0.47	0.46
	行业均值	0.6	0.5	0.6	0.6
应收账款周转率	HD 房地产公司	2.74	3.47	3.89	3.28
	行业均值	5	6	6	5
总资产周转率	HD 房地产公司	0.14	0.46	0.57	0.57
	行业均值	1	0.7	0.7	0.8

从表 13-13 中可以看出，HD 房地产公司的存货周转率、应收账款周转率及总资产周转率总体上呈现逐年递增的趋势，但与行业均值相比仍处于较低水平，说明该公司资金利用效果不理想。一方面，由于该公司存货的不断增加，销售情况与预期的增长状态不太配比导致存货资产占比较高；另一方面，存货周转和应收账款周转周期长，也直接影响了总资产周转周期的延长，导致了该公司资金占用高，很容易造成在资金使用阶段资金链条的突然断裂，这是房地产公司在资金链管理中需要格外注意的。

综上而言，HD 房地产公司的资金利用水平较低，所以，改善 HD 房地产公司的资金利用能力成为该公司的当务之急，也是该公司资金链管理过程中的重中之重，应该加以重视。接下来以 YHY 项目、YK 项目、JX 项目、SH 项目、YJY 项目为例，对该公司资金使用阶段投资成本结构的情况进行详细分析。

投资成本结构主要是房地产进行投资分析及决策的重要依据。HD 房地产公司资金支出的主要部分就是开发投资支出，同时，银行开发贷款本息支付也构成了该公司的成本支出，所以负债经营成了房地产企业的一大特色。一般而言，房地产公司的开发投资支出可以说是房地产公司的重点支出，占到项目总支出的 70%～80%，这部分资金的大量占用，同时也是造成我国房地产公司资金链"紧绷"的主要原因。HD 房地产公司的投资成本结构表，如表 13-14 所示。

表 13-14　HD 房地产公司投资成本结构表

成本组成	成本明细	主要组成部分
直接成本	土地费用	包括土地出让金、契税、印花税及土地财务成本等
	前期费用	包括设计费、三通一平、临时设施费、行政事业收费等
	基础设施建设费	包括供水供电工程、绿化、热力工程、室外照明系统等
	建筑安装工程费	包括建安费用、分包工程、分包工程配合费、甲供材等
	公共配套建设费	包括文娱健身设施、物业等房产及其他公共配套设施等
	开发间接费	包括造价咨询费用、监理费用、施工采购合同印花税等
	预备费	—
期间费用	资本化利息	包括进行银行借款产生利息，按照每平方面积 100 元来计算
	管理费用	包括工资、差旅费、办公费等，按销售收入的 2.5% 计算
	营销费用	包括销售代理费用、广告费用、宣传费用、样本等费用
税费	税金及附加	主要按照销售收入的 5.7%
	增值税	住宅 >144 平方米按销售收入 3.5%；<144 平方米按销售收入 1.5%
	所得税	（销售收入 ×25%－期间费用－增值税－营业税金）×25%

从表 13-14 中可以看出，HD 房地产公司投资成本主要由直接成本、期间费用和税费组成，其中直接成本支出占项目总成本的比例较高，一般占项目总投资额的 70%～80%。

截至 2015 年，HD 房地产公司各项目的开发投资成本分析表如表 13-15 所示。

表 13-15 HD 房地产公司各项目投资成本分析表　　单位：万元

成本组成	YHY 项目	YK 项目	JX 项目	SH 项目	YJY 项目
土地费用	2 158.83	6 100.08	5 588.40	1 850.00	31 923.91
前期费用	1 725.02	2 832.18	3 027.05	3 102.70	9 710.83
基础设施建设费	1 492.80	2 614.32	3 027.05	2 395.05	7 848.81
建筑安装工程费	20 667.04	22 657.44	25 147.80	14 456.79	65 405.62
公共配套建设费	451.00	566.44	325.99	448.2 653	286.12
开发间接费	141.96	14.00	139.71	99.59	484.35
预备费	—	—	—	—	1 674.41
一、直接成本合计：	28 960.40	33 114.72	37 256.00	22 352.4	117 334.06
资本化利息	860.00	1 132.87	1 210.82	782.65	3 389.04
管理费用	1 163.87	1 394.30	1 490.24	348.54	2 289.18
营销费用	868.26	958.58	1 955.94	740.10	3 552.24
二、期间费用合计：	2 222.62	3 485.76	4 657.00	1 871.29	9 230.46
税金及附加	1 990.41	3 485.76	2 607.92	2 277.22	8 698.88
增值税	431.25	1 002.16	558.84	654.70	2 955.98
所得税	1 194.24	2 004.31	1 490.24	1 309.40	4 316.92
三、税金合计：	3 649.08	6 535.80	4 657.00	4 241.32	15 971.78
四、总计：	33 173.42	43 572.00	46 570.00	28 465.25	142 536.30

从表 13-15 中可以看出，HD 房地产公司各项目的直接成本占总成本的 75%～82%，其中，YHY 项目、YK 项目、JX 项目、SH 项目及 YJY 项目直接成本所占比例分别为 87.3%、76%、80%、78.5%、82.3%。在房地产项目的直接成本中，土地费用和建筑安装工程费所占比例较高。一般而言，在房地产项目的开发中，过高的土地出让金和建筑安装工程费，会造成整个项目成本偏高，会对企业资金链产生不良影响。所以，在 HD 房地产公司的项目成本控制中，土地费用和建筑安装工程费是进行成本控制的重点所在，也是房地产公司资金链管理的重点所在。

3. 资金回笼阶段状况分析

一般意义而言，针对房地产公司的资金回流阶段尤其需要着重关注资金的增值能力。资金增值能力是指公司在生产运作中，能够利用现有资金持续地为企业带来部分增值的一种能力。房地产公司资金链是由现金到资产再到现金（增值）的一种循环链条。经过这一个阶段的循环，如果运营得好，就会实现企业资金的增值，相反，企业就会亏损。HD 房地产公司资金增值能力分析情况表，如表 13-16 所示。

表 13-16　HD 房地产公司资金增值能力分析情况表

指标	项目	2012 年	2013 年	2014 年	2015 年
销售增长率	HD 房地产公司	2.78	3.67	0.39	−0.08
	行业均值	5.8	12	10	10.00

从表 13-16 中可以看出，HD 房地产公司的销售增长率呈现逐年下降的趋势，远低于行业均值，说明 HD 房地产公司的销售增长率很不理想，主要是由公司的销售情况太差导致存货积压相对较多，造成了资金占用情况比较严重，严重降低了该企业的资金增值能力。HD 房地产公司的资产回报情况，如图 13-12 所示。

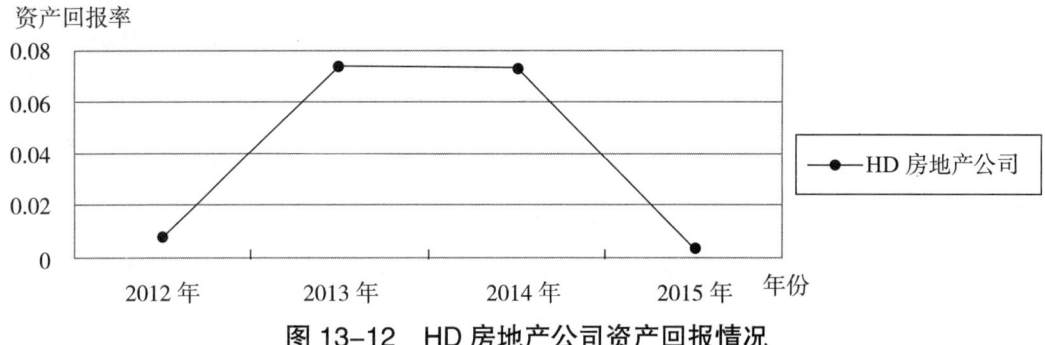

图 13-12　HD 房地产公司资产回报情况

从图 13-12 中可以看出，HD 房地产公司的资产回报情况很不理想，该公司 2012—2015 年的资产回报率始终都在 0.08 以下，且远低于行业均值，处于一个比较差的状态，可以看出 HD 房地产公司的资金使用效率远远低于预期标准，要想实现房地产企业的资金增值，该公司必须在经营管理和资金链管理方面下功夫。接下来以 YHY 项目、YK 项目、JX 项目、SH 项目、YJY 项目为例对该公司资金回流阶段的情况进行详细分析。

HD 房地产公司的资金回流主要包括两个方面：销售资金回流和租赁资金回流。房地产公司的资金循环周期比一般的公司要长，说明房地产公司对资金的占用时间较长，这就给公司资金的循环运转带来了一定的压力。若公司资金回流状况较好，可以在很大程度上缓解资金压力；若房产销售不力，资金回流缓慢，容易导致公司资金链条趋紧。HD 房地产公司各项目销售情况，如表 13-17 所示。

表 13-17　HD 房地产公司各项目销售情况

项目	YHY 项目	YK 项目	JX 项目	SH 项目	YJY 项目
可售面积（平方米）	86 000.97	100 165.42	83 189.49	78 265.39	338 903.97
已售面积（平方米）	57 620.65	58 095.94	44 090.43	36 002.08	77 947.91
待售面积（平方米）	28 380.32	42 069.48	39 099.06	42 263.31	260 956.06
出售率	67%	58%	53%	46%	23%

从表 13-17 中可以看出，HD 房地产公司的房产出售率处于一个较低的水平，部分资金无法及时回流，致使该公司资金回流缓慢且资金压力比较大。最早完工的 YHY 项目，从 2011 年开盘销售至今出售率达到 67%，原计划该项目的投资回收期为 5 年，还有 33% 的房产待销售，就形成了存货积压，占用了该公司房产的流动资金；YK 项目和 JX 项目，从 2012 年开盘销售，预计的投资回收期为 5.36 年，截至目前，该项目销售仅完成了 58% 和 53%；HS 项目和 YJY 项目，从 2013 年年末开盘销售，投资回收期均为 5 年，其中，HS 项目房产出售尚可，YJY 项目出售率较差。

综上，HD 房地产公司整体的房产出售率较低，房产销售状况不理想，直接增加了该公司资金回流的难度。

（三）HD 房地产公司资金链运营管理现状

1. 资金链管理流程

1）公司工作流程

HD 房地产公司在每一个项目具体开发建设前，首先，要对房地产市场进行充分调研与规划设计，形成可行性研究报告；其次，经过专业测算项目房产是否符合现有的经济技术指标以及目标成本；再次，对产品进行专业的设计规划，进而实现对房地产项目的开发，包括项目运行中对具体成本进行控制；最后，实现该公司对产品的销售，从而快速实现 HD 房地产公司的资金回流，进而完成了资金运动的全过程。HD 房地产公司工作流程，如图 13-13 所示。

2）公司资金链管理流程

HD 房地产公司的资金链管理，采用的是一种从事前项目的立项与项目可行性分析，到事中对项目资金的管理控制与监督，最终到事后对房地产公司资金使用情况进行严格考核的资金链管理方式。HD 房地产公司资金链管理流程如下。

（1）前期计划和资金筹划。前期的计划和资金筹划是基于调查研究和分析而采取的一项行动，最大限度上使该企业在资金运行中潜在的问题得以发现。对房地产公司进行前期计划和资金筹划，能够最大限度上评估各种可选择方案与修改资金计划，按照"企业战略—项目规划—经营计划—全面预算"的流程将总体目标进行层层分解，从而进行合适的资源配置的过程。财务部门首先会对公司的资金使用过程中的成本支出、资金回流过程的销售回款、资金筹集过程中可获得的银行开发贷款及需要母公司前期垫支的资金进行估算，形成可行性报告。并与成本合约部等职能部门联合编制如下文件：《X 项目经济技术指标表》《X 项目投资计划表》《X 项目成本计划表》《X 项目总投资估算表》等，对 X 项目的整体可行性、收益可实现性、风险可控性进行评估，进而最终形成对 X 项目的经营决策文件。

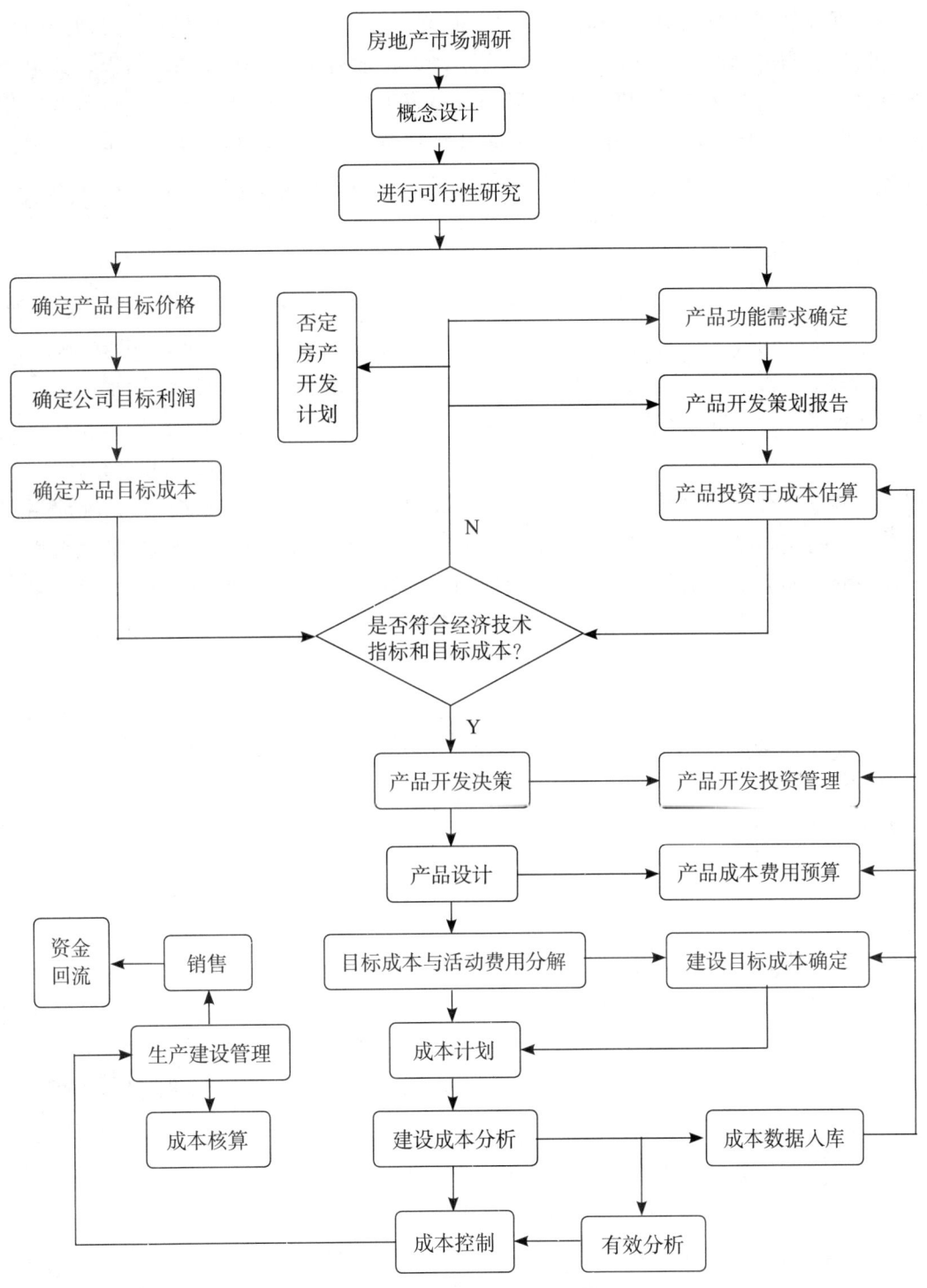

图 13-13　HD 房地产公司工作流程

（2）资金管控和预算调整。HD房地产公司完成资金计划之后，会对前期的资金计划和资金筹划进行监督和管理控制，力争通过一系列的管控措施和调整将前期的预算转换为公司的利润。房地产公司的资金运动，一般是呈动态变化的，所以，如果企业按照预算进行资金链管理和企业实际情况也是不尽相同的，需要公司进行日常的监督和反馈。在HD房地产公司的资金管控和预算调整阶段，主要是公司资金链管理人员将当期发生的资金变动情况，通过电子表格汇总的形式上报财务总监，主要包括银行存款余额调节表、月度的管理报表、季度盈利及现金流量表等。再由财务总监以月汇报的形式上报总经理或副总经理。

HD房地产公司通过这些报表对每一个项目的资金运行情况进行实时监控，对项目具体的运营情况进行管理，同时也对项目资金的潜在风险进行预防，用来保障公司资金的安全、高效运转。HD房地产公司的资金管控措施，如表13-18所示。其实质是对项目经营计划和项目经营目标的分解，该公司会根据开盘时点、销售方案和行业周期的特点在每个月将总回款任务进行分解，以期达到预期利润。HD房地产公司规定，在预算调整过程中，对财务数据进行预测，其预测值与实际发生额之间的差额应当控制在一定的偏离度内，偏离度应该控制在5%以内，若二者差额超过5%，那么将计入当期考核。偏离度为实际数据与目标数据相差的绝对值所占目标数据的比重，如果预测数据与实际发生额的差额在偏离度内，说明该公司的预算管理有效；如果二者差额在偏离度外，说明HD房地产公司的预算管理无效。

表13-18　HD房地产公司资金管控措施表

名称	时间	内容	作用
银行存款余额调节表、现金盘点表	每月6日前	银行对账单	确保企业银行存款和现金账面金额与银行对账单一致；若不一致，对未达账项进行检查并处理
资金管理报表	每月9日前	资金收支、内部往来、融资情况表、土地价款及对项目整体现金流分析	确保资金的使用、筹集在预算范围内，及时发现异象，进行管控
现金流量表（包括每个项目经营期表，根据实际发生值与预算进行调整）	每季度末前	主要包括差异对比分析、节点计划、进度节点和付款比例；成本说明、支出汇总（成本支出明细）；销售认购、销售合同以及销售回款情况	以项目整体经营目标为依据，根据节点计划将整体的收入指标在每月进行分解，以保证项目整体经营目标的实现；进度节点及付款比例是对房产项目进行的专业化处理，在最大限度上提升公司对资金使用情况的把握程度
盈利预测表（需要定期调整、每月调整）	每季度末前	类似利润表，包括营业收入、营业成本、期间费用、净利润等	对项目经营目标的完成及监控；财务负责人为资金管理第一责任人，将对资金使用情况的考核指标与对盈利预测的执行、监控和分析工作相挂钩

（3）资金考核。对于房地产公司资金计划完成情况的考核，主要包括经营期内的年终考核和经营期结束后的总体考核。由公司在经营期内和经营期结束后的考核方式的结合共同构成了对资金管理者的约束、激励和引导机制。考核内容主要包括：项目开发经营关键点控制和成本、费用、利润目标控制，其中项目开发经营控制主要包括开工、开盘、主体封顶、竣工验收、交房入伙等。在进行大规模资金考核时，要明确哪些因素是管理人员可控与非可控的。参与考核的目的就是保证HD房地产公司资金能够按照原计划进行运转，保证资金的流畅运行。HD房地产公司对资金进行流动路径的规划、节点设置及对资金计划执行情况进行监督和调整，最大程度上降低了资金在使用和销售两个环节的时间耗费，进而缩短了资金的周转时间，以确保公司资金链的安全性和效率。

2. 资金筹集阶段管理现状

HD房地产公司专门设立了专项的财务部门，用于专项办理该公司的借款及资金业务，进而保证该公司在资金链的各个阶段都有足够的资金供给。公司各项目责任中心会根据上级下达的利润任务计划来编制各项目的资金需求计划，然后上报财务部门，财务部门在进行多方面的经济效益综合衡量之后，才能够编制该工作总的资金筹集计划，报上级批准之后，方可实施。HD房地产公司资金筹集计划分为月度、季度及年度资金筹集计划。其中，月度和季度资金筹集计划归属于年度资金筹集计划。

HD房地产公司年度资金计划主要是根据成本合约部、营销策划部、工程管理部及各项目资金需求的不同情况加以汇总，最终形成该公司的年度资金预算。在一个会计年度中，财务部门会依照公司资金预算情况来进一步控制具体项目的借款情况。比如，公司由于项目工程原因向上级申请贷款，应该结合项目的实际情况，以书面的形式进一步说明造成项目资金超额的具体原因，经由财务部门落实，最终上报总经理审批追加，HD房地产公司的季度、年度资金计划呈现在公司的年度财务预算报告中。

HD房地产公司在每年6月末，开始对各项目后两个季度的资金筹集计划进行进一步的修正与调整，经财务部门进行一系列汇总之后，进而形成调整后的HD房地产公司下半年的资金计划。HD房地产公司的月度资金筹集计划，主要是以年度、季度资金计划为依托，在项目各个节点上进行资金的筹集和调控。公司财务部门在每一个月的16日前进行统计、反馈上一个月公司及项目中心月度资金计划的执行情况。此外，公司财务部门也会对月度资金计划执行情况进行进一步的分析与总结。

3. 资金使用阶段管理现状

在资金使用阶段，投资成本是公司资金流出的最主要部分。HD房地产公司为实现在资金使用阶段资金的安全高效运转，按项目进度编制了资金预算，主要由四个方面组成：项目投资预算表、项目投资进度表、项目融资进度表及项目现金预算表。当资金净流入量为正数时，表示项目当前资金筹集状况能够满足项目资金流出的需求；资金净流入量为负时，表示项目资金不足，需要公司加大融资力度或者对项目进度进行调整。项目建设的整个流程都可以通过资金预算来加以预测、运筹及调整，该公司对资金的管理将由此入手。HD 房地产公司资金预算工作流程如图 13-14 所示。

从图 13-14 中可以看出，HD 房地产公司在资金使用阶段的管理主要以资金预算为主，需要重点关注工程款支出和地价支付的资金计划。控制好资金使用阶段的资金支出，能够在一定程度上保证房地产企业资金链条的安全有效循环。具体到 HD 房地产公司，该公司的资金计划主要包括月度资金计划、季度资金计划和年度资金计划三种时间段的计划。

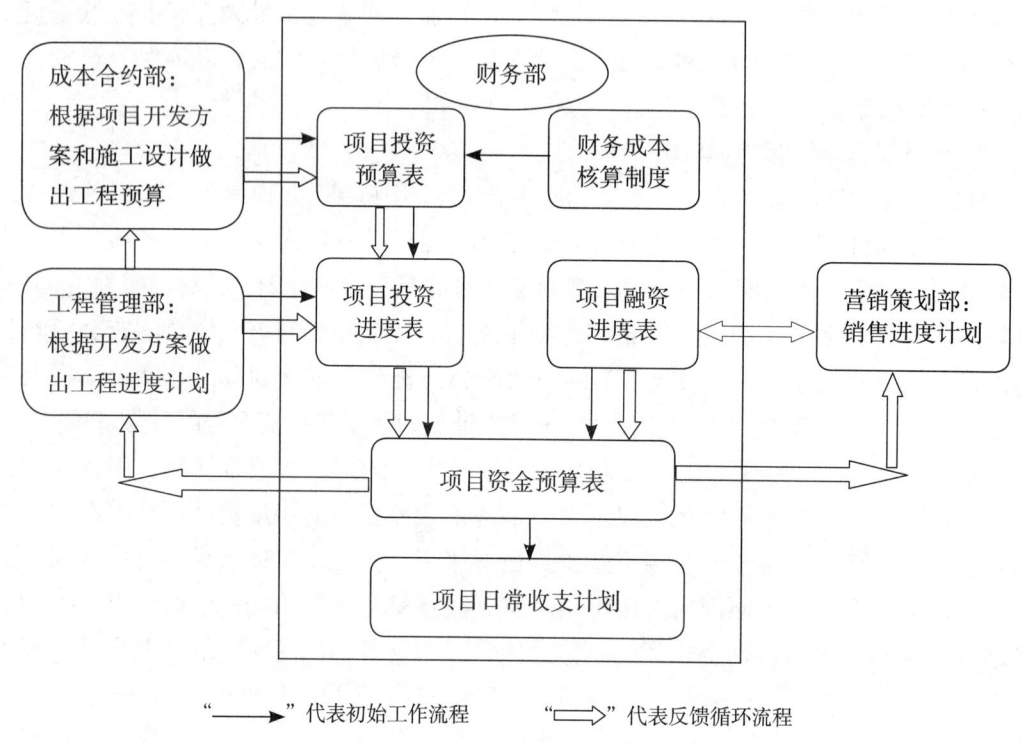

"——→"代表初始工作流程　　"⇒"代表反馈循环流程

图 13-14　HD 房地产公司资金预算工作流程

1）年度、季度资金计划

（1）工程款支出。HD 房地产公司各项目责任中心工程款项的计划，是由各项目责任中心的成本核算专员根据各项目实际情况来进行编制的。各项目的成本专员编制后，必须交由该项目负责人进行严格的审核，最终交由成本合约部。成本合约部结合该项目的具体实际情况来确定该项目的工程款项计划是否合理，一方面包括该项目季度、年度计划的合理性，另一方面主要评估该计划是否考虑了各种不可控因素。经过成本合约部的层层审核，最终报送财务部门再次审核，如果有需要调整的事项，则进行下一步骤的反馈修订。

（2）地价支付。HD 房地产公司各项目责任中心，根据土地转让合同的规定，进一步编制该项目的土地支付计划。如果涉及项目自己建设土地这种情况，需要先交由公司成本合约部进行审核，再上报财务部。该公司项目的土地计划具体体现在公司的年度财务预算报告中，即该公司第四季度末的项目预算中。该公司于每年6月末，各项目责任中心可对土地计划进行进一步的调整与修改，最终由财务部门汇总之后，形成公司第三、四季度土地计划的修正。

2）月度资金计划

（1）工程款支出。HD房地产公司月度工程款支出是由多个部门协商确定的，如成本合约部门、财务部门及工程管理部门等。各项目责任中心于每月1日根据各项目的资金需求量来编制项目的工程款支出计划，且上交财务部门进行审核，财务部门审核各项目工程款项支出是否具有合理性。在月度资金计划执行期间，公司财务部门管理专员将实时监控各项目工程款项的支出情况，并于每月最后一日前，在公司层面上对各项目每月工程款实际发生数额与月度资金计划数额进行比对。若二者存在差异，公司要实时测算各项目月度的可使用额度，其中，月度工程款可使用额度就等于月度工程款项的计划数与月度实际支付款项的差额。

（2）地价支付。HD房地产公司各项目责任中心于每月1日，根据公司所需支付的地价项目来进一步编制该项目的地价支付计划，并由责任中心报送公司财务部门。该公司各项目在编制季度资金计划时，特别要注意最后一个月的资金计划，一般意义上讲，每季度最后一个月的地价支付计划就等于该项目本季度土地支付计划与该季度前两个月的实际土地支付数额。如果根据二者关系，倒推出来的数额与最新计划数额差异较大，还是以项目最新实际情况所预测的计划数额为依据。

4. 资金回笼阶段管理现状

1）年度、季度销售回款资金计划

由于HD房地产公司的项目销售回款计划是根据该项目的销售计划，并且依据特定的回款率计算出来的一种数额。各项目季度、年度销售计划是由该项目销售负责人进行编制，并上报公司财务部门，如若有调整事项，公司财务部门将交由各项目负责人进行再次修正调整。各项目的年度销售回款计划将根据项目实际情况分摊至每个月，一般而言，每个月的销售回款计划比较细致。公司财务部门会依照项目销售回款经验及各项目的销售回款率进一步计算出各项目计划的回款数额。在此，需要注意的是公司的月度、季度及年度销售回款计划，一般体现在公司的年度财务预算报告之中，也就是公司第四季度末的项目经济测算表中。于每年6月末，公司各项目责任中心会对项目第三、第四季度的销售计划依据项目实际情况进行调整，主要表现在第二季度末所更新的经济测算表之中，最终，经由公司财务部汇总后，形成了该公司第三、四季度销售回款计划的修正版。

2）月度销售回款资金计划

HD房地产公司的销售回款月度计划是由该公司营销部门与财务部门二者相互配合共同确定。该公司各项目营销责任人负责提供各项目的销售及认购签约计划，而财务人员于每月1日根据项目签约认购及回款情况，提供下月重新增加的项目认购及签约详细计划，公司应该按照既定的销售回款计划来预估其当月汇款金额。而财务部门负责再次审核各项目销售回款计划是否合理，并且确定该公司当月的实际回款金额。在HD房地产公司资金计划的月度执行期间，公司将实时核实各项目的回款金额，并于每月10日和月末日逐次进行比对公司及项目层面的实际回款金额与计划金额的差额。在不影响该公司整体利益的条件下，营销部门人员与财务部门人员进行进一步的详细沟通，以确保及时采取行之有效的措施，来最大限度地减少销售回款的偏差率。

（四）完善HD房地产公司资金链运营管理的对策

1. 完善筹集阶段资金链管理的对策

1）实施多元化的融资方式

对于HD房地产公司而言，最主要的资金筹集方式就是银行借贷。近年来受国家及银行政策影响，该公司的资金筹集渠道日益狭窄。所以，HD房地产公司在开发资金筹集方式方面就有了现实意义。房地产公司可以从实施多元化的融资渠道入手，结合公司自身发展特点，考虑资金的流动及利率风险等，使每一种融资方式产生的融资成本都近乎合理化，以实现公司价值最大化，避免由于单一融资方式引起较高的财务风险。房地产公司实施多元化的融资方式，既可以有效地分散公司融资风险，又可以优化公司资本结构，降低公司融资成本。针对HD房地产公司的实际情况，当前可以采取合作开发的融资模式。

（1）合作开发的可行性。房地产合作开发是指具有房地产开发资质的一方与提供资金、土地、技术、劳务的另一方或多方当事人之间共担风险、共享收益的一种合作建房行为。选择房地产合作开发的原因不只是融资成本高、公司资金链吃紧，还是房地产公司通过合作开发共同分担开发风险，同时利用双方的资源优势进行开发的一种策略。利用合作开发的融资方式本质上是一种资源互补、分工合作、强强联合的方式，即房地产公司通过合作弥补自身某些方面的不足。HD房地产公司进行项目开发时，首先要支付高昂的土地费用，然后在开发过程中，需要大量的资金注入，那么在整个过程中，由于资金流入小于流出，很容易形成资金缺口，使得该公司的资金链备受考验。而部分公司拥有资金，却没有房地产开发资质或土地，这种情况在房地产市场中很常见。此时，这些公司可以通过合作开发的形式来共同完成房地产项目，合作开发是一种可操作性较强的融资方式，通过与其他公司的联合开发，一方面公司可利用资金变多，资金短缺的问题得到解决；另一方面可以降低投资风险，实现资本积累，使房地产公司做大做强，最终实现双赢。

（2）合作开发的实施。A公司是一家服务于金融与零售领域的大型公司，主要从事担保业务、零售百货和其他业务，A公司与多家银行都保持着良好的业务合作关系，是一家著名的投资企业和零售企业。A公司一直寻求在该市B地段，开设零售商场的投资愿望，但苦于没有开发商在此进行房产项目的开发。而HD房地产公司于2016年

3月在B地段购买了一块土地，已获得土地使用权，原本打算用于商业地产和居住住宅的开发，但由于该公司前几个项目资金回流不畅通，致使该项目缺乏融通资金，自从获取土地使用权以后，一直搁置，并未施工。基于此，HD房地产公司与A公司进行了积极磋商并达成一致的开发意见：将地上商业建筑和地下商业建筑及部分居民住宅销售给A公司，并确立该项目为SD项目，同时A公司将对项目开发分四次提供共计20 000万元的运作资金。HD房地产公司SD项目具体的资金筹集与原YHY项目的资金筹集对比分析，如表13-19所示。

表13-19　HD房地产公司项目资金筹集对比分析表　　单位：万元

SD项目	金额	资金结构占比	YHY项目	金额	资金结构占比
一、项目投资金额	64 536.63	100.00%	一、项目投资金额	33 173.42	100.00%
二、资金来源			二、资金来源		
1. 自有资金	16 779.54	26.00%	1. 自有资金	9 337.41	28.18%
2. 引入合作方资金	20 000.00	31.00%	2. 引入合作方资金	—	—
3. 银行贷款	16 714.71	25.90%	3. 银行贷款	18 000.00	54.26%
4. 母公司投入	1 290.73	2.00%	4. 母公司投入	940.80	2.80%
5. 销售资金回流	9 809.57	15.10%	5. 销售资金回流	489.21	14.76%
6. 合计	64 536.63	100.00%	6. 合计	33 173.42	100.00%

由表13-19可以看出，HD房地产公司在引入合作开发之前，资金来源主要是以银行贷款为主，且约占到总投资额的54%；而该公司在引入合作开发之后，资金来源初步呈现多样化趋势，其中，引入合作方资金约占到总投资的31%，银行贷款约占到总投资额的25%。对于HD房地产公司而言，利大于弊，一方面该公司实现了多元化的融资方式；另一方面，获得了融通资金，规避了资金链断裂的风险。

2）建立合理的资本结构

公司的资本结构主要由自有资金和债务资金组成，二者在资本结构中所占比例是否合理，决定了一个公司能否可持续、健康发展。通过之前对HD房地产公司相关财务数据的分析，我们知道该公司目前的资本结构并不合理，自有资金比例过低、债务资金过高，存在"短款长用"的现象。为了改善HD房地产公司当前不合理的资本结构，进一步加强资金链的安全性，可以通过以下措施：第一，在房地产项目开发建设的前期阶段主要是资金流出大于资金流入，会对资金链产生一定的压力，公司会出现资金缺口，房地产公司为了保障项目的正常运行，会通过短期借款的方式来满足项目的资金需求。HD房地产公司通过加快项目开发建设的方式来进一步改善公司不合理的资金结构，尽量在确保项目质量的前提下，最大限度地缩短工期，进一步提高开发效率，以实现项目的资金回流；第二，HD房地产公司的开发模式是多项目同时开发，要想保证新项目的顺利开发,就要加大对原项目的销售力度,加快销售资金回流,通过原项目的回流资金来缓解房地产公司资金链紧张的压力,在一定程度上可以减小新项目在资金筹集阶段的资金需求,进而提升 HD 房地产公司的偿债能力。

2. 完善使用阶段资金链管理的对策

1)实行项目成本动态管理控制成本偏差

HD 房地产公司对项目的成本管理偏重事中和事后管理,使得管理人员在进行投资决策时不能依据项目的动态变化获取有效信息,致使该公司在资金使用阶段项目成本支出偏高。房地产项目在实施过程中是不断变动着的,会随着不确定性因素的变动而变动,需要公司在整个资金使用阶段,及时收集其成本的实际发生额,同时将其与成本控制的目标值进行对比分析,看是否存在偏差。若无偏差,则项目可以继续按计划进行,否则要找出成本偏差具体原因,进而采取相应纠正措施来及时修正偏差。为改善 HD 房地产公司在资金使用阶段成本偏高的问题,该公司应实施动态成本控制,以控制该公司成本偏高。首先,确定项目的总体目标和计划;其次,对项目计划的实施及对项目计划进行监控,定时收集各种资金支出科目的实际投资金额,定期对项目计划金额和实际金额进行对比分析;最后,通过对项目计划金额与实际金额的分析比较,找出偏差的原因,进行纠偏,进而对项目成本目标进行调整,以此形成对项目的循环控制。HD 房地产公司的项目动态成本控制如图 13-15 所示。

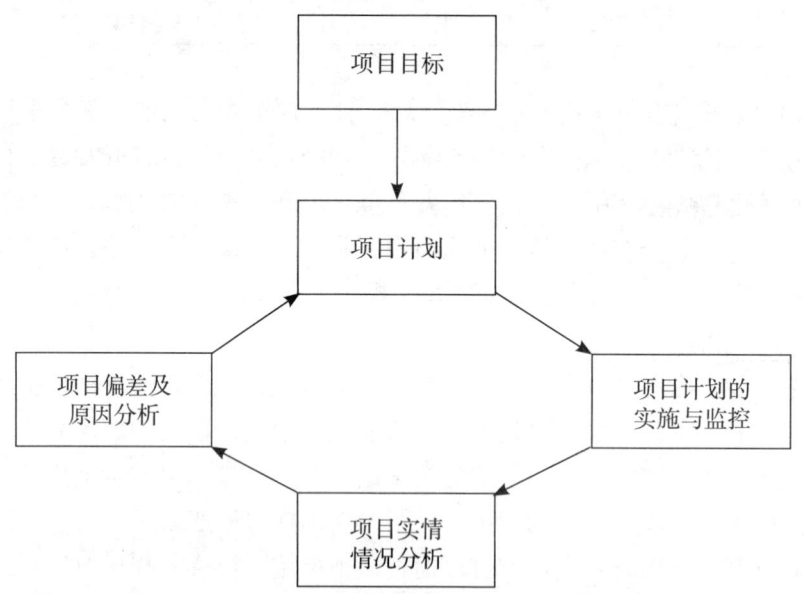

图 13-15　HD 房地产公司项目动态成本控制

为了便于掌握 HD 房地产公司项目动态成本的实际发生情况,编制动态成本控制表,该表以项目发生的各项费用为基础,把费用与目标成本分项对比,最后汇总之后再进行成本总金额的对比,如表 13-20 所示。

表 13-20　HD 房地产公司动态成本控制表汇总　　　单位：万元

科目名称	目标成本	动态成本（已发生＋待发生）	差额（目标－动态）	备注
土地费用	1 918.83	2 158.83	−240.00	
前期费用	1 697.72	1 725.02	−27.30	
基础设施建设费	1 391.35	1 492.80	−101.45	
建筑安装工程费	19 134.36	20 667.04	−1532.68	
公共配套建设费	425.63	451.00	−25.37	
开发间接费	126.69	141.96	−15.27	
预备费	—	—	—	
资本化利息	820.00	860.00	−40.00	
管理费用	1 188.87	1 163.87	25.00	
营销费用	743.26	868.26	−125.00	
税金	3 627.38	3 649.08	−21.70	
开发成本合计	31 074.09	33 177.86	−2 103.77	

从表 13-20 中可以看出，HD 房地产公司的动态成本包括已发生和待发生成本两部分，差额为目标成本与动态成本之差。随着项目的进展，HD 房地产公司实时对目标成本的实际发生情况进行动态反馈，以便于该公司项目管理者随时掌握项目开发成本的实际数据。由于该公司土地费用及建筑安装工程费占项目总投资比重较高，也可以单独对二者实施动态成本控制，可以看出该公司具体在哪些项目成本超支，进而有针对性实时进行动态成本控制。HD 房地产公司采用动态成本控制对影响项目成本比较大的土地费用和建筑安装工程费用进行实时动态监控。通过实时监控可以及时发现在项目具体实施过程中的偏差，并及时找到产生偏差原因及解决方案，实时调整项目目标，使项目成本控制在合理范围内。

2）加强资金预算的控制和考核

房地产企业作为资金密集型企业，具有资金使用量大、资金循环周期长的特点，如何科学、规范对项目进行合理的投资规划及加强资金预算是房地产公司在资金使用阶段的必要工作。HD 房地产公司可以依据项目进度来合理调度资金的使用情况，将资金使用可能产生的问题扼杀在摇篮里。HD 房地产公司可以从以下三个方面来加强对资金预算的控制和考核。

（1）加大资金预算的执行力度。相对于房地产公司资金预算的编制，其执行更加具有可操作性，是进行严格意义上的预算管理与控制的重要基础，也是进行预算绩效考评的基本依据。HD 房地产公司存在资金预算与实际执行偏离度较大的问题，暴露出了该公司预算准确率和实际执行率偏低的问题。HD 房地产公司资金执行预算编制的主要流程和内容，主要是通过项目投资匡算和总体项目开发计划来编制资金预算，根据年度、季度资金计划，按月调整资金预算。在预算调整方面，要强化对公司预算调整的审核力度这一方面，公司财务部门在事先就会将反映各项目预算的实际执行情况的数据呈现给各部门，以便各项目部门在进行预算调整时有相应数据作为基础，从而使其预算的准确性更高。

（2）加大对资金预算分析与考核。HD房地产公司资金预算的考核，要以公司的实际执行为标准，依据其实际执行情况，进一步合理化地将管理人员的绩效与资金回流的速度相结合，即按照公司个人绩效进行考核。HD房地产公司将"资金预算执行率"纳入资金预算的绩效考核指标，以提高预算编制和执行两个环节的准确度。HD房地产公司财务部会根据资金预算和实际资金收付，对月度和季度超预算情况、超资金预算率及资金预算的实际执行率进行统计分析。HD房地产公司可以通过严格的资金预算来保证项目资金链的流畅性，以实现该公司资金的良性运转。

（3）加强对资金预算的监督管理。HD房地产公司要对影响公司资金流动的各种活动进行定期或不定期的监督检查，不仅要对该公司的现金流量表、利润表进行全面分析，还要通过专项检查去挖掘预算执行中可能存在的诸多问题。对于HD房地产公司在资金预算过程中，出现的公司实际发生额与预算额不相符的地方，要深层次分析其原因，并且加以改进。

3）采用敏感性分析降低资金风险

在HD房地产公司开发经营的整个过程中，有很多不确定因素会对资金链的循环与周转造成影响。这些因素的变化会对HD房地产公司项目的利润产生不确定性影响，进而不利于HD房地产公司资金链管理安全性和增值性的实现。为进一步做好资金链管理中的风险管理，HD房地产公司的资金链管理人员需要进行敏感性分析，执行相应策略，以确保资金链管理目标的实现。

（1）敏感性分析的可行性。敏感性分析是指在影响房地产项目投资收益的诸多不确定因素中，考察影响项目投资收益指标的一个或几个敏感性因素发生变化时的一种敏感程度。对项目进行敏感性分析实际上是对项目风险的一种度量，本质上是通过不同因素对项目影响的多种比较，为最终的项目决策服务。HD房地产公司通过敏感性分析可以确定哪些因素变动对项目经济效益的影响较大，从而明确该公司在资金链管理过程中重点控制方面。HD房地产公司的实际情况是该公司在资金风险管理方面比较差，需要进一步对项目实施敏感性分析，在最大程度上降低公司项目资金风险。

（2）敏感性分析的实施。对HD房地产公司进行敏感性分析时，要分析项目不确定性的来源，在分析项目开发各种风险的基础上，针对该公司当前项目可行性存在不足的问题，进行调整与改动。该公司在资金预算中所依据的单价、建设投资、成本及建设期等参数都是预测得出的，在项目建设和生产期间可能会发生变化，有必要对这些不确定因素发生变化时分析，找出敏感性因素，并确定其影响程度，以便预测项目承担风险能力，有利于公司资金链良性循环与周转。以HD房地产公司YJY项目为例，

第13章 房地产企业资金链管理

就销售收入、经营成本及建设投资三个方面的不确定性因素，分别按照正负10%的变动幅度，进行单因素敏感性分析，其结果如表13-21所示。

表13-21 HD房地产公司YJY项目敏感性分析表　　金额单位：万元

不确定因素	变化率	内部收益率	净现值	敏感性系数
基本方案		12.53%	6 994.74	
销售收入	+10%	17.70%	22 183.57	4.31
	−10%	6.88%	−8 194.09	
经营成本	+10%	12.23%	6 153.49	0.24
	−10%	12.83%	7 835.99	
建设投资	+10%	9.37%	−1 871.18	2.73
	−10%	16.20 %	−15 860.67	

从表13-21中可以看出，HD房地产公司在−10%～+10%的变动范围内，销售收入的敏感性系数最大为4.31，即在运营销售期，销售收入的变化幅度对项目收益的影响最大，该影响因素为最敏感因素，在运营期要采取防范措施应对其产生的不利影响，当销售收入上升10%时，内部收益率达到17.70%。HD房地产公司的YJY项目销售收入比测试值低10%时，其内部收益率为6.88%，小于行业基准收益率，其财务净现值没有达到投资者的预期收益，说明销售收入对目标值的影响很大。其次建设投资的敏感性系数为2.73，当建设投资为−10%时，内部收益率高达16.20%。最不敏感的因素为经营成本，敏感性系数为0.24，其经营成本增加10%时，内部收益率为12.23%；经营成本减少10%时，内部收益率为12.83%。HD房地产公司应该加强对YJY项目资金回收方面和建设投资方面管理工作，对项目进行敏感性分析也使房地产企业的资金链管理者能够更加有针对性，对项目存在问题进行管理控制，使该公司资金风险降到最低。

3. 完善回笼阶段资金链管理的对策

1）改进营销手段加快资金回流

房地产公司的资金回笼阶段对整个资金链能够顺畅循环起到非常重要的作用，资金回笼主要指的是销售时收到的房款，其周转时间直接关系到公司的偿债能力、再融资能力及资金链能否保持顺畅地流动循环。在取得预售许可证之前销售部门就应制订相应的预售计划，财务部门从销售部门获取相关信息，评估预期资金回流的情况，制订回收资金计划。同时，将资金回笼的规模、周期、方式记录于资金链管理信息系统中，实时监控资金回笼的情况，定期生成资金回笼情况报告，并采取相应措施。

（1）监控市场变化，预估资金回笼情况。房地产企业必须实时掌握房地产市场的变化情况，尤其是针对目标市场和目标消费群体要做好充分的市场调查，了解同类细分市场的供求形势、目标消费者的偏好、关注点，了解竞争对手正在或将要采取的营销策略，全方位把握本公司产品的最大卖点，在最大限度上准确预估公司资金回流状况。

（2）制订合理的销售方案。销售方案的制订要建立在准确的项目成本核算基础上，综合考虑目标人群的购买力、支付愿望、销售费用、税负及项目利润空间，明确销售价格区间及折扣空间。HD房地产公司想要实现销售资金的快速回收，首先要明确每个销售时间阶段工作的关键要素所在，确定每个阶段的预计工作进度、预计销售率及销售回款进度。鉴于HD房地产公司销售回款情况并不是那么理想的，先从项目销售进度计划上着手，如表13-22所示。

表13-22 HD房地产公司项目销售进度计划表

项目	项目前期准备	开盘强销期	持续销售期	尾盘冲刺期
销售时间阶段	项目动工至预售证取得之前，接受咨询	预计×年×月取得预售许可证	预计×年×月主体封顶，×年×月完工	预计×年×月
工作进度	进行项目宣传，对客源情况和购买意向进行详细统计，积累客户资源，深入筛选客户（排号）为开盘销售做准备	集中通知排号客户，项目首次开盘，筛选消化未排号客户，积累新客户，挖掘老客户；2批次深入筛选客户（排号）	前期逐步推盘，畅销户型与难销户型结合推售，售价结合市场情况频繁微小上调；后期推出所有房源，视情况调整价格策略	进行尾盘促销
销售率	0%	实现规定销售率20%	实现规定销售率80%	清盘
回款进度	0%	20%	80%	10%

2）加快存量房周转

销售是房地产公司项目开发的最后环节，也是资金链管理的重要环节，房地产公司只有将商品房销售出去才能实现价值的增值，否则，商品房转换为存量房，不但会占用公司资金，还会降低资金使用效率、影响资金增值。HD房地产公司在存量房方面存在诸多问题，为实现该公司存量房的快速周转，可以从以下两个方面着手。

（1）适当降低产品价格。要想降低HD房地产公司资金链断裂的风险，该公司首要任务就是去库存，加快公司存量房周转，采取有效措施增加销售收入，以期实现项目资金的快速回笼。通过适当降低产品价格，来增加该公司存量房的销售力度，设定使其具有竞争力的产品价格，以此吸引目标客户群体。通过薄利多销的形式，一方面加快库存周转；另一方面提高了该公司的销售收入，最终实现资金的快速回收。

（2）转变产品定位。HD房地产公司只有合理把握市场大环境，使产品的销售方式更具有合理性，以缩小产品的销售周期，用来加快存量房的周转，最大限度上地提升公司的利润水平。由于之前HD房地产公司客户目标定位不准确，致使该公司错失一大批有购房需求的客户，以至于该公司库存增加，存量房周转缓慢。以HD房地产公司的YHY项目为例，重新界定产品定位及目标客户，如表13-23所示。

表 13-23　HD 房地产公司 YHY 项目产品定位及目标客户匹配表

面积区间（平方米）	套数（套）	比例	原产品定位	现产品定位
50～59	32	4.76%	以满足单身客户为主	以满足单身客户为主
60～69	160	23.82%		
70～79	110	16.37%	以新婚、养老及小户型投资客户为主	以满足刚毕业大学生首套房为主，并针对大学生实施相应的价格优惠
80～89	180	26.78%		
90～99	60	8.93%	以三口之家、拆迁客户为主	以拆迁客户为主，且拆迁客户只能购买大于等于 90 平方米的房子
100～109	80	11.90%		
110～119 及以上	50	7.45%	以改善型客户为主	以改善型客户为主

由于目前受国家房地产政策的影响，各地纷纷已出台"限购"政策，很明显该公司针对存量房的原产品定位存在一定的问题。经过最新全方位的市场调研，目前市场需求量最大的为刚毕业大学生，针对这一特殊的市场需求，该公司对产品定位进行相应调整，以期通过价格优惠方式，实现该公司项目资金的快速回笼。另外，通过广告宣传突出产品优势，以市场竞争度、房屋销售进度、市场占有率等为参考，吸引全国各地的潜在消费者，最终达到拓展市场，实现存量房的快速周转、资金快速回笼。

（五）HD 房地产公司资金链管理优化方案

1. 资金链管理优化目标

该优化方案的具体目标就是对 HD 房地产公司资金链管理中存在的问题及潜在的风险进行修正与规避，通过方案的运行，实施具体的优化措施，从而使资金链能够保持顺利地流转和循环，提高资金的使用效率，防止发生资金链断裂的风险。HD 房地产公司资金链管理优化目标可以分为以下两个方面。

一是偿债能力的提高。HD 房地产公司在资金来源方面对资金的需求较大，筹资渠道比较狭窄，使得企业必须保持一定的负债经营，负债比率较高。房地产企业偿债能力的高低直接决定了资金能否按期偿还，以及资金链能否顺畅流动循环，对降低资金链风险具有重要作用。

二是提高企业的盈利能力。任何一家企业的盈利能力都是维持其正常生产经营最重要的因素，通过不断改善房地产企业在资金链流动过程中管理方面存在的问题，尤其是通过缩短资金收回的周期，提高资金使用的效率，不断提高企业的盈利能力，实现企业价值最大化，这是 HD 房地产公司在资金链管理优化中最重要的目标。

2. 优化方案的整体结构

HD 房地产公司资金链管理存在的具体问题如图 13-16 所示，资金链管理优化方案整体结构如图 13-17 所示。

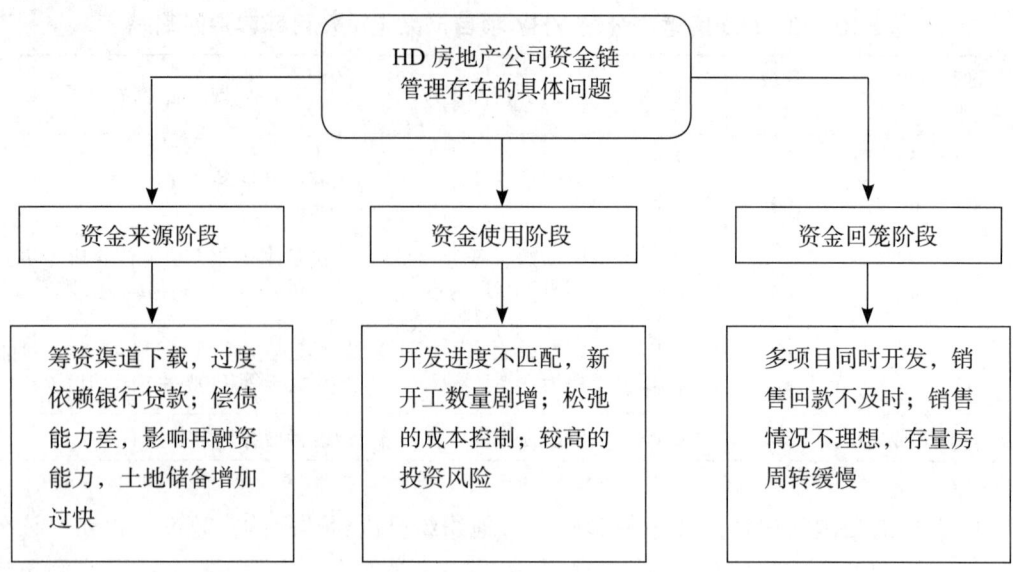

图 13-16　HD 房地产公司资金链管理存在的具体问题

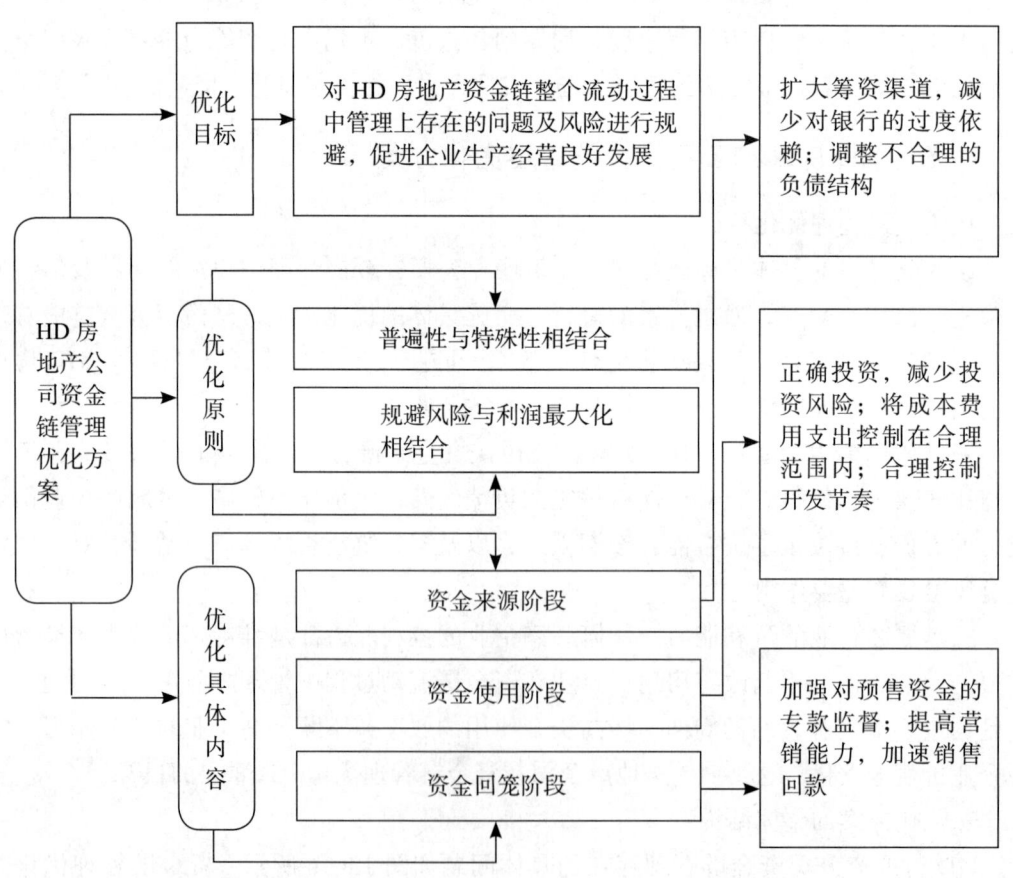

图 13-17　HD 房地产公司资金链管理优化方案整体结构

3. 资金链管理优化方案具体内容

1）对内部管理体系的优化

HD 房地产公司在资金链管理上出现较大的问题与较高的风险，很重要的原因是内部管理体系不够完善与合理。所以在对 HD 房地产公司资金链管理优化时，首先要对其内部管理体系进行优化，具体可以从以下方面改进。

一是要加强内控制度的完善。企业资金在使用时，一定要对内部关键人加强管理与约束，避免资金因为人为因素造成流失与浪费，也可以避免因为关键人对房地产市场判断不清做出错误决策，对整个企业带来的不利影响。所以对资金链管理优化要加强内控制度的完善，建立岗位责任制，对岗位员工进行定期的轮换与考核。还要保持高级管理人员的独立性，避免企业高层职位之间的重合。

二是对内部审计制度进行完善。HD 房地产公司在内审制度方面非常不健全，公司没有培养专业的内审人员，内审制度的不健全，直接对 HD 房地产公司资金安全造成一定的影响。HD 房地产公司要设立独立的内部审计部门，选择合格的具备能力的内审人员对公司的财务资金进行审计，合理保证 HD 房地产公司资金一定的安全性。

三是对不同项目之间的资金往来进行规范化。HD 房地产公司采取多项目同时开发的模式，各个项目之间的资金往来比较频繁，应该建立相关的财务机制，对项目之间的资金流动进行随时的监控与动态的调整。确保各个项目之间没有互相占用对方资金的情况发生，从而对整个公司的资金链管理起到优化作用。

2）对资金链风险预警机制的优化

HD 房地产公司在资金链风险预警方面缺乏完善的制度，对该机制的优化主要有以下三方面。

（1）在对内部控制完善与优化的基础上，通过企业对风险的规避与企业内部对资金进行的管理相结合，消除信息沟通不畅，财务信息难以实现共享的情况。

（2）在 HD 房地产公司各个项目之间深化财务共享思想，提高管理层及各个员工对资金链管理重要性的认识，明确财务信息共享的重要性，建立财务共享制度。

（3）以资金链动态的变动情况作为基础，检查资金在预算计划与实际执行情况之间出现的差异与波动，分析执行偏离计划的具体原因，识别出具体的资金链风险。

3）资金来源阶段的管理优化

（1）扩大筹资渠道，减少对银行的过度依赖。

从 HD 房地产公司最近三年的筹资现状分析，筹资渠道单一，全部是银行贷款，产生了较高的融资风险，给资金链带来了一定的影响。所以在对 HD 房地产公司资金链管理研究中，首先应扩大筹资渠道，改变目前资金来源单一，对资金的需求量比较大且缺少有效扩大融资渠道方法的现状。所以 HD 房地产公司势必要树立正确的融资观念，要想缓解目前融资的压力，提高自身融资能力，就要积极利用多种融资方式。由于国家目前正在放宽对民间借贷行为的规定，所以可以充分利用国家宏观的金融政策及一些对民间资本借贷合法化的相关政策，建立多层次的融资渠道，积极开发民间融资渠道，改变过去房地产企业只有银行借贷这一唯一的融资方式或等待通过上市来进行融资的比较狭隘的融资观念，应该加强对民间借贷的认识，通过民间借贷等直接融资方式来扩宽融资渠道，不断壮大 HD 房地产公司的资金实力。

（2）适当对负位结构进行调整，促进企业可持续发展。

通过对 HD 房地产公司相关财务数据的分析表明，该公司目前负债结构并不合理，表明可能有"短款长用"现象的存在。为了改善 HD 房地产公司目前不合理的负债结构，加强资金链的安全性，可以采取以下措施：其一，由于在项目开发建设的前期主要是资金的大量投入，随着资金的流出却没有对应的资金流入，对资金链产生了一定的压力，企业为保证项目的顺利进行，会通过一定的短期借款等资金来源来满足对资金的需求，为了改善这种不合理的负债结构，要加快对具体项目的前期开发建设，提高效率，缩短前期的工作时间，尽快达到预售资格，加大销售力度，收回一定的预售款项，加快资金的回流速度。其二，因为 HD 房地产公司采取的是多项目同时进行开发建设的模式，要想保证新项目如 JX 项目的资金能够尽快回笼，要通过合理的营销手段，不断地加大对原有项目如 YK 项目的销售力度，加速资金的回款速度，通过 YK 项目及时的资金回笼来缓解资金链紧张的压力，可以减少 JX 项目在资金来源阶段对外借款的筹资需求，从而提高整个 HD 房地产公司的偿债能力。

4）资金使用阶段的管理优化

（1）正确投资，减少投资风险。HD 房地产公司的资金链在资金使用阶段存在较大的投资风险，如何在资金的使用上规避风险，对 HD 房地产公司整条资金链动态流动中的管理至关重要，以下从两方面来分析如何降低投资风险，减少因投资决策出现的失误。

第一，在对每一个具体的项目和楼盘进行投资之前，都要先做好可行性研究。房地产行业具有对资金的需求比较大、项目从投资到最后资金的收回周期较长、资金周转的频率较慢等很多不确定因素，导致房地产行业的投资风险和经营风险都比较大。可行性研究需要将当前整个企业面临的内外部环境因素，包括国家宏观政策及企业自身存在的问题结合起来，综合分析可能存在的投资机遇与风险。通过可行性研究，企业可以在做出投资决策之前先对收集得来的各种信息、资料进行分析从而对风险做出预估。先对投资项目进行准确的定位，再根据企业自身的特点，选取最能符合企业自身特殊性的投资模式，通过建立相对应的投资模型进行决策，可以降低企业因了解不足出现的失误，减少因为投资失误使资金链在流动循环的过程中风险加大的现象。

第二，将投资进行充分的组合与分散。房地产企业要将投资资金尽可能地分散，选取合适的、适当的项目组合在一起。灵活运用投资分散等财务管理原则，不要把所有鸡蛋都放在一个篮子里。HD 房地产公司可以根据目前各个具体项目的风险程度、收益程度及公司对其要求的投资回报率等特点，选择不同类型的房地产相结合，比如，居住地产适合风险和收益都较低的项目，商业地产适合风险和收益都较高的项目等，分别对其进行投资可以达到分散和降低投资风险的目的，从而缓解资金链上较为紧张的压力。

（2）将成本及各项费用的支出控制在合理的范围之内。HD房地产公司在资金使用阶段存在成本及费用支出较大的情况，对资金链会产生一定的影响，所以要加强对资金链的管理，要将成本及各项费用的支出控制在合理的范围内。首先，在投入资金开发建设之前要进行预测，对HD房地产公司而言，要做好对利润值和现金流两大指标的预测，尤其是做好对现金流的预测。通过对现金流和利润值地预测，可以更加准确地预测出对成本的计划支出，提前对成本及费用的支出做好规划。其次，在项目开发建设过程中进行控制，主要指的是对目标成本的控制，适合用来衡量的指标有销售毛利率和销售净利率。对于这些关键指标，房地产企业可以随时进行监控，保证在成本及费用的支出过程中反复将目标值与实际值进行对照，分析具体支出的成本动态变化，随时满足其目标的设定。最后，在开发建设完成后，主要是在成本费用支出后，对各项财务指标包含收入成本分析、利润分析、现金流分析等。可以将公司同期数据与历史数据进行对比分析，通过对比分析，找出问题所在，可以将成本及各项费用的支出控制在合理的范围内。

（3）遵循市场规律，合理控制开发节奏。由于全球经济市场的萧条与政府采用较为紧缩的宏观政策，我国房地产市场不再繁荣开始逐渐萎靡。针对目前市场现象，本书提出以下建议，希望房地产企业遵循市场供求关系，对开发的节奏要尽力合理地控制。

第一，针对已开发的项目和楼盘，继续做好后期的售后工作，不断加大销售力度，丰富营销手段，提高品牌价值，扩大市场占有率。在促进销售方面，在保证基本的成本上，也可以适当地降低销售价格，扩大对在售楼盘的销售，加快资金的回笼，确保资金链安全。

第二，适度地放慢开发速度。对于HD房地产公司而言，对于已经建设完善的项目，应该加大销售力度，加速资金的回收速度。对于刚刚开工或还在计划中的项目，可以适度地放慢开发速度，减少资金的快速流出，确保各类项目能够顺利如期开发完成。

5）资金回笼阶段的管理优化

（1）加强对预算资金的专项监管。由于目前我国房地产企业都实行预售制度，针对HD房地产公司在达到预售条件后进行销售，收回的预售资金，也要加强对其的管理。要设有专门的监管账户，使HD房地产公司收回的预售资金能够专门单独地满足本项目后期的开发建设等资金投入需求。

（2）提高营销能力，加速销售资金回笼。作为房地产企业销售的主要手段，营销在资金回笼阶段对资金链的安全性具有着重大的影响。通过分析，HD房地产公司销售能力较差，销售回款速度比较慢，对企业的资金链带来了一定的风险。针对HD房地产公司目前的销售水平提出了以下的建议：①发掘具体项目的隐藏信息。目前我国房地产市场中，无论是住宅项目、商业项目、旅游项目等，各个项目都具有自己的特殊性，这就可以通过深入发掘每一个具体项目的特点与潜在信息，从而扩大销售。

②扩展新客户的同时维护好老客户，打响企业的品牌效应，扩大市场占有率，从而改进销售能力。③寻找优质的代理商，通过优质的代理商扩大销售规模，也是快速提高营销能力的重要手段。

4.HD房地产公司资金链管理优化方案建议

HD房地产公司在资金链管理中存在的问题比较多，风险也比较高，需要对其资金链管理进行不断地改善、优化，才能实现其在房地产整个行业中健康良好的发展，为企业自身带来效益最大化。本书根据HD房地产公司资金链管理优化方案，对我国房地产整个行业及其他企业在资金链管理优化方面带来一定的建议与借鉴意义。

1）政府制定相关改革政策，拓宽资金来源集道

在对我国房地产企业资金链管理优化中，政府作为外部环境最重要的因素，应该制定相关的宏观调控政策。为了缓解房地产企业资金链较为紧张的现状，首先，可以扩大二级市场上相关信贷融资等金融机构的范围，降低进入市场的门槛，使一些具有能力的非国有商业银行也可以通过二级市场参与发放抵押贷款。其次，政府应该制定相关政策，减少对房地产企业上市融资的限制，降低企业发放债券的资格要求，积极鼓励房地产企业通过各种途径获得融资需求。最后，基于制度和规范的完善，可适度放松新型融资渠道的运用等，拓宽资金的来源渠道，充分解决房地产企业融资较困难的局面。

2）制订合理的融资方案

房地产企业应该在对项目进行开发建设的初期，通过对企业自身及具体项目对资金的需求情况做出判断与规划，制订出合理有效的融资计划与方案。具体的措施有以下几个方面：首先，企业应根据外部融资环境尤其是政府最近颁布的宏观调控政策，来对企业未来的融资方向进行适当的预测。其次，要根据具体开发项目或楼盘的特点，具体问题具体分析，比如，所需要的资金数额、具体的筹资途径、后期的收益情况及预售是否能达到预期的效果等因素。最后，根据项目本身和不同融资方式的特点，对融资结构以及融资数额进行相应的调整，制订针对性的、可行的、有效的融资方案。

3）在项目开发建设中应控制成本

资金使用阶段在资金链的循环当中起着承上启下的作用，企业应该更加重视对资金的使用。第一，项目开始前期，收集并整理相关的原始资料，对具体项目规划好成本定额，相关的财务部门根据成本定额做好预算方案，并加强对预算的有效执行。第二，在项目开发建设时期，要结合前期规划与制定的成本定额、财务部门制定的各种财务指标，与项目进行时实际发生的各种成本进行对比，完成对日常的成本基础的管理控制。第三，针对各个具体的项目在成本执行时进行考核与监督，严格按照考核标准执行，随时反馈执行情况。

4）在销售过程中加速项目资金回流

房地产企业的资金回笼阶段对整个资金链能够顺畅循环起到非常重要的作用，资

金收回主要指的是销售时收到的房款，其周转时间对房地产企业来说非常重要，它的及时与否直接关系到企业的偿债能力、再融资能力、持续发展能力及资金链能否保持顺畅地流动循环。提高资金的周转频率，房地产企业应该仔细分析当前市场的供求信息，提高自身的销售能力，合理利用营销手段，增加房产的销售数量，缩短开发建设时间，尽快达到预售条件，加快资金的回收，为企业带来利润收益，也降低了财务风险。

第五节 房地产企业资金链风险管理

由于企业通常将获取利润最大化作为财务管理的目标之一，企业的管理层往往会把更多的精力放在业务拓展和运营管理层面，而忽视了财务管理和风险管理，当发展到一定规模时，就会引起资金效率低下，导致资金周转速度减缓，严重的时候将会使企业的运转无法正常进行。当企业出现确定日期的债务在到期无力偿还时，资金链上某个环节便出现了瞬间的"中断"现象，这个现象就被称作为"资金链断裂"。引发资金链断裂现象而出现的可能性因素，我们称之为"资金链风险"。一旦出现资金裂断裂的现象，一方面，企业无法或很难维持健康的运转，另一方面，如果经营不善而招致企业连续亏损，就会让股东和商业银行等金融机构失去对企业的信心，可见资金链裂断裂对企业存亡至关重要。

对于房地产企业而言，资金链的正常运转，类似于人身体中流淌的"血液"，如果一个企业的"血液"流通通畅，企业就能保持旺盛的生命力和创造力，就能源源不断地创造更多、更高的价值。因此，资金链的稳定运转是维持房地产企业生产运营的根本前提。近年来，我国房地产业发展迅猛，房价节节攀升，国家为抑制房地产业快速发展，出台了一系列的调控政策。随着调控的不断深入，房地产业环境变得日趋严峻，逐渐呈现融资困难、成本上涨、销售低迷的态势。面对复杂环境带来的众多不确定性因素变化，房地产企业开始面临较大的资金运转压力。因此，如何在这种形势下，分析和管理不确定因素给企业带来的资金链风险，以提高房地产企业的资金运营能力，是亟待解决的问题。

一、房地产企业资金链风险概述

1. 房地产企业资金链风险的含义

房地产企业资金链风险是造成房地产企业无法正常经营，甚至破产的最主要原因，可以从以下两方面来概括。狭义的资金链风险主要是指企业资金总流入小于资金总流出，从而导致企业不能正常经营的财务风险；广义的资金链风险是指房地产企业在从资金筹集、资金使用再到资金回笼的整个资金链环节上，在资金的计划、组织、管理、协调及控制活动中，各种不确定性的影响因素给房地产企业正常资金运作带来损失的可能性。

对于房地产企业资金链风险来说，销售回款与项目融资决定了企业的资金流入，新项目投资建设及对资金支出的把控决定了企业的资金流出，资金流入与资金流出的资金缺口变化决定了企业资金链压力及风险的大小，如果资金流入持续小于资金流出，那么企业将面临很大的资金链风险。因此，房地产企业资金链风险从某种角度来说取决于销售状况、融资额大小和投资项目成本等方面。

2. 房地产企业资金链风险的特点

房地产企业资金链风险的特点是指资金链风险具有的基本特征。它表现了风险的本质和变化规律。通过正确了解资金链风险特点，可以对资金链风险现状进行深入分析，并为风险影响因素的找寻打下基础。

1）动态性

动态性是房地产企业资金链风险的主要特征。房地产企业资金链风险的发生是潜在的、偶然的，并随着风险影响因素的变化而发生变化，呈现出一定动态性。

2）不确定性

房地产企业资金伴随着企业的融资、项目投资、建设和销售过程发生变化，在这一过程中，影响因素众多。对于不同阶段或不同情况下，不同因素的作用是不同的，会产生不同的风险结果。因此，房地产企业资金链风险具有一定的不确定性。

3）必然性

房地产业是一个系统性较强的行业，涉及的行业较多，因而易受外界环境的影响。特别是在一个较长的开发周期内，随着外界环境的不断变化，融资成本、各相关行业原材料价格等也会存在变化的可能，这将使房地产资金链风险的发生成为必然。

4）复杂性

房地产企业资金链流动周期长，影响因素多，而且各因素之间往往存在较为复杂的关系，不同因素组合对于资金链风险的影响是不同的。当资金链风险发生时会促发其他因素的变动，同时，其他因素变动时反过来又会影响资金链风险，最终形成恶性循环。

3. 房地产企业资金链风险的影响因素

结合鱼骨图法，我们可以对房地产企业资金链风险的影响因素进行辨识和分析，如图13-18所示。

房地产企业资金链风险就是房地产企业的资金在整个资金链流动循环过程中对企业的盈利状况及经营活动带来的不利影响。

（1）资金来源阶段风险。企业的资金筹资风险主要表现在两方面，一是筹资时的债务到期企业能否顺利偿付，是否具备偿付能力。二是在企业持续经营中面临较高的资金需求时是否具备能力能够及时筹集到资金，即企业的再筹资能力。

（2）资金使用阶段风险。企业在资金使用上的计划并没有有效合理，使得企业在投资经营上没能达到预期的收益，甚至对原有资金也会产生损失的风险，包括投资风险和经营风险。

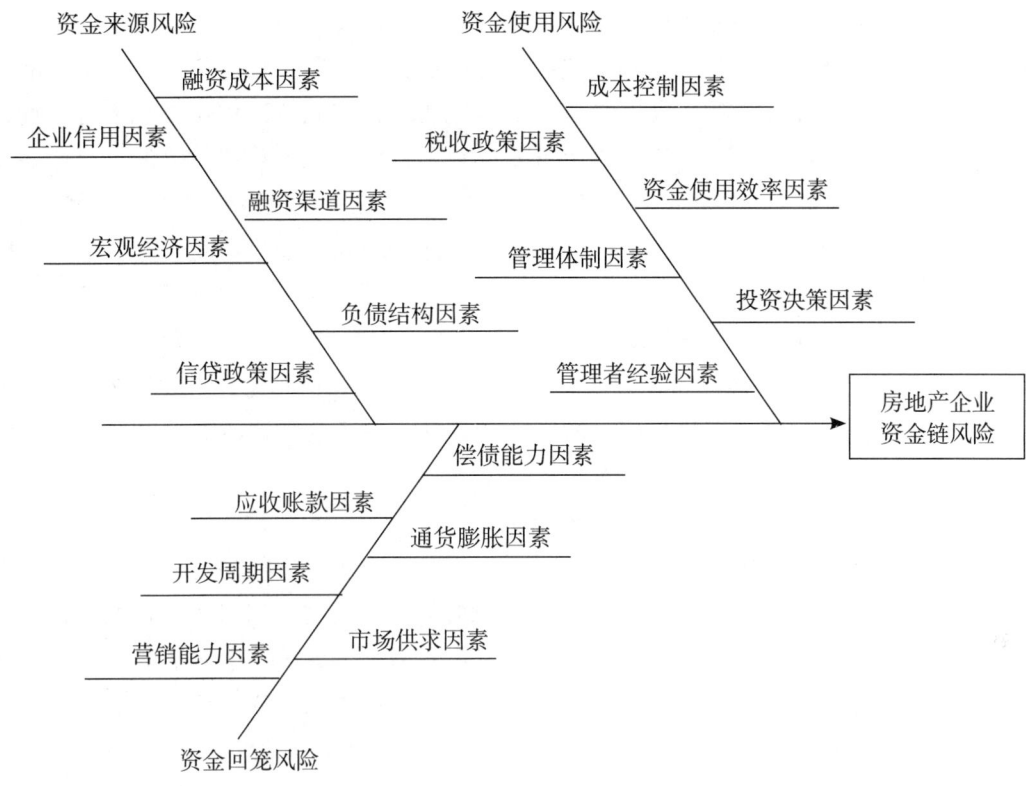

图 13-18 房地产企业资金链风险影响因素

（3）资金回笼阶段风险。资金回笼阶段风险是指企业在项目开发建设前期投入的资金，在对外销售具体项目或楼盘时，没有及时收回或回收时间不确定等风险。

4.房地产企业资金链风险管理的原则

所谓"资金链风险管理"，就是通过风险检查与分析，使用某些方法与手段来识别和确定企业经营中资金链发生损失的可能性，寻找到形成该风险的内外成因，然后再针对这些成因采取相应的管控策略和措施，以达到防范和降低资金链风险、减少和降低企业因资金链断裂所带来的经营损失的目的。

企业资金链风险管理应当遵循以下原则。

（1）财务共享原则。在企业的传统管理方式上，集团化公司中的各个会计主体在财务管理方面容易自成一体，各为其"主"。而所谓财务共享原则，就是使用现代财务共享服务功能，把集团总部及所属单位的各类财务业务流程集合在一个特定的平台上，采用现代化的信息技术手段、整合所有的会计主体为一体，以期达到提高企业经营效率、控制综合成本、加强内部控制管理、实现有用信息共享、提升客户满意度和其他资源共享等方面的作用。财务共享原则的核心就是实现有用信息的共享，它对于企业在加强影响资金链风险内部成因和外部成因方面的管理，具有十分重要的意义。

（2）全局性原则。全局性原则，是指在资金循环过程中，对于所有的资金活动环节都应当采取谨慎、稳妥的措施，以减少和降低资金链发生断裂的可能性。一是在资金筹集时，企业要进行资产结构和负债结构的分析，同时要预估不确定性因素，减少因筹资不善或不当而发生的风险。二是在资金投放时，应充分评估项目经济可行性，以及合理估算潜在的损失、风险，避免过于乐观和盲目，充分预留一定的资金储备。三是在资金运营过程中，应提前预计营运资本的大小，减少或杜绝计划外的运营支出。四是在资金回收时，要加强对客户的资信管理，加大回款和催收力度，充分估计可能的坏账风险，不能一味追求业务规模的扩张而不关注资金链断裂的可能性。五是在资金分配时，需要考虑企业的长远发展，预留企业的发展基金和风险基金。

（3）及时性原则。资金链风险管理应当具有预判性和预测性，当导致企业资金链风险的内部成因或外部成因发生变化时，它能够随着这一变化而及时修改与完善，而不是与变化脱节。

5. 房地产企业资金链风险管理的重要性

在各种行业中，由房地产行业特性所决定，房地产业的运行与资金运作有着极大关联，可以说房地产业的资金链管理的效率和结果，直接关系到房地产企业生存，主要有两方面的原因：一方面，房地产企业对资金的需求量大。由于房地产开发所涉及的相关对象复杂、繁多，任何一个房地产开发项目，在前期就须占用大量的资金，在项目建设过程中则需要更大量的资金投入。还有部分项目，如商业地产项目，在建设完毕之后尚需投入大笔的经营管理资金。另一方面，房地产企业所需资金的循环周期长。一般来说，房地产项目的开发周期在各行业中属于时间较长之列，房地产企业的资金循环周期也因之拉长。如果是商业地产项目，其资金循环的周期则更长。因为商业地产大多采用收取租金为投资回报的主要形式，资金回笼主要依靠项目的租金收入。因而，商业地产项目的经营周期在十年以上的不在少数，资金回笼速度缓慢可见一斑。总之，房地产企业的资金链安全和房地产企业的生存发展息息相关，在某些特定时期，甚至决定着房地产企业的存亡。

房地产企业资金链风险产生的根源来自房地产企业在融资、投资和经营中的各种相关因素。这些因素又可以分为外部因素和内部因素。

房地产企业资金链风险产生的外部因素有各种与融资相关的因素、各种涉及消费偏好转型的因素、各种政策性因素、各种行业间相互影响因素等。房地产企业资金链风险产生的内部因素主要是指项目运行和经营过程中与管理相关的因素。这些因素都是造成房地产资金链风险的可能性因素，都可能给房地产企业的资金运行带来困难，有的甚至带来灾难性的后果。

目前，影响房地产企业资金链运行的外部因素有：国际的政治经济形势和国际竞争、国民经济状况、政府宏观调控的金融政策、国家关于房地产个人消费和投资政策、国家关于企业发行债券的政策规定的变动、同行业不良行为和恶性竞争、个人投资者的投资偏好、消费者个人偏好等。国际的政治经济形势和国际竞争将直接影响房地产企业的融资和资金回笼；政府宏观调控的金融政策、国家关于企业发行债券的政策规定的变动等将直接影响企业的资金来源和资金使用成本；国民经济状况、国家关于房地产个人消费和投资政策变动、个人投资者的投资偏好变动、消费者个人偏好变动将影响房地产的销售收入和经营收入，从而在根本上影响房地产企业的资金回笼；同行业不良行为和恶性竞争将导致相关的国家政策或规范出台，以及影响个人投资者和消费者的行为，从而间接影响资金链的运行。

从影响房地产企业资金链运行的内部因素来看，项目运行和经营过程中与管理相关的因素则可能造成企业资金链紧张甚至是断裂，从而对房地产企业造成更大的影响。房地产企业的经营管理者由于计划不够周密引起的项目建设频繁更改、资金的分配不合理和不当占用、人员配置的不合理导致项目运行效率低下从而导致资金回笼速度下降、权责不清、开发建设投资成本增加等均可能给房地产企业的资金链运行带来巨大的风险。

二、应对房地产企业资金链风险的管理措施

针对企业资金链风险的具体表现及其影响资金链风险的内外因素，企业资金链风险管理的策略、措施应从事前防范、事中控制和事后治理三方面进行。图13-19为企业资金链风险管理策略实施架构。

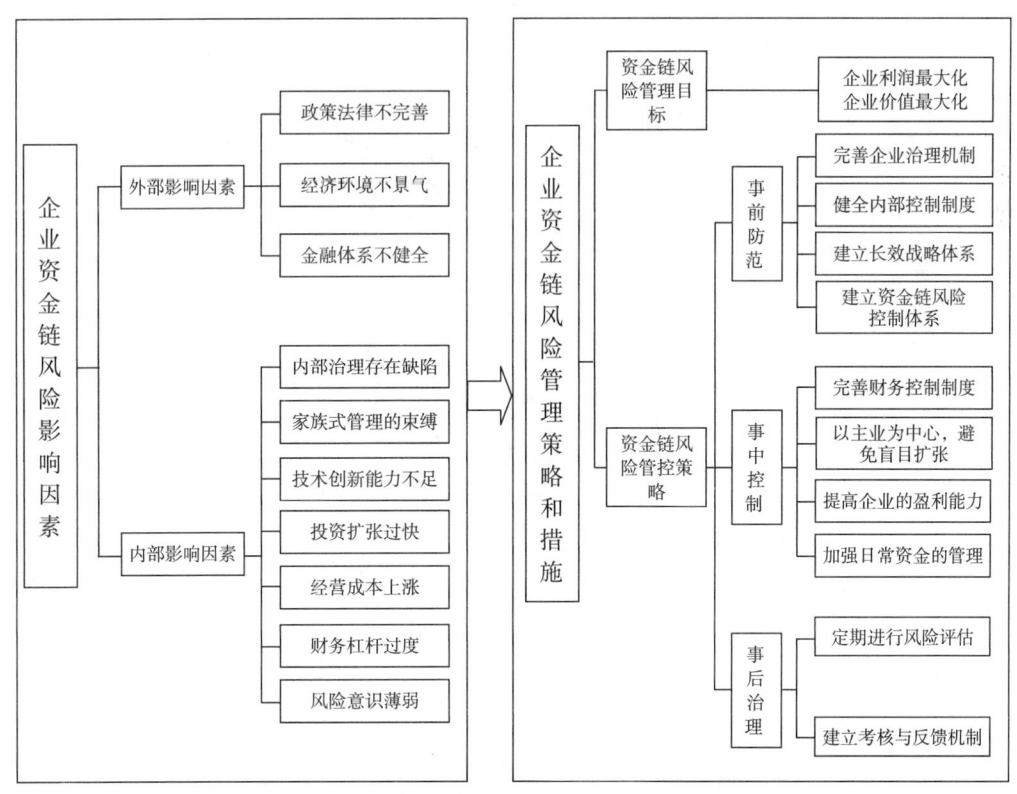

图 13-19 企业资金链风险管理策略实施架构

1. 完善治理机制和内控制度

1）完善企业治理结构

影响资金链风险的内部因素中，内部治理结构流于形式是造成资金链风险的重要因素之一。所谓公司治理结构机制，就是在坚持企业的所有权与经营权相分离的前提下，所形成的公司所有者、董事会经营者（经理人）及企业职工和监督者的"三权分立"局面。

图 13-20 为典型的"三权分立"的公司治理结构图，在"三权分立"治理结构下，处于最顶端的是企业的所有者（股东），由全体股东组合而成的最高权力机关——股东会（或股东大会）。代表股东（大）会对企业进行业务执行的机构是董事会和经理，即经营决策与执行机关。代表股东（大）会对经营决策与执行机关进行监督的机构，即监事会。这三者之间各有职权分工，相互牵制约束，配合得当，并有科学决策机制。通俗地说，就是公司的所有者委托经营层具体管理和运营公司，同时所有者也委托监事会对经营层进行监督，既相互协调，又相互制衡，这样就能够保证公司的运营安全、平稳和健康，使得所有者的利益（股东利益）和其他利益相关者（包括国家、企业职工、供应商、客户等）的利益得到保护。

这三个机构形成公司治理结构中的最稳定的"三角形"。如果一旦破坏这个稳定的"三角形"平衡，公司就很可能会出现损害公司和股东利益的情况。

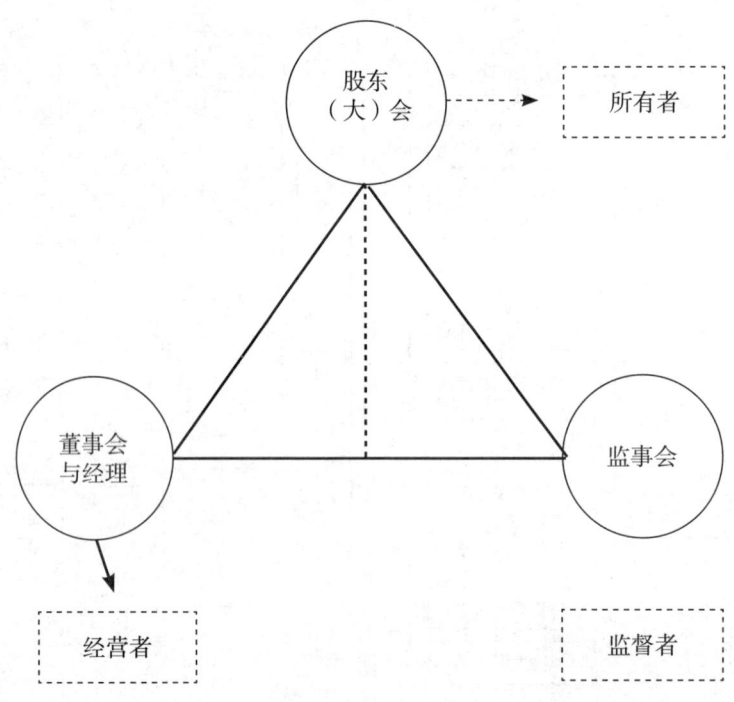

图 13-20 "三权分立"的公司治理结构图

第13章 房地产企业资金链管理

2）健全内部控制制度

房地产企业要建立健全和完善相关内控制度，诸如授权批准控制、组织结构控制、会计记录控制、资产保护控制、企业全面预算管理和风险控制及业绩报告等，对涉及发展规划、投资融资活动、营运活动（研发/采购/生产/仓储/销售）、资产管理、客户信用管理、研究开发、工程预算与建设、财务会计报告、全面预算管控、合同文档管理及内部管理信息传达等管理活动做好相关管控。

建立和完善内部审计制度。会计职务与审计职务要相互分离，把原来财务审计部的职务重新梳理、"拆分"，房地产企业要设立独立的内部审计部门和专职的内部审计人员，以便保障内部审计工作不受到利益相关者的干扰，保障内部审计工作开展时能够保持一定程度的独立性与客观性。

2. 建立战略风险控制体系

1）投资战略风险管控

企业投资战略，是指按照企业整体经营战略的要求，为了保持现有的生产规模，同时也为了进一步扩大经营规模，对投资活动进行提前规划，规划时要坚持全局性和前瞻性的原则，而把企业有限的资源、资金投入到战略项目中，以保证投资最佳效果而做出的选择。企业进行投资战略管理的基础工作和重要环节，以及从事项目投资活动的前提条件是建立企业投资战略机制。

对于房地产企业来说，寻找和拥有外部投资机会是实现迅速扩张的重要手段。但由于多数的房地产企业面临法人治理结构还不够完善、内控机制和管理制度也不健全、投资机制比较缺失的尴尬局面，常常会引发投资活动面临非常大的风险，甚至导致投资失败，进而影响整个公司的运行。因此，房地产企业应当建立有效的投资战略机制，分析企业内部的管理机制和现有的资金，以及其他资源配置，以满足投资项目的高效运行。房地产投资项目所需要的资金较大，如果企业无法及时保证投资项目的资金需求量，同时又加上日常运营活动资金需要消耗资金，一旦资金链运转不通畅，就会出现资金链断裂的危险。因此，房地产企业应当建立科学的投资决策机制，不能一味追求规模扩张而盲目投资。

房地产企业建立投资战略要从以下6个环节开展工作。

（1）确定投资战略目标。企业财务管理的最优目标是获取利润最大化和实现企业价值最大化，房地产企业投资战略的目标也是围绕企业财务管理这一目标来开展的，然后在投资战略上要明确公司的各项目标，它包括企业的产业规划目标、产品规划目标、技术规划目标和市场规划目标等。一方面要详细地分析企业的整体现状，另一方面要预测其未来走向。分析现状是为了掌握企业现有的资源，使其战略目标建立在现有资源基础上；预测未来是为了估算未来走势，使企业投资战略目标具有一定的超前性和先进性。

（2）进行投资战略环境分析。战略环境分析是指对企业所处的内部环境和外部竞争进行阐述分析，通过分析来发现自己的核心竞争力，明确未来发展方向、发展途径和发展手段。企业战略环境分析的目的是展望和畅想企业的未来，是寻求企业的发展目标与内外环境变化、企业能力、企业资源之间达到动态的平衡，需要对国家经济形势、国家宏观和微观经济政策，尤其是货币政策、投融资政策和产业政策进行深入分析与研究。

投资活动的战略环境分析如图13-21所示。

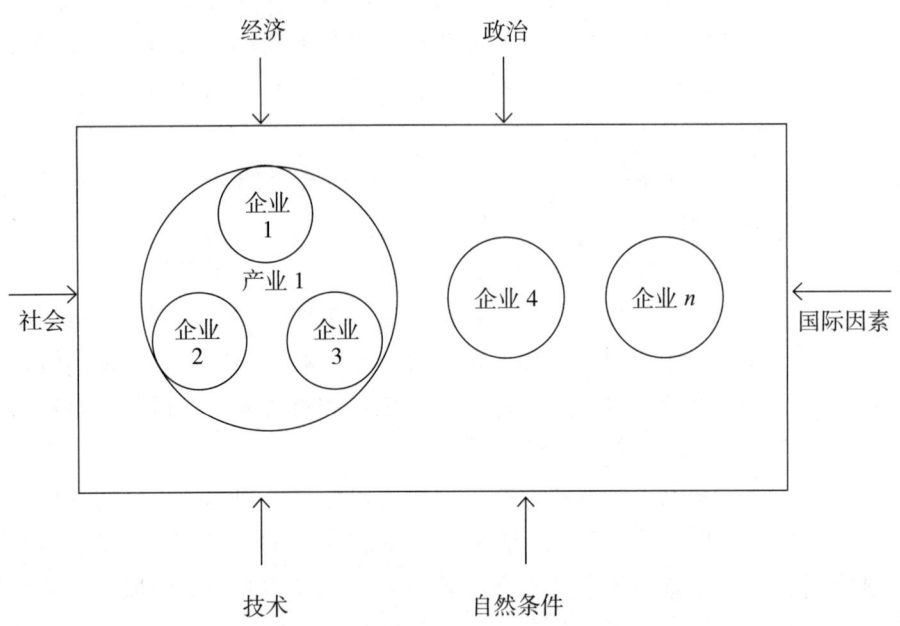

图13-21 投资活动的战略环境分析

企业内部条件分析，就是通过对其自身各项资源和综合能力进行分析、评价，发现自身的优势与劣势，目的是发掘企业参与竞争的优势根源与基础能力所在。

战略态势分析就是企业通过对所处的宏观环境与微观环境进行分析，找出企业所面临的外部的机遇与威胁，进而预测其发展趋势；对企业内部资源与战略能力进行分析，找出企业所面临的优势与劣势，并将企业与同行业进行比对研究。把这二者分析研究结合起来，提出企业发展战略的开发方向。

（3）确定投资战略的重点。房地产企业的战略投资活动应当遵循其自身成长的规律，并且通过战略投资活动适时优化和调整企业的经营资源结构、产业结构和产品结构。

（4）制订投资战略方案。房地产企业要根据战略目标的具体要求，制订切实可行的投资战略方案。通常，制订投资战略方案时可以有多种可行方案供选择。

（5）投资战略方案的选择。所谓投资战略方案的选择，就是根据战略方案选择的标准和依据，在多种可行的方案中进行优选，并最终选择出最佳方案的过程。

（6）投资战略的实施与修正。投资战略的实施与修正，就是把企业的投资战略的方案细分化、具体化，形成可以实施的措施，并且把它付诸行动的过程，在实施过程中，可能还要根据内外环境和实际执行情况进行纠正。实施时要将方案分解为具体可操作的细节，根据投资战略方案来建立相应的组织结构，以确保方案所涉及的活动能够有效地落地。同时，要根据外部环境（经济、市场、货币等政策环境）的变化对投资战略进行适时地修正，以保证投资战略的可靠性。

2）筹资战略风险管控

对于房地产企业的融资来说，银行一贯的做法是"惜、恐、慎"。融资渠道窄、贷款难，一直是阻碍和困扰房地产企业发展的主要问题。企业正规的融资渠道一般有商业银行贷款、上市融资、发行债券和短期融资等几种。对于房地产企业来说，商业银行贷款仍然是其选择筹资的主要途径。但是由于多数房地产企业规模小、竞争能力低、治理结构不完善等因素，导致房地产企业在银行贷款方面没有什么优势。对于上市和发行债券来说，并不是所有的房地产企业都可以在短期内能够做到的。另外还有一种融资方式，那就是民间融资。民间融资条件限制少，但成本非常高昂，如果到期无法支付利息和本金，企业将更加难以生存。因此，房地产企业应当提升自身的竞争力水平，拓宽融资渠道，合理选择融资方式，以保持企业的良性发展。可从以下方面进行企业提升。

（1）提高企业信用等级。首先，要按照现代企业制度"政企相互独立化、产权归属明晰化、责权分配明确化、企业管理科学化"的标准来要求规范运行。其次，要全面落实《公司法》的有关规定，建立、完善符合现代企业制度要求的内部组织架构和内部管理机制，提高企业信息透明度并确保在组织内得到充分的传递，确保企业融资策略经过集体的、科学的决策，保证贯彻执行和有效监督。最后，在日常经营过程中，要注重提高自身的信用等级水平，同时要加强与商业银行和其他金融机构的合作。

一方面，信用等级是商业银行和其他金融机构审核贷款的重要参考标准；另一方面，企业较高的信用等级有助于树立自身良好的形象，为企业争取商业银行的信用带来积极作用。

（2）拓宽企业融资渠道，优化融资结构。企业要充分发挥自身有效资源，拓宽融资渠道，改善融资结构，降低融资风险，适度发挥财务杠杆作用，严控财务风险，保障企业持续、快速发展所需要的资金。在使用传统的商业银行融资渠道方面，也需要开拓多种融资方式，而不仅仅局限于抵押贷款。除了抵押贷之外，还可以寻求如应收账款保理、商业信用证融资、票据贴现融资、信用担保融资、股权融资、项目融资等方式。在开展多元化融资方式时，应对融资方式进行合理的搭配和选择，要根据企业所处的环境和发展阶段，既要做到较低的融资成本，又要注意控制融资风险。

（3）改善企业的资产与负债结构，把控财务风险。一方面，企业要改善资产与负债的结构比重，尤其当市场环境欠佳，信贷政策缩紧，融资成本较高时，要适当降低负债的比例。另一方面，还要注意负债的内部结构比重，比如，长期负债、短期负债和商业信用负债的比重——这和企业的资金投向有密不可分的关系，同时还要顾及企业的财务风险。从财务稳健的角度考虑，企业应将短期负债投向于日常运营中，长期负债既可投向于日常运营，也可以投向周期较长的项目中，但是要结合考虑到融资的成本和资金流量、资金的回收期等。企业使用商业信用负债时，以不伤害到与供应商之间的信用度为准。当然，这是从内部因素来考虑资产与负债结构问题，企业同时应考虑信贷政策、行业市场环境等因素，才能真正降低资金链风险，保障资金链安全。

3）业务战略

业务战略就是让企业的一切资源进行有效的配置与运营,利用最具竞争力的优势，差异化企业自身和竞争对手之间的产品与服务，最终给企业客户创造更大的价值。企业应当分析自身最具竞争力的优势，发现适合企业的生存、竞争与发展之道，整合资源，创造价值，满足客户，保证企业资金的良性循环。

另外，企业还要建立营运战略和股利战略。营运战略是指站在战略的高度，事前对营运资本的进行规划与筹谋，包括日常营运资本管理策略、在重要客户和供应商之间建立长期商业信用关系等。股利战略是指站在战略的高度，根据企业战略管理要求和内外环境状况，在股利分配方面所进行的事前性、全局性和长远性的规划，包括重大股利分配方向的筹划等。股利战略应当包括留存收益的分配方案、股利政策的长远安排等。

3. 建立资金链风险控制体系

首先，建立适当的筹资制度，优化筹资结构，多渠道、多形式地筹集资金。其次，加强投资活动的事前预防、事中控制和事后反馈，涉及内部投资和外部投资时，均需要评价投资的可行性与效益性，事中掌握资金投放节奏和力度，事后及时分析、评价和反馈，采取恰当的补救措施。再次，强化营运资金的管理，合理测算营运资金的盈缺，尤其是加强存货、应收账款和应付账款的管理，建立客户信用管理体系，尽快回收资金，以免造成坏账损失。最后，在向股东和相关利益者分配资金时，应当准备合理地预估下一个周期需要使用的资金数量，留足发展基金和风险基金，再进行分配。

1）建立信息共享机制

使用现代信息手段和财务共享服务功能，把集团企业的财务信息进行集合，以达到提高企业经营效率、控制成本费用、加强内部控制管理、实现有用信息共享、提升客户满意度和资源共享水平等，它对于加强影响资金链风险内部成因和外部成因管理都具有重要的作用。

第13章 房地产企业资金链管理

2）建立资金运行预警机制

导致企业战略失败的财务危机主要有：缺乏经营性现金流、过多赊销（应收账款过大）、过多的滞销存货、过大的长期资产投资及过多的短期负债。这些财务危机均与资金链有关，因此企业应当建立资金运行预警机制，定期做好资金计划、预测现金流，分析现金流预算与执行的差距。经营管理层一定要认识到"现金为王"的重要性，而不是"利润为王"。据调查数据显示，企业倒闭的主要原因之一就是资金链断裂造成的，而不是因为企业没有利润。诸如，国美、苏宁和沃尔玛等企业，尽管他们的利润比较薄，甚至于有时候会发生亏损，但这些企业的共同特征是有大量的现金在手，因此他们发生倒闭的可能性相对来说比较小。除了要做好计划和预测，还要加强过程中的监控，尤其是要强化约束机制，而不是经营管理层"一言堂"，否则一旦执行发生重大偏差，同样会造成资金链断裂的风险。事后要加强分析、考核与反馈，不完善的地方要及时总结和纠正，吸取教训。

3）强化项目投资的风险识别与评估

投资过程是一种投资过程复杂、期限漫长、结果高度不确定的过程，任何投资项目的风险都是客观存在、无法完全避免的，因此，作为投资方应当加强投资风险的鉴别。项目投资的主要风险包括技术风险、管理风险、市场风险、财务风险、环境风险和政策风险等多种侧面和环节。市场风险、政策风险和环境风险属于外部风险因素，企业自身难以把控，甚至有时候不能准确地预测，因此对于多变的政策风险和环境风险，需要建立风险应对机制。而其他风险属于内部风险因素，企业较容易识别与评估，企业内部必须建立内部风险评估机制，不仅评估投资项目的未来收益，更要注意投资项目潜在的风险。

4）建立客户信用管理系统

很多企业一味追求收入规模的扩张，不注重客户回款管理（应收账款回收管理），企业常常因为账款被拖欠及风险管理责任不清的问题，而出现资金链断裂的风险。企业应当制订信用标准、确定信用期限、制订现金折扣和收账政策，加强对应收账款回收的监督。

5）实施资金预算管理

资金预算管理的控制目标就是：公司资金预算应当遵从风险管理原则；预算编制得当、合理，能够有效传递到公司各级单位；资金划拨及时、准确；定期对资金预算的执行进行事后的考核与反馈。因此，资金预算管理包括：预算编制、预算审批、预算下达、预算调整与追加、预算过程执行与监督、预算事后分析与反馈等环节。房地产企业不仅是要全面实施资金预算管理机制，而且要把其所属单位全部纳入资金预算管理范畴中来，不能让部分单位的资金游离在资金集中管理范围之外。企业应采取如下"房地产企业资金预算管理流程图"（图13-22）的模式，来推行全面的资金预算管理。

-449-

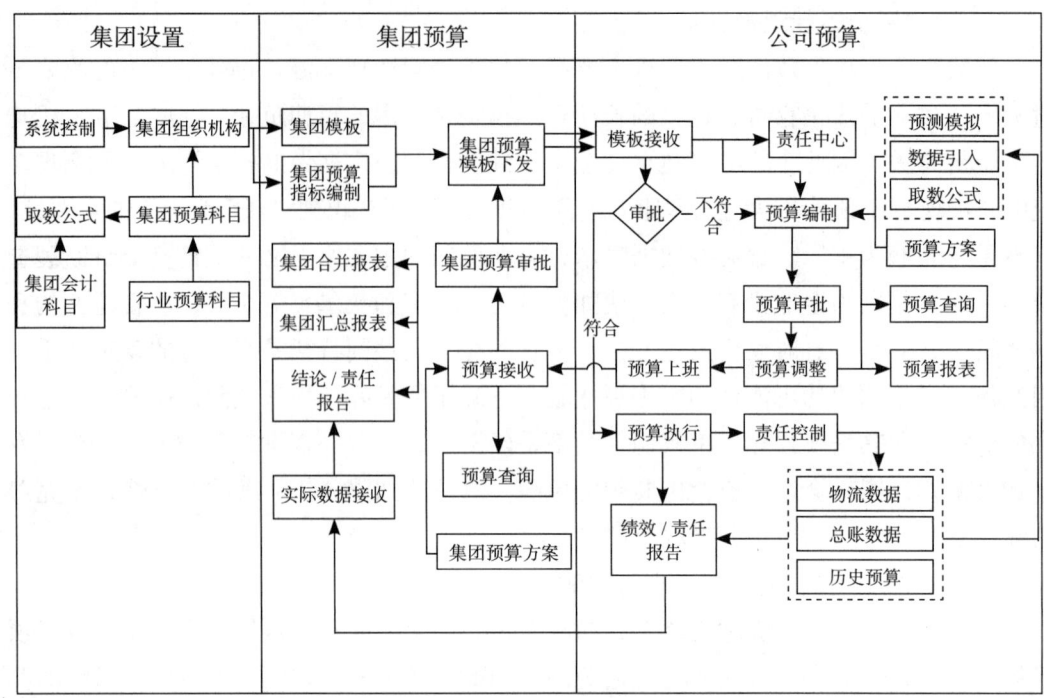

图 13-22 房地产企业资金预算管理流程图

4. 实施资金运行过程控制

1）健全财务控制制度

要加强内部的财务控制力度，尤其是涉及资金活动的每个环节，建议建立专门的资金集中统一管理机制，把集团本部及集团所属全资子公司、控股公司、分公司的资金统一归集到集团总部，由集团总部对资金实施统一的调度、使用、营运、管理和监控。资金集中管理的方式通常有"资金池（现金池）"等，通过这些管理手段，企业可以实现集团范围内资金的聚拢与调控，盘活企业资金存量，有效提高资金使用效率和效益，达到降低财务费用和资金风险的目的。

财务控制制度必须服从企业整体利益最大化，必须遵循它的财务战略、财务政策与财务管理目标，完善集团公司治理机制，强化对分、子公司的财务活动进行监测和控制，是提高财务资源配置与使用效率的重要手段。

2）以主业为中心

企业应避免盲目扩张，特别是不相关、多样化项目盲目扩张。在寻求新的利润增长点项目开发过程中，一定要注意"看菜吃饭"——有多大的资金量，就做多大的事情，切不可冒进。

3）提高企业的盈利能力

企业财务管理的目标之一就是获取企业利润最大化。如果一个企业的盈利水平低，企业的发展机会和空间就会减少，要么是想办法提高企业的盈利水平（开源节流），要么就是寻找新的盈利模式，否则将长期亏损，最终的结果就是"关门"清算。

4）加强日常资金管理

日常资金管理的重要环节之一是对营运资金的管理，可以用营运资金缺口大小来进行衡量。营运资金缺口是支付供应商货款日期和收回客户货款日期之间存在时间差而造成的资金短缺，也就是说，营运资金缺口的计算主要涉及三方面的管理：应收账款、应付账款和存货。当营运资金缺口出现负数时，负数越大，表明营运资金短缺就越严重，负数越小，表明营运资金短缺就越少，企业应当做到资金余缺的平衡。如果企业预计到资金余缺出现负数时，可能在此期间就需要进行外部的融资活动。当然，融资金额越大，企业需要支付的利息成本就会越高，这既会影响到企业资金余缺，也会影响到企业的盈利水平。因此，加强营运资金管理显得非常重要。

（1）应收账款管理。在营运资金管理中，应收账款是企业出于商业信用和扩大销售规模的需要，而暂时被客户占用的资金。因此，企业要在日常经营活动中，加强应收账款的回收管理，应收账款回收越快，资金缺口就会相应越小。

（2）应付账款管理。相对于应收账款来说，应付账款就是供应商出于商业信用和扩大销售规模的需要，而被其客户占用的资金。在不影响信誉的前提下，企业可以适当延长应付账款的支付，这样就可以占用供应商一定的资金，来降低资金缺口。

（3）存货管理。存货是指房地产企业被大量的存量房、在建房和原材料占用的资金。该资金被占用得越多，资金缺口就会越大，因此需要提高存货的周转率、降低存货占用金额，来降低资金缺口。

5. 强化考核评价与信息反馈

1）定期进行风险评估

对于资金链风险管理，企业要设定控制的具体目标和风险应对策略，结合企业不同发展阶段和业务拓展情况，定期对资金链风险进行风险评估，实现对资金链风险的有效控制和应对。资金链的风险评估要做到及时管理、有效管理和量化管理。

2）建立考核与反馈机制

企业要建立检讨、分析、评价和考核机制，这是对资金链风险事后的"补救"管控措施。对于控制有效的部分要继续加以管控，对于发现的问题不断改进和完善。只有将执行结果纳入考核中，才能对出现的问题进行责任追究和反馈，否则事前预防和事中控制也只能停留在形式上。

企业还要对资金链循环过程进行监督检查，评价其执行的有效性，发现控制中存在的缺陷，及时加以纠正和改善。尤其是事后审计功能不可缺少，结合事前的预算控制机制，充分发挥资金链风险预警机制的效用。

企业资金链风险管控循环图如图13-23所示。

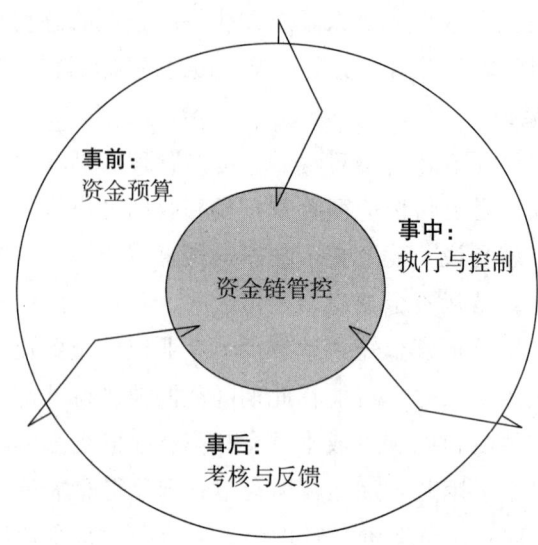

图 13-23　企业资金链风险管控循环图

另外，房地产企业应强化经营管理层风险意识。任何的企业机制和系统建设，都离不开经营管理层的风险意识。没有意识到风险，才是企业最大的风险。企业经营过程中出现的各种不确定性因素，即企业风险与企业发展相伴相生，其中有些风险甚至会威胁、到企业的生存发展，企业的经营管理层的经营管理者必须意识到这些风险的防范与化解。房地产企业在日常经营、投资活动、筹资活动、营销活动、人力资源建设、企业文化建设等方面，都应当具备一定的风险意识，尤其是财务风险意识，不能过于冒进、激进。一方面，经营管理层要树立正确的企业财务风险管理理念。经营管理层是企业的决策层和"舵手"，他们决定着公司的发展方向。对于房地产企业涉及重大风险的管理事项进行集体决策，建立风险管理制度。另一方面，企业要提高员工的财务风险意识，财务风险存在于房地产开发项目管理活动的各个方面，任何部分的工作失误都可能给房地产企业和房地产开发项目带来较大的财务风险。

三、房地产企业资金链风险的对策措施

1. 房地产企业资金筹集风险对策措施

1）改善融资方式，降低融资成本

在当前房地产业环境下，信贷政策趋紧，信贷规模缩减，房地产企业已不能过多依靠银行信贷这条渠道来满足项目开发资金的需要。努力开展多种类型的融资方式，是降低资金筹集风险的有效措施。但是，由于融资渠道的不同，融资成本也各有差异。所以，在开展多元化融资方式时，应对融资方式进行合理的搭配和选择，以降低企业的融资成本。

2）合理安排负债配比，改善负债结构

企业在对融资方式进行选择时应注意金融市场的相关政策，当某种融资渠道较易融资或融资成本较低时，应加大该种融资方式在融资结构中所占比例。当融资成本上升时，应适当调整负债结构，尽量减少因为融资成本上升而给予企业盈利带来的不利影响。

此外，企业还应根据自身需要，合理安排长短期负债的比例。短期负债有利于快速解决企业暂时的资金周转问题，但是融资成本较高，大量到期短期负债会对企业资金链造成巨大偿债压力。长期融资成本较低，偿债压力较小，但总体费用较大，适用于企业长期战略投资。企业在确定负债结构时，除应考虑上述因素外，还要综合考虑信贷政策、行业环境等多方面因素，才能减轻企业资金链压力，保障企业资金链安全。

3）改善企业环境，提高企业信用等级

企业在筹集资金过程中，企业的信用状况是银行及其他金融机构审核的重要方面，企业信用等级越高，贷款机构对企业投资的信心就越大，越有助于企业减少贷款审核手续，尽快获取贷款。此外，较高的信用等级还有助于树立良好的企业形象，为项目的顺利开发和销售周期的缩短带来一定好处。同时，还可以获得一部分通过房地产项目商品的预收资金，加快资金回笼速度，为项目的滚动开发提供资金支持，提高企业的经济效益。因此，企业应不断提高自身信用等级，这有助于企业降低资金筹集风险。

提高企业信用等级应做好以下几个方面：①不断完善公司组织架构，提高企业盈利能力；②加强团队建设，提高团队素质；③珍惜企业相关信用记录。

2. 房地产企业资金使用风险对策措施

1）改善管理体制，提高管理者经验

管理体制不健全、管理者经验不足是引起资金使用风险的重要因素。因此，应建立系统的管理制度和管理部门，明确各部门的分工和工作职责。同时，提高管理者的素质，对管理者广泛开展再教育工作，提高管理人员的风险意识，丰富管理者经验，使管理者了解并清楚可能存在的风险问题，掌握应对风险的常用办法。

2）加强成本控制，减少资金流失

房地产企业在资金使用过程中一般存在以下几个问题：①成本控制力度不够，造成项目总成本超过预算支出；②在建项目时，因市场环境发生变化，造成资金成本增大；③项目设计、施工等方面考虑不周，造成工程成本升高，项目交工日期拖延。

因此，在资金使用过程中，为减少不必要的资金支出，应制订严谨的资金使用计划，编制详细的资金使用预算表，对已有资金超支迹象的地方加强控制力度，以降低资金使用风险的发生。同时，成本控制应从设计、施工、质量等方面进行全方位的控制，才能避免资金的浪费。另外，房地产企业还可以采用保险的方法，对工程项目进行投保，以支付少量的保险费用，换得受到损失时得到补偿的保障，从而减少资金成本的增加。

3）合理支配资金，控制扩张速度

房地产企业的每笔资金支出量都很大，当扩张速度过快时，由于在建项目资金占用量大，企业流动资金少，再加上原本的负债，就会造成资金链运转压力加大。一旦房地产市场环境出现变化，企业的资金链很可能出现断裂的危险。所以，企业应根据自身实际情况，建立科学的投资计划，避免盲目扩张，盲目囤地，合理地支配资金。同时，也应储备一定的现金，用于防范资金链风险的发生。

3. 房地产企业资金回笼风险对策措施

1）做好项目定位，提升项目品质

由于房地产项目资金需求量大，市场竞争激烈，所以对企业应对项目的定位策划方面提出更高的要求，提升项目品质，在项目销售中获得先机，这样才能保证项目有较快的回款速度，从而降低企业资金使用风险，确保资金链的安全。在提升项目品质时，应做好以下几方面工作。

（1）注重户型设计：随着购房者的行为趋理性化，户型设计的好坏成为购房者关注的重要方面。好的户型设计，有利于房屋去化速度，从而加快销售款的回笼。

（2）加强配套设施建设：目前，购房者选择房屋除了对户型有要求外，对住宅区各种配套设施，如小区景观、运动场、泳池、会所及幼儿园等也越来越重视。所以，企业在进行产品设计时应着重考虑。

（3）提高物业管理水平：物业管理水平关乎每一位业主的切身利益，也是提高企业形象，树立企业口碑的重要手段。因此，销售完成后还应注重提高物业管理水平，这不仅对房屋的销售具有辅助作用，更对企业未来发展起到积极的推动作用。

2）制订营销策略，提高营销能力

房地产企业要想保证企业资金顺利回款，就得在存量商品的去化上下功夫，创新营销理念，加快销售。提高营销策略的手段主要有：品牌营销、网络营销、体验式营销、关系营销等。

四、建立企业资金链风险监控体系

风险监控是房地产企业资金链风险控制的重要环节，所以房地产企业应建立系统的资金链风险监控体系（图13-24）。这样通过对资金流入流出的层层把控，可以减少资金链风险的发生。为保证监控体系的全面性，资金链风险监控体系应设有指挥部、组织部门和职能部门。指挥部负责调整和形成企业资金链风险监控的相关决策。企业的财务部门即组织部门，负责企业资金流入流出的日常监控。资金链风险监控的职能部门主要负责企业各项目的资金流入和流出管理。如投融资部主要负责企业融资成本、土地成本的监控，销售部主要负责房屋销售资金的监控，成本部负责项目工程款的监控。各个职能部门定期将资金的流入流出量上报给财务部门，由财务部门进行监控，财务部门将企业资金流动情况反映给现金流监控指挥部，由指挥部依据实际情况，做出决策。

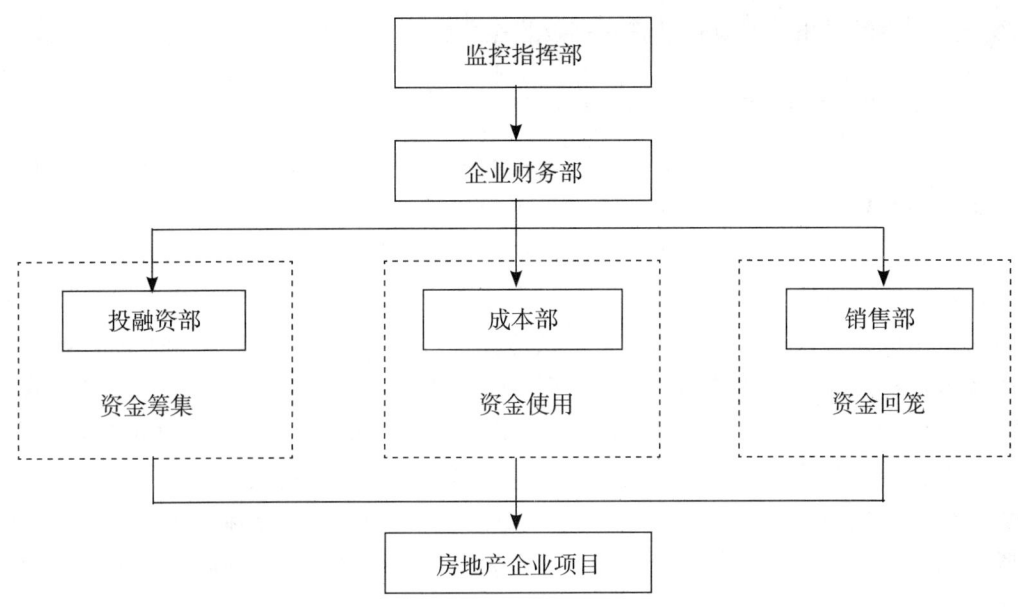

图 13-24　房地产企业资金链风险监控体系

1. 资金链风险监控指挥部

资金链风险监控指挥部是资金链风险监控的核心部门，它由房地产企业的总经理及各部门负责人构成，总经理是指挥部领导人。企业指挥部通过对各部门分阶段定期上报的企业资金计划和实际资金收支情况进行分析，及时改进和调整企业的投资计划和战略部署规划，如融资方式、项目销售速度、土地储备情况等。通过不断调整资金计划，从而降低企业资金链风险发生所带来的损失，保证资金链的稳定运转。

2. 资金链风险监控组织部

资金链风险监控的组织部门即企业的财务部门，主要负责控制和监督企业日常的资金收支情况。一方面，整理汇总各职能部门上报的资金收支资料，分析销售项目盈利情况、融资情况和在建项目成本费用收支情况。同时，将各部门的计划和实际资金流动状况按周或者月编制资金流入流出表，以便能及时发现资金流动异常点，找出资金链风险的环节所在，制订风险应对措施。另一方面，根据指挥部下达的企业未来投资规划，结合目前房地产市场、国家政策调控情况，对企业未来投资规划后的资金收支情况做出预测，将资金链风险发生可能性控制到最低。

3. 资金链风险监控职能部

资金链风险监控职能部主要由投融资部、成本部和销售部构成。因为资金链风险的不确定性因素集中体现在以上三个部门，所以这三个部门是企业资金稳定运转的关键。一旦某个部门出现问题，企业的资金流很可能会遭受到巨大的损失。所以对各职能部门，要建立严格的资金监控体系，按周或者月度为一个周期，将资金收支情况编制成资金流量表，上报给组织部，以便组织部及时掌握资金流动情况，进行交叉管理，对资金链风险做出相应的应对措施和有效监控。

五、建立企业资金链动态管理体系

由于房地产行业的特殊性，每一笔资金的流入流出都是大额的，这就要求企业的管理者对企业资金的收支情况做好合理、细致的规划，才能保证企业资金链的稳定运转。因而，建立资金链动态管理体系来监控资金链风险是相当必要的。

编制动态资金流入流出表可以实现对企业资金的动态管理。其实质是用资金流入与资金流出的差额来反映企业的资金余缺情况，如图13-25所示。若企业的资金流入大于资金流出，说明资金链运转正常，企业可以维持项目的生产运营，同时剩余的资金还可以投资新项目；若企业资金流入小于资金流出，说明企业面临较大的生存压力，这时企业必须在规定的回款时间内采取一定的措施，用新的资金流入弥补资金差额，才能避免资金链风险给企业造成的影响。因此，在编制动态资金流入流出表时，企业应对房地产企业资金链的各个阶段中每笔资金情况进行管理，从而降低资金链风险的发生。

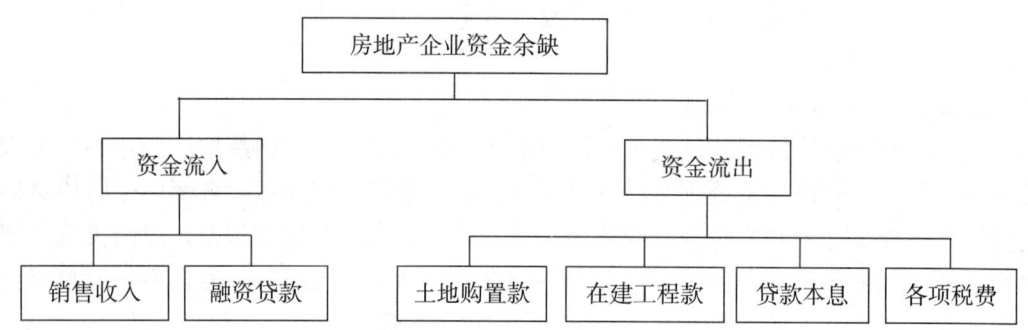

图13-25 房地产企业资金余缺图

通过房图13-25可以看出：资金流入主要包括销售收入和融资贷款，资金流出主要包括土地购置款、在建工程款、贷款本息、各项税费。分析得出的资金余缺可以通过建立资金流入流出动态表来反应。在资金流入流出表中，可以按月度、季度和年度三个时间段来分别编制，月度的资金调整情况可以反映到季度上，季度的资金运转情况又可以反映到年度上，形成一个资金动态管理体系，这样可以对资金链风险造成的资金损失进行更好地把控，同时进行适当的资金规划调整以及时避免资金链风险给资金链造成的恶性循环。

对于已建项目，资金的流入流出包括销售收入和在建工程款的支出，对于未建项目，资金的流入和流出可以通过已建项目的经验来预测销售收入和工程款的支出，对于融资贷款情况，资金的流入流出可以通过企业融资的本利、银行借贷的本利和贷款还款

第13章 房地产企业资金链管理

期来预测。这样通过动态资金监控,来预测企业未来每月、每季度、每年的资金盈余和可以储备量的大小,从而为房地产企业管理者调整投资决策规划提供依据。

第六节 案例:保利地产资金链风险管控案例分析

一、保利地产资金链风险管控职能

保利地产资金链的主要运动过程以资金的筹集阶段为起点,到资金的使用阶段,再到资金的回笼阶段,因此保利地产的资金链管理过程就分为上述三阶段的管理过程。结合保利地产的组织结构(图13-26),详细分析保利地产集团为了应对资金链风险,各职能部门采取的风险管控措施及办法。

二、保利地产资金链风险管理的对策措施

保利地产资金链各阶段存在一定的问题,其根本原因为以下几点:在资金筹集阶段中,长短期筹集计划不合理、预收账款制度不健全、各渠道融资份额分配不均匀及缺乏债务偿还的风险预警机制;在资金使用阶段中,人力资源机制不完善、各区域经营业务分配不合理、成本预算制度不健全;在资金回收阶段中,销售政策不恰当、会计政策缺乏谨慎性。对此,本书对保利地产资金链风险管理提出如下对策措施。

1. 资金筹集阶段风险管理对策措施

1)按照资金需求时限,合理安排公司长短期融资计划

由于保利地产债务融资中,短期债务比例较高,长期融资占比偏低,说明公司投资项目的资金需求中短期债务融资为主要部分,长期融资不足,公司管理层面对不同资金需求,没能及时做出的合理融资规划方案,造成短视行为,增加公司对于未来资金偿还的压力,就有可能产生资金链断裂的风险。因此,公司管理层应在制订投资项目规划的同时,制订投资项目的资金预算,按照所需资金的时限要求,合理安排与之相对应的长短期融资计划,避免通过短期融资来满足长期融资需求,防止在后期短期资金的偿还方面,没有投资回收的现金流入保障的风险。

2)完善公司预收账款制度

根据保利地产短期债务中,预收账款占比达到60%的情况,说明未来期间一旦房地产项目因不可控因素不能及时建成交割,预收账款的偿还压力剧增。因此,企业应在保证预收账款短期融资渠道畅通的前提下,适当减少合同中预收账款的计提比例,并针对预收账款设置专款账户、专门人员进行管理。除此之外对于预收账款还需要严格审批并建立监督机制,要对审批、监督和管理等不相关职务做到相互分离,减少预收账款舞弊的风险,保证资金的安全,做到即使后期合同违约,预收账款也能够及时得到偿还。

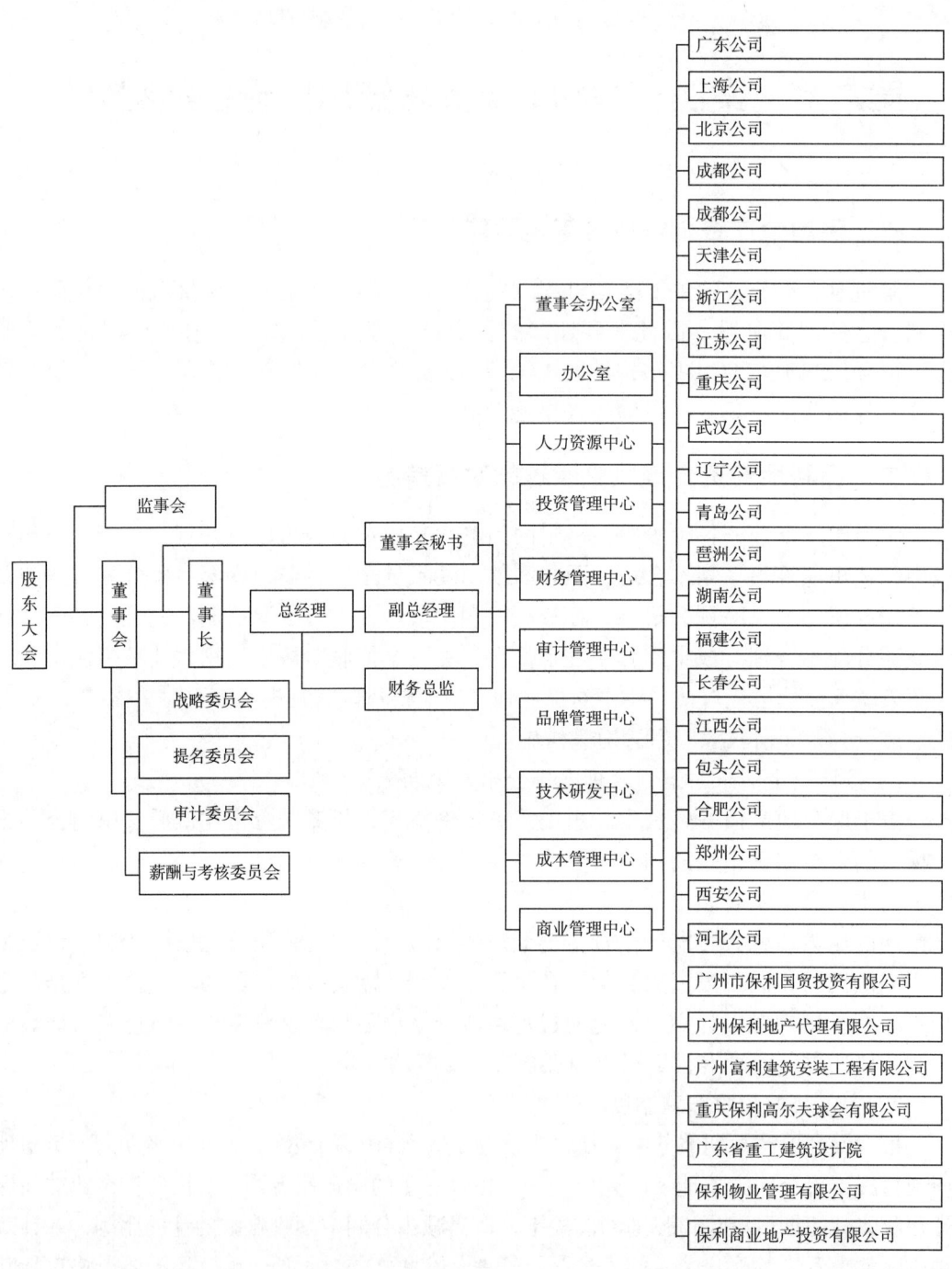

图 13-26 保利地产组织结构

3）合理分配公司各渠道融资资源

保利地产长期融资中，主要以银行借款融资为主，公司债券与中期票据融资占不到30%，虽然证监会等监管部门对债券和票据融资的监督和限制较多，但在公司已经获得批准发行的前提下，相比银行贷款融资，中期票据和公司债券两种融资渠道具有融资期限更长、资金筹集范围更广、特定期间内融资规模选择性更强等特点，为公司资金需求的满足，带来更多的优势。因此，在保利地产已经获得发行债券等长期融资资格的前提下，公司管理应合理利用此种融资渠道资源，使公司融资做到最高的利用价值，从而避免浪费资源的情况发生。

4）完善存货管理机制

企业在经营过程中，要时刻关注现金流的变化，建立资金预算制度，现金流在一定时期内的变化，企业经营层要做到心中有数。而存货作为影响现金流量变动的主要因素，应建立严格的存货管理机制，保证存货安全同时，还要保证存货的质量良好，更高一点要求是，时刻关注存货的周转流程，避免存货的积压。要做到规范化存货的入库、出库和在库期间资产的维修、维护、安全保管，做到存货出入库授权审批中不相容制度相分离，存货计价准确合理，不高估或低估存货价值，保证公司会计的稳健性原则。在此基础上，关注存货的流转情况，保证存货长期加压，实现资产的流动性和经营活动资金回收的及时性。

2. 资金使用阶段风险管理对策措施

1）健全人事考核及培训制度

只有把高素质的管理队伍作为基础，才会有科学有效的资金管理。核心竞争力中最重要的、最基本的就是人员的素质，每一个企业集团应该培养人员的素质，让其成为核心竞争力。对保利地产而言，完善组织内部框架结构，建立资金管理的核心队伍，核心队伍可以由企业总部核心域、核心层及一线公司的中心层抽调部分优秀的人员组成，其中企业总部核心层提供权利保障的义务、区域核心层提供整个区域的资金状况、一线公司的相关人员提供有关一线公司最核心的资料。加强责任分配，把每一项业务落到实处，重视责任的落实，分工需要明确。加强资金管理人员的业务培训制度，保证管理层每项投资决策有充足的专业知识体系支撑，实现投资规划的合理性，决策的正确性。此外，还需建立健全的人事考核制度，对监守自盗、滥用职权、挪用公款等现象加大监管力度和处罚力度，同时需要设置合理的奖惩机制，按照员工对公司不同程度的贡献设置不同层级的奖励机制，使整个集团保持一种在合作中竞争、竞争中合作的状态，确保管理人员获利的同时，公司经营业务的盈利能力也得到提升。

2）合理安排公司各区域业务

根据对保利地产经营业务范围的详细分析，企业的主要商品房开发及公司主要经营力量均分布于广东、北京、上海等城市。其中一项原因是企业的注册开办地位于广东，但是保利地产还是过于将业务集中于一线城市，一线城市首先拿地比较困难，因为资源有限；同时一线城市房屋价格过高，如果一旦国家出现宏观调控政策，限制一线城市的房价和地块资源，会对保利地产产生巨大的冲击。因此企业需要适当地减少一线城市的业务范围，同时扩大二、三线城市的房屋开发力度。二、三线城市发展状况也逐渐趋于稳定，房屋价格变动较小，有着稳定住房需求，公司可以避免较大风险，保证资金链条的安全。

3）健全公司成本管理控制体系

公司成本管理控制体系构建的基本目标就是合理安排各项支出的结算时间点，实现资金成本的最小化，以保证公司收益的最大化。针对公司日常经营决策，分析未来预期的投资项目规划，预测未来的资金需求，筹集公司经营先期资金投入及后续成本项目具体支出，为管理者提供较为准确可靠的信息。而房地产行业因项目投资的长期性，及资金缺口量大的特点，提出以下成本管控体系管理安排：首先，按照项目投资要求确定成本预算总目标，可涵盖的成本项目涉及后期的经营收入、开发的土地成本、工程材料及人工成本、规划设计成本及可行性成本费用等；其次，将上述各阶段的项目成本加以归集；再次，深入研究企业的经营成本与现阶段市场平均行业水平本月比较，构建成本核算需具体完成的考核指标，探究成本管理过程中存在的具体问题，归集到具体管理层责任，以此提出这些问题的解决意见；最后，针对内部成本管理控制体系中存在的不足，整理分析公司管理的重视程度，管理层定期举办一些专题讲座和培训，有计划地对企业内部的管理人员和员工的成本意识进行培养，做好成本核算数据的记录、保存和传递，为企业进行系统化的成本核算奠定良好基础。

4）改善营销管理政策，加大营销费用支出

针对公司存货积压严重，经营活动中销售商品回款状态不良的情况，说明公司的销售力度和投资支出严重不足，保利地产在销售中政策过于守旧，甚至可以说销售情况是处于被动的状态。但现阶段当地产行业中公司数量急剧增加，公司规模也呈现扩大化趋势，这种被动销售的管理方式已经不能满足现阶段的销售需求，因此应该改变营销管理的策略，加大营销费用支出，树立公司的品牌、知名度、信誉度和美誉度，使企业被更多购买者所熟知，实现主动营销模式，从而保证公司主营业务的盈利目标的实现。

3. 资金回笼阶段风险管理对策措施

1）加大销售资金投入，完善公司销售政策

保利地产经营活动现金流入中，主营核心业务收回的资金比重呈现逐年下降的趋势，说明公司回款状况不良，结合销售费用率较低的状况，说明公司销售投资不足；房屋销售受阻，库存滞压严重，资产周转速度下降趋势明显，公司最终的现金回流总量未达到初始目标要求。保利地产经营范围涵盖住宅、写字楼、星级酒店、购物中心、商贸会展、高端休闲地产等多种业态，而保利地产的营销主要是分区域划分，应该更加细分市场，进行数据挖掘精准营销，根据不同层次客户和人群的需求，线上线下营销手段相结合运用。还可以结合现代年轻人的心理需求特点,开辟多元化的营销手段,配合国家出台的去库存政策,缓解公司库存积压成本上升、投入资金不能有效回流的矛盾,实现资金回收总量的增长。

2)选择适当的会计政策

虽然保利地产应收账款具有周转速度较快,质量优良的特点,其备抵账户坏账准备的计提比例政策简单易行,但其未充分考虑坏账因期限的逐渐增加,不能及时收回的风险,未落实准则要求会计政策的谨慎性原则。因此,为防范保利地产资金不能回收的风险,应实施更合理的应收账款坏账计提会计政策,随着应收账款期限的增加,加大坏账准备的计提比例,保障应收环节资金流的安全性,从而实现公司整个资金链条的通畅。

3)加强信息技术在资金链管理中的应用

保利地产在房地产行业中的经营管理及盈利能力处于行业先进的水平,但前期的优秀业绩不代表公司以后可以一劳永逸,在信息技术快速发展的今天,任何的机会都会转瞬即逝,任何的风险都会无限扩大,因此保利地产应注重信息管理技术在资金链风险管理中的应用,构建公司的信息管理系统,实现从内部控制、管理流程、沟通机制的网络化和模块化联动管理,实现管理效率的提升。

资金链风险管理信息系统的构建,能够加速资金筹集、资金使用和资金回笼各阶段信息联动性和传递的快速性,减少各阶段信息间的阻碍和不对称,降低信息协调成本和管理成本,加快资金周转效率,提高信息的准确性。因此公司应该加大信息技术在资金链风险管理中的人力及物力投入,构建适合公司管理经营的资金管理模式,实现资金流转的便捷性、安全性和高效性,建立资金的流量、存量和流向互动管理机制和实时监控体系,提高资金管理的效率效果,同时在资金链各流转阶段建立信息技术预警防护机制,降低资金链运转风险,保障资金的安全。

第 14 章

房地产企业现金流管理

现金至尊，现金为王，现金流比利润更重要！房地产开发业作为资金密集型"准金融"行业，现金流就如同企业的血液，血液充沛、结构合理，企业才能够得到生存和发展；一旦出现贫血或缺血（资金链断裂），就可能出现项目烂尾甚至导致企业倒闭。因此，现金流问题是房地产开发的核心问题。对现金流进行有效的管理，对实现房地产企业资金链安全、良好的运作显得尤为重要。安全、稳定的现金流是企业生存的基础，尤其对房地产开发企业而言。由于其对资金需求量大、开发周期长等特点使得自身的资金链安全度不高，从而加大了企业的运营风险。因此，如何在房地产项目的开发建设过程中合理、高效、安全地筹集和使用资金（即现金流管理）是每家房地产开发企业必须关注的问题。有鉴于此，本章通过对现金流为核心的精益营运管理的研究，探索现金流精益营运管理的策略和方法，以解决企业特别是房地产企业资金短缺或紧张，现金流不畅的问题。

第一节 现金流的概念与类型

一、现金流的概念

现金流是指现金的流转和流动过程，是一个动态的概念，包括现金的流向、流量、流速、流程等内容；涉及企业的营运现金流、资产现金流、战略现金流（投资现金流、资本性筹资现金流）、自由现金流等，其完整的流转过程表现为从现金流开始再回到现金流的一个闭环。

现金流作为企业资金运动的动态表现，可综合地反映企业生产经营活动的主要过程（供、产、销）和主要方面（筹资、投资、融资、成本费用的发生、利润分配等）的全貌。

二、现金流的类型

企业现金流一般分为以下三类，如图14-1所示。

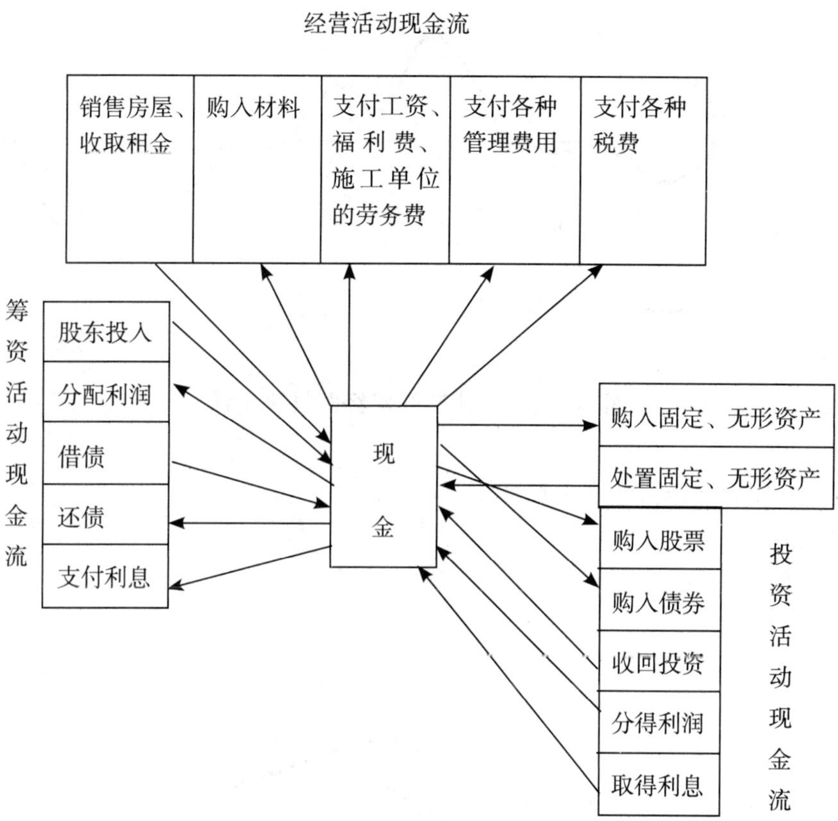

图 14-1 现金流的三种类型

1. 经营活动现金流（Cash Flows From Operating，CFFO）

经营活动现金流指企业产品的生产、销售和服务提供相联系的交易形成的现金流入与流出。具体来说，这些流入与流出包括销售商品、提供服务、购买材料、经营租赁、接受服务、广告宣传、推销产品、交纳税款等。

房地产开发经营性现金流如图14-2所示。

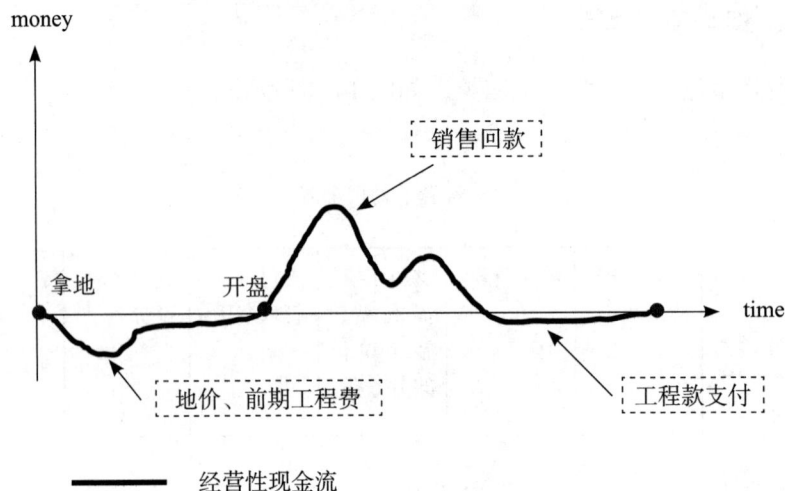

图 14-2 房地产开发经营性现金流

房地产开发累计经营性现金流如图 14-3 所示。

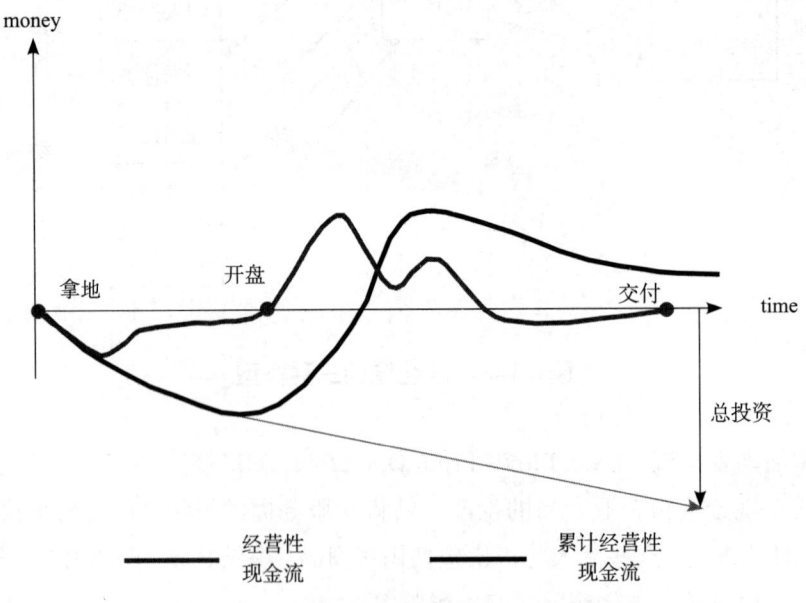

图 14-3 房地产开发累计经营性现金流

房地产开发自有资金相关的累计经营性净现金流如图 14-4 所示。

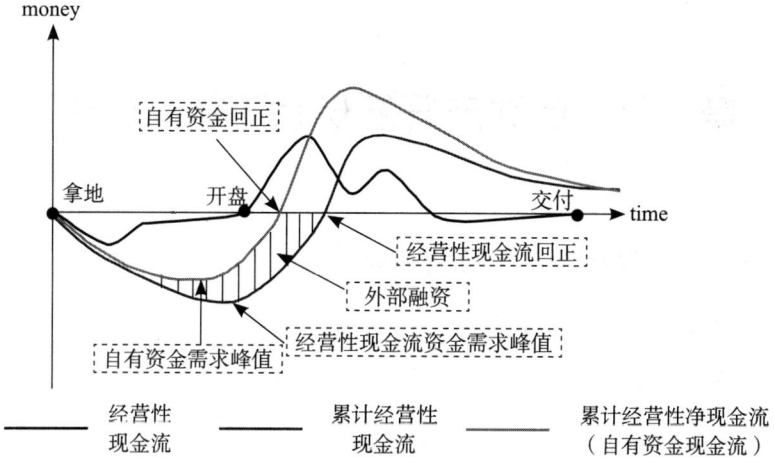

图 14-4　房地产开发自有资金相关的累计经营性净现金流

2. 筹资活动现金流（Cash Flows From Financing，CFFF）

筹资活动现金流是指企业股东权益、长期债务筹资与短期债务融资相联系的交易形成的现金流入与流出，主要包括吸收投资、发行股票、分配利润、发行债券、向金融企业借款、偿还债务等。

3. 投资活动现金流（Cash Flows From Investment，CFFI）

投资活动现金流是指企业固定资产与长期证券等的购进与出售相联系的交易形成的现金流入与流出，主要包括取得与收回投资、购建与处置固定资产、无形资产与其他长期资产等。

不同类型现金流的投入与资金营运的关系如图 14-5 所示。

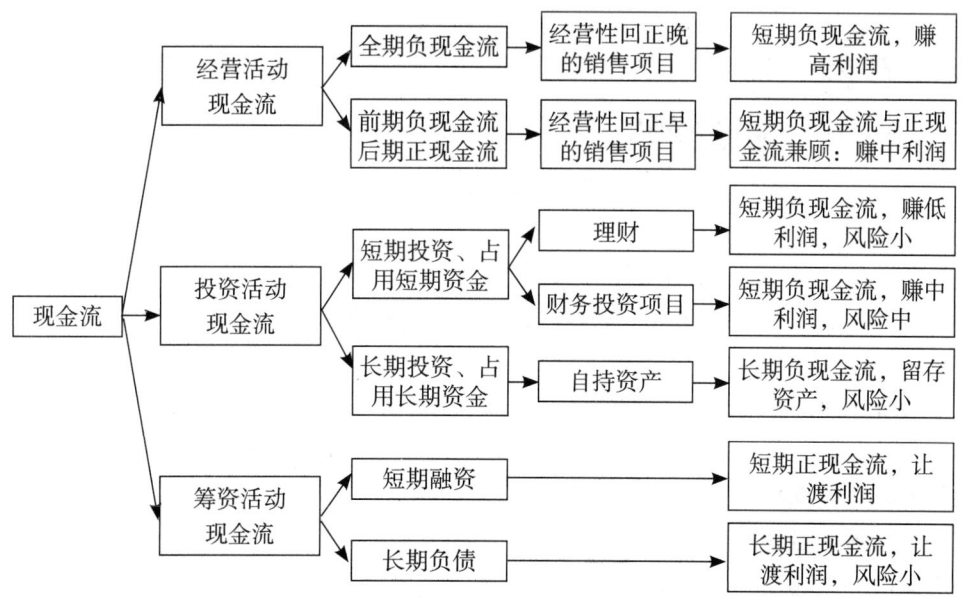

图 14-5　不同类型现金流的投入与资金营运的关系

第二节 房地产开发现金流需求分析

一、房地产开发现金流需求分析模型

1. 房地产开发现金流需求分析模型

房地产开发现金流需求分析模型,如图14-6所示。

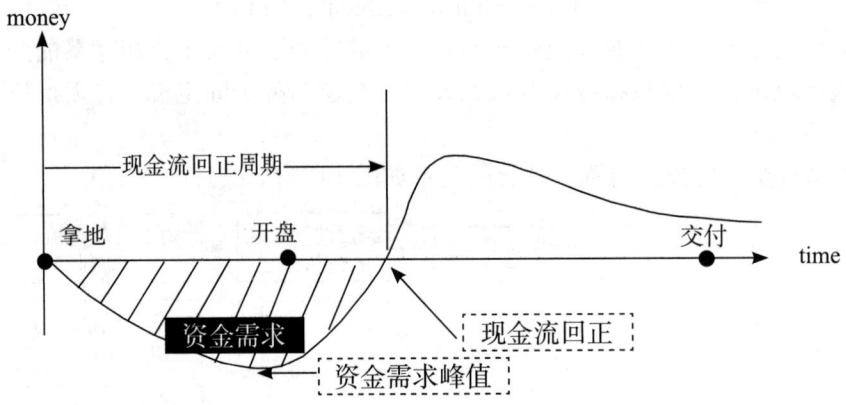

图14-6 房地产开发现金流需求分析模型

注:项目累计经营性现金流形成的资金缺口最大值,为资金需求峰值

2. 房地产开发现金流需求的逻辑关系

房地产新项目开发现金流的逻辑关系,如图14-7所示。

房地产开发现金流的逻辑关系中,项目开发时间、规模、现金流贡献与资金需求的关系,如图14-8所示。

第 14 章 房地产企业现金流管理

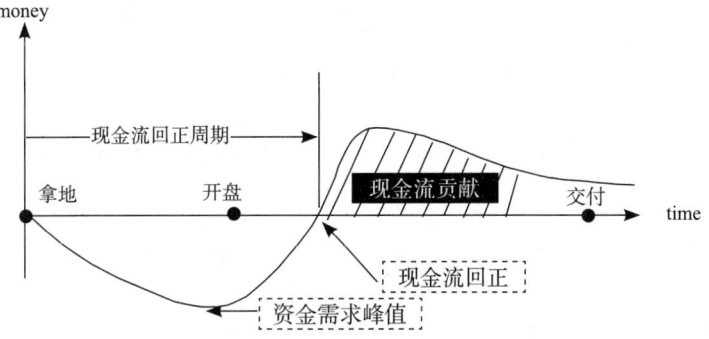

图 14-7　房地产新项目开发现金流的逻辑关系

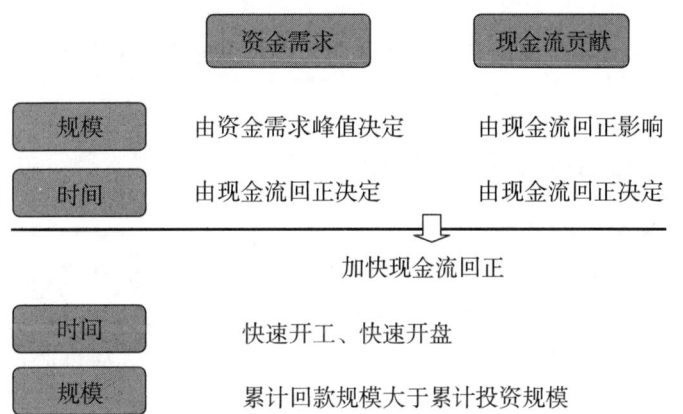

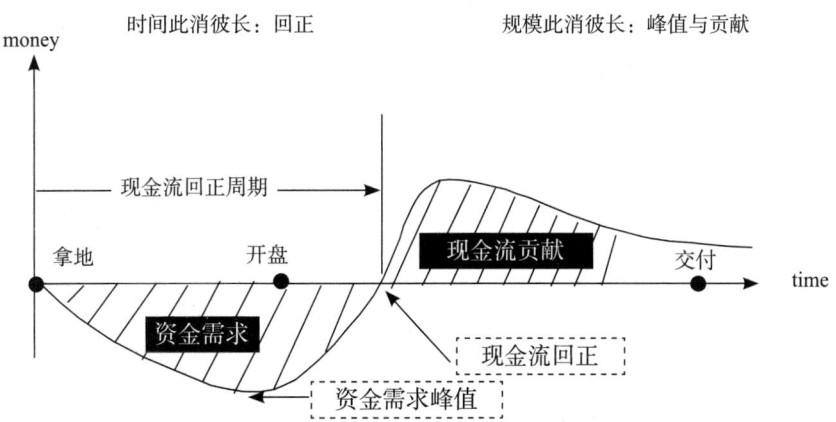

图 14-8　项目开发时间、规模、现金流贡献与资金需求的关系

房地产开发现金流回正与资金需求的关系如图 14-9 所示。

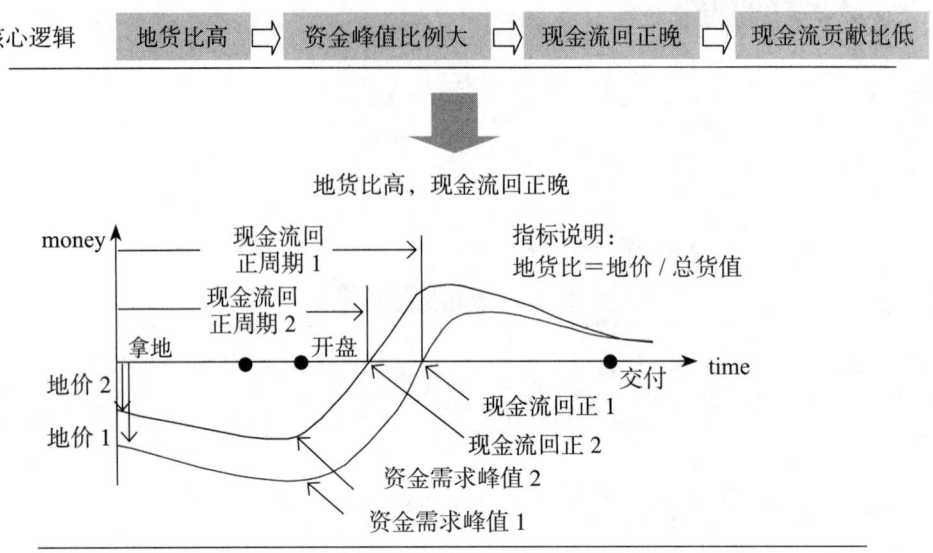

图 14-9　房地产开发现金流回正与资金需求的关系

二、房地产单项目开发现金流需求分析

1. 单项目开发现金流的特征

根据房地产企业在项目开发过程中的关键控制节点及其资金流动的来源、方向、大小、速度等情况，将房地产开发流程分为六大阶段：即项目投资机会研究及土地竞投阶段、项目定位策划及前期筹备阶段、规划设计阶段、工程建设阶段、市场推广和营销阶段、售后及物业管理阶段；其开发运作流程主要包括投资决策、土地获取、项目立项、开工准备、建设施工、开盘销售、物业管理等多个业务环节和运作流程，具有涉及行业多（供应链体系）、相互影响大，与外部接口多、协调成本高，机械化程度不高、大量需要人工协作，运作周期长、运作成本高以及结果是一次性的，一旦有误事后较难更正等运作特征。房地产开发基本运作流程示意图如图 14-10 所示。

2. 单项目开发现金流的特点

房地产开发现金流大致分为三个阶段：第一个阶段是现金纯流出阶段；第二个阶段销售现金开始回笼；第三个阶段销售现金流入和工程现金流出都趋于平稳，净现金流平稳增加。从单个房地产项目开发来看，项目的现金流呈"棒槌型"，中前期现金的流入和流出都很大，到项目的中后期，现金的流入流出逐渐平缓和平衡，如图 14-11 所示。

3. 单项目开发的现金流转过程

房地产企业单项目开发的现金流转分析需考虑项目类型，主要分为住宅房地产项目和商业地产项目。

第14章 房地产企业现金流管理

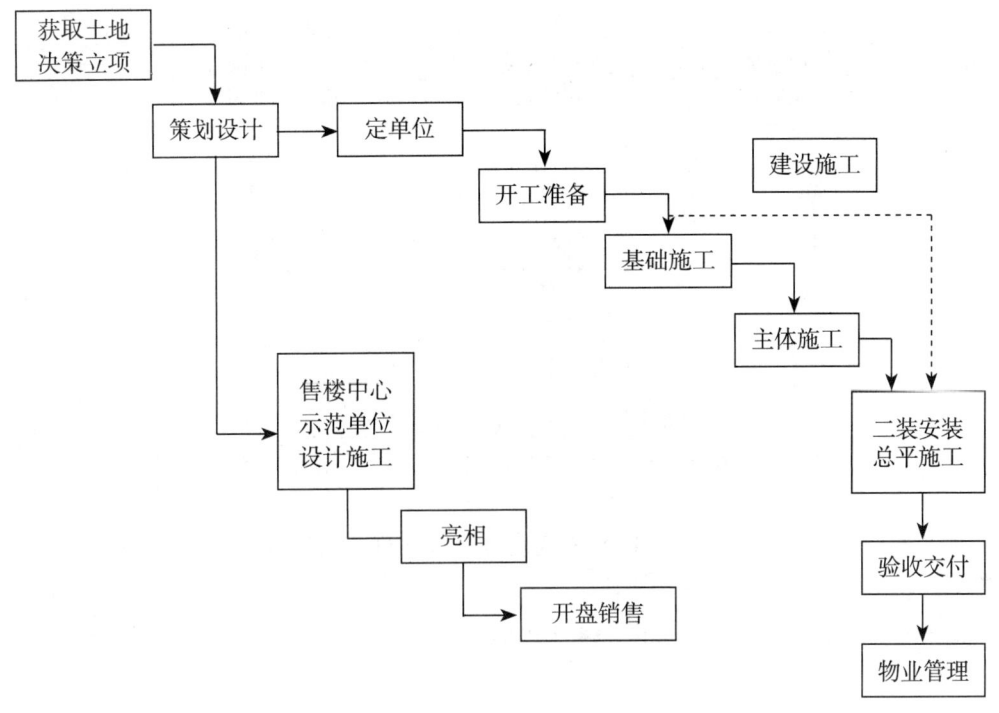

图 14-10 房地产开发基本运作流程示意图

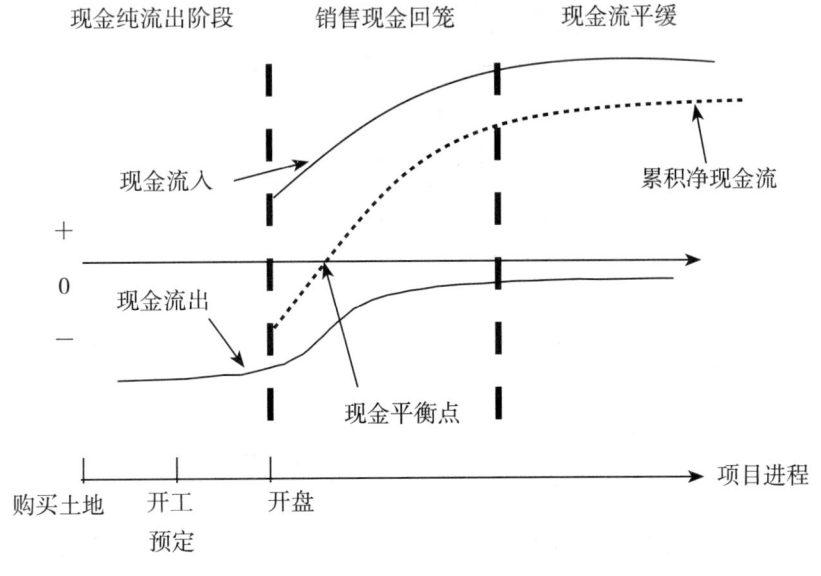

图 14-11 房地产开发的现金流模型

住宅房地产开发现金流图如图14-12所示。

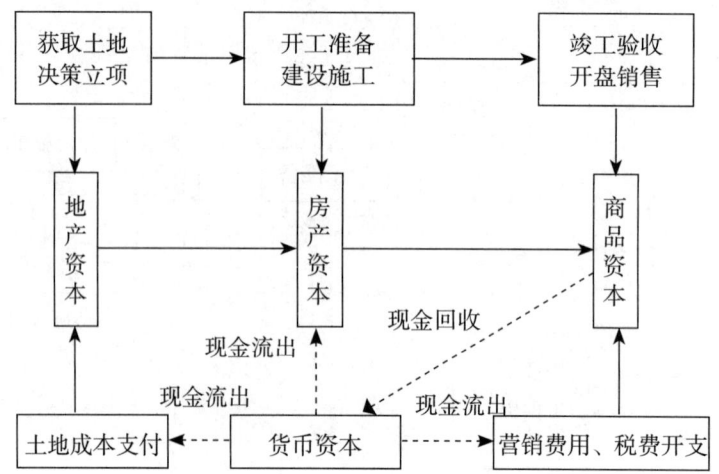

图14-12 住宅房地产开发现金流图

商业地产项目的现金流图如图14-13所示。

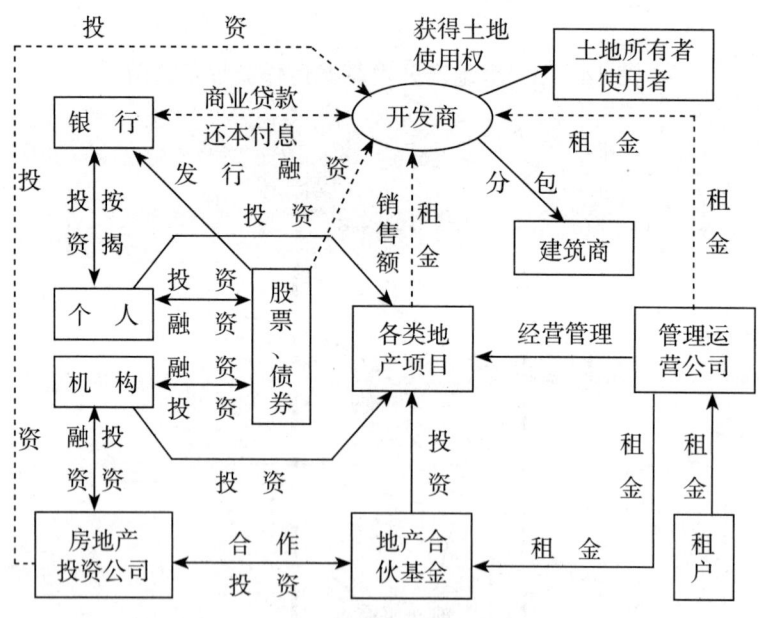

图14-13 商业地产项目的现金流图

房地产开发过程中的现金流构成要素主要包括开发成本、期间费用、销售收入和各项税费，见表14-1。

表 14-1 房地产开发全过程中的现金流构成要素

资金流构成要素		简要说明
开发成本	土地费用	土地出让金、土地征用费和拆迁安置补偿费等；平均占到总成本的 30%，其中一线城市占 40%~50%，二三线城市占 20%~30%
开发成本	前期工程费	开发前发生的关于可行性研究、规划设计、初勘、详勘、测绘、"三通一平"和其他用于土地开发的政府收费等
	建安工程费	地基处理费，土建安装工程费，通风、消防、空调、电梯等工程费，监理费，质量监督费，人防设施建设费以及变更与签证费用
	基础设施建设费	室外工程费，建筑物 2 米以外和项目用地规划红线以内的各类管线基础施工费用，及其与市政管网的接口费用；道路、绿化、供电、照明、围墙、环卫等设施的工程建设费用；开闭所、换热站等投入
	公共配套设施建设费	为居住小区服务配套建设的各种非营利性的公共配套设施的建设费用
	开发间接费	具有独立核算资格的项目公司在开发现场进行组织管理产生的各项费用，如工资、办公耗材费、水电费、周转房摊销等。若项目不设立现场机构，此类费用可直接计入企业的管理费用
	不可预见费	基本预备费和涨价备用费，用于应对设计变更、意外事故、国家政策调整需增加的投资以及材料涨价。占上述 6 项费用之和的 2%~5%
	其他费用	施工图审查费、工程交易服务费、施工噪声及排污费、保险费、施工执照的申领费等。个别项目还会发生临时用地费和临时建设费
期间费用	管理费用	开发企业的管理部门为管理项目开发而发生的各项费用，包括员工（销售人员除外）工资、差旅费及业务招待费用等。单独项目开发的管理费基本维持在 2%~4%
	销售费用	广告宣传、销售物料准备、委托销售代理、自建销售团队等费用的支出（销售提成和销售佣金除外）。房地产企业销售费用维持在销售收入的 3%~5%
	财务费用	企业为项目开发融资而产生的各种费用，主要是借款利息、金融机构手续费和其他财务费用
销售收入		来自购房者的一次性付款、银行按揭贷款、分期付款、公积金贷款等资金流入
各项税费		与项目相关的各种税金和政府部门征收的各种费用。占房价成本的 12%~14%

具体来看，房地产开发全过程现金流入和流出主要出现在以下几个环节，用时间轴的形式表示，如图 14-14 所示。

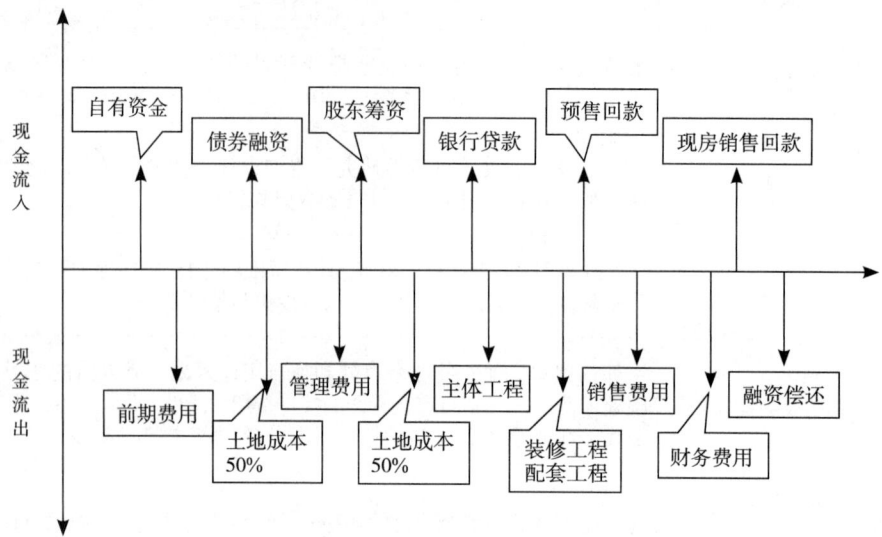

图 14-14　房地产开发全过程现金流入和流出时间轴

从图 14-14 中不难看出，只要将时间轴上标明日期，在现金流入和现金流出坐标轴上标明具体金额，就可以用它对项目现金流量进行预测和控制。

4. 单项目开发过程的现金流需求

房地产企业单项目开发全过程的现金流需求，如图 14-15 所示。

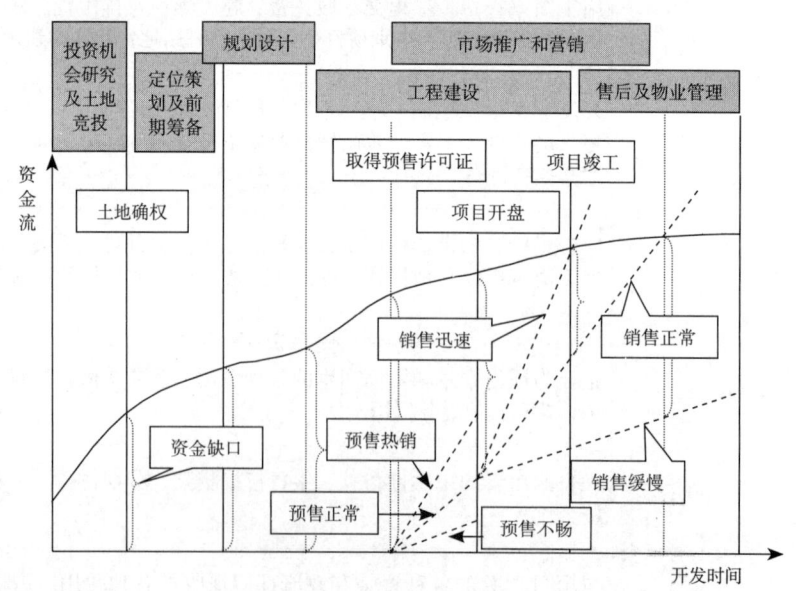

图 14-15　房地产企业单项目开发全过程的现金流需求

第三节 房地产多项目开发的现金流管理

2019年，房地产市场环境急剧变化，"倒闭潮""合并潮""收购潮"袭来，优胜劣汰、行业洗牌进程加快，行业集中度加强。房地产企业多项目开发的良性运转将是其在乱世中求生存发展的绝好机遇，其中做好多项目开发的现金流管理是重中之重。

多项目开发运作的资金总量需求往往是单项目的数倍，项目与企业、项目与项目、项目与外界之间关系复杂，需要与时俱进、切实可行的现金流营运管理战略。

在多项目开发模式下的房地产企业现金流营运管理的首要原则是实现企业整体最优而非单项目最优；其次还应做到现金流预算的制订与企业发展目标和战略规划相统一；同时以最少的资金成本实现企业投资收益最大化；还要控制资金风险，保证投资人的权益。

一、多项目开发资金管理存在的问题

房地产多项目开发有着单项目开发难以比拟的优势，也有着单项目开发难以比拟的资金管理难度。为了准确高效地进行房地产多项目开发资金管理，房地产企业应首要分析在该模式下的资金管理存在的主要问题。

1. 多项目运作资金存放分散

房地产行业的特征决定了从业企业拥有较多的银行账户。根据房地产公司的项目批文，一个项目需对应一个银行专用账户；还可根据业务需要开设多个专用账户，如税款账户、各类保证金账户等。同时，房地产企业为协调处理各种公共关系还会额外设立其他用途的账户。为了确保账户的正常使用，各个账户将预存部分资金。

多项目资金分散存放，单个账户资金量少，整体数量较为可观，容易给企业造成资金宽裕的假象。当企业需要资金周转时，使用又极为不便。此类资金主要采用活期存款的方式，只能获得少量的利息收入，造成资金的闲置和浪费。

多项目资金分散存放更容易滋生资金体外循环和私设"小金库"现象，成为腐败的根源和温床，造成企业的直接经济损失。

2. 缺乏资金整体运作的能力，出现资金缺口巨大或资金闲置

理想状态下的多项目开发，能够利用项目之间不同的资金投入和回收期，对资金流削峰填谷，均衡项目资金需求。然而，多数企业的项目预算仍以项目自身为中心，缺乏企业整体思维。

在多项目开发模式下，项目间资金的关联性将更强，一个项目的运作不力也容

易波及其他项目的投资、销售和整体利润。例如，某些项目的流动资金、土地出让金、到期的银行贷款的偿还需要来自其他项目的销售款支持。一旦在售项目销售疲软，资金难以按计划回收，将直接影响其他项目的进度。企业可能就此陷入营运资金不足的困境。

当然，多项目运作也可能出现资金的大量闲置。如前文分析，采用多项目并行开发，项目销售的实现将带来大量资金回笼，企业若无后续开发项目或者其他投资机会，即造成资金闲置。

3.资金管理制度不健全，各项目资金使用监管薄弱

房地产企业忙于业务拓展，忽视内部管理的深耕细作，企业管理落后于业务发展。企业的资金管理制度停留在单项目运作阶段，未能与时俱进，或者照搬照抄行业标杆企业的做法，资金管理制度水土不服，制度的建立者与执行者脱节，难以起到有效的规范和引导作用。

在多项目开发模式下，项目数量更多、地域分布更广，资金使用的过程控制薄弱更为明显。资金管理多为事后控制，缺乏有效的过程监管和奖惩措施。

4.项目间资金信息传递不畅

在多项目运作模式下的资金管理需要全面、及时掌握项目资金信息，根据各项目的资金缺口和盈余情况进行统筹安排。

目前，房地产企业的信息化硬件投入有待加强，员工的资金信息管理意识亟待提高。多项目运作资金流动的信息量庞大，信息传递和处理更为复杂，易形成"信息孤岛"。项目资金使用数据信息未能及时上报，企业无法做出正确、及时的资金调配方案，导致某些项目资金浪费、某些项目资金紧张影响工期。

5.未能充分利用多项目开发的成本优势 在多项目开发模式下管理成本能够得到分摊，但是项目间的沟通不畅，反而容易出现工作重复和效率低下，管理费用不降反升的问题。

项目在融资过程中，未能系统考虑各项目资金流情况，未确定合理的融资量，融资谈判环节未充分利用企业的公共关系资源，使得融资难度大、成本高。

在设备和材料采购过程中，未能整合多项目开发对各类材料的需求量，发挥集中采购的议价能力降低采购成本。

二、多项目开发模式及资金流动的特征

按照项目开发期的分布情况，多项目开发模式主要包括以下三种：多项目同期并行开发；多项目阶段内连续开发；多项目并行开发与阶段内连续开发兼有。

1.多项目同期并行开发（见图14-16）

该模式指多个项目开发周期基本重合。在此模式下，资金需求总量是单项目运作的数倍，要求企业具有较强的资金实力和融资能力。项目建设期，资金投入压力巨大。

项目陆续预售之后，回笼的预售资金可投入项目的后期建设，缓解项目的资金压力。随着销售的持续进行，又将迎来资金集中回收的高峰，形成大量货币资金。

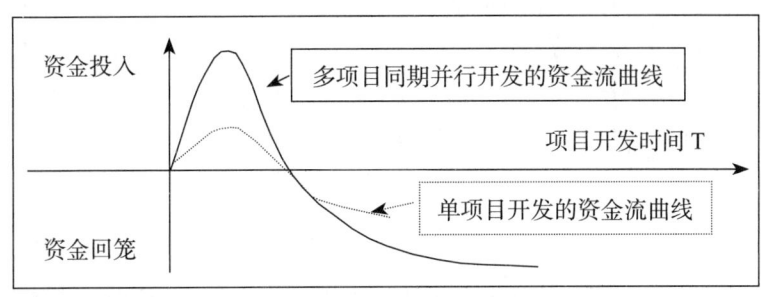

图 14-16　多项目同期并行开发资金流动情况

2. 多项目阶段内连续开发（见图 14-17）

多项目阶段内连续开发一般指多个项目的开发周期存在重合但并非完全重叠。在这种模式下，房地产开发企业在一定时期内可以对某个大盘项目进行分期滚动开发，或对多个不同地块的项目进行连续开发。相对于多项目并行开发，企业在项目开工、主体结构完成、项目竣工等特殊时间点的资金压力可以得到分散。项目的开始时间和销售时间得以错开，企业可以利用部分项目的销售资金回笼来弥补其他项目的资金缺口，提高资金的使用效率，节约信贷成本，保障项目开发正常运行。

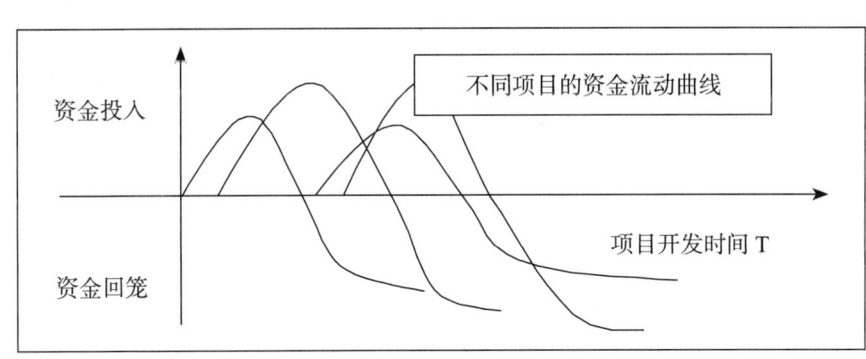

图 14-17　多项目阶段内连续开发资金流动情况

3. 多项目并行开发与阶段内连续开发兼有

这种模式的资金流动情况包含了以上两种多项目开发模式的特点，如图 14-18 所示。它要求企业具有较高的市场洞察能力、策略调整能力、品牌塑造和运营能力，主要出现在多城市多项目发展阶段和多城市多项目区域化管理阶段的大中型房地产企业。

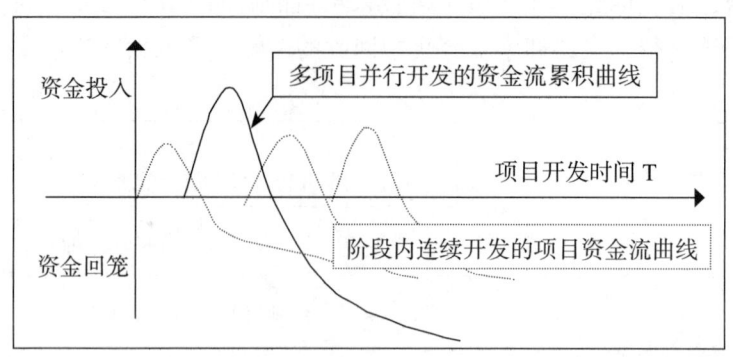

图 14-18　多项目并行开发与阶段内连续开发兼有的资金流动情况

采用多项目开发模式，无论企业是多项目并行开发还是阶段内连续开发，无论企业经营单一物业类型还是同时经营高档住宅、普通住宅、写字楼、酒店产品等多种物业类型，只要掌握好不同项目的投资回收期和资金流情况，根据企业整体的资金实力和融资能力合理设计项目开发顺序和开发节奏，协调好开发期内项目间的资金流向、流速和流量，就能从整体上降低财务风险、提高利润水平、改善资金流。根据上述分析，设计出理想状态下的房地产多项目开发资金流动情况，如图14-19所示。

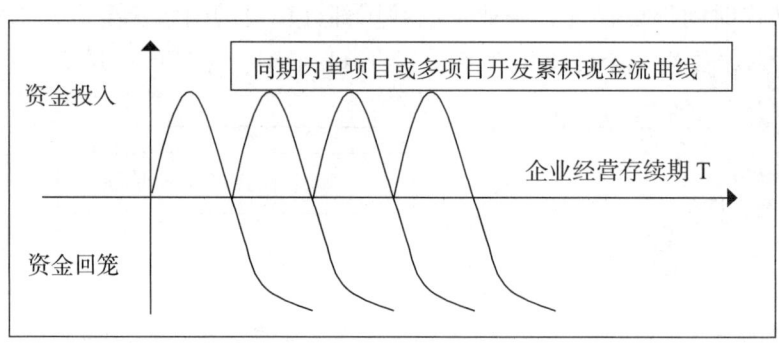

图 14-19　理想状态下的房地产多项目开发资金流动情况

三、多项目开发资金管理模式及选择

在多项目开发模式下，项目与企业、项目与银行、项目与合作方、项目与项目间的资金往来复杂，若资金分散管理，企业可能需要设置更多的银行账户。每个账户都存放一笔备用金，既造成了资金闲置又难以实现账户资金聚沙成塔的效用。资金的使用信息传递路径增长，速度放缓，企业难以根据各项目进展情况作出及时、有效的资金调整方案；同时，资金作为项目之间纽带的作用得不到良好发挥，企业资金将得不到合理配置和优化组合。实施房地产资金集中管理，将有效杜绝上述不良现象的发

第 14 章 房地产企业现金流管理

生，利用资金为企业创造更多的效益。

房地产企业资金集中管理方式一般有五种，见表 14-2。

表 14-2 房地产企业资金集中管理方式

项目	报账中心	结算中心	内部银行	财务公司	现金池
特点	"收支两条线"，统收统支或拨付备用金，企业统一对外结算，各项目公司不单独设立账户	总部设立一级账户，统一拨付开发资金和对外融资；各项目设立二级账户，可独立核算	仿效银行模式，下属项目公司在内部银行开设虚拟账户；项目之间的资金占用实行有偿信贷	独立法人资质的非银行金融机构，提供金融服务，不能直接决定资金的使用方向	利用商业银行的现金管理方式和互联网信息技术，实现账户资金自动调拨
集中程度	高度集权	集权&分权	集权&分权	分权	集权
资金管理职能	存放和拨付	结算、调度、融资和监管	结算、内部贷款、监管	结算、融资、投资、信贷	结算、信贷、实时监控
信息技术依赖程度	一般	一般	较高	较高	极高
资金管理实施效果	报账手续极为烦琐，资金完全控制，使用僵化	资金使用均衡有效；项目独立核算，具有经营决策权，可调动项目开发积极性	一定程度上市场化运作，管理高效；提高项目责任人的资金成本和风险意识	完全市场化运作，最大限度实现企业资金融通和配置；对外获取低利率资金	账户资金每日清算，资金配置实时、高效；资金信息传递迅速
适用企业	创业初期，单个城市布局，1～3个项目，物业形态单一，下属项目多为非独立核算主体的房企	成长期，增长速度较快，4～10个项目，业务区域少于3座城市的中型房企	部分成长期房企；进入扩张期，拥有11～20个项目，业务区域遍及省外5座城市的大型房企	成熟期，拥有超过20个项目，业务区域在10座城市以上，资金往来金额巨大，资金控制要求较高的房企	成熟期房企，跨国房地产企业或者使用外汇结算较多的大型房企
其他要求	资金借支、报销及时审批、及时处理	企业决策层对项目职业经理人高度信任，经营决策授权较为充分	财务部门资金管理能力极强，熟悉商业银行运作模式	财务公司资金运作能力极强，充分服务项目公司资金管理	企业信息化建设充分；银企关系密切，结成战略联盟

如表 14-2 所示，在不同资金管理模式下，房地产企业对下属项目公司的控制权集中程度、与银行关系的密切程度、对网络信息技术的依赖程度皆存在差异。中国的房地产企业存在"五个梯队"分化的格局，各个企业的从业时间、经营规模、发展战略、经营的物业形态、内部管理水平也各不相同。因此，房地产企业应该在充分分析自身情况的基础上，用发展的眼光寻找与企业多项目运营相匹配的资金集中管理模式。最终实现企业资金的聚而不"死"、分而不散、高效有序、动态平衡。

四、房地产多项目开发融资管理决策

多项目运作的资金需求总量是单项目的数倍，且短期内常需大量资金注入。因此，缺乏雄厚的资本实力和良好融资渠道的房地产企业难以有效运作。从单纯依靠商业银行贷款，转向股权融资、合作开发、房地产金融创新等多渠道筹资是满足多项目开发资金需求的必要途径。确定合理的融资结构，做出最佳的融资管理决策是做好房地产多项目开发融资的关键。

1. 多项目开发融资决策的核心问题

股权和债权融资结构、长期和短期融资结构关系企业的融资成本，影响项目的控制权、财务风险和资金流动性，也是房地产企业在多项目开发融资决策的核心问题。

在多项目开发模式下，企业应该充分考虑企业战略发展规划和该项目的重要程度，设计合适的权益型融资和债务型融资比例。对于重要性高的项目，一定要保证企业对项目公司的控制权。对于重要程度相对较低的项目，以保证投资收益为主。

长期和短期融资结构关系企业的长远发展、开发期内资金充裕度和流动性。房地产开发企业作为供应链核心企业，大多数企业已将设计、施工等环节外包，固定资产需求较低，长期债务资金所占比重相对较少。考虑房地产企业发展所需土地储备的资金占用，多项目开发中某些项目的开发周期较长；当项目销售不景气时，商品房变现能力降低等；应适当持有一定数量的长期融资，缓解短期融资压力。

短期融资的资金成本相对较低，但是到期还本付息压力巨大。多项目开发资金需求巨大，项目关联性强，大量持有短期贷款，若使用不慎就会殃及其他项目资金链的安全。多项目开发企业更应重视有息短期债务资金的比例和到期时间，合理错开还款期。同时利用好无息短期债务资金，如物料集中采购时，供应商提供的信用期。

2. 房地产多项目开发融资方式的选择

在多项目开发模式下，房地产企业除了传统的内源/外源、直接/间接、股权/债权等融资方式，还可充分利用公司融资和项目融资的方式筹集开发资金，进一步选择不同融资方式和确定各方式下的融资量，形成融资组合。

公司融资是公司利用自身的资信能力（财务状况、商业信誉等）所进行的融资。外部资金提供者决定投资或贷款主要是依据公司整体的资产负债、利润和现金流量的情况。

项目融资是以项目为主体，以项目预期收益及资产价值作为偿债来源。外部资金提供者主要依据该项目的预期现金流量和资产价值决定是否提供资金。

根据表14-3对公司融资与项目融资的对比的分析，我们可以发现，房地产企业在多项目开发模式下，对于涉及超过自身资产规模的项目投资，或者同时进行多个较大项目的开发，采用项目融资可以以有限的财力撬动更多的项目，并分散投资风险。项目融资属于资产负债表表外融资，能够为企业采用其他方式融资提供便利。对于规模较小的单个或者多个项目采用公司融资的方式较为合适。若采用项目融资，融资成本高、耗费时间长,将降低项目的利润率且不利于项目资金周转。

表 14-3 公司融资与项目融资的对比

主要区别	公司融资	项目融资
贷款主体	公司资信能力	项目预期收益和资产价值
还款来源	公司的全部资产和收益	项目投产收益和项目资产
担保结构	单一;以抵押、质押或保证贷款为主	严谨而复杂;要求与项目有利害关系的参与人提供担保
追索形式	完全追索形式	有限追索权或无限追索权
可融资规模	根据公司的经营情况	根据项目预期,一般可获得较高的融资额
融资使用期限	依据融资合同中的使用期限	根据项目实际需要和项目的经济生命周期
融资使用范围	根据公司安排	仅用于融资项目
耗费的时间	较短	较长
融资成本	相对较低	前期费用一般占贷款金额的0.5%~2%,利息高于同等条件下公司贷款的0.3%~1.5%
风险情况	公司完全承担风险	风险在与项目开发有利益关系者之间分担
资金提供者的参与度	参与度较低	承担更多风险,为保证收益,参与度较高
对公司资产负债表的影响	公司负债型融资,资产负债比或超过安全警戒线	非公司负债型融资,以说明的形式反映于资产负债表的注释中
适用情形	规模较小的单个项目,同期开发、总额较小的多个项目	超过自身资产规模的项目投资,或者同时进行多个较大项目的开发

房地产企业解决多项目开发资金问题,首先应对企业经营情况以及各项目的具体情况进行充分分析,包括公司资产负债情况、近期开发项目的总数量、各项目规模的大小、资金需要的紧迫性、融资成本可接受程度等。进而综合运用项目融资和公司融资获得更为充沛的开发资金,以最经济、最安全的方式扩大财务杠杆效用。

3. 房地产多项目开发融资决策思路

房地产企业的融资程序可分为投资决策、融资决策、融资结构分析、融资谈判和融资执行五个阶段。融资决策是整个融资程序中至关重要的一环,它是项目可行性分析的重要组成部分,与投资分析相互影响,最终决定项目投资在经济上是否可行。因此,科学的房地产融资决策分析与项目的投资分析双向互动,在投资分析的基础上进行融资决策的调整、分析、再调整,最终确立最优的融资结构和融资方案,房地产项目开发融资决策的基本思路如图 14-20 所示。

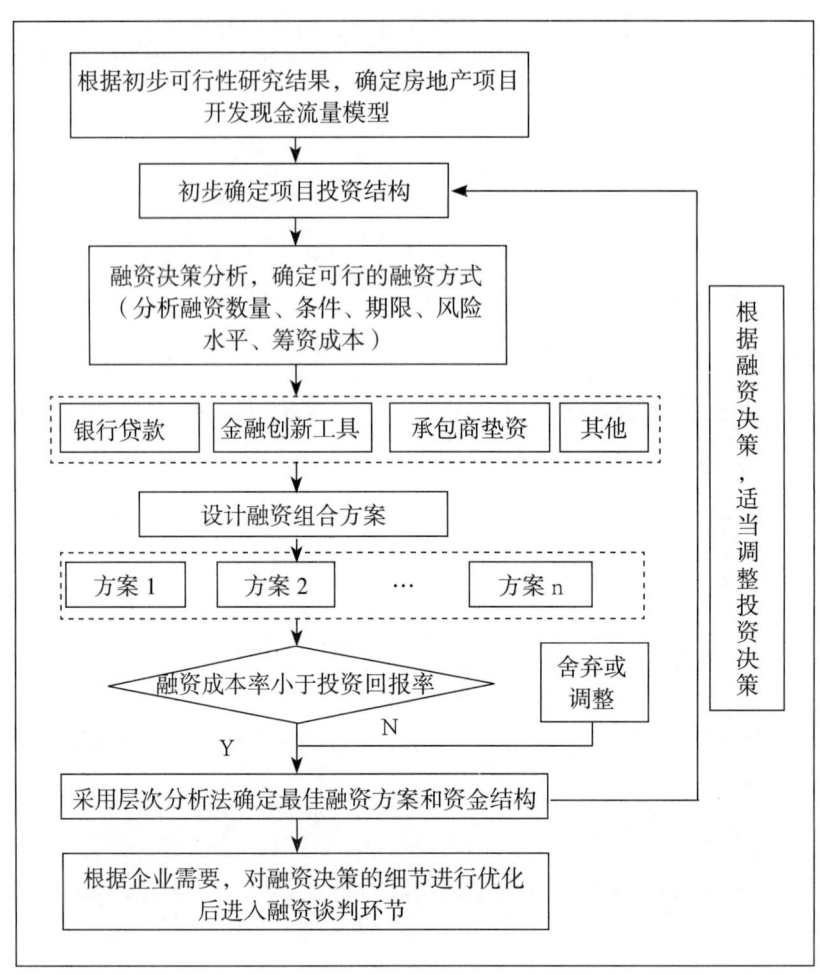

图 14-20　房地产项目开发融资决策的基本思路

五、多项目开发资金配置策略

1. 科学的项目可行性研究确定资金需求

房地产可行性研究报告是企业向政府相关部门申请正式立项的必备材料，也是其筹集开发资金的重要依据。

多项目开发模式也是由单个项目组合而成的。一些企业为了通过审批、获取融资，在编写该报告时，想方设法地得出项目可行的结论。导致项目仓促上马，盲目开发，造成商品房积压、烂尾，更有可能波及其他项目的资金链安全，甚至造成企业倒闭。

房地产项目可行性研究确定投融资量时应该注意以下几点。

（1）在多项目开发模式下，可行性研究应作为一项日常工作。企业应设置专业部

第14章　房地产企业现金流管理

门或岗位，持续关注土地市场和楼市变化，尤其是企业战略规划区域内的地块，寻找投资机会。

（2）项目可行性研究应充分调动项目公司和职能部门参与完成。工程、财务、营销、成本、运营等多个部门应提供必要的数据、技术和人力支持。

（3）项目可行性研究应以充分的市场调研为基础。深入、客观、全面调查拟开发项目的周边配套环境、供需情况、竞争格局等，在调研数据基础上，做出科学的项目选址与规划、市场定位和产品方案。

（4）项目可行性研究应采用定性与定量相结合的分析方法，确定项目的投融资需求总量和阶段性资金需求量。

（5）报告撰写目标明确，重点突出。若是项目投资可行性研究报告应突出项目的投资回收期和预期收益；项目融资可行性研究报告以获得股权融资为主应突出项目良好的净现值；以债务融资为主的可行性研究报告应突出项目的安全性和稳定持续的现金流。

2. 从企业整体角度出发的各项目进度计划和资金平衡计划

在多项目开发模式下，各项目的开发计划的制订应从公司发展全局的战略视角出发，协调安排，而非单纯从项目本身出发。

首先，房地产企业多项目开发要解决项目开发的顺序问题，即不同地块项目开发和同一地块项目的分批开发的次序。多项目开发资金管理的一大优势就是可以利用某些项目的销售资金回笼来弥补其他项目的资金缺口，实现项目资金之间的科学流动，提高资金的利用率。

其次，公司应明确各项目开发中涉及资金大量流动的关键控制节点如表14-4所示。这些关键控制节点包括项目土地取得权、取得"四证一书"、正式开工、取得预售证、项目开盘、销售额完成30%、销售额完成45%、销售额完成70%、项目竣工、项目入伙等。同时分析各项目资金流向、流量和流速，为项目之间的资金调配做准备。在此基础上，系统规划多项目开发次序、开发节奏，从而优化项目开发资金配置。

表14-4　多项目开发工程年度进度简表

	-2	1	2	3	4	5	6	7	8	9	10	11	12	+1	+2
项目1					土地确权										
项目2	项目竣工														
项目3															
⋮	单元格内填入各项目所处的关键控制节点的起止时间跨度，如"土地确权"。详细进度则需参照各项目开发计划														
项目N															

最后，多项目开发资金管理可采用"资金平衡计划"反映房地产企业整体和各项目在开发经营各期的资金盈余或短缺情况以及资金流构成情况。多项目开发资金平衡计划表如表14-5所示，这是房地产企业进行项目开发资金集中管理，合理协调多项目

资金流动,制订适宜的融资方案和偿还借款的依据。资金平衡计划的制订要考虑一定的风险因素,切忌满打满算或留有大量缺口,否则将影响项目的正常开发甚至波及其他项目的资金安全。

表14-5 多项目开发资金平衡计划表

项目	科目	第1季度	第2季度	第3季度	第4季度	合计
资金流出	土地费用					
	项目1					
	项目2					
	项目n					
	前期工程款					
	项目1					
	项目2					
	建安工程款					
	配套设施建设费					
	开发间接费用					
	不可预见费					
	贷款付息及还本					
	税费					
	其他					
	资金流出合计					
资金流入	股东投资					
	借入资金					
	销售回笼					
	经营性物业收入					
	其他					
	资金流入合计					
资金盈/缺	总额					
	项目1					
	项目2					
	项目n					

3.加强房地产企业资金管理信息化建设,提高资金的管理效率

企业信息化建设是多项目开发模式下房地产企业资金集中管理的基础。实践证明,房地产信息化建设能提高项目资金管理效率,有效防范财务预算管理"虚",减轻资

金结算管理"散",解决监督考核环节"弱",降低资金使用"险",进而增强企业资金运作效益。越来越多的房地产开发商敏锐地意识到"信息化"是新一轮地产商转型的跨越之道和市场竞争的有力武器。

在多项目开发模式下,企业资源管理系统应根据实际情况和未来发展规划,选择成本合理、集成度高的信息系统,如明源系统、金蝶EAS系统、用友ERP房地产系统和BIM信息模型等,并为二次开发留下空间。在系统使用过程中,根据企业的实际需求进行及时调整和改进。避免各项目公司和职能部门使用不同的管理软件,资金信息存放分散,不利于项目公司与企业资金信息的交互和系统管理。

在多项目开发模式下,通过一体化的信息系统,将各项目开发进度情况、成本管理情况、资金使用情况、销售情况、物业管理情况等信息收集、汇总、集成,达到财务类和业务类系统的高度整合、全局共享。各项业务通过工作流审批贯穿,借助OA(办公自动化)和BIM信息平台实现信息实时交互,项目资金管理更加一目了然。企业管理者随时掌握最新的一线情况,科学合理地调配项目资金,实现企业整体效益最优。

六、采用PDCA进行多项目开发资金管理

房地产企业多项目开发过程中的全面资金预算管理思路可借鉴PDCA循环,结合全面预算管理的理念和方法,持续改进资金管理工作方法,提高资金使用的效率和效益,如图14-21所示。

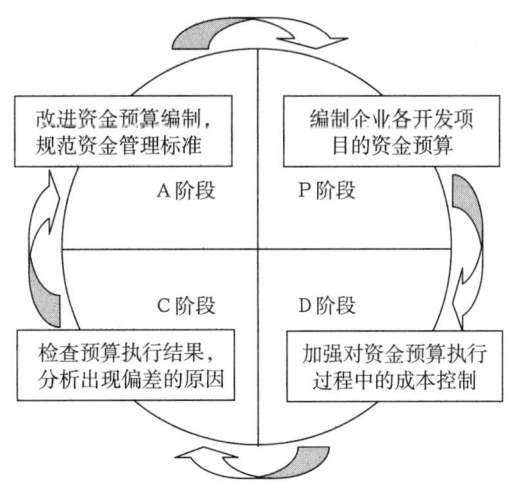

图14-21 采用PDCA的全面资金预算管理思路

融合PDCA的全面资金预算管理能够使得企业战略目标落地化、经营活动目标化、管理方式精细化、经营活动受控化、资金控制提前化、绩效管理依据化、成本控制约束化。

PDCA下多项目开发过程的全面资金管理如表14-6所示。

表 14-6 PDCA 下多项目开发过程的全面资金管理

阶段	P	D	C	A
投资机会研究及土地竞投	1.各项目公司和职能部门共同参与年度预算的编制，对结果负责，在每年12月30日之前完成； 2.各项目公司和职能部门月底之前完成下个月的预算编制； 3.制订项目开发不同阶段的成本控制方案； 4.确定和优化各类合同中付款方式和付款时间； 5.提前税务筹划	1.提前获得土地信息，现场踏勘、市场调研，测算土地成本和明确心里价位； 2.避免竞标时盲目加价	1.资金管理的日常检查； 2.各阶段结束时，进行资金管理分析； 3.项目整体结束时，进行项目资金管理后评价	1.优化资金预算编制程序和更新编制参考数据； 2.适时调整资金管理标准，形成正式文件
项目定位策划及前期准备		1.确保调研质量，避免浪费； 2.避免因拆迁安置费用过高延误工期； 3.勘探、土方等前期工程实行总价招标； 4.施工水、电线路铺设要兼顾项目建成后的使用需求，避免二次施工增加成本； 5.与政府相关部门协商，争取提高容积率		
规划设计		1.对设计单位进行招投标； 2.限额设计； 3.成立联合小组，会审设计图纸，减少设计不当引起的损失； 4.按合同约定执行设计费用支付		
工程施工		1.不同工程的施工单位选择； 2.材料及设备采购成本控制； 3.现场签证价款控制； 4.索赔价款控制； 5.工程价款支付控制		
市场推广及销售		1.售楼处、样板房的装修供应商选择； 2.宣传物料、广告投放、公关活动的费用按预算执行； 3.营销代理机构选择及费用支付控制； 4.项目价格策略、开盘时间及推货量执行		
售后及物业管理		1.物业自营时实施减员增效，使用节能设备等； 2.物业外包时招投标选择优质第三方，要求对方提前介入，共同参与房屋验收和交付		

1.P 阶段：编制企业各开发项目的资金预算

房地产企业资金预算包括年度总预算、月度或季度预算。年度总预算的编制需要各项目公司和各部门共同参与，共同确定并对预算结果负责。如工程部门需提供年度施工计划、物资采购预算、工程款支付预算等；营销部门需提供营销推广费用预算、营销提成预算、收入预算等；行政部门需提供办公费用预算、通勤车辆预算等；财务部门需提供融资方案等。各项目及各部门的预算提交给企业的全面预算管理中心审批通过后，形成统一的企业年度总预算。年度总预算经过反复修正和调整后形成，需在每年 12 月 30 日之前完成。

月度预算是由各项目公司和职能部门根据企业年度总预算和本月预算的执行情况，在月底之前完成下个月的预算编制，上报至财务部门审核通过后再报总经理办公室审批，经过修正和调整后确认。它是各项目公司和各职能部门资金管理的具体依据，季度预算同理。

2. D 阶段：加强对资金预算执行过程中的成本控制

资金预算一经确认，各项目公司和各职能部门必须坚决执行，并建立专门的预算管理簿，详细记录预算的执行情况，同时将资金使用信息及时录入信息管理系统并上传总部，实时反馈预算的执行效果。

房地产预算管理贯穿于项目开发全过程。因此，对项目开发的每个阶段、每个环节的开发成本和资金使用都需要进行科学、严格的控制。

（1）投资机会研究及土地竞投阶段。房地产企业应尽可能在招标公告前获得土地信息，尽早进行现场踏勘和市场调研，测算出地块的土地成本和明确心理价位。避免在土地竞标过程中盲目加价，增加项目开发成本。

（2）项目定位策划及前期准备阶段。项目的定位是项目成功的关键，市场调研是项目定位的基础工作。本阶段应该注重市场调研费用的支出，在确保调研质量的情况下，避免浪费。企业应熟悉国家和地方有关征地和拆迁的法规和政策，以免造成拆迁安置费用过高或延误工期。勘探、土方工程等前期工程应采用市场价格，实行总价招标。施工水、电线路铺设要兼顾项目建成后的使用需求，避免二次施工增加成本。此外，企业还应积极与政府相关部门协商提高容积率，一旦成功将大幅降低项目楼面地价。

（3）规划设计阶段。设计图纸是项目施工的依据，尽管设计费仅占总成本的 1.5%～2%，但对工程造价的影响可达 85%。本阶段的成本控制是实现资金管理事前控制的关键，科学合理的设计可降低 10% 的工程造价。房地产企业应对设计单位进行招投标，限额设计。组织内部设计人员、工程人员和外部专家成立联合小组，对设计图纸进行会审，避免或减少因设计不当引起的损失。在设计合同中应明确设计完成后甲方支付 85% 的设计费用，剩余费用待施工完成后支付。一方面以合同约束设计单位的工作行为，降低设计风险造成的损失；另一方面为企业暂存更多的类似于短期无息贷款的可用资金，增强营运资金的流动性。

（4）工程施工阶段。施工阶段应该重视施工材料及设备采购成本控制、现场签证价款控制、工程索赔价款控制、工程价款支付控制、其他工程费用控制等，如图 14-22 所示。

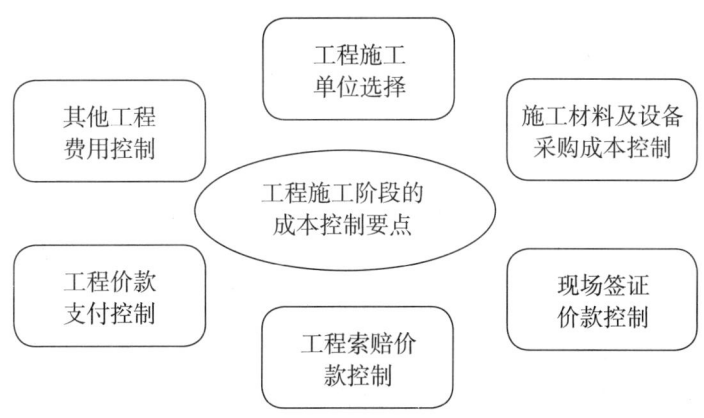

图 14-22 工程施工阶段的成本控制要点

在多项目开发模式下，企业可选择优质的施工单位长期合作，形成战略伙伴。双方默契配合可有效利用合作方垫资、加快工程进度、加速项目资金周转。主体施工单位必须采取公开招标或邀请招标；零星工程施工单位的选择应综合考察两个以上单位；水、电、气、消防等带有垄断性质的工程项目应尽量展开公关。各项工程严禁擅自转包，最大程度减少交易黑幕和降低造价。

在多项目开发模式下，房地产企业应整合一定时期内各类材料需求量，发挥规模化集中采购的议价优势。物资的采购可在大型建材批发市场和电子商务采购平台广泛询价，进行招标，在保证物资质量、价格、供货时间均能满足的前提下，选择赊销信用期长、定金较低、接受房屋抵扣材料款、售后服务和信誉良好的供货商，所购材料须经验收合格后方能办理结算。设定已供物资价格上限，避免施工单位借机侵占企业权益。同时，项目公司应以"零库存"为目标，根据开发进度合理安排到货时间和数量，减少库存费用支出。

现场签证管理必须规范严格，以总包合同和其他合法资料为准，"时发时签"且必须由项目现场总工程师、造价管理员和第三方监理人员共同签字。签证单据的内容、原因、工程量等必须填写完整，详细明确，涂改无效。杜绝盲目签证造成的经济损失。

工程索赔价款控制需要各项目公司强化索赔和反索赔的能力。由于建筑业市场竞争越发激烈，许多建筑承包商采用"低价竞标、高价索赔"的策略获取利润。索赔事项一旦发生，开发企业应认真分析事项发生的缘由和合同及相关文件规定，证明对方索赔报告不符之处，规避或减轻赔偿责任；若确系开发企业责任，应与对方协商，使其尽量让步。若施工方工程质量存在缺陷、延误工期或其他造成开发企业损失的情况发生，应积极索偿。

工程价款支付控制方面，应要求施工单位按企业要求开设结算账户，以便房地产开发企业增进银企关系和监督工程款项的使用。在施工合同中，工程款的支付时间和计算方式应考虑开发企业资金充裕情况、融资能力，尽量延后支付时间。为掌握结算主动权和防范工程质量风险，合约中应规定工程造价的 10% 属于工程尾款、5% 属于保修款，二者在项目交付使用一定期限后支付。

（5）市场推广及销售阶段。本阶段的资金管理主要是对费用的支出控制，主要包括样板房装修费用、展示区装修费用、营销现场费用、广告投放费用、宣传物料费用、销售中介费用等。同时，本阶段是项目开发资金回笼和实现项目利润的关键，一方面要控制各项费用的合理支出，另一方面要实现营销费用效益最大化。

售楼处、样板房的装修采用公开招标或邀请招标选择合适的供应商，装修效果应与楼盘调性相符，突出楼盘品质和其他优势。宣传物料（楼书、DM 折页等）应讲求美观、实用。例如，总价不高的普通住宅，三线城市的项目等，考虑普通报纸大小的

DM折页即可，不必采用高档楼书。广告媒体的选择应根据项目体量，目标客户消费习惯，竞争楼盘的广告投放和效果等进行分析。一味追求大而全的营销模式，只能增加成本，对销售的改善并不明显。外展、路演等公关活动要进行预算审批，效果评估。结算时无论金额大小，财务部都要认真复查，杜绝谎报、虚报费用的现象。

营销代理合同中应明确销售周期，代理费用计算标准和支付方式。代理公司支付不少于代理费用5%的保证金。代理费用支付与销售业绩挂钩，按销售业务完成比例和完成时间分阶支付，刺激营销代理机构的工作热情，进而提高销售速度，加速资金回笼。

房地产项目价格策略应以实现项目开发资金回笼和利润最大化为目标，提前开展销售价格的税务筹划，寻找销售价格、销售量、回款时间与缴纳税费之间的最佳点。

在推货量方面，当房地产市场价格预期看涨时，在不影响企业资金正常周转和不触碰"禁止开发商捂盘惜售"的政策红线的情况下，开发商可减少新推房源，以实现整体销售利润最大化。当房地产市场萧条，企业资金链日益紧张时，应采用"以价换量"的手段加速去化；同时采用"小步快跑"的销售策略逐步加推房源，动态调整售价，实现销售额最大化。

（6）售后及物业管理阶段。良好的物业管理能给消费者带来更好的客户体验，进而影响潜在客户，促进项目后期销售和加速企业品牌建设。

选择物业管理自营的房地产企业应提前做好税务筹划，收取合理的物业费用。在日常管理中，实施减员增效以控制人力成本；使用节能设备，加强物业巡查以降低公共水电耗能等。

选择物业管理外包的企业应以招投标的方式，选择优质的物业管理公司并要求对方提前介入，共同参与房屋验收和交付。

3.C阶段：检查预算执行结果，分析出现偏差的原因

预算工作是资金管理的事前控制，检查工作就是对资金管理的事中和事后控制。

资金管理的日常检查能够及时发现问题，是有效控制开发成本的关键。以上各阶段、各环节的工作开展，就应加强事中控制。资金管理的事后控制即每个阶段结束和项目整体结束时，都要进行项目资金管理后评价。

项目资金管理后评价，不单是将项目成本的结算成本与目标成本进行简单比较和分析，还要对项目开发全过程的资金使用和项目效益进行深入分析。房地产开发资金管理并非简单追求成本最低，而是要实现利润最大化，现金流动最畅通。一些细部的改善可能会增加一些成本，但可以创造更多的价值，对于这些工作经验应注意积累和推广。对于其他造成预算超支的做法，应该加以警示，并规范和完善相关防范措施。通过项目资金管理后评价，进一步挖掘企业成本控制和资金管理的潜力。

4.A阶段：改进资金预算编制，规范资金管理标准

资金预算只是项目开发前对项目资金估算，出现结算与预算不符也是正常现象。

房地产开发企业应该根据项目资金管理的事后评价结论，优化资金预算编制程序和更新编制参考数据；结合房地产市场的变化和企业发展情况，适时调整资金管理标准，形成正式文件，规范项目后续开发及企业其他项目的资金管理。

第 15 章

房地产开发现金流预算管理

房地产开发的现金流管理,首要与最重要的应当从现金流预算管理开始。在一个项目开发的初始阶段,编制预算有助于确定该计划是否可行,即总收入是否涵盖总成本。只有进行充足的现金流向、流量预算,确定可行性,才可以投入资金。

当项目投资计划开始时,现金流向、流量预算流程也要立即开始。即使是从纸上粗略估计为起点,随着时间的推移,可以从企业员工、承包商、业主、其他利益相关者处取得更多的信息,从而完善最初的粗略估计,使现金流预算变得越来越准确。

第一节 现金流预算管理的内容

现金流预算管理主要包括现金流年度战略规划、现金流月度预算、现金流活动预算三个方面的内容,如图 15-1 所示。

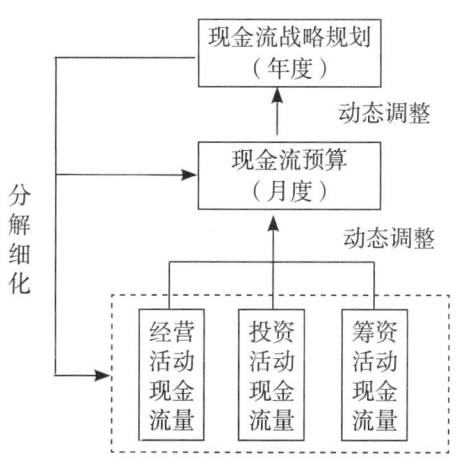

图 15-1 现金流预算管理的主要内容

1. 经营活动现金流量管理

生产经营活动现金流量管理的目标主要有：①保证资金安全；②缩短现金周转期；③提高现金利用率。为实现这几点目标，首先，企业应当对应收款项建立信用评级制度、提前付款现金折扣等激励制度，并设立专门的催款人员保证款项的收回。其次，企业应当尽量避免库存商品以及原材料的积压，应当努力减少库存，随时与购货方保持联系，尽量避免因购货方的违约给企业造成损失。再次，企业应当提高车间生产效率，避免因产品合格率问题造成不必要的返工和材料积压。最后，企业应当重视应付款项的管理。一方面企业要充分利用资金的时间价值，不要过于快速的使用现金付款；另一方面要避免因支付时间过长而影响企业的信用与形象。

2. 投资活动现金流量管理

投资活动产生的收入包括投资利息、项目收回等，现金流出包括购置固定资产以及权益性、债权性投资等。企业在投资决策过程中，应当合理计算最佳现金持有量，要考虑到营运资金的需求量以及不确定性的支出，进而进行投资。与此同时，企业投资对象的选择也应当慎重，应当对其进行具体细致的财务分析，并在此基础上判断投资对象的获利能力、持续性以及可能面临的投资风险，这个过程可以提高现金流的安全性。

3. 筹资活动现金流量管理

针对这方面的内容，首先，企业应当对未来经营需要的资金进行评估，在此基础上进行筹资计划，一定时期内的营运资金预测可以以企业的现金流量表为依据进行。其次，企业要实时对自身的财务状况进行分析，充分分析自身的偿债能力，避免借入超过自身偿债能力的资金，不要给企业过大的偿债压力。最后，企业应当考虑筹资渠道与筹资成本，尽量拓展筹资渠道，寻求多角度、多方面的筹资方式，并且尽量缩小筹资成本，充分发挥财务杠杆的效用，在市场中抓住更多的发展机会。

第二节　现金流预算管理流程管理

一、企业现金流管理流程

通常的企业现金流管理流程如图 15-2 所示。

第15章 房地产开发现金流预算管理

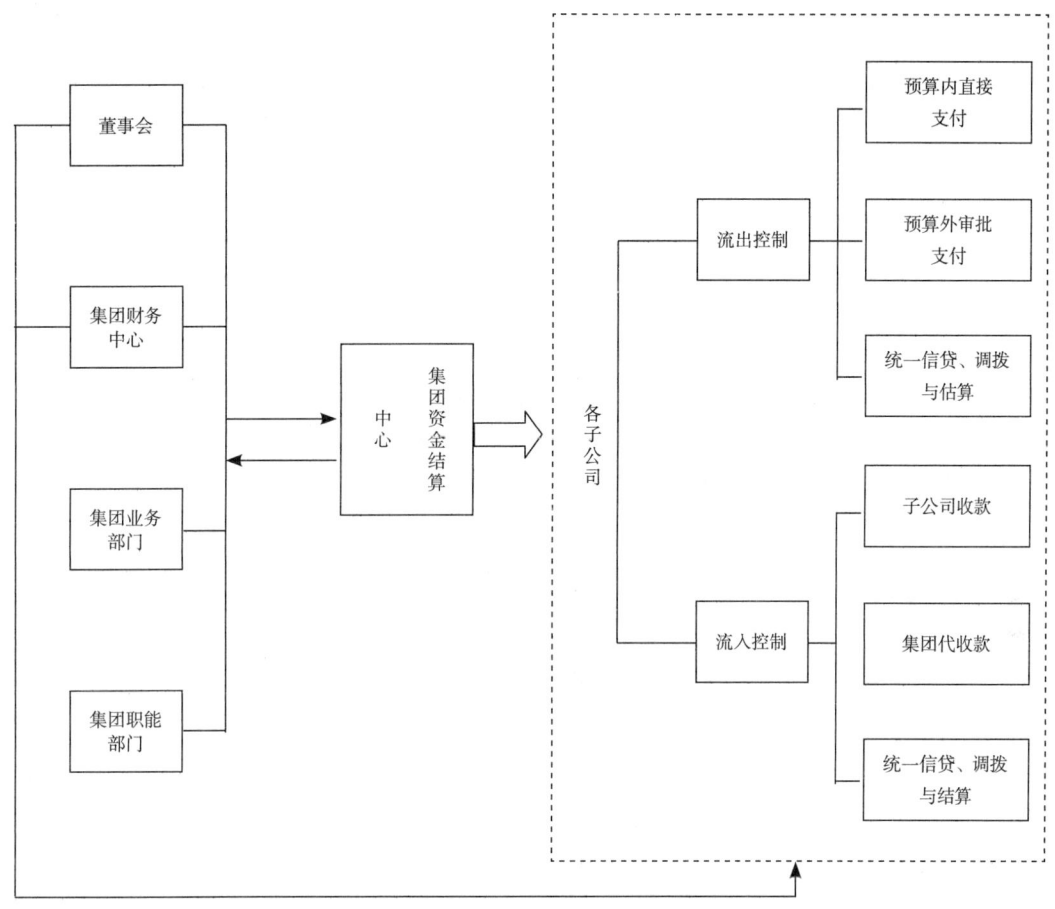

图 15-2 企业现金流管理流程

二、资金／现金流的预算管理流程设计

资金／现金流的预算管理流程是整个现金流管理体系中的重要组成部分，资金的调拨也是根据预算管理流程来实现的。通过预算管理流程监督、控制并分析企业资金／现金流的流入流出情况，可以对整个集团公司的资金收支、存量等信息进行掌控，并实现资金／现金流需求的平衡。企业的现金流预算坚持先从上到下，再从下到上的设计原理，这样反复多次，即：集团公司生产经营目标→集团公司资金／现金流预算→各子公司、项目部目标→各子公司、项目部的资金／现金流预算，直到把企业有限的资源，按照生产经营目标进行合理分配，以期实现最优匹配。

企业建立全面预算管理体系，总体思路为依据四个导向、构建四大体系、做好五层衔接、实现四项目标，资金预算以年度目标为导向，以年度计划为基础，以年度销售预算为起点，以年度资金预算为中心的全面预算编制体系及流程框架，如图15-3至图15-6所示。

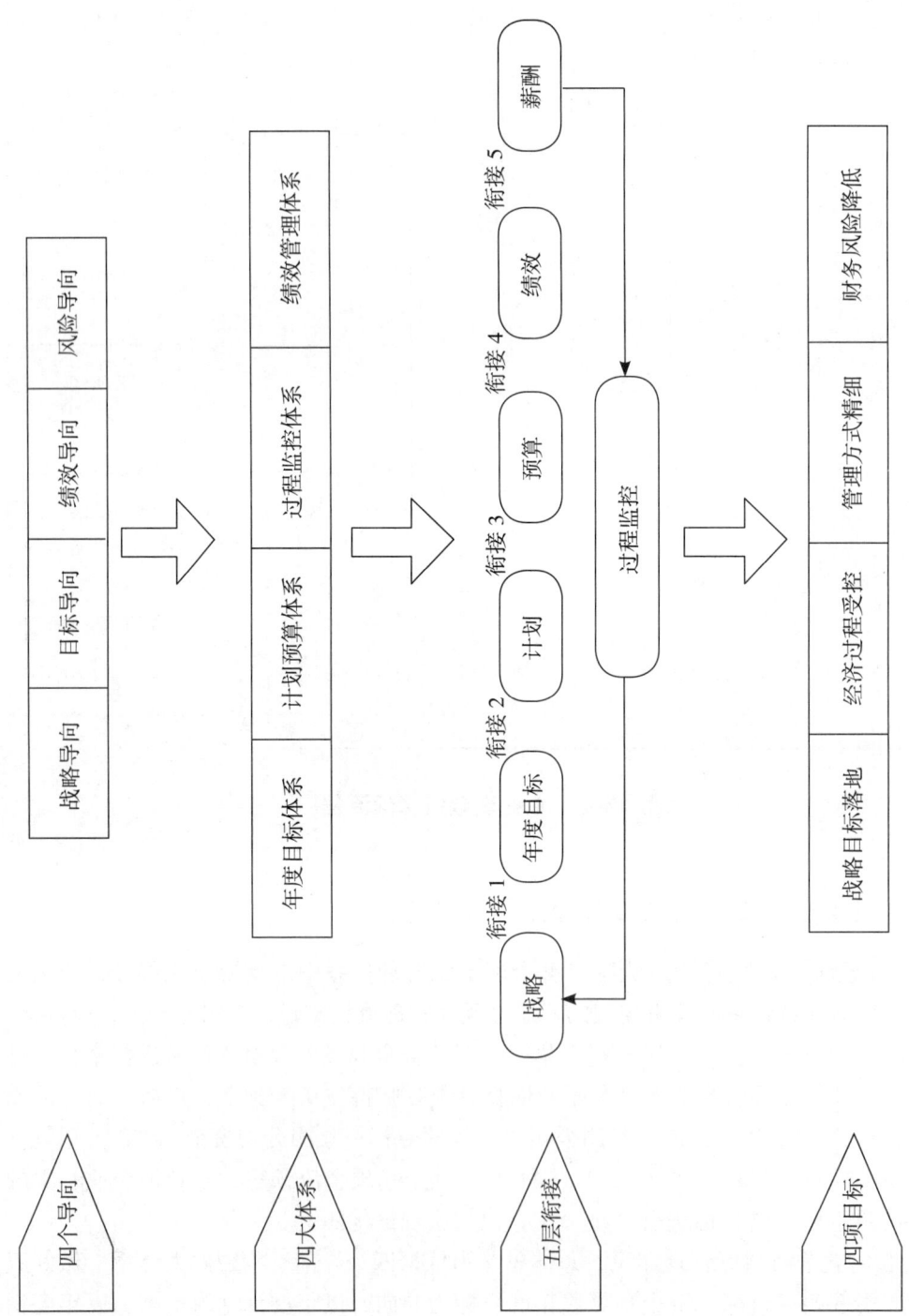

图 15-3 企业全面预算管理体系图

第 15 章 房地产开发现金流预算管理

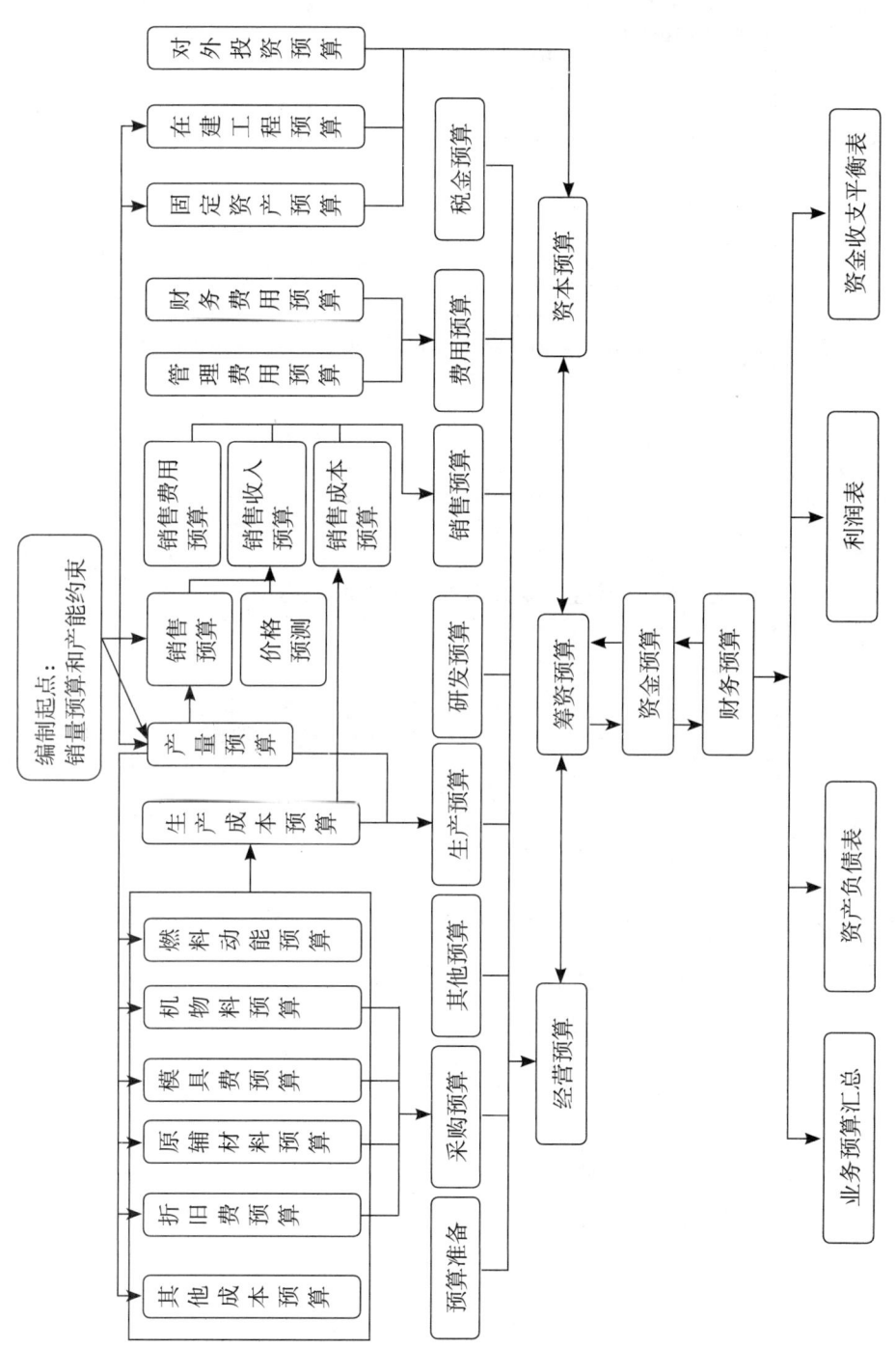

图 15-4 资金/现金流的预算体系图

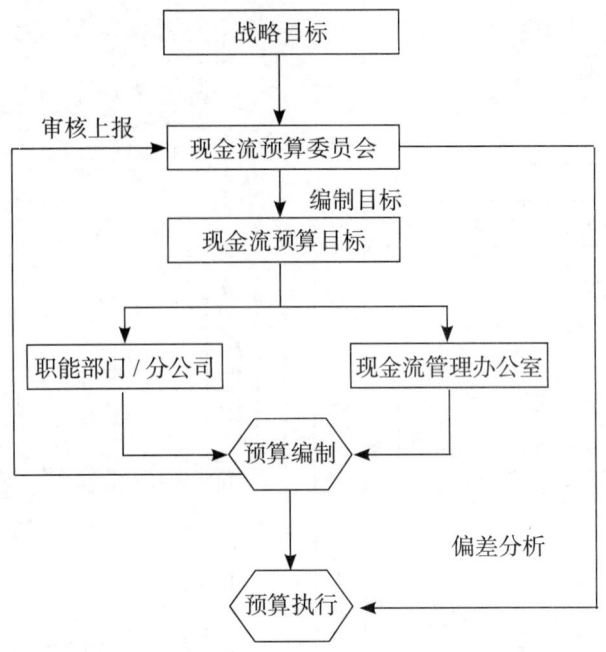

图 15-5 资金 / 现金流的预算编制流程图

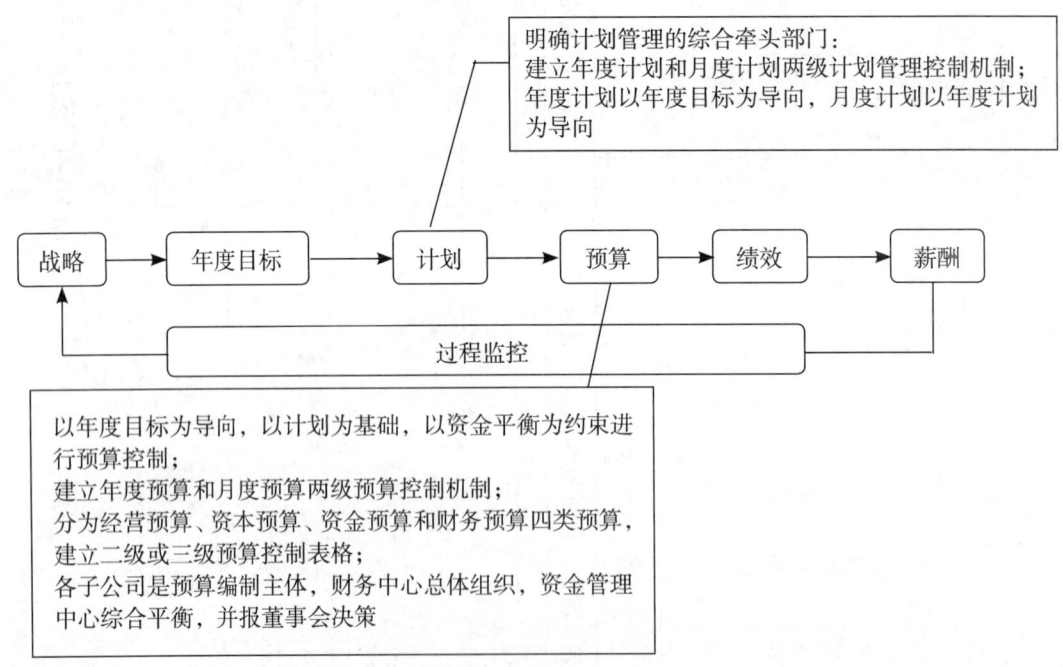

图 15-6 资金 / 现金流的预算控制体系图

通过资金/现金流预算管理，企业可以确定一定时期内全部现金流入和流出数额并加以平衡，借助预算机制与管理形式实现企业可持续发展。企业的预算制度能够保障各项运营活动的有序开展，保证资金集中管理的有效进行，成为公司实施资金/现金流管理、监控、考评以及审计的指标。公司进行全面的预算管理就是对企业运营的全部进程预算，并将全体运营所产生的资金流入和流出全部纳入公司的预算管理系统中。

第三节　现金流预算动态管理

房地产企业现金流动态预算是运用业务模型对未来的拍地投资、销售回款、项目建设、运营费用、税收解缴、融资计划等影响现金流要素发生的各种可能性进行综合分析，以现金流动态预算表和现金余额示意的外在形式来描述未来的现金流走势，具体包含三个方面的内容，即现金流规划、现金流常规预算以及大额资金计划。从现金流预算的编制来看，现金流规划属于现金流总预算范畴，是月、季度常规预算和大额资金周计划编制的基础；同时月、季度常规预算和大额资金周计划是现金流规划具体分解和细化的结果，还是现金流规划落到实处的体现。但从现金流预算的实际运行来看，每周大额资金收支与否，会影响到月度资金的预算情况，而月度资金预算的调整又会带动季度资金的预算变动……依次类推，即现金流规划又会是常规预算、周计划发生重大变动而动态调整的结果。它们的关系如图15-7所示。

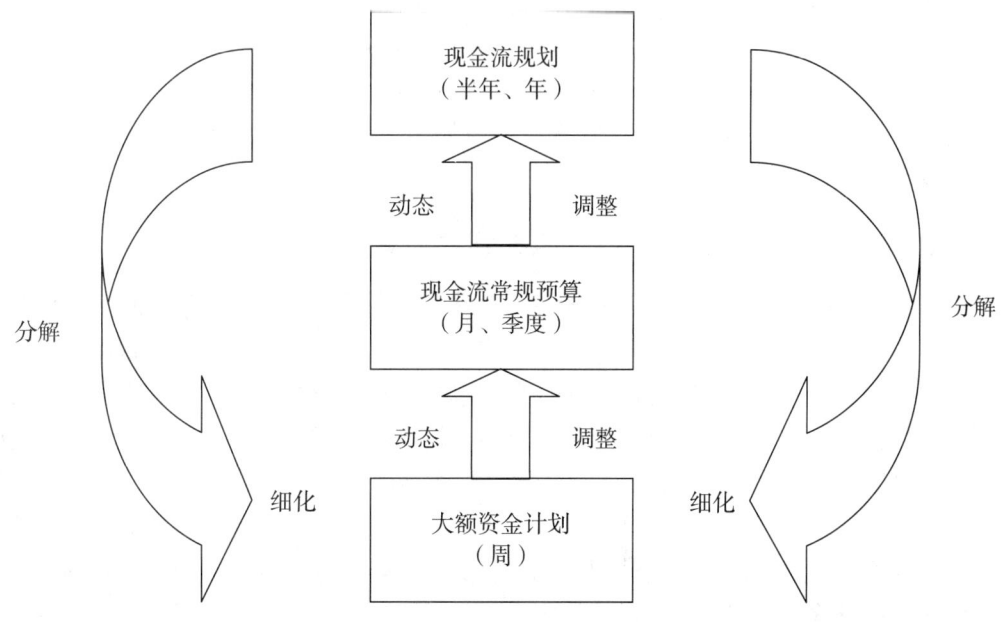

图15-7　房地产现金流动态预算的构成体系

下面以各类现金流预算表单的基本格式为例,分别说明房地产企业现金动态预算的构成及编制要求。

一、现金流规划——现金流年度(半年或1年以上)预算

现金流规划原则上每年或每半年(预算期视情况具体确定)编制一次,只有在出现新的房地产及金融政策、预计房地产市场发生重大调整、公司发生重要的拍地、开展重大的投资或融资行为、月度季度常规预算发生的重大的执行偏差等预计将对房地产公司现金流产生重大影响的事情发生时,并经现金流管理委员会或董事会批准后,才能进行现金流规划的调整或更新。

从其编制过程来看,现金流规划主要包括以下内容。

(1)未开发项目现金流预测:依据项目总控计划的安排,运用项目现金流预算的编制方法,详细测算各阶段的资金需求,作为编制房地产公司动态现金流预算的数据来源;

(2)已开发项目现金流预算:根据项目现金流预算和销售收款、工程付款的实际情况,以动态调整的项目销售、付款现金流预算作为数据来源,包含已到决算期的项目的应支付的各项工程款项;

(3)固定费用开支:维持公司正常经营必须开支的费用为固定费用,如工资、日常办公费、广告宣传费,该项数据依据公司历史数据进行测算;

(4)信贷资金预测:信贷的变动主要是还贷、续贷、信贷规模的增减引起的现金流动,该项目的预算根据已签订的银行信贷合同和拍地拟取得的项目开发建设贷款的时间、额度来预测。

现金流规划是企业进行现金流运营管理的基础,通过对分析预算期内各种现金流要素发生的可能性的预测和计划,对分析期间内可能实现的销售回款、现金流最低点及资金盈缺、拍地合理时机、土地储备量、信贷净增加额等进行判断,进而进行现金流运营与决策。

二、现金流常规预算——月、季度资金预算

现金流常规预算是现金流规划的分解和落实,以会计核算期间为编制时点,根据各个中心、部门预测上报预算期将取得或实现的资金收入(如销售款、信贷款以及其他各种垫付款的回收等)、将支付和发生的现金流出(含土地储备资金、预计将支付的土地款、工程款、工资、办公费)以及融资中心提供的信贷资金计划而汇编的现金流收支预算,包括月度预算和季度预算两个类别。一般要求在上月末编制下月、上季度末编制下季度资金预算,报现金流管理委员会审批后,作为现金流管理、调控的依据下达。现金流常规预算确定后,原则上计划的现金收支不能轻易进行调整,当月回款的缺口以相应控制当月付款来弥补,当月付款的超支要通过当月的现金增加来调和,只有在预算的内部、外部基础发生重大变化,经现金流管理委员会批准后才能进行调整。

第 15 章 房地产开发现金流预算管理

现金流常规月/季度预算表如表 15-1 所示。

表 15-1 现金流常规月/季度预算表

期初资金余额	上旬/季度第一个月	中旬/季度第二个月	下旬/季度第三个月	合计
销售收入				
租金收入				
其他经营收入				
其他收入				
其他				
现金流入合计				
工程款、材料款				
土地款				
土地储备				
固定资产购置支出				
广告费				
报建费、契税				
工资支出				
管理费用				
税金				
利息支出				
股利分配支出				
其他支出				
不可预见支出				
现金流出合计				
当月经营性现金净流量				
还银行贷款金额				
新增加融资额				
融资后现金余额				

三、大额资金计划——现金流周计划

大额资金计划，即现金流周计划，是现金流常规预算的控制与执行、预算管理策略执行的重要保证。每周由财务或资金营运中心组织销售中心、成本中心、投资中心以及融资等部门，根据资金月度预算中计划的重大销售收款、工程付款、土地款、银行信贷资金及重大税费支出等编制每日大额现金收支计划表。计划表在每周五下午汇总后报分管财务的副总裁，作为每天资金收支管理的重要依据，对于未纳入预算的付款项目，原则上不得支付，特殊情况，须报公司总裁批准后才能开支。

现金流周计划预算表如表15-2所示。

表15-2 现金流周计划预算表

日期	现金流入				现金流出							当日收支差额	资金余额
	销售收款	按揭收款	融资收款	流入小计	工程支出	土地款	报建费	融资付款	大额税款	产权税费	流出小计		
上周末													
20××-×-× (周六)													
20××-×-× (周日)													
20××-×-× (周一)													
20××-×-× (周二)													
20××-×-× (周三)													
20××-×-× (周四)													
20××-×-× (周五)													
合计													

四、现金流动态预算模型

1. 总体模型

全程动态现金流预算的实现方法是先将所有项目的现金流预算按照时间段进行合并叠加，获得所有项目总的现金流走势，再考虑集团主要的固定开支、信贷变动和存量现金，对未来较长时间内的净现金流走势进行预估并提前进行融资安排。房地产企业全程动态现金流预算模型如图15-8所示。

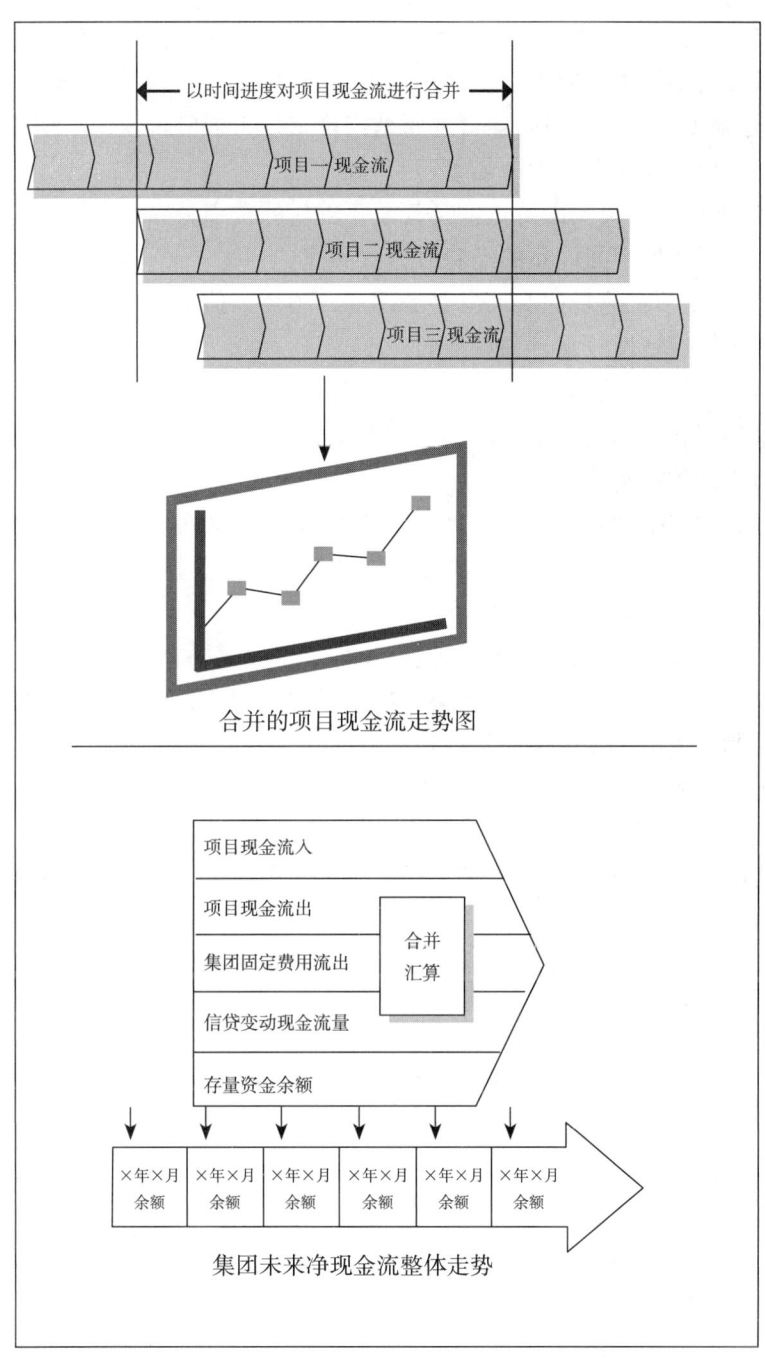

图 15-8　房地产企业全程动态现金流预算模型

全程动态现金流预算的编制要点有以下几点。

（1）未启动项目：依据项目总控计划的安排，运用"销售回款控制模型""项目付款控制模型"，获得单项目现金流计划，作为参加总预算的数据来源；

（2）已启动项目：在项目执行过程中，项目销售计划和付款计划难免会与总控计划偏离，所以已启动的项目应以动态调整的销售和付款计划为数据来源；

（3）决算期项目：该阶段的项目主要是安排支付工程应付款，本预算模式要求应付账款的支付计划的预算期至少为半年；

（4）固定支出项：集团维持正常经营需要支付的费用为固定费用，比如：工资、管理费用等，该项数据依据以往的经验值进行测算；

（5）信贷变动项：信贷的变动主要是还贷、续贷、信贷规模的增减引起的现金流动，该项目的预算计划性较强，预算准确；

（6）将以上项目数据源和存量资金进行合并汇算，即可获得全程动态现金流预算，反映未来相当长时间内（半年以上）的现金流走势。

2. 全程销售回款控制模型

全程销售回款控制计划由财务中心设计模板，由销售部每月按此模板编制（调整）全程销售回款计划，最后该表由销售中心和财务中心共同审核。

全程销售回款控制计划的作用如下：

（1）对于已启动的项目，该数据是参与动态预算汇总的依据。

（2）该表由于是全程考虑而且相关影响因素联系密切，所做回款计划更加合理，因此可成为编制月度、季度现金回款计划的依据。

全程销售回款控制计划的编制方法如下：

（1）已启动的项目，将历史发生数填入已发生的月份。

（2）根据剩余资源状况的项目销售过程中的销售任务调整计划，编制后阶段的现金流走势计划。

（3）应当认真把握项目结构比例、首付比例和应收款规律来完成此表。

全程销售回款控制计划如表 15-3 所示，表格中数据均为举例数字。

表 15-3　全程销售回款控制计划

项目名称：
说明：分期二期收账比例：40%；按揭收账比例：70%；总资源（万元）：45 000

年/月	销售方式	当月销售				应收账款				回款合计	剩余销售资源	剩余现金资源
		销售结构	销售金额	首期比例	回款金额	期初余额	本月形成	本月回款	累计余额			
20××年×月	当月销售任务	100%	12 000									
	一次性收款方式	10%	1 200	100%	1 200					1 200	3 300	3 300
	按揭销售方式（商铺）	35%	4 200	40%	1 680		2 520		1 520	1 680	11 550	14 070

（续表）

年/月	销售方式	当月销售				应收账款				回款合计	剩余销售资源	剩余现金资源
		销售结构	销售金额	首期比例	回款金额	期初余额	本月形成	本月回款	累计余额			
20××年×月	按揭销售方式（公寓）	15%	1 600	20%	360		1 440		1 450	360	4 950	6 390
	预收申购金											
	小计				4 680		7 320		7 320	4 680	33 000	40 320
20××年×月	…	…	…	…	…	…	…	…	…	…	…	…

3. 全程项目付款控制模型

财务中心设计全程式项目付款控制计划模板和决算期项目应付款支付计划表，由工程管理中心预算部按此模板编制计划，上报财务中心。

全程项目付款控制计划的作用为：

（1）对于已启动的项目和决算期项目的现金流出，将以此作为数据来源参与整体预算。

（2）该全程付款预算也可作为月度、季度现金预算的依据。

全程项目付款控制计划的编制方法为：

（1）未启动的项目按总控现金流计划填报。

（2）已启动项目按表15-3所示填报。每次填报都要先填入发生数，再依据应付账款和工程进度调整后期付款计划。

（3）决算期项目按表15-3所示填报，付款计划至少安排半年。

4. 项目月度回款、付款计划

因为作为房地产公司，其一个个项目是现金管理的主要目标，项目现金流规划的月度分解应编制相应的原则。

项目销售、回款月度分解计划的编制原则如下。

（1）项目销售、回款月度分解计划的编制，必须以项目总控计划作为编制基础，严格遵循其销售任务的重要控制点要求。

（2）项目月度分解计划应当分期编制，再按月合并。

（3）项目销售收款方式比例，按已销售的同类型楼盘类比确定一次性付款，分期付款，按揭贷款的比例；若楼盘类型尚未确定，可按"按揭60%，一次性付款30%，分期付款10%"的标准执行。

（4）销售任务月度分解计划，按项目总控计划的销售阶段性目标，以天数分解至各月，开盘当月可根据历史规律适当增加销售额。

（5）项目分期收款进度，按此方式分解：签订合同当月收款40%（首期款）、签订合同第四个月收款40%（二期款）、交房当月收款20%（尾款）。若该项目制订了具体的分期收款政策，可按具体政策执行。

（6）项目按揭贷款计划，按此方式分解：签订合同当月收款30%（首付款，可按该楼盘与银行的具体协议执行）、次月完成按揭贷款到账50%（总按揭合同房款×70%×30%）、第四月完成按揭贷款到账20%（总按揭合同房款×70%×20%）。

项目工程付款月度分解计划的编制原则如下。

（1）项目工程付款月度分解计划的编制，必须以项目总控计划作为编制基础，严格遵循其销售任务的重要控制点要求。

（2）项目工程付款计划应当分期编制，再按月合并。

（3）项目各期工程应分解为地下室、招样房、地面建筑、安装工程、景观园林、零星工程等分项工程，分别计划付款进度。

地下室：工程达正负零后的次月支付该项工程合同总额的30%，以后两个月各付20%，至总工程量的70%；（总包部分可根据项目规模及招标情况分段控制付款比例）；

样板房：该项工程开工至完工当月（开盘）期间，按月平均支付至总工程量的70%，开盘后6个月，支付至95%；

地面建筑、安装工程、景观园林：三者均为该项工程开工到项目竣工验收期间，按月平均支付至总工程量的70%；

零星工程：从项目开工到竣工验收期间，按月平均支付至70%；

项目竣工验收的当月，各项工程均支付至总工程量的10%（招样房除外），至总工程量的80%；在项目竣工验收后的8个月内，各项工程（招样房、零星工程除外）支付至工程量的95%；地下室、土方地勘护壁等单项工程的尾款在结算后即可付清。

五、现金流预算动态调整

现金流预算确定后，在执行过程中由于经营管理的需要和经营环境等其他因素发生变化，需要及时调整、修订是正常的，一般将现金流预算调整分为两类。

1. 重大调整

重大调整属于公司的外部市场环境发生重大变动，如房地产行业重大调整、房地产市场发生重大变化以及国家宏观政策发生重大变动等引起公司对现金流的预期发生重大变化才需要进行的调整，如央行2007年颁布的359号文，提高住房贷款首付比例，只对主体封顶、竣工验收的住房发放贷款等规定。这类调整一般很少启用，报现金流管理委员会审议后，还需上报董事会批准。

2. 常规调整

常规调整属于公司的内部市场环境发生重大变动进行的调整。在公司开发策略、经营方针、战略规划以及实际预算执行中现金流收、支发生重大变动等引起预计的现金流量已发生重大变化而需要进行的调整，如新拍土地成功、已开发项目的开发、销售计划调整、预计当月支付土地款或工程款等未支付、预计当月到位银行贷款未到位，等等。其调整频率很灵活，可以根据公司内部资源的变化和公司管理需要而定，一般上报现金流管理委员会批准即可。

在现金流动态调整的方式上一定要灵活、机动，并不以引起现金流金额的单项变化金额作为需调整事项的绝对依据，而是以需调整事项的整体重要性作为判断标准。例如，公司因特殊原因需要向税务机关延迟缴纳某项土地的契税 100 万元，就其绝对金额而言可能并不需要调整现金流预算，但如果由于延迟支付契税，将引起土地开发计划、项目抵押贷款、销售计划等一系列调整，从而导致现金流的时间和金额发生连锁改变，必须作为现金流的重大调整事项，及时在预算中进行调整。

一个预算周期的调整必须对发生预算调整的事项和原因进行系统的分析，但不一定要对其他阶段的预算都进行调动。如现金流周计划的调整必然影响当月月度预算，但应视该调整事项的影响周期长短，不一定调整季度、半年度及年度预算总额，而可能只是调整现金流量发生的时间点。同理，月度预算调整必然影响当季度现金流预算，但不一定需要调整半年度及年度现金流预算总额。以此类推。以上述延迟支付契税 100 万元为例。

（1）如果只是在季度内的跨月调整支付，不影响土地投资中心按计划取得土地产权、不影响资金管理中心按计划取得项目贷款、不影响建设中心如期开工建设，则只需调整相邻月度预算，而半年度、年度预算总额均不发生变化。

（2）如果该项税款可能延迟至年末或无法确定时间，则公司相关各责任中心均需要重新调整上报现金流的近、中、长期预算，财务中心必须重新进行该项目现金流计划以及公司现金流月度、季度、半年、年度等预算的调整和规划。同时，为了保证现金流预算的科学性和适用性，必须建立严格的调整审批程序。现金流预算调整主要包括调整申请、调整审议、调整批准三个环节，通常由现金流的具体责任单位先提出书面申请报告，内容包括现金流变化具体情况、客观因素变化情况、客观因素的变化对现金流造成的影响程度以及现金流调整的时间和幅度，然后提交现金流管理委员会进行审议，最后在审查同意后由公司董事会或现金流管理委员会批准下达给现金流管理组织部门——财务中心，由财务中心负责组织进行现金流调整预算的编制工作。

第 16 章

房地产现金流营运管理

现金流营运管理是指企业以现金流为重心进行的一系列营运管理活动,是一个内容丰富的管理系统。现金流营运管理以企业的整体效益为中心,基于一定的现金数量和时间安排,针对企业目前以及未来的现金流转情况,主要进行现金流预测与计划、执行与控制、分析与反馈报告、评价与考核等。

第一节 房地产现金流营运管理的含义

与房地产开发企业现金流和房地产项目现金流相对应的是房地产开发企业现金流管理和房地产项目现金流管理两个层次。

房地产开发企业现金流管理是指以房地产开发企业现金流为中心,围绕企业经营、投资和筹资活动,对当前或未来一定时期内现金流动的数量和期限进行安排与计划、执行与控制、信息传递与报告以及分析与评价的全面的、系统的管理活动,其目标是实现房地产开发企业价值最大化。

房地产项目现金流管理是指以特定房地产开发项目现金流为中心,以项目开发流程为轴线,围绕项目投资决策、施工、销售经营等活动,对当前或未来一定时期内现金流动的数量和期限安排进行预测与计划、执行与控制、信息传递与报告以及分析与评价的全面的、系统的管理活动,其目标是实现项目现金流最优和项目价值最大化。

从本质上而言,项目现金流管理是企业现金流管理的组成部分,服从于企业现金流管理的战略需要,两者具有共同的价值取向。前者以项目为立足点和中心,而后者则是以企业整体利益作为出发点,对多个项目进行统筹和协调管理,达到多项目综合最优,进而实现企业价值最大化。

现金流营运管理又细分为现金流的战略性营运管理和现金流的战术性营运管理,在此基础上又细分为现金流的流向管理、流量管理、流速管理、流程管理等。

第二节　房地产现金流营运管理系统模型

现金流营运管理不是一个孤立的活动，它与企业的外部环境、内部因素密切相关，是一个系统工程，必须构建一个系统的现金流营运管理方式。

房地产企业现金流营运管理模式由内外两部分，纵向、横向、侧向三个纬度；投资性活动、融资性活动、营运性活动（经营性活动）三块；流向、流程、流量、流速四个变量以及八个评价指标（简称两部三纬三块四变量八指标模型组合）组成依据这一模式对现金流实行分层、分块、分因素管理，图16-1为现金流营运管理主体透视模型。

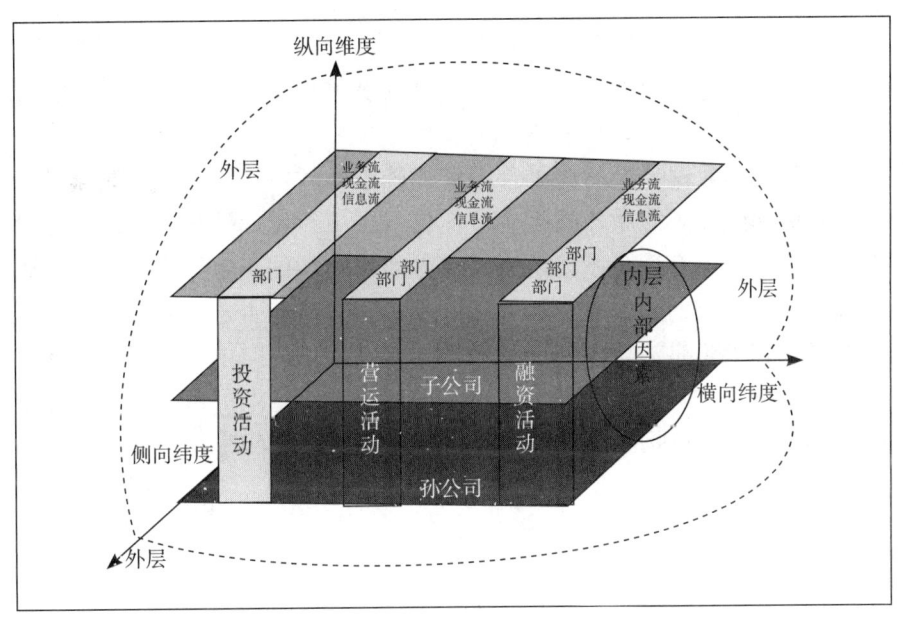

图 16-1　现金流营运管理立体透视模型图

一、模型中之两部——内外部

模型中的两部就是指企业的内部和外部。房地产企业在对现金流营运管理时，要具体分析分清外部影响因素和内部影响因素，针对不同影响因素采取不同的营运管理措施。在进行诸如投资决策等活动时，首先要仔细分析外部宏观形势，针对不同的经济形势、政治形势、行业发展趋势、产品市场变化，选择投资方向、投资项目，把握好企业现金流的流向。然后要分析内部影响因素。内部影响因素可以从现金流立体透视图的俯视图中看清楚，此处以总公司层面的俯视图为例，如图16-2所示。

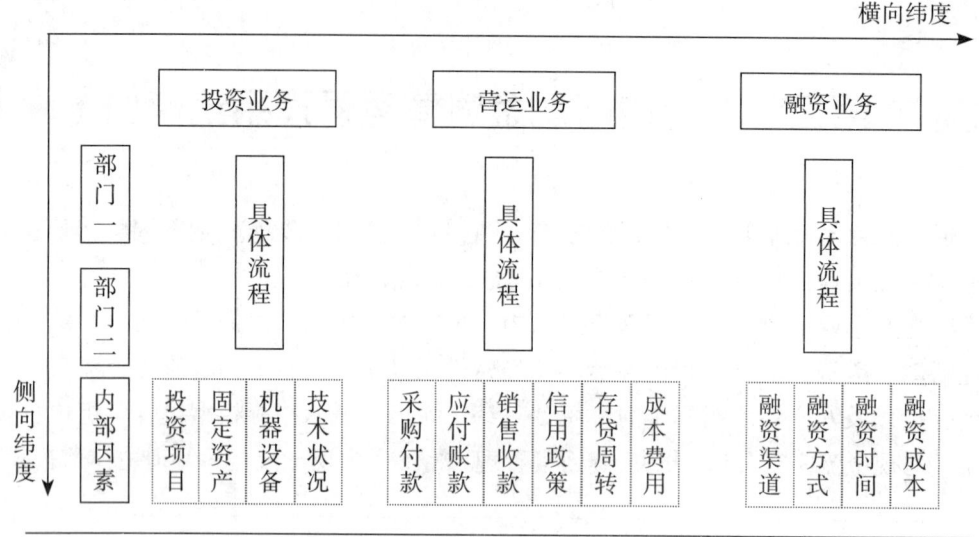

图 16-2 总公司层面的俯视图

为了便于分析企业现金流的内外部因素,陈志斌教授构建了一个现金流管理"飞行器"动因分析模型。陈志斌教授把企业比作一架飞行器,把企业的正常经营看成飞行器的飞行,飞行器上有许多系统协调工作保障飞行器的正常飞行,但飞行器飞行能力的强弱取决于发动机的马力大小和性能好坏,飞行器能否正常安全地飞行还取决于外部提供的飞行补给(供油等)和飞行条件(起飞条件、空中飞行条件等),外部环境甚至会决定飞行器是否要加装额外的设备等。房地产企业的营运性活动使其正常运转并产生相应的现金流与此飞行器分析模型有相似之处,如图 16-3 所示。

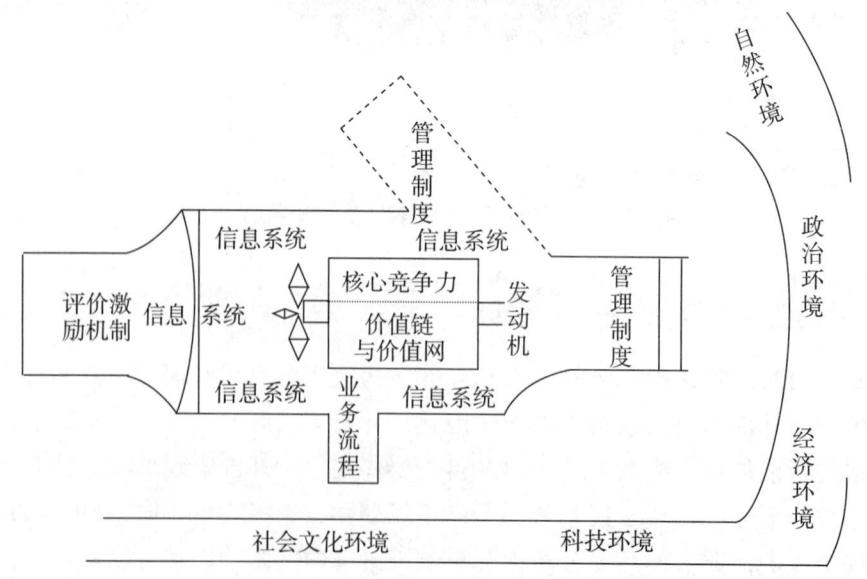

图 16-3 现金流营运管理"飞行器"分析模型

首先，企业要有一个核心竞争力，这如同飞行器的发动机，它是由企业基因所决定的，所以，我们要对企业基因、价值链、价值网进行分析，分析企业的核心竞争力；其次，企业有相应的各种系统保障企业的正常运营，这些系统包括战略决策系统、管理组织及其结构、管理制度系统、业务流程系统、信息系统、评价激励系统等，这些就像飞行器上由各种各样的零部件组成的飞行保障系统，所以，我们在现金流管理中，除了要分析企业的核心竞争力之外，还要分析企业的业务流程、组织结构、管理制度、管理方式、信息系统和评价激励机制；最后，我们发现，外部环境对于企业的运营如同飞行条件对于飞行器飞行一样重要，影响运营的外部环境包括政治、经济、社会文化、科技、自然等，经济环境还细分为货币金融、市场、税收等，所以更重要的就是要对企业的外部环境系统进行分析，这种分析不但可以指导当前的现金流管理工作，而且可以发现新的机会，挖掘新的创造价值和现金流的项目。

总的来说，现金流管理"飞行器"分析模型包括内在动因分析系统和外在环境分析系统。内在动因分析系统包括核心竞争力分析系统、管理结构分析系统、流程分析系统、信息系统分析系统、管理机制分析系统等。外在环境分析系统包括政治环境分析系统、经济环境分析系统、社会文化环境分析系统、科技环境分析系统、自然环境分析系统等。

二、模型中之三纬：横向纬、纵向纬、侧向纬

模型中的三纬是指横向纬度、纵向纬度和侧向纬度。我们可以从这三个不同的纬度对企业现金流营运管理的主体内容分层加以分析，如图16-4所示。

从纵向纬度看，对于集团公司来说，现金流管理一般分为总公司层面的管理、子公司层面的管理和孙公司层面（或基层企业）的管理；对于一般的企业来说，现金流管理分为决策层管理、执行层管理和作业层管理。在管理实践中，大型房企特别是集团公司的现金流管理大多实行集中管理或综合调度，以提高现金的营运效率。

从横向纬度看，大多数企业在每个层面上大多要开展各种各样的生产经营活动，这些生产经营活动会不同程度地影响企业的现金流程、现金流量、现金流速等。为了有序而又有效地管理企业的现金流，我们可以将企业各种各样的业务流以及与之相应的现金流分门别类地加以分析和管理。按照企业经济业务的不同，我们可以将与之相对应的现金流分为三块：投资活动现金流、融资活动现金流、营运活动现金流。图16-5为现金流分层管理平视示意图。

从侧向纬度看，在每个层面上，不同的业务是由企业不同的职能部门来承担的。某一块业务在这一层面会经历不同的流程，受不同因素的影响。我们分析企业的业务流程以及现金流程，找出不合理的流程进而进行相应的流程再造；分析影响企业经营活动和现金流的不同因素，有针对性地采取相应的措施加以管理。

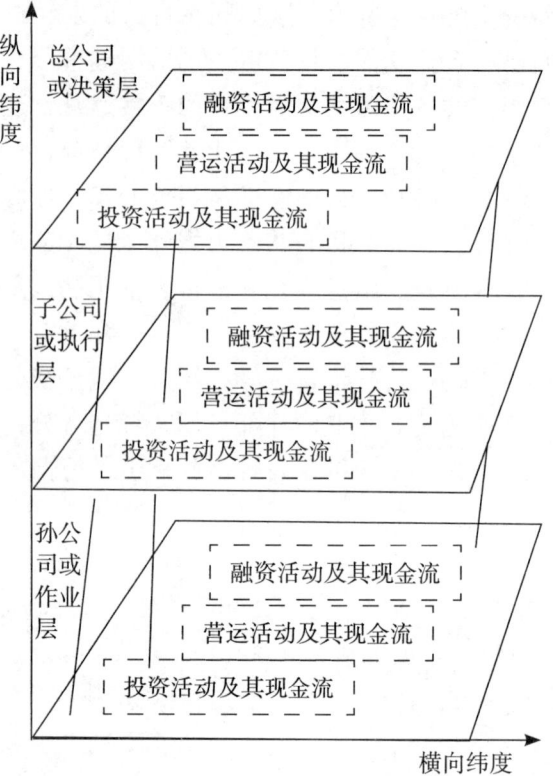

图 16-4 现金流分层侧视图

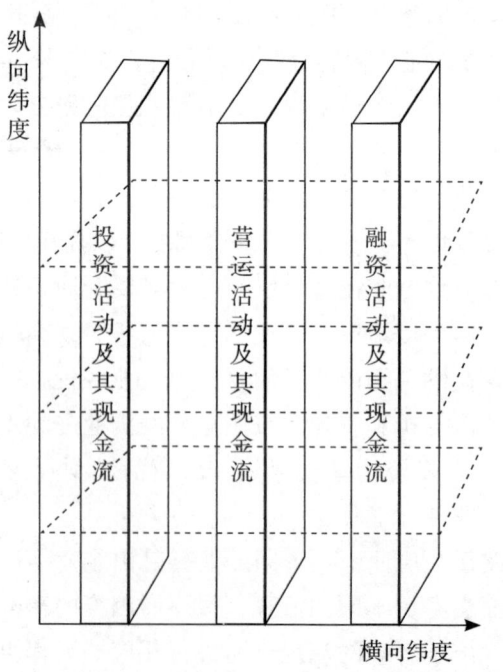

图 16-5 现金流分层管理平视示意图

三、模型中之三块、四变量、八指标以及预警和控制

现金流管理模型中的三块就是图16-5中的企业三块主要经营活动，这三块经营活动与企业的现金流运动密切相关，因此，现金流管理可以与三块主要的经营活动管理相联系，企业具体的现金流就是投资性现金流、融资性现金流和营运性现金流。

考察企业现金流的管理状况可以从现金流的流向、流程、流量、流速四个方面加以评价，流向、流程、流量、流速既是现金流管理的关键，也是考核现金流管理成效的关键变量。所以，它们是现金流管理模型中最重要的四个变量。

现金流流向的内涵主要包括三个方面，一是指现金流的流入和流出；二是指现金流在集团公司、子公司与孙公司之间和公司内部各组织及部门之间流动的方向；三是指现金流的投资方向，这一流向是战略性的，对企业的影响意义重大。现金流流程的内涵包括现金流流动的路程，也包括现金流流动的程序。有关现金流流动路程的管理主要是着眼于流程再造、流程优化，有关现金流流动程序的管理主要是关注程序是否合理合法，内控关键点是否得到有效的控制。现金流流量包括流入量、流出量及其流入与流出的差额即净流量。流量综合反映了企业每项财务收支的现金盈余，是企业经济效益的最直观体现。无论是企业日常经营活动中的现金流量还是战略性投资所耗用或回收的现金流量，在平时都表现为日常现金的收支量。现金流流量管理就是要保证现金流满足企业日常经营的需要而又不至于现金过多压库形成浪费，流量管理的关键在于确定一个最佳现金流余额。现金流流速是指企业现金流流动的速度，对于某一具体经营业务而言，现金流流速是指从支付现金到收回现金所需时间的长短。对于战略投资性现金流而言，流速是指资本从投入到回收的速度。

构成现金流管理的完整体系除了管理的目标、管理的对象、具体管理措施外，更重要的一个因素就是考核评价，考核评价指标体系是考核系统的核心。在现金流管理模型中，设立了两级别的八个指标作为考评参数。这八个指标分别是一级指标：价值、风险；二级指标：安全性、流动性、灵活性、持续性、效益性和效率性。

作为完整现金流管理体系一个重要组成部分的还有预警和风险控制，这是管理模型的重要部分，也是现金流营运管理的关键内容。

第三节　房地产企业现金流精细化营运管理

一、房地产企业现金流营运管理基本原理

房地产企业现金流营运管理是以现金预算为基础，通过对现金流入、流出的管理

和控制，运用投资、融资管理工具调节现金流动的不均衡，实现现金流的总体平衡、稳定，具体来说，就是要通过对现金余缺的调整，平衡房地产公司在不同阶段的现金收支、需求水平，使不同项目、不同开发环境下的现金收入与支出在现金流动的数量、时间和内容上基本保持平衡，具体关系如图 16-6 所示。

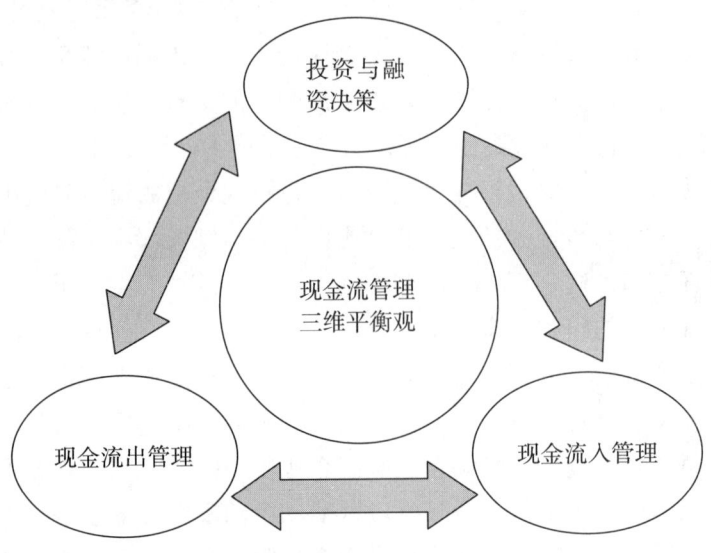

图 16-6　现金流管理三维平衡图

二、房地产企业现金流营运管理决策

现金流营运管理决策，就是房地产企业通过建立的现金流营运动态决策模型，绘制未来某一期间的现金流流动走势，并通过对预算期内各种现金流要素发生的可能性，对重大现金收支进行预测和计划，例如可能实现的销售回款、现金流最低点及资金盈缺、购入土地的合理时机、最佳土地储备量、最佳信贷净增加额、最佳项目开工进度、最佳项目销售进度等，从而在宏观上保障现金流管理的均衡性，在微观上实现现金流管理的前瞻性和统筹性，以便围绕企业经营、投资和筹资活动，更好地进行战略规划、投资和融资决策，如图 16-7 所示。

三、房地产企业现金流运营管理控制

现金流营运控制的目的就是使项目运行的实际现金流能按照总控计划预定的轨迹前行。企业要及时观察计划与实际的偏差，以调整收款和付款的进程。图 16-8 为现金流营运控制系统图。表 16-1 为 ×× 项目净现金流总控计划和实际对比分析表。该图表对资金调度、销售回款计划调整、付款进度把握等方面会有很好直观的指导效果。

第16章 房地产现金流营运管理

现金流营运管理决策模型

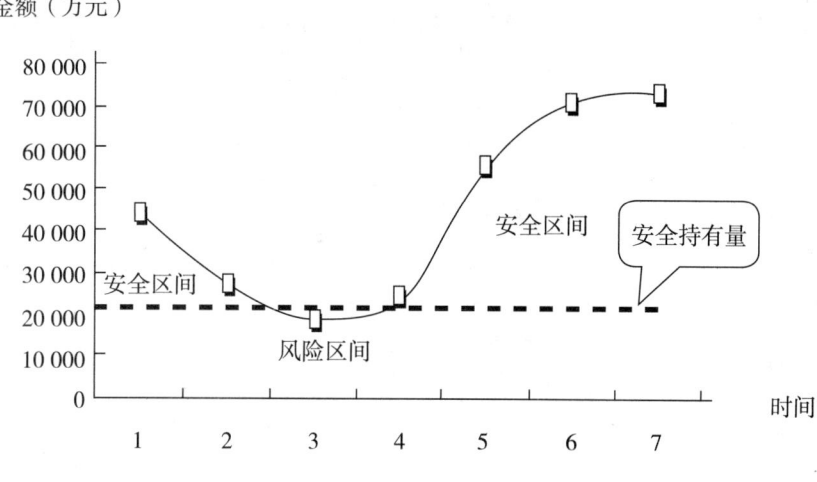

图 16-7　现金流运营管理决策模型

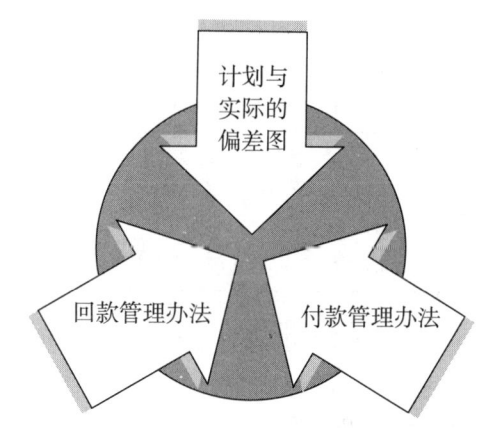

图 16-8　现金流营运控制系统图

表 16-1　××项目净现金流总控计划与实际对比分析表　　　单位：万元

项目	2004.1	2004.2	2004.3	2004.4	2004.5	2004.6
总控累计流入	1 000	1 890	2 850	3 500	5 400	6 000
总控累计流出	−500	−600	−800	−1 500	−4 000	−4 500
总控净现金流	500	1 290	2 050	2 000	1 400	1 500
实际净现金流	—	900	1 100	2 000	1 500	900

（续表）

项目	2004.1	2004.2	2004.3	2004.4	2004.5	2004.6
实际累计流出	500	1 500	2 000	3 500	4 500	5 000
实际净现金流	-500	-600	-900	-1 500	-3 000	-4 100

××项目净现金流总控计划与实际对比图如图16-9所示。

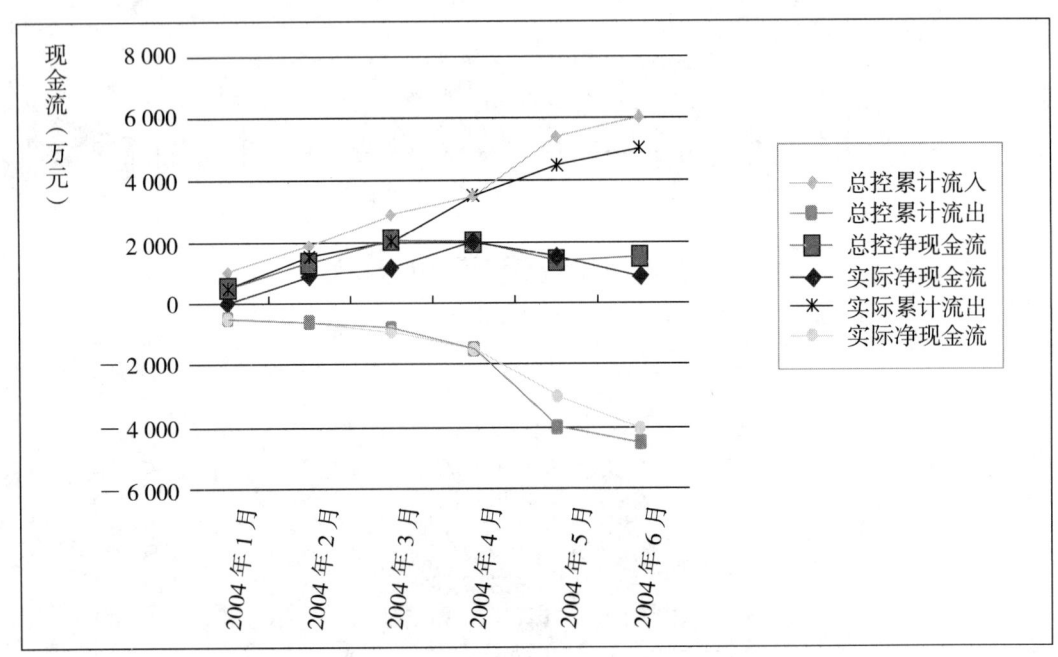

图16-9　××项目净现金流总控计划与实际对比图

四、现金流多维平衡营运管理体系

1. 现金流多维平衡营运管理的战略规划

战略现金流规划结合企业盈利和现金流的安全性、持续性的多方平衡目标后，对企业现金流管理具有重要的意义。多方平衡的现金流分别为盈利性现金流、安全性现金流和持续性现金流。盈利性现金流是安全性现金流和持续性现金流在企业运作中共同作用的结果，产生的盈利现金流又为下一期的投资经营提供了安全性和持续性现金流的支持。战略规划的现金流多方平衡关系相互作用，共同推动着企业价值创造目标的实现。多维平衡思想下的战略现金流规划框架如图16-10所示。

2. 现金流多维平衡营运管理目标体系

企业总体战略目标是实现企业的持续发展与价值增值，现金流管理应服从和服务于企业的总体战略目标，即持续创造价值、有效防范风险。

持续创造价值、有效防范风险是现金流管理的总体目标，显示了现金流管理总的方向。盈利性、安全性、持续性是现金流管理的具体目标，其中盈利性目标是根本，安全性目标是保障，持续性目标是前提，三者缺一不可。

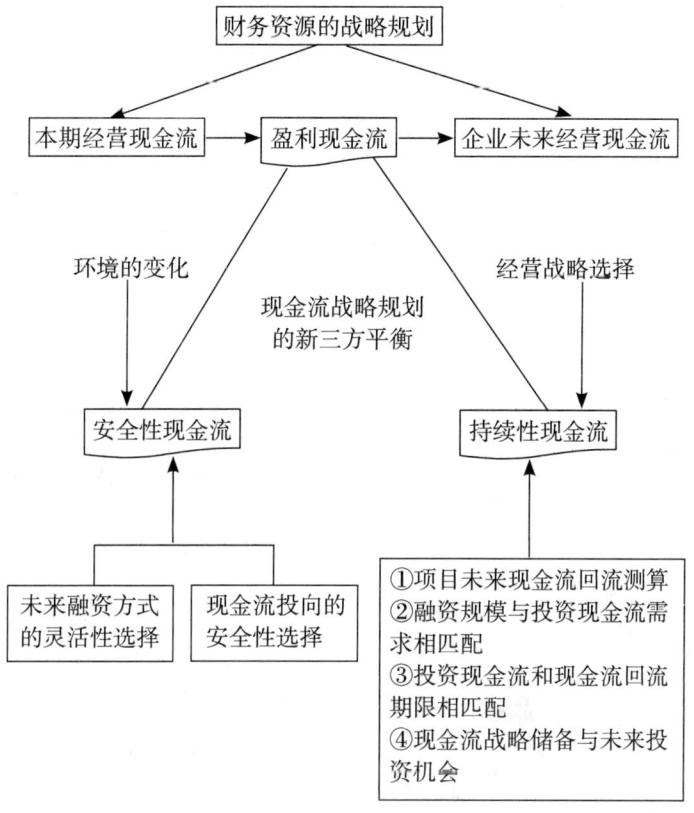

图 16-10　多维平衡思想下的战略现金流规划框架

现金流的持续性目标是指通过现金流管理实现现金流的连续性周转，现金流的持续性可以用现金流的成长性、稳定性和充足性来衡量。现金流的持续性是企业可持续经营的前提，也就是企业持续创造价值的前提。

现金流的安全性目标是指通过现金流管理实现现金流的现金保管安全、流转安全和价值安全。企业现金流的流转安全可以用现金流的平衡性、流动性和资金融通的灵活性等指标予以衡量。在现金流安全性目标的三个子目标中，现金保管安全是基础，现金流流转安全是关键，实现现金流的价值安全是根本。

现金流的盈利性目标是指企业现金流转的增值性，具体表现为现金流管理的效率性和效益性。效率性即现金流转的速度，可以通过应收账款周转率、存货周转率等指标衡量；效益性即现金流转过程中的价值创造能力，可以通过销售利润率、总资产收益率、投入资本回报率、权益利润率等指标来衡量。

图 16-11 为现金流营运管理目标体系。

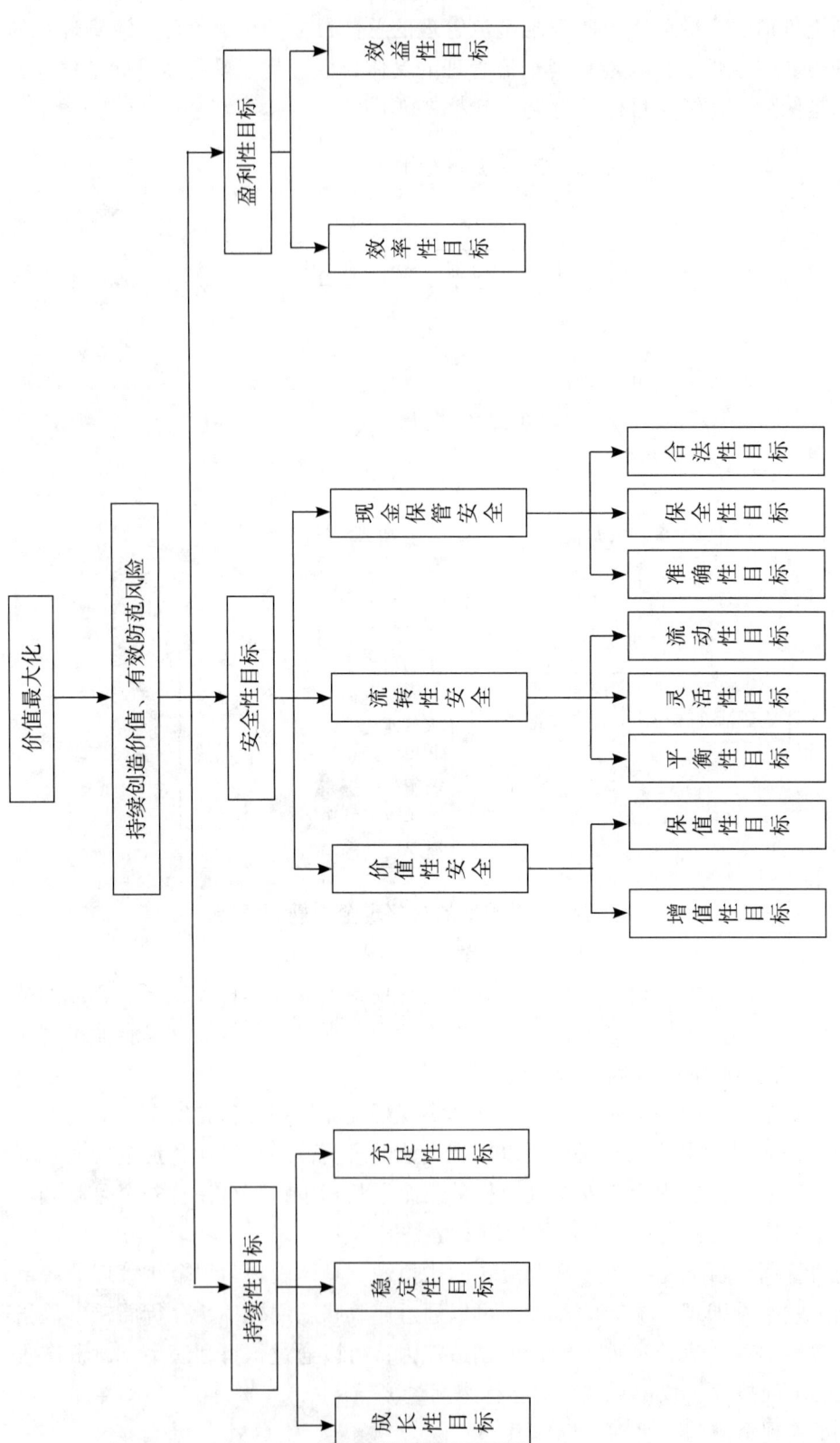

图 16-11 现金流营运管理目标体系

图16-11中，企业价值最大化是企业经营过程中的最高目标。根据现金流价值评估模型，要实现企业价值最大化，保证企业整体现金流的持续化和最大化是必经之路。一般认为，企业的内增长可以提供较为持续的现金流，但是增长的源泉还是企业盈利。所以，企业在现金流安全性和持续性下的盈利是创造企业价值最基本的目标。因此，企业的高质量盈利是战略目标的集中体现。

图16-11中，企业现金流的盈利性、安全性和持续性是不可分割的三个层面，各自都在为企业价值的提升增添强大的动力。

企业的总目标是为了盈利，而提高盈利水平、保持企业经营安全性和持续性是总目标下的三个分目标。高质量的盈利是增加企业现金流的关键，因此，现金流的盈利性、安全性和持续性三者存在着紧密的联系，它们是保持企业可持续化现金流的三个目标、三条路径。

总的来说，由企业盈利和安全持续的现金流构成的现金流战略目标体系，是创造企业价值的基础，是提高现金流管理效率的有效指引。

3. 现金流营运管理多维平衡的关系

企业现金流管理的战略目标告诉我们，实现现金流盈利性、安全性和持续性，对企业创造价值具有重要的意义。企业战略现金流的安排是遵循现金流管理目标进行的，在安排思路上，需要保持战略现金流的均衡性，并和目标相匹配。目前，学术界对企业战略现金流的认识有一些很有见地的观点。南京大学的陈志斌教授认为要创值、增长和防险三方保持平衡，因为企业除了举债进行的债务性现金流入和发行证券的权益性现金流入，主要靠企业内源增长带来的现金流入，从防范风险方面看，这样的现金流安排才能够使风险降到最低，从而实现创值最大化。这种三方平衡思想为企业现金流管理提供了思路。但仅就创值、增长和防险构成三方平衡的关系来看，似乎并不完整，难以从根本上解决企业的现金流问题。因为创值是企业经营的最高目标，它的实现需要通过多种因素的结合才能够产生。而在现金流战略规划中，创值是通过现金流均衡运行产生的，所以作者提出将企业创值作为现金流战略规划的总目标，这个为目标而进行的过程——现金流的盈利性、安全性和持续性，即本书提及的现金流新三方平衡关系。

根据现金流营运管理目标体系，我们清楚地看到，企业的现金流战略管理的目标体系是建立在创值的总目标之下的，通过现金流的安全规划和持续经营，以盈利来体现企业健康运行的效果。具体而言，盈利作为企业经营的目标，应该贯穿于企业经营的始终，放弃盈利的经营是毫无意义的。在以现金管理为中心的财务管理时代，虽然大家认为企业因为盈余操纵而使盈利性指标的可信度不高，但是不可否认的是，在加强现金流管理下的高质量盈利仍然是企业的核心经营目标。因为一方面，现金流的安全性和均衡性可以为企业的盈利提供安全保障；另一方面，高质量的盈利可以为企业的进一步发展提供充足的资金支持。企业的投资、融资和经营三块业务是共生共存、不可分割的，而企业的融资来源于举债的债务性融资、发行债券的权益性融资和利用企业自身经营留存资金的内源性融资。对于企业来讲，资金来源最为安全的和低成本的是内源性融资。而高质量的盈利正是为这一途径提供了现金来源。高质量的盈利是提供充足而安全的现金流的有效方法，而现金流的安全性和持续性是保证获得高质量盈利的必要条件，现金流的均衡性避免了企业因为现金流的短缺而停工停产。在战略层面上，三方是相互协作和相互作用的。

1）盈利性现金流

企业现金流营运管理的目标决定了现金流管理决策中要关注现金流的使用效益，使现金流在生产经营活动中尽可能地创造增量收益，增量收益的创造是创造价值的前提。企业高质量盈利的过程即预期未来现金流量的过程，最后达到现金流量管理的最终目标——提升企业价值。

盈利性现金流连接着本期经营现金流和未来经营现金流，盈利现金流是两者的联系点。做好本期经营现金流和未来现金流匹配的关键是实现高质量的盈利现金流，而高质量盈利现金流实现的基础是财务资源合理的战略分配。而盈利现金流的实现又可以作为未来经营现金流的可分配的财务资源。所以，要做好盈利现金流的规划，必须做好两方面的匹配，即企业财务资源的战略规划和盈利现金流之间的匹配及企业经营现金流和企业未来现金流之间的匹配。

2）安全性现金流

金融环境的变化深刻影响着企业现金流状况。安全性现金流是企业现金流规划的另一个重要方面。而安全性现金流包括现金流入和流出两个层面。做好安全的现金流入，即将融资现金流和企业未来可用融资方式灵活地结合起来，最大限度地满足企业经营所需要的资金。安全的融资现金流首先来源于企业内部的现金积累，然后是权益资金的流入和债务资金的流入。而这些融资方式，又可以派生出不同性质的融资方式。企业可以选择的融资方式有很多，但是企业自身条件的限制会导致某些融资方式受到制约。因此企业必须做好内部管理的基础工作，为融资创造条件。另外，在资本市场上，可以发行权益性证券和债券；在银行层面，对于抵押贷款和信用额度的利用也可以获得相当数量的现金流入。但是，融资需要成本，不是每一种获得的现金流入都可以利用。因此，在现金流入方面，必须使融资现金流和企业未来可用融资方式的灵活性相匹配，注意做好投资项目收益和融资成本之间的匹配工作，实现安全的现金流出，即做好现金投向安全和经营战略选择的匹配工作。经营战略选择会附带很多风险，对现金流的安全性会起到负面的影响，但是，风险和收益对等性又不得不要求企业投入现金流以获得未来更大意义上的现金回流。在这方面，对于项目选择格外重要。做好现金投向安全的关键是对所投资项目进行可行性分析和对未来现金流回流的合理决策，与之相应的现金投向能够保证安全的现金流流出，以获得安全现金流的回流。

3）持续性现金流

企业经营战略的选择影响着企业能否具有持续性的现金流，因为经营战略往往会导致现金流流向和规模的不同，对企业整体现金流使用也会产生不同的影响。一方面，现金流出和现金流入要保持对应关系，以投定融。经营战略选择往往会产生一定的投资现金流需求，而融资的规模正是由投资现金流需求所决定的。企业只有把握好现金流动性，才能够实现现金的持续性。而且，投资现金流的期限也是值得现金流规划者关注的，每一种现金流的获得都是有期限的，无论长短，都会产生资金成本，所以，做好投资现金流和现金流回流期限的匹配是保证持续现金流的重要规划。另一方面，要保持现金流必要的储备，为投资项目做好现金流的战略储备是提高未来投资决策有效性的根本保证。未来投资决策是建立在企业战略之上的，因此，在企业战略充分分析了未来投资所面临机会和收益的基础上，安排战略现金流储备，决定好需要储备的现金流大小和时间长短，既有效地抓住了投资机会，也为现金流持续性目标的实现奠定了基础。

第四节　现金流"四流"精细化营运管理

现金流的营运管理关键是对现金流的四个变量——流向、流量、流程、流速，进行精细化运营管理。企业的现金流与企业的业务流、企业的组织结构是密切相关的，一方面，具体的业务流程和组织体系影响现金流运动，现金流的管理状况反映了企业业务流程管理的好坏和企业组织结构的优劣；另一方面，现金流管理活动对现金流向、流量、流程、流速的管理，统领着企业的业务活动，制约着企业的组织行为。现金流的流程影响企业业务流程，是企业各项管理工作的龙头，如图16-12所示。

一、现金流流向管理

现金流流向的内涵主要包括三个方面：一是指现金流的流入和流出；二是指现金流在集团公司、子公司、孙公司之间和公司内部各组织及部门之间流动的方向；三是指现金流的投资方向，这一流向是战略性的，对企业的影响意义重大。

现金流的流入、流出管理及在公司内部的流动方向管理范围较广，既可能是战术性管理，也可能是战略性管理。现金流的流入可增加企业的资源，现金流流入的管理与企业的业务管理相伴，流入状况反映企业竞争能力的构成及未来竞争优势所在。现金流的流出，一方面是减少企业的资源，另一方面可能是为企业取得更多资源或获取更多的能力付出代价。在这一管理活动中，应重点关注三个方面：一是现金流的进出平衡，表现在数量、币种和时间上的平衡；二是关注现金流流出的代价与能够获得的新增资源能力的均衡；三是流出及流入方向结构性的平衡。

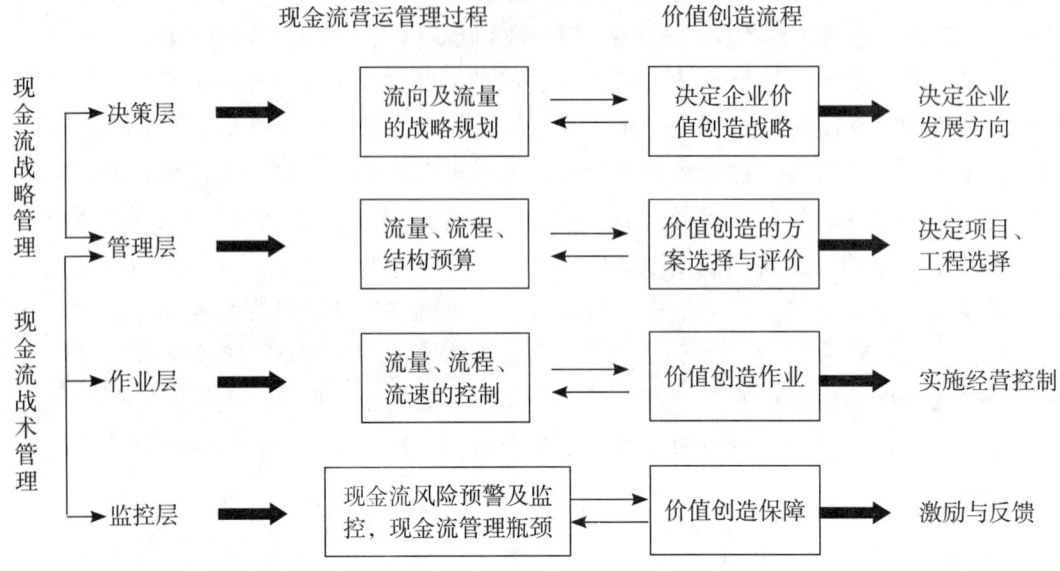

图 16-12 现金流"四流"精细化营运管理模式

现金流投资方向的管理涉及企业的战略性管理，企业战略不仅决定企业的发展方向，而且决定企业的大宗项目决策。这两个方面组合在一起不仅对企业现金流具有长远的影响，而且决定了企业新增的创造现金流的能力大小和企业价值创造的基本模式，对企业的影响是根本性的。

企业现金流流向战略的确定是企业根据其内外部环境因素及其变化趋势对现金流流向进行整体性和长期性谋划，是一项全方位的战略工程，对企业全部现金流转乃至全部资源运用具有指导性和方向性的意义。

从程序上讲，企业进行现金流流向战略决策，首先要进行环境影响因素分析和企业战略分析，现金流流向要与环境变化相协调，这是由企业战略对于企业全局具有长期性和根本性作用决定的。领会企业战略精神，可以使企业现金流流向不偏离企业战略所规定的大方向和总目标，从而极大地提高战略现金流向效果。另外，要根据企业战略的要求和投资客观规律制订企业现金流向战略目标与原则。寻求并确定各种可能的现金流向战略机会并生成现金流流向战略，如图 16-13 所示。

确定现金流向战略一般可用一种方法或几种方法结合使用。波特的 SWOT 分析法通过分析"力量、弱点、机会和威胁"，从而确定战略；波士顿咨询集团增长份额矩阵法划分战略经营单位（SBU），比较 SBU 或经营活动，将波士顿矩阵分为明星、问题、现金牛、瘦狗四个区域，为每一个区域制订战略；查尔斯·霍弗的生命周期矩阵分析法根据企业各项业务所处的产品／市场生命周期阶段和业务的大致竞争地位决定战略；行业结构分析法从行业的新进入者、替代品、买方、供方和行业中原有竞争者五个方面分析企业的竞争力量，从而确定战略。现金流向战略体系可结合以上各种方法中能突出企业价值创造因素的技巧和做法加以构建。

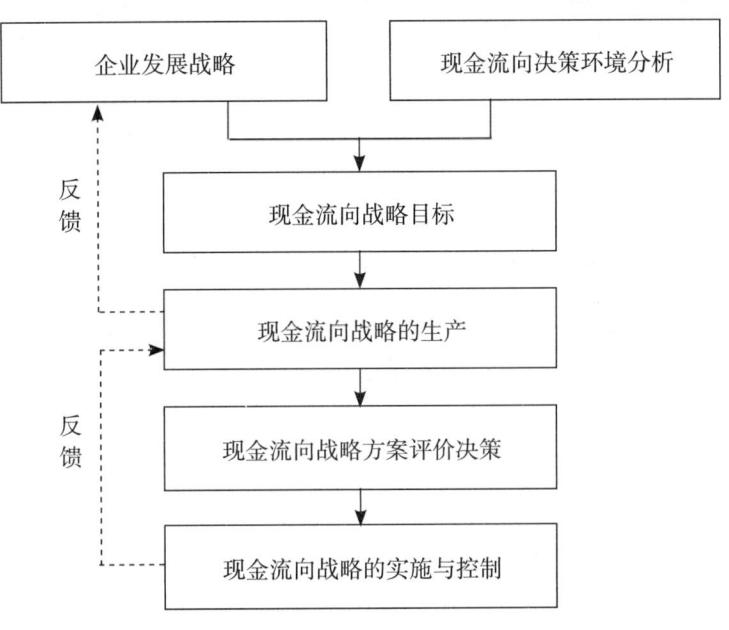

图 16-13　现金流流向战略管理流程

二、现金流流量管理

现金流流量包括流入量、流出量及其流入与流出的差额（即净流量）。流量综合反映了企业每一项财务收支的现金盈余，是企业经济效益的最直观体现。不管是企业日常经营活动中的现金流量还是战略性投资所耗用或回收的现金流量，在平时都表现为日常现金的收支量。现金流流量管理就是要保证现金流满足企业日常经营的需要而又不至于现金过多压库形成浪费，流量管理的关键在于确定一个最佳现金流余额。

三、现金流流程管理

现金流流程的内涵包括现金流流动的路程，也包括现金流流动的程序。有关现金流流动路程的管理主要是着眼于流程再造、流程优化；有关现金流流动程序的管理主要是关注程序合理合法、内控关键点得到有效的控制。

企业的现金流与企业的价值流、业务流、信息流既有相互独立的流程，也有相互联系、相互影响的流程。企业现金流流程既有企业内外部之间的流程，也有集团公司与子公司之间的现金流程，更多的是集团公司、子公司内部与业务流程相伴的现金流程，对于这部分现金流流程的再造必然要与企业业务流程再造相联系，结合业务流程再造实施企业现金流流程再造,实现现金流流程优化。

现金流程序管理涉及内容很多,而且每一现金流程序对企业的影响都非常重要。具体地讲,现金流程序管包括现金流转的程序和内控关键点的安排,涉及现金流量的组织,岗位,授权及办理现金收支业务的手续程序,现金内控制度的设计,企业信用政策的安排和应收账款的回收,销售货款的回笼及其流程的安排,流动资产采购、运输、保管、使用及其资金的安排程序,固定资产、机器设备的购建及长期投资过程现金的安排和程序的优化,相关现金筹资安排(包括程序和速度的安排),每一个内控环节的责任落实和业绩考评,都与预警系统的构建相关。

所有这些都是企业现金流流程优化的内容,如图16-14所示。

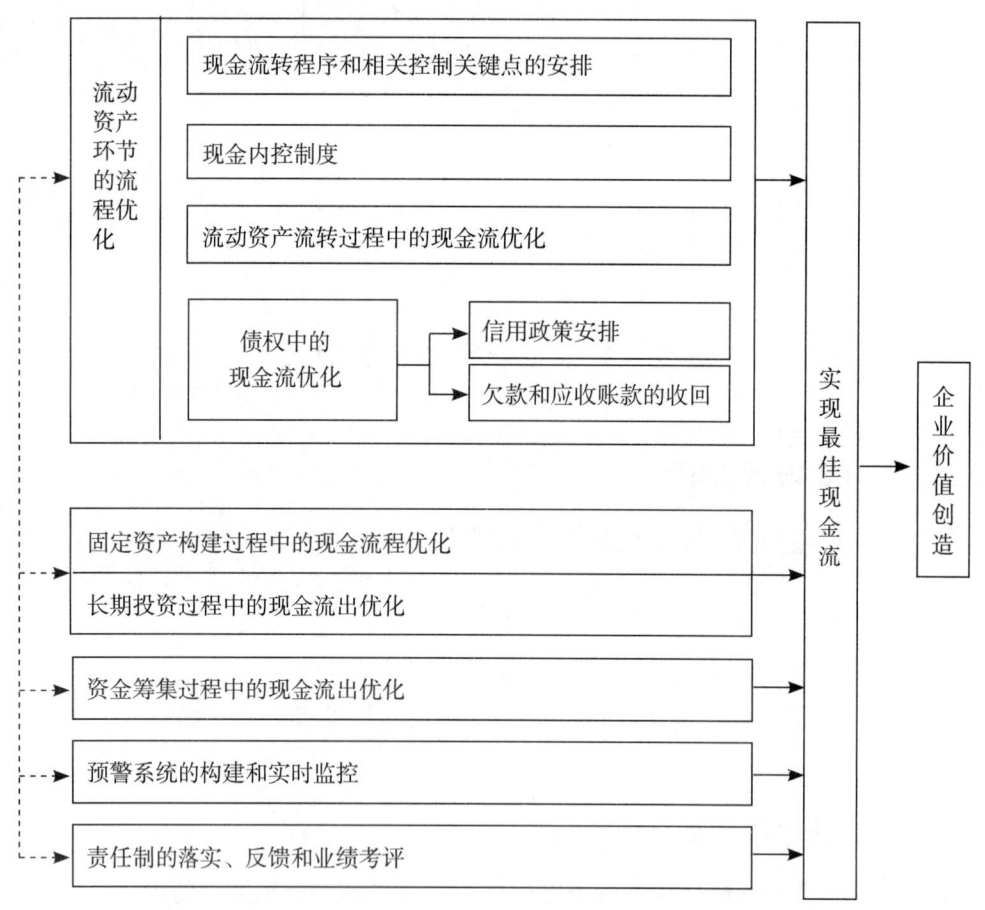

图16-14 企业现金流流程优化的内容

四、现金流流速管理

现金流流速是指企业现金流流动的速度,对于某一具体经营业务而言,现金流流速是指从支付现金到收回现金所需时间的长短;对于战略投资性现金流而言,流速是指资本投入到回收的速度。

现金使用效率影响企业价值创造,效率的高低集中体现在现金流流速上。现金流流速用现金周转期衡量,要增加价值创造就必须加速现金流的周转速度,缩短现金周转期。在实际工作中,衡量流速一般采用周转率指标,从而产生了全部资产周转率、流动资产周转率、应收账款周转率、存货周转率等具有不同功用的多类周转率指标,但综合反映以上周转速度的是现金周转率。

通常,缩短现金周转期的途径有:①缩短存货周转期;②缩短应收账款周转期;③延长应付账款周转期。在其他因素不变的情况下,加速现金流的周转,这也就相应地提高了现金的利用效果,从而增加了企业的价值创造。

第五节　基于波士顿矩阵法的现金流营运管理

一、波士顿矩阵法中各种业务单元及其对现金流的影响

波士顿(Boston Consulting Group,BCG)矩阵认为,企业所有业务都是在几个互不相同的产品部门中运行的,企业内部的业务的集合称为"业务包"。对企业业务包内的每一种业务,都应该建立一个独立的战略。

1.相对竞争地位(市场份额)与业务增长率对现金流量的影响

相对竞争地位(市场份额)决定一项业务产生现金流量的速率,一个与其竞争对手相比占有相对较高市场份额的企业一般拥有较高的利润幅度并因而提供较高的现金量。而业务增长率参数对企业的战略选择具有双重影响。首先,业务增长率影响获得市场份额的难易程度。在一个增长缓慢的业务领域,企业市场份额的增加通常来自它的一个竞争对手的市场份额的下降。同时,业务增长率决定了企业进行投资的机会水平。处于增长状态的业务领域为企业把现金回收的现金再投资于该领域并获得更好的利润回报提供了机会。当然,这一机会同时也给企业带来一些问题,因为某项业务领域增长越快,为支撑这一增长速度所需要的现金量就越多。

2.公司整体经营组合图

基于上述对相对竞争地位(市场份额)和业务增长率对现金流量影响的进一步分析产生了波士顿矩阵的核心部分——公司整体经营组合图,如图16-15所示。

从现金流量分析角度看,对企业业务单元进行分类的目的是预测企业未来现金流量的获取能力。

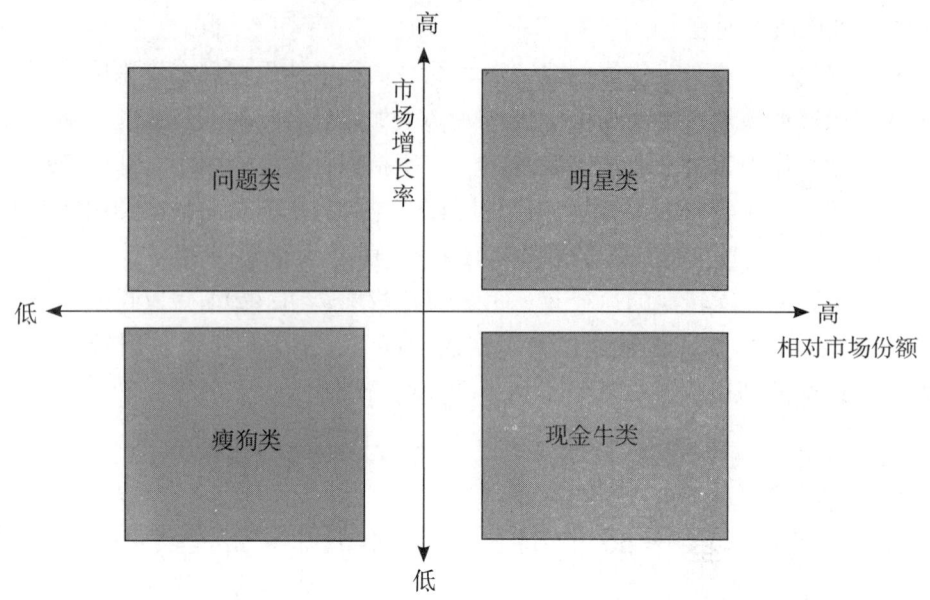

图16-15 波士顿矩阵核心部分——公司整体经营组合图

注：横坐标轴代表相对市场份额，本品市场份额为分子，该品类最大竞争对手的份额为分母；纵坐标轴代表企业内部增长率；坐标原点是占最大竞争对手的平均份额、企业内部平均增长率。

1）"现金牛"类业务

"现金牛"类产品、业务部门或单位具有低市场增长率和高市场份额的特点。由于高市场份额，利润和现金产生量应当较高。而较低的业务增长率则意味着对现金再投入的需求量较低。于是，大量的现金余额通常会由"现金牛"创造出来。其为全公司的现金需求提供来源，是企业保证目前的现金支付能力和未来发展的主要基础。

2）"明星"类业务

"明星"类产品、业务部门或单位具有高市场增长率和高市场份额的特点。由于高增长率和高市场份额，其运用和创造的现金数量都很大。"明星"类产品等一般为企业提供最好的利润增长和投资机会。很明显，对于"明星"类产品最好的战略是进行必需的投资，以保持其竞争地位。随着市场的增长率放缓，"明星"就会成为一头"现金牛"。一个现金流量健康的企业，其业务中的主要比例应是"现金牛"类和"明星"类业务。

3）"问题"类业务

"问题"类产品、业务部门或单位具有低市场份额和高市场增长率的特点。由于其增长，它们的现金需求量较高，而由于其市场份额所限，它们的现金产量又较低。由于其较高的业务增长率，对"问题"类产品可采取进行必要的投资以获取增长的市场份额，并促使其成为一颗"明星"的做法。当其业务增长率下降后，该业务就有可能成为一头"现金牛"。同时，对那些管理部门认为不可能发展成为"明星"的"问题"类产品实施脱身战略。在现金流量分析中，"问题"类业务往往是分析的难点，从稳健的角度看，若企业中有较大比例的"问题"类业务，则认为其未来现金流量风险较大。

4）"瘦狗"类业务

"瘦狗"类产品、业务部门或单位是具有低市场份额和低市场增长率的业务部门或单位。低市场份额通常暗示着较低的现金流入，而由于其业务的增长率也较低，故为提高其市场份额而进行投资通常是不允许的。但该部门为维持其现有竞争地位所需要的现金可能大于它所创造的现金量。因此"瘦狗"类产品或业务常常成为现金陷阱，企业应对这类业务进行"收割"或"清算"。在分析过程中，如果发现一个企业"瘦狗"类业务的比例较大，则可认为该企业未来的现金流量风险较大。

总体而言，"现金牛"业务是企业当前现金流量的重要来源，"明星"业务则是未来现金流量的保障，而"瘦狗"业务和"问题"业务则对现金流量贡献不大，甚至有负面的影响，所以应该有选择地抛弃。需要注意的是，在分析和监控企业的过程中，其产品、业务单元在经营组合图中的位置不是一成不变的，需要一种动态的观点来分析企业的产品、业务单元对企业未来现金流量的贡献，进而判断企业的现金风险。

二、波士顿矩阵法在现金流运营管理中的应用

（1）房地产投资项目在波士顿矩阵中所处的地位，如图16-16所示。

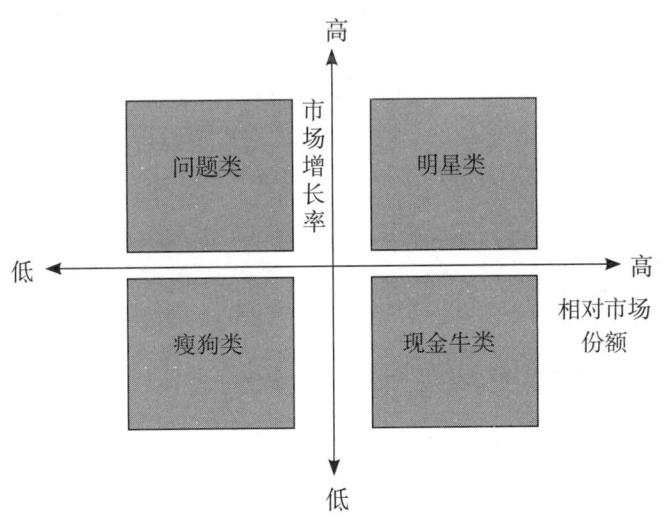

图16-16 房地产投资项目在波士顿矩阵中所处的地位

（2）基于波士顿矩阵的房地产项目现金流营运管理，图16-17所示。

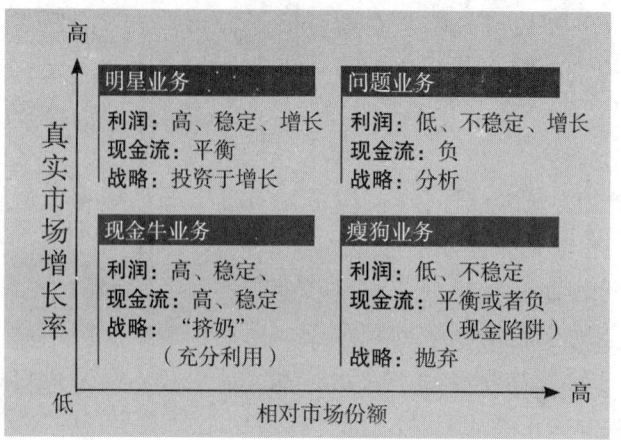

问题产品

低份额、高增长的产品是"问号",这些产品需要的投入总是大大超过其所能产生的现金。不提供现金,它们就会落后乃至死亡。即使给了现金,如果它们只能维持市场份额的话,那么一旦停止增长,它们仍旧是瘦狗。问题类产品需要大量现金投入来购买市场份额;在成为市场领先者之前,低市场份额、高增长产品将一直是一种负担。这种产品需要巨额现金投入,而它本身却产生不了这些现金

明星产品

高市场份额、高增长的产品是"明星"。如果明星能够保持领导地位,那么在增长放缓、再投资的需求消失之后,它就会成为一颗摇钱树。明星最终会变成现金牛,产生大量高利润率、十分稳定和安全的现金回报。这些现金回报将可再投资于其他产品。

任何产品,最终不是变现金牛,就是变瘦狗。一项产品的价值就在于在增长放缓之前取得领先市场份额地位

瘦狗产品

低市场份额、低增长的产品是"瘦狗"。瘦狗类产品可能会有一些账面利润,但要维持市场份额,就必须把所获利润重新注入这些产品中,而不会有什么现金盈余。从本质上看,这一类产品如果不变现,留在手中毫无价值可言

现金牛产品

把高市场份额、低增长的产品称作"现金牛"。这些产品产生大量现金,通常将超过维持市场份额所需的再投资。超额部分的现金,不必也不应再返还给这些产品。实际上,如果回报率超过了增长率,要无限制地返还现金也是不可能的,除非把回报压低

图 16-17 基于波士顿矩阵的房地产项目现金流营运管理

第 17 章

基于价值链的现金流营运管理

基于价值链的现金流营运管理，如图 17-1 所示。

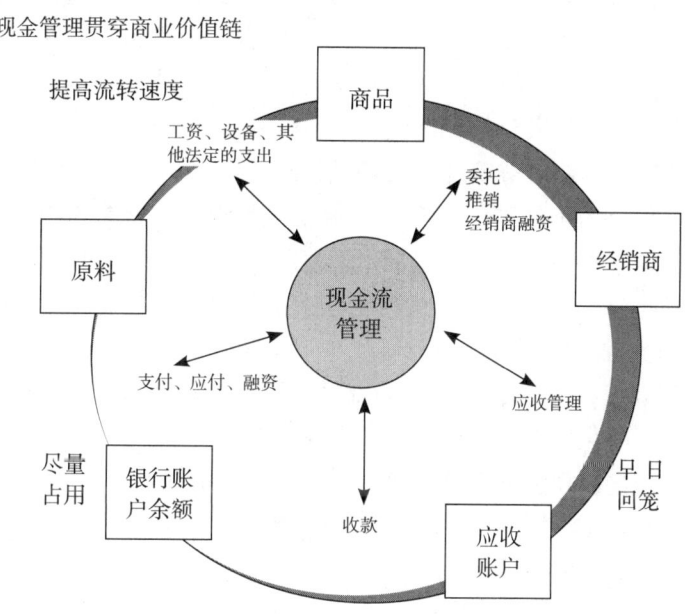

图 17-1 基于价值链的现金流营运管理

传统的房地产现金流管理以企业自身的各种运营活动为管理对象，围绕企业内部的业务链及工程施工作业链等来开展管理，缺乏对金融机构、供应商、承包商、客户等利益相关者的信息数据的及时反馈，并且缺乏对价值链业务流程再造的适应能力，现金流的流向、流量、流程、流速都无法适应价值链运营管理的要求，使得现金流资源不能得到合理、有效的配置，从而无法实现现金流营运管理的目标，最终将影响房地产企业及项目的价值增值。因此，对于房地产开发企业来说，构建基于价值链的现金流营运管理体系框架，创新现金流营运管理技术，完善现金流营运管理内容，使现金流营运管理适应价值链运营管理下的房地产开发环境，提高现金流营运管理决策有效性，增强现金流的使用效率，已成为迫切需要解决的课题。

第一节 价值链与现金流管理的关系

一、价值链与现金流管理的区别与联系

1. 价值链管理的目的是最大限度地增加企业价值

企业在各项信息资源的基础上,通过设计、开发、生产、销售等环节链接起与供应商、分销商、终端客户整合起来,从而发展为可持续发展的价值链联盟,进一步提升价值链的实际效率。现金流管理要在战略规划的指挥下,针对现金流安全、效益、效率等所展开的管理,并以此为基础为企业价值增值做贡献。企业在现金流的管理中有必要引入价值链管理,从而更好地以企业战略眼光来建立企业更好更稳的发展,是一种能为企业带来增值最大化的合理整合。

2. 现金流管理是以价值链管理作为基础管理

分为内外两部分的价值链与现金流的流动息息相关,如果没有价值链作为依托,现金流也将无法进行有效运转。企业进行价值链管理能够针对内部价值链进行优化,成为促进企业现金流的管理根基,从而令企业意识到价值增值的重要意义,提升企业在行业内的竞争实力。建立价值链能够使生产流程更为顺畅,通过共享各项与价值活动相关的信息和数据,有效整合了工作流、实物流、现金流、信息流。以此为基础来实现为现金流的有序化、有效化流转夯实前期管理根基。

3. 价值链管理是以现金流管理作为一个必要的量化依据

现金流管理与价值链管理息息相关,价值链管理的所有环节都与其紧密连接,通过对企业各项经营,来展现价值链价值的增幅。现金流管理则是一种基于价值链的、动态的、系统的管理思想,将现金流置于企业当前战略的首要地位。总而言之,现金流是衡量价值链管理的量化标准之一,是价值链中不可或缺的工具,更是非常重要的元素。

二、价值链与现金流管理的内在关系

现金流实质上就是阎达五教授指出的第四条资金流,是广义的动态的现金流。现金流管理理论不仅是价值链管理理论的一个组成部分,还是一套具有相对独立性的管理理论。工作流、实物流、信息流和现金流共同构成了价值链的四个基本链条。如果将一条价值链比作一个独立的个体人,那么四个链条中工作流就是人体机能,实物流是一个人的骨骼,信息流是神经中枢,现金流则是价值链的血液,只有良性现金流循环,才能保证价值链的正常运营。四大链条缺一不可,每个链条的断节都将造成价值链运营系统的瘫痪。

从现金流动循环中，我们可以看出，企业的经营活动无不伴随着现金的流动。而价值链又是一系列创造价值的价值活动（经营活动）的集合。因此，价值链的构建为现金流营运管理提供了基础。与此同时，现金流营运管理又是价值链运营管理的重要组成部分，价值链的实现也离不开现金流的营运管理，所以说，两者之间一脉相承，紧密相连，是一种水乳交融的关系，如图 17-2 所示。

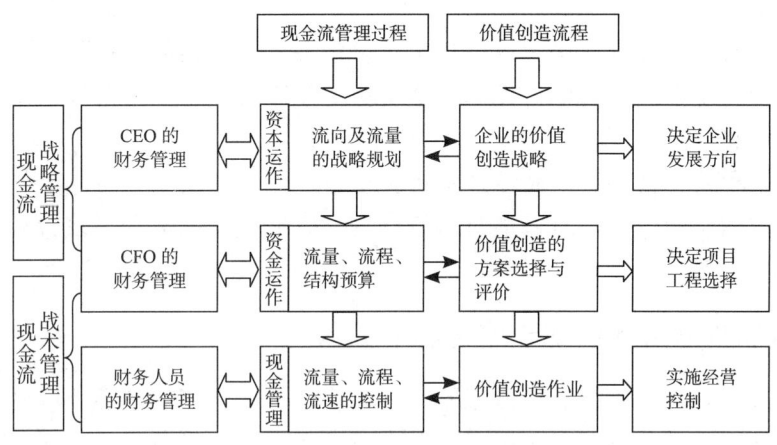

图 17-2　现金流管理与价值创造的内在关系及层次

第二节　价值链现金流管理目标细化分解

规划是事前管理，基于价值链的现金流规划是现金流管理的起点。它以现金流预算为工具，紧密结合价值链的业务流程再造，分解现金流管理总目标，重新规划和设计现金流管理制度，以预测企业未来的现金流流向和动态，为企业未来的现金流发展变化制订方针，并为现金流管理提供决策依据。

现金流管理总目标是现金流管理的方向和标识，是现金流流量、流程、流向和流速管理的指引和标准。因此现金流规划需以实现现金流管理的总目标为出发点和归宿，遵循现金流管理的可持续性、系统性、动态平衡性和对立统一性的指导原则，来分析价值链带来的现金流管理环境的要素变化，并将总目标分解细化为各个子目标，从而对价值链各个业务流程中现金流的流转实施更为有效的控制。

价值链将企业价值活动分为基本价值活动和辅助价值活动。基本价值活动是从接受物料开始直至产品销售并向顾客提供服务的业务流程。辅助价值活动是支持基本价值活动的业务环节。现金流管理总目标按照价值链的各个价值环节可以分解为若干个子目标，这些子目标互相联系、互相作用，共同构成了实现总目标的支持体系。

一、基本价值链活动现金流管理子目标

内部后勤和外部后勤环节都是企业实物流的关键环节,这两个价值链环节都是协调快速接收材料、发送产品、降低库存、实时调配生产进度及生产所需材料,合理进行车辆调度等活动。这两个环节的现金流管理子目标是通过加快物流流通,减少库存,降低现金的滞留和积压。

生产经营活动通过资源投入及产品生产过程来提高产品的价值含量。其现金流管理子目标是加速现金流转周期,发挥现金资源的使用价值,并通过降低生产成本实现减少现金支出的目的。

市场销售和服务是企业产品经过销售实现企业价值的环节,本环节的现金流管理子目标是通过适当的渠道销售、适时送货、提高服务质量等活动,改善和提高企业现金流入量。

二、辅助价值链活动现金流管理子目标

辅助价值链活动处于内部价值链的支持地位,其现金流管理会关联到基本价值链活动的各个环节。采购环节由于不仅涉及生产原料、生产设备采购,还包括其他职能部门所需办公用品的采购,所以采购也划入辅助价值链活动。采购对象是生产原料,生产原料的好坏直接影响生产经营环节的质量,所以采购环节是通过产品质量作用于现金流的,其现金流管理子目标是通过安排合理的采购地点、严把采购质量关和价格关,降低采购成本,增加未来现金流入量。

技术开发贯穿于企业价值链的各个环节,从基础研究到产品设计再到服务程序,技术开发对企业核心竞争力的形成起着重要作用,是企业价值增值的关键环节。企业要可持续化发展,就要充分重视技术开发,合理选择自主研发还是技术引进,保障技术研发成果的转化,以提高生产效率,产生现金流入或降低服务成本。本环节的现金流管理目标主要是保障技术开发的现金资源供应,并通过现金流的量化及时向技术开发环节反馈信息,反映技术开发的效率性。

人力资源管理包括企业所有类型人员的招聘、培训、开发、报酬等各种活动,它支撑着整个价值链。人力资源管理环节的现金流管理主要是增强企业员工薪酬体系的内部公平性和外部竞争性,保证合理及时地支付员工工资。

企业基础设施包括管理、计划、质量管理等事务,其对现金流管理的影响是通过整个价值链而不是单个活动实现的。这一环节的主要任务是围绕业务流程,做好整个企业的经营计划安排,加强产品质量控制,增强企业职能部门管理效率。该环节的现金流管理子目标是通过减少不必要的事务性现金流出,增加现金净流入。

三、外部价值链各环节现金流管理子目标

企业价值链是一个网络系统。基本价值活动和辅助价值活动是对内部价值链的划分,外部价值链是内部价值链的延伸,企业与供应商、顾客以及银行之间的活动构成

了外部价值链的环节，共同参与为顾客创造价值的活动。外部价值链主要是通过现金流循环周期及企业投融资能力影响现金流管理总目标，利益共享的供应商价值联盟能为企业应付账款的合理延期提供可能，顾客价值联盟会带来企业应收账款的加速回收；企业与银行之间的战略关系会减少企业现金流管理的成本，增强企业与银行之间借款还款的弹性。

综上所述，现金流规划将现金流管理总目标按照价值链环节进行分解，形成价值链现金流管理子目标体系如图 17-3 所示。

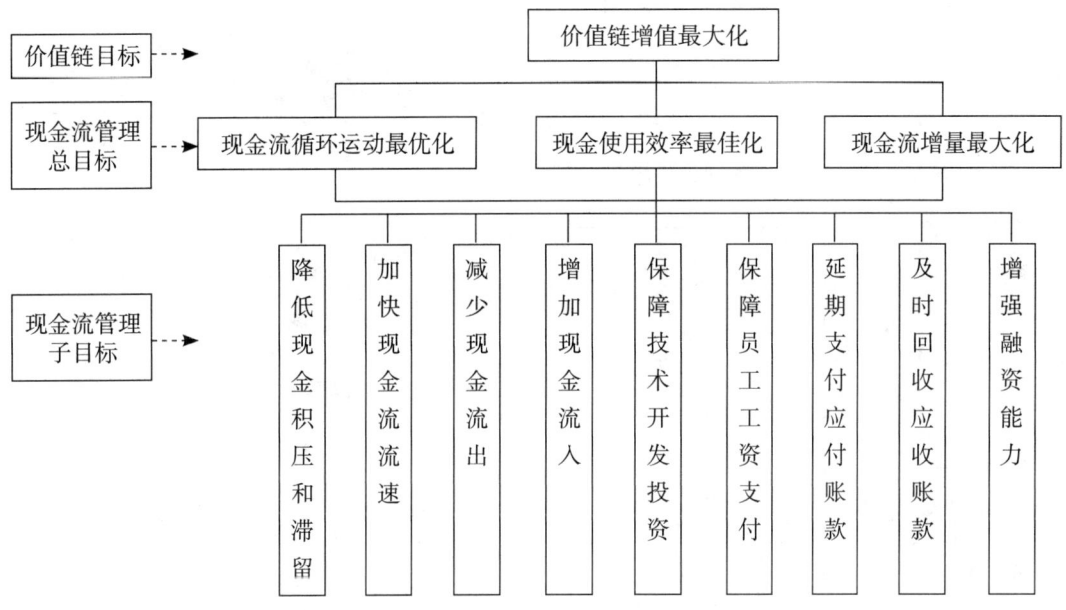

图 17-3 价值链现金流管理子目标体系图

第三节 价值链现金流营运管理框架体系

一、价值链现金流营运管理理论应用框架

基于价值链的现金流营运管理框架包括基本理论体系和应用理论体系两大部分。基本理论体系是应用理论体系的支撑，应用理论体系是基本理论体系的实践。

基本理论体系包括基于价值链的现金流管理概念、目标、原则、假设和环境。概念是对管理对象的界定，目标是管理的逻辑起点，原则是指导管理活动的依据，假设是研究的基础，环境是管理的外部条件。

应用理论体系包括现金流管理规划、控制和评价。规划是现金流管理的起点，按照价值链将现金流总目标的分解细化为各价值环节现金流管理子目标,以增强现金流管理目标的执行力。预算与现金流管理预测和计划起着相同的起点作用,为控制和评价提供标准。没有规矩不成方圆,制度建立为现金流管理提供了制度保证。控制是现金流管理的核心,是对现金流流量、流程、流向和流速四大要素和价值链各个价值环节的交叉控制。评价是对现金流管理效果的检验,分别对现金流的流动性、安全性、效益性和成长性四个方面进行评价。

基于价值链的现金流营运管理基本框架如图 17-4 所示。

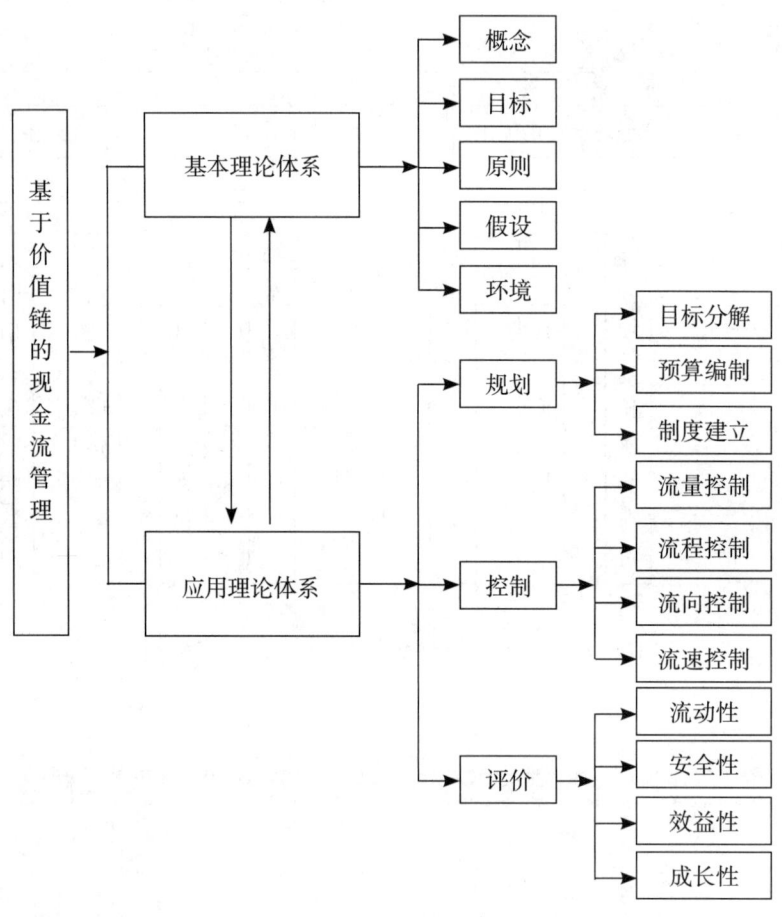

图 17-4 基于价值链的现金流营运管理基本框架

二、基于价值链的现金流营运管理分析框架

本书将基于价值链的现金流营运管理分为基于供应端价值链的现金流营运管理,基于销售端价值链的现金流营运管理及基于企业内部价值链的现金流营运管理。具体的分析框架见图 17-5。

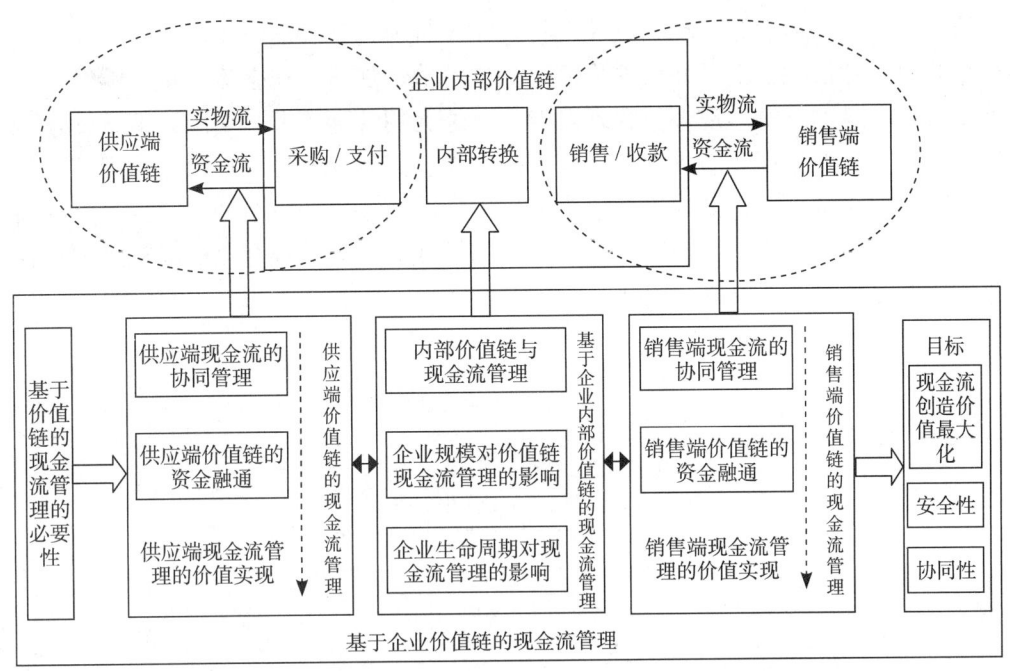

图 17-5　基于价值链的企业现金流营运管理分析框架

分析框架的上半部分,主要是企业价值链的实物流和资金流的流向及转换情况。下半部分,沿着基于企业价值链的现金流管理的必要性,到基于企业价值链的现金流管理,最终到达基于企业价值链的现金流管理的目标为主线。其中,基于企业价值链的现金流管理主要研究了供应端价值链的现金流管理、销售端价值链的现金流管理,以及基于企业内部价值链的现金流管理。

对供应端价值链的现金流管理主要包括三个方面,一是,在分析供应端价值链现金流获取的基础上,研究了供应端价值链的现金流协同管理;二是,在与传统融资模式对比的基础上,阐述了供应端价值链的资金融通;三是,合理安排供应端价值链的资金,主要通过建立现金流的协同管理机制、合理布局供应端价值链资金以及培育企业的上游供应商,实现价值创造与共享。

对销售端价值链的现金流管理主要也从三个方面进行研究:一是在分析销售端价值链现金流获取的基础上,研究销售端价值链的现金流协同管理;二是,销售端价值链的资金融通;三是,合理安排销售端价值链的资金,实现价值创造和共享。

基于企业内部价值链的现金流管理,主要研究通过作业链优化来降低产品成本、进行实时生产减少资金;企业规模对价值链现金流管理的影响;企业生命周期对价值链现金流管理的影响。

三、价值链现金流营运管理体系框架

现金流管理是指将现金流置于企业战略管理的高度,将其作为一种基于价值链的

动态的、系统的管理理念。现金流管理将贯穿于价值链管理的各个环节、各个层面，参与企业的经营活动，记录并反映价值链上的价值增加量。现金流在价值链管理体系中是要素与工具的统一。现金流管理对能动性地运用现金资源，增强价值链的运行效率起着非常重要的作用。因此，基于价值链的现金流管理就是将现金流管理理论与价值链管理理念相融合，充分利用企业内部价值链的业务流程重组和产业价值链战略关系的建立，在面对价值链管理所带来的机遇和挑战时，完善现金流的战略规划、控制和评价的内容和方法，如图 17-6 所示。

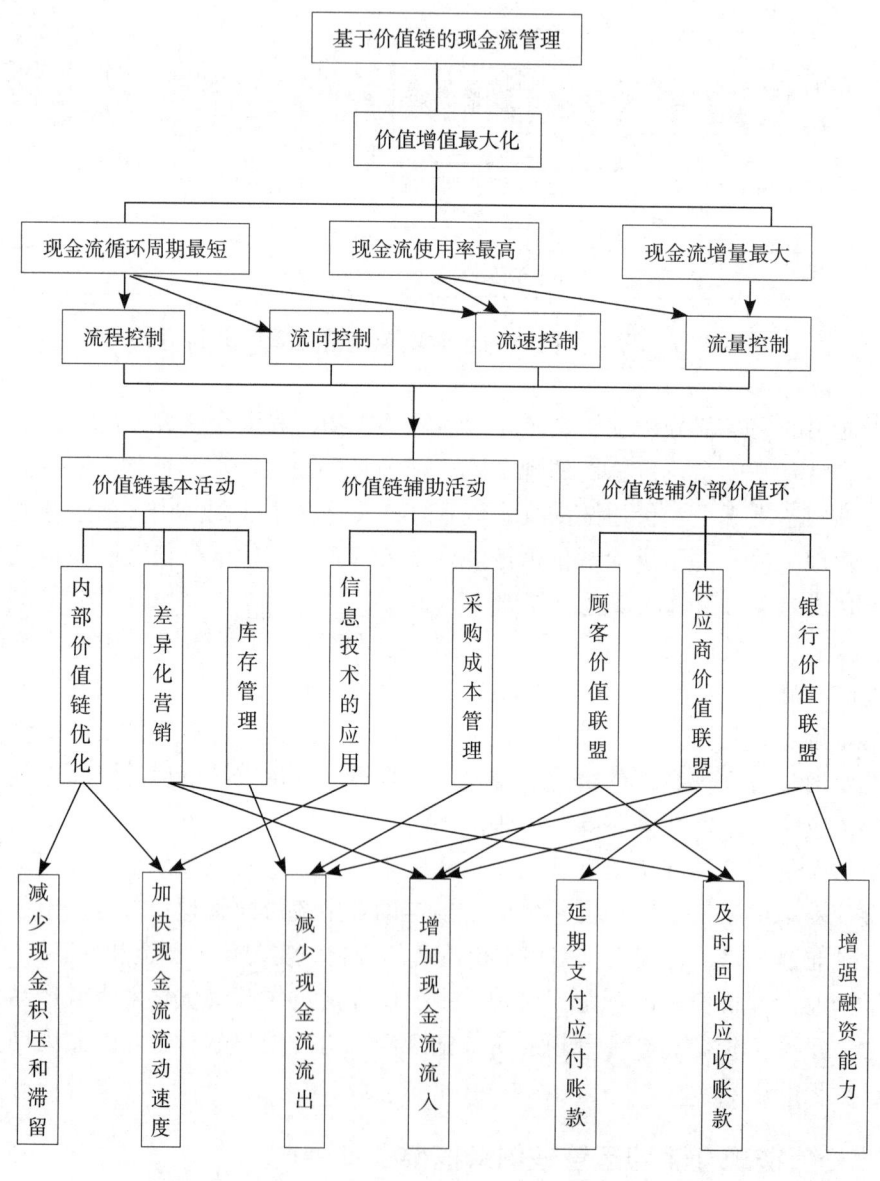

图 17-6 基于价值链的现金流营运管理体系框架

四、房地产／建筑施工企业价值链现金流营运管理系统构架

房地产开发建造营运活动的主要对象是房地产项目开发，交付使用的建筑产品也就是开发的项目，因此，从房地产企业的角度看，价值链就是从客户（购房者或业主）的有效需求出发，通过对现金流、工作流、实物流和信息流四大链条的有效管理，从投资决策、项目拿地、项目策划规划、产品设计、采购、施工建造、竣工验收、销售交付使用一直到后期的物业服务，将项目开发商（房地产开发企业）、金融供应商、规划设计商、材料供应商、建筑承／分包商、销售代理商、物业服务商、客户／业主等连成一个整体的结构模式，分为房地产企业内部的价值链和产业价值链。

基于价值链的房地产企业现金流管理是以价值链理论为指导思想，以实现房地产企业现金流管理为目的，通过对价值链的各个环节本身和对各个环节之间的联结来进行深入分析，以寻求现金流持续健康地流转和价值增值的途径和方法。其现金流营运管理框架如图17-7所示。

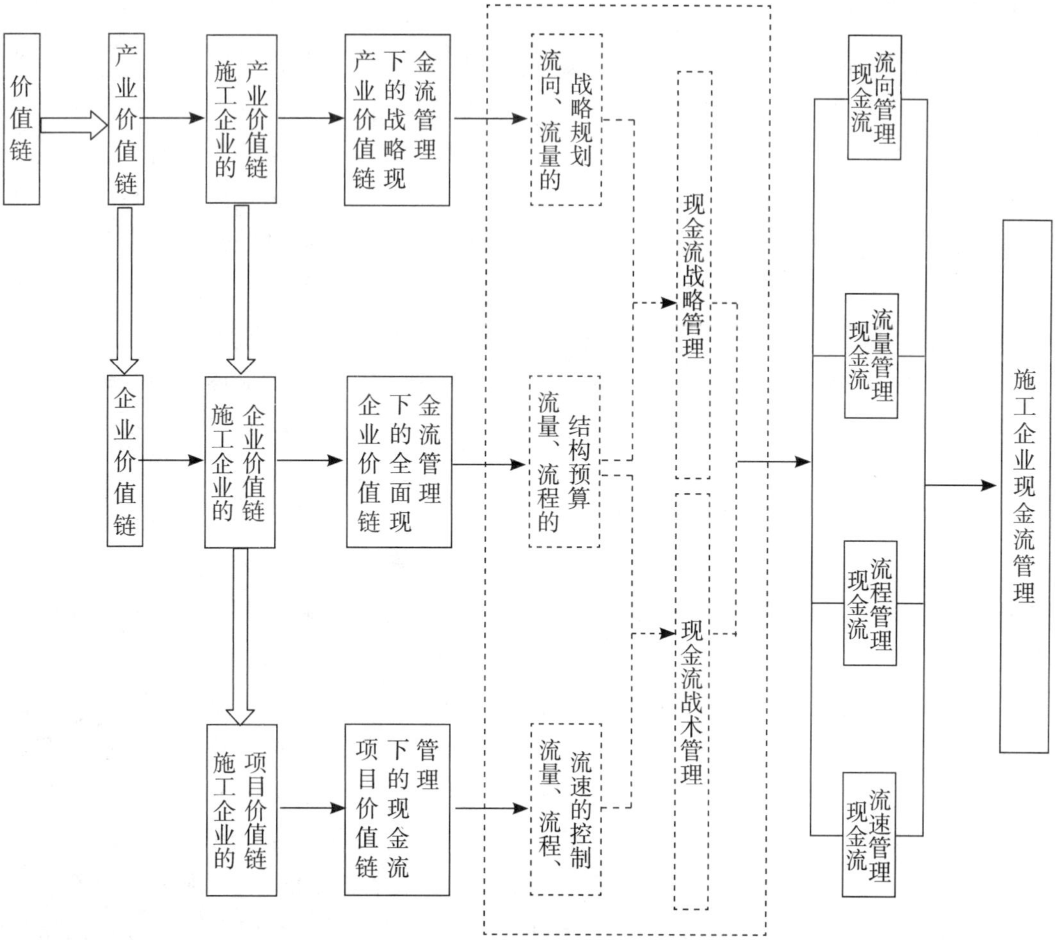

图 17-7　房地产／建筑施工企业价值链现金流营运管理系统框架

第四节　价值链现金流营运管理制度设计

　　房地产开发建造运营的特点和管理的要求是现金流制度设计的前提和基础。价值链管理模式下业务流程再造使企业的生产经营不再是顺序生产型的链条，而是以价值创造为核心的由基础价值活动和辅助价值活动及外部价值联盟组成的价值链。价值链管理对资源的配置发生了变化，它要求加大对价值增值环节人力、物力和财力的投入，同时缩减非价值增值环节的资源占用，现金资源分配也随之发生了相应的变化。现金流管理要适应价值链管理的新要求，必然要重新设计现金流管理制度。

　　基于价值链的房地产开发现金流营运管理制度设计可以分为以下几个部分。

一、供应商价值链现金流管理制度设计

　　价值链中企业与供应商的关系会影响企业的存货量、赊购物料应付账款的支付期间及生产原材料的质量。存货的多少影响现金流的占用量，现金处于滞留状态不会带来价值增值。企业采购大部分都是赊购，因为赊购可以享受现金流延期支付的收益。供应商对生产原材料质量的影响是通过作用于产品质量影响现金流的，顾客价值实现的基础就是产品的质量，原材料又是决定产品质量的关键，产品质量的提升会带来未来现金流流入的增加。供应商价值链现金流管理制度主要是根据企业从采购至支付现金的业务流程特点，对涉及的现金流进行管理设计，包括企业与供应商之间信用机制、现金流流速中存货管理制度、应付账款延期支付制度及其他与供应商有关的现金流管理制度。

二、内部价值链现金流管理制度设计

　　内部价值链是价值链的基础。供应商、顾客价值链是以企业有实力和能力为其带来价值才能构建起来的。内部价值链对现金流管理的影响最为直接。内部价值链划分为生产经营、市场营销、服务等基础价值活动及采购、基础设施、人力资源管理、技术开发等辅助价值活动，打破了原有按职能划分部门和职责。现金流转的整个流程和流量都发生了较大的变化，现金集中流向价值增值的业务环节，偏离不具有竞争优势的环节。内部价值链现金流管理制度设计涉及多个层面，包括现金流筹资管理制度、现金流内部控制制度、现金流投资管理制度。现金流筹资管理制度主要是对筹资渠道、筹资方式、筹资时机及筹资结构等筹资内容的规范。现金流内控制度是对现金流日常管理制度的设计，包括现金流管理权限制度、现金流流入流出审批制度及财务部门与其他职能部门之间现金流信息的传递制度等。现金流投资管理制

第17章 基于价值链的现金流营运管理

度是对现金流流出方向的规范,包括固定资产投资管理、无形资产投资管理、债券投资管理、股票投资管理等。

三、顾客价值链现金流管理制度设计

顾客价值链是价值链管理的导向,价值链的生产经营的动力来源于顾客需求。顾客价值链的构建需要企业加大对顾客价值的研究,包括对顾客需求的细分、顾客关系管理、售后服务管理及送货、结算方式的研究,这都会增加企业现金支出。现金流流速中应收账款的周转速度主要受到顾客价值链的影响,企业与顾客良好的信用关系会增加应收账款的回收速度,减少呆账、坏账的发生。这一价值链环节主要是根据企业从接受订单到回收现金的业务流程特点进行现金流管理制度设计,包括对企业顾客信用、订单处理方式、送货方式、结算方式、应收账款管理的设计。

四、价值环节各节点现金流管理制度设计

价值链是一个系统的网络,各个价值环节、各个作业之间不是孤立的。供应商、企业内部及顾客价值链之间的资源、利益的协调及信息沟通是价值链管理的难点。现金流管理制度设计除了要对供应商价值链、内部价值链和顾客价值链单独进行现金流管理制度设计,还需要明确各价值环节之间节点现金流管理权限的归属,对节点现金流流量、流向及流速进行量化指标设计,建立各价值环节之间现金流流动和现金流信息资源共享的协调政策,明确现金资源在各个价值环节之间的分配发生矛盾时分配的排序原则和排序标准,将有限的现金资源用于更有效的价值链建设中,提升企业整体现金流流量和现金使用效率。

第五节 基于价值链的现金流营运管理优化

一、现金流循环运动最优化

现金流转是指在生产经营中,现金变为原材料、固定资产等非现金资产,非现金资产又变为现金的流转过程。在持续经营的会计假设前提下,这种现金流转无始无终,不断循环,即为现金流的循环。正常经营条件下,价值链的构建使得现金流循环以顾客价值为导向,现金流逐渐向价值链前端运动,如图17-8所示。

现金流的循环运动有多条途径,有的现金流与实物流相交叉运动,有的现金用于购买固定资产,随着机器的耗损,其价值逐渐进入产品,最终通过产品销售行为回收现金,有的则通过企业的投融资行为直接发生现金流的进出循环。

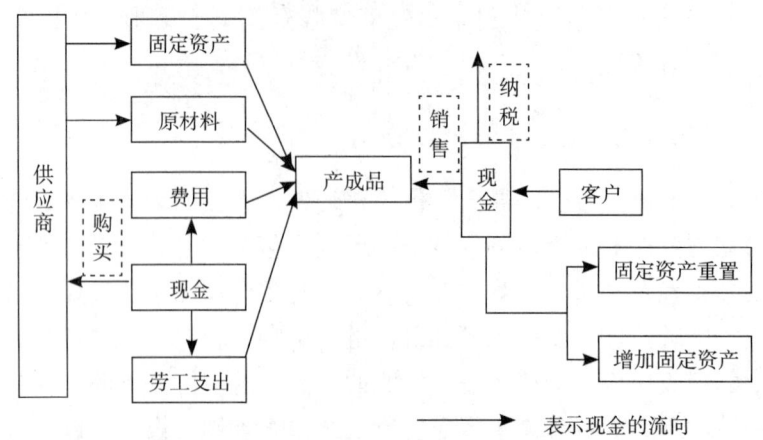

图 17-8 价值链与经营活动有关的现金流运动图

现金流沿着各条循环途径的循环周期不同，现金流流入流出比例也不同。现金流与流动资产之间的短期循环一般在一个经营周期内，原材料、产成品等短期资产的实物消耗与价值补偿通过产品销售一次完成，短期现金循环流入流出比例比较均衡；而长期现金循环中资产的价值需随着多个经营周期逐步回收和补偿，长期资产投资初期会有大量的现金流出，以后使用各期通过计提折旧计入费用得到价值补偿，而没有实际的现金流出，待到长期资产重置时一次性发生现金流出。价值链的构建优化了业务流程，将企业的非价值增值环节有效地压缩，建立了以顾客价值为导向的良性现金流循环系统，优化现金流循环运动，减少了现金流不必要的积压和堵塞，信息技术的应用也使各种现金循环周期不断缩减。例如，价值链中建立了与供应商之间战略合作伙伴关系，企业可以实现原材料的较少存货或零存货，减少了存货的积压。价值链以顾客需求为导向，产品以顾客多样化需求设计研发，产成品避免了销售环节的存货积压，也加速了现金流循环。基于价值链的现金流管理应在价值链提供了良好管理基础上，追求现金流循环运动的最优化。

二、现金使用效率最佳化

现金是非盈利资产，现金存量本身不创造价值，现金只有作为生产资料参与生产经营活动或投资活动才能获得价值增值。提高现金使用效率是通过合理的筹集资金，加快现金流高速畅通的流转，减少现金的时点存量，将有限的现金流最低限度地保持在非盈利状态，参与更有利于企业价值增值的经营活动和有利的投资利用空间，使现金增值。

价值链的构建带来了企业低成本、产品差异化的综合竞争优势，产品的低成本直接减少了现金流的流出量，产品的差异化使顾客愿意支付超过产品市场价值的价格购买该产品，增加了现金流的流入量，更多的现金流则流向研发、技术、知识等核心价值增值环节为其提供资金保障；或寻找投资机会，通过股票或债券取得投资回报。基于价值链的现金流管理应将有限资源用于更能创造价值的活动，追求现金使用效率最佳化。

三、现金流增量最大化

现金流增量最大化的目标与企业价值增值最大化的目标是统一的。企业的资金循环和周转的起点都是现金，用货币资金购买所需的资源，然后生产出新的产品。产品出售获得的现金流入量大于投入的现金量的部分，即为现金流增量。现金流量最大化不是现金流本身的流转问题，而是整个企业总体战略成功的体现，通过统筹合理地安排经营、投资、筹资活动，增加现金的循环使用次数，提高产品的投入产出比率并取得现实的现金净流入，减小资金使用成本，提高资金使用效率，才能从根本上保证现金流增量最大。

价值链通过内部价值环节的优化重组使得企业经营活动更为合理，企业与客户、银行、政府部门之间的利益共享关系，又为企业投资提供了更多的机会，带来了更多的筹资渠道。例如，企业与银行之间的关系就大大增强了企业的筹资能力。企业破产的直接原因是资不抵债，无法偿还到期债务。价值链中企业与银行或债权人之间建立在信用之上的战略关系，银行或债权人更了解企业的经营能力和产生持续现金流的实力，如果企业只是一时资金周转困难的情况下，或者企业的经营实力尚在，仅仅由于一时的决策失误造成企业一段时间内的资金短缺或无法偿还到期债务，联盟银行可以给予资金的支持，并帮助企业渡过难关，或适当延长企业的还款期限。而对于有实力的企业，暂时的资金缺口不会影响企业的盈利能力，等企业有实力周转资金的时候，可以偿还银行贷款。这样一来，企业渡过难关，降低了企业破产的风险，并对联盟银行有了更多的信赖，联盟银行也从中获得了利息利得，双方共赢。

传统的现金流管理比较注重现金流的流动性和安全性，缺乏对现金流效益性的认识。价值链管理使企业经营、投资和筹资活动更合理，会带来更大的企业价值增值，所以基于价值链的现金流营运管理追求现金流增量最大化。

第六节　基于价值创造的现金流营运管理

现金流是企业价值创造的源泉。很多房地产企业倒闭，不是因为账面亏损而是因为现金流断流，而现金流断流的根源在于现金流营运管理缺乏战略规划，缺乏现金流创值创造管理理念。对于房地产开发企业，坚持现金为王，不能局限于现金流的安全性、平衡性，更应加强现金流的价值创造管理。

一、价值创造的现金流营运管理体系

基于价值创造的现金流营运管理体系如图17-9所示。

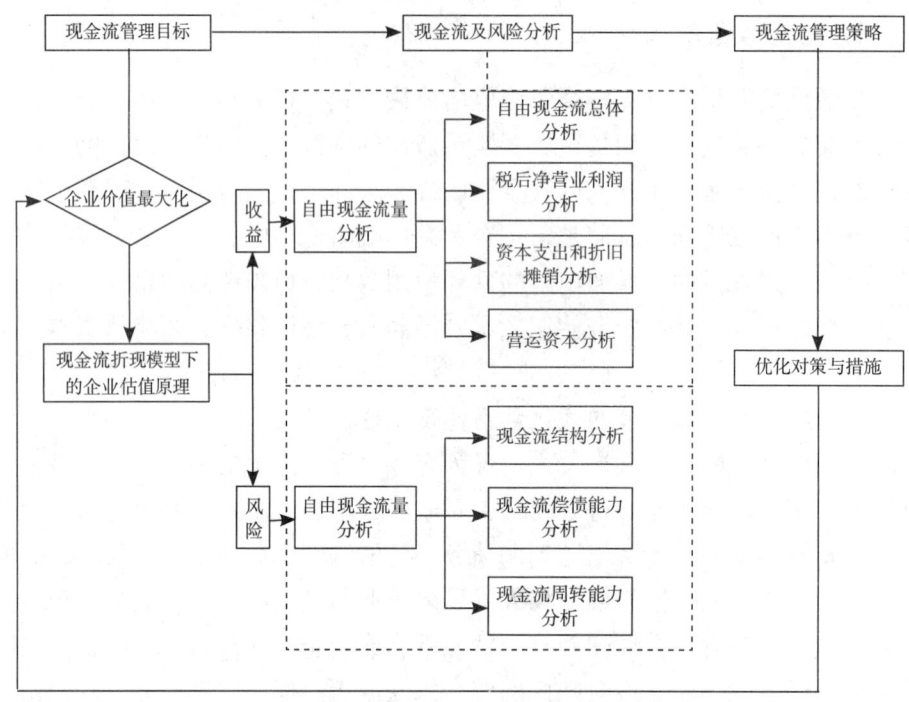

图17-9 基于价值创造的现金流营运管理体系

如图17-9所示,以价值创造为导向的现金流营运管理,就是要从企业价值最大化的目标出发,根据现金流折现模型下企业估值的原理,从影响企业价值的两大驱动因素:收益和风险进行分析,最后提出现金流营运管理的策略。

二、价值创造的现金流营运管理策略

1. 以流动性与可持续增长为目标的筹资策略

筹资是维持现金流动性与可持续增长目标的重要手段。筹资决策是对筹资规模、筹资渠道及具体筹资方式等因素的考量。其中,筹资规模受制于企业经营、投资行为对现金的需求,而筹资渠道则直接与筹资成本及风险相对应。筹资策略首先应考虑现金流管理的流动性目标,适度的流动性主要依靠持续的内生现金流和外源筹资的灵活性来维系。前者一般来源于折旧、摊销及利润的留存,是现金流动性目标最为稳固的保障;后者需落实在筹资渠道与方式的选择中。企业不同的筹资渠道归结为内源资本与外源资本两类。其中外源资本包括权益资本和债务资本,体现可持续增长目标的筹资策略同样是内源筹资为主导,外源筹资为辅助,将前者作为企业价值增长的原动力,而后者仅是调整企业财务结构的手段，并且对于两者构成的决策应形成一种成本与风险权衡的筹资策略。具体而言，在企业日常现金周转中，由新增的内生自由现金流及与之匹配的债务性现金流所维持的企业价值增长模式，即稳健的企业可持续增长模式，其稳健性体现为成本较低、风险可控。

2. 以创值能力为基准的投资项目评估策略

投资决策是对企业现金流流向的决策，决定企业的市场定位和业务定位，决定企业稀缺的财务资源在营运资本、有价证券及固定资产等现金占用项目上的具体分布。VBM（Value Based Management，基于价值的管理）框架的宗旨是将企业稀缺的资源分配到能够创造价值的项目中。因此，必须借助一定的评估手段来明确判断即将从事的投资项目（业务）是否能够创造价值，以及创值的程度。以创值能力为基准的投资项目评估，要考查项目未来所创造的现金流量以加权平均资本成本为折现率所折现的现值的高低，或更直接地将项目的投资回报率与加权平均资本成本相比较。以创值能力为基准进行投资项目评价是防止企业盲目投资的有效方式。而投资项目未来现金净流量的实现程度，是决定其能否创值以及创值能力高低的关键，也是内生自由现金流产生的源泉。

3. 以自由现金流为参照的利润分配策略

企业自由现金流是指企业在支付了包括新增项目与营运资本等资本性支出和所得税之后剩余的现金流，包括向股东、债权人在内的企业权利要求者支付现金之前的全部现金流量，一般由债务性自由现金流和权益性自由现金流构成。其中，包括债务本金、利息及新债在内的债务性自由现金流在一定程度上有其既定性，剩余的权益性自由现金流可反映出在不影响企业持续增长前提下可供股东分配的最大现金余额。所以，利润分配既是一次筹资决策，又是一次企业利益相关者目标的协调。而企业价值最大化的终极目标是多方利益协调最终达到总和最大的结果。权益性自由现金流是股东财富实现程度的具体体现，所以企业能够创造的自由现金流量越多，就越能得到资本市场上众多投资者的追捧。在利润分配的决策中充分考虑自由现金流的因素，对股东的分配以此为限，即对股东分红需求的满足，对其投资信心的提升，是企业价值持续增长的保证。事实上，决定股利分配数额的权益性自由现金流的高低从根本上仍旧取决于内生自由现金流的多寡。通过以上分析可得出结论：内生自由现金流不断增长意味着企业价值的持续增值。基于过程为导向的特质，VBM框架下的企业价值型现金流的管理过程，就是企业充分利用自有财务资源，适度借力于外源资金，持续创造自由现金流的过程。

三、价值创造的现金流营运管理途径

企业财务管理循环是指企业投资活动、筹资活动及经营活动的循环过程，这三类活动影响企业的价值驱动因素并创造价值。企业财务管理循环同时也是结合现金流管理循环的过程，企业进行价值创造的具体过程如下。

1. 投资活动现金流的价值创造

投资活动是企业一切经营活动管理活动的前提。投资活动包括长期投资和短期投资。长期投资决策不仅影响企业当前现金流的支出,更决定企业未来现金流流入的规模、时点和方式,长期投资决定企业可持续发展能力。短期投资决策即营运资本决策,具体包括确定现金、应收账款与存货的持有规模及企业营运资金的管理决策。短期投资影响企业现金流的安全性、流动性和使用效率。在战略上合理规划企业长期投资的投资规模与投资方向,在战术上合理安排和筹划短期投资运营资金的来源与运用。投资活动从战略上决定企业的资源分配,决定企业资源所能够创造的价值的空间大小。

2. 经营活动现金流的价值创造

企业经营涉及企业的采购、产品生产、产品销售及税金支付等一系列日常管理活动,决定企业自身进行现金流创造的能力,是企业价值创造的源泉。在投资活动的基础上,经营活动通过预算控制,合理分配企业的资源,通过企业经营管理业务流程的优化提高企业资源的周转利用效率,通过建立科学绩效评价指标,及时调整和优化企业经营业务的价值创造行为。经营活动是企业正常运作的关键环节,经营活动决定企业资源的利用效率,决定企业价值创造的实现程度。

3. 融资活动现金流的价值创造

企业的融资活动,一方面为企业投资经济活动提供资金保障,加速企业的增长发展速度,另一方面动态改变企业的资本结构和财务风险,影响企业资本成本。基于企业价值创造的驱动因素模型,融资活动的以上两个特质从两个方向共同影响企业的价值,因而融资管理是企业价值创造管理活动的战略组成部分。对企业融资活动进行管理,一方面,融资活动通过企业现金流的匹配管理,实现资金周转的安全性和流动性,降低企业财务风险;另一方面,通过优化融资管理模式,实现资金成本的降低。融资活动为加速企业价值创造提供资源支撑。

四、价值创造(EVA)的现金流营运管理矩阵

我们可以把房地产企业的现金流分为四种类型,分布于四个矩阵:Ⅰ增值型现金短缺,Ⅱ增值型现金剩余,Ⅲ减损型现金剩余,Ⅳ减损型现金短缺,如图17-10所示。针对不同类型的现金流选择不同的营运管理战略对策。

第Ⅰ象限:增值型现金短缺

此类型 EVA>0,继续目前的经营会带来企业的价值增加,所以企业应保留该业务单元或企业。但因为其产生的现金并不足以支持销售的增长,所以会遇到现金短缺的问题。企业可采取如图17-11所示的调节措施。

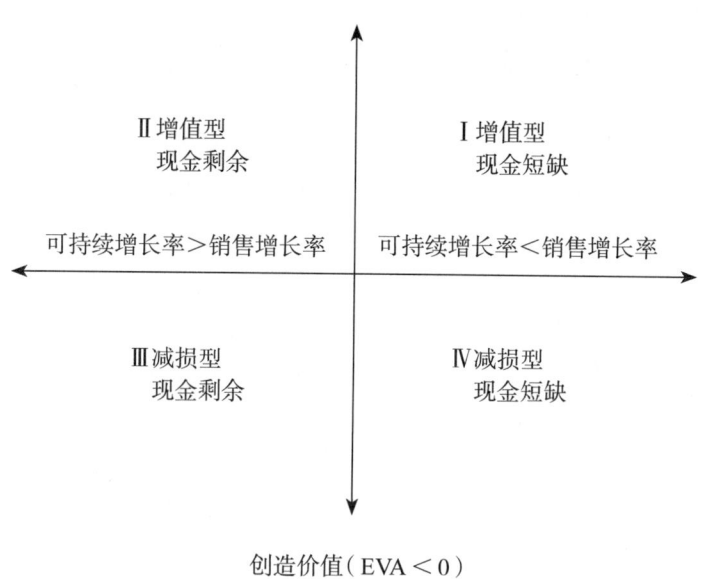

图 17-10 价值创造型现金流营运战略选择矩阵

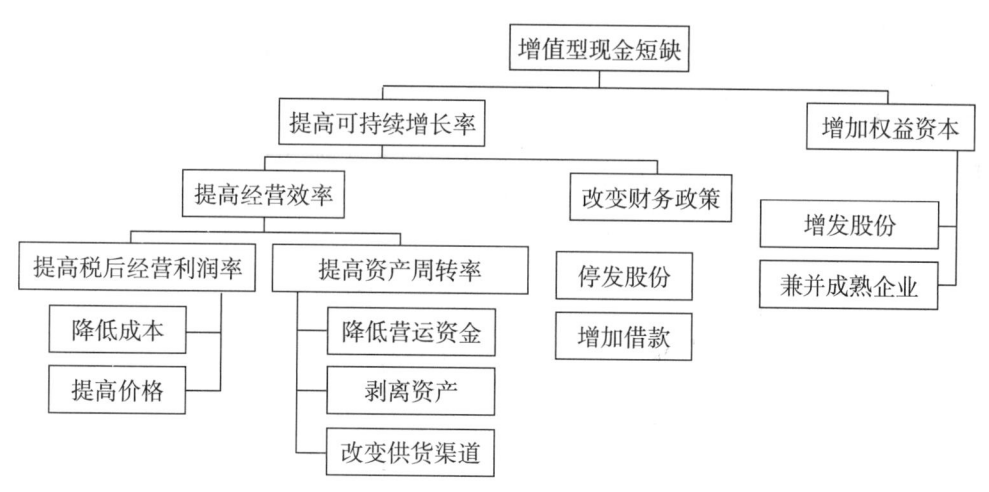

图 17-11 第Ⅰ象限企业适用的现金流营运战略

（1）提高可持续增长率。提高可持续增长率的方法包括提高经营效率和改变财务政策。经营效率的提高，需要寻求突破性的改善。其具体途径包括：①提高销售利润率：降低成本、在一定程度上提高价格；②提高资产周转率：降低营运资金、剥离部分资产、改变供货渠道。

现金流管理财务政策的改变可以通过：①降低股利支付率，即提高留存收益率；

②增加借款的比例。但增加借款时要注意，它可能会对业务单元的资本结构、资金成本产生影响，进而会对 EVA 产生影响，所以企业管理者在实施此措施时应事先进行权衡，以确保筹资后仍能使企业创造价值。

（2）增加权益资本。如果可持续增长率的提高仍不能解决资金短缺问题，就需要设法增加权益资本，包括增发股份和兼并成熟企业两种方法。

第一，增发股份。在增发股份的同时按目标资本结构增加借款，以维持目标资本结构。增发股份的必要前提是所筹资金有更高的回报率，否则不能增加股东财富。其缺点是分散了控制权，而且会稀释每股收益。第二，兼并成熟企业，即兼并"现金牛"，其增长缓慢、现金剩余的特点可以改善企业现金短缺的现状。

若无法通过以上两类途径解决资金短缺问题，或增加的资本不能有效地经营，即不能投资于创造价值的业务单元，则可以通过降低某些经营活动的规模或通过放弃那些利润率低的、资产周转慢的资产和服务来使该业务单元的增长率与其自我维护增长率相适应。这个战略的主要目的是通过使业务单元进入更加细分的市场竞争来提高保留业务的价值创造能力。

第 II 象限：增值型现金剩余

这一类型的企业或业务单元既有充足的现金又能够创造价值，但是通常都增长缓慢，自身经营产生的现金超过销售增长的需要，出现现金剩余。所以企业所需做的只是如何更好地利用现金盈余为企业创造更多的价值。企业可对其采取如图 17-12 所示的措施。

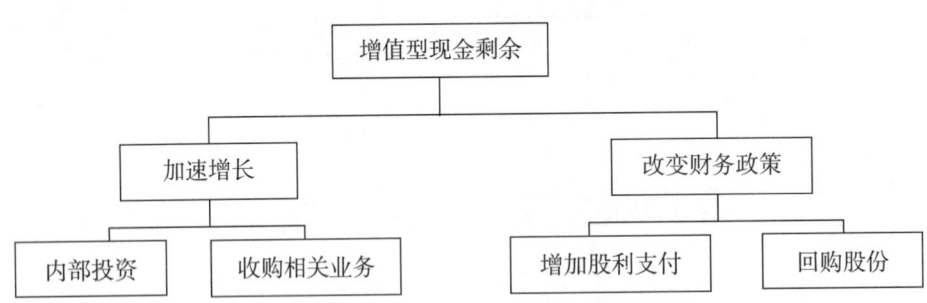

图 17-12　第 II 象限企业适用的现金流营运战略

（1）利用现金剩余加速增长。①内部投资：扩大产销规模，增加生产线，建立大宗分销渠道等；②收购相关业务：收购相关业务，迅速扩大规模。不过企业经过几次购并浪潮的盲目乐观之后，逐渐积累的证据表明，购买增长并没有给股东带来多少好处。购并所支付大笔的溢价，使买主得到的只是中等或较差的投资。

（2）如果加速增长后仍有剩余现金，则应把多余的现金还给股东。企业可以提高现金股利支付率，或是回购股份。

第Ⅲ象限：减损型现金剩余

在这个象限中 EVA<0，企业的价值创造成负向增长，同时现金的剩余存在，表明企业的资源未得到充分利用，存在被收购的风险。减损型现金剩余的主要问题是盈利能力差，而不是增长率低，简单的加速增长很可能有害无利。首先应分析盈利差的原因，寻找提高经营利润率或降低资本回报率的途径。在这个象限下应实施的措施如图17-13 所示。

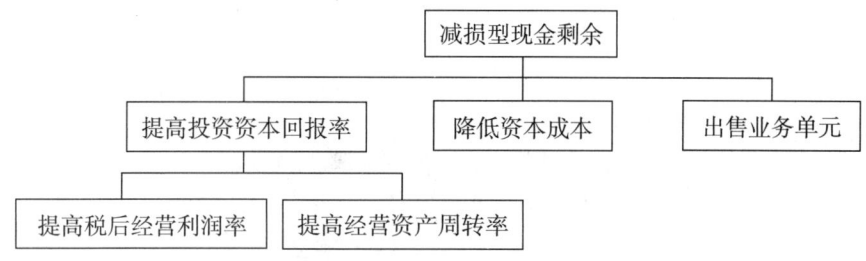

图 17-13　第Ⅲ象限企业适用的现金流营运战略

（1）首选战略是提高税后经营利润率，包括扩大规模、提高价格、控制制造成本等。
（2）审查目前的资本结构政策，以降低加权平均资本成本。
（3）提高经营资产周转率，降低应收账款和存货等资金占用等。
（4）如果通过以上方法仍然无法改变价值减损的状态，只好出售给能够管理得更好的人。

第Ⅳ象限：减损型现金短缺

处于这一象限的企业或业务单位正在减损企业的价值，并且由于增长缓慢遇到现金短缺的问题。由于价值和现金都在被蚕食，需要快速解决问题。有关战略选择如图17-14 所示。

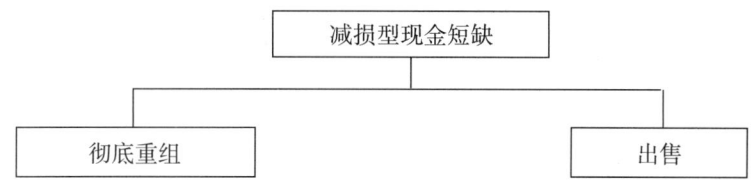

图 17-14　第Ⅳ象限企业适用的现金流营运战略

（1）彻底重组，如果盈利能力低是本公司独有的问题，应仔细分析经营业绩，寻找价值减损和不能充分增长的内部原因，对企业或业务单元进行彻底重组。

（2）出售，如果盈利能力低是整个行业的衰退引起的，企业无法对抗衰退市场的自然结局，应尽快出售以减少损失。即使是企业的独有问题，由于缺乏核心竞争力，无法扭转价值局面的，也需要选择出售。

企业在不同象限中采取的具体现金流战略措施归纳如表 17-1 所示。

表 17-1　各象限现金流战略措施归纳

象限区域	特点	现金流战略措施
Ⅰ 增值型现金短缺	企业有良好的价值创造能力，但产生的现金流不足以支持其增长	1. 提高经营效率：重构价值链，降低成本，减少资金占用，提高价格。 2. 剥离部分资产：将资产利润率较低的资产剥离出去。 3. 改变供货渠道：减少自制，减少资金占用，提高资金周转率。 4. 拓展融资渠道。 5. 停止支付股利，增发股份，增加借款比例。 6. 兼并成熟企业：兼并增长缓慢、有多余现金的企业
Ⅱ 增值型现金剩余	能够创造价值，但不具备良好的成长性	1. 扩大规模，加大投资管理。 2. 收购业务，迅速扩大规模。 3. 增加股利，回购股份。 4. 加速增长，内部创业或收购相关业务。 5. 分配现金剩余，增加股利支付或回购股份
Ⅲ 减损型现金剩余	不能使企业增加价值，但有比较富余的现金流，存在被收购的风险	1. 提高投资资本回报率：加强资产管理、提高经营效率、提高经营资产周转率，调整新竞争优势。 2. 调整资本结构：审查目前资本结构政策，负债比率不当。 3. 降低资本成本、出售业务单元
Ⅳ 减损型现金短缺	企业股东价值被蚕食，且没有充足的现金支持发展需要	1. 彻底资产重组：精简机构，节约成本。 2. 出售：争取新权益资本投入，争取被并购机会，变卖不使用资产

第五篇

精算纳税筹划

纳税筹划，顾名思义是对企业的纳税情况进行筹划，合理安排企业经营活动，形成纳税决策，以达到合理节税的目的。

纳税筹划并非偷税漏税，偷税漏税是企业隐瞒税收收入，通过虚报瞒报财务报表达到少缴税款的目的。两者的性质不同：前者合法，后者违法。

第 18 章

纳 税 筹 划

第一节 纳税筹划概述

一、纳税筹划的起源和发展

1935年，英国的汤姆林爵士在审理"税务局局长诉温斯特大公"的案件中，第一次提出了纳税筹划的理念，将纳税筹划作为一种合法的观点提出。这一观点得到了法律界的认同和社会的关注，开辟了法律认可税收筹划的先河。自此之后有了越来越多的纳税筹划方面的研究，以下是几种主要的观点：

美国加州大学的 Meigs 博士提出了纳税筹划的概念："在经济活动发生之前，通过合理而又合法地安排自己的纳税活动，达到减少税负的目的，这个过程可以称之为纳税筹划。"[①] 这是首次从学术的观点阐述纳税筹划的概念。

国际财政学会 (International Fiscal Association) 所属的荷兰国际财政文献局对纳税筹划的概念进行了阐述："纳税筹划是一种事前经济活动，以降低企业的税负作为目标来对企业的投资、经营过程进行安排。"[②] 可以看出这个概念的观点较为片面，没有关注到合法性的基本前提，会给企业带来纳税风险。

印度税务专家 E.Tomsett 认为，"税收不仅是企业的一种负担，还是经营活动中的一项重要内容，对企业来说它既是一种机遇，也是一种挑战。"[③] 这是首次将纳税筹划融入公司的经营战略中，认为纳税筹划不仅是降低企业的税负，而是要满足企业的经营战略，追求企业利益最大化。

印度税务专家 Yasaswy.N.J. 指出："纳税筹划是以税法的规定为前提，在税法规定的合法范围内，利用税收优惠政策来安排纳税人的财务活动。"[④] 该书首次提出纳

---

① W.B.Meigs, R F Meigs. Accounting [M].Prineeton: Prineeton University Press, 1984: 738-776.
② IBFD.International Tax Glossary[J].IBFD, Amsterdam, 1988, 67.
③ E.Tomsett.Tax Planning for Multinational Companies, Woodhead-Faulkner [J].Vision Books Pvt, 1995, 54:113-117.
④ Seholes M.S., M.A.Wolfon, M.Eriekson,E.L.Maydew, T.Shevlin.Taxes and Business Strategy:A Planning Approach.New Jersey:Prentice Hall[J].Management Accounting, 1979:65-69.

税筹划对财务活动会产生影响。

英国税务学者 Seholes 和 Wolfon 首次提出了"有效纳税筹划"概念，直接指出"早期传统纳税筹划的理论将降低税负作为最主要的目标，没有考虑筹划过程产生的隐形非税收成本，这样会因为筹划的交易成本导致最终筹划效果不佳或者筹划失败。有效的纳税筹划应将影响筹划的各因素综合考虑。"[①]

二、纳税筹划的定义

迈伦·斯克尔斯等在其名著《税收与企业战略》中明确指出：税收筹划是一种节税活动。这虽然也是一种节税观点，但他在论述为什么要学习税收筹划时比较了不同的方案，比较方案的结果用的是税后积累，这证明他并非纯粹地认为纳税筹划是一种节税的观点。[②]

美国南加州大学 W.B. 梅格斯博士在《财务会计》（第九版）中对税收筹划有以下描述：人们合理而又合法地安排自己的经营活动，以缴纳可能的最低的税收。他们使用的方法可称为税收筹划……少缴税和递延缴纳税款是税务筹划的目标所在。他指出，在纳税发生之前，有系统地对企业经营或投资行为做出事先安排，以达到尽量减少缴纳所得税的目的，这个过程就是纳税筹划。[③]

诺贝尔经济学奖获得者斯科尔斯 (Scholes) 等人，在他们编著的《税收与企业战略》(Taxes and Business strategy) 中提出了纳税筹划所要达到的目标是税后利润最大化的观点，他们运用现代契约理论的基本观点与方法，分析并研究了在经济不对称条件下的现实市场上，不同类型的纳税筹划产生和发展的过程。[④]

印度那西亚税务专家雅萨思危所著的《个人投资与税收筹划》中提出：纳税筹划是指纳税人通过税务活动的安排，以充分利用税收法规所提供的包括减免税在内的一切优惠，从而获得最大的利益。

刘昀在《企业纳税筹划的思考》一文中将纳税筹划定义为：在纳税业务发生前，企业通过合理安排涉税的经营活动，在不违反法律的情况下，达到节税的目的。[⑤]

高梅英在《企业税务筹划问题探讨》中对税收筹划的定义为：纳税人为了达到节税目的而制定的科学的节税规划，也就是税法规定范围内，在符合立法的精神的前提下，通过对经营、投资、理财活动的筹划，而获得的节税收益。[⑥]

张中秀在《纳税筹划宝典》中的定义为：纳税筹划，是指通过对纳税业务进行筹划，

---

① Yasaswy, N.J.Personal Nvestment and Tax Planning [J].Vision Books Pvt, 1994,10:57-59.
② 迈伦·斯科尔斯，马克·沃尔夫森(美).税收与企业战略：筹划方法 [M].北京：中国财政经济出版社,2004.
③ W.B. 梅格斯.财务会计（第九版）[M].北京：机械工业出版社,1998.
④ Seholes M.S., M.A.Holfon, M.Eriekson, E.L.MaydeH, T.Shevlin. Taxes and Business Strategy:A Planning Approach[M].NeH Jersey:Prentice Hall, 2002.
⑤ 刘昀.企业纳税筹划的思考 [J].会计师，2013（17）:27-28。
⑥ 高梅英.企业税务筹划问题探讨 [J].中外企业家，2014（27）:15-16。

制定一套完整的纳税操作方案，从而达到节税的目的。①

蔡昌在《税收筹划方法与案例》中给税收筹划下的定义为：税收筹划在微观上是指纳税人在实际纳税义务发生前对纳税负担的低位选择，即纳税人在法律许可的范围内，通过对经营、投资、理财等事项的事先安排和筹划，以充分利用税法所提供的包括减免税在内的一切优惠政策，从而获得最大的税收利益；税收筹划在宏观上是指经济实体在税收法规许可的范围内，通过对经营和财务活动的合理筹划和安排，达到减轻税收负担目的的行为。②

在对纳税筹划的定义中，可以总结出以下三点：第一，税收筹划的主体是具有纳税义务的单位和个人；第二，纳税筹划的过程和措施必须是科学的，必须在税法规定的范围内并符合立法精神，在不违反法律的情况下进行的经营、投资、理财的活动；第三，纳税筹划的目的是节税，使得企业获得最大的税收收益。

尽管目前对于纳税筹划的定义表述很多，但无论在国内还是国外都没有形成一个统一的定义。但是不难发现这些表述在界定的本质上并没有太大的区别，基本包含以下内容：

第一，纳税筹划的目的是减少纳税成本，同时不增加纳税风险。

纳税人在纳税方面的利益主要是经济利益，它可以分为直接经济利益和间接经济利益。直接经济利益是指纳税人不纳或少纳税款而获得的利益；间接经济利益是指由于纳税人延期纳税、回避纳税风险及降低纳税成本而获得经济利益。

第二，纳税筹划的内容是纳税人的涉税行为。

纳税人所有的涉税行为都是纳税筹划的内容。自企业设立之日起，一直到企业废止清算的整个过程，都是纳税筹划的范围。从本质上来说，它涉及企业从开始的筹资到投资经营及最终分配的全过程。

第三，纳税筹划的前提是既不违反国家的法规政策，又不违背纳税人的整体利益。

纳税筹划是纳税人在国家法律法规及政策允许的范围内，合理筹划自己的各项经济事项，它不同于偷税、漏税、逃税、抗税这些违法行为，纳税筹划是以合法性为前提的。纳税筹划与偷税、漏税、逃税、抗税的界限在于是否承担纳税义务。纳税筹划是通过规划纳税主体的涉税事项，使自己不承担、少承担或推迟承担纳税义务，而偷税等不法行为是事实上已经承担了纳税义务却不履行纳税义务。同时纳税筹划的目的是争取企业利益的最大化，当预期的纳税筹划方案与纳税人其他因素相冲突的时候，有时需要放弃既定的筹划方案，以适应纳税人整体的财务战略。

第四，纳税筹划的定义有广义与狭义之分。

广义上的纳税筹划是指为减轻或者规避税负，防范、减轻甚至化解税务风险，提前筹划、决策经营事项，在减轻税务负担的情况下使自身的合法权益得到保障。

狭义上纳税筹划是纳税人为减少税收负担，利用税法特性进行的节税行为或为转

---

① 张中秀.纳税筹划宝典[M].北京：机械工业出版社,2004.
② 蔡昌.税收筹划方法与案例[M].广州：广东经济出版社,2003.

移税收收入进行的转税行为。狭义的纳税筹划包括避税、节税、转税三个方面。避税筹划就是纳税人通过研究税法，利用税法的特性，提前安排经营活动，规避或减轻税务负担的非违法、不受法律制裁的行为。节税筹划就是纳税人利用税法优惠政策，提前部署或制造有利条件来享受税收优惠的行为，以达到节约税款的目的。转税筹划是指纳税人在不愿承担税负或无力承担税负的情况下，通过抬高或降低商品的价格，将税款转移给消费者或供货商的行为。

基于上述的理解和认识，作者认为，纳税筹划是纳税人在国家法律法规的范围内，以税收法律法规为准绳，综合运用多种方法以减轻税收负担、获得纳税方面的利益，规避涉税风险，为实现其财务目标而进行的方案选择，谋划与安排活动。

三、纳税筹划的概念

纳税筹划包括避税、节税、规避"税收陷阱""税收风险"、税收转嫁筹划和涉税零风险等方面的概念。（1）避税，是相对于逃税而言的一个概念，是指纳税人采用不违法的手段，利用税法中的漏洞、空白获取税收利益的筹划。（2）节税，是指纳税人在不违背税法立法精神的前提下，利用税法中固有的起征点、免征额、减税、免税等一系列的优惠政策和税收惩罚等倾斜调控政策，通过对企业筹资、投资及经营等活动的巧妙安排，达到少缴国家税收的目的。这种筹划是纳税筹划的组成部分之一，理论界早已达成共识，国家也从各方面给予扶持。（3）规避"税收陷阱""税收风险"，是指纳税人在经营活动中，要注意不要陷入税收政策规定的一些被认为是税收陷阱的条款。如《增值税暂行条例》规定：兼营不同税率的货物或劳务，应分别核算，未分别核算的，从高适用增值税税率。如果我们对经营活动不进行事前的纳税筹划，就有可能掉进国家设置的"纳税陷阱"，从而增加企业的税收负担。（4）税收转嫁筹划，是指纳税人为了减轻自身的税收负担，通过对销售商品的价格进行调整，将税收负担转嫁给他人承担的经济活动。由于通过转嫁筹划能够实现降低自身税负的目标，因此我们也将其列入纳税筹划的范畴。（5）涉税零风险，是指纳税人生产经营账目清楚，纳税申报正确，税款交纳及时、足额，不出现任何税收违法乱纪行为，或风险极小，可忽略不计的一种状态。

当谈及进行纳税筹划，一般人都认为是指企业或个人运用各种手段直接减轻自身税收负担的行为，其实这种认识是相当片面的。因为，纳税人除了减轻税收负担不会直接获得任何税收上的好处，但可以避免涉税损失的出现，这也相当于实现了一定的经济收益，这种状态就是涉税零风险。作者认为，实现涉税零风险也是纳税筹划的重要内容。

四、纳税筹划的原则

1. 合法性原则

纳税筹划的首要原则是合法性。所谓合法主要是纳税筹划使用的方法合法、方案实施过程合法、筹划结果合法，它具体包括两方面的含义：守法和不违法。守法是指遵守税收法律法规的规定，按照法律法规的要求进行经济活动；不违法是指纳税人的涉税行为不在国家税收法律法规的范围内，也就是说，税法存在某种漏洞和缺陷，使纳税人有了可乘之机。守法是按照法律的规定行事，不违法虽然没有按法律的规定行事，但是也没有触犯法律，从广义上说，守法和不违法都是合法的。

2. 经济性原则

纳税筹划的过程中必须要付出相应的成本，纳税筹划成本包括三方面的内容：一是筹划成本，设计筹划方案时要投入人力，比如，聘请专业的筹划人员，或者定期对财务、税务人员进行培训；二是实施成本，筹划方案在实施时，需要支出相应的成本，比如增设物业公司、对现有的公司结构进行改变等；三是风险成本，也就是前面说的纳税筹划的过程存在一定的风险性，如果筹划失败，企业会受到税务机关的处罚，给企业带来经济和声誉方面的损失。既然纳税筹划的目的是追求经济利益，那必然要考虑筹划过程的成本—收益分析，只有当纳税筹划节约的税额小于纳税筹划的成本时，筹划才是有意义的。

3. 系统性原则

纳税筹划渗透在企业的各个环节，比如，房地产开发企业，在前期的开发建设环节，销售环节到保有环节，都涉及纳税筹划，各环节之间是相互关联的整体，通过筹划力求降低企业的整体税负而不是某一税种或某一环节的税额，同时要将企业长远的发展与企业的发展战略结合起来通盘考虑。

4. 事先筹划原则

在日常经济活动中，企业往往是在经济业务发生之后，才向国家缴纳税款，而一般情况下，国家的税收法律法规制定在先，税收法律行为发生在后，虽然纳税筹划必须符合现行的税收法律法规的规定，这样的时间错位，也为纳税人的筹划活动创造了有利条件。纳税人可以适时根据已经了解的税收法律规定，调整自身的经济业务情况，选择最佳纳税方案，争取获得最大的经济利益。如果没有进行事先的筹划活动，待到纳税义务发生时再进行筹划，纳税筹划便会失去意义。这个时候若想减少税收负担，只能采取一些不合规定的措施，最终的结果也只能是得不偿失。因此，在进行纳税筹划时，最好的时机是经营业务尚未发生时。

5. 保护性原则

纳税筹划具有合法性，纳税筹划要求企业更为细心、安全地保存经济业务发生的依据，例如，记录企业经济业务发生的原始凭证、记账凭证及账簿等。《中华人民共和国税收征收管理法》规定，由于纳税人计算失误或者错误，造成未交税款或少缴税款的，税务机关可以在一定年限内，一般为3年，特殊情况为5年，追征少缴的税款，以及加收滞纳金；若由于税务机关的原因，造成纳税人未缴纳税款或少缴纳税款的，可以在3年内要求纳税人补缴少缴或未交的税款。如果企业保存好经济业务发生时的各项凭证，一旦发生税收争议，可以保护企业的合法权益。

6. 预见性原则

纳税筹划的预见性包括两个方面:

第一,对纳税人自身经济活动的预见,纳税筹划的本质是回避纳税义务和纳税风险。也就是说,纳税筹划要在是否承担纳税义务、何时承担纳税义务或者如何承担纳税义务等方面做出选择。应该清楚的是,企业从成立之日起就已经成为潜在的纳税人,一旦发生涉税活动,变成了现实的纳税义务人。纳税筹划的关键就是在企业成为现实的纳税义务人之前,合法地对如何回避纳税义务和纳税风险及如何承担纳税义务的方式和时间等方面进行规划和运筹,以便取得纳税上的利益。如果经济业务已经发生,纳税义务已成为现实,再谈纳税筹划已经没有意义。

第二,对外部筹划环境的预见。应该说任何一个筹划方案都只有相对合理性,没有一个方案是永远都适用的。原因是,企业自身的经营活动在变,企业外部的经营环境也在变,尤其是国家税收法律法规的变化对纳税筹划的影响更大,所以纳税筹划方案不可能一成不变,无期限有效的,它具有很强的时效性和针对性,是一定区域、一定时期、一定经济环境与企业经营活动相结合的产物。

7. 适时调整原则

税收政策会随着国家经济的发展而发展,随着市场情况的变化而变化。纳税筹划是伴随着税收活动产生的,税收政策一旦发生变化,筹划方案就应该调整,否则就可能失效。可能在一定时期内,纳税筹划方案是有效的,但是随着时间的推移,政策、法规的调整,纳税筹划方案就会变得不合规定,甚至违背法律的要求。所以,企业在设计纳税筹划方案时,要密切注意市场情况的变化和国家对于自己行业的调控政策的变化,根据自身的经营环境和经营特点,有针对性和时效性地设计和选择纳税筹划方案,及时修正纳税筹划方案,实现企业价值最大化的财务管理目标。

五、纳税筹划的目标

一般说来,企业开展纳税筹划主要有三个目标。

1. 纳税成本最小化

纳税成本最小化是企业纳税筹划所追求的一个目标,在纳税筹划时,企业常常忽略的是纳税本身也是有成本的,所以纳税成本最小化的目标,也被称为"节约纳税成本"目标。在使得纳税成本降低的过程中,并不是单单追求绝对缴纳税款数额的降低,而是考虑多方因素,在税负降低时,有没有影响到其他经济指标,倘若在筹划后,税负降低了一点,而其他经济指标却大幅下降,则没有达到纳税筹划后企业价值最大化的目的,纳税筹划失效。倘若,在纳税筹划后,原本应该缴纳的税款数额减少或减免、延期缴纳,而其他经济指标又没有受到较大影响,这样的纳税筹划才是有效的纳税筹划。

2. 涉税风险最小化

涉税风险通常指在纳税人在纳税过程中所面临的各种风险,包括采取各种应对纳税行为所产生的风险,纳税相关的工作疏漏导致的风险,甚至对税法知识理解不清楚而增加纳税成本的风险。这些风险细分起来还可以分为权力风险、管理风险、政策风险等。

其中，权力风险是指纳税人为了减轻税负，不惜采用寻租的方式以达到少缴税款的目的，这种方式实际是不明智的，不仅可能造成纳税成本的增大，而且可能会触犯行政法规或者法律，最终受到惩处。管理风险往往是不可控的，是指由于税务管理部分的原因导致纳税人负担了超过纳税人本身应该负担的税负风险。政策风险是日常生活中常见的，一般是指纳税人不了解税法或者对税法了解不清楚，导致不能很好地享受税收优惠或享有自己的应有权利的风险。

纳税筹划的目标就是要把这些风险都降到最低，纳税筹划具有合法性，它保证了账实相符、及时申报纳税、足额缴纳税款，降低了纳税人错误申报或由于计算失误所带来的税收惩处的风险。同时，选择了纳税筹划合法地取得了税收利益，保障了纳税人的权益，就降低了选择寻租的可能性，对企业的发展也是有利的。此外，纳税筹划时，有时需要及时与税务部门沟通与交流，在某种程度上也能让税务机关更好地了解企业，降低管理风险。

3. 实现财务目标

每个企业在经营过程中，都有想要实现的财务目标，纳税筹划作为一种降低企业税负，实现相对税收利益的活动，也不能超越企业的财务目标单独存在。因此，纳税筹划的定位应该是帮助企业更好地实现其财务目标的一种活动，纳税筹划的目标是实现企业的财务目标。纳税筹划目标依托于企业其他财务活动目标，如投资、筹资、经营活动等，在这些活动展开时发挥作用，使各种活动更加顺利地进行，更好地实现企业的目标。如果没有这些活动的开展，纳税筹划就是无本之木。所以，进行税务筹划不能本末倒置，撇开财务活动单纯地谈纳税筹划。通过纳税筹划帮助企业更好、更大限度地实现其财务目标，是对纳税筹划目标合理、准确地阐释和定位。

第二节　纳税筹划技术

根据纳税筹划技术所依据的原理，采用的方法和手段不同，国内目前一般把纳税筹划技术分为三类：即节税筹划技术、避税筹划技术和税负转嫁技术，其中，从税制要因素考虑，节税筹划技术可以归纳为以下几种：免税技术、减税技术、税率差异技术、分割技术、扣除技术、抵免税技术、延期纳税技术、退税技术等税收优惠技术。在具体操作中，这几大技术不是一成不变的，而是可以相互转化的。

一、节税筹划技术

节税筹划技术主要是根据税制构成要素进行的筹划，主要有：

1. 免税技术

免税方式有法定免税、特定免税和临时免税三种，其中后两种免税方式带有不公平性和随意性。免税筹划技术就是利用税法规定的免税条件，尽量争取免税额最大、免税期最长。比如，国家对新办企业和高新技术企业都给予一定的免税期，企业可以合理加以利用。

2. 减税技术

减税筹划技术就是尽量争取获得减税待遇使其减税额最大、减税期最长。这就需要企业仔细研究所处行业的减税政策及各地区的减税优惠政策，从而使企业可以利用这些优惠政策获得减税。

3. 税率差异技术

税率差异技术就是在不违反税法的前提下，尽量利用税率的差异，使因之减少的应纳税款最大化。对税率进行筹划，分清对象核算，可以获得很大的节税效益。

4. 分割技术

分割技术就是使应税所得、应税财产在两个或更多个纳税人之间进行分割而使少纳的税款最大化。房地产开发企业涉及的土地增值税是累进税率，计税基础越大，适用的边际税率也越高。如果能合法地将增值额在两个或更多个纳税人之间进行分割，可以使计税基础缩小，从而降低最高边际适用税率，节减税款。

5. 扣除技术

扣除技术就是使税前扣除额、宽免额和冲抵额等尽量最大化。在同样收入额的情况下，各项税前扣除额、宽免额和亏损等冲抵额越大，计税基础就越小，应纳税额也越少，所节减的税款就越多。比如，税法对职工薪酬、业务招待费、广告费等都规定了具体的扣除办法，企业一定要熟悉这些规定，用足费用扣除标准。

6. 抵免税技术

抵免税技术就是使税收抵免额尽量最大化、重复纳税额最小化。各个国家往往规定了多种税收抵免，如国外所得已纳税款抵免、研究开发费用、节能环保材料等抵免。税收抵免额越大，应纳税额越小，所节减的税款就越多。对房地产开发企业来说开发新户型、使用节能环保材料既可以增强产品竞争力还可以增加税收抵免额。

7. 延期纳税技术

延期纳税技术就是尽量采用延期缴纳税款的节税技术，即递延纳税。它是纳税人根据税法的有关规定将应纳税款推迟一定期限缴纳。递延纳税虽不能减少应纳税总额，但纳税期的推迟可以使纳税人无偿使用这笔款项而不需要支付利息，对纳税人来说等于降低了税收负担，纳税期的递延有利于资金的周转，也可以使纳税人享受通货膨胀带来的好处。这一技术对当前处在通货膨胀经济环境中的房地产开发企业来说意义尤为重大。房地产开发企业资金需求量大，利息负担沉重，如果能够向税务机关争取到递延纳税，等于节省了一笔不菲的利息费用。

8. 退税技术

退税技术就是尽量争取获得退税待遇并使退税额最大化的节税技术。许多国家的税法都规定了投资退税、出口退税、先征后退等退税政策，纳税人在已缴纳税款的情况下，退税无疑降低了税负。

二、避税筹划技术

避税筹划技术是纳税人在现行税法的框架下，为降低税负而采用的某些手段和技巧。其主要是从缩小税基、降低税率两方面筹划，常见的技术有以下两种方法。

1. 价格转让法

价格转让法亦称转让价格法、转让定价法。它是指两个或两个以上有经济利益联系的经济实体为共同获取更多利润和更多地满足经济利益的需要，以内部价格进行销售活动，这是避税实践中最基本的方法。

为保证集团整体利润最大化，关联企业之间经常发生大量的交易往来，其价格可能会高于或低于正常成本，甚至根本不考虑成本，这种价格一般称为"非正常交易价格"或"非竞争价格"，而局外人很难获得这种定价的全部真实资料。各国为防范避税，对关联企业及其交易都有界定。我国于2008年1月1日实施的《中华人民共和国企业所得税法实施条例》中的"特别纳税调整"就是针对关联交易的规定，关联交易必须按照独立交易原则确定价格，企业应当在税务机关规定的期限内提供与关联业务往来有关的价格、费用的制订标准、计算方法和说明等资料。即便规定如此严格，企业还是可以在不违反税法规定的范围内合理运用转移定价。

2. 成本（费用）调整法

成本（费用）调整法是通过对成本（费用）的合理调整或分配（摊销），抵消收益、减少利润，以达到规避纳税义务的避税方法。应该指出，合理的成本（费用）调整和分摊，应是根据现行税收法规制度、会计准则等，在可允许的范围内所作的一些"技术处理"，它不是违反有关法规制度，不是乱摊成本、乱计费用。成本（费用）调整法适用于任何企业，主要方式有存货核算方法的选择、折旧的计提方法的选择和费用的摊销年限的安排等。

3. 融资（筹资）法

融资法即利用融资技术使企业达到最大获利水平和使税负最轻的方法。融资是关系企业生存和发展的一项重要理财活动。企业的融资渠道很多，但从避税角度分析，企业之间资金拆借，选择向银行或其他金融机构贷款比较好，而靠企业自我积累效果最差（自我积累资金的形成需时较长、归投资人所有的资金在企业内部使用也不会产生税前抵扣效应）。

4. 租赁法

租赁可以获得双重好处，对于承租方来说，它可以避免长时间拥有机器设备而增加负担和承担风险，同时，又可以在经营活动中以支付租金的方式冲减企业利润，减少应纳税额；对于出租方来说，获得的租金收入通常比经营利润享受优惠的税收待遇，也是一种减轻税负的行为。

5.低税区避税法

低税区避税法是最常见的避税方法。低税区包括税率较低、税收优惠较多、税负较轻的国家和地区。我国的经济特区、国务院批准的经济技术开发区、高新技术产业园区等都属于低税区。此外，世界上有些国家或地区，如巴哈马、开曼群岛、英属维尔京群岛等都属于国际避税港或低税区。

三、税负转嫁技术

税负转嫁技术是纳税人通过一定的方式和途径，将自己的税收负担转嫁给他人的方法和技巧。通过税负转嫁方式，纳税人可以补偿税收负担。

税负转嫁方式主要有向前转嫁、向后转嫁、混合转嫁、旁转、消转、税收资本化等方式，如图18-1所示。

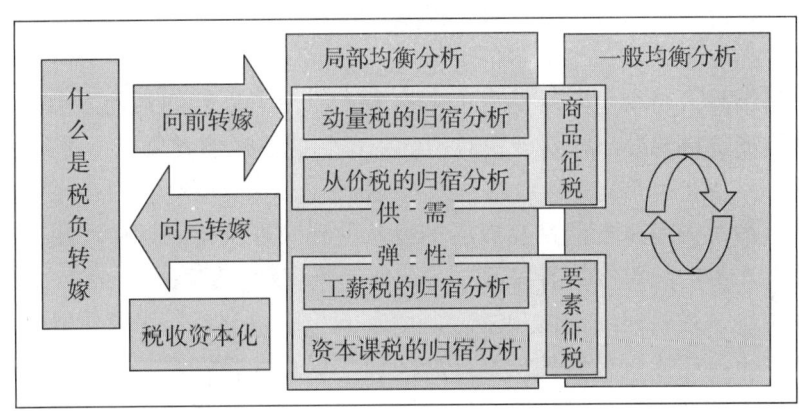

图18-1 税负转嫁方式

1.向前转嫁

向前转嫁指纳税人将其所纳税款顺着商品流转方向，通过提高商品价格的办法，转嫁给商品的购买者或最终消费者负担。前转是卖方将税负转嫁给买方负担，通常通过提高商品售价的办法来实现。在这里，卖方可能是制造商、批发商或零售商，买方也可能是制造商、批发商或零售商，但税负最终主要转嫁给消费者负担。由于向前转嫁税负是顺着商品流转顺序从生产到零售再到消费的，因而也叫顺转。前转的过程可能是一次，也可能经过多次，例如，对棉纱制造商征收的棉纱税，棉纱制造商通过提高棉纱出厂价格将所缴纳的税款转嫁给棉布制造商，棉布制造商又以同样的方式把税负转嫁给批发商，批发商再以同样方式把税负转嫁给零售商，零售商也以同样方式把税负转嫁于消费者身上。向前转嫁税负顺利与否要受到商品供求弹性的制约。税负前转实现的基本前提条件是课税商品的需求弹性小于供给弹性。当需求弹性大时，转嫁较难进行；供给弹性大时，转嫁容易进行。

2. 向后转嫁

向后转嫁即纳税人将其所纳税款逆商品流转的方向，以压低购进商品价格的办法，向后转移给商品的提供者，也称为"逆转"。例如，对某种商品在零售环节征税，零售商将所纳税款通过压低进货价格，把税负逆转给批发商，批发商又以同样的方式把税负逆转给制造商，制造商再以同样方式压低生产要素价格把税负逆转于生产要素供应者负担。税负后转实现的前提条件是供给方提供的商品需求弹性较大，而供给弹性较小。在有些情况下，尽管已实现了税负前转，但也仍会再发生后转的现象。

3. 混合转嫁

混合转嫁又叫散转嫁，是指纳税人将自己缴纳的税款分散转嫁给多方负担。混转是在税款不能完全向前转嫁，又不能完全向后转嫁时采用。例如，织布厂将税负一部分用提高布匹价格的办法转嫁给印染厂，一部分用压低棉纱购进价格的办法转嫁给纱厂，一部分则用降低工资的办法转嫁给本厂职工等。严格地说，混转并不是一种独立的税负转嫁方式，而是向前转嫁与向后转嫁等的结合。

4. 旁转

旁转是指纳税人将税负转嫁给商品购买者和供应者以外的其他人负担。例如，纳税人用压低运输价格的办法将某课税对象的税负转嫁给运输者负担。

5. 消转

消转是指纳税人用降低课税品成本的办法使税负在新增利润中求得抵补的转嫁方式，即纳税人在不提高售价的前提下，以改进生产技术、提高工作效率、节约原材料、降低生产成本，从而将所缴纳的税款在所增利润中求得补偿。因为它既不是提高价格的向前转嫁，也不是压低价格的向后转嫁，而是通过改善经营管理、提高劳动生产率等措施降低成本增加利润，使税负从中得到抵消，所以称之为消转。消转有合法消转和非法消转两种形式。前者指采用改进技术、节约原材料等方法，从而降低成本求得补偿；后者指采用降低工资、增加工时、增大劳动强度等方法，从而降低成本求得补偿。采用第二种形式一般遭到雇员的反对，所以纳税人一般采用第一种形式。但消转要具备一定的条件，如生产成本能递减、商品销量能扩大、生产技术与方法有发展与改善的余地、物价有上涨趋势及税负不重等。

6. 税收资本化

税收资本化亦称"赋税折入资本""赋税资本化""税负资本化"。它是税负转嫁的一种特殊方式，即纳税人以压低资本品购买价格的方法将所购资本品可预见的未来应纳税款，从所购资本品的价格中作一次扣除，从而将未来应纳税款全部或部分转嫁给资本品出卖者。比如，某一工业资本家甲向另一资本家乙购买一幢房屋，该房屋价值50万元，使用期限预计10年，根据国家税法规定每年应纳房产税1万元。甲在购买之际将该房屋今后10年应纳的房产税10万元从房屋购价中作一次扣除，实际支付买价40万元。对甲来说，房屋价值50万元，而实际支付40万元，其中的10万元是甲购买乙的房屋从而"购买"了乙的纳税义务,由乙付给甲以后代乙缴纳的税款。实际上,甲在第一年只需缴纳 1 万元的房产税,其余的 9 万元就成为甲的创业资本。这就是税收资本化。它一般表现为课税资本品价格的下降。赋税折入资本必须具备一定的条件:课税对象必须是资财,每年均有相同的税负;另有不予课税或轻税的资财可购;课税品必须具有资本价值等。

第三节 房地产企业精算纳税筹划方法

一、"营改增"房地产企业税种分析

房地产行业税种繁多,涉及十多种税种,是我国全部税种的一半还多,占我国税收总量的 60% 左右,同时重复征税的问题严重。在"营改增"之前,销售过程中,既要按照销售的全额征收营业税,又要按照增值额征收土地增值税,交易过程中双方要缴纳印花税,买方还要缴纳契税,不仅在各环节涉及的税种繁多,而且纳税额都较大。根据统计,税收的成本占到房地产成本 30%～40%。自 2016 年 5 月 1 日起,房地产企业实施"营改增"政策,对房地产行业的重复征税有一定的缓解作用。"营改增"后按照国家税收制度规定,房地产开发公司需要缴纳的税种有 11 种,分别是:增值税、土地增值税、企业所得税、城镇土地使用税、印花税、城市维护建设税、教育费附加、地方教育费附加、房产税、契税、耕地占用税。这 11 种税种分布在房地产企业的开发建设阶段、销售阶段和持有阶段。房地产开发公司各开发环节的主要税种,如表 18-1 所示。

表 18-1 房地产开发公司各开发环节的主要税种

开发环节	经济业务	税种	计税依据	税率
开发建设环节	取得土地使用权	城镇土地使用税	实际占用土地面积	16～27 元
		契税	购买价格	3%～5%
	工程招标	印花税	交易合同价	0.03%
销售环节	转让土地使用权、销售建筑物	增值税	全部价款和价外费用,扣除当期销售房地产项目对应的土地价款后的余额	11%(5% 的征收率)
		土地增值税	增值额与扣除项目的金额比率	四级超率累进税率
		企业所得税	企业应纳税所得额	25%
		印花税	转让土地使用权或销售房屋	0.05%

（续表）

开发环节	经济业务	税种	计税依据	税率
持有环节	以自用或出租形式持有	房产税	房产余值（自用）	1.2%
			租金收入（出租）	12%
		城镇土地使用税	实际占用土地面积	16～27元

除了以上涉税事项，房地产企业在开发建设和销售环节中还要承担大量其他的税费，此处并未一一列举，税费的负担在房企的成本中占比很大。

二、房地产企业纳税筹划的切入点

纳税筹划不是盲目进行的，存在客观的空间限制，必须在客观环境允许的范围内实施。总体上讲，纳税筹划要受宏观的国家政策和经济形势、微观的企业经营状况和人文环境等因素的影响。进行纳税筹划，关键是要找到切入点。

纳税筹划的切入点大体可以分为以下几类。

1. 从主要税种切入

对纳税人来说，主要税种就是与企业主营业务有关的或与主要经济事项有关的税种，一般为流转税、企业所得税和个人所得税。税收筹划可以针对一切税种，但由于不同税种的性质不同，税收筹划的途径、方法及其收益也不同。在切入时，要考虑三个因素：一是经济与税收相互影响的因素，也就是某个特定税种在经济活动中的地位和作用；二是税种自身的因素，这主要看税种的税负，弹性税负弹性大，税收筹划的潜力也越大。一般说来，税源大的税种，税负伸缩性也大；三是企业的发展目标和发展阶段。本阶段的目标往往决定了企业面临的主要税种和承担的主要税负，这对以后的企业税负也会有影响，需要认真进行筹划。

2. 从纳税的重点环节切入

有些小税种对企业虽然并不是主要税种，但也需要针对其纳税的关键环节进行筹划。比如，所有者权益增加时，怎样缴纳印花税的问题；选择什么样的经济合同贴花问题；企业房产确定原值时，要考虑土地使用权价格与土地工程价款剥离会对房产税产生影响；等等。

3. 从税收优惠切入

纳税人如果充分利用税收优惠条款，就可享受节税效益。因此，用好、用足税收优惠政策本身，就是税收筹划的过程。但选择税收优惠作为税收筹划的突破口时，应注意两个问题：一是纳税人不能曲解税收优惠条款，滥用税收优惠，以欺骗手段骗取税收优惠；二是纳税人应充分了解税收优惠条款，并按法定程序进行申请，避免因程序不当而失去应有的权益。

4. 从影响应纳税额的几个因素切入

应纳税额的计算公式为"应纳税额＝计税依据×税率"。这个公式告诉我们，计税依据越小，税率越低，应纳税额就越小。进行税收筹划，要抓住这两个因素，选择合理、合法的办法来降低应纳税额。

5. 从税制改革的机遇切入

税制改革对很多企业来说是机遇与影响并存。针对税制改革，企业税收筹划的基本思路是：用好税制改革的机遇，对税改后可能会增加优惠的项目，税改前不要办，税改后去办；避免税制改革不利因素的影响，把税改后会增加负担的项目，尽量在税改前办妥；对于税改后利弊不确定的项目，尽量税改前不结案、不封账、不下结论，使这类项目增加可变性。

三、房地产企业精算纳税筹划途径

纳税人纳税筹划的目的是在法定范围内最大限度地减少自身的纳税支出并获取最大经营净收益，实现企业财务管理总目标。因此，在探讨税务筹划的方法之前，首先应分析企业取得节税收益的途径有哪些。一般来说，制约企业税额大小的因素主要有：企业的经营行为是否为应税行为，应税行为涉及哪些税种，税收优惠政策计税基础的大小，税率的高低，纳税时期的确定等。而纳税筹划的结果就是通过调整这些因素，使企业的税收负担减轻，或使企业总体收益最大，因此，节税途径可以归结为以下几条。

1. 规避税收负担

规避税收负担是指纳税人把资本投向无税负或轻税负的地区、产业、行业或项目上。这样，纳税人就能在激烈的市场竞争中，占据税收上的优势，以增强竞争实力和获取更高的资本回报率。

2. 税收负担从高向低的转换

这是指就同一经营行为存在多种纳税方案可供选择时，纳税人就低避高，选择低税负纳税方案，以获取节税利益。

3. 递延纳税

这是指纳税人在遵守税法的前提下，将有关应税项目的纳税期向后递延。延迟纳税可以从两方面给企业带来经济利益：一是由于税款的滞延，相当于纳税人在滞延期内取得一笔同税款相等的政府无息贷款，有利于纳税人资金周转，节约了纳税人的利息支付；二是在通货膨胀的环境中，延期缴纳的税款的币值下降，从而减少了实际纳税支出。

递延纳税实质是对纳税人当期会计所得与计税所得之间的时间性差异所做的一项跨期性纳税调整。一般来说，对于纳税人会计所得大于计税所得的差额，税法一般不做强制性纳税调整规定，是否递延纳税由纳税人自由选择。这样，从税务筹划的角度看,纳税人应在准确预测当期和以后若干期的损益状况,做出是否对这种时间性差异进行递延纳税调整的选择。当然,就一般情况而言,税收法规中有关递延纳税的条款及规定项目越多,纳税人纳税筹划的内容也就越丰富,节税的潜力就越大。

4.争取税收优惠

税收优惠是一国税制的一个重要组成部分,是政府为达到一定的政治、社会和经济目的,而对纳税人实行的税收减免。税收减免反映了政府调节经济的态度,它是通过政策导向影响人们生产与消费偏好来实现的,所以也是国家调控经济的重要杠杆。

税收优惠的主要方式有:(1)地区性的税收优惠,即不同地区的税负轻重不同;(2)行业性税收倾斜政策,即对某些行业实行低税政策;(3)规定减免税期间;(4)对纳税人在境外缴纳的税款采取避免双重征税的措施,等等。

税收优惠对节税潜力的影响表现为:税收优惠的范围越广,差别越大,方式越多,内容越丰富,则纳税人税务筹划的空间就越广阔,节税的潜力也就越大。

四、房地产企业三维纳税筹划模型

对房地产开发公司而言,在市场中生存,必然要置身于一定的经营环境之中,并合法、合规地进行会计核算,按期足额地向国家缴纳税款。经济活动、会计核算、税收制度三个方面互相影响,如图18-2所示,可以用经营与纳税三维分析模型对房地产企业的经营与涉税情况进行分析。

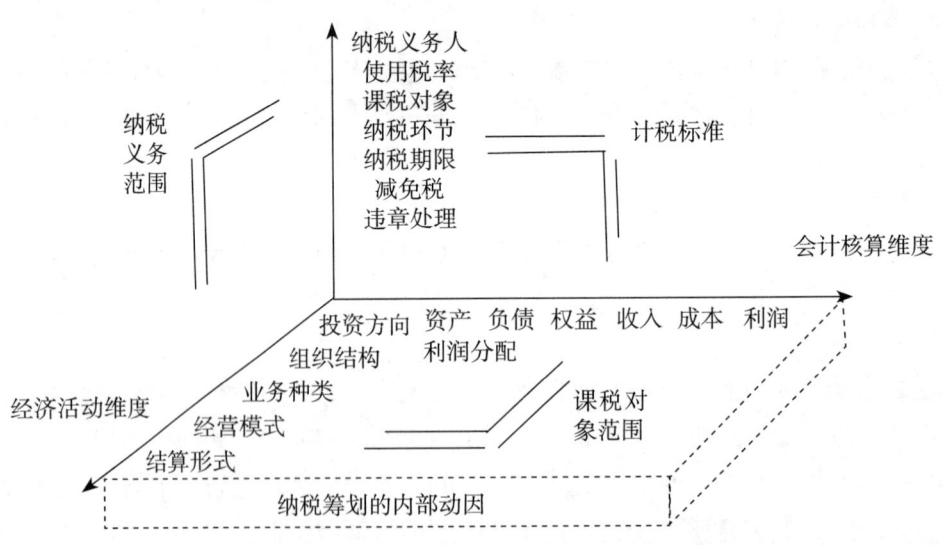

图18-2 房地产企业经营与纳税三维分析模型

1.经济活动维度

多样化的经济活动,是企业纳税筹划的重要的内部动因,从事不同的经济活动将会产生不同的纳税义务；经济活动结合会计核算活动可以确定纳税对象范围，经济活动结合税收制度可以确定纳税义务范围。企业的投资方向、组织结构、业务种类、经营模式、结算形式都会对纳税产生一定的影响，企业通过从事不同的经济活动，对照各项具体的税收制度，可以确定企业的纳税义务范围和具体纳税额；企业通过对从事的经济活动进行选择，恰当地利用税收的差别机制和行政自由裁量权可以实现纳税筹划的目的。

2. 会计核算维度

会计核算维度主要进行企业日常核算方面的研究，企业的会计核算活动也是企业纳税筹划的内部动因，例如，资产的核算、负债的核算、所有者权益的核算、收入的核算、成本的核算、利润的核算、利润分配的情况等都会对企业的纳税情况产生影响，影响纳税的时点以及应纳税额的多少。我国实行的是以货币形式纳税的税收制度，会计核算也有货币计量的假设，企业按规定建立账簿，依据会计法规及会计准则，以价值计量如实反映企业的财务状况、经营成果、现金流量，并据实进行纳税申报与缴纳。本维度可以和企业的经济活动发生联系，也可以和企业的纳税发生联系。课税对象的范围连接了企业的会计核算和经济活动，各税种的计税标准连接了税收制度维度和会计核算维度。

3. 税收制度维度

税收制度维度是企业进行纳税筹划的外部动因。税务机关对于各税种纳税义务人是如何确定的，课税对象是如何确定的，每个税种的适用的税率是哪些，有没有减免税的税收优惠政策，各税种的纳税环节有哪些，纳税期限的具体规定是什么，一旦违章将会受到何种处罚，等等。税收制度维度站在如何利用"税收差别机制"和"税务机关自由裁量权"的角度，分析企业应纳税的情况和企业所处的税收环境。

第 19 章

"营改增"房地产企业精算纳税筹划设计

房地产开发公司一般以销售不动产作为主要经营业务，以前最主要的一项税种是营业税，自 2016 年 5 月 1 日起，随着"营改增"政策深入推行，房地产行业纳入"营改增"的范围，税率由原来营业税的 5% 改为增值税的 11%，这一政策会使房地产业的纳税发生巨大的变化，除了营业税的改变，土地增值税，企业所得税都会产生一系列的变化，在这个过渡期如果没有找到应对"营改增"的合理措施，企业的税负会有较大的波动。

单从税率方面来看，"营改增"后税率有较大提高，但是增值税只对增值额征税，而营业税需要以全部营业额为计税依据，所以"营改增"的实施从长远来看是可以降低整体税负的，尤其针对现在房地产行业税种繁多，重复征税的问题会有很大的改善。但是在政策刚刚实施的这一段过渡期，由于前期采购环节很多情况下无法取得增值税专用发票，会使增值税的抵扣链条不完整，进项税额不可抵扣从而增加房地产开发成本。再次，增值税属于价外税，不影响会计利润，在不考虑营业成本的情况下，"营改增"后企业的会计利润会有所下降。所以需要根据政策实施初期的相关规定，对企业的增值税进行合理的筹划，以缓解企业在过渡期纳税额的增长。

第一节 "营改增"过渡期老项目计税方式的选择

"营改增"之后，按照增值税的相关规定需要对房地产开发公司进行纳税人身份的确定，根据《营业税改征增值税试点有关事项的规定》纳税人年应征增值税销售额超过 500 万元的为一般纳税人，未超过规定标准的纳税人为小规模纳税人，所以"营改增"之后房地产开发公司应该被确定为增值税一般纳税人。房地产企业销售、

第19章 "营改增"房地产企业精算纳税筹划设计

出租不动产适用税率为11%，小规模纳税人销售、出租不动产，以及一般纳税人提供的可选择简易计税方法的销售、出租不动产业务，征收率为5%。

在"营改增"过渡期，针对房地产企业有一项新政策，根据《房地产开发企业销售自行开发的房地产项目增值税征收管理暂行办法》规定，以2016年5月1日作为分界线，房地产开发企业开发的项目被分为新项目和老项目，对于老项目可以选择按照简易计税方法，选择按照5%的征收率计税。若同一房地产开发公司，既有新项目也有老项目而分别适用一般计税方法和简易计税方法的，应将进项税额进行划分。

根据这一政策可以对增值税进行筹划。对于施工许可证注明的开工日期在2016年4月30日之前，并且大部分成本已经发生的项目，"营改增"政策实施后，基本上只剩尾盘的销售，前期成本都已发生，如果选择按照一般纳税人的一般计税法，前期发生的成本都无法作为进项税额抵扣，会使增值税税额增加，所以选择按照简易计税办法更有利；如果施工许可证注明的开工日期在2016年4月30日之前，但5月1日之后仍需要发生大笔成本支出，这种情况下，就需要进行税负测算，选择对自己最有利的计税方法。企业可以通过计算无差别平衡点抵扣率来测算选择哪个方式纳税额相对更低。无差别平衡点抵扣率的计算方法如下。

假设当抵扣额占销售额的比重达到某一数值时，两种情况下纳税人的税负相等，称为无差别平衡点抵扣率，可以计算出11%税率和5%征收率的无差别平衡点抵扣率，计算公式如下：

$$\text{增值率} = (\text{销售额} - \text{购进项目金额}) \div \text{销售额}$$
$$= 1 - \text{购进项目金额} \div \text{销售额} \tag{19-1}$$
$$= 1 - \text{抵扣率}$$

又：一般纳税人应纳税额＝销项税额－进项税额
$$= \text{销售额} \times \text{增值税税率} - \text{销售额} \times \text{增值税税额} \times (1 - \text{增值率})$$
$$= \text{销售额} \times \text{增值税税率} \times \text{增值率} \tag{19-2}$$
$$= \text{销售额} \times \text{增值税税率} \times (1 - \text{抵扣率})$$

小规模纳税人应纳税额＝销售额×征收率 (19-3)

当两者税负相等时，其抵扣率则为无差别平衡点抵扣率。

$$\text{销售额} \times \text{增值税税率} \times (1 - \text{抵扣率}) = \text{销售额} \times \text{征收率} \tag{19-4}$$

抵扣率＝1－征收率÷增值税税率＝1－5%÷11%＝54.55%

根据以上计算可知，当抵扣率为54.55%时，两种情况下税负完全相同；若抵扣率高于54.55%时，选择11%税率的税负小，应选择一般计税方式；若抵扣率低于54.55%时，选择按照5%征收率征税税负低，应选择简易计征。

第二节 房地产企业纳税筹划方案设计

一、基于 RTCS 模型的纳税筹划方案设计

为了对房地产开发企业进行全方位的纳税筹划,根据一般的纳税筹划方法和技巧,结合房地产开发公司的经营环境、经营特点,以及房地产开发公司的税负情况,设计出房地产开发企业纳税筹划 RTCS 框架,如图 19-1 所示。

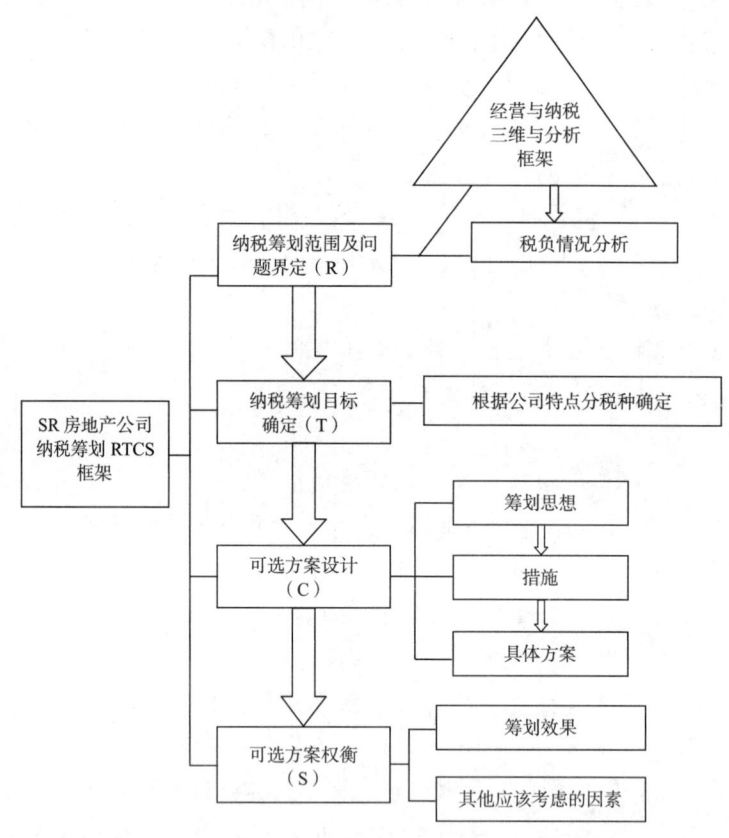

图 19-1 房地产开发企业 RTCS 纳税筹划方案框架

该框架主要分四个步骤进行:
第一步,界定房地产公司进行纳税筹划的合适范围(Range),简称 R 步骤;
第二步,确定房地产公司各税种纳税筹划所要达到的目标(Target),简称 T 步骤;
第三步,以各税种纳税筹划目标以及提升公司整体价值为标准设计出纳税筹划可

选方案（Choices），简称 C 步骤；

第四步，对房地产公司各税种纳税筹划可选方案进行权衡（Select），简称 S 步骤。

在 R 步骤中，该框架以房地产企业整体作为研究对象进行纳税筹划范围的界定。为了合理确定纳税筹划的税种范围，寻找纳税筹划的动因，充分寻找该公司进行纳税筹划的内部动因，从经济活动维度和会计核算维度两方面寻找线索；在税收制度维度，找寻该公司需要进行纳税筹划的外部动因，三个维度各自都介绍了维度相关的驱动因素，每个维度相互独立，又可以两两相互影响，三者共同作用。同时，将房地产公司的税负情况与我国房地产公司的宏观税负，和其所处省的房地产行业税负作对比，最终确定该公司进行纳税筹划的重点税种。

在 T 步骤中，纳税筹划需要考虑"重点税种进行纳税筹划的目标有哪些""纳税筹划的空间是怎样的""纳税筹划能够达到怎样的效果"，这些过程均要考虑企业的经营总目标，纳税筹划中调动资源需要按照企业经营总目标的要求，不能偏离。要以"合理转嫁税负、科学纳税、节税空间利用"等为基础确定纳税筹划目标，保证纳税筹划是为了该公司的经营发展服务。

在 C 步骤中，设计符合房地产公司纳税筹划目标和提升公司整体价值的纳税筹划方案，设计出两种以上的纳税筹划可选方案，以检测纳税筹划方案设计的充分性与完整性。此外，还要采用定量分析和定性分析，确定可选方案的对比结果。在这个过程中，可能需要大量的计算、比较、对比、测量，所以 C 步骤是整个纳税筹划的关键步骤，它决定了最终方案的准确确定。

在 S 步骤中，需要对每一个纳税筹划可选方案产生的结果都进行权衡，例如，可选方案是否完成了 T 步骤设定的目标。在这个过程中有时候还需要对可选的纳税筹划方案进行选择，运用多种方法确定纳税筹划方案的优劣。可选择税负对比、效益对比、临界点对比的方法进行定性的分析，看是否满足了设定目标，或者进行定量的分析进行方案间的对比。对各对比项目识别、分析，可以剔除其中的劣势或者不合理的方案；对于纳税筹划过程中的风险点也不能忽视，总之，最终目标就是对可选方案作出合理选择。

纳税筹划 RTCS 框架的设计是为了保证房地产开发公司纳税筹划的完备性，使整个纳税筹划过程更全面、更准确，它可以对房地产开发公司的纳税范围、纳税目标很好地确定，同时可以根据开发公司的经营环境和经营特点，设计出符合房地产开发公司发展需要的方案，并对方案之间进行权衡，选择出适合房地产开发公司的纳税筹划方案。

二、"营改增"后增值税纳税筹划方案设计

1."营改增"后增值税纳税筹划目标的确定

首先，在 2016 年 5 月 1 日之后，房地产开发公司销售和转让房屋，需要缴纳增值

税。按现行的税法要求，房地产开发公司在预收房款时便随即征收增值税，这种方式虽然保证了国家财政收入及时入库，但是对于房地产开发公司而言，税负的相对提前，会造成资金的流动性减缓，资金运用的压力增大。税法规定，对于符合条件的各种价外费用都要并入销售额中征税，以免企业以改变名目的方式少计收入，逃避缴纳税款。房地产开发公司代收费用属于税法规定的价外费用，需要并入销售额中缴纳增值税和其他伴随税费。总之，对房地产开发公司而言，目前预售的项目都是以预收款为基数，计算缴纳增值税，给纳税筹划带来了一定压力。

其次，伴随增值税缴纳的还有城市维护建设税、教育费附加等税费。特别地，房地产开发公司还需要按照当地的政策缴纳增值税税额2%的地方教育费附加。城市维护建设税这一税种和两个附加，都是伴随着流转税而征收的。其中，城市维护建设税按照地区差别，实行三个档次的税率，分别为市区的税率为7%，县城或镇的税率为5%，其他地区1%。教育费附加一般为增值税税额的3%。

再次，对于房地产开发行业实施增值税新征收方法的初期，房地产开发公司作为一般纳税人，装修劳务在2016年5月1日之后也变为征收增值税，购入装修劳务也可获得增值税发票作为进项的抵扣，可以成为纳税筹划的一个侧重点。而且，建筑材料的供应商选择，由甲方（开发商）供应，还是由乙方（建筑商）供应，也是纳税筹划可以考虑的地方。此外，销售开发的老项目，除了选择一般方法计税，还可以选择简易计税的办法按照5%的征收率计税，两种不同的计税方法为纳税筹划提供了一定的空间。

最后，作为房地产业征收增值税的初期，房地产开发公司应该设定这样的目标：第一，应保证纳税计算正确，充分理解国家政策，不因政策的不熟悉造成多缴税款，或者少缴税款的问题，受到税务机关的处罚；第二，对现有的政策反复理解，争取找到纳税筹划的方向，降低纳税成本和税收成本，使涉税风险降低，实现企业价值最大化的目标。

2. "营改增"后增值税纳税筹划可选方案与权衡

1）"营改增"后老项目计税方式的选择

根据国家税务总局《房地产开发企业销售自行开发的房地产项目增值税征收管理暂行办法》的公告（国税2016年第18号），房地产开发企业中的一般纳税人销售自行开发的房地产项目，适用一般计税方法计税，按照全部价款和价外费用，扣除当期销售房地产开发项目对应的土地价款后的余额计算销售额，按照11%的税率计税。此外，对于2016年4月30日以前的老项目，一般纳税人也可以选择按照5%的征收率计税。下面以M房地产开发公司2016年前开发的凤凰城项目为例，进行增值税的纳税筹划方案设计。

M公司橄榄城项目位于市区，2013年已全部销售完毕，取得销售收入约18 000万元，项目取得时支付的地价款为4 000万元，建筑成本（不含地价款）约为4 600万元，按照最新的增值税政策，进行增值税纳税筹划方案设计，具体"营改增"后老项目纳税筹划方案设计如表19-1所示。

第19章 "营改增"房地产企业精算纳税筹划设计

表19-1 "营改增"后老项目纳税筹划方案设计

筹划方案	方案一	方案二
筹划思想	选择一般纳税人的一般计税方式,在税前可以扣除土地价款,选择11%的税率按照不含增值税的销售额计税	选择一般纳税人简易计税方式,虽不能扣除土地价款,但是按照5%的征收率的不含增值税销售额计税
措施	到所属的国税局申请成为增值税一般纳税人,获得一般纳税人的资格	不申请成为一般纳税人,作为小规模纳税人登记。按规定,一经选择简易计税方法计税的,36个月内不得变更为一般计税方法计税
具体方案	假设建造劳务均能获得增值税专用发票,按照一般计税模式计税,该项目的计税销售额为:$18\,000-4\,000 \div (1+11\%)=12\,612.61$(万元) 应缴纳的增值税: $12\,612.61 \times 11\% - 4\,600 \times 11\% \div (1+11\%)$ $=1\,387.39-455.86=931.53$(万元),扣除增值税的收益为11 681.08万元	按照简易计税模式,该项目的计税销售额为:$18\,000 \div (1+5\%)=17\,412.86$万元,应缴纳增值税为857.14万元。扣除增值税的收益为16 555.72万元
筹划效果	经过两方案的比较,选择简易计税的办法对房地产公司更为有利,比选择11%的税率,少缴税款74.39万元且收益大大提高	
其他应该考虑的因素	在预缴税款时,同样选择3%的税率预缴,一般计税模式用"预收款÷(1+11%)"作为计税销售额,会比简易模式当期少缴税款,但是就本项目而言,选择简易模式计税能为企业获得更多的税收利益。本方案未考虑可以抵扣的进项税额专用发票是否能够全部取得及筹划方案对其他税种的影响	预缴税款时,同样选择3%的税率预缴,简易计税模式用"预收款÷(1+5%)"作为计税销售额,会比一般计税模式当期多缴税款,但是就本项目而言,选择简易模式计税能为企业获得更多的税收利益。本方案仅对增值税进行纳税筹划,未考虑对其他税种的影响

2)"营改增"后销售房屋是否装修的选择

2016年5月,实施"营改增"之后,装修服务也纳入增值税的范围征收增值税,如果房地产开发企业一般纳税人采取一般计税模式,装修费用可作为购进劳务扣除增值税的进项税额。下面对销售房屋是否进行装修,以未完工的项目为例,进行纳税筹划方案设计。

M房地产开发公司正在开发的燕澜府项目(该项目于2015年1月开始建造)中有一部分为精品住房。精品住房部分,配套设施完备,室内预装配整体橱柜和卫浴设施,墙面预先处理,未来实现光纤入户,拎包入住。总体开发面积约为45 000平方米,土地价款为7 000万元,其中,毛坯房占80%,精装房占20%,分别为36 000平方米及9 000平方米,毛坯房的建筑材料成本约为3 000元/平方米,对外售价暂定为

-567-

5 500 元/平方米，精装房建筑材料成本约为 3 500 元/平方米，装修费用为 1 200 元/平方米，建筑材料均为建筑公司或装修公司提供，预计精装房对外售价暂定为 8 000 元/平方米。

"营改增"后房屋装修具体纳税筹划方案设计如表 19-2 所示。

表 19-2　"营改增"后房屋装修具体纳税筹划方案设计

本项目按一般计税模式需缴纳的增值税	该项目应该缴纳的增值税计算过程（假设建筑公司发票为专用发票可以抵扣，装修费用的发票为普通发票不能抵扣）为（5 500×36 000 + 8 000×9 000 − 70 000 000）×11%÷（1 + 11%）−（3 000×36 000 + 3 500×9 000）×11%÷（1 + 11%），应缴纳增值税约为 599.55 万元。 扣除增值税的收益 = 18 018.02 − 599.55 = 17 418.47（万元）		
筹划方案	方案一	方案二	方案三
筹划思想	增大进项税额的扣除比例，降低增值税税额	缩小精装房的比例，考虑委托小规模纳税人装修公司装修	加大精装房的比例，以便扣除更多的进项税额
措施	购进建筑劳务、装修劳务都能取得可以抵扣进项税额的增值税专用发票	在建房时，缩小精装房的比例。例如，将精装住房的比例缩减至 10%。	在建房时增加精装住房的比例，例如，将精装住房的比例提高为 40%
筹划效果	装修费用开出的发票进项税额也可以抵扣，该项目应纳的增值税税额变为 492.52 万元，扣除增值税的收益为 17 525.50 万元	毛坯房面积变为 4 500 平方米，精装房面积变为 40 500 平方米，该项目应按 5% 的征收率计算缴纳增值税，增值税税额为 1 232.14 万元，扣除增值税的收益为 23 410.71 万元	毛坯房面积变为 27 000 平方米，精装房面积变为 18 000 平方米，该项目应缴纳的增值税变 563.87 万元，扣除增值税的收益为 19 481.17 万元
其他应该考虑的因素	选择一般纳税人装修，可能会造成装修成本的上升，但是从长远来看，如果能选择长期合作的一般纳税人装修公司，对开发公司的长远发展是有利的	本方案虽然扣除增值税的收益为最高，但是本方案设计时仅仅针对增值税，未对其他税种的影响进一步分析，而且本方案的增值税税额较高，会对企业的现金流造成很大压力	要选择的装修公司也是一般纳税人，才可以开具增值税专用发票，如果是小规模纳税人装修公司，则不能抵扣进项税额，当能取得可以抵扣进项税额的发票时，与原始方案相比本方案更为有利

3）"营改增"后建筑材料供应商的选择

2016 年 5 月 1 日营业税改增值税之后，建筑材料供应商的选择也成了纳税筹划可以考虑的一个方面。材料供应商开具的增值税专用发票的税率为 17%，乙方（建筑商）开具的增值税专用发票的税率为 11%。在营业税时代，无论是乙方（建筑商）包工不包料，还是包工包料，乙方（建筑商）都需要按照料钱加工钱全额缴纳营业税。在实

第 19 章 "营改增"房地产企业精算纳税筹划设计

务操作中,虽然全国各地税务局规定各有不同,但为了防止乙方(建筑商)偷逃税款,大多强制性规定甲供材(开发商提供建筑材料)不允许在甲方(开发商)计入土增税和所得税的税前扣除,这样逼着由乙方提供建筑材料。现在,实施"营改增"后,可以从建筑材料供应商的选择方面进行纳税筹划。M 房地产公司以前的项目实施"营改增"后建筑材料供应商选择的纳税筹划方案设计如表 19-3 所示。

表 19-3 "营改增"后建筑材料供应商选择的纳税筹划方案设计

筹划方案	方案一	方案二
筹划思想	由甲方(开发公司)提供建筑材料,取得税率为 17% 的增值税专用发票,以抵扣更多的增值税款	由乙方采用包工包料的方式更为简便,而且与一般纳税人建筑公司合作,也能获得增值税率为 11% 的增值税专用发票
措施	选择甲方供应建筑材料,直接从材料供应商那里购买开发项目所需的建筑材料	选择乙方提供建筑材料,材料由乙方购买用于本项目
具体方案	58% 的建筑材料由甲方单独购买,劳务费用也由甲方单独支付,砂石、混凝土的费用也由甲方单独购买支付	本项目所需的建筑材料及人工均由乙方提供
筹划效果	甲方提供材料时,甲方(开发公司)可获得的增值税进项税额 = 3 850×30%×3%÷(1 + 3%) + 3 850×58%×17%÷(1 + 17%) + 3 850×12%×3%÷(1 + 3%) = 371.55(万元)	乙方提供材料,甲方(开发公司)可获得的增值税进项税额 = 3 850×11%÷(1 + 1%) = 381.53(万元)
其他应该考虑的因素	虽然由甲方(开发公司)提供建筑材料等,使得增值税比乙方提供建筑材料降低了约 10 万元,但是存在一定的购货风险,在日常经营中,有时不能确保供货商都能提供增值税专用发票	由乙方提供建筑材料比较简便易行,如若是一般纳税人建筑公司,同样可以取得 11% 进项抵扣的增值税专用发票

M 房地产开发公司的燕澜府项目,所用的建筑材料是由与其没有关联关系的建筑公司提供的,项目所需的建筑材料大约需要 3 850 万元,材料与人工的比例约为 7∶3,材料中的砂石、混凝土约占 12%,假设全部能够按照 3% 的征收率简易征收并取得税务机关代开的增值税专用发票,剩余 58% 为建筑材料可由甲方(M 房地产开发公司)直接从材料供应商处取得税率为 17% 的增值税专用发票;或者从乙方(建筑商)处购得建筑材料取得税率为 11% 的增值税专用发票。

此外,M 房地产开发公司的增值税还可以从以下几个角度进行纳税筹划。

(1)利用进项税额的不同抵扣时间进行纳税筹划。M 房地产开发公司作为增值税一般纳税人,当其作为购货方时,可以通过改变进项税额的抵扣时间,达到延期纳税的目的。例如,可利用结算方式对进项税额抵扣时间进行纳税筹划,如签订分期付款合同。取得增值税专用发票应根据本月销售收入的情况尽快认证，一般认证期为180天，当月认证便可当月抵扣，认证通过的当月核算当期进项税额并申报抵扣，降低当期的增值税税负。

（2）不同的结算方式的选择。M房地产开发公司日常结算有多种方式，例如，现金结算、赊购、分期付款等。从纳税筹划角度分析，选择分期付款、分期取得发票，能获得更多的税收利益。通常，在日常购货过程中会采用先付清款项后取得发票的方式。倘若材料已经验收入库，但货款尚未全部付清，供货方则不能开具增值税专用发票。根据税法规定，如果纳税人采购货物或接受劳务，未按照规定取得增值税扣税凭证，其进项税额则不能抵扣。所以，如果没有及时取得增值税专用发票，就会造成企业增值税税负增加。为了达到能够及时抵扣进项税额的目的，可采用分期付款取得增值税专用发票的方式，以缓解纳税压力。根据税法规定，分期付款方式取得的货物，其进项税抵扣时间为分期付款的每个付款日的当期，这样就可以分步产生递延增值税税负的好处，以获得税款的货币时间价值。

3. "营改增"后增值税纳税筹划方案的风险点与控制

以上对M房地产开发公司的增值税从某些角度进行了纳税筹划方案设计，针对M房地产开发公司的特点和市场环境，可以采用老项目计税方式的选择，销售房屋是否装修的选择，建筑材料供应商的选择等角度。在这些方法使用时，应该多考虑外界的影响因素，例如，装修过的房屋价格过高，是否会造成对价格敏感的客户流失，影响公司的未来发展；对于老项目计税方式选择时，应该针对项目做具体分析，选择适合的增值税纳税模式，对项目的两种方法之间选择的临界点进行一下测算，选择出适合公司的计税模式。对于开发公司建筑材料是采用甲供材，还是乙供材要经过论证，根据供应商的情况合理选择，甲供材和乙供材方案之间存在临界点，对临界点确定后，选择合适方法，以上均是房地产开发公司增值税纳税筹划方案的风险点。

对于以上的风险点，房地产开发公司应该引起足够的重视，对于涉及购房者利益的筹划方案，在具体纳税筹划方案实施之前，应该进行市场调查，与顾客进行沟通，反复论证，并进行成本效益分析。此外，还要加强对财会人员的培训，掌握更加丰富的税收知识，对某项经济业务如果需要进行纳税筹划，进行纳税筹划时，方案之间的权衡要能够很好地把握，或者聘请专业的纳税筹划人员进行方案设计或把握，但是这样也会增加一定的税收筹划成本。

三、"营改增"土地增值税纳税筹划方案设计

1. "营改增"后土地增值税纳税筹划目标的确定

房地产开发公司土地增值税的纳税筹划目标需要从以下几个方面把握。

首先，土地增值税在房地产开发公司缴纳的税种中缴纳的数额较大，如果能降低土地增值税的应纳税额，将会减少公司的资金压力。

其次，国家税务总局对于土地增值税缴纳的细节也做了详细规定，例如，要求土地增值税征收要以房地产开发项目为清算对象，开发项目中如果能区分普通住宅与非普通住宅，应该分别计算增值额，按清算对象预缴税款等，以避免纳税人少缴或漏缴税金，这样便使纳税筹划更具有局限性。

再次，土地增值税实行的是四级超率累进税率，增值率（增值额与扣除项目金额的比率）不超过50%的部分税率为30%，超过50%到100%的部分税率为40%，超过100%到200%的部分税率为50%，超过200%的部分，税率为60%，建造普通住房，增值率低于20%的不缴纳土地增值税。这样的累进税率为房地产开发公司土地增值税纳税筹划提供了筹划的空间，如果能够使增值率降低，相应的税额必然会相对减少。

最后，土地增值税的清算有一定的条件要求和时限要求，如果能够利用好这些规定和时点，延期纳税，获得一些资金的时间价值，对房地产开发公司的发展也是有利的。

2. "营改增"后土地增值税纳税筹划可选方案与权衡

1）增值率角度

房地产开发公司目前在建或预售的几个项目都没有进行土地增值税清算。M房地产开发公司燕景佳园项目已经于以前年度完成清算，以此项目为例，对M房地产开发公司土地增值税纳税筹划进行可选方案设计。燕景佳园项目开发的是普通住宅项目，项目占地约60亩，总投资约为1.5亿元，住宅面积近50 000平方米。建造该项目时支付地价款约为4 000万元，前期土地开发费约为800万元，支付其他相关配套设施及人力、物力费约为9 000万元，转让房地产时，缴纳相关费用约1 200万元。M房地产开发公司燕景佳园项目进行土地增值税清算时，并未进行纳税筹划。项目对外销售，共取得销售收入（不含增值税）约为22 500万元，住房每平方米售价均价为4 500元，最终缴纳土地增值税共缴纳土地增值税约1 422万元，缴纳土地增值税时增值率超过了20%。具体增值率角度纳税筹划方案对比如表19-4所示。

表19-4 "营改增"后增值率角度纳税筹划方案对比

筹划前土地增值税的计算	收入总额＝22 500（万元一） 加计扣除金额＝（800＋9 000＋4 000）×20%＝2 760（万元） 扣除项目金额＝800＋9 000＋1 200＋2 760＋4 000＝17 760（万元） 土地增值额为＝22 500－17 760＝4 740（万元） 土地增值率为＝4 740÷17 760＝26.7%，按30%税率缴纳土地增值税税额1 422万元	
筹划方案	方案一	方案二
筹划思想	将增值率降低到20%，免交土地增值税	将增值率降低到20%，免交土地增值税
措施	适当降低房产的售价，将增值额降低	增加扣除项目金额，将房产售价同样提高，在支出不变的情况下，达到降低增值率的目的

（续表）

筹划方案	方案一	方案二
具体方案	将每平方米售价的均价由 4 500 元降低至 4 260 元，那么该项目的总售价将变为 21 300 万元，在扣除项目金额仍为 17 760 万元不变的情况下，增值额将下降 1 200 万元，变为 3 540 万元，最终增值率由 26.7%，降低为 19.9%，不用缴纳土地增值税	支出 2 750 万元，用于房产简单装修，同时将售价提高 2 750 万元，总售价将变为 25 250 万元，此时，加计扣除的基数增大 2 750 万元，扣除项目金额将增加，变为 21 060 万元，最终增值率将降低为 19.9%，不必缴纳土地增值税
筹划效果	筹划前需要缴纳 1 422 万元的土地增值税，筹划后无需缴纳。虽然降低售价使销售收入减少了 1 200 万元，但少缴纳土地增值税 1 422 万元，获得了 222 万元的净收益	筹划前要缴纳 1 422 万元的土地增值税，筹划后不需缴纳。虽然支出提高了 2 750 万元，售价也同时提高了，所以对公司没有造成影响，简单装修会符合一部分消费者的愿望，有时也能提高销售量
其他应该考虑的因素	降低售价也会影响到其他税种的纳税，可综合考虑，略降低售价有利于促销，但是对于房地产行业而言，成本较高，降低售价不一定是所有情况下都适用的筹划方案	装修费也是一项资金支出，需要房地产公司的协调

2）清算时点的选择

燕景佳园二期项目是 M 房地产开发公司目前在售的房地产项目，自 2014 年 5 月取得预售许可证开始销售，业绩一直不错，预计在 2016 年底销售能达到可销售面积的 85%，目前已经预交土地增值税 228 万元，具体纳税筹划方案对比如表 19-5 所示。

表 19-5 "营改增"后清算时点的纳税筹划方案对比

筹划前土地增值税的缴纳	按照税法对于缴纳土地增值税的要求，已经竣工验收的房地产项目，已转让房地产的建筑面积达到总可售面积的 85% 以上或取得预售许可证满三年仍未销售完毕的，均应进行土地增值税清算。2016 年是新日项目销售的第二年，目前按照税法预交比率，已经预交土地增值税 228 万元	
筹划方案	方案一	方案二
筹划思想	使该项目达不到清算条件，尽量推迟纳税	使该项目达不到清算条件，尽量推迟纳税
措施	减缓该项目的销售速度，将每月的销售进行控制，使 2016 年年底，转让房地产的建筑面积达不到总可销售面积的 85%	在转让房地产的建筑面积达到总可售面积的 84% 时，停止销售该项目，到 2017 年再进行销售
具体方案	不再对该项目进行宣传和促销优惠，可适当提高销售价格，使销售速度减缓	当转让房地产建筑面积达到总可售面积的 84% 时，通知售楼部门暂停该项目的销售，不再对该项目进行宣传或者进行促销
筹划效果	2016 年不必缴纳该项目全额的土地增值税，可以留至 2017 年，预售满三年时缴纳。相当于 M 房地产开发公司获得了大量的无息贷款，有利于资金周转	2016 年不必缴纳该项目全额的土地增值税。仅仅按照销售收入和预征比率缴纳土地增值税，预征比率一般较小，仅为销售收入的 1.5% 或 3.5%，大大缓解了 2016 年缴纳土地增值税的压力

第 19 章 "营改增"房地产企业精算纳税筹划设计

（续表）

筹划方案	方案一	方案二
其他应该考虑的因素	适当提高该项目的销售价格之后，会不会对未来土地增值税的缴纳总额造成影响	暂停该项目销售后，影响现金流的流入，而且可能对该项目未来的销售造成一些不利影响

3）借款来源的选择与利息费用的处理

M 房地产开发公司在开发项目过程中，由于需要资金量大，常常需要借助外来资金。由于 M 房地产开发公司是非上市公司，通常筹集资金的渠道有：向银行借款、向融资公司借款、采用民间借贷资金等。假若 M 房地产开发公司有 2 200 万的资金缺口，具体纳税筹划方案对比如表 19-6 所示。

表 19-6 "营改增"后借款来源选择与利息费用的纳税筹划方案对比

筹划方案	方案一	方案二	方案三
筹划思想	快速筹集资金 2 200 万元在计算土地增值税时扣除利息费用	快速筹集资金 2 200 万元在计算土地增值税时扣除利息费用	快速筹集资金 2 200 万元在计算土地增值税时扣除利息费用
措施	向银行借款，M 房地产开发公司一般采取向项目所在地的农村信用合作社借款	向融资公司借款，M 房地产开发公司也下设有融资公司，或者向外部的融资公司借款	筹集资金采用民间借贷
具体方案	农村信用合作社借款一般月贷款综合费率（含利率）为 1%。按照税法规定，在计算房地产开发费用时，能够提供金融机构证明的，且不超过按商业银行同期贷款利率计算的金额，可据实计入	向融资公司借款，一般贷款的月贷款综合费率（含利率）为 1.8%。在计算房地产开发费用时，如果可提供金融机构的证明，而且不超过商业银行同期贷款利率计算的金额可据实扣除	民间借贷，一般筹资的月贷款综合费率（含利率）能达 2.5%，不能提供金融机构证明的，并入房地产开发费用中扣除
筹划效果	筹集到资金 2 200 万元，按照税法规定，在计算土地增值税扣除项目金额时，按地价款和开发成本之和的 5%，加上利息费用（不超过银行同期贷款利率）扣除	筹集到资金 2 200 万元，按照税法规定，在计算土地增值税扣除项目金额时，按地价款和开发成本之和的 5%，加上利息费用（不超过银行同期贷款利率）扣除	筹集到资金 2 200 万元，在计算土地增值税扣除项目金额时，按地价款和开发成本之和的 10% 息费用不再单独扣除
其他应该考虑的因素	风险较小，从银行借款，利息能据实扣除	融资公司有的属于金融机构，有的不属于，扣除利息费用时不好区分，且贷款利率比银行高	利息费用不能单独扣除且贷款利率较高，风险大

3. "营改增"后土地增值税纳税筹划方案的风险点与控制

以上对房地产开发公司土地增值税纳税筹划主要采取了降低增值率、推迟纳税时间、增加利息费用扣除的方法。在这些纳税筹划方法中,需要考虑的风险点有:为了达到降低增值率少缴土地增值税的目的,降低售价或提高扣除项目金额,提高售价,这些方法都需要精确地计算与市场实验。实际经营中让增值率刚好趋于20%又不超过20%是一个很理想的状态。在土地增值税筹划时,必须全面综合考虑,考虑房地产开发公司的筹划成本与筹划能力。另外,对于清算时点的选择,使已售面积达到可售面积的85%以下又临界的状态,也是不好把握的。

对于以上风险,房地产公司在具体筹划时,要多与税务机关交流,在实际经营中,很多时候会出现,税务机关和纳税人对于同一纳税事项,理解不一致的情况,若因为理解不一致,得不到税务机关的认可,很可能会导致纳税筹划失效。必要时,企业可借助专业的纳税筹划机构的力量,土地增值税是一个缴纳数额较大的税种,为纳税筹划付出一定的成本,能获得较大收益。

四、"营改增"企业所得税纳税筹划方案设计

1. "营改增"后企业所得税纳税筹划目标的确定

企业所得税也是房地产开发公司需要缴纳的数额比较大的税种之一。按照税法规定,房地产开发公司每月需要按照已经取得的预售收入,按照10%的预计利润率和25%的企业所得税税率缴纳企业所得税。企业所得税税率高,同时需要预缴,这对房地产开发公司而言,也是不小的资金压力,所以降低企业所得税的应纳税额或者延迟缴纳企业所得税,是房地产开发公司纳税筹划的重点。

首先,企业所得税也在纳税筹划时采用的分别签订毛坯房合同和装修合同,如果装修公司是与开发公司(甲方)无关的公司便可以减少销售收入,进而减少企业所得税的缴纳数额;对于代收费用也可以转移到物业管理公司里去,减少所得税的税基,降低所得税应纳税额;采用分期开发项目时,可提醒购买者分期付款,不要提前付款,等到实际支付日再付款,也可以达到延缓纳税的目的。

其次,借款费用的扣除,开发公司运转需要大量的资金,而且单靠以前年度留存的利润或者公司的原始积累必定不足,必须借入大量的资金,这时便会发生大量的借款费用。按照税法规定,开发公司建造开发产品,符合会计准则要求,属于财务费用性质的借款费用,可以直接在企业所得税前扣除。向金融机构借款而且取得证明文件的,合理分摊的利息费用也准予在企业所得税前扣除。

再次,纳税时点的选择,根据国家税务总局文件的要求,开发公司可以在完工年度企业所得税汇算清缴前,选择确定一日作为计税成本核算终止日,但不得滞后。这为房地产开发公司企业所得税纳税筹划提供了一定的空间,开发公司可以根据自身的需要合理确定计税成本核算终止日,对于成本不断滚动计入的房地产开发公司十分有利,不同时点的选择可以对企业所得税造成不同的影响。

最后,业务招待费、广告费和业务宣传费如何扣除,费用控制在多少较好,也会对企业所得税最终缴纳产生不同的影响。税法规定,广告费和业务宣传费不超过当年

销售收入 15% 的限额部分，可以在企业所得税前扣除，超过部分可以在以后年度结转扣除，同时应该区分赞助支出与非赞助支出，赞助支出可扣除，非赞助支出不可扣除。对于业务招待费，企业所得税法有按实际发生数的 60% 和不超过年销售收入 5‰的部分可以税前扣除，超过部分不得向以后年度结转的规定。合理分摊和确定业务招待费、广告费和业务宣传费的数额，更好地享受税收优惠，也是房地产开发公司应该考虑的重要方面。

2. "营改增"后企业所得税纳税筹划可选方案与权衡

1) 利息费用的扣除

房地产开发公司为了公司的良好运转，资金正常流动，常常需要向外界借入资金，正如上面提到的，房地产开发公司为非上市公司时，筹资主要依靠三种方式：向银行借款、向融资公司借款、民间借贷资金。假如 M 房地产开发公司用不同的方式筹集了资金 3 000 万元，将对企业所得税的税额产生不同的影响，具体方案对比如表 19-7 所示。

表 19-7 "营改增"后利息费用扣除纳税筹划方案对比

筹划方案	方案一	方案二	方案三
筹划思想	快速筹集资金 3 000 万元，在计算土地增值税时扣除利息费用	快速筹集资金 3 000 万元，在计算土地增值税时扣除利息费用	快速筹集资金 3 000 万元
措施	向银行借款，采取向项目所在地的农村信用合作社借款	向融资公司借款，开发公司也下设有融资公司，或者向外部的融资公司借款	筹集资金采用民间借贷
具体方案	农村信用合作社借款一般月贷款综合费率（含利率）为 1%。可提供金融机构开具的利息证明	向融资公司借款，一般贷款的月贷款综合费率（含利率）为 1.8%	民间借贷，一般筹资的月贷款综合费率（含利率）能达 2.5%，不能提供金融机构证明
筹划效果	筹集到资金 3 000 万元，按照税法规定，在计算土地增值税扣除项目金额时，按地价款和开发成本之和的 5%，加上利息费用（不超过银行同期贷款利率）扣除	筹集到资金 3 000 万元，按照税法规定，在计算土地增值税扣除项目金额时，按地价款和开发成本之和的 5%，加上利息费用（不超过银行同期贷款利率）扣除	筹集到资金 3 000 万元，在计算土地增值税扣除项目金额时，按地价款和开发成本之和的 10% 利息费用不再单独扣除
其他应该考虑的因素	风险较小，从银行借款，利息能据实扣除	融资公司有的属于金融机构，有的不属于，扣除利息费用时不好区分，且贷款利率比银行高	利息费用不能单独扣除且贷款利率较高，风险大

2) 纳税时点的选择

以 M 房地产开发公司以往的项目燕莎盛世为例，对其进行企业所得税纳税时点纳税筹划方案设计。该项目共建有 4 幢住宅楼，自 2008 年 4 月开始，对其项目内的 1#、2#、3#、4# 楼进行销售，1#、2# 楼在 2010 年 9 月验收完毕，于 2010 年 10 月底交付住户。3#、4# 楼，在 2010 年 11 月验收完毕，2011 年 4 月交付住户。1#、2#、3#、4# 楼等 4 幢楼直接没有差异，设计及建筑面积、可售面积相同。截至 2010 年 12 月 31 日，4 幢楼已经销售完毕，共取得销售收入约 8 000 万元，4 幢楼的开发成本账面显示为 4 800 万元。2011 年 1 月到 2 月进行工程结算，显示又有 700 万成本。每月 M 房地产开发公司已经按销售收入的 10% 以及 25% 的税率，预缴了企业所得税，具体方案对比如表 19-8 所示。

表 19-8 "营改增"后纳税时点的纳税筹划方案对比

筹划前企业所得税的计算	筹划前企业所得税已预缴纳：8 000×10%×25% = 200（万元）	
筹划方案	方案一	方案二
筹划思想	按照会计年度时点纳税，收入与成本相匹配	选择合适的计税成本核算终止日
措施	选择 2010 年 12 月 31 日作为计税成本核算终止日	选择 2010 年 12 月 31 日作为计税成本核算终止日
具体方案	应补缴企业所得税：（8 000－4 800）×25%－200＝600（万元）	应补缴企业所得税：（8 000－4 800－700）×25%－200＝425（万元）
筹划效果	按照企业所得税法的规定，可选择完工年度某个时点，作为计税成本核算终止日，2010 年 11 月项目完工，可推迟一个月，选择 2010 年 12 月 31 日作为项目终止日	按照企业所得税法的规定，可选择完工年度至当年所得税汇算清缴的某一时点作为计税成本核算终止日。选择 2011 年 4 月 30 日后，可达到延期纳税的目的，而且对于后期发生的成本也可以扣除。减少当前所得税
其他应该考虑的因素	有没有成本未计入，造成当年的企业所得税过高	随后有成本可以在企业所得税前扣除金额不定，可尽量选择在企业所得税汇算清缴前的某一时间

3）业务招待费扣除比例选择

房地产开发公司每年都会举办多场项目推介会，下面以燕莎郡项目的某次推介会为例，进行纳税筹划方案设计。例如，M 房地产开发公司在 2013—2014 年举行了燕莎郡项目的推介会，推介会属于一个项目两次会议，第一次在 2013 年 11 月，发生费用 56 200 元，其中业务招待支出 20 000 元，会务支出 14 000 元，差旅支出 8 000 元，住宿费 13 000 元，其他费用 1 200 元；第二次在 2014 年 6 月，发生费用 43 800 元，其中业务招待支出 18 000 元，会务支出 10 000 元，差旅支出 6 000 元，住宿费 9 000 元，其他费用 800 元。2014 年 6 月收到按业务招待费金额总计 10 万元开具的发票，这两次支出合计未超过当年销售收入的 5%。具体纳税筹划方案对比如表 19-9 所示。

第 19 章 "营改增"房地产企业精算纳税筹划设计

表 19-9 "营改增"后业务招待费扣除比例纳税筹划方案对比

筹划前企业所得税的计算	筹划前业务招待费 40% 的部分需要缴纳企业所得税,应纳企业所得税额为:100 000×40%×25% = 10 000(元)	
筹划方案	方案一	方案二
筹划思想	区分业务招待费,减少和分次缴纳企业所得税	区分业务招待费,减少和分次缴纳企业所得税
措施	区分业务招待费和其他费用项目,差旅费、会议费、住宿费、其他杂费等项目可据实扣除	分两次开具发票并且区分业务招待费
具体方案	将业务招待费和差旅费等其他费用分开具发票。其中业务招待费 38 000 元,差旅费等其他费用 62 000 元。那么 2014 年业务招待费的 40% 需要缴纳企业所得税:38 000×40%×25% = 3 800(元)	2013 年开具业务招待费 20 000 元和差旅费等其他费用 36 200 元的发票,2014 年开具业务招待费 18 000 元和 25 800 元的差旅费等其他费用的发票。2013 年业务招待费的 40% 需要缴纳企业所得税:20 000×40%×25% = 2 000(元),2014 年业务招待费的 40% 需要缴纳企业所得税:18 000×40%×25% = 1 800(元)
筹划效果	比筹划前节税 6 200 元,业务招待费的 60%,可以在 2014 年缴纳企业所得税税前扣除	比筹划前共节税 6 200 元,2013 年缴纳 2 000 元,2014 年缴纳 1 800 元
其他应该考虑的因素	分开开具发票时,需要和发票开具方协商,有时税务机关会对业务招待费重新核对数额	虽然分次缴纳,减少了纳税压力,但是失去了延缓纳税的好处,而且分开开具发票时需要和发票开具方协商

4)广告费、业务宣传费的扣除

2014 年 7 月,M 房地产开发公司为某单位举办活动提供赞助,在活动中需提供赞助物品,可以对 M 房地产开发公司进行适当的企业形象宣传,共发生赞助支出 10 万元。同时,该月发生非赞助性广告支出 2 万元,未取得专业的广告公司发票。具体筹划方案对比如表 19-10 所示。

表 19-10 "营改增"后广告费和业务宣传费扣除方案对比

筹划前企业所得税的计算	筹划前,赞助支出和广告费均不能在企业所得税前扣除	
筹划方案	方案一	方案二
筹划思想	让广告费、业务宣传费可以在企业所得税前扣除	让广告费、业务宣传费可以在企业所得税前扣除

-577-

（续表）

筹划方案	方案一	方案二
措施	赞助和广告费用发生前找专业的广告公司设计	将赞助支出转化为业务宣传费支出，广告找专业的广告公司设计
具体方案	找专业的广告公司为企业设计赞助物品（广告性质），区分赞助费用和广告费用	在赞助费用发生之前与被赞助单位签订合同，说明是业务宣传，同时本单位自己设计宣传品，突出企业特色。2万元的广告，找专业的广告公司设计
筹划效果	2万元广告费用取得专业广告公司发票，可以直接在企业所得税前扣除，部分符合条件的广告支出可以在企业所得税前扣除	10万元的业务宣传费可以在企业所得税前扣除，2万元的广告费可以在企业所得税前扣除。可以节税：（10＋2）×25%＝3（万元）
其他应该考虑的因素	赞助支出是不能在企业所得税前扣除的，如果没有区分，计算企业所得税时要作为调增项目	具体操作时，要做到手续完备，以免税务机关核查时，不作为业务宣传支出。同时，宣传品需要代扣代缴个人所得税

五、房地产企业其他税种纳税筹划方案的设计

除了增值税（2016年5月1日之前征收营业税）、土地增值税、企业所得税，其他税种在房地产公司所纳税额中所占的比例较小，而且印花税、耕地占用税、土地使用税等税种由于税制本身的限制，筹划空间较小，所以本书特选择房产税为代表进行纳税筹划方案设计。

1. 房产税纳税筹划的目标确定

房地产公司有闲置的房产可对外出租，若不出租，需要按房产余值的1.2%缴纳房产税；若出租，对于租赁形式的房产税税率是12%，属于较高的税率，如何降低房产税的税基，同时获取其他经济利益作为补偿，是房地产开发公司需要考虑的重点。2016年5月1日营业税改增值税后，根据《关于营改增后契税、房产税、土地增值税、个人所得税计税依据问题的通知》（财税〔2016〕43号）出租闲置的房产开始增值税，计税收入为不含增值税的收入。

2. 房产税纳税筹划可选方案与权衡

例如，M房地产开发公司在郊区有一处房产，可用于出租，房产原值为1 200万元，每年的租金为180万元，租金中包含简单的家居、空调，并且包含电话费和水电费。公司购置的家具、空调的价格为14万元，每年大约需要支付电话费5万元，水费3万元，电费5万元。该处房产主要出租给商贸公司，用于货物的存放，具体方案对比如表19-11所示，此处对相关流转税种也一并加以分析。

第19章 "营改增"房地产企业精算纳税筹划设计

表19-11 房地产筹划方案对比

筹划前房产税等税种的计算	筹划前应缴纳房产税税额：180×12%÷（1+5%）=20.57（万元） 增值税税额：180×5%÷（1+5%）=8.57（万元） 城建税、教育费附加及地方教育费附加：8.57×（5%+3%+2%）=0.857（万元） 以上税费合计为29.997万元。 （该房产属于2016年4月30日之前的房产，增值税可按照简易方法征收，征收率为5%）	
筹划方案	方案一	方案二
筹划思想	通过筹划，使应纳的税额减少	通过筹划，使应纳的税额减少
措施	与商贸公司进行协商，将租赁合同改为仓储保管合同。为商贸公司多提供服务项目，如配备保管员等	降低租金，将空调、家具等设备低价卖给商贸公司。对于商贸公司而言，购买空调、家具的增值税可以扣除，所交水电费的增值税也可以扣除
具体方案	签订仓储保管合同，仓储保管服务收入仍为180万元。这时应纳房产税为1 200×（1－30%）×1.2%＝10.08万元，增值税：180×5%÷（1+5%）＝8.57万元，城建税、教育费附加及地方教育费附加＝0.857万元 （增值税按照简易方法征收，征收率为5%）	例如，将租金费用降低至160万元，将空调、家具出售给商贸公司，每年支付费用2万元，水电费改为代收，这时，应纳房产税：160×12%÷（1+5%）＝18.29万元，增值税：160×5%÷（1+5%）＝7.62万元，城建税、教育费附加及地方教育费附加＝0.762万元 （增值税按照简易方法征收，征收率为5%）
筹划效果	以上税费合计为19.507万元，比筹划前减少税费10.49万元	以上税费合计为26.672万元，比筹划前减少税费3.325万元
其他应该考虑的因素	改变合同性质时，必须和商贸公司进行良好沟通，转化必须真实、合法，否则容易达不到筹划效果	此方案具体操作时需要与商贸公司协商，否则容易达不到筹划效果

第 20 章

房地产开发全过程各环节精算纳税筹划

房地产开发周期较长，主要包括立项环节、规划设计环节、融资环节、土地取得环节、拆迁安置环节、工程建设环节、预售环节、销售环节、出租环节、项目清算环节。每个环节都会涉及税务事项。

以往房地产开发企业纳税筹划研究主要按照房企涉及的主要税种进行分析，这样会割裂房地产业务的整体性，不符合企业整体发展战略的要求。本书以企业的经营环节为主线来对房地产开发的立项阶段、取地阶段、融资阶段、建设阶段、销售阶段、持有阶段进行纳税筹划探讨。

第一节 项目立项环节的纳税筹划

许多房地产项目在向相关部门申报项目规划事宜时，没有结合潜在的税负情况，对于同一个地块可能同时开发，也可能分批进行开发，开发项目房产类型分别占据土地面积与实际建筑面积都会与土地增值税税率有很大关系。

土地增值税一般情况下是按照向有关部门报批的项目作为一个项目来进行清算的，如果报批的项目为分期开发，则按分期项目进行土地增值税清算。但是，若企业对不同增值率的房产以一个项目或同一期来立项并经批准，则可按一个项目或同一期项目的整体增值率来进行土地增值税清算。若整体增值率低于个别房地产公司开发房产项目，最基本的筹划单位为单个房产项目的开发。项目开发一个楼盘会涉及商业楼与普通住宅的，对于这类大型的开发项目也可进行分期开发。

下面就 M 房地产开发公司燕都城项目进行分期与合并情况下的土地增值税率的分析。

燕都城项目，商业楼建筑面积为 8 000 平方米，占地面积为 2 000 平方米，普通住宅的建筑面积为20 000平方米，占地面积为5 000平方米，该项目取得土地使用权均价为5 000元/平方米，其中，商业楼的可扣除费用为2 000万元，普通住宅的扣除费用为5 000万元。商业楼售价为10 000元/平方米，住宅的售价为5 000元/平方米。

若合并计算土地增值税，则纳税情况如表20-1所示。

表20-1 住宅与商铺合并清算土地增值税纳税表

项目	金额（万元）
收入	18 000
取得土地使用权支付金额	3 500
（除土地外）各项扣除费用	7 000
增值额	7 500
增值率	71.43%
适用税率	40%（速算扣除系数税率为5%）
应纳税额	7 500×40%－10 500×5%＝2 475

若分别计算土地增值税，则纳税情况如表20-2所示。

表20-2 商铺与住宅分别清算土地增值税纳税情况

项目	住宅金额（万元）	商铺金额（万元）	合计（万元）
收入	10 000	8 000	18 000
取得土地使用权支付金额	2 500	1 000	3 500
（除土地外）各项扣除费用	5 000	2 000	7 000
增值额	2 500	5 000	7 500
增值率	33.33%	166.67%	—
适用税率	30%（0）	50（15%）	—
应纳税额	750	2 050	2 800

综上比较可知，土地增值税商铺与住宅一起进行清算会比分别清算节税325万元，因此，在做土地增值税清算时尽量将更多的商铺与住宅一起进行清算。

我们进一步做理论性推论，若某项目上普通住宅面积为a，商铺面积与住宅面积的比例为m，开发该项目累计成本费用为3b，该项目容积率为4，则根据面积比例扣除各项成本原则，普通住宅成本费用为3b×a÷4，商铺和住宅成本为3b×m×a÷4，普通住宅收入为a×b，商铺收入为2×m×a×b。

若分期进行土地增值税清算，具体增值率情况如表20-3所示。

表 20-3　土地增值税分期清算增值率表

项目	住宅	商铺
收入	a×b	2×a×m×b
扣除成本费用	3b×a÷4	3b×m×a÷4
增值额	a×b÷4	5×a×b×m÷4
增值率	33%	167%

若合并进行清算，具体增值率情况如表 20-4 所示。

表 20-4　土地增值税合并清算增值率表

项目	金额
收入	2×a×m×b ＋ a×b
扣除成本费用	3b×a÷4（1＋m）
增值额	a×b（1＋5m）÷4
增值率	（1＋5m）÷（3＋3m）

由以上可知，如果住宅与商铺的清算一起进行，则土地增值税增值率取决于商铺面积与住宅面积的比例 m，变量 m 对增值率的影响如表 20-5 所示。

表 20-5　商铺与住宅建筑面积比例关系对增值率的影响表

m 值	增值率
1.000 000	1.000 000
0.500 000	0.777 778
0.250 000	0.600 000
0.125 000	0.481 481
0.062 500	0.411 765
0.031 250	0.373 737
0.000 000	0.333 333

综上燕都城项目情况可知，商铺与住宅一起进行清算会比分别清算节约土地增值税 325 万元，因此，在做土地增值税清算时应尽量将更多的商铺与住宅一起进行清算。故在进行商铺面积选择时可将可以并入住宅的部分并入住宅进行清算，比如，某临街一楼可定义为商铺，商铺第二层一般为商铺经营者存放货物或者私人使用，则可定义为住宅，按商铺售价出售，该筹划方案需要在项目前期进行规划，需提前做好筹备，在一定程度上可减轻土地增值税的税负。住宅的低增值率会拉低商铺的高增值率，这样能够使土地增值税的高税率降低，从而实现节税。

同样，对于分期开发的两个项目，必然会存在增值率不同的情况，如果能够将高

第 20 章 房地产开发全过程各环节精算纳税筹划

增值率的项目与低增值率的项目合并成一个项目进行清算，那么就如上述商铺与住宅合并清算的情况，能够节省土地增值税的支出，但是如果两个项目的增值率基本相同，并且合并清算后适用的税率相同，那么便没有合并清算的可能，不必在合并清算方面进行筹划。

立项环节相关筹划对其他税种的影响很小。首先，对于企业所得税，不管是分期清算还是一起进行清算对企业所得税基本上没有影响，因为企业所得税为比例税率，不管增值额高与低适用税率不变，企业所得税的应纳税额只与收入成正比关系，故分期清算与否，不必考虑企业所得税相关影响；其次，对于增值税，房地产项目缴纳增值税的计税基础主要是销售收入，并且为比例税率，税率不会随着收入的高低进行调节，增值税只会受到增值税计税方法的影响的，即简易计税方法和一般计税方法，这些计税方法是根据项目的实际情况和税收法规的规定确定的，不会受到项目分期与否的影响；最后，立项环节纳税筹划对于土地使用税、印花税等其他税种也不会产生影响。

第二节　项目取地环节的纳税筹划

项目取地环节的纳税筹划主要考虑以下两方面。

（1）企业以国家出让方式取得土地。选择此筹划方案主要考虑会计凭证因素。在以前年度取得国有土地使用权时，没有及时取得国家土地管理部门出具的土地出让金收款凭证的，根据规定，扣除取得土地使用权所支付的金额、房地产开发成本，费用及转让房地产有关税金，须提供合法有效凭证；不能提供合法有效凭证的，不予扣除。房地产项目取得土地的成本为总成的 20%～40%，占据金额大，如果不是通过国家出让方式取得土地，不能取得有效凭证，就不能对房地产项目土地成本进行扣除，会增大增值税、企业所得税、土地增值税的负担。

（2）减少流转环节。许多房地产开发项目在进行土地招标之前没有成立相应的项目公司，通过集团或其他企业参与土地的竞拍，之后再成立自己的房地产开发项目公司，将集团取得的土地转让给房地产项目公司。集团与房地产项目公司之间土地的流转需要承担税负较重的税种有增值税、企业所得税、土地增值税、契税等。例如，M 房地产开发公司取得政府公开竞拍土地，支付金额为 1 000 万元，则 M 房地产开发公司在取得土地阶段需要交纳 4% 的契税与 0.05% 的印花税，税费共计 40.5 万元；M 房地产开发公司转让房地产项目按取得金额 1 000 万元计算，则房地产项目公司需要交纳契税和印花税 40.5 万元，M 房地产开发公司需要缴纳印花税 0.5 万元，相比较而言，土地流转多一次增加税费为 41 万元。如果 M 房地产开发公司转让给房地产项目公司土地金额比 1 000 万元多 Q 元，那么在支付 41 万元税费的基础上多支出 11% 的增值税，25% 的企业所得税，4% 的契税（印花税忽略不计）。故出于降低税负考虑应减少土地流转环节。

第三节　项目融资环节的纳税筹划

房地产开发建设需要大量的资金作保障，且一般商品房的经营周期较长，这就需要房地产开发企业拥有一定的资金实力，以雄厚的内部资金积累做保证才能使企业正常运转。单凭开发公司自己的资金积累是很有限的，通常需要通过融资来获得资金，而融资产生的利息费用可以在计算土地增值税和企业所得税时进行抵扣。

首先是融资渠道的选择：通过银行贷款是房地产企业融资渠道的首要选择，近期调查郑州市的商业银行贷款利率为4.75%；向融资公司或者其他金融机构借款的年贷款利率为13%～15%；民间借贷，一般筹资的年贷款利率能达到24%。单从贷款利率来看，从银行贷款利率低且安全性高风险小，且能提供金融机构的证明，但是银行贷款的审批手续复杂，贷款的额度很可能达不到企业的需要，银行等金融机构计算利息的方法及比率较稳定，浮动较小，因而利用这一方法实行避税的选择余地不是很大。

房地产开发公司与金融公司之间的资金拆借虽然利率高于商业银行，但是在利息的计算和资金的回收期限方面，均具有较大的弹性和回旋的余地。可通过提高利息支付，冲减企业利润，从而抵消企业所得税税额。

通过民间借贷的方式筹资虽然获得资金的时间较短，但是风险大，利率高，且不能获得金融机构的证明，所以不建议选择这种筹资的方式。

筹划过程，企业可以跟金融机构之间达成某种协议，由金融机构提高利率，使企业计入成本的利息增大，就可以大大降低企业承担的税收负担。同时金融机构可以今后以更方便的形式为企业提供担保贷款及其他金融服务作为交换。

第四节　项目建设环节的纳税筹划

项目建设环节相对较长，主要经济业务为与施工企业签订施工合同，合理安排筹划施工合同能够合理增大成本，有效降低房地产项目企业所得税、土地增值税、增值税。

一、设立商贸公司

设立商贸公司的目的是加大房地产企业的扣除成本，实现切割房地产企业利润降低土地增值额的目的，因为房地产项目开发房产需要大量的建材和设备，房地产企业与该商贸公司签订合同时,价款稍微高出同行既能够降低税务风险又能增加扣除成本,同时设立自己的商贸公司能够有效地控制资金的流动,保证房地产企业资金充沛。

设立商贸公司同时能够控制房地产项目进项税额,针对一个增值税纳税期来说,可能会有销项税额比较大,进项税额小的情况,当突然出现该状况时可以通过购买商贸公司建材和设备来增大进项税额,在一定程度上能够控制增值税缴纳金额。

二、设立建筑公司

房地产企业开发项目周期长,如果房地产开发企业没有自己的建筑公司,那么建筑施工都需要外包,同时建筑成本在房地产开发中占据很大的比重,并且根据建筑物的建筑进度支付建筑企业一定量的工程款,占据的资金比较大,因此房地产开发企业很有必要成立自己的建筑公司。主要原因有:(1)建筑施工单位是按照工程建设进度收取工程款,如果是房地产开发企业自己的建筑公司,那么建筑公司可以先开票挂往来账,等资金充沛后再进行资金的流出;(2)能够控制工程的进度;(3)能够适当的增加开发成本。这样能够达到切割项目公司的开发利润,控制项目土地增值税的增值额。

成立建筑公司后,所有的建安合同可通过建筑公司来转包,这样可以增大建安成本,降低土地增值税的增值额,降低土地增值税税负。

M房地产开发公司开发的燕都城项目,应支付乙方(乙公司)建安成本A万元,通过成立自己的建筑公司税务筹划方案,可使房地产开发企业与自己的建筑公司签订建安合同,建安合同的工程款预设为B万元,建筑公司再与乙公司签订分包或者转包合同,价款为A万元。则按筹划前后纳税情况差异为(假设该房地产企业土地增值税适用税率为30%):土地增值税可扣除金额增加1.2(B－A)万元,则可减少土地增值税税额为1.2(B－A)×30%。

同时因为进行分包需要缴纳增值税,建筑公司需要缴纳的增值税为(B－A)×11%,(按一般纳税人标准)。同时印花税为经营额的万分之三、城建税及教育费附加为增值税的5.65%,建筑公司需要缴纳的税费为(B－A)×11%×(1+12%)+B×0.03%,则共节税为1.2(B－A)×30%－[(B－A)×11%×(1+12%)+B×0.03%]=0.2365B－0.2368A。

由以上分析可知,当B>1.00126850A时即可实现节税。

因为企业所得税无论在建筑公司还是房地产企业税率不变,该筹划只是导致利润的转移,故企业所得税的总税款额不会发生改变,不会产生税负增加或减少的效果。

三、精装房方案的纳税筹划

近年来,精装商品房的购房比例大幅上升,从消费者的角度来看,精装商品房更加便捷，购房免去装修环节，迎合了快节奏的现代生活和年轻消费者的消费心理。"营改增"之后，相对于没有装修过的房子，精装房的家具、灯具、洁具、装饰材料等可以取得增值税专用发票而抵扣进项税额，这样企业增加精装房的比例就可以降低税负，所以以精装房为主要开发类型的开发商将会占得先机。

M房地产开发公司正在开发的丽景苑项目，项目共支付土地出让金2 300万元，开发成本4 100万元，其中借款利息280万元，整个项目的可售面积25 000平方米，初步定的毛坯房售价5 600元/平方米，销售总额14 000万元。以下设计了两种方案来对比主要税种的纳税额和净利润的变化，如表20-6所示。

表20-6　精装房纳税方案的选择

本项目按简易计税模式应缴纳的各项税额	应缴纳增值税＝14 000÷（1＋5%）×5%＝666.67（万元） 不含息建造成本＝2 300＋4 100－280＝6 120（万元） 扣除项目金额＝6 120×130%＋66.67＝8 022.67（万元） 增值额＝14 000－8 022.67＝5 977.33（万元） 增值率＝5 977.33÷8 022.67＝74.51% 应缴纳土地增值税＝5 977.33×40%－8 022.67×5%＝1 989.80（万元） 利润＝14 000－6 120－66.67－1 989.8＝5 823.53（万元） 应缴纳企业所得税＝5 823.53×25%＝1 455.88（万元）	
筹划方案	方案一	方案二
筹划思想	将本项目所有的商品房都开发为精装房，装修成本1 300万元，每平方的售价为6 120元	方案一以简易计税来计算税额，但是在"营改增"以后的新项目要用一般计税方法，所以在选择建筑公司时要考虑一般纳税人
具体方案	应缴纳增值税＝15 300÷（1＋5%）×5%＝728.57（万元） 不含息建造成本＝2 300＋4 100－280＋1 300＝7 420（万元） 扣除项目金额＝7 420×130%＋72.86＝9 718.86（万元） 增值额＝15 300－9 718.86＝5 581.14（万元） 增值率＝5 581.14÷9 718.86＝57.43% 应缴纳土地增值税＝5 581.14×40%－9 718.86×5%＝1 746.51（万元） 利润＝15 300－7 420－72.86－1 746.51＝6 060.63（万元） 应缴纳企业所得税＝6 060.63×25%＝1 515.16（万元）	方案一选择简易计税方式，不用考虑进项税额的抵扣问题，相当于选择了小规模纳税人的装修公司，但是从企业长远考虑，选择一般纳税人虽然会造成装修成本上升，但是进项税额可以抵扣，对企业长远的税收筹划更有利。 假设选择一般纳税人装修成本为1 800万元此时应缴纳的增值税＝15 800÷（1＋11%）×11%－（2 300＋1 800）÷（1＋11%）×11%＝1 159.46（万元） 城建税和教育费附加＝115.94（万元） 增值率＝39.51% 应交土地增值税＝1 342.36（万元） 利润＝15 800－7 820－115.94－1 342.36＝6 521.70（万元） 应缴纳企业所得税＝6 521.7×25%＝1 630.43（万元）

（续表）

筹划方案	方案一	方案二
筹划效果	"营改增"过渡期，对于老项目采用增值税简易计税方式，通过筹划增值税增加了61.9万元，土地增值税少交243.29万元，企业所得税多交了59.28万元，经筹划后净利润增加了177.82万元	对于"营改增"之后的新项目，企业选择作为一般纳税人，且选择一般纳税人合作，进项可以抵扣，与方案一相比增值税额和企业所得税都有所增加，但土地增值税减少，净利润比方案一多了345.8万元，所以方案二筹划效果更好
其他因素	方案一的筹划是在"营改增"初期的特殊政策之下进行的筹划，具有一定的时效性，同时简易计税的模式相当于企业选择作为小规模纳税人时的情况，可为企业日后选择纳税人身份做参考	方案二与方案一相比，增值税和企业所得税稍有升高，但是净利润增加了，"营改增"过渡期之后，企业选择作为一般纳税人，且选择具有一般纳税人身份的建筑商作为上游企业可增加企业增值税的进项税额抵扣，同时对企业长远的发展有利

四、工程费用移位法的纳税筹划

M房地产开发公司现行的制度是由总部派管理人员负责不同项目的管理工作，由于M房地产开发公司在不同省份有项目同时进行，项目的管理人员在负责项目工作的同时还在总部兼任其他职位，这样一方面造成项目管理的混乱，另一方面平时的差旅费也给企业带来负担。

所以，M房地产开发公司的高层可以将一部分总部的管理人员分配到项目上，一方面可以加强管理，另一方面通过将这部分管理人员的编制增加到开发项目中，每年可以减少管理费用、增加开发间接费用。仍沿用上一节精装房筹划时丽景苑小区的案例，丽景苑小区工期2年，公司共有管理人员40人，每年需要支付管理人员薪酬费用280万元。具体的筹划方案设计如表20-7所示。

表20-7 费用移位法筹划方案设计

筹划前各项税额及利润	应缴纳增值税＝15 300÷（1＋5%）×5%＝728.57（万元） 不含息建造成本＝2 300＋4 100－280＋1 300＝7 420（万元） 扣除项目金额＝7 420×130%＋72.86＝9 718.86（万元） 增值额＝15 300－9 718.86＝5 581.14（万元） 增值率＝5 581.14÷9 718.86＝57.43% 应缴纳土地增值税＝5 581.14×40%－9 718.86×5%＝1 746.51（万元） 利润＝15 300－7 420－72.86－1 746.51＝6 060.63（万元） 应缴纳企业所得税＝6 060.63×25%＝1 515.16（万元）

（续表）

筹划思想	筹划过程	筹划结果
筹划后	将公司总部的管理人员20人编制到开发项目中，每年减少管理费用同时增加开发间接费用	应缴纳增值税=15 300÷（1+5%）×5%=728.57（万元） 不含息建造成本=2 300+4 100－280+1 300+280=7 700（万元） 扣除项目金额=7 700×130%+72.86=10 082.86（万元） 增值额=15 300－10 082.86=5 217.14（万元） 增值率=5 217.14÷10 082.86=51.74% 应缴纳土地增值税=5 217.14×40%－10 082.86×5%=1 581.72（万元） 利润=15 300－7 700－72.86－1 581.72=5 945.42（万元） 应缴纳企业所得税=5 952.42×25%=1 486.36（万元）	经过筹划，增值税没有变化，土地增值税和企业所得税共减少了193.59万元

此筹划方法较简单且不需要过多的成本支出作为筹划的保障，M房地产开发公司在日后的筹划过程中可以尽量将一部分管理人员的薪酬转移到开发成本中，增加土地增值税和企业所得税的扣除金额来降低税负。

第五节　项目销售环节的纳税筹划

一、销售价格的纳税筹划

销售价格的筹划主要是通过提高售价或者降低售价的方式来影响增值额，同时影响土地增值税的缴纳。《土地增值税暂行条例实施细则》第八条第（一）款规定，普通住宅的土地增值额未超过扣除金额20%的，免征土地增值税。根据这一税收优惠政策，可以设计出筹划的思路，降低价格减少增值率到20%以下，或者虽提高价格但同时增加抵扣金额来达到免缴增值税的条件。M房地产开发公司欲销售13 000平方米的商品房，定价8 000元/平方米，经计算扣除项目的金额为8 367.5万元，以下通过降价的方式进行土地增值税增值率临界点筹划方案对比，如表20-8所示。

表20-8　增值率临界点筹划方案对比

筹划前土地增值税的计算	收入总额=13 000×0.8=10 400（万元） 增值率=（10 400－8 367.5）÷8 367.5=24.29% 应缴纳土地增值税=（10 400－8 367.5）×30%=609.75（万元） 利润=10 400－8 367.5－609.75=1 422.75（万元） 应纳所得税=1 422.75×25%=355.69（万元）

（续表）

筹划方案	方案一	方案二
筹划思想	降低房产的售价，将增值额降低，使增值率小于20%	提高售价，加大成本扣除额，降低增值率
具体方案	将每平方米的销售均价由8 000元/平方米降低至7 700元/平方米 销售收入＝13 000×0.77＝10 010（万元） 由于降价少交增值税＝390÷（1＋5%）×5%＝18.57（万元） 少缴纳城建税和教育费附加＝1.86（万元） 扣除项目金额＝8 367.5－1.86＝8 365.64（万元） 增值额＝10 010－8 365.64＝1 644.36（万元） 增值率＝1 644.36÷8 365.64＝19.66% 增值率小于20%的临界点，无须缴纳土地增值税。 企业的利润＝10 010－8 365.64＝1 644.36（万元） 企业所得税＝1 644.36×25%＝411.09（万元）	支出3 000万元，将毛坯房进行简装，同时将售价提高3 000万元，销售收入变为13 400万元。多缴纳增值税638.1万元，多缴纳城建税和教育税附加63.81万元，扣除项目金额11 434.5万元，增值率14.67%，免交土地增值税，企业的利润1 965.5万元，企业所得税491.38万元
筹划效果	筹划前土地增值税609.75万元，筹划后免交土地增值税。通过降价的策略，企业的销售收入减少了390万元，企业所得税增加了67.45万元，但是综合来看，通过筹划企业获利173.75万元，而且降低价格可以吸引更多的消费者	筹划前土地增值税609.75万元，筹划后免交土地增值税。精装修提高了售价，但满足了一些人对精装房的需求，企业所得税虽然增加了135.69万元，但是利润增加了542.75万元
其他因素	降价的策略结合土地增值税的临界值进行筹划必须要考虑到开发成本的各项因素	进行装修的成本费用要取得正规的票据，才可进行抵扣

增值率临界点的筹划，需要通过计算先找到使增值率达到20%的售价，假设这个售价为A＝8 367.5×（1＋20%）÷13 000（城建税和教育税附加金额较小，这里暂时不考虑），最终A的取值为7 723元，也就是说每平方米7 723元是满足增值率低于20%的最高售价，所以在筹划方案中选择7 700元/平方米的售价进行筹划。对于普通住宅在定价之前要综合考虑到开发建造成本和相关的税收，尤其是土地增值税的税负在增值率20%时会出现大幅度的跳跃，所以对于待售地产增值率在20%附近时，要格外关注。同时商品房销售的单价是动态变化的，要根据市场需求和同区域同类房产作比较，合理地定价。

二、"公司包售"的纳税筹划

对于房地产开发企业，为降低税负、获取利润，可以改变企业的组织形式。房地产企业可通过设立独立的销售公司，合理为企业节约土地增值税的支出。商品房售价、可扣除项目合计、土地增值税金额是影响房地产企业利润的主要因素。那么在可扣除项目金额合计一定的情况下，商品房售价则和土地增值税金额密不可分。如果房地产企业能考虑将企业的销售部门分离出来，成立专门负责销售、单独核算的销售子公司，设定转让定价，那么这样既能以较高的价格实现商品房销售，同时可以降低土地增值税税额。

以下以M房地产开发公司开发的项目为例,通过设立销售子公司进行筹划。M房地产开发公司开发的楼盘,有可供出售的普通住宅10 000平方米,预计售价每平方米5 200元,扣除项目金额4 314.76万元。具体的筹划方案如表20-9所示。

表20-9 公司包售的纳税筹划方案

筹划前	销售收入=0.52×10 000=5 200(万元) 增值额=5 200-4 314.76=885.24(万元) 应纳的土地增值税=885.24×30%=265.57(万元) 应纳的企业所得税=(5 200-1 300-2 000-330-24.76-265.57)×25%=319.92(万元) 税后利润=5 200-4 314.76-319.92-265.57=299.75(万元)	
筹划后	筹划思想	筹划过程
	M房地产开发公司设立专门负责销售的子公司,以5 000元/平方米的价格销售给子公司,子公司再以5 200元/平方米的价格出售	M公司销售收入=0.5×10 000=5 000(万元) 扣除项目金额=4 314.76-0.95=4 313.81(万元) 增值额=5 000-4 313.81=686.19(万元) 增值率=686.19÷4 313.81=15.91%(免征土地增值税) M房地产开发公司利润686.19万元,企业所得税171.55(万元) 销售子公司属于非房地产开发企业,所以不能享受20%加计扣除的税收优惠,且不能享受普通标准住宅增值率20%以内免税政策。 多缴的增值税=200÷(1+5%)×5%=9.52(万元) 多缴的城建税和教育税附加0.95万元 增值率=(5 200-5 000-0.95)÷(5 000+0.95)=3.98% 土地增值税=199.05×30%=59.715(万元) 应纳的企业所得税=(200-0.95-59.715)×25%=34.83(万元) 税后利润=200-0.95-59.715-34.83=104.51(万元)

通过纳税筹划后,对于购买者来说,房价没有变还是5 200元/平方米,但是对于M房地产开发公司来说,税收有了很大的变化,筹划前M房地产开发公司应纳的土地增值税265.57万元,筹划后M房地产开发公司和子公司共缴纳土地增值税59.715万元,减少了205.72万元;企业所得税由319.92万元降低到34.83万元;筹划前,M房地产开发公司的净利润299.75万元,筹划后M房地产开发公司和其子公司共计实现净利润619.15万元,通过设立销售子公司实现净利润增加319.4万元。

设立子公司的筹划方法是房地产企业纳税筹划的一种常用方法,子公司不同于分公司,它有独立的法人,可以享受各种税收优惠政策,亏损不会冲减母公司的利润,同时子公司的利润汇回母公司也比分公司要灵活。从房地产企业发展长远考虑,成立专门的物业公司、销售公司、广告公司、装修公司等来进行收入分解,降低增值额可以降低企业的税收负担。

三、分解式销售的纳税筹划

为迎合现在购买者中年轻时尚的消费群体,企业近两年开发了一些精装房项目。

经过之前已分析"营改增"后精装房还可以降低税负 M 房地产开发公司可以根据需求进一步完善精装房的建设过程，消除原来消费者对精装房质量不过关、样式不美观的一些缺陷，与口碑较好的建筑企业、家电企业合作，可以获得更好的发展前景。

同时精装房在销售过程中也具有筹划的空间，通过分解式的销售，将精装房的附属设施、装修装潢的费用还有家电成本等单独分解出来，签订一份合同，这样 M 开发公司只就第一份合同上注明的金额缴纳土地增值税，而第二份合同的金额不用缴纳土地增值税。

以 M 房地产开发公司"营改增"之前的一项精装房项目为例，通过计算对比筹划前后税负的变化。M 房地产开发公司 2014 年以 5 000 万元购入一块土地，建造商品房，可售面积 30 000 平方米，均价 9 800 元 / 平方米，工程造价 1 000 元 / 平方米，以下通过表 20-10 分析筹划前后税负变化。

表 20-10　分解式销售方案对比分析

筹划前	应缴纳增值税＝29 400÷（1＋5%）×5%＝1 400（万元） 扣除项目金额＝（5 000＋3 000）×130%＋140＝10 540（万元） 增值额＝29 400－10 540＝18 860（万元） 增值率＝18 860÷10 540＝178.94% 应缴纳土地增值税＝18 860×50%－10 540×15%＝7 849（万元） 利润＝29 400－10 540－7 849＝11 011（万元） 应缴纳企业所得税＝11 011×25%＝2 752.75（万元）	
筹划后	筹划思想	筹划过程
	与购买者签订两份合同，第一份是房屋刚建好时 M 房地产开发公司与购买者签订的出售毛坯房的合同；第二份合同是另外的装修公司与购买者签订的房屋装修合同。毛坯房定价 7 800 元 / 平方米，装修费用 200 元 / 平方米	M 房地产开发公司销售毛坯房获得的收入 23 400 万元 M 房地产开发公司应缴纳增值税＝23 400÷（1＋5%）×5%＝1 114.29（万元） 扣除项目金额＝（5 000＋3 000）×130%＋111.43＝10 511.43（万元） 增值额＝23 400－10 511.43＝12 888.57（万元） M 房地产开发公司应缴纳土地增值税＝12 888.57×50%－10 511.43×15%＝4 867.58（万元） M 房地产开发公司的利润＝12 888.57－4 867.58＝8 020.99（万元） M 房地产开发公司应缴纳企业所得税＝8 020.99×25%＝2 005.25（万元） 装修公司的装修费 6 000 万元 装修公司应缴纳增值税＝6 000÷（1＋5%）×5%＝285.71（万元） 城建税和教育费附加＝285.71×（5%＋3%＋2%）＝28.57（万元） 企业利润＝6 000－3 000－28.57＝2 971.43（万元） 应缴纳企业所得税＝2 971.43×25%＝742.86（万元）

筹划后，土地增值税由 7 849 万元减少到 4 867.58 万元，减少了 38%，企业所得税减少了近 5 万元，纳税额有了较大程度的下降。同时企业并不需要为此筹划付出过高的成本，所以单从减税幅度来看，这种方法是不错的筹划方案。

但是这种筹划方式在执行过程中也会存在一些风险，一方面客户有可能不理解 M 房地产开发公司分开签合同的目的，从而拒绝跟第三方建筑公司签订装修合同，另一方面，由于精装房的房价普遍较高，大部分客户买房都会采用按揭贷款的形式，银行规定贷款金额是根据购房合同确定的，为规避风险，银行一般不愿为一些小型装修公司作担保，所以会导致购买者首付金额增加。在实际的操作中，企业可以通过给客户优惠或者赠品来说服他们。这时，又要通过进行成本收益分析，最终确定对企业长期发展最有利的筹划方案。

第六节 项目持有环节的纳税筹划

房地产企业开发建设的房产除了销售外，还会有一部分留归企业自有的房产，比如 M 房地产开发公司开发过的写字楼、商业中心等项目，随着企业的发展实力增强也会开发更多的自持物业，这也是商业地产未来发展的战略走向，越来越多的房地产开发企业开始实施"长期自持物业"的战略转型。对于企业自持的这一部分房产也要合理筹划，降低持有期间的税收成本，提升企业的利润空间。

持有环节的筹划方法主要是租赁和联营的选择、改变出租形式、自营改出租，以下针对这些筹划方法进行具体分析。

一、租赁和联营的选择

对于闲置的房产企业会进行投资，常用的投资方式主要有两种，一种是进行租赁，每年收取租金；一种是进行投资联营，由房地产公司提供房产，以房产入股，另一个资金充足的公司提供流动资金，两者合作联营办一个公司。这两种方式纳税的税种和承担的税负各不相同，而且对于投资联营的方式，国家税收还有相关的优惠政策，根据财政部、国家税务总局财税字（1995）48 号文规定，对于以房地产进行投资、联营的，投资、联营的一方以土地（房地产）作价入股进行投资或作为联营条件，将房地产转让到所投资、联营的企业中时，暂免征收土地增值税。但是这并不代表投资联营的纳税额一定低于租赁业务的纳税额，下面通过建立一个简单的模型进行分析：

假设 M 房地产开发公司在总部郑州市有一处闲置的房产，它的原值为 P，如果将这处房产对外出租，年租金为 A1；如果进行投资联营，每年能分回利润 A2。

如果采用租赁的形式进行投资，根据《营业税改征增值税试点有关事项的规定》第（九）条，对于一般纳税人出租其 2016 年 4 月 30 日以前取得的不动产，可以选择适用简易计税方法，按照 5% 的征收率计算应纳税额。一般纳税人出租其在 2016 年 5 月 1 日后取得的不动产，应按 3% 的预征率在不动产所在地预缴税款后，向机构所在地主管税务机关进行纳税申报。

M房地产开发公司现在出租的项目基本都是2016年"营改增"前的老项目,所以增值税适用5%的税率。

增值税＝A1÷（1＋5%）×5%＝4.76%A1；

房产税（从租计征）＝12%A1；

城建税和教育费附加＝4.76%A1×10%＝0.48%A1；

印花税＝0.1%A1；

所得税（A1－12%A1－0.48%A1－0.1%A1）×25%＝21.86%A1；

总税负＝4.76%A1＋12%A1＋0.48%A1＋0.1%A1＋21.86%A1＝39.2%A1。

如果采用投资联营的方式：房产税按照从价计征，西安市的扣除比例为30%，所以应纳的房产税＝（1－30%）×1.2%＝0.84%P。

郑州市的城镇土地使用税按照城区土地等级标准来征税，M房地产开发公司的此处房产处于三等地区，城镇土地使用税的税额为每年20元/平方米，假设这处闲置房产的适用面积为M，则城镇土地使用税为20M；所得税为25%A2；

企业采用投资联营的方式应纳税总额＝0.84%P＋20M＋25%A2。

由于租金的年收入比较确定，而且是事先协定好价格。但是投资联营受到多种因素的影响，不稳定性较多，风险也较大，所以可以假定两种情况税负相等的情况下，由租金收入计算出投资联营收入对税负的影响，判断哪种情况税负更低。

39.2%A1＝0.84%P＋20M＋25%A2；

A2＝（39.2%A1－0.84%P－20M）÷25%，这种情况下，两种情况税负相同；

如果预期投资联营获得的利润A2<（38.01%A1－0.84%P－20M）÷25%时，那么这处闲置的房产采用投资联营的方式税收小于出租形式下的税收；相反，则租赁的形式税收更小。

现以M房地产开发公司2013年开发完成的一项闲置的房产为例，将上述模型计算的结果应用在实际中。M房地产开发公司的这项房产原值850万元，实际使用面积400平方米，如果对外出租每年可获得租金110万元，如果进行投资联营，经过与有意向合作公司洽谈，可从联营企业分回260万元。通过上述模型计算的结果：

A2＝（39.2%×110－0.84%×850－0.002×400）÷25%＝140.72万元；

140.72＜260，所以采用租赁的形式税负更低。

通过以上计算分析可知，投资联营的方式与租赁形式税负相等的情况下可分回的利润基本与经营收入相等，但是投资联营需要设立新的公司，手续审核较复杂，与合作公司要在互利互惠的基础上进行合作，同时承担的风险也更大，需要的人工成本投入更多。所以在实施方案时，要对比投资联营后分回的利润与经营租赁获得的年收入是否有大额的差距，是否足以弥补设立新的联营公司产生的成本和多缴的税额，以此来选择筹划的方案。纳税筹划并不是独立于其他业务的一项活动，是要与企业的各项经营策略结合做出的选择。

二、出租形式的纳税筹划

房产税从租计征的税率为12%,与从价计征相比税率差额较大,所以,对于企业没有销售,进行出租的这一部分房产可以改变出租的形式来降低税额。如通过将原来的租赁合同改为仓储合同,那么房产税就由从租计征改为按照房产余值计税,可以减少纳税额。例如,M房地产开发公司2013年在郑东新区进行大片房产开发,因为当时郑东高铁站正在修建,且迁入大量的建筑,M房地产开发公司预测郑东新区会对房产有大量需求。现公司暂时将其中的5栋房产及场地出租了建筑工程公司,价值13 000万元,每年可获得租金2 400万元,与建筑工程公司签订了5年期的合同。通过变更经营租赁为办公、仓储保管来对比两种方式的纳税额和净利润,如表20-11所示。

表20-11 变租赁为办公仓储的纳税筹划

筹划前	应缴的增值税 = 2 400÷(1 + 5%)×5% = 114.29(万元) 应交的城建税和教育税附加 = 114.29×(5% + 3% + 2%)= 11.43(万元) 应交的房产税 = 2 400×12% = 288(万元) 应交的印花税 = 2 400×1‰ = 2.4(万元) 企业所得税 =(2 400 - 11.43 - 288 - 2.4)×25% = 524.54(万元)(暂不考虑其他成本的影响) M房地产开发公司净利润 = 114.29 + 11.43 + 288 + 2.4 + 524.54 = 940.66(万元) 整个租赁业务的税金合计 = 1 005.66(万元)	
	筹划思想	筹划过程
筹划后	M房地产开发公司与建筑工程公司进行沟通,将原来的租赁合同改为办公仓储保管合同,由M房地产开发公司为每个库房配备一名专业的物业安保人员进行24小时的保管,假定年租金仍然为2400万元。每个安保人员的工资1800元/月。	M房地产开发公司应纳的增值税不变仍为114.29万元, 应交的房产税 = 13 000×(1 - 30%)×1.2% = 109.2(万元) 应交的城建税和教育税附加不变仍为11.43万元 应交的印花税不变仍为2.4万元 安保人员的工资每年共计 = 0.18×5×12 = 10.8(万元) 企业所得税 =(2 400 - 11.43 - 109.2 - 2.4)×25% = 569.24(万元) M房地产开发公司净利润 = 2 400 - 11.43 - 109.2 - 2.4 - 569.24 = 1 707.73(万元) 整个办公仓储保管业务的各种税额合计为806.56万元

在租金不变的情况下,经过筹划后每年税后净利润增加了134.1万元。所以采用办公仓储的形式配备专业的物业安保人员,不仅可以降低税额,而且比租赁合同更吸引顾客;不仅可以合理利用企业闲置的房产,还可以降低税收为企业带来利润。

三、商业配套车位由自营改出租的纳税筹划

根据《财政部 国家税务总局关于具备房屋功能的地下建筑征收房产税的通知》(财税〔2005〕181号)规定,自2016年1月1日起,凡在房产税征收范围内的具备房屋功能的地下建筑物,包括与地上房屋相连的地下建筑物以及完全建在地面以下的

建筑、地下人防设施等，均应依照有关规定征收房产税。房屋的地下室、地下停车场、商场的地下部分等都属于征收房产税的范围。

房产税有从价计征和从租计征两种方式，这两种方式为纳税筹划提供了选择和可能。M房地产开发公司开发的一个商业楼盘有附属的地下停车场，M房地产开发公司对地下停车场采取收取停车费的经营模式，每年可获得600万元的经营收入，停车场的资产原值为25 800.76万元，现将自有的这部分停车场出租来对比两种方式下房产税税额的变化，如表20-12所示。

表20-12 商业配套车位由自营改出租纳税筹划前后对比

筹划前	房产税从价计征： 应纳的房产税＝25 800.76×（1－30%）×1.2%＝216.73（万元）	
筹划后	筹划思想	筹划过程
	将商业配套的停车位出租给物业公司，按照市场的公允价值收取600万元/年	筹划后，多征收增值税600×5%＝30（万元） 房产税从租计征，应纳的房产税＝600×12%＝72（万元）

经过筹划后，比自营方式每年节约了税收114.73万元，假设自营方式缴纳的房产税与从租计征方式缴纳的房产税相等，可以计算出一个临界值，当商业配套车位的年自营收入没有超过1 806.08万元时，选择将车位出租的形式可以节约房产税，降低企业税负。

以上按照M房地产开发公司的主要经营环节对企业中的一些典型业务进行了筹划，主要涉及的是房地产企业的增值税、土地增值税、企业所得税和房产税，这几种税的纳税额占到了纳税总额的近90%，是决定企业税收成本最主要的几个税种，在方案设计时都是从M房地产开发公司以前的业务中截取了一部分进行筹划，不够全面，接下来本书将设计的这些方案应用于龙湖帝景项目，进行一个完整的精算纳税筹划设计。

标杆房企案例：龙湖帝景项目精算纳税筹划案例分析

龙湖帝景项目是近两年刚刚开发的项目，项目位于郑州市郑东新区龙子湖畔，有多层、小高层和高层配套的商铺，2016年年底前两期已全部预售完成，三期部分预售。现将精算纳税筹划思想和精算纳税筹划方案应用于龙湖帝景项目进行精算纳税筹划。

一、龙湖帝景项目简介

龙湖帝景项目建筑规模140 000平方米，其中住宅面积126 000平方米，商铺面积14 000平方米，小区共有住宅23幢，一期多层住宅10幢，已办理竣工手续且住房已交付使用；二期9幢多层住宅，2015年开始预售；三期是4幢小高层，底层是商铺，容积率为1.8，居住户数1 470户，停车位1 000个。

龙湖帝景项目数据及经济指标如表 20-13 所示。

表 20-13　龙湖帝景项目数据及经济指标

项目	项目一期：多层住宅	项目二期：多层住宅	项目三期：小高层	商铺项目	停车库＋储藏室
土地面积（平方米）	26 722.31	24 506.77	19 370.54	—	—
土地成本（平方米）	2 126.05	1 555.77	1 557.99	—	—
建筑面积（平方米）	40 556.35	32 921.76	33 836.69	14 262.78	10 124.65
销售收入（万元）	9 516.08	8 714.12	11 494.07	12 600.35	3 230.42
目前状态	已交付使用	全部预售	部分预售	未竣工	部分预售

龙湖帝景项目费用表如表 20-14 所示。

表 20-14　龙湖帝景项目费用表

单位：万元

序号	项目名称	金额
1	土地成本	57 065.00
2	房地产开发成本（包括 3～6）	12 370.00
3	前期工程费包括：项目策划；可行性分析；水文、地质勘查；建设单位管理费；市政配套设施费用	385.00
4	建筑安装工程费：基础工程费；土建工程费；水电安装工程费；消防工程费	6 551.00
5	基础设施费：三通一平费；供水工程；供电工程；排污工程；景观绿化工程；道路工程；照明工程；环卫设施等	1 305.00
6	开发间接费用：建设工程质量安全监督费；建设工程招投标费；工程监理费等	176.00
7	开发运营管理费用：管理费用；财务费用；销售费用；广告宣传费用	2 052.00
8	总投资成本	79 904.00

龙湖帝景项目纳税筹划前，所涉及的主要税负计算：

1. 取得土地使用权时：

应缴纳的契税＝ 57 065×3％＝ 1 711.95 万元

应缴纳的城镇土地使用税＝ 20 元/平方米×70 599 平方米＝ 1 411 980 元（标准

为 20 元/平方米）

2. 实现商品房销售时：因为三期项目还未完全销售完，这里以预售价格来进行计算，以便来分析纳税筹划的效果。

龙湖帝景项目三期工程开工及主要工程完工都在 2016 年 4 月 30 日前，属于开发的老项目，可以根据可抵扣项目的多少来决定选择税率的高低。根据"营改增"后计税方式筹划时计算的无差别平衡点抵扣率为 54.55%，龙湖帝景项目的前两期工程已经全部预售完毕，第三期项目开工也较早，对于一般计税模式下需要的各种抵扣凭证很少，而且现在正处在"营改增"的初级阶段，增值税的抵扣链条还不完整，想要达到 50% 以上的抵扣率很难做到。因此在这里采用 5% 的征收率计算增值税更合适。

应缴纳的增值税 = 45 554 ÷（1 + 5%）× 5% = 2 169.24（万元）

应缴纳的城建税和教育费附加 = 2 169.24 ×（7% + 3%）= 216.92（万元）

应纳的印花税 = 45 554 × 0.05% = 22.78（万元）

3. 出售房屋土地增值税计算

销售过程中包含了代收的地暖系统初装费、水电安装费和公共设施维修基金，这部分代收的金额共计 435 万元，在计算土地增值税时按照税法的规定，若代收费用计入房价中，需要作为收入计税，但在计算扣除项目金额时代收费用可以扣除，同时不能作为加计扣除 20% 的基数；若单独收取代收费用，未计入房价中，可以不作为收入计税。在本项目中，代收的费用含在房价中，所以可以在扣除项目中扣除。

龙湖帝景项目各期土地增值税计算表如表 20-15 所示。

表 20-15　龙湖帝景项目各期土地增值税计算表

（单位：万元）

项目	一期：10 栋多层	二期：9 栋多层	三期：4 栋小高层	三期商铺：4 栋小高层+底商
一、转让房地产收入总额	10 987.96	10 472.05	24 094.02	12 600.31
二、扣除项目金额合计	10 936.27	5 139.88	2 195.26	5 820.63
1. 取得土地使用权所支付的金额	2 126.05	1 557.99	1 555.77	466.73
2. 房地产开发成本	6 116.11	2 216.01	84.79	3 952.52
3. 开发费用	979.67	547.93	82.03	441.93
4. 相关税金	65.93	63.15	144.56	75.60

（续表）

项目	一期：10栋多层	二期：9栋多层	三期：4栋小高层	三期商铺：4栋小高层＋底商
5.其他扣除项目	1 648.51	754.80	328.11	883.85
三、增值额	51.69	5 332.17	21 898.76	6 779.38
四、增值率	0.47%	103.74%	997.55%	116.48%

龙湖帝景项目土地增值税计算表如表20-16所示。

表20-16 龙湖帝景项目土地增值税计算表

（单位：万元）

项目	住宅	商用	车库及储藏室	合计
一、营业收入（含代收费）	28 724.48	13 600.00	3 230.27	45 554.75
二、扣除项目金额	18 090.34	5 994.27	310.38	27 127.22
1.可扣除成本	15 267.89	5 034.45	291.70	26 580.22
其中：土地成本	5 240.03	467.30	135.27	5 842.60
开发成本	8 417.00	3 953.00	70.80	12 440.81
开发费用	1 610.12	442.06	45.11	2 097.29
加计扣除	2 731.40	172.40	41.00	2 944.40
其他可扣除项目	2 731.10	884.02	—	3 255.12
2.与转让房产有关税金	17.34	75.60	19.38	112.32
3.代收费用	435.00	—	—	435.00
三、增值额	21 159.76			
四、增值率(%)	40.45%			
五、应纳的土地增值税	6 997.68			

说明：为便于计算，下表中"营业收入"合计45 554.75均按45 554.00。

一期开发的成本过多，增值率为0.47%，导致这种情况的原因是在开发建设阶段有大量的前期费用和一些基础设施费用；而二期因为尚未完工，开发成本不全，导致暂时增值率过高，目前的测试结果并不是最终结果，M房地产开发公司可以根据目标方案，合理控制开发成本。三期包含普通住宅和商铺两部分，尚未开工，只分摊了很少的前期费用和基础设施的费用，目前计算测试的结果不是最终结果。

4. 企业所得税的计算

企业所得税的税负影响因素主要有应税收入、扣除项目、以前年度亏损。

应纳税所得额＝（收入总额－不征税收入－免税收入）－准予扣除项目－允许弥补的以前年度亏损

准予扣除项目＝成本＋期间费用＋税金及附加＋损失＋其他支出

应纳所得额＝应纳税所得额×企业所得税税率

由于龙湖帝景项目后期的成本费用还没有实际发生，我们按照企业提供的收入、成本、费用的预算数预测企业所得税。暂按预算收入总额45 554万元测算，企业将来清算时根据实际的收入计算，估计最终收入总额会略有增加。按照预算的成本总额28 642万元测算，与土地增值税的成本测算不同，符合要求的资本化的利息可以计入成本；另外，部分合理的成本因为没有合法的手续也可根据"实质重于形式原则"计入成本，需要补充一部分资料，由主管税务机关审批。税金及附加按照预算收入总额测算，企业将来清算时根据实际收入计算。根据企业的相关预算报告列示的企业所得税计算表如表20-17所示。

表20-17 龙湖帝景项目企业所得税计算表

单位：万元

项目	金额
一、转让房地产收入总额	45 554.00
减：房地产成本总额	28 642.00
1. 取得土地使用权所支付的金额	5 239.92
2. 房地产开发成本	23 402.08
减：税金及附加	7 224.92
其中：城市维护建设税	159.12
教育费附加	68.12
土地增值税	6 997.68
减：期间费用	2 500.00
其中：财务费用	500.00
管理费用	1 500.00
销售费用	500.00
二、营业利润	7 187.08
三、利润总额	7 187.08
四、应纳税所得额	7 187.08
五、所得税	1 796.77
六、本年累计预缴所得税	284.00
七、本年应补（退）的所得税额	1 512.77

二、精算纳税筹划方案的应用

龙湖帝景项目在整个开发过程中涉及的成本费用金额较大，M房地产开发公司应该考虑对各期的成本进行合理的分摊，在税法允许的条件下进行最大化的筹划，降低税负。

（1）对增值税筹划。在计算龙湖帝景项目的增值税时，因为前两期已预售完成，按照老项目选择5%的征收率。另外，销售过程中包含了代收的地暖系统初装费、水电安装费和公共设施维修基金，这部分代收的金额共计435万元，这部分销售金额原本计入在销售金额中需要缴纳增值税。根据税法的相关规定，这部分金额可以作为代收的资金免收增值税。M房地产开发公司有下属的物业公司，这部分款项由其下属的物业管理公司收取，物业管理公司代收的这部分款项向消费者开具收据，并全额转付给水、电等实际供应方，不作为物业管理企业的增值税销售额，不必缴纳增值税。

（2）对于龙湖帝景项目来说，目前最大的税负在于土地增值税，主要由于增值率的严重不均导致税负过重，如果龙湖帝景项目M房地产开发公司对开发成本进行相应的调整，使各期的增值额相差不要过大，基本保持均衡，就可以节省税款。根据计算，基本上龙湖帝景项目的开发成本都集中在一期，而二期和三期因为还有尚未完工的项目，所以分摊到的费用很小，这里应根据"临界点"筹划法和费用均分筹划法，将成本费用进行合理的分配。

按照《中华人民共和国土地增值税暂行条例》有关规定：纳税人建造普通标准住宅出售，增值额未超过扣除项目金额20%的，免征土地增值税；这里的"20%的增值额"就是"临界点"。根据这一优惠政策，将一期的开发成本尽量向三期倾斜。一二期按照目标的开发成本进行核算，将增值额尽量控制在20%以下，作为普通住宅可以免缴土地增值税。三期将商铺和住宅分别清算，使普通住宅的增值额尽量降到20%以下，成本尽量向商铺转移。

通过计算和分析，龙湖帝景项目第一阶段的房地产开发成本调节在5 600万元，此时的增值率为19.35%，免征土地增值税。第二阶段的房地产开发成本控制在5 900万元，预测的增值率为18.68%，免征土地增值税。第三阶段将住宅的开发成本控制在3 000万元，预测的增值率为7.67%，免征土地增值税。商铺的开发成本控制在7 975万元（根据预算的成本 22 475−5 600−5 900−3 000＝7 975万元），增值率为28.01%，按照30%的税率计算。具体数据见表20-18。

通过成本的合理转移，龙湖帝景项目前三期的普通住宅增值率都没有超过20%，免征土地增值税，第三期的商铺增值率28.01%，应缴纳的土地增值税＝2 757.20×30%＝827.16万元。同时计算此时的企业所得税，如表20-19所示。

表20-18 龙湖帝景项目筹划前后土地增值税对比表

单位:万元

	一期筹划前	一期筹划后	二期筹划前	二期筹划后	三期住宅筹划前	三期住宅筹划后	三期商铺筹划前	三期商铺筹划后
一、转让房地产收入总额	10 987.96	10 987.96	10 472.05	10 472.05	24 094.02	24 094.02	12 600.31	12 600.31
二、扣除项目金额合计	10 936.27	9 206.29	5 139.88	8 823.87	2 195.26	22 377.34	5 820.63	9 843.11
1.取得土地使用权所支付的金额	2 126.05	2 126.05	1 557.99	1 557.99	1 555.77	1 555.77	466.73	7 975.00
2.房地产开发成本	6 116.11	5 600.00	2 216.01	5 900.00	84.79	3 000.00	3 952.52	3 952.52
3.开发费用	979.67	662.61	547.93	547.93	82.03	14 730.84	441.93	441.93
4.相关税金	65.93	62.83	63.15	63.15	144.56	144.56	75.60	75.60
5.其他扣除项目	1 648.51	754.80	754.80	754.80	328.11	2 946.17	883.85	883.85
三、增值额	51.69	1 781.67	5 332.17	1 648.18	21 898.76	1 716.68	6 779.38	2 757.20
四、增值率	0.47%	19.35%	103.74%	18.68%	997.55%	7.67%	116.48%	28.01%

表 20-19　龙湖帝景项目筹划后企业所得税计算表

单位：万元

项目	金额
一、转让房地产收入总额	45 554.00
减：房地产成本总额	28 642.00
1. 取得土地使用权所支付的金额	5 239.92
2. 房地产开发成本	23 402.08
减：税金及附加	1 054.16
其中：城市维护建设税	159.12
教育费附加	67.88
土地增值税	827.16
减：期间费用	2 500.00
其中：财务费用	500.00
管理费用	1 500.00
销售费用	500.00
二、营业利润	13 357.84
三、利润总额	13 357.84
四、应纳税所得额	13 357.84
五、所得税	3 339.46
六、本年累计预缴所得税	284.00
七、本年应补（退）的所得税额	3 055.46

经过筹划，增值税和土地增值税都减少了，虽然企业所得税由 1 796.77 万元增加到 3 339.46 万元，有了近 1 500 万元的增加，但是净利润由 5 390.31 万元增加到了 10 018.38 万元，净利润占营业收入的比重也由 11.83% 上涨到 22%，说明通过纳税筹划龙湖帝景项目的利润得到了提高，税负有了明显的降低。

（3）分解租金收入的筹划。龙湖帝景项目三期小高层的底层商铺在完工后，有一部分留作自己持有出租。在出租时每月的出租金额包括租金和物业管理费，根据税法的规定，物业管理费在"营改增"后缴纳增值税，税率 6%，不用缴纳房产税。因此通过签订不同的服务合同可以起到节税的作用。根据 M 房地产开发公司下属的物业公司定价，曲江城项目暂定的物业管理费为 16 元/平方米，企业留作自用的商铺面积约为 5 000 平方米，通过筹划，每年可比原方案少缴房产税 11.52 万元（5 000×16×12×12%）。

三、龙湖帝景项目纳税筹划前后税负情况总体比较与评价

1. 龙湖帝景项目纳税筹划效果分析

经过以上对房地产开发企业"营改增"后的主要税收，包括增值税、土地增值税、企业所得税和房产税的筹划，税负有了大额的减少，通过表20-20进行筹划前后的情况对照如下。

表20-20 龙湖帝景项目筹划前后税收与利润情况对照表

单位：万元

	纳税筹划前	纳税筹划后	差额
营业收入	45 554.00	45 554.00	—
增值税	2 169.24	2 148.53	20.71
土地增值税	6 997.68	827.16	6 170.88
企业所得税	1 796.77	3 339.46	-1 542.72
三种主要税合计	10 963.69	6 315.15	4 649.96
税负率	24.07%	13.86%	—
净利润	5 390.31	10 018.38	
收益率	11.83%	22.00%	

分析上表中的数据可以看出，经过纳税筹划后，龙湖帝景项目的纳税额整体降低，税负率也下降了，净利润有了明显的提高，说明此纳税筹划的过程是成功的。

2. M房地产开发公司纳税筹划过程评价

虽然在纳税筹划方案设计时，对每个环节都设计了一到两个筹划方案，但是在实际的运用中并不能保证可以将每一种方案都实施，只能选取最适合本项目的纳税筹划方案。龙湖帝景项目在纳税筹划时主要的方向仍然是增值税、土地增值税和企业所得税，降税幅度最大的是土地增值税。在纳税筹划方案设计时也会发现，最主要降低的税种也是土地增值税。所以对土地增值税的纳税筹划是房地产开发公司的一个重点，也是纳税额降低较多的一个税种。龙湖帝景项目在对土地增值税纳税筹划的过程中使用的主要是临界值法，将成本重新进行归集分配，控制普通住宅的增值率不足20%，达到免缴土地增值税的目的。

在整个纳税筹划过程中，分析M房地产开发公司开发的龙湖帝景项目账目时发现，

公司把很多应计入"开发间接费用"的费用误计入"管理费用"中,导致账务处理的错误。期间费用多计,开发成本少计,不影响所得税,但是影响土地增值税,导致增值额多计,多缴土地增值税。所以在纳税筹划时首先调整账务处理,其次成立项目部门,把项目部门的工资、福利费、办公费、水电费、低值易耗品等统一记入"开发间接费用"中,将一些原本属于总公司,但是管理本项目的管理人员的工资也计入项目的成本中,减少管理费用,同时增加开发的成本,增大抵扣额。

按照自建自用的筹划方法,可以减少土地增值税的纳税额,所以对于公司的临时售楼处及办公场所,都由公司自己建造,而且这一部分的开发成本,不要一次计入一期的开发成本中,要按照建筑面积分摊到各期成本中才更合理。根据税法规定,房地产开发公司的售楼处有单独的工程概预算,可以单独作为成本对象进行核算,作为固定资产处理;如果以后作为物业管理用房,因为产权属于全体业主,可以作为"开发成本—公共配套设施费"核算,所以可以增加土地增值税的扣除额,降低土地增值税。

有关成本分摊问题可能是房地产开发公司在实际开发中遇到的最棘手的问题。在计算龙湖帝景项目的纳税额时,由于各期之间成本分摊不准确,而且普通住宅和商铺之间成本分摊不准确,导致土地增值税过高,同时增值额的不准确也无法通过税务部门的清算审查。在纳税筹划之前,大部分的成本都计入了一期的项目,二期三期项目还有部分未完工,成本计入过少,而且三期包含商铺,商铺的层高高于普通住宅,外立面、走廊地面的装修高于普通住宅,灯光照明、消防等设施都高于普通住宅的标准,应提高商铺的成本。所以在纳税筹划时划分出各个期间,分别核算,同时把成本也向三期商铺进行倾斜,筹划时依据的成本分摊方法见表20-21。

表20-21 成本分摊方法

项目	分摊方法
取得土地使用权所支付的金额	按占地面积分摊
房地产开发成本	按建筑面积分摊
利息	按资金占用额及资金占用时间分摊

经过以上的成本筹划,土地增值税减少了近6 000万元,同时企业所得税也有了大额的下降。龙湖帝景的项目在2016年年底大部分已销售完,而且该项目属于"营改增"中的老项目,所以采用简易计征的办法适用5%的税率,以不含税价格计算下来比原来的营业税税额还要较低,税额变化很小。